서울대학교 사회발전연구총서 16

신사회운동의 사회학

세계적 추세와 한국

권태환·임현진·송호근 공편

서울대학교출판문화원

이 연구는 1996~1998 3개년 간의 한국학술진흥재단
인문·사회과학 분야 중점영역연구비 지원에 의한 것임.

머 리 말

한국의 신사회운동의 역사는 비교적 짧다. 그러나, 그 발전속도와 사회적 영향력은 아시아국가 중 가장 빠르고 큰 것으로 평가된다. 그 이유는 신사회운동의 발전이 민주화의 양식과 직결되어 있기 때문이다. 1987년 정치적 개방이 이루어진 이후 한국의 민주화는 여러 가지 난관에도 불구하고 성공적으로 추진되었다. 이른바, '제3의 물결'에 속하는 다른 국가들과 비교할 때, 한국의 민주화는 정치적 개방 이후 겨우 10년 만에 민주주의 이행기를 거쳐 공고화단계로 접어들 만큼 그런대로 순조롭게 진행되었던 것이다. 국가가 독점하고 있었던 권력은 민주주의적 절차와 합리적 기제에 의하여 견제되고 있으며, 정책결정 과정에 대한 시민사회의 참여도 활발하게 이루어지고 있다. 민주화 과정을 주도하는 것은 정당인데, 다른 국가들의 경험에서 나타나듯, 정당은 계급, 종교, 인종 등의 다양한 사회적 균열구조와 이해관계에 기초하고 있다. 그러나, 한국의 경우 민주화를 이끌었던 정당은 지역적 균열 외에는 이렇다 할 사회조직적 이해관계를 발전시키지 않았으며, 여당과 야당을 막론하고 모두 대중정당을 지향하였다는 차이가 있다. 대중정당이란 시민들의 참여와 동원을 이끌어 내는 과정에서 어떤 형태의 구조적 분절도 허용하지 않으려는 성향을 갖는다. 바로 이 점 때문에 민주화를 주도하였던 정당들은 분절구조가 없는 범시민적 참여를 촉진하게 되고, 시민사회는 정당의 이러한 성향을 활용하여 민주화 과정에 적극 개입할 수 있었던 것이다. 한국의 시민사회운동이 짧은 기간 동안에 활성화된 것은 여러 가지 사회적, 경제적 요인들도 많겠지만, 무엇보다도 민주화의 이러한 양식, 다시 말해, 특정 사회조직에 기초하지 않은 무정형적 정당구조 때문이다.

그 결과, 시민사회운동은 정당보다도 더 크고 광범위한 지지기반을 갖게 되었다는 것은 역설적이다. 물론, 시민사회운동의 기반이 정당의 그것보다 조직성과 체계성에 있어 훨씬 낮은 수준이지만, 시민들이 정당 정체성보다는 시민사회운동적 정체성을 훨씬 더 많이 갖게 되었다는 점은 흥미로운 현상이다. 아무튼, 시민사회운동은 한국의 이러한 정치적 특성을 배경으로 급성장하게 되었다.

그런데, 한국의 시민사회운동은 태동기와 성장기를 거치면서 신사회운동적 면모를 갖추어 갔다는 점도 주목할 만하다. 시민사회운동과 신사회운동은 조직구조, 쟁점, 운동방식, 정치세력화의 양상 등에 있어서 많은 차이점이 존재하는데, 한국의 시민운동은 민주화 이행기에 시민들의 '인지적 동원'에 성공하면서 세계적 추세와 쟁점을 급속하게 받아들인 결과 곧 바로 신사회운동적 영역으로 발전해 갈 수 있었다. 물론, 유럽국가들처럼 신사회운동이 성숙단계에 접어들었다는 것은 아니지만, 시민사회운동의 성장과 신사회운동적 변모가 동시에 이루어졌다는 점은 한국의 특수한 현상일 것이다.

이 연구는 신사회운동에 초점을 맞추고 있지만, 시민사회운동의 발전과정과 특성을 배경에 두고 그것의 연장선에서 신사회운동의 제반 양상을 다루고 있다. 양자의 이론적 구분을 가정하면서도 경험적으로는 전통적 사회운동과 신사회운동이 동시적으로 나타나고 있음에 주목한 것이다. 한국의 신사회운동은 어떻게 발전하여 왔으며, 그것의 특성은 무엇인가? 정치적 민주주의를 포함하여 사회적 영역의 민주화가 성숙하려면 무엇보다도 시민사회운동의 활성화가 중요할 것이다. 국가 역할의 한계가 점차 드러나고 있는 전 지구촌화의 시대에 신사회운동은 시민적 요구를 결집하고 대변하는 가장 중요한 정치적 행위자일 가능성이 높아졌다. 이것이 여러 연구자들로 하여금 아직 형성기에 놓여 있는 신사회운동에 관심을 쏟도록 만든 직접적인 동기였다.

이 연구는 모두 3부로 구성된다. 1부는 신사회운동의 이론적, 개념적 쟁점들을 조명하고, 신사회운동과 관련된 세계적 추세와 현황을 분석하는 데에 초점을 맞추었다. 2부는 연구자의 시선을 한국사회로 돌려, 신사회운동의 운동영역과 구조, 조직적 특성, 참여자의 구성, 참여 형태 등의 다양한 쟁점들을 분석하였다. 3부에서는 신사회운동의 정치세력화와 관련된 제반 문제들을 검토하였다. 유럽, 중남미, 아시아 국가들의 정치세력화의 현황과 특성을 분석하면서, 한국의 신사회운동이 정치적으로 세력화되려면 사회경제적, 정치적 전제조건은 무엇이고 어떤 요건을 갖추어야 하는지를 비교론적 관점에서 규명하는 데에 초점을 두었다.

이 책은 3년 동안의 연구결과를 결집한 것이다. 사회운동을 전공하면서 시민운동에도 직접 참여하여 왔던 국내의 많은 학자들이 '신사회운동의 사회학'을 집대성한다는 각오로 지난 3년 동안 이 연구에 많은 열정을 쏟았다. 그 분들의 열정이 아니었더라면, 이론, 현황, 전망을 두루 분석한 이만한 책이 나올 수 없었을 것이다. 이 자리를 빌어 그 분들께 깊은 감사의 말씀을 드린다. 이 연구는 학술진흥재단의 연구비 지원을 받았다. 그 동안 연구진이 쏟았던 남다른 열성이 학술진흥재단의 연구비 지원에 대한 보답의 뜻이었다. 부끄럽게 내놓는 이 연구결과에 독자 여러분들의 많은 비판이 있기를 기대한다.

2001년 2월 5일
서울대학교사회발전연구소
권태환, 임현진, 송호근

차 례

제2부 시민단체와 신사회운동에 대한 실태분석

제1부
시민사회론과 민주주의

제1장

신사회운동의 사회학
개념, 의의, 쟁점

권태환 · 송호근

1. 신사회운동의 意義

신사회운동이란 무엇인가? 신사회운동은 기존의 사회운동과 어떤 유사성과 차이점을 갖고 있는가? 그것이 지향하는 바는 무엇이며, 한국 사회의 발전에 어떤 함의를 갖고 있는가? 신사회운동은 많은 연구자들이 지적하듯, 근대성의 한계를 돌파하는 분출력을 갖고 있는가? 아니면, 근대적 제도들과 관념의 본질적 변화를 이루지 못하고 근대성의 경계 내부로 함몰될 것인가? 이것들이 신사회운동과 관련하여 자주 제기되는 질문들이다.

한국 사회에서 신사회운동이 관심을 끌게 된 것은 사회적 개방을 촉진한 민주화와 깊은 연관이 있다. 물론, 민주화가 본격적으로 추진되기 이전에도 신사회운동으로 규정하기는 어렵지만 신사회운동적 성향을 드러내는 시민운동이 존재하기는 하였다. 1970년대 초반 이후로 꾸준히 맥을 이어온 여성운동과 환경운동이 그것에 해당한다. 그러나, 신사회운동이 활성화되려면 사회의 개방성(openness)과 다원성(plurality)이 전제되어야 한다는 점에서 이전의 시민운동을 신사회운동이라고 규정하기는 어렵다. 그러므로, 한국에서 신사회운동이 시민의 관심사로 부상하고 학문적 분석의 대상이 된 것은 아무래도 정치적 개방과 함께 권위주의 체제하에서 결빙되었던 시민사회가 동면에서 깨어나기 시작한 1987년 이후의 일이라고 보아 무방하다. 이렇게 보면, 한국 사회에서 신사회운동의 역사는 불과 10년이 채 되지 않는다. 그러나, 시민사회의 급속한 성장과 질적 분화, 무엇보다도 교양과 학식을 갖춘 전문적 시민층의 양적 확대에 힘입어 신사회운동적 성향을 갖는 여러 가지 형태의 사회운동이 활발하게 전개되고 있으며, 이들은 근대적 외양을 걸친 관념, 관습, 제도적 규율, 규칙, 행위양식에 일대 충격을 가하고 있음을 발견할 수 있다. 다시 말해, 사회적 개방의 짧은 역사에 비추어 신사회운동적 징후가 대단히 왕성하게 분출되고 있는 것이다. 그러므로, 신사회운동은 근대성의 한계에 부닥친 서구사회에서만 관찰되는 운동형태는 결코 아니고, '풍요한 사회'를 목전에 두고 있는 한국을 포함한 동아시아국가, 그리고 일부 남미국가군에서도 광범위하게 발견되는 현상이라고 하겠다.[1)]

신사회운동은 1960년대 미국의 인권운동과 반전운동, 그리고 '새로운 사회'에의 기치를 내걸었던 1968년 유럽의 학생운동에 의하여 촉발되어 이후 전 세계 국가로 확산되었다는 것이 일반적 견해이다. 진원지와 확산경로의 관점에서 본다면 이러한 견해는 어느 정도 근거를 갖는다. 세기말 전근대적 단계로부터 근대적 단계로의 이행, 즉 근대화과정에서도 경험하였듯이, 미국과 유럽은 이제 자본주의적 성장의 한계와 근대적 기획의 '역효과'(perverse effects)를 극복하고자 하는 여러 형태의 이념과 사회운동세력들이 20세기적 구도에 일대 도전을 가하고 있다. 최근 지성계에서 무성하게 일어나고 있는 '탈근대성'(postmodernism) 논의가 지향하는 바도 이와 같은 맥락에서 피

1) 경제발전 및 물질적 풍요가 반드시 신사회운동의 전제조건일 필요는 없으나, 물질적 풍요가 신사회운동을 촉진하는 것만은 틀림없다. 근대화에 실패한 빈곤국가에서 신사회운동이 주목을 끌기란 불가능하다.

악된다. 그렇지만, 신사회운동의 현실적 의미와 미래적 의의를 분석함에 있어 서구의존적, 서구지향적 논리에 근거하였던 근대화 경험과 그것의 폐단을 일일이 되짚어 볼 필요는 없다. 국가마다의 고유한 발전과정과 경로가 존재한다는 자각이 이제는 보편적으로 받아들여지고 있는 것과 마찬가지로, 작금에 활발하게 논의되어 온 신사회운동의 진원지가 서구라고 해서 외래 수입품을 대하는 자세에 매여 있을 필요는 없다. 왜냐하면, 신사회운동은 근대적 기획과 제도가 인간활동과 인식에 굴레로 작용하는 어떤 곳에서도 자생할 수 있기 때문이다. 근대성을 완결시키려는 합리적 기획이 자유와 평등, 자율과 참여라는 본질적 가치를 훼손하는 의도치 않은 결과를 해소하려는 비판적 집합행위를 신사회운동으로 넓게 규정한다면,[2] 신사회운동은 경제발전의 수준을 막론하고 근대성의 한계와 폐단이 노출되는 어떤 토양에서든지 자라날 수 있다. 이런 의미에서 한국은 신사회운동이 뿌리를 내릴 수 있는 적절한 토양인 셈이다.

이것이 신사회운동에 대한 사회과학적 관심의 포괄적 출발점이다. 이러한 시선에 기대면 한국 사회에서 신사회운동을 논의하고자 할 때 부딪는 '발전단계론적 딜레마'를 피할 수 있으며, 지난 10여 년 동안 전개되어 온 다양한 유형의 신사회운동의 성장과 쇠퇴, 결합과 분리의 혼란스러운 양상을 비교적 용이하게 파악할 수 있다. 한국 사회에서 신사회운동은 어떤 분석적 가치를 갖고 있는가? 신사회운동이 어느 정도 뿌리를 내린 미국이나 유럽과는 달리, 신사회운동이 뚜렷한 사회적 세력으로 결집되거나 시민들의 지배적 관심 사안으로 부상하지 못한 한국 사회에서 왜 신사회운동에 대한 논의가 필요한 것인가? 이와 관련하여 두 가지 점을 우선 명확히 해두는 것이 유용할 듯싶다.

우선, 시민사회의 성장과 확대에 관한 것이다. 주지하다시피, 한국

---

2) 신사회운동에 대한 엄격한 개념규정은 2절을 참조.

의 시민사회는 1987년 정치적 개방 이후의 민주화 과정에서 가히 폭발적이라고 해도 과언이 아닐 만큼 양적, 질적 성장을 보여 주었다. 다시 말해, 오랜 권위주의 체제하에서 결빙되어 있었던 시민사회가 억압의 철회와 체제이완을 계기로 급작스런 활성화 단계를 경험한 것이다. 한국의 시민사회는 정치적 개방이 이루어지던 1987년에 이미 헌팅톤의 표현대로 '경제성장의 정치적 지대'(political zone of economic development)를 통과하였다고 보면, 정치적 개방과 민주화는 경제성장에 의하여 이미 성숙된 시민사회의 잠재적 에너지를 일시에 분출시킨 뒤늦은 계기였다고 보아 무방하다. 경제성장은 교육수준의 향상과 직업분화를 촉진하고, 시민들의 집단별 이해관심의 다기화와 전문지식을 겸비한 건전한 비판세력의 확대를 동시에 수반한다. 그리하여, 권위주의 체제하에서 이해관심의 결집과 대변의 기제를 차단당해 왔던 시민사회의 집단들은 지난 10여 년 동안의 민주화과정에서 집단이익의 형성기제를 구축하고 이해대변의 창구를 모색하게끔 되었다. 지난 시대에는 불법단체로 억압받아 왔던 여러 형태의 시민운동단체들이 광범위한 시민층을 동원하여 정치권에 이러저러한 압력을 행사하였으며, 정책입안, 결정, 실행의 과정을 감시하는 시민적 규제의 전초적 행위자로서의 역할을 적극적으로 수행하여 왔다. 물론, 모든 정부의 행위와 공공정책을 시민적 규제하에 둔다는 것은 비효율적이며 상상할 수도 없는 것이지만, 시민운동단체들의 정책적 영향력은 과거에 비하여 비교할 수 없을 만큼 확대된 것은 사실이다. 정부 주도의 노동법개정안을 철회시킨 노동운동이 전형적 예일 것이다. 환경운동과 여성운동의 성장 역시 괄목할 만하다. 환경운동단체들은 개발연대의 폐단을 시민들에게 주지시키고 정부의 성장우선주의적 정책기조를 환경친화적 방향으로 전환시키는 데에 지대한 공헌을 하였으며, 여성단체들은 가부장적 이데올로기의 폭력적 양상을 개선하고 여성의 사회 진출에 따른 여성시민권의 향상을 위하여 다양한 형태의 캠페인을 전개하고 있다. 법률, 종교, 교육, 학술, 문화예술계 등에 포진하고 있는 전문가집단의 사회참여도 주목할 만하다. 이들은 직업집단의 독자적인 이익을 추구하면서도 공익증진이라는 공통 관심사를 개발하고 있는 중이다.

그러나, 시민사회의 이해관심이 다기화되고 집단이해를 추구하는 자유로운 공간이 확대되었다고 해서 시민사회의 '질적 성장'을 보증하는 것은 아니다.

시민사회의 질적 성장과 관련하여 두 가지 쟁점을 점검하는 것이 필요하다. 시민사회를 구성하는 집단들의 이해관심이 충돌하는 경우 이해갈등을 해소하는 기제가 시민사회 내부에 형성되고 있는가의 문제와, 역으로, 사회집단들의 사회참여 및 정책참여를 촉진할 뿐만 아니라 이들의 주장을 수용하는 정부의 공식적 기제가 마련되어 있는가의 문제가 그것이다. 이는, 다시 말해, 국가와 시민사회의 관계 재정립에 관한 질문이다. 이런 관점에서 판단하면, 한국의 시민사회는 질적 성장과 양적 팽창 간에 상당한 격차가 존재하여 시민사회에 내재된 잠재적 에너지가 오히려 집단갈등으로 화하는 부정합적 상태에 놓여 있다는 점을 지적할 수 있다. 시민사회의 양적 성장이 질적 성장으로 발전하지 못한 데에는 시민들의 사회참여의 경험이 미진한 탓도 있겠거니와, 역으로, 시민사회의 과도한 활성화를 경계하려는 국가의 관리방식, 지배이데올로기의 경직성, 그리고 혁신보다는 질서와 안정에 치중하는 권력집단의 보수주의적 성향에 그 원인이 있을 것이다. 민주화란 국가와 시민사회 관계의 전면적 개방을 의미한다. 그러나, 권력집단이 시민사회의 다양한 요구를 수용하는 공식적 기제를 제공하지 않은 채 일종의 방파제와 같이 존재한다면, 활성화된 시민사회는 다시 좌절과 저항의 국면으로 전환하게 되는 것이다. 물론, 시민사회라고 해서 국가에 대립하는 단일한 행위자로 간주하려는 것은 아니다. 시민사회 내부에는 국가를 운영하는 권력집단에 속하는 지배층이 다양하게 존재하기에 이질적 집단들의 이해관심이 항상 충돌하는 긴장된 경쟁상태로 파악하는 것이 보다 적절할 것이다. 그렇다고 하더라도, '차단과 배제'가 '참여와 수용'의 가능성을 축소하는 상황이라면, 사회운동은 활성화되기 이전에 운동의 잠재력을 상실하거나 또는 전혀 새로운 운동방식을 선택하게 된다.

신사회운동의 현실적 위상과 변혁론적 의의는 바로 여기에서 찾아진다. 근대화를 주체적으로 완결하지 못한 곳, 또는 그렇기 때문에 근대화의 폐단과 한계가 더욱 뚜렷하여 새로운 가치의 창출과 발화를 저해하는 곳에서 신사회운동의 의미는 더 살아날 수 있다는 역설도 성립한다. 근대적 기획의 완결을 지향하는 운동형태를 '구사회운동'이라고 일단 정의한다면,[3] 노동운동과 같은 기존의 사회운동은 분배적 정의, 균형적 계급관계, 물질적 풍요와 인간다운 삶의 실현 등의 가치를 최고의 목표로 설정하였다. 그러나, 서구에서와 같이 노동운동이 지향하는 가치가 어느 정도 충족된 경우 노동운동의 목표 자체가 변화되는 모습도 종종 나타났으며, 경제성장에 기초한 복지제도의 발전이 노동운동과 노동운동을 구성하는 집단의 정체성까지에도 영향을 미치는 현상이 자주 발견되었다. 그러므로, 서구사회에서 물질적 풍요를 뛰어넘는, 다시 말해, '탈물질주의적 가치관'(post-material values)을 지향하는 신사회운동이 임금생활자들의 새로운 관심사로 부상하는 것은 자연스럽게 이해된다. 그런데, 한국과 같은 중상위소득국의 경우 신사회운동은 근대적 기획의 완결을 지향하는 구사회운동 세력이 기존의 가치관으로 무장한 대단히 완강한 정치질서와 사회질서를 뛰어넘을 수 있다는 낙관적 인식이 과거보다 현저하게 줄어든 상황에서 시민층에 넓게 형성되어 있는 비판의식을 동원하는 새로운 방식으로 주목을 받는 것이다. 말하자면, 탈물질주의적 가치관이 상대적으로 옅은 사회에서도 신사회운동은 왕성하게 자라날 수 있으며, 그만큼 현실 변혁의 창구로서 중대한 의미를 갖는다는

3) 기존의 사회운동을 '구사회운동'으로 규정하지는 않는다. 다만 신사회운동과 대비되는 기존의 사회운동을 집약적으로 표현하려는 의도에서 이 용어를 사용한다.

뜻이다.

둘째, 신사회운동은 기존의 시민사회운동이 비판력을 소진하거나 좌초한 지점으로부터 출발할 수 있다는 점이다. 구사회운동과 신사회운동 간에는 연속성과 단절성이 존재한다. 신사회운동에 관한 기존의 연구들은 신사회운동의 신기성, 또는 단절성을 과도하게 부각시키는 경향이 있는데, 조직, 신념, 운동방식 등과 관련하여 구사회운동과의 차이점이 많다는 점은 주지하는 바이지만 그렇다고 해서 전혀 새로운 성격의 것이라고는 볼 수 없다. 오히려 구사회운동의 한계와 취약성에 대한 면밀한 분석으로부터 신사회운동의 새로운 분출력을 발견하고 발전방향을 모색하는 편이 적합하다. 예를 들면, 계급적 갈등에 기반한 기존의 사회운동들이 사회적 관심을 끌지 못하고 쇠퇴하고 있는 반면, 계급과 지역의 구분을 뛰어넘어 범시민적 동원이 가능한 새로운 가치가 형성되고 있다면, 그것의 사회경제적 배경과 정치적 의미를 파악하기 위해서는 구사회운동이 쇠퇴한 요인과 운동방식에 대한 검토가 전제되어야 한다. 구사회운동의 전면적 해체와 와해가 동원방식과 조직방식의 구태의연함에서 비롯되었다고 한다면, 시민들의 자발적 참여를 이끌어 낼 수 있는 새로운 방식을 모색하지 않을 수 없을 것이다. 신사회운동은 구사회운동의 취약성으로부터 출발한다. 또는 이미 기존체제에 편입된 듯이 보이는 구사회운동이 더 이상 자본주의 사회의 본질적 모순을 극복하는 데에 적합하지 않다는 비판도 신사회운동을 촉발시키는 중요한 성찰이다. 이렇게 보면, 신사회운동은 구사회운동의 변질 내지 한계로부터 촉발되는 유형이기에 새로운 형태의 시민운동일 수 있으며 구사회운동이 겨냥하는 목적에서 제외된 중요한 이념과 가치체계를 추구하고 있다는 점에서 또한 새로운 시도이다. 이러한 관점에서, 구사회운동과 신사회운동은 한 사회에서 공존한다고 볼 수 있으며, 때로는 서로 상보적인 관계를 형성할 수도 있다. 서구에서 보듯이, 환경론자들이 사민주의자들과 개발문제를 둘러싸고 격돌하는 경우도 종종 발견되지만, 양자가 항상 배타적이고 경쟁적인 관계에 놓이게 되는 것은 결코 아니다. 한국의 경우도 양자의 공존가능성은 얼마든지 존재한다. 노동운동이 시민사회단체와 긴밀한 연대를 형성하고 있는 것은 그러한 예에 해당하며, 역으로 시민사회단체들이 노동운동의 기치를 수용하면서도 탈물질주의적 가치관에 걸맞는 독자적인 목적을 수행해 나가는 경우도 얼마든지 발견된다. 때로는 구사회운동과 신사회운동 세력이 중첩되는 경우도 있다. 아무튼, 구사회운동이 한계에 직면한 바로 그 지점에서 신사회운동적 징후들이 점차 짙어지거나, 운동의 패러다임과 이념이 전면 전환되는 것은 자연스러운 현상이다. 그러므로, 신사회운동은 기존의 사회운동과 단절성뿐만 아니라 연속성을 갖고 있다고 보는 것이 적절하며, 따라서, 선진국 진입의 문턱에 놓여 있는 한국과 같은 나라에서도 신사회운동에의 시민적 관심이 증대되는 것도 자연스럽게 이해된다.

2. 신사회운동의 사회학: 개념과 쟁점

신사회운동의 신기성과 새로움은 부인할 수 없다. 그러나, 신사회운동의 발생과 성장과정, 운동방식의 특성을 파악하기 위하여는 구사회운동과의 공존성 및 연속성에도 주의할 필요가 있다. 특히, 근대화 기획이 완결되지 못한 사회나 권위주의적 방식에 의하여 심각한 왜곡과정을 경험한 사회에서 신사회운동은 구사회운동의 한계를 뛰어넘고자 하는 전망을 발전시키게 된다. 새로운 시도의 성공 여부와 관계없이 신사회운동은 그 자체로서 구사회운동에 대한 성찰적 의미와 함께 변혁적 함의를 제공한다. 이런 점에서 구사회운동과의 비교연구의 필요성을 강조하는 클란더만스와 테로우의 견해는 적절하다. "우리는 단지 종래의 운동과 새로운 운동의 비교를 통해서만 새로운 운동의 '새로움'이 타고난 것인지, 발전과정에 있는 것인지, 아니면 상황적인 것인지를 경험적으로 확인할 수 있다"는 것이다(Klandermans and

Tarrow, 1990: 17; 박형신 · 한상필 역, 1996: 125에서 재인용).[4] 이러한 관찰을 전제로 해서만 신사회운동의 독자적 성격과 변혁론적 의미가 올바로 이해될 것이다. 이 절에서는 신사회운동의 새로움이 어떤 것인지를 파악하는 데에 주력하고자 한다. 분석의 편의를 위하여 신사회운동에 대한 개념 규정으로부터 출발하는 것이 좋을 듯하다.

서구에서 신사회운동의 출현은 케인즈적 복지국가의 성공과 풍요한 사회의 실현에 의한 계급갈등의 완화와 깊은 연관을 갖는다. 2차대전 이후 노사간의 대타협에 기반을 둔 복지자본주의, 그리고 경제성장과 대중소비가 결합한 '풍요한 사회'는 자본주의 사회의 핵심적 취약점인 노동과 자본간의 모순을 정치와 경제의 중심영역으로부터 분리시키는 결과를 낳았다. 그러나, 1960년대 중반 이후 선진자본주의는 풍요와 진보의 미몽을 깨는 충격을 경험한다. 미국의 인권운동, 반전운동, 학생운동, 도시빈민운동, 히피문화, 그리고 프랑스의 '5월혁명,' 독일의 학생운동, 이탈리아의 '뜨거운 가을'이 그것이다. 이러한 도전의 여파는 1970년대로 이어져 여성운동, 환경운동, 반핵평화운동, 지역 및 공동체운동, 소수자인권운동 등 구사회운동과 뚜렷이 구별되는 새로운 형태의 사회운동을 촉발하였다. 이 운동들은 서구사회가 선진자본주의의 효율적 관리를 통하여 기본욕구는 물론 인간다운 삶을 보장하는 데에는 성공하였지만, 성차별, 물질만능주의에 의한 환경오염, 국가의 비대화에 의한 관료주의의 폐단, 냉전과 군사주의 등 새로운 쟁점과 갈등요인을 산출하였다는 사실에 주목한다. 신사회운동은 성숙된 시민사회의 이면에 새로운 한계와 폐단이 누증되

---

4) 이런 의미에서 신사회운동의 중요한 연구자인 잘트와 맥카시는 '새로운'이라는 접두사를 붙이기를 거부한다(Zald와 McCarthy, 1987). 이와 관련하여 신기능주의, 신제도주의, 신자유주의 등과 같이 '새로운'이라는 접두사를 붙이기를 좋아하는 사회과학적 레이블링이 결국은 새로운 아무 것도 드러내 주지 못할 것을 대비한 사회과학의 두려움의 표시일 뿐이라는 유라우의 지적도 새겨봄 직하다(Eulau, 1989: 19-20).

고 있음을 자각하고 이를 종래의 사회운동과는 다른 방식으로 해소하고자 하는 운동의 형태라고 할 수 있다.

앞에서 지적하였듯이, 신사회운동은 유럽, 미국, 일본과 같은 선진 자본주의 국가뿐만 아니라 아시아와 중남미와 같은 중·후진국에서도 다양한 형태로 나타난다. 말하자면, 신사회운동은 경제발전의 수준과 시민사회의 성숙도와 관계없이 범세계적으로 나타나는 일반적 현상인 것이다. 다시 말해, 범세계적 현상으로서 신사회운동은 자본주의의 성숙을 위하여 지불한 새로운 모순과 갈등에 적절히 대처하지 못하는 종래의 사회운동에 대한 성찰적 인식에 기초한다. 사상적으로 본다면, 신사회운동은 좌우대립으로는 파악되지 않는 신좌파(new left), 자유해방주의(libertarianism), 유로코뮤니즘(eurocommunism) 등의 신조류적 이념체계로부터 이념적 에너지를 공급받으면서 계급적, 인종적, 종교적, 지역적 균열구조에 입각한 기존의 정치질서를 거부하고 보편적 가치에 입각한 질서의 전면 재조정을 목표로 한다는 점에서 종래의 사회운동과 뚜렷이 구별된다. 그렇다고 해서, 신사회운동이 마르크스주의와 같이 총체적 혁명을 주장하는 것은 아니다. 신사회운동은 오히려 자율화, 분권화, 다원성을 존중하면서 '차이의 정치'(politics of differences)로 인식을 전환할 것을 종용한다.[5]

이상의 서술에서 이미 신사회운동에 대한 개념이 암시되어 있다고 보아 무방하다. 즉, 신사회운동은 탈산업주의, 탈근대주의가 설득력을 더해 가는 현대적 전환의 추세 속에서 근대적 형태의 사회운동이 당

---

5) '차이의 정치'란 계급모순과 민족모순이라는 근대적 모순에 근거한 근대정치에 의해 대표되지 못하고 억압·배제되어 온 성적, 지적, 인종적 차이 등 인간학적 차이에 근거한 차이의 정체성을 추구하는 정치를 의미한다. 차이의 정치는 자율성, 다원성, 분권성 등을 원리로 인간학적 차이의 등가적 접합을 추구한다. 특히 신사회운동 등에 의해 추구되는 이러한 차이의 정치를 탈근대적 정치라고도 한다.

면한 전략적, 실천적, 이념적 한계를 극복하려는 의도를 갖고 태어난 사회운동의 한 형태이다. 신사회운동은 고도의 상징과 이념을 동원의 주요한 자원으로 활용한다는 점에서 구사회운동과 다를 바 없다. 종래의 사회운동이 근대적 기획의 완결을 지향했던 것과 마찬가지로, 신사회운동은 근대성의 발판 위에서 탈근대적 가치를 완결시키고자 하는 변혁적 운동의 한 형태이다. 그런데, 이 운동은 몇 가지 점에서 종래의 사회운동과 구분되는 독자성을 갖고 있다. 이 영역의 연구자들은 신사회운동의 신기성을 강조하고 구사회운동과의 차이점을 강조하는 것으로부터 개념을 정의하려는 경향을 드러낸다. 신사회운동은 구사회운동의 이념, 조직구조, 동원방식 등 여러 가지 측면을 '거부한다'는 점에서 새로움을 발견할 수 있다는 것이다(Offe, 1990). 연구자들은 근대적 기획의 한계를 비판하는 탈근대성 담론으로부터 신사회운동의 이론적 정당성과 현실적합성을 찾아내고 있는데, 이 역시 신사회운동이 지향하는 기존 체계에 대한 '거부와 저항'이라는 점에서 공통적 맥락이 발견된다. 그러나, 신사회운동의 개념을 정의하려는 연구자들은 서구유럽에 한정된 국가적, 지역적 현상을 근거로 보편적 개념을 도출해야 하는 논리적 난관에 봉착하는 것이 일반적이다. 이러한 논리적 비약을 무릅쓰고 기존의 연구자들은 신사회운동에 '새로움'의 옷을 입히는 특성들을 다음과 같이 집약하고 있다(Kaase, 1990; Offe, 1990; 박형신 · 한상필 역, 1996).[6]

① 대단히 다양한 운동형태들이 전개되고는 있으나, 그것들은 공통적 문화테마, 즉 현대적 삶의 특정 패러다임을 쟁점화한다는 공통점을 갖는다. 특정 패러다임이란 근대화 기획이 지향했던 거시 담론과 거시 이데올로기적 지향을 지칭한다. 이에 비하면, 신사회운동은 보다 삶의 현장으로 밀착하고자 하는 미시적 관심을 중시한다. 그러

6) ①~④는 Kaase(1990), ⑤~⑦은 Offe(1990)의 논문에서 인용하였는데, 필자가 내용을 적절하게 취합하였음.

므로, 계급, 지역, 종교와 같이 종래의 사회운동을 경계지웠던 구분선이 더 이상 문제가 되지 않으며, 오히려 기존의 사회운동에서 경시되었던 생활정치(life politics)가 다양한 계층과 집단을 서로 묶어주는 접착제 내지 공통관심사로 작용하는 것이다. 이런 의미에서라면 신사회운동적 조류들은 하나의 운동범주를 형성한다.

② 개별 운동에 참여하는 행위자들은 탈물질주의적 이념과 같은 공통적 가치관을 공유한다.

③ 종래의 사회운동이 특정 부문, 특정 계급, 특정 지역을 경계로 전개되었다면, 신사회운동은 운동단체를 포함하여 행위자들간의 사적, 공적 네트워크를 형성하고 있다. 즉, '네트워크의 네트워크'(networks of networks, 또는 organization of networks)가 신사회운동의 내부구조이다.

④ 기존의 사회운동이 궁극적으로는 정당체계와 선거정치로 수용되는 성질의 것이었다고 한다면, 신사회운동은 기존의 정치질서의 외부세계에 존재하면서 그것으로 결코 수렴되지 않는 속성들을 지니고 있다는 점이다.

⑤ 그러나, 신사회운동의 최종 목표는 정치질서의 변혁에 맞추어져 있다. 그런데, 그 방식에 있어 기존 정당체계 내부로 틈입하여 그것을 바꾸는 전략이 아니라, 정규정치(normal politics)의 외곽을 포위하여 그것의 총체적 전환을 겨냥한다는 점에서 새롭다.

⑥ 신사회운동은 근대사에 있어 반복적으로 출현하였던 반동적 형태의 저항운동(예를 들면, 민족저항운동, 보호무역주의운동, 외국인배척운동, 인종차별반대운동 등)과는 질적으로 다르다. 종래의 시의적 운동들은 특수한 집단의 이해관심을 표출하고 그것의 실현을 목표로 하였던 반면, 신사회운동은 전통적 제도와 정치에 의존하지 않은 채 자본주의적 효율성과 합리성의 본질을 비판하고 있다는 점에서 비반동적(non-reactionary), 보편주의적(universalistic) 비판을 대변한다고 할 수 있다.

⑦ 마지막으로, 신사회운동은 근대화 기획이 예상하지 못했던 '의도치 않은 결과'(unintended consequences)에 대한 보편주의적 성찰

> 을 집약한다. 오페의 관찰을 인용한다면, "새로운 사회운동은 근대화과정에서 드러난 이제는 명백하고도 자명한 실패와 그 부정적인 영향에 대한 실망에서 유래한다"(위의 책, 316). 그리하여 오페는 신사회운동의 가장 중요한 특징을 다음과 같이 서술한다. "새로운 운동의 중심적인 갈등의 축은 경외(fear), 고통(pain), 파괴(destruction) 對 경의(respect), 승인(recognition), 수용적 통합(integrity)으로 가장 포괄적으로 기술될 수 있다. 이러한 일련의 요구들과 주장들은 분명 이전 운동의 해방적 추동력과 역사적 기획을 급진화한 것이며, 이것이 바로 새로운 사회운동과 반근대적, 반동적 운동을 구분짓는다"(위의 책, 316).

신사회운동의 연구자들이 이 특징들에 대하여 모두 동의하고 있는 것은 아니다. 왜냐하면, 국가와 지역, 시기에 따라서 신사회운동은 전혀 다른 양상을 보이고 있기 때문이다. 예컨대, 페미니스트운동, 환경운동, 생태운동은 급진적, 반자본주의적 이념을 강하게 표방하고 있는 것으로 알려지고 있지만, 미국의 경우는 이데올로기적 성향이 낮고 대신 조직의 규모와 활동범위가 넓은 반면, 유럽의 경우는 이념적 성향이 강하고 조직과 활동범위가 특정 집단과 지역에 국한되는 경향이 발견된다. 그러므로, 신사회운동의 특성을 일반화하기란 대단히 어렵다. 또한, 사회운동의 주기설을 주장하는 학자들은 사회경제적 구조의 변화에 따라 새로운 운동들이 주기적으로 출현하였다는 역사적 연구를 근거로 최근의 사회운동이 결코 새로운 것은 아님을 주장한다(Brand, 1990). 이들의 주장에 의하면, 신사회운동은 "근대사회의 기능원리, 모순, 그리고 소외효과에 대응해 주기적으로 출현하는 반근대적 또는 낭만적-이데올로기적 반발 물결의 새로운 역사적 변이형태"라는 것이다(예컨대 Huntington, 1981; Brand, 1990에서 재인용).

사실상, 여성운동, 평화운동, 환경운동 등은 오랜 역사적 기원을 갖고 있다.[7] 그럼에도 1970년대 중반 이후 전개된 사회운동은 운동이념, 조직구조, 행위자와 가치관, 정책과 전략, 정치적 관계 등에 있어 새로운 면모를 드러내고 있으며, 보편주의적 가치관과 쟁점을 수용하지 못하는 현대적 정치질서의 단단한 경계(political boundaries)를 무너뜨리거나 확장하고자 한다. 우선, 이데올로기적 측면에서 신사회운동은 좌파/우파, 자본주의/사회주의의 대립적 축을 벗어나서 인간해방적 관점으로 다가서고 있으며, 물질적 풍요보다는 그것의 문화적 의미와 삶의 질을 문제시하고 있다. 최근 활발하게 전개되고 있는 신사회운동의 이념적 스펙트럼은 대단히 다양하지만, 자본주의와 민주주의라는 두 개의 근대적 핵심이념을 비판하고 있는 점에서 대체로 좌파지향적이며, 자유해방주의(libertarianism)에 가깝다. 이런 의미에서 신사회운동의 이념적 성향을 좌파-자유주의(left-libertarianism)로 규정하는 키트쉘트의 지적은 적합하다(Kitschelt, 1989, 1990). 신사회운동의 주창자들은 시장경쟁, 사적 이익, 불평등을 반대하고 분배적 정의를 선호한다는 점에서 사회주의적 이념과 맥을 같이하며, 국가관료제와 행정제도가 개인적, 사적 자유의 공간을 억압하고 자유로운 집합행위를 질서유지라는 명분으로 억제한다고 비판하는 점에서 자유해방적이다. 이들은 개인의 정치참여가 선거제도에 국한되고, 그러면서 개인적 의사가 종래의 구태의연한 정치제도에 의하여 주조되는 현재의 민주적 질서를 거부하고 보다 민중주의적이고 참여민주적인 새로운 제도를 요구한다. 키트쉘트에 의하면, "좌파-자유주의자들은 사회주의적 의제에 속하는 중요 쟁점을 수용하고 있지만, 전통적인 사회주의가 주창하는 가부장적-관료제적(paternalist-bureaucratic) 해결책뿐만 아니라 '무형의' 사회적 만족을 도외시하는

---

7) 여성운동은 19세기 중반 영국과 독일에서 일어났으며, 평화운동은 나폴레옹 전쟁의 종식과 더불어 유럽에서 촉발되었다. 한편, 환경주의운동은 영국 빅토리아시대 초기 동물학대방지와 조류보호운동으로 소급되며, 여타의 대안운동들도 앵글로-색슨국가에서 1830~40년대 자유주의 캠페인의 주된 관심사였다(Brand, 1990).

성장주의를 거부한다"(Kitschelt, 1990; 박형신 · 한상필 역, 1996: 250).

그러므로, 신사회운동이 종래의 노동운동과 같이 관료제적-위계적 조직구조를 부정하고 탈중심적, 분권적 구조를 지향하는 것은 자연스러운 귀결이다. 기존의 사회운동은 조직원의 자격과 참여자의 행위규칙을 엄격하게 규제한다. 가입과 탈퇴를 관할하는 규칙이 엄격하게 규정되어 있으며, 일단 회원으로서의 자격이 확정되면 위계적 권위에 근거한 관료제적 명령을 준수해야 한다. 이에 비하면, 신사회운동의 자격요건은 행위자의 참여의사로서 족하며, 언제든지 가입과 탈퇴가 가능하다. 신사회운동의 조직형성은 의무와 강요가 따르지 않는 자발적인 것이다. 따라서, 회원들은 다양한 단체와 직업집단에 속한 사람들로 구성되어 있으며, 중복적인 참여를 배제하지 않는다. 신사회운동의 조직적 특성을 '다조직적 구조'(multi-organization), '네트워크의 네트워크'(networks of networks)로 부르는 것은 이러한 이유에서이다(Klandermans, 1990; Neidhardt, 1985). 신사회운동의 조직적 특성에 관한 한 연구에 의하면, 다조직적 구조의 "연계관계는 조직 수준에서는 '공동활동, 참모, 지도부, 수혜대상자, 자원' 등에 의해, 그리고 개인적 수준에서는 '성원들의 중복가입에 의해'" 이루어진다는 것이다(Curtis와 Zurcher, 1973: 53).

자격요건의 개방성과 성원들의 중복가입이라는 특성은 신사회운동이 일종의 무지개연합(rainbow coalition)임을 가리킨다. 신사회운동의 참여자에 대한 연구에 의하면, 계급과 계층을 초월하여 이해관심과 가치관의 공유가 연대력의 가장 중요한 요소라는 것이다. 기존의 사회운동의 연대력이 계급이해, 종교, 지역적 이해 등에 기반을 두었다면, 신사회운동은 자본주의적 발전의 폐해를 고발하고 민주주의의 한계를 극복하고자 하는 비판정신을 연대의 핵심적 추동력으로 설정한다. 그런데, 잉글하트가 탈물질주의적 가치관이라 칭한 비판정신과 위기의식은 대체로 젊고 학식 있는 교양층과 전문가집단에서 많이 발견되고 있으므로, 신사회운동의 적극적 참여자들이 주로 여성을 위시한 이러한 계층에서 충원되는 것은 쉽게 이해될 수 있다. 활동가들의 사회적 배경을 분석한 한 연구에 의하면, 행정직과 육체노동자들보다는 관리직, 자유전문직, 사무직 종사자들의 참여비율이 훨씬 높았으며, 도시풍의 젊고 전문교육을 받은 사람들과 교사, 학자, 언론인 등과 같은 '상징전문가'(symbol specialist)들이 대거 참여하고 있는 것으로 나타났다(Kitschelt, 1990).

신사회운동단체들은 시민들의 관심을 촉발하고 여론 형성과 시민계몽을 통하여 정책결정에 압력을 행사하는 우회적 방식을 선택한다. 이들의 행위는 반동적(reactive)이라기보다는 주창적(proactive)이며, 권력지향적(power-oriented)이기보다는 정체성 지향적(identity-oriented)이다(Rucht, 1990; Kitschelt, 1986). 폭력과 테러 등의 극단적 저항방식이 현존체제를 붕괴시키기 위한 비합법적 행위전략이라고 한다면, 신사회운동은 비폭력, 불복종, 대중동원과 로비, 개혁주의적 이탈, 하위문화적 은둔, 반문화캠페인, 거리시위 등의 온건적, 합법적 전략을 선호한다. 이들은 여론 형성과 시민들의 자각을 목적으로 한 사회적 이벤트를 기획하는 데에 보다 많은 노력을 경주하고 있다. 따라서, 이들은 운동의 명분과 적실성을 확산시키고 주창하는 이념이 시민적 삶의 질의 향상과 반성적 성찰에 얼마나 중요한 것인가를 각인시키는 데에 주력하는 것이다. 구사회운동, 특히 노동운동이 좌파 정당과의 관계를 굳건히 하여 권력장악에 목표를 두고 있는 것과는 달리, 여성운동, 생태운동, 평화운동 등의 신사회운동은 정당 설립을 통하여 정치의 중앙무대로 진출하기보다는 정체성의 확대를 추구한다. 이들 가운데는 독일의 녹색당(green party)과 스웨덴의 환경당(environmentalist)과 같이 정치무대로의 진입에 성공한 예도 많지만, 사민당이나 보수당처럼 지배정당의 꿈을 갖고 있는 것은 결코 아니다.[8)]

---

8) 한 연구에 의하면, 신사회운동적 가치를 내건 유럽의 소수정당 35개 중 20개(57%) 정당이 중앙의회에 의석을 확보하고 있다(Mueller-Rommel, 1990).

신사회운동의 정치화는 '집단중심적 정치'(group-based politics)가 아니라 '쟁점중심적 정치'(issue-based politics)이며, 그런 만큼 '생활정치' 또는 '새로운 정치'로 불려진다. 이들은 기존의 정치질서를 거부하고 지역적으로 분산화된 풀뿌리민주주의와 참여민주주의를 선호하지만, 어떤 뚜렷한 정치적 비전과 대안, 그리고 일관된 이데올로기를 갖고 있는 것은 아니다. 그러므로, 일단 중앙의회에 진출했다 하더라도 거대정당으로 키울 의사도 없으며 운동의 지도부 구성과 정책실행 능력도 부적합하다. 흔히 민주적 조합주의(democratic corporatism)로 불려지는 타협의 정치가 참여자의 개별의사를 배제시키고 새로운 가치의 창출과 발화를 저해하고 있다는 비판의식을 공유하면서 이들은 기존 정당으로부터 제후세력을 확대하고자 한다. 중앙무대에 진출한 신좌파 정당들이 주로 기존의 거대정당과의 동맹관계를 통하여 정치에 압력을 행사하고자 하는 것도 이런 이유에서이다.

신사회운동의 전반적 면모를 집약하는 이러한 특징들이 신사회운동과 관련한 연구쟁점들이다. 신사회운동이 표방하는 좌파자유주의가 이념적 공감대를 확대할 수 있을 것인가, 자발적 참여의사에 기반한 조직이 어느 정도 지속성을 갖출 수 있으며, 기존의 사회운동과 같은 사회적 충격과 정치적 영향력을 행사할 수 있을 것인가, 아니면 사회경제적 구조의 변화와 쟁점 이동과 더불어 신사회운동의 '새로움'은 탈색될 것인가의 문제 등이 연구의 대상이다. 또한, 문화적 충격요법을 구사하는 신사회운동은 어떤 뚜렷한 사회세력으로 결집될 것인가, 기존의 정치체제는 신사회운동의 정치적 도전에 어떻게 대처하고 있으며, 그 결과 현대의 정치적 경계가 확장되고 있는가, 아니면, 신사회운동의 주창자들이 과연 정치세력화할 것인가 등의 질문도 중요한 연구쟁점들이다.

이에 대한 명확한 대답을 내리기에는 아직 이르다. 기존의 연구서를 집약하면, 연구관심에 따라 비관적, 낙관적 전망이 교차하고 있는 실정이다. 신사회운동은 현존 민주주의의 모순을 드러내는 징후이기에 체제개선의 필요성을 강조하는 정도의 의의만을 가질 뿐이라는 견해(Crozsier 외, 1975)나, 신사회운동은 '민주주의의 과잉'의 부산물이어서 오히려 이들의 요구와 행동은 제한될 필요가 있다는 보수주의적 견해(Huntington, 1981)는 모두 신사회운동에 대한 부정적 전망을 대표한다. 이에 반하여, 소수정당의 정치적 도약과 지지자들의 성향에 주목하는 연구자들은 신사회운동의 기치가 확산되고 따라서 어느 정도 지속성을 가질 것이라는 낙관적 전망을 내린다(Kitschelt, 1990; Mueller-Rommel, 1990). 그렇다고 하더라도, 신사회운동이 이제는 구미의 지역적 경계를 벗어나 범세계적 현상으로 확산되고 있다는 데에는 의견을 같이한다. 그리하여, 세계의 사회과학계에서는 신사회운동의 운동방식과 이념적 특성, 문화론적 관점 등등에 대한 연구들이 제출되어 있다(예: McAdam, McCarthy, Zald, 1996; Tarrow, 1988).

아무튼, 신사회운동의 지지시장(support market)은 유동적이며 항상적으로 변화한다. 신사회운동의 기치가 생동력을 획득하는 것은 바로 이 때문이다. 정치세력화를 경계하면서 정치적 연관을 맺어야 하고, 참여자의 광범위한 동원을 필요로 하면서도 조직적 위계질서를 경계해야 하는 신사회운동의 내부 딜레마가 해소되는 시점은 어쩌면 신사회운동의 호소력이 퇴화되는 순간일는지도 모른다.

3. 연구의 주제와 구성

1부에서는 위에서 제기한 질문들이 한국 사회의 맥락에서 어떤 함의를 갖는가에 답하려는 목적을 갖는다. 다시 말해, 한국 사회에서 신사회운동의 상황, 의의, 그리고 발전방향과 미래전망을 분석하려는 것이 이 연구의 주된 관심사이다. 그 동안 사회과학계에서는 1987년 정치적 개방과 민주화 이행을 계기로 시민사회와 사회운동에 관한 연구들이 활발하게 진행되었다. 이 연구들의 대부분은 시민사회의 활성화에 따른 시민운동의 현황과 문제점들을 검토하고 국가권력의 시민적 규제수단으로서의 시민운동에 초점을 맞추고 있다. 시민사회의 활성화 역사가 비교적 짧다는 현실적 제약과 여전히 국가권력이 비대하다는 한국적 현실의 장벽을 극복하기 위한 시민운동의 구체적 방향과 전략도 적극적으로 모색되었다(김성국, 1996). 이러한 일련의 연구성과에서 신사회운동이 차지하는 비중은 극히 부분적이다. 신사회운동의 징후가 여전히 약하고 시민들의 주된 관심사로 아직 자리잡지 못했다는 현실적 제약도 있지만, 민주화 프로젝트의 완성이 더욱 시급하여 전통적 형태의 시민운동의 활성화가 더욱 현실적이라는 연구자들의 판단도 작용하였다.

실제로 그간 진행된 연구성과가 저간의 사정을 반영한다. 신사회운동에 관한 연구로는 여성운동과 환경운동에 관한 것이 대종을 이루며 연구자들도 이 운동에 참여한 소수그룹에 한정되어 있다.[9] 학계에서는 생태운동과 환경정치학, 운동 패러다임의 전환에 대한 연구들이 조심스럽게 제출되고 있는데,[10] 현실의 장에서 실천적 지지자를 규합하지 못하고 있는 실정이다. 아니면, 역으로 신사회운동의 소수행위자들의 주장과 이념의 절박성을 학계가 수용하지 못하고 있을는지도 모른다.[11] 1996년 개최된 신사회운동 세미나에서 다룬 내용을

---

9) 여성운동에 관한 문헌은 여성운동의 폭발적 확산과 대학에서 여성학과의 설립에 힘입어 비교적 많은 반면, 환경운동 연구자들은 상대적으로 소수에 국한되어 있다. 여성운동에 관한 대표적 연구들로는, 이효재(1996), 이승희(1994a, 1994b), 장미경(1996) 등이 있다. 또한, 환경운동에 관한 사회학적 연구로 대표적인 것은 이시재(1994, 1996a, 1996b), 이시재 · 양종회(1995), 구도완(1996), 정수복(1996), 최병두(1995), 환경운동연합 시민환경운동연구소(1993a, 1993b) 등이 있다.

10) 예를 들면, 황태연(1992).

11) 학계의 관심을 촉발하기 위하여 한국사회과학연구협의회에서 신사회운동에 대한 학술회의를 1996년 9월 개최한 바 있다. 한국사회과학연구협의회(1996).

살펴보면, 이러한 사정이 더욱 분명해진다. 이 학술회의의 주제는 '한국의 시민사회와 신사회운동'이었는데, 국가-시민사회의 관계변화를 축으로 구사회운동과 신사회운동이 동시에 취급되고 있다. 그런 만큼, 한국에서 신사회운동의 기반은 아직 취약하고, 오히려 민주화 프로젝트의 완성이라는 현실적 절박성 때문에 구사회운동과의 단절성보다는 연속성을 더욱 중시하는 실정이다.

1부의 목적도 이와 크게 다르지 않다. 앞에서 서술하였듯이, 민주화를 통한 국가-시민사회의 관계변화와 시민사회의 활성화가 당면과제인 현재의 상황에서 신사회운동을 과도하게 부각시킬 필요는 없을 것이다. 그러나, 신사회운동이 구사회운동과 맺고 있는 긴밀한 관계와, 신사회운동이 구사회운동의 한계를 극복해 주는 새로운 에너지를 제공할 가능성에 주목하면 시민사회의 발전수준이 비록 취약하더라도 신사회운동의 전개상황과 특성을 분석하는 일은 오히려 유용할 수 있다. 여기서 한걸음 더 나아가, 구사회운동이 국가권력의 강고함과 시민사회의 무관심 또는 국가권력으로의 포섭 등에 의하여 발전이 저해당하고 있다면, 신사회운동이라는 새로운 통로에 기대를 걸 수도 있을 것이라는 낙관적 전망도 가능하다.

이러한 관점에서, 1부에서는 한국 사회라는 특수한 맥락에서 신사회운동의 현황과 특성 및 의의를 파악하기 위한 선행적 분석을 전개한다. 한국의 시민사회의 전개양상과 국가-시민사회적 관계에 대한 전반적 점검과 함께 구사회운동과 신사회운동을 포괄하는 분석틀을 우선 모색하는 데에 대부분의 연구자들이 주력하고 있는 것은 이러한 이유에서이다. 이를 바탕으로, 신사회운동이 한국 사회의 발전과 정치질서의 변화에 어떤 함의를 제공하는가를 분석할 것이다. 신사회운동의 사회과학적 이론과 연구자들에 대한 비교적 상세한 논의가 병행될 것이며, 여성운동과 환경운동을 중심으로 약간의 사례관찰도 진행될 것이다. 1부가 신사회운동의 한국적 전개양상에 대한 선행적 연구인만큼, 운동유형 및 특성에 대한 본격적인 사례연구는 2부에서 다루어질 것이다.

각 장별로 연구 주제를 구체화하면 다음과 같다.

2장은 신사회운동의 이론적 기반을 점검하는 데에 초점을 둔다. 투렌느, 멜루치, 오페, 하버마스, 코헨과 아라토 등 대표적 이론가들의 연구를 검토하면서 신사회운동의 시민사회론적 기반과 변혁론적 함의를 모색하여 이후 논의의 준거로 삼고자 한다. 3장은 집합행동론의 관점에서 신사회운동의 구조와 동학을 분석한다. 이를 위하여 집합행태론과 자원동원이론을 중심으로 기존의 집합행동이론의 적실성을 검토한 뒤 신사회운동 단체들의 기원과 형성, 자원동원전략, 이념과 집합적 정체성 등을 분석할 것이다. 4장은 한국사회에서 신사회운동의 현상황에 관한 경험적 분석이다. 이 장은 2차 연도에서 행할 신사회운동단체 연구에 전반적 방향을 지시해 주는 선행적 고찰로서 의미를 갖는다. 특히, 오랜 권위주의적 통치 때문에 시민사회의 발전이 파행적 성장을 할 수밖에 없었던 상황과 좌우대립을 넘어서는 이념적 시도를 허용하지 않는 분단상황에서 신사회운동은 구사회운동과의 단절성보다는 친화성을 모색하지 않을 수 없는 한국적 특성을 상세하게 다룰 것이다. 5장은 사회운동의 지표와 통계의 공식적 관리체계가 신사회운동에 미치는 함의를 검토한다. 이는 기존 연구서에서는 다루어지지 않았던 독특한 쟁점으로서, 사회지표운동이 사회의 주요 구성부문의 제 조건과 상태에 대한 균형된 판단을 촉진하는 지렛대의 기능을 담당하고 있음을 보여 주고, 이것이 신사회운동과 어떤 상관성을 갖고 있는가를 분석할 것이다. 이를 토대로, 한국 사회에서 신사회운동이 추구하는 가치와 이념을 사회지표화하는 방안에 대하여도 심도있는 논의가 진행될 것이다. 6장은 신사회운동에 대한 안목을 세계적 차원으로 확대하려는 목적에서 지구촌화(globalization)가 '세계시민사회'의 형성과 경계확장에 미치는 영향력을 점검하고, 특히 여성운동단체를 중심으로 신사회운동단체들이 범세계적 연결망을 구축해 가는 과정을 조명하고자 한다. 신사회운동 단체들이 정보와 자원의 교환, 그리고 세계적 연대형성을 위하여 구축해 가는 범세계적 연결망은 일국의 국가적, 지역적 경계에 국한되었던 시민사회 개념을 세계적 지평으로 확장하는 데에 기여하고 있음이 밝혀질 것이다.

앞에서 지적하였듯이, 이 연구는 한국 사회에서 신사회운동의 사회적 위상과 변혁론적 의미를 조명하는 데에 초점을 맞추고 있다. 비록 아직까지 신사회운동의 영향력이 서구만큼 큰 것은 아닐지라도 한국 사회의 발전속도와 시민사회의 성숙도로 판단하건대 신사회운동적 징후가 사회의 각 부문에 확산되는 데에 그다지 많은 시간이 소요되지는 않을 것이다. 1부에서는 한국 사회에서 신사회운동이 시민사회의 파행적 성장을 수정하고 구사회운동의 한계를 극복케 하는 새로운 에너지를 제공해 줄 수 있다는 가능성에 주목한다. 이것이 연구팀의 공통적 인식이었으며, 연구의 출발점이었다.

제2장

신사회운동의 이론적 기반

시민사회론과 관련하여

김 성 국

1. 서론: 근대 시민사회의 성장과 좌절

1980년대 후반부에 초래되었던 소련과 동구권의 현실 사회주의 체제의 몰락은 대다수의 사회과학자들로 하여금 역사의 종언을 완성하는 자본주의의 승리라는 주장에 쉽게 동조하기보다는 민주주의의 확립이라는 고전적 문제에 대한 새로운 지적 성찰의 과제를 일깨워 준 것 같다. 다시 말해, 자유민주주의라는 자본주의적 정치이념의 한계성을 비판하면서 인민민주주의의 기치를 걸고 출발하였던 사회주의가 실패한 이상, 이제 남은 것은 과연 현대의 서구 자본주의가 추구하고 실천하는 민주주의의 내용과 과제 그리고 전망은 어떠한 것인지를 새롭게 탐구하기 시작한 것이다.

그러나 이 같은 관심은, 참으로 흥미롭게도, 탈사회주의를 추구하던 동구권 사회를 중심으로 시민사회의 형성이라는 정치적 목표설정과 함께 먼저 대두되었다. 킨(Keane, 1988)의 표현을 빌리자면, 서구사회에서는 이미 "죽은 것에 대한 회상"(remembering the dead)이라고나 할 수 있던 시민사회론의 현대적 부활은 전체주의적 사회주의의 몰락과 함께 그리고 새로운 민주주의에 대한 탐구의 노력과 함께 시작되었던 것이다.

주지하듯, 역사적으로 민주주의의 전개과정은 근대 시민사회의 성립과 궤적을 같이한다. 왜냐하면 시민사회는 봉건적 구속을 벗어나 도시의 자유로운 공기를 마시고자 했던 시민들이 억압적-착취적 국가에 대항하여 자유와 평등 그리고 박애를 추구한 기나긴 시민혁명의 산물이었기 때문이다.[1)] 그러나 유럽에서 대두하였던 초기의 시민사회는 나라별로 상이한 조건과 특성을 지니고 있었다. 영국의 시민사회가 가장 먼저 그리고 가장 타협적으로 (혹은 가장 경제적으로) 성장하였다면, 프랑스는 뒤늦었지만 그 형성과정이 매우 격렬하였고, 이에 반하여 집합적 질서를 선호하는 전통이 강력한 독일에서 시민사회는 가장 뒤늦게 출발한 까닭으로 국가의 주도 혹은 보호 아래 육성되었다고 할 수 있다.

서구 시민사회의 발전과정에서 나타나는 이 같은 국가별 다양성에도 불구하고, 시민사회는 민주주의와 자본주의라는 양대 이념적 체계의 현실적 토대로서 그 역사적 역할을 수행하여 왔다. 그렇지만, 서구의 시민사회는 정치적으로는 민주주의의 원동력이었다는 긍정적 측면을 지니고 있으나, 사회경제적으로는 이기심과 탐욕이 난무하는 자본주의적 계급갈등의 전투장이기도 하였다는 양면성을 가지고 있다. 이미 고전적 시민사회론자들 또한 이 같은 시민사회의 긍정적 역할과 부정적 측면에 대하여 일찍부터 주목하고 있었으며, 시민사회에 내재하는 이 같은 역설을 나름대로 해소하려는 노력의 과정이 바로

---

1) 중세 말부터 이미 도시를 중심으로 하여 자유로운 시민들이 신분적 속박으로부터 해방된 삶을 누리고 있기는 하였지만, 근대 시민사회는 역시 프랑스대혁명과 함께 본격적으로 형성되기 시작하였다. 고대에서도 시민사회라는 용어(Politike Koinonia, 정치사회/정치공동체; Societas Civilis)가 사용되기는 하였지만, 근대 시민사회가 탄생하게 된 것은 "국가와 시민사회의 역사적 분리"가 전개된 17~18세기경이다.

시민사회론과 시민사회 개념의 발전사라고 할 수 있다.2)

---

2) 시민사회 개념의 고전적 기원이라 할 수 있는 아리스토텔레스의 정치학에서 나타나는 정치사회(Politike Kolonia)의 개념은 분열과 갈등이 없는 정치적 인륜공동체를 의미하는 것이지만, 현실적으로는 신분적 불평등이 존재하였을 뿐 아니라, 당시의 정치권력은 시민사회적 자율성에 대하여 우위를 점유하고 있었다(Cohen and Arato, 1992: 84-85). 홉스(Hobbes, 1958)는 자연상태의 무질서와 갈등에 대한 우려 때문에 절대적 주권을 소유한 국가의 필요성을 역설하였으며, 자연상태의 평화적 공존을 상정한 로크(Locke, 1952)조차도 제한정부론을 통하여 자연상태를 지양함으로써 도덕성을 확보하고자 하였다. 퍼거슨(Ferguson, 1995)은 시민사회를 문명화(Civilizing)의 결과로 등장한 문명사회로서 인식하였다는 점에서는 스코틀랜드 계몽주의자들의 진보적 낙관주의를 반영하나, 근대적 분업의 전개와 함께 생존경쟁이 가속화되어 공공정신은 타락하거나 소멸됨으로써 시민사회는 탐욕과 허영의 시장으로 변질될 수 있는 자기 마비적 위험성을 지니고 있다는 점을 또한 인식하고 있었다. 한편, 현대 시민사회론의 정신적 지주라 할 수 있는 토크빌(De Tocqueville, 1954)은 민주적 전제주의의 가능성(예컨대, 선거를 통한 전제주의의 등장)을 우려하고 있었으며, 헤겔(Hegel, 1952)은 시민사회가 욕망의 체계로서 갖는 부정적 측면과 인륜(Sittlichkeit)적 질서의 구현에 필수적인 과정이라는 시민사회의 모순적 특성을 국가에 의한 변증법적 종합으로서 극복하고자 하였다. 끝으로, 마르크스는 근대 시민사회의 본질을 지배와 착취 그리고 억압이 구조화된 자본주의 사회로 규정하여, 자본주의적 시민사회의 다원성과 민주적 잠재력을 부정하고, 국가와 시민사회의 재통합을 추구한다. 그렇지만 마르크스에게 있어서 국가의 사멸은 국가와 사회의 세력관계 역전, 즉 "국가가 사회에 하복(下服)하는 기관으로 전환"(황태연, 1996: 159)되어, 사회의 "자기조직화(self-organization)"가 성취되는 것을 의미하기 때문에 적어도 마르크스는 새로운 (사회주의적) 시민사회의 자기규제력을 인정하였던 것 같다. 이 같은 시민사회의 이중성 문제를 알렉산더(Alexander, 1993: 802; 1997: 125)는 "시민적 연대와 반시민적 연대세력 간의 긴장"(the tension between the forces of civil and uncivil solidarity) 혹은 "시민적 연대의 집합적 차원과 개인적 차원 간의 긴장"(the tension between the individual and collective dimensions of civil solidarity)으로 재구성하여 파악하면서, 시민사회의 이 같은 내적 모순 내지 역설로 인하여 시민사회가 역동적으로 전개된다고 지적

사실, 자본주의의 발전은 서구 역사에 있어서 시민사회와 민주주의의 전개에 직접적인 영향을 끼쳤다. 먼저 양자 간의 긍정적인 관련성을 지적하자면, 무엇보다도, 자본주의적 합리성은 시민사회의 탈주술화, 합리화를 촉진하여 시민들이 자유로운 주체적 개체로서 자신을 인식할 수 있는 전기를 마련하였다. 그리하여 각종의 시민권확대운동은 이 같은 시민적 주체성에 입각하여 전개된 것이다. 그렇지만 자본주의에 고유한 계급불평등으로 인하여 시민사회는 계급적 분열과 투쟁이라는 끊임없는 갈등의 소용돌이에 휩싸이게 되었다.

나아가, 시민사회의 성장과 함께 꾸준히 확대되어 왔던 서구사회의 민주화과정은 대의제 민주주의의 형해화(形骸化)와 복지국가의 실패라는 난관에 봉착하고 만다. 특히 기술관료적 합리성이 시민사회를 지배하게 되면서 시민사회의 공공영역은 자유로운 공론이 형성되는 장이라기보다는 권력관계에 의하여 의사소통적 합리성이 위축되거나 왜곡되어 정치경제적 체계의 식민지로 변질되고 있었던 것이다(Habermas, 1989). 민주주의는 소수의 권력 엘리트들에 의해서 연출되는 하나의 정치적 쇼가 되어 버렸고, 시민의 정치적 권리는 투표권의 행사와 함께 소멸되어 버리는 일회용 소모품으로 평가절하되고 있는 것이다. 그리하여 시민사회는 점차 내부적으로는 각종의 정치적, 경제적, 문화적 역기능을 산출하는 문제투성이의 영역이 되고 있었으며, 외부적으로는 점증하는 국가개입주의에 의해서 자신의 독자적 정체성을 위협받는 무주공산(無主空山)의 하위영역으로 전락하게 되었던 것이다. 어떤 역사적 물결과 진보적 주체가 추락하는 시민사회를 다시 역사의 무대로 재등장시킬 수 있을까?

이 글의 목적은 이 같은 근대 시민사회의 좌절직 성장에 대한 성

한다. 시민사회의 개념에 관한 가장 최초의 종합적 논의로서 Keane(1998)을 참조할 것.

찰적 비판과 창조적 저항의 잠재력으로서 등장하고 있는 신사회운동의 이론적 기반을 검토하는 것이다. 이를 위하여, 먼저 새로운 시민사회를 탐구하는 역사적 물결로서 신사회운동의 위상을 고찰하고(제2절), 다음에는 구사회운동과의 비교적 차원에서 신사회운동의 "새로움"(newness)에 관한 다양한 이론적 논의를 소개하며(제3절), 끝으로 신사회운동의 시민사회론적 기반을 멜루치, 투렌, 오페(Offe), 하버마스, 코헨과 아라토 등을 중심으로 설명하여 볼 것이다(제4절).

2. 새로운 시민사회의 탐구로서 신사회운동

서구의 시민사회는 1960년대가 되면 자신을 이끌어 주었던 자본주의와 민주주의가 독점화, 신제국주의화, 불평등화, 엘리트화, 관료제화, 형식화하는 상황에서 최대의 위기를 맞이하게 된다. 구미의 선진자본주의 사회에 충격을 주었다. 1960년대의 각종 사회운동(학생운동, 반전운동, 평화운동, 반문화운동, 인권운동, 여성운동 등)은 단순한 반정부운동이나, 사회주의운동의 수준에서 제기된 것이라기보다는 서구의 시민사회가 당면하고 있던 총체적인 문명적·체제적 위기를 비판하는 것이었다. 이 점에 있어서 1960년대 전 세계를 휩쓸었던 사회운동의 격렬한 물결은 대안적·반체제적 지향성을 강력하게 내포하고 있는 신사회운동의 직접적인 등장배경이라 할 수 있다. 서구에서 신사회운동은, 기존의 좌파 혹은 우파에 의해서 주도되어 왔던 각종의 사회운동들이 일종의 정체기를 맞이하여 위기에 빠진 시민사회를 보다 근본적으로 개조할 수 있는 방안을 제시하지 못하고 있는 상황에서, 새로운 대안적 운동세력으로서 대두하였던 것이다.

특히 "신사회운동의 용광로"(정수복, 1994: 35)라고 지칭될 만한 프랑스의 1968년 5월운동은, 투렌(Touraine, 1971, 1981)의 설명처럼 "적응, 통합, 근대화를 통하여 모든 사회문제를 해결할 수 있다고 주장한 기술관료들의 보수주의적 유토피아에 대항하여 새로운 피지배층이 해방적이고, 반권위주의적이며, 공동체적이고 자연발생적인 대항적 유토피아를 내세운 것이었다." 기존의 산업사회적 계급갈등이 제도화되면서 노동운동의 급진성은 점차 소멸되고 있으므로 이제는 새로운 갈등에 기반한 새로운 사회운동의 영향력이 증대되기 시작한 것이다.

월러스타인(Wallerstein, 1991: 65) 프랑스의 1968년 5월운동을, 세계체제론적 관점에서 획기적인 사건으로 간주하면서, 반자본주의적 운동을 향한 새로운 희망과 새로운 저항형태로서 이 새로운 반체제 운동이 지니는 광대한 잠재력을 인식하고 있다. 나아가 그는 1848년의 혁명이 노동자의 계급투쟁을 통하여 사회주의 체제를 설립하려는 구좌파의 운동이었다면, 1968년은 프롤레타리아의 탈중심성, 비계급적 모순성의 중요성 그리고 반혁명적-반국가주의적 사회변혁을 추구하는 신좌파의 새로운 운동으로 파악하고 있다.

그렇지만, 북친(Boochin, 1989)은 1960년대의 사회운동으로부터 신좌파가 등장한 사실에 주목하기는 하나, 이들이 바로 신사회운동의 기수가 된 것은 아니라고 지적한다. 오히려 신사회운동의 "새로운 성격"은 자유해방주의적(libertarian) 혹은 아나키스트적(anarchist) 요소가 접합되면서부터 드러난 것으로 설명한다. 사실 1960년대 말경 신사회운동이 등장하였을 때 대부분의 (신)좌파들은 이 새로운 운동의 급진성을 제대로 인식하지 못하였으나, 1970년대 이후 환경운동과 여성운동의 물결이 급속하게 강화되고, 1983년 독일에서 녹색당의 정치적 진출이 이루어지면서 신사회운동에 관한 활발한 토론이 제기되었던 것이다. 북친에 의하면, 자유해방주의적 신사회운동은 반위계주의(anti-hierarchicalism)의 원리에 기반하여, 남성과 여성 간, 지역공동체들 간, 그리고 생태계에 있어서 참여와 상호부조의 사회관계를 구축하고자 한다.

이처럼 신사회운동은 논자에 따라서 다양한 이데올로기적 혹은 정책적 함의를 가지는 것으로 평가되고 있다. 신사회운동에는 실제로 자본주의적 물질문명에 대항하는 후기물질주의(postmaterialism), 복지국가의 확충과 경제적 민주주의를 지향하는 사회민주주의(social democracy), 후기산업사회적 갈등과 저항을 강조하는 후기산업주의(postindustrialism), 권위주의 체제와 관료화의 경향을 비판하며 공동체적 연대를 추구하려는 자유해방주의(libertarianism) 등의 이념적 지향성들이 각각 혼재되어 있는 것이다.

필자는 신사회운동의 가장 핵심적인 이념적 성격을 "좌파 자유해방주의(left-libertarian)에서 발견하고자 하는 입장"(Boochin, 1989; Kitschelt, 1990; Della Porta and Rucht, 1991; Kriesi et al., 1995)에 동의한다. 신사회운동은 시장경쟁, 사적 소유, 성취윤리의 논리를 불신하는 대신 평등주의적 재분배를 추구하는 전통적인 사회주의 노선을 공유하고 있다는 점에서 "좌파"라고 할 수 있으며, 개인적, 집합적 행위를 규제하는 관료제의 권위를 거부하는 대신 참여민주주의와 개인적, 집단적 자율성을 강조한다는 점에서 "자유해방주의적"이라고 할 수 있다(Kitschelt, 1990: 180).

그렇다면, 보다 구체적인 차원에서 신사회운동은 어떻게 기존의 시민사회를 새로운 시민사회로 재형성하고자 시도하는 것일까? 적어도 20세기 중반까지 국가에 대항하는 그리고 국가로부터 독립된 자율적 영역으로서 시민사회는 한편으로는 시민권의 확대, 자발적 중간 결사체의 증가, 그리고 다원주의적 가치의 확산과 같은 민주주의의 성장과 성숙이라는 발전적 과정을 밟아 왔으나, 다른 한편으로는 자본주의적 상품화와 도구화, 관료제적 규제와 간섭의 대상으로 격하되고 있었던 것도 사실이다.

특히 19세기 이후, 제국주의적 경쟁과 복지국가의 신화를 통하여 끊임없이 증대된 국가의 역할로 인하여 시민사회의 자율적 영역은 현저히 축소되었으며, 국가에 대한 시민사회의 대항력 또한 종이호랑이에 불과해졌던 것이다. 시민사회는 그야말로 "시시한 민초들의 살아가기 바쁜 세상"쯤으로 진보적 역사의 무덤에 안장되든지, 아니면

"시대적 소명으로서 민주주의를 심화하는 거점"으로서 저항적 역사의 무대에 재등장해야만 하는 일종의 운명적 기로에 있었던 셈이다. 사회주의 체제이든, 자본주의 체제이든 국가주의는 끊임없이 팽창하고 있었지만, 시민적 주체성과 다양성은 서서히 축소되고 있어서 시민사회는 "기회 없는 위기의 길"이 아니면 "위기를 극복하는 기회의 길" 두 가지 중에서 양자택일할 수밖에 없던 상황에 놓여 있었다.

이미 언급하였듯이, 시민사회를 위한 구원의 메시지는 시민사회의 경험이 일천한 동구의 공산권으로부터 날아왔다. 국가에 의해서 시민사회가 철저히 흡수되었던 전체주의 사회에서 시민사회론이 마르크스-레닌주의에 대한 대안으로서 추구된 것은 매우 의미심장하다. 국가와 시민사회의 통합이라는 마르크스주의의 근본명제를 부정하고 국가와 시민사회의 분리라는 자유주의적 전제를 비판적으로 수용함으로써 제3의 길로서 사회주의적 시민사회의 가능성을 또한 검토할 수 있었던 것이다. 한편, 이와 비슷한 시기에, 관료적 권위주의 혹은 군부/민간독재에 의해서 민주화가 지연되고 있던 남미와 동남아시아에서도 시민사회에 대한 관심이 폭발적으로 분출하여 마침내 권위주의 정권의 도미노적 붕괴현상이 속출하였다. 그리하여 민주주의의 이행(transition)과 공고화(consolidation) 그리고 완결(completion)이라는 단계적 발전과정에 있어서 시민사회의 위상과 역할을 구명하려는 노력에 의해서 시민사회의 배제(exclusion), 탈동원화(demobilization), 과잉동원화(overmobilization)의 문제가 검토되었으며, 국가와 시민사회의 상호침투성과 독립성에 대한 분석도 활발하게 시도되었다.

그러나 시민사회에 대한 이 같은 새로운 관심이 지속적으로 그리고 전 세계적으로 광범위하게 확산될 수 있었던 가장 획기적인 계기는 무엇보다도 시민사회와 신사회운동의 만남 그리고 상호결합이라고 할 수 있다. 여기에는 어쩌면 역사적·구조적 필연성이 존재하였던 것으로 이해할 수 있다. 우선 시민사회의 경우, 그것은 국가에 대한 안티테제로서 자신의 정체성(예컨대, 자본주의적 시민사회 또는 사회주의적 시민사회 등)을 끊임없이 새롭게 만들어 내야만 한다는 규범적 요구를 신사회운동이라는 새로운 이념적-문화적 추진력을 수용함으로써 문명사적 시대전환기에서 자신의 역사적 존재의의를 정당화할 수 있었던 것이다.

요컨대, 시민사회는 자신의 구조적 한계였던 자본주의를 대치 혹은 교정할 수 있는 새로운 이념적 자기정화가 필요하게 된 시점에서, 특히 사회민주주의가 제3의 길로서 그 잠재력과 신뢰성을 급격히 상실해 가고 있던 시점에서, 신사회운동이 추구하는 좌파 자유해방주의적 노선과 자기제한적 급진주의를 수용함으로써 기존 사회운동을 지배하여 왔던 사회주의적 혁명전선과 자본주의적 개량주의를 동시에 비판하고, 나아가 관료제적 국가주의와 전 지구적 생태위기를 극복할 수 있는 대안적 사회의 비전을 제시할 수 있게 된 것이다. 반면, 신사회운동의 경우, 그것은 기존의 가치와 관행을 비판하고 거부하는 급진적 혹은 근본주의적인 이념적 지향성으로 인하여 기득권을 갖고 있는 사회세력들(예컨대, 자본가, 권력 엘리트, 조직화된 노동계급 등)과 동맹하기보다는, 현존 체제에 대하여 현실적으로 불만을 갖고 있는 비판세력과 저항세력들(예컨대, 신중간층, 젊은 세대, 여성, 비판적 지식인, 지역운동가, 소수인종 등)이 존재하는 시민사회 영역에서 보다 확실하고 안정적인 세력거점을 구축할 수 있었던 것이다.

요컨대, 신사회운동은 시민사회라는 비판과 저항의 활동거점과 세력영역이 필요하였고, 시민사회는 자신의 정체성을 새롭게 정당화시켜 줄 수 있는 이념적·실천적 세력과 논리가 필요하였던 것이다. 그러므로 시민사회 없는 신사회운동이 형식 없는 내용이라면, 신사회운동 없는 시민사회는 내용 없는 형식에 불과한 것이다. 하나의 구체적이고도 생생한 역사적 실체로서 시민과 시민사회는 온갖 국가주의적 억압과 착취, 간섭과 규제, 감시와 위협, 유인과 설득에 맞서서 개인적·집합적 자율성과 다양성을 방어하고 확대해야 한다는 역사적 과제를 부여받고 있다. 신사회운동 또한 불평등 자본주의(inequlitarian capitalism), 전체주의적 사회주의(anti-totalitarian socialism)를 극복하려는 좌파 자유해방주의의 기치 아래 반산업개발주의와 반인간중심주의, 반위계서열주의, 반거대주의를 실천하는 생태주의운동, 지역공동체주의운동, 여성해방주의운동, 평화주의운동, 소수인권보호주의운동 등의 형태로 새로운 시민사회를 위한 각종 투쟁과 창조의 세력거점을 시민사회 내에 구축하여, 시민사회의 헤게모니를 획득하기 위한 장기적인 진지전을 준비하고 있는 것이다. 이처럼 신사회운동은 새로운 시민사회를 탐구하는 초계급적, 탈국가중심주의적, 전 지구적인 역사의 물결이라 하겠다.

우리 한국의 경우도 예외가 아니다. 1987년을 전후하여 급격히 성장하기 시작한 한국의 시민사회는 한편으로는 여전히 권위주의적 국가에 의한 정치적 배제로 인하여 구조적으로 불안정하며, 다른 한편으로는 한국형 천민자본주의의 영향으로 인하여 시민사회는 윤리적 타락과 이기적 파편화에 직면하여 있으며, 특히 배타적 연고주의의 득세로 인하여 공동체적 시민문화가 형성되지 못하고 있는 형편이다(김성국, 1998). 그러므로 한국의 시민사회 또한 단순한 반민주·반독재 세력의 상징적 거점으로서가 아니라, 21세기를 위한 대안적 사회모델의 구체적 실험장으로서 자신의 위상과 역할을 발견하기 위해서는 신사회운동의 급진주의적 사회변혁력을 흡수하여 새로운 정체성을 확립해야 할 당위적 요구에 직면하고 있는 것이다.

3. 신사회운동에 관한 이론적 쟁점

신사회운동에 관한 이론적 논의는 잉글하트(Inglehart, 1971, 1977)의 "조용한 혁명"에서부터 시작하여 최근 코헨과 아라토(Cohen and Arato, 1992)의 자기제한적 급진주의와 시민불복종론에 이르기까지 매우 다양한 스펙트럼을 보여 준다.[3] 특히, 신사회운동이 과연 "새로운" 사회운동인가에 관해서는 엄청난 논의가 이루어졌다. 그러나 신사회운동에 내재하는 새로움이 과연 무엇인지, 그것이 기존의 사회운동과는 어떤 차별성과 유사성 그리고 단절성과 연속성을 갖는 것인지에 대해서는 아직까지도 학자들 간에 많은 논란이 제기되고 있다.[4)]

일반적으로, 과거의 전통적 사회운동이 노동자의 계급운동을 중심영역으로 하면서 자본주의 체제의 변혁을 목표로 하여 전개된 것이라면, 신사회운동은 생태 및 환경운동, 여성운동, 지역자치운동, 평화운동이라는 새로운 영역에서 초계급적인 참여하에 추진되면서 운동참여자의 정체성을 확립하고 시민사회의 생활양식을 변화시키고자 하는 것으로 널리 인식되고 있다.

---

3) 예를 들어 보자면, 브란트(Brand, 1990)는 여러 논자들에게서 공통적으로 발견되는 신사회운동의 특징으로서 (1) 지위, 분배, 지배의 문제 대신에 소외, 생활양식과 삶의 질, 생존의 문제가 전면적으로 부각되며, (2) 전후세대 중에서 중간층이 이 운동을 주도하며, 이들은 문제 당사자들이나 주변계층들과 동맹을 맺고, (3) 탈물질주의적 가치를 추구하며, 다원적이고 분산된 문화에 많은 관심을 가지고, 다양한 삶의 스타일을 추구하며, (4) 탈중심적이며 자율적인 밑으로부터의 민주주의 원리를 강조한다는 점을 지적한다. 한편, 보그스(Boggs, 1986)는 신사회운동이란 경제적 정체, 생태계의 불균형, 군사주의와 핵정치, 그리고 관료주의라는 네 가지의 잠재적 갈등요소와 결합되어 있다고 하며, 하워드(Howard, 1989: 289-290)는 신사회운동은 현존하는 민주주의에 대한 실천적 비판의 담지자이며, 현재 "형성 중에 있는 민주적 시민사회"를 구축해 나갈 것이라고 전망한다. 포크(Falk, 1987: 173-196)는 신사회운동의 다섯 가지 주요 목표(비핵화, 비군사화, 비동맹, 발전, 민주화)를 제시하고 이 같은 목표달성을 위한 투쟁방식으로서 "저항, 합법성 거부, 책임성, (시민)권력화"를 제시하고 있다. 김호기(1995)는 기존 마르크스주의의 위기에 대처하는 하나의 실천대안으로서 신사회운동에 관한 주요 포스트 마르크스주의적 논의를 비판이론(Offe, Habermas), 조절이론(Hirsch, Lipietz), 급진 민주주의론(Laclau, Mouffe) 등으로 구분하고 있다.

4) 예컨대, 신사회운동의 새로움을 강조하기 위하여 구사회운동과의 단절과 불연속성에 초점을 맞추는 논의들은, 신사회운동을 "새로운 저항운동", "새로운 정치", "새로운 민중주의", "신낭만주의", "반정치", "비정통적인 정치행위와 무질서한 정치", "대안운동" 등으로서 규정하고 있다(Offe, 1985: 818).

스코트(Scott, 1990: 19)는 아래의 <표 1>처럼 노동운동과 신사회운동을 대칭적으로 비교하고 있다. 그에 의하면, 신사회운동의 목표는 시민사회의 동원이지, 권력의 장악이 아니라는 점에서 그 성격이 정치적이라기보다는 사회적/문화적이고, 시민사회 내에 위치하면서, 시민의 가치를 바꾸어 대안적 생활양식을 추구함으로써 사회변화를 초래하고자 하는 것이다.

그러나 무페(Mouffe, 1984)는, 스코트와는 달리, 신사회운동을 새로운 민주주의 투쟁이라고 부르면서 그것이 순수하게 방어적인 것만은 결코 아니라고 주장한다. 왜냐하면 신사회운동은 자신의 총체적 부정성 때문에 실제로 체계를 위협할 수 있다는 것이다. 특히 관념적인 것과 물질적인 것, 토대와 상부구조 사이의 명확한 단절을 부정하는 무페는 노동자의 계급운동과 신사회운동을 명확히 대치시키는 것을 반박하고, 나아가 노동자들의 투쟁과 마찬가지로 신사회운동의 투쟁들도 필연적으로 사회주의적이거나, 심지어는 진보적이지 않을 수도 있음을 지적한다.

무페(1984: 139-143)에 의하면, 후기 자본주의 체제에서는 세 가지

<표 1> 노동운동과 신사회운동의 비교

	노동운동	신사회운동
위 치	정치체계 내부	시민사회
목 표	정치적 통합 경제적 권리	가치 및 생활양식 변화 시민사회 방어5)
조 직	형식적/위계적	네트워크/풀뿌리
행동수단	정치적 동원	직접행동/문화혁신

5) 코헨과 아라토(Cohen and Arato, 1984: 270) 또한 신사회운동의 새로움을 시민사회의 방어를 강조하기는 하나 현존하는 시민사회, 경제, 정치의 탈분화를 요구하거나, 권력의 쟁취를 시도하지는 않는다는 점에서 발견한다.

새로운 예속형태, 즉 (1) 사회생활의 상품화: 자본주의적 생산관계의 사회적 확장과 침투에 따라서 문화, 레저, 죽음, 섹스 등 모든 것을 자본주의적 이윤영역으로 변화시키는 상황의 초래, (2) 사회의 관료제화 증대 또는 국가에 의한 시민사회의 침투 확장, (3) 표준화되고 동질화된 생활방식의 강화 경향: 사회생활의 대중화로 인한 대중매체적 힘의 증대가 발생하며, 이와 관련된 갈등의 원천은 생산과정 내부의 투쟁이라는 특권화된 전통적 영역을 넘어서 다른 영역으로 확산된다. 이 같은 갈등의 확산과정에서 정치적 적대는, 특정한 방식에 의하여 담화적으로 구성된 집합적 주체가 다른 실천들에 의해 자신의 주체성을 부정당할 경우에 생성된다.[6] 그리하여 무페는 라클라우(Laclau and Mouffe, 1984)와 함께 이 같은 주체성의 부정으로서 복수의 적대들이 바로 새로운 저항, 즉 신사회운동을 야기하였다고 한다. 이들은 노동운동과 노동계급에게 특권적 주체개념을 부여하기를 거부하는 대신 헤게모니적 접합과 정체성 변화를 추구하는 급진 민주주의의 기획을 시도하는데 신사회운동은 바로 이 같은 민주주의 투쟁의 실천장이 되는 것이다. 이들이 보기에는 신사회운동의 급진민주주의적 잠재력은 사회를 개방적이고 유동적이며, 불확정적인 것으로 보는 데 있다고 한다. 한편, 오페(Offe, 1985: 817)는 전후 서구 복지국가의 개입 프로그램을 대변하는 '전통적 패러다임'과 복지국가의 정치적 위기에 대응하는 새로운 저항형태로서 신사회운동이 추

6) 그러한 부정은 두 가지 형태를 가질 수 있다. 첫째, 어떤 권리의 기초 위에 구성된 주체들이 자신의 권리와 정체성이 부정되거나, 다른 실천이나 담화에 의하여 부정되거나 침해되는 위치에 놓이게 될 때: 인권운동, 빈민지역운동, 생태계보호운동이 여기에 해당된다. 둘째, 일련의 담화들에 의해 예속성 속에 구성되어 있는 주체들이 동시에 다른 담화들에 의해 평등하다고 호명되는 모순적 호명의 상황(Contradictory Interpellation)으로서 여성운동, 인종차별반대운동, 소수인종운동, 제3세계 민족해방운동(Mouffe, 1988: 90-95) 등에서 발견되는 것이다. 이처럼 무페의 이론에 있어서는 민주적 투쟁과 연관된 주체성의 구성이 핵심적 지위를 갖는다.

<표 2> 전통적 패러다임의 정치와 새로운 패러다임 정치의 주요 특성

	전통적 패러다임	새로운 패러다임
행위자	집단으로서(집단의 이해관계에 따라) 활동하고, 분배상의 갈등에 관계하는 사회경제적 집단	집단으로서가 아니라 귀속적 집합성을 위하여 활동하는 사회경제적 집단
이 슈	경제성장과 분배, 군사적·사회적 안정 그리고 사회적 통제	평화유지, 환경, 인권 그리고 소외되지 않는 형태의 노동
가 치	사적 소비의 자유와 안정 그리고 물질적 진보	중앙집권화된 통제에 대비되는 개인적 자율성과 정체성[7)]
행 위 수 단	1) 내적 수단: 공식조직, 대규모의 대표자 집단 2) 외적 수단: 다원주의적 혹은 조합주의적 이해관계의 중재, 정당 간 경쟁, 다수결의 원리	1) 내적 수단: 비공식성, 자발성, 낮은 분화 2) 외적 수단: 부정적 용어로 표현되는 요구에 근거한 저항정치

7) 정체성의 회복에 초점을 맞추는 멜루치는 신사회운동의 네가지 특성으로서 자기정체성의 재소유, 사회운동과 일탈의 상호중복, 목적으로서의 집단적 연대, 직접 참여의 강조와 대의제의 거부 등을 들고 있다. 신사회운동의 최대 관심은 정체성을 재소유하는 데 있기 때문에, 성과 육체, 여가와 소비 그리고 자연환경의 문제 등이 이제는 더 이상 사적인 만족의 대상이라기보다는 집합적인 저항의 영역이 되고 있으며, 질서에만 관심을 쏟는 도구합리성에 대립하여 제기되는 표출과 즐거움을 요구하는 공간이 되고 있다. 그러나 공적 규범에 순응하지 않는 사람들과 사회적 갈등을 사회적 병리현상으로 단죄하는 상황에서 신사회운동의 도전과 위협은 일탈적이거나 주변적인 것으로 간주되기 십상이다. 신사회운동은 정치권력의 획득이나 정치기구의 장악에는 관심이 없으므로 정치적 중재 또한 거부하고, 집단 연대의 추구와 표출적 인간관계의 구성에 보다 주력하면서 직접행동(Direct

구하는 '새로운 패러다임'을 <표 2>와 같이 대비시킨다.

오페(Offe, 1990: 232-234)는 신사회운동의 새로움을 다음의 네 가지 측면에서 파악하고 있다. (1) 신사회운동은 기존의 정당정치와 선거정치의 틀 바깥에 존재한다. (2) 신사회운동은 시민사회 내의 제도와 일상정치의 절차와 정치과정의 제한성에 도전한다. (3) 신사회운동은 기술적, 경제적, 정치적 그리고 문화적 합리성의 제도화된 유형들에 도전함으로써 근대성과 근대화에 대한 보편주의적 비판을 제시하나 가족, 종교적 가치, 재산권, 국가권위 혹은 민족과 같은 전통적인 제도나 관행에서 해결책을 구하지 않는다. (4) 신사회운동은 정치적으로 혁명적 혹은 개혁주의적 전략을 구사하여 새로운 생산양식이나 적극적인 유토피아 혹은 역사적 계획 따위를 꿈꾸지 않는다. 오페는 이처럼 신사회운동은 탈이데올로기적, 탈역사적, 탈유토피아적인 함의를 가지며 근대화과정에 대한 자유주의적·사회주의적 비판의 형태로 간주한다. 보다 구체적으로 신사회운동은 초계급적 이슈들(예컨대, 자아, 건강, 이웃, 도시와 환경, 성과 세대 등)을 다루며, 신중간계급이 운동의 주체세력으로 등장하여 좌파 및 우파와의 다양한 동맹관계를 구축한다. 그러나 오페에게 있어서, 신사회운동은 여전히 근대적 가치(예컨대, 개인의 존엄성과 자율성, 참여, 평등 그리고 연대 등)의 계승을 목표로 하기 때문에, 탈근대적이라기보다는 근대화에 대한 '근대적 비판'의 성격을 갖는다.[8)]

정치적으로, 신사회운동은 여러 가지 면에서 기존의 정당정치나 압력단체 정치(interest group politics)와는 구별된다. 왜냐하면 신사회

Action)과 직접참여를 선호한다.

8) 이 점에 있어서 오페와 하버마스는 근대성의 옹호자로서 일치하나, 하버마스보다는 오페가 보다 적극적인 의미와 역할을 신사회운동에 부여한다. 그리고 오페는 국가-경제-시민사회의 삼분모델을 주장하는 하버마스류의 비판이론적 시민사회론과는 달리 생산과 노동 그리고 시장을 시민사회의 범주 내에 포함시킨 국가-시민사회의 이분모델을 상정한다.

운동의 이해관심은 국제적이고, 행동은 국경을 초월하며, 현재 세계적으로 지배적인 경제관계와 사회관계를 근본적으로 비판하는 일련의 요구를 제시하며, 국가주의적인 정당과 압력단체의 기존 조직구도에 도전하여 직접민주주의를 실천하고자 한다. 이처럼 신사회운동은 의회를 넘어서는 직접행동에 강조점을 두고 있는 새로운 참여정치의 형태로 파악할 수 있다. 신사회운동의 행동은 급진적인 민주주의의 내적 구조와 과정(공직자의 순환, 공개적인 회합 등)을 제안하면서 국가와 정당의 위계적이고 관료적인 구조에 대한 비판을 담고 있다. 나아가 신사회운동은 평등주의 정치의 이념 아래서 차별과 지배를 최소화하고자 하며, 개인적인 것(the personal)과 정치적인 것(the political)의 분리를 극복하여, 초계급적 혹은 비계급적인 정치를 추구하고자 한다.

하버마스(Habermas, 1981: 16-21)는 생활세계의 유기적 기초에 대한 근대적 공격에 대응하는 방어적-수세적인 새로운 형태의 저항잠재력을 신사회운동으로 파악한다. 하버마스에 의하면, 현대사회는 모순적 합리화와 선택적 제도화로 인하여 관료적 행정과 화폐경제가 과도하게 도구주의적으로 팽창한 까닭에 시민사회의 자율성과 연대성은 파괴되거나 왜곡되어 왔다. 그리하여 하버마스는 신사회운동은 이제까지 억압지체되어 왔던 근대성의 잠재력을 규범화, 제도화시킴으로써 생활세계의 식민지화를 극복할 수 있다고 전망한다.

이상과 같이, 여러 신사회운동론자들의 다양한 주장에도 불구하고, 이들이 공통적으로 전제하는 이념은 (과거의 마르크스주의적 계급운동론이 추구하던) 자본주의 국가 타도라는 근본주의적 혁명전략을 거부하는 대신 시민적 정체성을 고양하려는 급진적 개혁주의를 추구하는 것이다. 요컨대, 신사회운동은, 한편으로는 자유민주주의적 정치체계와 자본주의적 경제체계의 사회적 기능을 긍정적으로 인정하여 현재와 같은 사회구조적 분화를 유지한다는 점을 기본전제로 설정하면서, 다른 한편으로는 시민사회의 방어에 주력한다는 자기제한적 급

진주의(self-limiting radicalism) 전략을 추구한다는 것이다.[9)]

4. 신사회운동의 시민사회론적 연관[10)]

신사회운동을 시민사회와 관련시켜 논의한 이론은 적지 않다. 그러나 하나의 사회운동으로서 신사회운동이 갖는 역사적 특성을 시민사회론의 맥락에서 논의한 학자는 그리 많지 않다. 주로 포스트 마르크스주의의 진영 내에서 이루어진 연구(라클라우와 무페, 오페와 하버마스, 코헨과 아라토 등)와 비좌파학자들(잉글하트, 투렌, 멜루치 그리고 힐더브란트와 달톤 등)의 연구가 있다. 그렇다면, 시민사회론의 맥락에서 신사회운동의 위상은 어떻게 설명되고 있는 것일까?

신사회운동 패러다임은 시민사회중심적 접근방식에 근접한 이론틀로서 정체성과 연대성을 중심범주로 설정하고 있다. 그리하여 현대 시민사회론에 있어서 신사회운동은 이론정립의 경험적, 실천적 기반일 뿐 아니라 그 타당성과 적실성을 검증하거나 입증하는 주요한 사회적 현상이다. 다시 말해, 신사회운동은 시민사회의 규범성과 적실성을 가늠할 수 있는 유력한 원천이며, 동시에 시민사회의 민주주의

---

9) 코헨과 아라토(Cohen and Arato, 1992: 669-670)는 신사회운동의 자기제한적 성격을 아래의 네 가지 측면에서 보다 분명하게 규정하고 있다. (1) 모든 형태의 불평등과 권력이 존재하지 않는 단순한 공동체로의 복귀를 추구하지 않는다. (2) 현대 시민사회의 평등주의 원리나 민주국가의 보편적 원리들을 부정하지 않으면서 자율성, 다원성 그리고 차이성을 위하여 투쟁한다. (3) 행위자들은 자신의 가치에 관해서는 스스로 제한적이다. (4) 민주국가와 시장경제의 존재를 수용한다.

10) 여기서는 사회운동에 관한 기존의 집합행위론, 자원동원론에 대비되는 시민사회중심적 신사회운동 접근방식을 논의한다. 이 장에 관한 논의의 핵심적 준거틀로서 코헨과 아라토(Cohen and Arato, 1992: 492-563)의 해석을 적극적으로 수용하였으며, 이들을 재정리하고 있는 이행봉(1994)을 또한 참고하였다.

적 잠재력을 표출하는 메커니즘으로서의 성격을 갖는 것이다. 즉 시민사회는 신사회운동의 지형인 동시에 그 대상이기도 하다. 물론 시민사회라는 틀 속에서 신사회운동을 파악하는 것은 하나의 유력한 해석방식은 될 수 있지만 유일한 해석방식은 아니고, 신사회운동을 시민사회라는 범주와 긴밀히 연관시켜 분석을 하지 않는 이론가들도 적지 않다.

사회운동의 전통적 접근방식은 사회심리학적 이론에 의거하여 집합행위를 사회변화에 대한 좌절 혹은 일탈로 파악하는 소위 '파국테제'(breakdown thesis)를 중심으로 분석하면서, 시민사회의 안티테제로서 대중사회적 상황에 주목한다. 이 같은 전통적 접근방식을 비판하는 두 가지 패러다임으로서 하나는 미국에서 활발하게 논의되는 자원동원론(resource mobilization theory)이고, 다른 하나는 유럽에서 관심을 끌고 있는 신사회운동론이다. 이 두 가지의 새로운 이론적 접근은 상호간의 분명한 차이에도 불구하고, 사회운동과 같은 집합행위를 시민사회의 다원성을 구성하는 자발적 결사체의 전략으로서 간주한다는 시각을 공유하고 있으며, 나아가 시민사회를 신사회운동의 현실적 지형으로서뿐만 아니라 그 핵심적인 운동목표로서 간주하고 있다.

그러나 자원동원론은 조직과 합리성을 핵심적인 분석개념으로 활용하기 때문에 비전략적 조직형태들(예컨대, 자발적 결사체)이 또한 존재하는 시민사회라는 범주에 대하여 정당한 평가를 하지 못하고, 또 사회운동을 전문조직의 차원에서 제한적으로 파악하기 때문에 조직과 운동 간의 사회심리적 매개를 무시하여 정체성의 형성이라는 문제를 심각하게 고려하지 못한다. 비록 자원동원론은 시민사회를 사회운동의 조직과 동원에 필수적인 지형으로서 간주하기는 해도, 궁극적으로 자원동원론이 추구하는 사회운동의 지향점은 (비전략적 조직형태도 존재하는) 시민사회라기보다는 정치사회와 정치사회에로의 진출을 위한 전략적 조직인 것이다(Cohen and Arato, 1992: 507-510).

이와는 대조적으로 시민사회중심적 접근방법인 신사회운동론은 정치사회에 시민사회의 영향력을 증대시키는 '영향력의 정치'(politics of influence)와 정치영역 외부의 사회관계를 자율화, 민주화, 주체화하려는 '정체성의 정치'(politics of identity)에 초점을 맞춘다. 전자가 정치사회에 대한 공세적 성격을 갖는다면, 후자는 시민사회를 위한 방어적 성격을 갖는다. 정체성과 (체계의 기능적 효율성에 대비되는 의미에서의) 연대성을 중심범주로 설정하는 신사회운동론은 자원동원론보다 시민사회 중심적 접근방식에 더욱 근접하여 있다(Cohen and Arato, 1992: 691). 신사회운동패러다임은 관찰자의 시선이 아니라 참여자의 자기인식, 즉 자신들의 정체성, 목표, 투쟁대상과 전략에 대한 집단적 행위주체들의 자기이해를 기반으로 한 사회운동의 접근이라는 점에서 시민사회중심적 접근방식이라 할 수 있다. 물론 신사회운동은 정체성의 형성에만 초점을 맞추는 것은 결코 아니다.

다음에는, 시민사회론적 관점에서 혹은 시민사회론과 연관하여 신사회운동을 고찰하는 주요 이론을 멜루치, 투렌, 오페, 하버마스 그리고 코헨과 아라토의 논의를 대상으로 하여 검토해 보기로 하겠다.

신사회운동론자들은 시민사회를 행위주체의 자기성찰을 고양시키는 문화적 터전으로서 파악하며, 사회운동에 있어서 집단적 정체성의 분석에 초점을 두고 있다. 신사회운동의 등장배경에 관한 멜루치(Melluci, 1980: 132)의 주장처럼, "자기정체성의 방어와 연속성, 그리고 개인적 존재의 예측가능성이 현대사회에 있어서 점차 새로운 갈등의 소재를 구성하며, 생산수단의 소유권을 특정집단들이 사적으로 통제하고 있음에도 불구하고, 점차 더 사회화, 표준화, 획일화하기 시작하는 구조에서 개개인들이 집합적으로 요구하는 것은 그들 스스로의 자기정체성을 실현하기 위한 권리"인 것이다.

멜루치(Melluci, 1980: 199-226)는 신사회운동을 "사회를 조작하는 매개체들과 사회의 자원을 재소유하고자 하고 자신의 정체성을 실현할 권리, 즉 개인의 창조성과 감성적인 생활 그리고 그들의 생물학적 상호주관적인 존재를 스스로 처분할 권리를 집단적으로 제기하려 하는 개인들의 욕구"를 표출하는 갈등으로 이해한다. 즉 신사회운동은 이처럼 위협받고, 잠식당하고 있는 자기정체성과 자율성을 회복하려거나 재정립하려는 집합적 대응으로서 생산의 물질적 구조를 재소유하기 위해서만 싸우는 것이 아니라, 개인의 일상적 존재에서의 시간, 공간, 대인관계의 재소유를 위해서도 싸우는 것이다." 이처럼 멜루치는 신사회운동에 내재하는 자발적이고, 반권위주의적이며, 반위계질서적인 성향을 분석하면서 현대사회에 있어서 두드러지게 나타나는 욕구의 증대와 심화 그리고 유토피아적 향수가 정체성의 재획득으로 나아갈지 아니면 권력에 의해 재해체되고 말 것인지 불안한 시선으로 관찰하고 있는 것이다.[11)]

그러나 신사회운동론자의 한 사람인 투렌(Touraine, 1971, 1980, 1985)은 정체성 중심의 사회운동 분석은 행위자들에 관한 이데올로기적 자기이해를 재생산하거나, 아니면 올바른 사회학적 분석을 무시하면서 상호작용에 관한 사회심리학적 설명으로 빠져들 위험성이 존재한다고 비판한다. 투렌은 신사회운동에 있어서 정체성과 전략은 상호 긴밀하게 연관된 차원으로 이해할 것을 강조한다. 만약 우리들이 순수하게 정체성만을 분석하고자 한다면, 집단적 행위자는 무력한 소비자로 전락하여, 사회적 주체로서의 역할을 해체당하고 말 것이라 진단한다. 이와는 반대로, 순수하게 전략의 측면에만 분석의 초점을 맞추는 경우에는 사회운동을 엘리트주의적 관점에서 파악하게 될 뿐이다.

---

11) 멜루치(Melluci, 1980: 224-225)는 신사회운동에 관한 연구는 사회 내의 계급관계 혹은 계급갈등의 문제를 결코 회피해서는 안 된다고 역설한다. 왜냐하면 지배계급은 정체성의 확립을 위한 투쟁과정에서 발생하는 갈등과 집합행동의 잠재력을 제거하기 위하여, 이것들을 이데올로기적으로 조작하거나 아니면 개인적 수준의 문제로 환원시킴으로써 시민사회영역을 '심리화' 내지 '의료화'하고자 시도하기 때문이다.

그리하여 투렌은 신사회운동의 자기이해와 이데올로기에 대한 해석학적 접근방식을 추구하는 정체성모델의 한계를 보완하기 위하여 정체성과 새로운 규범/해석 형성에 필요한 시민사회적 투쟁으로 문제의식을 확대한다. 즉 투렌은 정체성의 분석을 보다 심화확대하기 위해서 정체성의 형성에만 초점을 맞추기보다는 이에 연관된 법적-제도적 차원의 개혁이라는 과제에 더욱 관심을 부여하는 것이다. 정체성의 형성과정은 기존의 규범을 재해석하고, 새로운 의미를 부여하고자 시도하는 과정에서 기존의 사회구조에 대하여 일종의 도전을 감행하게 되는 것이다.

시민사회 내부의 대립과 갈등에 주목하는 투렌(Touraine, 1981)은 결국 시민사회의 확장이라는 주제로 나아간다. 즉 신사회운동은 단순하게 국가에 대항하는 시민사회적 자율성의 옹호나 제고를 주창하는 수준에 안주해서는 안 되고, 시민사회 자체의 모순과 대립을 극복하기 위해서는 보다 구체적으로 '어떤 종류의 시민사회'(which kind of civil society)를 형성하여 이 같은 과제를 실천할 수 있는지를 검토해야 한다고 주장한다. 투렌(Touraine, 1983: 106)은 단순히 국가에 대항하여 시민사회의 자율성을 방어한다는 것은 오늘날 중요한 이슈가 아니라고 주장하면서, 어떤 시민사회를 보호해야 할 것인가가 더욱 핵심적이라는 것이다. 왜냐하면 시민사회의 단순한 방어라는 자유주의적 프로젝트는 시민사회 내의 지배와 불평등 관계를 간과하는 결과를 초래하기 때문이다.

여기에서 신사회운동은 방어적 전략을 통하여 시민사회의 정체성과 자율성을 확보하며, 공세적 전략을 통하여 시민사회의 개혁과 민주화를 추구하는 투쟁을 전개한다(Touraine, 1985: 124). 물론 투렌이 의미하는 공세적 측면은 결코 정치사회에로의 진입이나 권력 획득을 위한 혁명전략이 아니며, 시민사회의 민주화, 즉 공공성의 확대를 의미하는 것이다.[12)]

투렌의 이 같은 접근방식은 집합적 행위주체에 대한 행위이론적 분석과 시민사회의 갈등양식에 대한 구조론적 분석을 통합적으로 접합시키고자 한다. 그리하여 구조와 행위가 상호결합되어 사회운동의 양상과 특성을 규정짓는 중심적 지형으로서 시민사회가 전제되고 있는 것이다. 요컨대, 투렌(Touraine, 1981: 61)에게 있어서는 "시민사회와 신사회운동은 동일한 외연을 갖는 상이한 중심이라 할 수 있는데, 동일한 외연을 구조의 측면에서 보면 시민사회이고, 행위의 측면에서 보면 사회운동"이라는 것이다.[13]

오페(Offe, 1984, 1985)는, 포트마르크스주의의 분석틀 내에서, 복지국가에 대한 급진적 대안으로서 그리고 비관료적 행정의 발전을 위한 중요한 동인으로 신사회운동을 파악하여, 신사회운동은 국가와 시민사회라는 이분법적인 틀을 중심으로 발생하는 비제도적인 정치화라고 규정한다. 오페는 신사회운동이 등장하는 주요 역사적 배경으로서 후기자본주의 시대의 광범위한 국가개입주의에 주목한다. 정치적 영역과 비정치적 영역 간의 융합이 심화되면서, 국가와 시민사회의 경계 또한 무너지고 있다는 것이다. 즉 후기자본주의의 특징을 이루는 기술관료적 합리성의 증대로 인하여, 정당이 권위주의화와 관료

---

12) 이 같은 상황에서, 투렌(1980)은 페미니즘으로부터 여성운동이 독립적으로 발전되어 나가며, 지역운동이 위기에 처한 지역을 단순히 방어하는 것만이 아니라 자립적인 지역발전이나 지역해방으로 나아가고, 반핵운동이 핵에 대한 공포를 경고하는 차원에서 핵권력 반대투쟁으로 고양됨으로써, 신사회운동은 방어적 행동에서 권력에 이의를 제기하는 행동으로 이행되며, 정체성의 확인에서 지배관계의 폭로에로 이행하는 보다 적극적인 역할을 수행할 것으로 기대한다.

13) 이 같은 투렌의 행위이론 중심적 사회운동론은 비록 시민사회론의 필요성을 도처에서 강조하고 있으나, 그 자신의 독자적인 시민사회론은 제출하지 않는다. 그 대신 그는 후기산업사회 혹은 '프로그램화된 사회'(Programmed Society)라는 모델을 도입하여 현대 사회운동에 대한 그의 분석을 심화한다. 그러나 코헨과 아라토는(Cohen and Arato, 1992: 520-523)는 투렌이 정치사회를 지향하는 신사회운동의 전략적 차원의 하나인 영향력의 정치를 과소평가한다고 비판한다.

제화의 수렁으로 빠져들면서, 시민의 정치참여 통로는 폐쇄되고 있으며, 그 결과 국가와 시민사회가 융합되어 시민사회 영역은 점차 축소되고 탈정치화되고 있는 것이다.

이 같은 신보수주의적인 탈정치화(depoliticization), 재사유화(re-privatization)의 기획에 대응하여, 오페는 허물어지고 있는 국가와 시민사회 간의 경계를 복원함으로써, 국가에 의한 시민사회의 잠식을 방지하고자 한다. 그러나 오페는 이 같은 노력의 하나로서 제기되고 있는 신보수주의적 시민사회론의 한계를 적절히 비판하고 있다. 비록 선진 자본주의적 산업사회의 모순과 갈등은 더 이상 국가의 개입주의적 규제나 관료주의적 통제로써는 해결할 수 없는 것이지만, 신보수주의적인 국가영역의 제한과 작은 정부의 구현정책 그리고 시장논리와 소유권의 보장, 노동윤리와 가족적 가치 그리고 과학적 진리의 복원 등과 같은 전통적 시민사회 복원정책으로서는 당면한 문제를 해결하기 어렵다는 것이다. 다만, 신사회운동의 정치와 신보수의적 기획은 국가주의, 정치적 규제 그리고 관료적 권위에 의존하는 방식으로는 선진 산업사회의 갈등과 모순을 더 이상 해결할 수 없다는 인식을 공유하고 있다(Offe, 1985: 818-819)

그러나 신사회운동의 시민사회 재형성 전략은 대의민주제적-관료제적 정치제도에 대한 보다 적극적인 비판을 통하여 국가에 의한 규제와 개입을 거부하고자 한다. 따라서 시민사회의 주요한 정치적 과제는 시민사회 스스로에 의한 정치화, 즉 공공영역의 확대화로서 신사회운동은 정치적으로 대의제적·관료제적 통로와는 별개의 자율적인 시민사회제도들을 정치화시키고자 한다. 그리하여 신사회운동은 국가의 경직된 규제로부터 벗어나서 시민사회를 새롭게 재구성하고자 시도하는 것이다(Offe, 1985).

그러나 오페는 신사회운동과 근대성 간의 연속성을 강조하면서, 신사회운동을 근대성의 핵심적인 정치사회적 프로젝트 또는 근대성에 대한 근대적 비판이라고 규정한다. 즉 신사회운동을 근대적 가치에 대한 거부라기보다는 선택적 급진화로서 이해하는 것이다. 이 같은 신사회운동의 추진세력은 신사회운동의 옹호세력, 좌파세력 그리고 우파세력의 삼자 간에 형성되는 동맹관계에 의해서 구성된다. 오페(Offe, 1985: 853)는 신사회운동은 조직적 형식화로부터 정치적 제도화에로의 이행을 통하여 이 같은 동맹형성을 용이하게 수행할 수 있으며, 나아가 정당을 형성함으로써 보다 광범위하고도 지속적인 지지를 동원할 수 있다고 한다. 그렇지만 오페는 만약 신사회운동이 하나의 정당으로 전화되는 경우(예컨대, 녹색당의 경우), 조직의 관료제화와 권위주의화라는 위험성이 상존함을 지적하여 '새로운 유형의 정당' 혹은 '반정당적 정당'(antiparty party)이라는 대안을 모색한다.[14)]

한편 의사소통이론에 기반을 두면서, 체계와 생활세계의 구분을 통하여 시민사회를 재구성하고, 신사회운동의 위상을 분석하는 하버마스는 전략과 정체성, 혹은 구조와 행위, 제도화와 반제도화라는 신사회운동의 이중적 차원과 그것의 연속/비연속성을 매우 적절하게 설명하고 있다.[15)] 이 같은 시민사회의 제도적 이중성에 대한 하버마스의 분석은 신사회운동의 이중적 혹은 복합적 성격을 이해하는 데 유력한 이론적 기반을 마련하여 준다. 하버마스는 근대성 혹은 근대화에 대한 비판론과 옹호론의 양자를 동시에 수용하면서 또한 동시에 비판함으로써, 근대성의 긍정적 잠재력에 대한 신뢰를 바탕으로 자기제한적 급진주의 개혁정치를 추구하여 미완의 프로젝트로서 근대성을

---

14) 오페(Offe, 1990: 243)는 신사회운동의 정당화 혹은 정치적 제도화에 반대하는 근본주의자들에 대하여 제도적 학습과정을 통하여 신사회운동은 과도한 책임윤리로부터 벗어날 수 있고, 후기 자본주의 체제가 지닌 맹목적인 위험성들을 지적함으로써 대의제 민주주의의 불충분한 측면을 확신하게 만들어 준다.

15) 하버마스(Habermas, 1984: 365-367)에 의하면 시민사회 또한 제도적 이중성을 지니고 있다. 즉 시민사회의 제도들, 예컨대 법은 화폐나 권력이 생활세계로 침투하는 통로나 수단으로서의 매개적 역할을 하는 동시에 생활세계의 규범적 성과를 보장하고 공식화하는 기능을 수행하는 것이다.

자기완성의 단계로 이끌어 가는 것이다. 다시 말해, 시민사회라는 지형 위에 상호 대립갈등하고 있는 식민화의 경향과 해방적 관심을 위치시키고, 신사회운동이라는 시민사회의 새로운 정치, 즉 정체성의 정치, 포섭의 정치, 영향력의 정치(혹은 권리의 정치), 개혁의 정치를 통하여 해방적 차원을 보다 확대하여 나간다는 것이다.16)

신사회운동에 대한 하버마스의 논의는 세 가지 차원에서 출발한다(Cohen and Arato, 1992: 524-525). 첫째는 과학, 예술, 도덕으로 분화되고 있는 문화적 근대성의 자기성찰을 통하여 생활세계의 근대화를 추구한다는 것이다. 둘째는 근대성의 잠재력(예컨대, 자기성찰, 자율성, 자유, 평등, 의미 등)은 '선택적 제도화'(selective institutionalization)를 통하여 국가/경제의 근대화와 생활세계의 합리화가 상호 구별되며, 나아가 상호갈등하게 만든다는 것이다. 그 결과 기능주의적 합리성을 핵심으로 하는 전자의 근대화가 의사소통적 합리성에 의거하여 해방된 주체의 사회적 실현을 추구하는 생활세계의 근대화를 압도하여, '생활세계의 식민화'(the colonization of the lifeworld)를 초래한다는 것이다. 셋째는 이 같은 합리화 과정이 시민사회의 제도적 발전을 수반하면서 한편으로는 해방의 추구자로서 역할을 수행하나 다른 한편으로는 지배의 메커니즘으로 작용하기도 한다는 이중성을 밝혀 주는 것이다.

근대로의 이행과정에서 비합리적인 세계를 합리화 혹은 탈주술화함으로써 서양의 근대화가 시작되었으나, 합리화된 생활세계를 기반으로 하여 경제와 관료적 행정이라는 하위체계가 생성되어, 점차 과도하게 팽창하여 생활세계의 영역을 침범하고, 융합하는 현상, 즉 체계에 의한 생활세계의 식민화가 발생하게 된 것이다. 이 식민화 현상은

---

16) 하버마스(Habermas, 1981)는 1960년대 이전까지 존재하여 왔던 '낡은 정치'(Old Politics)와 새롭게 대두하고 있던 '새로운 정치'(New Politics)를 구분하고자 하였다. 그는 새로운 정치의 일반적 성격을 생활의 질, 평등, 개인의 자기실현 및 인권 등의 문제를 추구하는 것이라고 규정하였다.

자발적인 의사소통과정을 왜곡하여 정치적 공중의 비판적 혹은 저항적 잠재력을 약화시키고 있다. 그러나 이 저항의 잠재력은 생활세계의 식민화가 나타나는 곳에서 새로운 투쟁전선을 형성하게 된다.17)

하버마스는 체계와 생활세계 사이의 접합선이라는 개념을 통하여 생활세계 내에는 체계가 침범할 수 없는 혹은 체계에 의하여 오염되지 않은 공간들, 즉 의사소통의 요새들이 존재함을 인정한다. 시민사회가 체계에 고유한 권력과 화폐의 논리를 의사소통적 합리성으로 적절히 균형잡지 못하는 상황에서 시민적 주체가 단순히 피고용인, 소비자, 고객 등으로 변질되는 지점이 바로 신사회운동의 발생영역인 동시에 시민들이 새로운 해방적 주체의 실현을 추구하는 투쟁영역인 것이다.

하버마스는 비록 복지국가에 의하여 계급갈등은 제도화되었으나, 저항의 잠재력은 상존하고 있어서, 저항은 이제 새로운 갈등의 전선에서 형성되고 있다고 한다. 이 새로운 갈등이 바로 신사회운동으로서 그것은 저항적 주체를 노동자에서 중산층으로 바꾸었으며, 저항의 목표도 자본주의 체제 자체의 전복이 아니라, 체계에 의한 생활세계의 식민지화를 차단하기 위하여, 혹은 생활세계를 부활시키기 위하여 공론장을 활성화하여 국가체계를 포위함으로써 영향력을 행사하고자 하는 기본적으로 방어적 성격을 갖는 것이다. 하버마스는 여기서 공론장을 구성하고 있는 각종의 사회결사체 및 조직체들에 대한 그의

---

17) 이 같은 항의의 잠재력은 신사회운동의 형태에 따라서 세 가지 종류(즉, 저항의 잠재력, 후퇴의 잠재력, 그리고 해방의 잠재력)로 나누어진다. 저항의 잠재력은 여성운동에서처럼 부르주아 및 사회주의적 전통을 견지하면서 해방적 가치를 실현하려는 공세적 운동이며, 동시에 근대화 과정에서의 과잉합리화에 저항하는 방어적 운동이라는 것이다. 나아가 신사회운동이 발생하는 주요 문제 상황으로서 '녹색문제'(green problem), 안전을 위협하는 복합성의 증대, 의사소통구조의 과부하를 지적한다(Habermas, 1984: 392-395).

관심을 시민사회의 범주를 도입하여 분석하고자 한다.[18] 하버마스에게 있어서 신사회운동이란 생활세계의 식민화를 저지하여, 생활세계를 방어하려는 운동으로서, 시민사회 내에서 실천적이고 합리적인 의사소통을 활성화하고 제도화하려는 일종의 시민운동이 되는 셈이다.

이처럼 하버마스는 신사회운동이 갖는 해방적 잠재력에 대하여 상당한 기대를 보여 주고 있다. 그러나 그는 근본주의적 전략에 기초한 대안적 프로그램은 거부하는 대신, 자기제한적 급진개혁주의 노선을 추구하고 있다. 왜냐하면 근본주의적 전략은 기능주의적 합리성이 확대되는 것을 조장하기 때문이다. 따라서 행정적·경제적 체계의 기능주의적 합리성의 팽창을 제어할 수 있는 문화적 근대성의 의사소통적 합리성의 확대가 필요함을 역설하고 있다. 결국 하버마스(Habermas, 1984: 396)는 현대사회가 직면한 모순을 극복하기 위해서는 근대성을 부정하거나 초월하려는 반근대(antimodernity)나 탈근대(postmodernity)에 입각해서는 안 되며, 근대성의 확장 혹은 급진화라는 기획이 필요하다는 것이다. 이 점에 있어서 하버마스는 신사회운동을 근대성의 확대 및 심화 혹은 급진화기획이라는 관점에서 파악하고 있는 것 같다.[19]

---

18) 그간 시민사회의 개념을 철저히 외면하고 있던 하버마스도 시민사회에 관한 이론적 열기 앞에서 마침내 그의 이론틀 속에 그람시 전통의 시민사회 개념을 수용하지 않을 수 없게 되었다. 이에 관한 보다 비판적인 논의로서 황태연(1996)을 참고할 것.

19) 하버마스(Habermas, 1984: 311-380)는 시민사회의 민주화를 위하여 해방의 차원을 보전 확대하려는 새로운 정치의 네 가지 형태를 구별한다. (1) 정체성의 정치(politics of identity)는 문화적 규범, 개인적·집단적 정체성, 토론의 형식을 재창출하려는 정치이며, (2) 포섭의 정치(politics of inclusion)는 정치사회의 활성화를 위하여 정치사회에로의 진입을 추구하거나 정치적 대표성의 제고를 위하여 정치참여를 확대하려는 정치이고, (3) 개혁의 정치(politics of reform)는 정치적·경제적 영역의 민주화를 위하여, 정치경제에 대한 감응장치를 구축하는 정치이고, (4) 가장 중요한 영향력의 정치(politics of influence)는 시민사회의 공공영역을 활성화하여, 정치

이제 시민사회는 하버마스에게 있어서는 "사회 전체의 자기조직화"가 가능한 영역으로 더 이상 간주되지 않으며, 오직 영향력의 정치만을 행사할 수 있는 자기제한성을 지니게 되어, 시민사회는 사회 전체를 통제하고, 전체의 명의로 행위하면서 사회혁명을 선도할 수 있는 역사철학적 거대주체를 대신하지 못하는 것이다. 코헨과 아라토의 지적처럼, 체계와 생활세계 간의 새로운 사회적 균형을 추구하는 이 같은 수세적·방어적 성격을 갖는 하버마스의 자기제한적 급진주의는 공화주의적 이념의 마르크스주의적, 레닌주의적, 무정부주의적 노선이 지향하는 근본주의적 정치적 변혁목표의 위험성을 우려하고 있기 때문이다.[20)]

주지하듯 하버마스는 초기에는 신사회운동에 대해서 별로 중요한 의미 부여를 하지 않았다. 그는 국가와 시민사회의 융합에 따라서 시민사회의 공공영역이 변질되는 역사적 현상에 대하여 비판적인 시각을 견지할 뿐이었다. 그러나 하버마스는 차츰 근대성의 이중성이나 근대사회의 양면성에 관하여 적극적인 측면을 인식하게 되어, 신사회운동은 왜곡된 근대성의 제도화를 복원하고 시민사회의 민주화에 기여할 수 있다는 점을 인정하게 되었다. 이제 하버마스는 신사회운동

와 경제 영역에 대한 영향력과 통제력을 증대하기 위한 정치이다. 이 네 가지 정치는 신사회운동의 전략적 차원과 정체성 차원을 동시에 포괄하면서 신사회운동의 목표를 실천해 나가는 수단이 된다.

20) 투렌(Touraine, 1995)의 하버마스 비판에 의하면, 하버마스가 상정하는 사회에는 특수한 것에서 보편적인 것으로 지속적인 움직임이 있으며, 정치생활은 개인들을 스스로를 초월하여 발전하도록 기능하고 있으나, 이것은 일면적일 뿐이다. 왜냐하면, 의사소통은 타자에 대한 경청과 공공선에 대한 진지한 토의에 의해서 성립되기도 하지만, 인간의식에 있어서 정보와 언어 표상들의 흐름은 화폐나 의사결정의 흐름처럼 권력에 의해서 통제될 수 있기 때문이다. 투렌은 하버마스에게 나타나는 보편주의에로의 회귀, 객관적 합리성에 대한 의존 그리고 독일식 낭만주의의 위험이라는 한계가 드러난다고 지적한다.

의 전략적 성격에 강조를 두면서 '새로운 항의의 잠재력'(potentials for protest)으로서 기대를 걸고 있다. 이 같은 하버마스의 인식전환의 배경으로는 현대 서구사회에서는 과거에 볼 수 없던 새로운 유형의 갈등이 발생하기 시작했다는 사실이 있다. 즉 갈등의 핵심적 내용이 물질적 분배를 둘러싼 복지국가적 유형의 제도화된 갈등으로부터 생활양식 자체에서 발생하는 문제들, 예컨대, 삶의 질, 평등한 권리, 개인의 자아실현, 인권의 보장, 정치적 참여의 확대 등으로서 기존의 물질적 분배에 따른 정치적-경제적 갈등이라기보다는 사회-문화적 통합과 재생산에 관련된 문제들인 것이다.

최근 코헨과 아라토(Cohen and Arato, 1992: 527-532)는 하버마스를 비판적으로 승계하면서 신사회운동을 보다 일관되게 시민사회론과 연관시켜 논의하고 있다. 하버마스를 포함한 기존의 시민사회 모델을 이론적으로 재구성하여 신사회운동론의 확장과 체계화를 시도하는 이들은 하버마스가 자신의 사회이론은 보편주의적 지향성을 갖는 것으로 인식하지만, 신사회운동은 특수주의적이며 방어적인 성격을 지닌 것으로 파악하고 있다는 점을 비판한다. 하버마스는 시민사회의 핵심적 구성요인인 자발적 결사체를 무시하고, 문화적 잠재력만을 강조함으로써 신사회운동이 시민사회의 제도개혁에 대하여 갖는 함의를 과소평가한다는 것이다. 하버마스는 (여성운동의 경우를 제외하고는) 신사회운동이 갖는 해방적 잠재력을 회의하고, 그것의 반제도적, 방어적, 반개혁적 성격을 불신하여, 신사회운동이 근대성의 긍정적 잠재력의 제도화를 촉진하거나, '후퇴의 표출적 정치'(an expressive politics of withdrawal)를 초월하는 능력을 지니고 있다는 점을 제대로 평가하지 못하고 있다는 것이다.

나아가 코헨과 아라토는 하버마스가 정치 및 경제체계의 자기준거적 폐쇄성을 지나치게 강조함으로써 그것의 제도적 개혁가능성 즉 정치적·경제적 민주주의의 심화를 제대로 논의하지 않고 있음을 지적하고 있다. 이들은 신사회운동은 정체성과 규범에 대한 새로운 해석과 형성에 못지않게, 사회적 연대와 통합을 통하여 시민사회의 결사체적 구조를 재구성하고, 공공영역의 자율적 다원성을 제도화하고자 한다는 점을 부각시키고 있는 것이다.

코헨과 아라토는 신사회운동의 이론적 지평을 풍부히 하면서 그것이 가지고 있는 시민사회적 함의를 명확히 하고 있다. 즉 시민사회론에 입각하여 체계와 생활세계의 구분을 새롭게 재규정함으로써 하버마스의 문제점을 수정하고자 한다. 코헨과 아라토(Cohen and Arato, 1992: 531)는 생활세계를 "제 권리에 의해서 구축된 시민사회의 제도적 접합"(the institutional articulation of a civil society secured by Rights)으로서 파악하고, 정치사회 및 경제사회 내에서 시민사회의 영향력이 제도화됨으로써 계속적인 민주화가 가능하다는 점을 강조함으로써 시민사회의 이중적 개념화와 신사회운동의 이중적 논리를 모두 포괄하고자 한다. 요컨대, 이들은 신사회운동의 이중적 논리(전략의 차원과 정체성의 차원, 방어적 차원과 공세적 차원)와 시민사회의 이원성(시민사회의 자율성과 자기방어 대 제도적 개혁)이 동시적으로 포착될 수 있도록 하버마스의 의사소통이론을 재구성하였던 것이다.

코헨(Cohen 1982: 97-104)은 신사회운동을 과거 사회운동과의 연속성과 비연속성을 동시에 포괄하는 생태학적 문화모델(ecological cultural model)로 이해하고자 한다. 그렇지만 이들은 문화모델이 지니고 있는 반근대성, 낭만주의적 유기체성을 경계하면서 문화적 근대성에 조응하는 새로운 윤리적 성찰의 기회로서 신사회운동을 파악한다. 즉 시민사회의 민주화는 연대성의 구축과 합리성의 증대를 동시에 필요로 하는 것이다. 그리하여 코헨과 아라토는 신사회운동이 담론의 제도화를 통하여 시민사회적 공간을 방어하고, 이처럼 확보된 시민사회의 공간을 재구성하여 권력의 정당한 원천으로서 만들어 나감으로써 권리의 제도화를 위한 토대를 구축할 수 있는 것이다. 만약 신사회운동이 없다면 현대 시민사회는 민주주의와 각종의 근대적 전통이 잠들고 있는 근대의 무덤에 불과하고 말 것이다. 신사회운동이 추구하는 시민사회의 자기방어와 시민사회의 민주화야말로 시민사회의 현대적 부활을 가능하게 만드는 원동력이다. 그리고 신사회운동은 시민사회가 지닌 해방적 잠재력(예컨대, 합리성과 연대성)의 동원과 확산에 기초하지 않고는 어떠한 진보적 역할도 수행할 수 없는 것이다.

시민사회의 민주화란 결국 자기제한적 혹은 자기성찰적 급진개혁주의의 노선에 따라서 연대성의 창출과 합리성의 증대를 동시에 추구하는 것이다. 복지국가적 산업사회의 과도한 팽창에 저항하는 신사회운동은 반제도주의적 편향성을 극복하고, 민주주의적 제도개혁이라는 보다 구체적인 전략을 모색하여 시장과 소유 혹은 국가를 중심으로 조직되기는 하나 정치와 경제에 침투하여 제도개혁을 추구할 수 있는 자유로운 결사체와 공공영역들이 존재하는 포스트 부르주아적 민주시민사회(post-bourgeois democratic civil society)의 가능성을 제시해야만 한다(Cohen, 1982: 112). 이를 위하여 신사회운동은 체계의 총체적 거부(예컨대, 반근대적, 공동체적 경향)나 반개혁주의적 체념을 극복하여, 신사회운동은 국가와 경제에 대한 영향력을 획득하여,. 이 같은 성과들을 제도화하는 데 그 최대의 전략적 목표를 두고 있는 것이다.21)

그렇지만, 코헨과 아라토는 국가에 대항하는 시민사회라는 고전적인 민주화 프로젝트를 강력하게 비판한다. 그들은 "국가 없이는 시민사회도 없다"(No State, No Civil Society.)는 논리에 기반하여 시민

21) 신사회운동이 해결해야 하는 네 가지 과제를 코헨(Cohen, 1982: 112)은 다음과 같이 지적하고 있다. 첫째, 정치적, 경제적 제도들에 대한 내재적 비판을 통하여 민주화의 가능성을 탐색한다. 둘째, 운동의 다양한 수단 사용과 이것이 초래하는 결과에 대한 검토 및 수단의 사용을 제약하는 구조적 요인을 검토한다. 셋째, 신사회운동의 내부 혹은 운동 상호간에 있어서의 근본적 가치에 관한 갈등과 결과를 구명한다. 넷째, 운동과 이를 지원하는 정당과의 올바른 관계 정립 및 역할 분담에 대한 구체적 분석을 시도한다.

사회와 근대국가 간의 긴밀한 상호보완 관계를 강조한다(이행봉, 1994: 362). 국가를 부정하거나, 국가와 시민사회를 통합하려는 어떠한 근본주의적 사회운동 전략도 실패하고 말 것이라고 경고한다. 그들의 견해로는, 국가가 제공하는 특정의 행정적-경제적 조정기능이 존재하지 않는다면, 법의 보편주의적 질서기능이 없다면, 국가에 의한 통합과 보호의 역할이 없다면, 근대 시민사회는 근대성을 상실할 뿐 아니라, 사회로서도 존속할 수 없다는 것이다. 국가기능이 없다면 시민사회는 분열되거나 해체되고 말 것이라고 판단한다. 코헨과 아라토(Cohen and Arato, 1992: 275-277)는 국가와 시민사회 간의 이 같은 상호관계를 국가주권의 형성 원천의 문제와 연관지어 설명하면서 홉스적인 절대적 국가주권론도 거부하고, 주권의 사회환원주의도 거부하면서, 신사회운동이 지향하는 시민사회의 민주화는 국가주권의 폐지가 아니라, 그 제약을 목표로 하는 것이라는 점을 역설한다.

결국 코헨과 아라토에게 있어서, 신사회운동은 시민사회의 민주화를 추진하는 조직적-집합적 주체로서 근대성의 지형 위에 확고하게 정착하면서, 전근대적-반근대적 공동체적 경향이나 탈근대적 혹은 근본주의적 지향성을 극복해야만 한다. 다시 말해, 신사회운동은 권리의 제도화를 통하여 근대적 전통과 성과를 계승하는 시민사회의 정치라는 자신의 역할을 수행해야만 하지, 사회적 탈분화를 초래할 위험성이 많은 반정치의 유혹으로부터 벗어나야 하는 것이다(Cohen and Arato, 1992: 562-563). 그렇게 되면, 신사회운동은 생활세계, 국가, 그리고 경제의 각각 분화된 기능과 역할을 균형적으로 수행할 수 있게 만들어 시민사회의 민주화를 지속시킬 수 있게 되는 것이다.[22)]

22) 코헨과 아라토에 대한 비판적 논의로서 Alexander(1993)와 김성국(1996)을 참고할 것.

5. 신사회운동의 이론적 · 실천적 전망

오늘날 신사회운동과 현대 시민사회론은 상호불가분의 관계로 재구성되고 있다. 특히 코헨과 아라토(Cohen and Arato, 1992: 564-604)는 시민불복종(civil disobedience)의 논리까지 적극적으로 검토하면서 신사회운동과 현대 시민사회론이 공통적으로 추구하는 '자기제한적 급진주의'라는 이념적, 전략적 특성을 보다 강력하게 부각시키고자 한다.

그렇지만, 현실적으로 신사회운동이 실현하고자 하는 생태주의적, 페미니스트적, 지역자치주의적, 공동체적, 반전평화주의적 가치들은 필연적으로 현존하는 국가-시민사회의 역학관계나 자본주의 체제를 지배하는 가치들과 모순 상충하지 않을 수 없다. 예를 들어, 생태주의는 지금까지 인간문명의 원동력이었던 인간중심의 자연개발과 자본주의적 산업발전의 성장주의적 가치를 거부하며, 페미니즘은 가부장적 권위주의의 기초가 바로 남성적 우월과 지배 = 폭력적 위협과 파괴 = 억압착취적 국가지배체제로 연결되고 있음을 비판하며, 반핵평화주의는 비인간적 상호경쟁 대신에 의사소통적 상호부조를 강조하며, 지역자치/공동체주의는 중앙집권적 국가주의 대신에 다원주의적 자유공동체를 추구하고 있다는 점에서 저항의 논리와 해방의 유토피아를 동시에 포괄하고 있는 것이다(김성국, 1996).

이 같은 신사회운동의 좌파 자유해방주의적 지향성은 오늘날 전세계적인 차원에서 새로운 대안적 이념으로 논의되고 있다. 물론 좌파 자유해방주의(left libertarianism)가 '자유 없는 사회주의의 실패'와 '평등 없는 자본주의의 실패'라는 두 가지 역사적 실패를 제대로 극복하기 위해서는 현대 시민사회론의 재구성을 통하여 새롭게 변화하는 시민사회를 어떻게 재형성할 것인가에 관한 보다 체계적인 이론적-실천적 전망을 제시해야만 할 것이다. 여기서 우리가 분명하게 인식해야만 하는 사실은, 시민사회의 성장과 성숙은 인류가 국가의 지배로부터 다시 공동체적 자율성을 확보해 가는 자유와 해방을 위한 역사적 대장정의 중간과정이며, 하나의 거대한 진보적 물결로서 신사회운동은 이를 위한 실천수단이라는 점이다. 따라서 신사회운동의 급진성은 그것이 아무리 자기제한적이라 하더라도 결코 자본주의적 시민사회의 틀 속에 영원히 구속되거나, 안주하지는 않을 것이다. 아마도 신사회운동은 끊임없는 제도화(institutionalization)의 과정을 거치는 동안에 자본주의적 시민사회를 창조적으로 파괴할 수 있는 코페르니쿠스적 전기를 발견하게 될 것이다.

특히, 총체적 위기상황에 빠져 있는 오늘의 한국 사회에 있어서 시민사회의 재구성을 위한 신사회운동 전략은 참으로 중요하다. 한국의 시민사회에는 여전히 계급갈등의 불씨가 타오르고 있기 때문에 신사회운동은, 적어도 일정 기간은, 구사회운동과의 다양한 연대전선을 구축하여 시민권의 확대로부터 시민공동체의 형성에 이르기까지 상호협동과 신뢰의 기반을 구축할 필요가 있다.

폭발적인 급성장의 후유증 때문인지 일시 정체된 듯한 한국의 시민사회는 이제 신사회운동의 새로운 급진주의를 통하여 성숙한 시민사회로의 자기변혁을 진지하게 모색할 때이다. 아마도 우리가 국가로부터 시민사회를 거쳐 공동체로 나아갈 수 있는 확실한 통로를 찾기 위해서는 앞으로 오랜 동안 '신사회운동'이라는 '새로운 그람시적 진지전'(new Gramscian war of position)을 펼쳐야 할 것 같다.

제3장

구미 신사회운동의 특성

집합행동론적 시각

김 용 직

1. 서 론

1970년대 말 1980년 초에 뉴레프트 운동의 후예로 등장한 환경운동, 반핵-평화운동, 여성운동 등의 신사회운동들은 일부 사회이론가들의 상당한 관심을 끌고 있다. 산업화 시대의 구사회운동이었던 노동계급의 운동과는 여러모로 그 특징이 확연히 구별되는 이 운동들은 하나의 운동이라 보기에는 어려운 점이 많지만 나름대로 공통의 특징을 가지고 있다. 신사회운동은 국가별, 운동별로 상이한 양상으로 전개되며 그 내용도 다양하다. 기존 정치, 사회적 조건이 각국마다 상이하기 때문에 각 나라별로 운동의 양상도 다르게 나타난다. 이 장에서는 기존의 사회운동에 대한 집합행동이론들의 설명 개념과 이론들을 활용하여 구미 신사회운동의 집합행동적 측면을 분석하여 보고자 한다. 여기에는 이들이 어떠한 성격을 띠고 어떻게, 또 왜 발생하는가를 알아보며 그것이 기존 서구사회의 정치·사회적 맥락과는 어떠한 관계가 있는지를 알아보려고 한다. 다음 절에서 우리는 먼저 기존의 집합행동이론과 사회운동이론들의 핵심 쟁점과 관점을 개괄하여 신사회운동의 집합행동적 측면을 분석하기 위한 개념적 예비고찰을 해 보고자 한다.

2. 주요 집합행동이론: 관점과 개념

1) 집합행태론(Collective Behavior Theory)과 좌절-박탈 가설

집합행동이론에서 가장 고전적이며 널리 활용되었던 이론으로 집합행태론(collective behavior theory)를 들 수 있다. 뒤르껭류의 고전적 사회학이론의 전통을 반영하는 이 이론은 기본적으로 사회운동을 산업화과정에서 등장하는 대중사회의 비합리적이며 비정상적인 행태로 간주한다. 20세기 전후의 시대적 분위기를 대표하는 초기의 이론가들 중 대표적 지위를 차지하는 르 봉(Gustav LeBon)은 군중행위이론을 통해 사회운동이 정상적인 사회생활이나 합리적인 행위와 절연된 비합리적인 것임을 강조하였다. 프로이트 심리학이 무의식의 세계를 발견한 이래 관심을 끈 사회심리학적 접근방법이 주된 기조를 이루고 있었다(Rule, 1988: 92-93).

르 봉의 군중이론은 로버트 파크(Robert Park)로 시작되는 시카고학파 집합행태이론으로 전수되었고 이들은 집단행태의 현상이 산업사회의 급격한 구조적 변동기에 개인들이 적응성을 상실한 상태에서 발생하였다고 보았다. 또한 이들은 집단행태는 "충동, 감정, 직접적 상호작용" 등에 의해서 지배되는 비조직적 집단행위로 간주하였다(Rule, 1988). 좌절감(frustration)과 박탈감(depravation)을 중시하는 전통은 그 선구적 예로 프랑스 대혁명에 대한 도끄빌(Tocqueville)의 저술에서 기대상승이 혁명적 열기의 원인이었다는 주장에서 찾을 수 있다. '상대적 박탈감'이론 역시 이런 전통을 계승하는 것이다. 데이비스(James Davies)는 다양한 운동의 연구결과 한 집단의 경제사회적 상황이 상향적 추세에서 갑자기 쇠퇴할 경우 이들의 좌절감이 정치적 격동을 가져온다는 제이 커브(J-curve) 가설을 제시하였다

(Davies, 1962). 이러한 이론들을 집대성하여 테드 거는 정치폭력에 관한 일반이론을 고안하였다(Gurr, 1970).

집합행태이론의 문제점은 그 개념이 모든 비합리적 집단행태, 예컨대 반란, 폭동, 집단공포로부터 사회운동에 이르기까지 거의 모든 집단현상을 망라하는 데 주로 비합리적인 군중행위로 개념화한다는 데 있다. 따라서 이들은 조직적 요인보다는 무의식적 충동과 감정 같은 군중적 요인(crowd factor)을 더 중시한다. 또 이들은 공통적으로 사회적 통제의 와해를 중요 요인으로 지적한다. 터너와 킬리안(Ralph Turner & Lewis Killian)도 "군중 행태가 발생하는 기본적 조건은 문화적 갈등이나 정상적 통합의 붕괴"라고 집합행태론 관점을 견지한다(Rule, 1988: 101). 이 이론은 사회운동의 주체들의 합리적 동기를 전적으로 부인하는 측면이 강하며 사회운동에 내재하는 의미행위적 측면을 애써 도외시하는 경향이 있다. 따라서 집합행태론은 집합적 현상 중에 주로 비합리적인 전체주의 정치운동인 파시즘을 연구하거나, 기타 돌발적 군중행위와 같은 현상을 설명하는 데에 특히 유용하다고 하겠다.

2) 자원동원론(Resource Mobilization Theory)

(1) 합리적 선택 이론(Rational Choice Theory)

1960년대 말부터 등장하는 뉴레프트운동에 대한 집합행태론식의 설명은 이 운동에 참여했던 많은 이들에 의해서 거부되었고 이들은 자신들의 운동을 설명하기 위해 새로운 이론을 제안하였는데 이것이 후에 자원동원이론(resource mobilization theory)으로 불리게 되었다. 이 이론은 기본적으로 사회운동을 합리적 행위로 간주할 것을 주장한다. 이제 후기산업사회에서 사회운동이란 비합리적 행위에서 유발되는 것이 아니라, 개인들의 보다 합리적인 선택에 의해서 창출된다는 것이다.

이 이론의 선구자격인 밀(John S. Mill)과 공리주의자들은 사회운동을 집합적인 현상으로 보았지만, 이들은 사회운동 현상을 비합리적 좌절감만으로는 충분히 설명되지 않는 것으로 보고, 합리적 목적을 추구하는 개인심리 수준에서 참여동기를 찾아 사회운동의 동인을 설명하였다. 합리적 선택이론은 합리적 행위이론의 효시인 올슨(Mancur Olson)의 『집합행동의 논리』(1965)에서 처음 제시되었으며 일부 미시경제학자들이 '집합선택이론'에서 활용하는 접근방법이다. 올슨은 사회운동을 집합적 재화를 생산하기 위한 노력으로 간주하며, 집합행동이 공통의 이익을 합리적으로 추구하는 노력에서 자연스럽게 도출될 수 없다고 주장하였다. 그는 이 문제를 '무임승차의 딜레마'(free-rider's dilemma)라고 명명하고 집합행동은 개인들에게 '선택적 동기'를 부여해 주어야 가능한 것이라고 설명하였다. 올슨은 사회운동에 참여하는 데에는 반드시 동기 유발이나 또는 부담의 부가 등이 필요하다며 개인들의 내적 동기를 중시하고 있다.

매카시와 잘드(John D. McCarthy & Mayer N. Zald) 등의 사회학자들은 사회운동을 제도권 내에서의 이익결집행위와 기본적으로 큰 차이가 없는 것으로 간주하며 단지 어떠한 맥락과 방식으로 등장하는가가 다를 뿐이라고 보았다. 이들은 사회운동은 좌절감이나 박탈감만으로 발생하는 것이 아니고 상당한 비용이 투자되어야 한다고 간주하였다. 집합행태론자들이 사회운동을 비조직적 일탈행위라고 간주하는 것과는 달리, 이들은 사회운동이 발생하는 가장 중요한 조건으로 조직(organization)을 꼽으며, 사회운동이란 조직적 기반 위에서 전개되는 합리적 집합행동이라고 설명하였다. 이들은 특히 조직이 사회운동에 참여의 비용을 낮추어 준다고 주장한다. 따라서 매카시와 잘드는 운동을 위하여 경영형 리더십이 존재하고 충분한 자금 등의 자원들이 제공될 경우에 사회운동이 가능하다고 말한다. 이러한 견해는 영미의 다원주의자들에게는 매우 당연한 것으로 인정되며, 이들은 시민사회 내의 다양한 자발적 결사체의 형성의 하나라고 볼 수 있는 사회운동단체(social movement organizations)의 형성을 중요시한다. 이들은 또한 동원과 조직화를 중시한다. 국가의 탄압과 사회단체의 지지 등이 집합행동에 참여하는 비용을 높이거나 낮추어 준다는 것이다.

(2) 틸리의 자원동원론

미국의 저명한 역사사회학자 틸리(Charles Tilly)는 자원동원론의 이론적 틀을 경험 연구에 가장 체계적으로 적용하였다. 그의 이론적 틀은 다음과 같다. 틸리는 사회운동을 특정한 가치체계에 대한 강한 신념에서 비롯된 것으로 보는 베버적 관점을 거부하고 이를 이익과 전략을 중심으로 한 갈등집단의 일련의 동원과정으로 분석하는 오버샬(Anthony Oberschall)의 해석에 동의하였다(Tilly, 1978: 37-42; Oberschall, 1973). 틸리는 사회운동의 분석틀로 동원모델을 제시하였다. 그는 사회운동의 주요 결정 요인으로 사회운동단체(도전자 집단)의 이해관계, 조직, 동원, 집합행동을 설정하고 다른 한편으로는 이런 요소들을 제약하거나 활성화시켜 주는 요인으로 '기회성'을 중시한다. 기회성은 다시 권력과 탄압 및 기회/위협으로 세분되는데 운동에 유리한 결과를 초래하는 권력은 탄압과 반비례관계에 놓이며 위협은 이익과도 반비례관계에 놓인다(Tilly, 1978: 54-56).

틸리는 사회운동의 발생에서 장기적으로 도전자 집단의 조직과 이익, 그리고 이를 견제하는 기회성 및 탄압이 가장 중요한 것으로 보고, 이익은 탄압의 정도를 결정지으며 또, 단체의 조직과 동원은 그 이익에도 역으로 영향을 미친다고 보았다(Tilly, 1978: 57). 이 모델의 결점으로 믿음이나 관습 및 권리 등의 요인이 경시되었다고도 볼 수 있으나 틸리는 이런 요인들은 이익, 조직, 동원, 탄압의 주요 요인에 간접적으로 영향을 미치는 것으로 다루어질 수 있다고 보았다(Tilly, 1978: 58).

이익(interests)이란 단체의 성원들이 공동행동을 선택할 경우에 가지는 이익을 나타낸다. 틸리는 이익은 단기적으로는 당사자의 주관적 발언이나 행위에서 추론될 수도 있으며, 장기적으로는 사회적 지위나 생산관계 등과 이해관계와의 관련을 일반적으로 분석함으로써 추론될 수도 있다고 주장하였다(Tilly, 1978: 60-61). 틸리는 조직 개념을 측정함에 있어서 범주성과 연결망의 두 요소가 중요하다고 보았다. 따라서 조직의 결속도는 이 두 요소가 어느 정도 강한가에 따라 결정되는 것이라고 할 수 있다. 동원이란 한 단체가 수동적인 개인들의 집합으로부터 공적 생활에 적극적인 참여자로 변화되는 과정이라고 정의된다(Tilly, 1978: 69). 이러한 동원과정은 에찌오니에 따르면 단일체가 자산의 통제력을 상당한 정도로 획득해 가는 과정이라고도 볼 수 있다(Etzioni, 1968). 틸리는 동원의 개념을 사회의 역사적 맥락에 따라서 방어적 동원, 공격적 동원, 준비적 동원의 세 가지 종류로 구분하여 비교하였다. 방어적 동원이란 외부적 적에 대해 투쟁하기 위해 집단이 자신의 자원을 동원하는 경우로 정의되며 농민반란이 전형적인 사례이다. 공격적 동원은 자신의 이익을 실현시키기 위해서 자원을 끌어오는 것으로 자주 위로부터의 조직화를 수반한다. 준비적 동원이란 장차의 기회와 위협을 예상하여 어느 한 단체가 자원을 끌어오는 경우로 대개가 위로부터의 조직화로 이루어지며 19세기의 노동조합운동이 여기에 해당된다(Tilly, 1978: 73-74).

3) 정치과정론(Political Process Model)

자원동원론의 이론적 흐름에서 일단의 학자들이 사회운동과 제도적 정치행위와의 차이를 거부하게 되자 이들 중에 특별히 정치과정의 영향력을 가장 중시하는 일군의 학자들이 등장하였다. 1970년대의 사회운동론자들의 연구 중에 피벤과 클라워드(Francis Piven & Richard Cloward)의 『빈민운동』(1977)과 갬슨(William Gamson)의 『저항의 전략』(1975)에서 이러한 접근방법의 초기적 유형이 발견된다. 갬슨은 도전자 집단의 성패는 정치적 동맹과 국가 행위에 의해 상당 부분 결정된다고 보았으며 피벤과 클라워드는 빈민운동에 있어서 국가 정책 및 정치과정과 사회운동단체와의 상관관계를 가장 중요한 변수로 보고 정치과정에의 개입을 통해 운동단체들이 소기의 목적을 가장 효과적으로 달성할 수 있는 것으로 보았다. 피벤과 클라워드는 자원동원론자들과는 달리 "자원이란 조직적이며 경영적인 것이 아니라 주로 정치적이며 제도적"이라고 역설하였다(Tarrow, 1988: 427)

이러한 접근방법은 정치과정론으로 불리며 일반적으로 사회운동과 정치과정과의 밀접한 관련성을 강조하는 특징이 있다. 앞에서 본 것처럼 틸리의 동원모델은 통상행위와 비통상 행위를 구분하여 비통상 행위가 사회의 와해를 가져올 수 있다는 뒤르켕적인 이론을 부인한다. 조직과 동원에 관심을 두지 않는 밀주의자나, 이해와 조직에만 지나치게 관심을 기울이고 동원을 경시하는 마르크스주의자와는 달리, 틸리는 집합행동에 있어서 비용과 동원을 중시하며 동시에 정치과정과의 상관관계에 초점을 맞추고 있다. 틸리의 모델은 다원주의적 이익집단 모델에 가까운 정치체 모델(polity model)에 입각하여 정치과정을 중요한 변수로 이해하며, 정치적 경쟁, 갈등관계를 중시한다는 점에서 가장 정치적 모델에 근접하고 있다.

정치과정론자들은, 따라서, 틸리의 분석(Tilly, 1975; 1978)에서 비롯되어 등장하는 일군의 학자들로 구성되는데, 이들의 가장 핵심적인 분석개념은 '정치적 기회구조'(political opportunity structure)이다. 1980년대에 들어와서 타로우(Tarrow, 1983)나 매캐덤(McAdam, 1982) 등이 이에 속하며 1980년대 말부터 크리지(Kriesi, 1989)와 키트셸트(Kitschelt, 1986) 등이 정치과정론의 관점에서 활발한 이론적 분석을 전개하고 있다. 이들은 운동의 등장과 전략의 형성에 있어서 정치적 제도의 개방성, 엘리트간 전열, 엘리트 동맹의 존재, 국가능력과 탄압도 등이 가장 중요한 역할을 수행한다고 보았다(McAdam, 1996). 이들은 자원동원론자들과는 달리 사회운동 형성에 영향을 미치는 여러 가지 요인들 중의 하나로 정치적 기회구조를 다루기를 거부한다. 이들은 정치적 기회구조의 개념을 엄밀하게 정의하여 보다

분명하게 분석틀을 설정할 것을 주장한다. 물론 이들도 다른 이론가들과 마찬가지로 '사회운동 부문'(social movement sector)이나 언론매체가 집합행동과 정치과정 사이의 연계에 있어서 매개적으로 중요한 역할들을 수행하는 것을 중시한다. 이들 중 매캐덤과 같은 이들은 사회운동이 행위자들의 '인식적 해방'(cognitive liberation) 과정을 필연적으로 겪으면서 발생한다고 보아 정치과정과 동시에 문화적 측면과 사회운동 참여자들의 내면적 의식변화 과정도 중시한다.

4) 신사회운동론과 후기산업사회

1980년대에 유럽의 사회이론 및 정치이론가들은 신사회운동을 새로운 관점에서 볼 것을 제안해 왔다. 미국의 자원동원론자들의 미시적 관심과는 상당히 대조적으로 유럽의 사회이론가들에 의하여 제시되는 신사회운동론은 사회운동을 다분히 구조적, 이념적인 거시적인 원인에 관심을 두고 다룰 것을 제안한다. 대표적인 학자로 투렌, 하버마스, 오페, 멜루치 등을 들 수 있는데 이들은 공통적으로 신사회운동은 기존 운동과는 달리 서구사회가 산업사회에서 후기산업사회로 변화하는 과정에서 발생하였거나 합리화의 장기적 과정에서 발생한 것이라고 주장한다.[1] 이들에 의하면 신사회운동은 기존 계급중심적인 생산-분배 모델의 관점과는 달리 전혀 새로운 형태의 주장과 문제의식을 가지고 있고 기존 정치제도권에 대한 강한 반발감과 거부감을 가지고 있으며 정치제도권에 진입하는 것 자체를 거부하고

1) 서구 산업사회의 변모에서 비롯된 것으로 보는 이들의 대표적 이론적 관점은 다음을 참조할 것. J. Habermas, *Theory of Communicative Action,* vol. Ⅱ. Beacon Press, 1987; J. Habermas, *Between Facts and Values: Contributions to a Discourse Theory of Law and Democracy,* MIT Press, 1996; Alain Touraine, *The Voice and the Eye: An Analysis of Social Movements,* Cambridge University Press, 1981; A. Touraine, *Critique of Modernity,* Blackwell, 1995.

있다는 것이다. 이들은 참여 모델과 산업사회가 이제 새로운 "후기산업사회"에 의해 대체되었고 더 이상 노동자 계급운동이 급진사회운동의 필수요소가 아니라고 보기 시작하였다.

신사회운동가들은 신사회운동들이 상당히 다양한 운동들로 구성되어 있어 통일성을 찾기가 쉽지 않는 점은 인정하지만 이들에게는 구사회운동과는 뚜렷이 대비되는 몇 가지 공통적 특징이 있다고 보았다. 첫째, 신사회운동은 신좌익운동이 혁명적 마르크스주의적 문화에 물들어 있었던 것에 반해서 무엇보다도 부르주아 사회의 전통을 전면적으로 부인하지 않고 '자기제한적 급진주의'(self-limiting radicalism)의 성격을 띤다. 기존 질서의 급격한 전복이나 파괴보다는 민주화나 시민사회의 자율성과 연대성의 추구라는 온건한 노선을 표방한다. 또한 이들 신사회운동의 지도자들은 형식 민주국가의 존재나 시장경제의 운용에 이의를 제기하지 않는다(Cohen, 1985: 664-670).

둘째, 신사회운동은 따라서 신중산층의 참여를 중심으로 하여 전개되는 것이다. 일찍이 1960년대에 이미 후기산업사회론을 주창하였던 투렌은 1970년대 말부터 신사회운동의 성격을 새로운 것으로 규정하였다. 서구 후기산업사회의 경우에 노조운동과 같은 구사회운동은 정치적 이익집단화하였고, 이들 운동은 더 이상 소외된 계층의 이익을 대변한다기보다는 중산층화된 이익정치의 틀에서 이해될 수 있다. 신사회운동은 서구사회의 근대화 과정에서 소외된 계층에서 비롯되었지만, 가장 중요하게는 신중산층의 참여의 정도를 지적할 수 있다. 서구사회가 고도로 체계화되고 '자기-조절능력'과 인공두뇌적(cybernetic) 요인이 발달한 프로그램화된 사회로 발달하였기 때문에 신중산층이 중심이 된 이들 대중은 체계와 관료지배의 틀을 거부하고 스스로의 운명을 개척하기 위한 '주체성'(subjectivity)을 되찾기 위해서 신사회운동에 뛰어든다는 것이다(Touraine, 1977; 1995).[2] 구사회운동과는

2) 투렌은 신사회운동을 "구조적 갈등에 개입되고 문화적으로 지향된" 것으로

달리 신사회운동은 교육이나 건강관리, 대중 정보 등의 문화적 생산 목표에 대한 갈등이라는 새로운 경향을 띤 것이다.

셋째, 신사회운동은 정치운동보다는 뚜렷한 새로운 삶의 양상(new life-style)을 추구하는 문화운동으로의 '문화적' 혹은 '사회적' 지향성을 갖는다. 하버마스는 신사회운동이 현대 관료제와 자본주의 문명에 의해서 위태로워진 문화적 재생산과 사회적 통합 및 삶의 형태에서 "삶의 질이나 평등성, 개인적 자아실현과 참여 그리고 인권" 등의 문제를 해결하기 위한 자구책으로 등장하였다고 역설하였다(Habermas, 1981: 31). 그는 근대화 과정에서 시장이나 국가체계에 의해 왜곡, 통제되는 '생활세계'를 수호하기 위한 반발로 환경운동이나 평화운동이 도래하였다고 설명하였다. 따라서 하버마스는 신사회운동의 본질은 자원동원론의 변수로는 완전히 파악될 수 없으며 오히려 해방적인 관심을 지향하는 '의사소통 행위'의 관점에서만 올바로 이해될 수 있는 것이라고 본다(36). 특히 신사회운동의 주요 참여계층인 여성의 역할은 매우 두드러진다. 여성의 참여는 이들 운동들을 '사회적'인 성격에서 '문화적'인 것으로 바꾸는 역할을 담당한다(Touraine, 1995: 247).

넷째, 신사회운동은 집합적 정체성을 추구하며 도구적 합리성에 집착하지 않는다는 것이다. 많은 여성운동가와 환경운동가 그리고 평화주의자들은 자신들이 추구하는 운동의 양식과 목표가 역사적으로 새로운 것이라는 자각을 가지고 있다(Cohen, 1985: 667). 멜루치에 의하면, 신사회운동의 행위자들은 무엇보다도 "정체성을 형성할 수 있는 자신들의 능력"에 대해 자신감을 갖게 된 점이 가장 두드러진 특징이라는 것이다(Cohen, 1985: 694). 이와 같은 신사회운동의 특징을 반영하여 유럽의 신사회운동 이론가들은 자신들의 이론이 집합적 정

"주류 문화적 패턴에 대한 사회적 통제"를 둘러싼 갈등을 두고 발생하는 것으로 보았다(Touraine, 1985: 760).

체성의 형성을 연구하는 점에 치중한다는 의미에서 "정체성 모델"이라고 명명하였다.[3)]

끝으로, 오페와 같은 일부 논자들의 주장에 따르면, 신사회운동은 서구국가의 개입주의적 경향에 대항하여 시민사회의 제도를 정치화하고 기존 정당의 보수화 성향에 대응하여 새로운 방식으로 이익을 표출하는 '신정치' 패러다임을 제시하는 것이다(Offe, 1985). 오페는 이들 신사회운동이 환경이나 여성인권, 평화 등 '전체 사회'나 인류 전체에 관련된 보편적 문제를 제기하는 것이며 '대안적' 재화의 분배 방식을 옹호하는 시민사회 내에서의 정치적 행위의 영역을 독자적으로 추구한다고 보았다.[4)] 그러나 신사회운동이 기존 제도적 정치권과는 일정한 거리를 유지하는 것이라는 이러한 초기의 주장은 1980년대 후반경에는 상당부분 철회되고 신사회운동과 제도정치권과의 유관성을 강조하는 '정치적 기회구조론'에 의해 대체되는 양상을 띠게 된다.

3. 신사회운동의 사회적 기원과 문화적 정체성

1) 후기산업사회의 신좌파 전통

1960년대와 1970년대의 서구 다원적 사회의 학생운동과 신좌익 운

---

3) 코헨은 틸리의 사회단체들이 자원이나 권력을 통제하려고 정치체에 진입한다는 가설은 공통의 이해관계를 창출하여 집합행동의 발생을 충분히 설명할 수 없다며 그의 자원동원론 관점의 설명을 비판하였다. 코헨에 의하면, 틸리는 그의 역사적 연구에서는 오히려 집단의 정체성 형성이나 집단 간의 연대성의 형성이 매우 중요한 것임을 보여 준다고 말하며 이러한 집단적 정체성이 "사회적으로 구성되는 과정"을 설명하기 위해서는 전략적 합리성의 설명 이상의 분석틀이 필요한 것을 역설하였다(Cohen, 1985: 685).

4) 오페는 1990년의 글에서 이와 같은 초기의 주장을 철회하고 이러한 새로운 운동은 역사적 안목을 갖는다거나 긍정적 유토피아나 새로운 생산양식을 추구하는 등의 포괄적 안목이나 제도적 장치를 가지지 않는 것이 특징임을 인정하였다(Offe, 1990: 234).

동들의 경험은 비록 1970년대 말부터 퇴조를 보였지만, 70년대 말, 80년대 초에는 환경, 여성의 권리, 평화와 핵문제 등의 쟁점을 중심으로 신사회운동으로 그 맥을 이어 전개되었다. 1970년대부터 서구사회가 복지국가 단계에서의 계급갈등의 문제를 어느 정도 해소하게 되고, 지구적인 생태계 문제들의 발생 등을 배경으로 하면서 삶의 질과 자아 실현의 문제 등의 문화적 이슈가 중시되게 되었고, 이에 학생운동은 쇠퇴 일로에 놓이게 되면서, 여성운동을 포함한 대항문화가 발달하게 되었다. 브란트는 1970년대에 서구에서는 대도시지역에 유사한 사회화과정을 겪고 유사한 생활 스타일과 문제인지정향을 갖는 공통의 심성을 갖는 '공동체-신대항적 환경'이 형성되었다고 한다.

잉글하트는 신사회운동의 기초를 보다 일반적 가치체계 수준에서 찾는다. 즉 물질주의에서 탈물질주의로 전환한 새로운 세대의 가치관에서 기인한 것이 바로 신사회운동이라는 것이다. 잉글하트는 운동형성에서 동기적 가치체계 역할을 중시하여 단기적 및 중단기적 요인과 함께 사회의 정치 문화 등의 장기적 요인의 중요성을 강조했다(Inglehart, 1990: 52).

1970년대 중반부터 인구 폭발, 천연자원 고갈, 그리고 위협적 환경재앙 등이 대중들에게 알려지며 염세적인 분위기가 고조되었다. 여기에는 기술과 관료제와 합리주의에 대한 일반론적 비판이 대중의 호응을 얻기 시작하였다(Brand, 1990: 32). 이러한 1970년대의 운동들은 1980년대에 들어와서 '탈근대'적 성격을 띠며 중산층 내부의 급진주의자들을 중심으로 가속적으로 파급되어 나갔다. 이 때문에 신사회운동은 좌절감이나 비합리적 동기가 아닌, 보다 합리적인 주장이나 인도적인 가치관을 중심으로 전개되었다.

흔히 중산층의 정치로 묘사되는 신사회운동은 서구산업사회가 눈에 띄게 지식사회화되면서 등장한 '좌파 리버타리안 운동'적 성격이 두드러진 특징을 띤다. 이는 신사회운동이 좌파적 인식의 전통과 반권위적 색채를 강하게 띠고 있기 때문인 것으로 이해된다. 특히 신사회운동의 핵심세력은 인텔리 지식인이거나 상당한 전문적 지식을 소유하며 현대사회의 다양한 자원동원능력을 갖추고 있으며 특히 매스컴의 각광을 늘 받기 때문에 강력한 전파력을 통해 그 잠재적 저변을 끊임없이 넓히는 강점을 가지고 있다(Kriesi et al, 1995: xx). 이들 운동은 광범위한 잠재적 지지자들을 염두에 두고 행해지기 때문에 정치적 기회구조를 최적으로 활용하고 계기적 사건들을 만나게 되면 매우 강력한 대중적 지지를 얻게 된다. 이것은 이런 운동이 기본적으로 지식-정보사회로의 후기산업사회의 여러 조건을 잘 동원-반영하기 때문으로 보인다.

2) 새로운 가치관: 탈물질주의

구사회운동이 이데올로기를 중심으로 전개되는 것인 반면에, 신사회운동은 계급적 이데올로기를 배격하며 특정한 집합적 정체성을 중심으로 전개된다. 즉 신사회운동은 특정한 단일한 이념을 갖는다기보다는 쟁점에 따라 구체적인 가치 지향성을 띠며, 특히 핵심 사회운동단체의 성향에 따라 특정의 집단의식을 갖는다.

한 경험적 연구에 의하면, 독일의 녹색환경운동에 있어서 이념이란 사회주의, 마르크스주의, 낭만주의, 사회민주주의 등 다양한 기존 이념에서 여러 가지 요소들이 선택적으로 추출된 것들이다(Scott, 1990).[5] 이 같은 독일 환경운동의 사례에서 보듯이 신사회운동의 이념은 어느 특정의 이념에 의해 주도될 것으로 미리 선험적으로 예측되기 힘든 면이 다분히 있다. 기본적으로 사회운동 내부에서의 토론을 통해 "어떠한 경향성이 패권적인 지위를 갖게 되는가"의 문제가 결정될 것이다(Scott, 1990: 104).

---

5) 신사회운동의 근본적 특징인 저항운동 그 자체와 그것의 이념이 다변화되었다는 사실은 이것이 특정 계급의 인식의 '특권적 지위'가 인정되었던 알튀세르적인 마르크스주의의 부정을 의미한다는 것, 즉 '후기마르크스주의' 성격이 강하게 반영된 것에서 비롯되었다(Scott, 1990: 102).

그러나 이렇게 그 구성요소에 있어서 너무도 이질적이며 다양한 노선이 발견됨에도 불구하고 신사회운동들에는 공통의 특징들이 나타났다. 이 점을 가장 잘 설명하는 것이 잉글하트의 연구이다. 신사회운동들이 비록 일관된 새로운 이념체제를 확립하였다고 말할 수는 없지만, 공통의 가치관을 발견할 수 있다는 것이다. 잉글하트는 신사회운동들이 후기산업사회의 '조용한 혁명'의 결과로 인한 새로운 탈물질주의(post-materialism)의 가치체계를 반영하여 등장한 것이며, 이 운동에 적극적으로 참여하는 자들은 전통적 국가중심 모델이나 공사 구분 관념 자체를 거부한다고 강조하였다(Inglehart, 1990).

잉글하트에 의하면 신사회운동은 무엇보다도 새로운 세대의 새로운 가치체계를 반영하는 것이다. 그는 이를 "탈물질주의"(postmaterialism)라고 부른다. 산업화의 도약단계에서 자라난 구세대가 경제성장을 핵심가치로 받아들이는 데 반하여 신세대는 경제성장보다는 비경제적인 삶의 질을 더 중시한다(Inglehart, 1990: 45). 이들은 위계질서보다는 가깝고 비공식적인 인간관계를 중시하고 환경에 대한 각별한 관심을 갖는다. 이들은 안보적 가치를 중시하는 기성세대와는 대조적으로 전쟁 자체의 효용성에 경악하며 그 존재 자체를 불합리한 것으로 간주하려 한다. 핵전쟁에 대한 공포가 이러한 견해를 부분적으로 뒷받침해 주고 있다. 기성세대가 희소와 결핍의 시대에 자라났음에 비해 이들은 풍요로운 시대의 소산이다. 구사회운동의 주체가 노동자 계층이었던 반면 신사회운동의 주동들인 신좌익은 중산층을 배경으로 한다. 잉글하트는 탈물질주의자들이 신사회운동에 참여할 확률은 물질주의자들보다 두 배 이상으로 나타난다고 한다(Inglehart, 1990: 60).

한편, 위와 같은 호의적인 평가와는 대조적으로 브란트는 색다른 주장을 제기하였다. 브란트는 신사회운동을 서양 자본주의 문명의 발달에 있어서 주기적으로 나타났던 일반적인 문화적 위기의 시대에 등장하였던 사회운동들의 이 시대적 표현일 뿐이라고 보았다. 브란트에 의하면, 신사회운동의 대표적 사례인 여성운동과 평화운동, 환경운동 및 대안적 운동 등이 이미 지난 200여 년 동안 서구에서 장기 콘트라티에프곡선의 하강국면에 있어서 몇 차례 반근대화 비판운동으로 모습을 나타냈었다.[6]

신사회운동이 주기적으로 반복되는 것이라는 브란트의 주장은 운동단체의 형성이라는 점에서는 옳지만, 크게 볼 때에 1970년대 이래의 신사회운동들이 보편적 인류 생존의 위기—대형 핵 공포, 환경 대재난 등—를 맞는 상황에서 대부분의 주민들의 이해를 반영하며, 이들 운동이 기존 구사회운동으로 회귀하지 않는다는 점을 감안할 때에, 분명히 이들을 새로운 운동으로 보아야 할 것으로 생각된다 (Kuechler & Dalton, 1990: 280-281; Kriesi et al., 1995: 240).

3) 신사회운동의 집단 정체성

많은 신사회운동 이론가들은 신사회운동이 운동의 목표, 투쟁의 대상, 운동 자체에 대한 이해, 전체 사회 및 정치 문제를 보는 관점 등에서 구사회운동들과는 확연히 구분된다고 주장한다.[7] 앞장에서 우리는 신사회운동의 기원에 관하여 몇 가지 중요한 요인을 살펴보았지만 엄밀한 의미에서 이념적 혹은 의식적 측면을 살펴보기 전에는 신사회운동이 어떻게 하여 등장하였는지를 충분히 검토하였다고 말하기 힘들다. 신사회운동에서 가장 중요한 측면은 그들의 독특한 정체성이기 때문이다. 신사회운동이 1970년대 신좌익운동의 모태에서

---

6) 평화운동은 1830년대와 1840년대에 처음 선을 보였고, 1920년에는 영국에서 그리고 1930년대에는 미국에서 평화운동이 재개되었다. 여성운동은 19세기에는 대중화되지 못하다가 20세기로의 전환기에 비로소 대중운동으로 발전하였다(Brand, 1990: 33-35). 대안적 운동 역시, 1840년대에 절제운동으로 발달하였던 것이, 1960년대와 1970년대에는 수천의 유토피아-무정부주의적 운동들과 농경-사회주의 운동, 자연으로 돌아가기운동, 등반문화청년운동 등으로 다시금 꽃을 피우게 된 것이라는 것이 브란트의 주장이다.

7) 이러한 주장은 하버마스(Habermas, 1981), 투렌(Touraine, 1985), 코헨(Cohen, 1985), 그리고 멜루치(Melucci, 1985) 등에서 대표적으로 발견된다.

발생하는 과정에서 운동참가자들의 집합적 의식 혹은 정체성은 매우 중요한 운동의 구성 요인이다.

자원동원론자들은 사회운동을 '전략적·도구적 합리성'(strategic-instrumental rationality)의 관점에서 접근하여 집단 간의 갈등적 이해로부터 운동의 조직가들이 동원을 통해 집합행동을 끌어내는 과정을 주된 분석대상으로 설정한다. 그러나 자원동원론자들의 연구에서는 결코 집단적 유대의 근거를 찾기 어렵다는 근본적 한계점이 있다. 집단 정체성과 의식을 중시하는 학자들은 사회운동이 장기적으로 결속력 있는 단체의 형성을 전제로 하거나, 또는 이런 단체들을 통해서 형성되기 때문에 '무임승차의 딜레마'와 같은 상황은 크게 중요한 문제로 부각되지 않는다고 본다.

신사회운동은 다양성과 미결정성을 가졌음에도 일반적으로 두 가지 큰 이념적 공감대를 갖는다. 하나는 기존 체제와 지배문화에 대한 인본주의적 비판이며, 또 하나는 현세에서의 더 나은 사회의 건설을 위한 투쟁정신이다(Dalton & Kuechler, 1990: 280). 이것은 이전에도 있었던 '근대화 비판'이 아니다. 핵공포와 환경재난이 인류 모두를 파멸로 몰아넣을 수 있다는 시대적 특수 인식을 반영한다. 그러나 이들 운동들은 기본적으로 '탈이데올로기적'(post-ideological)인 시대적 분위기를 반영한다.

신사회운동은 공론장의 담론을 활용하여 '자기-경영,' '자기-결정,' 또는 민주적 가치체계 등을 기반으로 한 보편적, 인도적 관점을 유지한다. 신사회운동의 주요 행위자들은 노조나 사회주의 정당을 형성하는 대신에 풀뿌리 정치와 민주적 결사체를 중시한다. 이들은 많은 경우에 있어서 공식 민주주의 정치와 시장경제의 틀을 인정하며 그 범위 내에서 문화적 가치나 규범의 문제를 바꿔 보려고 노력한다(Cohen, 1985: 669-670).

합리적 선택이론가들은 사회운동을 집합행동의 형성문제로 축소하여 파악하려 하였다. 그러나 집단행태론자들이나 스멜저(Smeleser)

같은 이들은 기본적으로 일반화된 신념이 집합행동에서 필수적으로 고려되어야 함을 인정하였다. 신사회운동은 그 사상적 성격 혹은 문화적 형성의 측면이 매우 중요하다. 즉 신사회운동은 광범위한 문화운동의 의미를 띠며 후기산업사회에 대한 비판적 문화인식을 이념적 배경으로 하고 있다는 말이다. 이런 점에서 사회운동을 문화적 지향성을 배제하고 설명할 수 없다는 투렌의 이론은 전형적인 신사회운동 이론으로 인정된다. 투렌은 사회운동을 주도적 문화 양식의 통제를 둘러싼 투쟁으로 정의하고 있다(Touraine, 1985: 760).

신사회운동의 집단정체성은 결국 운동의 중요한 국면이지만 뚜렷한 정치이념으로 그것이 정형화되었다고 말하기에는 아직 어려운 단계이다. 예를 들면 여성운동이나 환경운동에도 내부적으로는 수많은 노선과 이념이 난립하고 있다. 따라서 이것을 구사회운동식의 일률적인 방식으로 이해하는 것은 잘못된 접근방법이다. 또한 근대화 과정에 대한 반발이라는 점을 지나치게 부각시켜 보려는 집단행태론적인 이해도 운동의 핵심적 특성을 제대로 파악한 것이라고 보기는 어렵다.

신사회운동의 성패 여부는 문화적 모순과 후기산업사회 현실에 대하여 적절한 이해를 가져다 줄 수 있는 전략적 프레이밍을 얼마만큼 잘 만들어 낼 수 있느냐가 중요한 관건이다. 신사회운동은 특히 미디어의 역할을 통해서 광범위한 여론 전파 효과를 동반하여 많은 지지층의 각성을 획득하게 된다. 이른바 해당 국가의 해당 운동에 참여하는 다양한 계층들의 '인지적 해방' 여부가 결정적인 성패를 가늠할 요인이 될 것이다.

신사회운동의 입장은 대개 지배적 규범과 가치를 거부한다는 점에서 지배체계에서 소외되어 있다. 그러나 이들이 과거 운동처럼 단체의 이익을 주장하지 않고 전체 사회구성원들 모두의 일반 이익을 내세운다는 점이 독특하다. 신사회운동은 동원의 외적인 양상보다는 핵심 멤버의 공유된 신념이 훨씬 중요한 국면을 결정한다. 신사회운동 연구자들은 박탈감이나 좌절감은 이들 운동을 설명하는 데 하나의 조건을 구성할 뿐 그 이상의 중요성을 갖지 못한다고 본다(Kitschelt, 1986).

4) 합의적 동원

신사회운동 이론가들은 자원동원론자들이 신사회운동의 사회심리적 기반을 등한시한다고 비판하며 새로운 동기와 집합적 정체성(collective identity)의 형성 과정을 중시한다. 이를 클란더만스와 태로우는 콘센서스동원(consensus mobilization)이라는 개념으로 설명했다(Klandermans & Tarrow, 1988). 클란더만스는 신사회운동이 발생하는 핵심적인 동원과정을 4개의 단계로 세분하여 설명한다. 그는 첫째, 사회의 동원 잠재성의 조건을 중시한다. 여기에는 사회운동에 기꺼이 참여하려는 자세를 말해 주는 '시위 잠재성'이 포함된다. 둘째로 사회운동은 대중들에 대한 접근을 가능하게 하는 연줄망(recruitment networks)이 갖추어질 때에 비로소 동원될 수 있는 것이다. 참여를 가능하게 하는 연줄망에는 공식조직이나 비공식적 연줄망, 그리고 커뮤니케이션망 등으로 구성되어 있다(Klandermans & Tarrow, 1988: 11-12). 셋째로 사회운동에의 참여의 결정은 "인지된 참여의 비용과 혜택"을 비교하여 결정된다. 그리고 끝으로 참여를 저해하는 장애요인의 제거 여부가 해결되어야만 완전한 참여-동원이 이루어질 수 있다. 여기서 앞의 두 가지 단계를 통해 동원의 조직과 사회의 여타 제 요소 간의 상호작용에 의해 콘센서스 동원의 핵심적 과정이 이루어진다는 것이다(Klandermans & Tarrow, 1988: 13).

4. 신사회운동 등장의 구조적 배경

신사회운동론자들의 일단은 자원동원론의 전통을 이어받아 미국과 구주의 종합적 시각을 추구하였다.[8] 최근에 들어 이들 중 가장 큰 활동을 보이고 있는 학자들은 정치적 기회구조론자들이다. 이들은 신사회운동을 기본적으로 정치과정론적 관점에서 분석하며 미래의 가장 유망한 운동으로 이를 평가한다. 이들의 이론은 신사회운동들 중에서 환경운동, 평화운동이나 연대적 운동 등의 도구적 혹은 전략적 목적을 추구하는 '국면적 운동'에 가장 잘 적용되며, 도시운동이나 공동체운동 등 정체성을 추구하는 반문화운동(countercultural movements)도 잘 설명할 수 있다(Kriesi, 1995: 193). 그러나 이들의 이론은 기본적으로 서구의 좌익세력이 기존 정당체제의 개방성 여부와 선거체계에 따라 얼마만큼 효과적으로 정치세력화할 수 있느냐에 주로 초점이 맞추어져 있다고 할 수 있다.

1) 정치적 균열구조

서구사회에서 정치적 균열구조는 그 나라의 신사회운동의 형성에 있어서 첫번째로 중요한 결정 요인으로 지적된다. 크리지(Hanspeter Kriesi)는 정치적 균열구조가 사회운동에 동원력을 제공하여 기여할 수 있는 경우를 다음과 같이 설명한다. 첫째, 내부적으로 통합되어 있고 분명히 다른 사회집단과 분절되어 있는 사회적 균열구조의 경우에는 동원능력이 있다. 문제는 구사회운동이 강력한 위력을 여전히 발휘하는 정치적 균열구조의 경우에는 신사회운동에는 별 기여를 하지 못한다는 것이다(Kriesi, 1995: 6). 둘째, 전통적 균열이 정치영역의 갈등을 압도하는 정도에 따라서 동원능력이 달라진다. 즉 정치균열이 제도화되지 못하고 그러므로 갈등이 정리되지 못할수록 정치균열은 중요한 의미를 갖는다. 반면 균열이 제도화될 경우 관련 사회단체들이 행정 및 의회 영역의 정치과정에 통합되고 사회운동 전략을 채택할 가능성이 낮아진다. 따라서 평정되지 않은 전통적 균열구조는

---

8) 유럽의 신사회운동론자들과 미국의 자원동원론자들의 시각을 종합하는 시도로는 다음을 참조할 것. Bert Klandermans and Sidney Tarrow, 1988: 1-38. 또, 같은 호에 실린 Klandermans, Gamson, Kriesi 등의 논문을 참조할 것.

신사회운동의 동원에 매우 큰 질곡이 된다(Kriesi, 1995: 6-7).

프랑스, 독일, 스위스, 네덜란드의 4국을 대상으로 연구, 조사해 본 결과 종교적 균열은 세 나라에 있어서 이미 1970년대 중반에 평정되었다. 또 도시-농촌 균열도 20세기로 들어와서 그 강렬함을 상실하였다. 신사회운동과 연관하여 가장 새로운 균열 형성에 영향을 미치는 것이 바로 계급균열이다. 동일한 지지기반 및 출신 성분을 갖는 전통적 좌파와 신좌익, 그리고 신사회운동단체들은 서로 배타적 제로섬적 경쟁관계에 있다. 좌파의 공산당과 사회당 간의 경쟁이 존속하며 개입적 국가가 존재하는 프랑스는 전통 노조운동이 여전히 위력을 발휘하는 반면, 산업관계가 상당히 평정된 독일은 노조의 힘이 약하다. 따라서 프랑스에서 신사회운동은 유약하며 독일의 균열구조는 신사회운동의 동원에 상당히 이상적인 조건을 제공한다(Kriesi, 1995: 16).

2) 제도적 국가 구조

정치적 동원의 행동 레퍼토리는 정치체제의 공식적 제도구조의 개방성과 폐쇄성의 정도에 따라 크게 영향을 받는다(McAdam, 1996). 사회운동은 가장 기본적으로 정치체제의 제도적·법적 구조에 따라서 개방과 폐쇄의 정도가 결정된다. 크리지는 도전자 집단의 공식적 접근이 용이한 경우와 그렇지 않은 경우를 각각 약성 국가, 강성 국가라고 분류한다. 강성국가는 환경에 대해 자율성을 가지며, 정책이행 능력이 높은 반면, 약성국가는 자율성을 상실함과 동시에 집행능력 또한 결여하고 있는 경우라고 정의된다(Kriesi et al, 1995: 27). 국가의 성격을 결정짓는 주요 요인은 첫째, 중앙집중화에 따라서 결정되는데 분권화는 독일, 스위스, 미국 등 연방제도를 채택한 경우에 나타난다. 둘째로, 국가권력의 집중 여부가 주요 요인인데, 견제와 균형의 장치 등 권력기관의 분리가 잘 이루어진 경우, 특히 미국과 독일같이 입법부와 사법부가 발달한 경우는 더 많은 운동단체의 접촉점이 가능하다. 셋째, 공공행정의 일관성의 여부 또한 중요한 변수로 작용한다. 프랑스는 가장 결속력 있는 행정을 보유한 강력국가라고 할 수 있다(Kriesi, 1995: 171). 스위스 같은 나라는 약성국가로 동원을 용이하게 하는 '제도적 용이화' 장치를 가지고 있다. 한편, 독일도 국가의 연방제적 성격과 정책 이행에서 법적 개입의 기회가 넓기 때문에 동원이 용이하다. 반면, 강성국가가 반대로 덜 탄압적일 수도 있는데 이는 강성국가가 도전자들에 덜 영향을 받기 때문이다. 연성국가들은 사회운동에 의한 정책도전에 대해 더욱 탄압적으로 나올 수 있다.

키트셸트(Kietschelt, 1986)는 정치체제의 투입과 산출 구조를 각각 구분하여 강성-약성 국가의 성격을 세분한다. 이 경우 국가영역은 '의회영역', '행정영역' 그리고 '직접민주주의적 영역'으로 더욱 세분될 수 있다. 시민들은 의회영역에서의 정당 간의 경쟁적 선거과정을 통해서 자신들의 요구를 정치과정에 연계시킨다. 그러나 정책집행에는 각종 교섭과 절충과정이 포함된 행정영역에서 계속적인 정치적 투쟁을 거치게 된다. 이뿐 아니라 일부 선진국에서는 시민이 국가에 직접적으로 접촉할 수 있는 채널 영역이 존재한다(Kriesi et al., 1995: 28).

3) 국제적 맥락

국제적 맥락 또한 정치적 기회구조의 형성에 매우 중요한 역할을 수행하는 경우가 있다. 국제정치의 구조에서 비롯되는 압력이 사회운동에 영향을 미친 경우는 대표적으로 1968년 서구를 휩쓸었던 뉴레프트 운동을 들 수 있다. 냉전구조 속에서 소련과 제3세계 외교경쟁을 벌이는 과정에서 소련의 미국 인종주의에 대한 비방선전에 직면한 미행정부가 흑인 및 학생층의 민권운동을 포용할 수밖에 없게 되었던 사실에서 이 점은 확인된다(McAdam, 1996: Katsiaficas, 1987). 반핵·평화운동이나 연대운동의 경우에 국제적 정치기회구조가 중요하게 된다. 중립국가인 경우는 크게 영향을 받지 않지만, 식민지나

식민지 경력이 있는 나라는 국제적 사건에 강하게 반응하는 경향이 있으며 한국의 1919년 3·1운동, 중국의 1919년 5·4운동, 인도의 간디의 불복종운동 등이 제1차 세계대전 직후 파리강화회담을 전후하여 발생한 것이 이 경우에 해당한다.

5. 신사회운동의 동원과정: 지배전략과 동맹구조

앞절의 정치적 균열구조와 공식·제도적 국가구조는 각 국가들에게 비교적 변하지 않는 고정적인 정치체계적 특성을 나타내는 것이었다. 이 절에서 살펴볼 지배전략과 신조합주의 문제와 동맹연합은 보다 신사회운동의 등장에 영향을 미친다는 점에서는 구조적 조건이지만, 이들이 기본적으로 가변적인 '변화할 수 있는 성격'을 가진 점에서 과정적 요인으로도 볼 수 있다. 이 두 요소는 비공식적 기회구조라고도 불리는 것이기도 하다(Kriesi et al., 1995: 26).

1) 지배전략과 신조합주의

자유민주주의 국가들에 있어서 선거를 둘러싼 정부와 반대 정당 간의 새로운 동맹관계 형성은 집합행동을 자극하는 요소이다. 정치과정에서 도전자 집단에 대한 '지배전략'(dominant strategy)이 탄압적·충돌적·양극화적인 경우를 '배제적 전략'으로, 또 유화적·협조적·동화적인 경우를 '통합적, 또는 융합적 전략'이라고 부를 수 있다(Kriesi, 1995: 174). 그리스, 스페인, 포르투갈 등의 남유럽국가들은 오랜 권위주의적 탄압으로 인하여 정치·사회운동에 대해 배제적 전략을 유지하여 왔다. 약성국가이긴 하지만, 독일 역시 배제적 전략을 채택해 왔다. 따라서 이들 국가에서 노동운동은 과격화 양상을 유지해 왔고 계급투쟁 역시 약화되지 않았다. 반면, 네덜란드나 스위스에서는 이질적 종교의 공존의 역사를 통해 통합적 전략의 오랜 전통이 내려왔다. 오스트리아나 벨지움의 경우에는 공산당과 사회민주당의 분열이 이루어지지 않았고 권력분점형 민주주의(consociational democracy)의 전통 및 신조합주의의 정책을 실시해 왔다(Kriesi, 1995: 175).

크리지는 독일, 프랑스, 스위스, 네덜란드의 4개국의 신사회운동을 비교 분석하여 네 가지의 지배전략의 기본 유형을 제시하였다. 첫째, 강성국가와 배제전략이 결합한 '선택적 배제' 지배전략으로 프랑스가 여기에 속한다. 강력한 국가는 도전자 집단을 무시할 수 있으며, 도전자 집단은 국가에 대해 어떠한 거부권도 갖지 못하고 어떠한 실질적 양보를 끌어 낼 능력이 결여되어 있다. 그러나 비민주적 국가와는 달리 이들 단체의 배제는 절대적인 것은 아니다(Kriesi, 1996: 160). 둘째, 이와는 정반대로 스위스와 같이 약성국가가 통합적 전략을 선택하는 경우를 '과정적 완전통합'(full procedural integration)으로 부를 수 있는 유형이 있다. 정부의 탄압은 비교적 약하며 도전자집단의 공식적 및 비공식적으로 체제의 접근이 용이하다. 셋째, 약성국가와 배제전략이 결합한 독일과 같은 '공식적 통합전략' 유형이 또한 존재한다. 도전자집단은 주로 공식적 접근로를 활용하여야 하고, 비공식적 채널은 기대할 수 없다. 끝으로, 강성국가와 통합적 전략이 짝을 이룬 '비공식적 선호'(informal cooptation)의 유형으로 네덜란드가 이에 속한다. 도전자 집단은 공식적 접근로는 별로 없지만, 비공식적 수단을 기대할 수 있다(Kriesi, 1996: 161).

1960년대와 1970년대에 등장한 반체제적 성향을 띤 단체들 중에서 신사회운동 단체들이 등장했는데 이들은 서구국가들의 사회통제방식인 지배전략의 취약점으로부터 연유했다고 볼 수 있다. 윌슨은 서구국가들이 신조합주의라는 제도권 내의 단체들과의 '대표적 독점체계' 경향을 띠게 됨에 따라서 이에 대한 반작용으로 신사회운동이 형성되었다고 설명한다. 즉, 기존의 독점적 지위를 유지하려는 단체들은 새로운 단체가 정치적 영역에 진입하는 것에 대해 반대하게 마련이며, 정부 또한 종종 특권적 단체에만 보조금을 지급하고 비공식적 단체들에 대하여 지원해 줄 것을 거절하기 때문에 이들이 신사회운동으로 등장했다는 것이다(Wilson, 1990: 69).

서구국가들에서 신조합주의적 이익통제 메커니즘이 발달하게 되면서 단체들의 리더십이 경화됨에 따라서, 일반 대중 회원들의 이해에서 멀어지는 경향이 있다. 신조합주의적인 이익통제제도의 경직성이 바로 신사회운동의 등장을 촉진시키는 요인이 되었다는 것이다. 조합주의적 이해 조정과정에서 정치적 합의의 범위에 들지 않는 새로운 이슈는 제도권 내에서 제기될 수 없기 때문에 새로운 단체의 형성은 불가피하며 이렇게 하여 신사회운동단체들이 형성되었다고 볼 수 있다(Wilson, 1990: 71). 신사회운동은 후기산업사회의 국가와 이익단체들과의 관계가 신조합주의적으로 정체화되어 가면서 기존 정치제도권과 정당정치에 대한 반발 등으로 인하여 등장하였다. 윌슨에 의하면 동의가 아직 형성되지 않은 새로운 쟁점에 대해 정치권의 대응이 지연되거나 미흡한 경우 배제된 단체들은 시위 등의 적극적, 비일상적 행동에 의존하게 된다는 것이다.

2) 권력 연합(Configuration of Power)

정치적 기회구조의 보다 역동적인 국면은 체제의 이익 중계에 있어서 정당과 도전자집단 간의 연합관계에 놓여 있다. 특히 진보적 정당, 혹은 좌파 정당과 신사회운동 간의 협조 및 연대관계의 성사 여부가 신사회운동의 성공에 상당한 영향을 준다. 이익대표체계에 있어서 비례대표제를 채택하는 나라나 다당제를 채택한 나라에 있어서의 신사회운동들은 보다 쉽게 동맹의 파트너를 찾을 수 있다. 동맹세력은 보통 반대 군소정당이지만 경우에 따라서는 다수당도 해당된다. 네덜란드나 독일 그리고 스위스 정치체제는 비례대표제를 택하며 신사회운동이 비교적 잘 발달된 나라이다. 그러나 프랑스는 복수투표다수제를 채택하여 반대세력이 정당에 자리잡기 힘들게 하고 있다(Kriesi, 1996: 180). 크리지는 자신의 연구를 통해 거의 모든 나라에서 신사회운동 단체들과 좌파 정치정당과 구성원이 상당히 관련되어 있음을 발견했다(Kriesi, 1996: 174). 스위스 경우는 우익 인사들도 신사회운동에 상당히(약 43%) 가담하는 반면, 프랑스에는 우익은 전혀 참여하지 않는 것으로 나타났다. 신사회운동을 가장 선호하는 정당은 독일은 사민당이었고, 프랑스나 스위스는 녹색당이나 신좌익정당들이었다(Kriesi, 1996: 175).

전투적 좌익의 존재는 기본적으로 신사회운동을 제약하며, 구좌익 세력이 신사회운동을 지원할 수도 있으나, 이 경우도 구사회운동 부문은 자신들의 논리에 따라 판단하여 신사회운동의 의미를 아전인수격으로 해석하여 지원하는 경우가 대부분이다. 예를 들면, 평화운동 및 반핵운동은 유럽의 구사회운동에서 전통적으로 강조하던 평화이념에 부합하기 때문에 구좌익들의 지지를 받는다. 한편, 공산주의가 노조를 장악한 경우, 제2노조는 신사회운동을 지원할 가능성이 높게 나타났다. 반핵운동은 정책결정을 내리는 국가 당국을 대상으로 하고 있으며 따라서 권력지향성을 띠는 반면, 여성운동 중 일부는 피임의 자유화, 성의 동등권 등 정책지향성을 띤다. 그러나 신사회운동은 아직 전반적으로 관료화된 정당들을 불신하고 있다. 평화운동이나 연대운동 등의 일부 신사회운동은 교회의 지원을 받는 것으로 나타났다(Kriesi, 1996: 176).

6. 결론: 신정치 패러다임의 예고

신사회운동은 근대화의 비판 및 대안 모색을 특징으로 한다. 브란트는 이러한 신사회운동이 주기적으로 반복되어 왔으며 이미 그 퇴조가 시작되었다고 보았다. 그러나 잉겔하트는 신사회운동은 분명한 탈물질주의 이념의 반영으로 뚜렷한 새로운 현상으로 계속될 것이라고 보았다. 지나친 순환론적 주기론을 주장하는 것은 신사회운동의 성격의 독자성을 인정하지 않는 것이나 다름없는 오류를 범할 수 있다. 비록 개별적 운동들이 시간이 지나면서 성쇄를 겪게 마련이지만 분명히 구사회운동의 생명력은 눈에 띄게 줄어든 상황에서 신사회운동의 약진이 주목할 만하다. 그러나 이들 신사회운동은 여러 가지 이슈별로 구분되어 전개되는 만큼 그 전반적인 평가는 일률적으로 내릴 수 없다. 또한 나라별로 부문별로 여러 가지 특수한 사정으로 인해 단기적으로는 어떠한 통일성이나 경향성이 쉽게 포착되지 않는 면이 있지만 장기적으로 서구의 신사회운동은 약진을 계속할 것으로 보이며 우리 나라를 포함한 중진국가들에도 이러한 운동은 계속 확산일로에 놓여 있다. 따라서 남미나 인도 등지에도 신사회운동의 현상이 나타나고 있는 것이 결코 기이한 것은 아니다.

서구의 신사회운동의 경험은 중진국가나 제3세계의 선두집단을 형성하는 나라들에 상당히 많은 점을 시사하고 있다. 아직 비서구국가들의 국내의 정치, 경제 및 사회적 상황이 서구 후기산업단계에 처한 선진국과는 거리가 있는 것이지만, 제3세계와 이들 개발국가들의 정치, 경제 및 사회적 구조적 기반이 성장하고 지식층과 시민층이 성장함에 따라서, 다분히 서구사회의 신사회운동의 문제들이 이들에게도 가까운 문제로 다가오고 있다. 일부, 아직 구사회운동의 과제와 역할이 완성되지 않은 상황에서 기존 정치적 균열구조가 여전히 구사회운동에 의해 동원되는 상황에 있지만, 한국은 1990년대에 들어오면서 상당한 민주화를 달성하였고 이에 어느 정도 신사회운동의 기반이나 분위기가 형성되어 가고 있는 면도 있다. 과연 한국과 같은 나라에서 신사회운동과 구사회운동이 상호 경쟁적인 것인지 아니면 상호 보완적인 것인지는 아직은 그 전망이 불투명하지만, 서구의 경우에 비추어 볼 때에 공통적인 연대의 추구 노력이 장기적으로 중요할 것으로 보여진다.

서구의 경우, 시민 행동단체들의 증가와 환경론자들의 로비, 그리고 여성운동가들의 증대는 여러 가지 면에서 기존 정치 질서에 파장을 가져다 주었다. 신사회운동들은 제도권 바깥의 다양한 시위나 항의 수단을 통해 전개되었지만, 그것이 곧 기존 정치제도와 무관하게 전개되는 것은 전혀 아니다. 오히려 신사회운동들은 매우 실용적인 측면에서 정책이나 권력당국을 대상으로 전개되고 있다. 환경, 여성, 평화의 3대 항목으로 대변되는 이들 신사회운동들이 21세기에도 상당한 기간 동안 생명력을 가질 것이고, 선진사회의 시민사회 정치의 새로운 추세를 반영하며 새로운 정치 패러다임을 반영하는 것으로 보인다.

제4장

한국 사회와 신사회운동

운동조직 분석

임현진 · 공석기

1. 문제제기

한국 사회는 서구사회가 2-3세기에 걸쳐 이룩한 근대화를 불과 50년에 걸쳐 시도함으로써 비동시성의 동시적 존재라는 역사의 단축을 경험해 왔다. 이러한 압축적 근대화의 와중에서 과발전(over-development)과 저발전(underdevelopment)이라는 '잘못된 발전'(maldevelopment)의 문제를 노정시키게 되었다. 오늘날의 한국 사회에서 신·구사회운동이 병존하는 양태를 보여 주는 이유는 바로 압축적 발전의 파행을 반영하는 것에 다름 아니다.

한국 사회의 양대 과제라 할 수 있는 '민주화'와 '근대화'[1)]는 과거

1) 사회변동론에서 근대화는 민주화를 포함하는 개념이다. 그런데 여기서는 사회운동조직의 성장과 변화를 보기 위해 이 두 개념을 구분하고 있다. 여기서의 '민주화'는 정치 및 경제 민주화를 의미하며 이는 구사회운동이 주로 운동목표로 삼았다. 그리고 '근대화'는 급진적 산업화 과정으로 야기된 사회적 부산물에 대한 성찰적인 노력을 통해 확보됨을 의미하여 이는 신사회

권위주의 정권시기에는 정부가 정책을 주도적으로 실행하거나 정부정책에 협조적인 관변단체와의 형식적인 연대에 의해 추진하였다. 그러나 이것은 진정한 의미에서의 민주주의라기보다는 제한된 민주주의였다. 1993년 문민정부 출범 이후 절차적 민주주의(delegative democracy)가 일정 정도 확보되었고, 이러한 열려진 공간을 바탕으로 과거 운동조직들은 보다 변화된 운동방식을 추진하게 되었다. 정부 또한 정부에 성원적인(membership) 관계를 지향하는 운동단체에 대해서 지원을 아끼지 않았다. 그러나 이러한 관계는 소수의 정책지향의 운동단체들만이 정부를 상대로 한 이슈파이팅 운동에 빠지게 만들었다. 이것이 최근에 운동단체들이 '시민 없는 시민운동'이라고 비판받게 되는 이유이다. 물론 압축적인 근대화와 민주화 과정에서 발생한 다양한 문제에 대한 시민들의 올곧은 목소리를 모아내려는 운동단체들의 열정적인 노력은 결코 간과될 수 없다.

사실 운동단체들은 1990년대에 들어 그 수나 규모면에서 비약적인 성장을 보여 주고 있다. <시민의 신문사>가 1997년 초에 발간한 『한국민간단체총람』에 나타난 운동조직은 약 3,000여 개에 달하고 있다. 이렇듯 급성장한 운동조직들은 그 다양성 속에서도 몇 개의 중요한 이슈에 집중적인 성장을 보이고 있다. 과거 운동단체에서 주변을 차지했던 환경, 여성, 소비자, 인권 등에 대한 관심이 증대하고 있는 것이다. 그런데 이것은 기존의 계급중심의 민중운동 진영의 영역 확대로 볼 수 없을 정도로 이 단체들은 특정한 이슈를 중심으로 지속적인 활동을 더욱 왕성하게 추진하고 있으며, 이것은 바로 신사회운동의 성장을 의미한다. 이러한 운동현실을 반영하듯이 일부 사회과학계에서는 신사회운동을 구사회운동으로부터 구별하고 있다. 특히 1989년 베를린 장벽 붕괴 이후 '현존 사회주의'의 몰락이 한국에서

운동이 주로 운동목표를 삼고 있는 것이다. 이러한 두 개념을 가지고 한국사회의 운동진영의 분화를 보고자 한다.

노동운동의 침체를 구사회운동의 쇠퇴와 신사회운동의 대두라는 통설을 가져오기도 했다. 그러나 오늘의 한국 사회에서는 구사회운동이나 신사회운동의 지향점이 그 내부에서의 이데올로기적 차이점에도 불구하고 한 가지로 수렴하고 있음을 알 수 있다. 그것은 다름 아닌 시민권의 확대라는 공유된 가치이다. 이는 문민정부 출범 이후에도 신사회운동 부문이 확대되었음과 동시에 구사회운동 진영도 미완의 근대화와 민주화를 요구하는 다양한 운동을 펼쳤으며 때로는 이 두 영역이 사안에 따라서 만나는 경우도 적지 않았다는 데서 확인할 수 있다.

따라서 이러한 운동현실을 보다 정확하게 이해하기 위해서는 어느 한 부분의 성장만을 강조하기보다는 변화된 현실 속에서 기존의 운동단체들이 어떠한 변화를 시도하고 있는지도 살펴보아야 한다. 예컨대, 환경부문운동의 급성장을 설명하기 위해 유럽의 신사회운동론을 토대로 삼아 설명하기보다는 우리 사회의 운동현실을 보다 설득력 있게 설명하기 위해서는 자원동원론과 같은 논의와의 상호보완이 필요하다. 즉 사회운동이 그것의 가치 목표, 전략, 조직, 성원 등에 비추어 검토될 때 그 특성이 정확히 밝혀질 수 있는 것이다. 이 글 역시 우리 나라 신사회운동단체들이 갖고 있는 정치기회(political opportunity), 동원구조(mobilizing structure), 인지과정(frame process), 조직 간 연결망(inter-organizational networks) 등을 중심으로 살펴봄으로써 그 특성을 파악하는 데 목적을 갖고 있다. 또한 지금까지의 신사회운동에 대한 연구가 주로 이론적 논의가 그쳤으나 그것은 현실을 모르는 탁상공론에 불과한 것이며, 추진된 몇몇 운동단체에 대한 경험적 연구 역시 제한된 수의 운동단체에 대한 사례연구나 의식조사에 그쳤다. 이 글은 운동조직의 보다 구체적인 조사를 통해 조직활동, 동원전략, 연결망을 중심으로 운동조직의 구조와 동학을 보다 체계적으로 살펴보았다. 또한 이러한 경험적 연구를 통해 과연 한국 사회에서 어떠한 신사회운동이 가능한가를 전망해 보고자 한다.

2. 한국 사회의 신구사회운동을 보는 틀

사회운동이 왜 일어나는지, 그것이 지향하는 바가 무엇인지, 그리고 그것의 성공은 무엇을 의미하는지 등에 관한 다양한 해석들이 이뤄지고 있다. 이러한 견해들은 크게 두 가지 접근으로 나뉘는데, 그 하나가 구조적 접근이고 다른 하나가 행위론적 접근이다. 구조적 접근은 사회운동이 사회변동의 담지자로 행동한다는 관점에 입각하여 사회운동을 야기하는 근본적인 사회변동이 무엇인지, 또한 사회운동이 어떠한 사회변동을 일으키려고 하는지에 집중한다. 이 점에서 사회변동의 성격과 그것에 대응하는 사회운동세력의 이데올로기가 중요한 관심사로 떠오른다. 이에 반해 행위론적 접근은 무엇보다도 개인의 의도와 조직의 성격에 관심을 둔다. 이 접근은 개인의 집합행동에 참여하게 되는 혹은 못하게 되는 이유가 무엇인지 그리고 사회운동 조직은 그러한 참여를 촉진하기 위해 무엇을 해야 하는지에 관해 질문한다. 구조적 접근은 사회구조에 의해 결정되는 운동의 성격 및 변화에 관심을 기울이는 반면에, 행위론적 접근은 개인을 동원하는 사회운동조직의 전략 및 구조, 변화에 주목한다.

현실적으로도 한국의 사회운동은 민주화와 근대화 과정에서 다양한 형태를 띠게 되었으며 그것은 신구사회운동의 병존으로 나타났다. 과거 국가 및 정치사회 중심의 활동이 이제는 경제 및 시민사회 영역의 확대로 시민의 목소리가 높아졌다. 이 시민사회의 성장은 바로 과거와는 다른 운동목표를 지향하는 다양한 운동조직의 출현에서 그 징후를 발견할 수 있다. 이것은 건강한 시민사회를 통해 압축성장이 가져온 위험사회나 정보사회의 급진적 변화를 풀뿌리 수준에서 대처해 나가려는 노력으로 이해할 수 있다. 이러한 제 요소들을 하나의 분석틀로 구성할 수 있을 것이다.

즉 사회적 맥락의 변화를 시민사회, 위험사회, 정보사회 등으로 분류하고 이 과정에 대처하기 위한 다양한 운동조직들의 대응과 변화—신구사회운동 조직의 부침—를 가정할 수 있을 것이다.

1) 이론적 틀

(1) 신사회운동론과 자원동원론의 결합

신사회운동론은 다음과 같은 특징을 갖고 있다. 첫째, 신사회운동의 관심사는 시민권이나 정치권력보다는 가치와 생활양식에 중점을 두는 문화영역에 무게를 둔다. 이 이론의 기본 입장은 현대 사회운동은 그 특성에 있어서 근본적으로 사회적인 것이지 정치적인 것이 아니라는 것이다. 따라서 이 운동의 목표는 권력의 장악이 아니라 시민사회의 동원에 있다. 둘째, 신사회운동은 시민사회 속에 위치한다. 이 시민사회를 활성화시키는 것이 제일의 목표이다. 이는 투렌(Touraine)이 신사회운동의 목표를 점차 늘어나는 기술관료주의적 국가로부터의 침투를 극복하는 것으로 보는 것과 하버마스(Habermas)가 시민사회가 기술관료적 하부구조에 의한 생활세계의 식민지화를 보호하는 것과 연결된다. 셋째, 신사회운동은 가치변화와 대안적인 생활양식을 개발하는 것을 목표로 한다. 따라서 이 입장은 상징과 정체성을 중시하며 또한 개인의 가치와 정체성, 그리고 상징에 대한 변형을 통해 사회변동을 가져오는 것을 목표로 하고 있다. 따라서 신사회운동은 풀뿌리 수준의 개인과 아주 가까운 거리에 있게 된다. 사실 위와 같은 특성을 지닌 신사회운동에 적합한 것은 유럽에서의 생태계운동과 같이 가치지향성이 강하고, 목표달성을 지향하기보다는 운동의 방식 자체를 중시하고, 성원의 생활양식의 변화를 지향하는 운동일 것이다. 그러나 현실의 개개 운동은 이 양면을 갖고 있다. 따라서 신사회운동에 대한 분석도 운동의 목표나 이데올로기에 대한 분석에 그치는 것이 아니라 운동과정에 대한 경험적인 분석이 필요하다.

종래에는 자원동원론과 신사회운동론의 이질성이 강조되었으나 그 문제의식과 운동파악은 이질성과 함께 분석시각·주체·이슈·가치·행위양식 등에 있어서 공통점을 갖고 있다. 클랜더만스는 이 양자의 통합의 접점을 '합의의 동원'(consensus mobilization)에서 구하고 있다. 사회운동에 대한 또 다른 접근인 자원동원론은 조직 수준에 그 초점을 두고, 동원으로부터 목표달성 내지 쇠퇴에 이르는 운동과정을, 운동을 규정하는 내적·외적 조건 일반을 변수로서 설명하려는 접근방법이다. 그런데 자원동원론은 변혁지향성이 약하다는 단점이 있어서 사회운동조직이 보통의 압력단체 혹은 이익단체와의 별다른 차별성을 보여 주지 못한다는 비판을 받고 있다.

그런데, 자원동원론이 적합한 경우는 제도개혁을 지향하고 조직적으로 전개되는 운동조직에 대한 분석이다. 사실 한편으로는 제도개혁에의 지향성이 낮고 조직 수준이 낮은 운동조직에 대해서는 자원동원론적인 접근보다는 느슨한 형태의 운동조직에 적합한 신사회운동론이 보다 설득적일 것이다. 그러나 다른 한편으로는 모든 운동이 지속적이기 위해서는 체계화된 조직구조를 필요로 하게 된다. 즉 초기의 느슨한 형태의 운동이 점차 체계화된 조직구조를 갖추기 위해서 다양한 전략과 재정적 뒷받침을 필요로 하게 된다. 경험적으로도 운동진영을 보면 조직 수준이 느슨한 형태에서부터 체계화된 형태까지 다양하게 존재하고 있다. 따라서 이러한 운동에 대한 이론적 접근은 위의 양자를 결합해야 할 필요가 있는 것이다.[2)]

---

2) 사회운동에 대한 이론적 종합화는 현실적으로 제기되고 있다. 자원동원론이 신사회운동으로부터 배울 수 있는 것은 이슈 분석으로, 특히 국가와 시민사회라는 이론 도식일 것이다. 한편 신사회운동은 지금까지의 논의는 운동의 생성에만 관심을 집중시켰으며 운동과정 전체의 포괄적인 설명모델 정립에는 소홀하였다. 즉 일단 생성된 운동이 어떤 전개과정을 진행해 가는가에 대한 역동적인 설명이 부족하였다. 한편, 운동은 거시적 수준의 구조적 변수나 반대세력과의 관계는 신사회운동론을 필요로 하게 된다. 즉 신사회운동의 '시민사회의 방어와 재생'이라는 문제 파악은 자원동원론에 대해 그 변혁지향성의 분석을 위한 구체적인 실마리를 줄 수 있다(사회문화연구소, 『사회운동론』, 1993).

(2) 종합화를 위한 세 가지 논의

최근에 매우 복잡화된 운동구조를 이해하기 위해서 사회운동에 대한 종합적 이해를 시도되고 있다. 이러한 노력은 사회운동에 대한 해석기제로 정치기회구조, 동원구조, 인지과정론을 중시하며 이 세 가지를 어떻게 역동적으로 연결시키느냐로 모아지고 있다.

① 정치적 기회구조(political opportunities)

사회운동의 외적 요인으로 운동을 촉진시키기도 하며 동시에 제약할 수 있는 정치기회구조에 대한 연구는 미국의 경우에는 틸리, 매커덤담, 태로우 등이 제도권 정치와 사회운동 간의 관계 및 연계를 (Tilly, 1978; McAdam, 1982; Tarrow, 1983), 유럽의 경우에는 주로 신사회운동에 관한 분석을 한 크리시, 키첼트, 쿱만스, 듀벤다크 등이 있다(Kriesi, 1989; Kitschelt, 1986; Koopmans, 1972; Duybendak, 1992). 전자는 국가정치제도의 변화를 정치기회구조의 변동으로 보고 이것이 제공하는 여건에 따라 사회운동이 출현한다고 설명하고 있다. 한편 후자는 운동이 자리매김하고 있는(embedded) 있는 국가의 정치적 속성을 토대로 이것이 야기하는 운동의 구조, 규모 성공 등을 국가 간 비교를 통해 설명하고 있다. 이 두 입장은 몇 가지 공통점을 갖고 있는데 그것은 사회운동 혹은 혁명은 그것이 자리매김하고 있는 국가적 맥락, 즉 특수한 정치적 제약과 기회구조—정치적 기회구조—라는 광범위한 틀에 의해 형성된다는 점이다 (McAdam, McCarthy & Zald, 1996).

② 동원구조(mobilizing structures)

운동의 동원구조에 대한 연구는 우선 중위 수준의 집단, 조직, 비공식적인 네트워크 등과 같은 느슨한 조직에 초점을 맞추는 입장이 있다. 이 중위 수준 연구는 사회운동과 혁명을 블록들에 의해서 이루어지는 집합적 형성(collective building)으로 보았으며 그 대표적인 예로 틸리의 정치과정모델을 들 수 있는데 그 핵심은 작업장 또는 이웃과 같은 풀뿌리 환경(grass-roots setting)을 통해 동원이 이루어진다는 것이다. 반면에 자원동원론은 공식화된 조직을 강조한다.

사실 사회운동에 있어서 이러한 동원과정에 대한 관심은 조직역학에 관심을 돌리기 시작하였음을 의미한다. 예를 들어, 첫째, 운동조직의 하부구조에 관심을 가지게 되었다. 이것은 동원과정의 역사적 패턴을 보다 잘 이해함으로써 장차 운동조직의 미래는 어떤 것이 될지를 예견하기 위해서이다. 둘째, 조직형태와 운동유형 간의 관계를 구체화하게 되었다. 셋째, 국가구조 및 민족 특수적인 조직문화가 한 국가 안에서 운동이 취하는 형태에 어떤 영향을 미치는지를 평가하는 데 관심을 가지게 되었다.

③ 인지과정(framing processes)

풀뿌리 개인들이 운동부문에 어떻게 동의(consensus)하고 참여하는가에 대한 보다 체계적인 연구가 미디어 부문의 발달과 더불어 활성화되고 있다. 현대사회에서 운동성원들을 유인하는 기제로서 대중매체가 차지하는 비중은 대단하다. 신사회운동 논의에서 언급되고 있는 상징의 정치, 영향의 정치 역시 이러한 사회적 구성이라는 설명과 맥을 같이하는 것이다. 과거 불만에서 생기는 긴장상태가 사회운동으로 전환된다는 사회심리적 설명은 운동이론의 고전이 되었지만, 가장 기본이 되는 개인 수준에서 갖게 되는 인지적 과정(cognitive processes)으로부터 집합적인 정체성(identity)이 형성되는 집단적인 수준, 그리고 그것이 사회운동으로 발전하는 과정에 대한 기초적인 설명이 된다. 이것을 사회적으로 확대하면 하나의 집합적 속성이 구성되는(constructed) 것을 의미한다. 따라서 이 인지과정적 입장은 사회운동의 출현, 성장 및 발전을 설명하는 데 있어서 유의미한 틀로 제시될 수 있는 것이다.

이와 같은 세 가지 입장은 현존하는 운동조직의 동원구조 및 조직활동을 연구하는 과정에서 상호보완적으로 적용된다. 예컨대, 일반회원을 동원하는 과정에서 필요한 것은 동원전략이지만 더불어 성원들이 운동참여를 어떻게 인지하고 있는가에 대한 분석이 전제되어야 한다. 또한 운동조직 간 연대활동에 있어서도 조직들의 운동참여는 그 이슈도 중요하지만 운동을 둘러싸고 있는 외적인 조건—정부, 언론, 정당, 지방자치단체 등—과의 관계도 고려해야 한다. 이렇듯 운동현실을 분석하기 위해서는 위의 세 입장들 사이의 역동적 관계를 어떻게 이해하느냐의 문제가 우리에게 자연스럽게 부과된다.

2) 한국 사회의 변화: 국가 · 정치사회 및 경제 · 시민사회

해방 이후 한국 사회의 가장 큰 변화는 권위주의에서 민주주의로의 이행이며 그 과정에서 사회운동이 기여한 바는 매우 크다고 평가할 수 있다. 민주화로 축약되는 한국 사회의 변화를 설명하기 위해 지금까지 국가-시민사회의 이분모델, 국가-경제사회-시민사회의 삼분모델 등이 제시되어 왔다. 여기서는 여러 형태의 신구사회운동을 국가-정치사회-경제사회-시민사회 모델로 설명하겠다. <그림 1>은 이것을 보다 축약적으로 보여 주고 있다.

한국 사회의 사회운동 경험을 간단히 살펴보면, 그것은 곧 민주화와 시민사회의 성장으로 축약할 수 있다. 사실 한국 사회의 운동사는

<그림 1> 시민사회의 성장과 신구사회운동

정당성 장외정치	←	안정성 선거과정	→	효율성 제도장치

<table>
<tr><td>시민사회
이익집단</td><td rowspan="2">정치사회
(의회제도, 정당정치)</td><td rowspan="2">국가
(입법부, 행정부,
사법부)</td></tr>
<tr><td>경제사회(생산 · 유통의
조직)</td></tr>
</table>

식민지 시대의 독립운동과 해방정국의 좌익운동의 전통이 한국전쟁 이후 지속적인 운동으로 이어지지 못했다. 체제 비판적 사회운동 세력들은 거의 소멸된 반면에 폭압적인 권위주의 정권하에서 소수 순수 종교단체나 관변단체만이 운동의 명맥을 유지하였다. 따라서 현대 한국의 사회운동의 기원은 1960년의 4 · 19혁명에서 찾는 것이 일반적이다. 그러나 박정희 정권은 유신체제를 통하여 아래로부터의 목소리를 원천적으로 봉쇄하였다. 이것이 1980년의 5 · 18광주항쟁을 통해 운동의 급진화가 비약적으로 이루어지게 되었다. 이러한 운동의 봇물은 1980년대 들어 하나의 흐름을 형성하게 되었는데 그것은 민주주의라는 차원과 더불어 자본주의의 전개에 따라 발생한 계급갈등이라는 차원, 그리고 반미감정에 기초한 외세의 배격과 남북한의 통일이라는 민족주의의 차원을 포함하게 되었다. 1987년의 6월 민중항쟁을 통해 경험한 희망과 좌절은 운동의 변화를 가져왔다. 이것이 1989년부터 부각된 시민운동의 등장으로 이는 민중운동으로 불리는 기존의 운동목표와 방식을 비판하고 합법적인 영역에서 대안을 제시하는 운동방식을 채택하고 보다 적극적인 정책지향운동을 전개하였는데 그 대표적인 경우가 경실련이다. 이러한 운동진영의 변화는 1990년대 접어들면서 더욱 두드러지는데, 노동운동, 학생운동, 전교조운동 등에 대한 지지도가 떨어지고 환경운동, 소비자운동, 여성운동 등에 대한 지지가 상대적으로 상승하였다. 이러한 경향은 1993년 문민정부가 출범하면서 더욱 확대되었다. 이제 사회운동은 도덕적 정당성과 이데올로기적 입장을 떠나 일상생활의 개선을 위해서 현실비판과 더불어 구체적인 대안을 제시하는 방식으로 전개되었다. 이러한 과정에서 민중이라는 용어 대신에 시민운동이라는 용어가 널리 쓰이게 되었다. 시민운동은 계급분석의 논리를 거부하고 시민 모두의 참여에 기반한 점진적인 사회개혁을 추구한다는 것이다. 그러나 현실은 운동중심성이 신사회운동으로 완전히 넘어가지는 않았다. 사안에 따라서는 계급갈등을 기본으로 하는 구사회운동(노동운동)의 중심성이 여전하다.

따라서 한국 사회에서 구사회운동의 이슈와 신사회운동의 이슈가 공존하고 있고 운동진영 또한 다양한 형태로 공존하고 있다.

이러한 운동진영은 한국 사회의 민주화를 보다 강하게 요구하는 목소리와 근대화의 부산물에 대한 비판의 목소리를 동시에 요구하는 특성을 보여 주는 것이다. 이러한 시민사회 내의 개혁 에너지가 정치사회(의회, 정당)에 제대로 반영되거나 국가정책에 적극적으로 반영된다면 한국 사회의 민주화는 보다 빠르게 달성될 것이다. 그것은 시민사회 내의 신구사회운동은 국가와 정치사회에 정당성을 부여하면서 동시에 직·간접적으로 영향력을 행사하여 비판적인 견제세력의 역할을 하기 때문이다.[3)]

3) 신구사회운동의 공간상의 위치: 시민사회, 위험사회, 정보사회의 삼각형

<그림 2>와 같이 운동진영은 보다 다양해진 운동의 외적 환경에 의한 제약을 받음과 동시에 그것을 운동자원으로 활용하여 보다 다양한 운동을 전개할 수 있게 되었다. 분명 환경파괴나 환경오염은 비계급적인 문제이지만 이것이 지역의 환경오염과 생존권을 위협하는 문제로 전환된다면 쉽게 정치쟁점화되어 정권에 대항하는 반정부 운동

---

3) "최근에는 철저하게 비정치적인 순수시민운동을 주장하는 '경실련식 운동'에 대한 비판이 높다. 그것은 일부에서는 아직도 실현되지 못한 기본권과 정치적 민주주의 문제에 대해서는 침묵하면서 더 상위의 경제민주주의를 내세워 민중운동과 대립하여 자신의 입지를 강화해 왔다는 신랄한 비판이다. 이는 경실련의 성장은 민주화 실현에 별다른 노력도 없이 명망가 중심으로 민중운동의 성과에 무임승차한 것으로 오히려 민중운동을 무력화시키기까지 했다는 것이다. 운동의 실질적 성장은 풀뿌리 시민에 기초한 시민의 기본권 확장을 꾀하는 것인데 현실은 사회적 과제로 등장한 다양한 문제들에 대해 그때그때 발빠르게 대응하면서 언론의 집중조명만을 노린 이슈 파이팅 운동에 머물렀다는 것이다. 이러한 경실련식 운동에 대한 진지한 고민이 요구되는 것이 오늘의 운동현실이다"(『한겨레21』, 1997. 1).

<그림 2> 열려진 체계: 시민사회, 위험사회, 정보사회

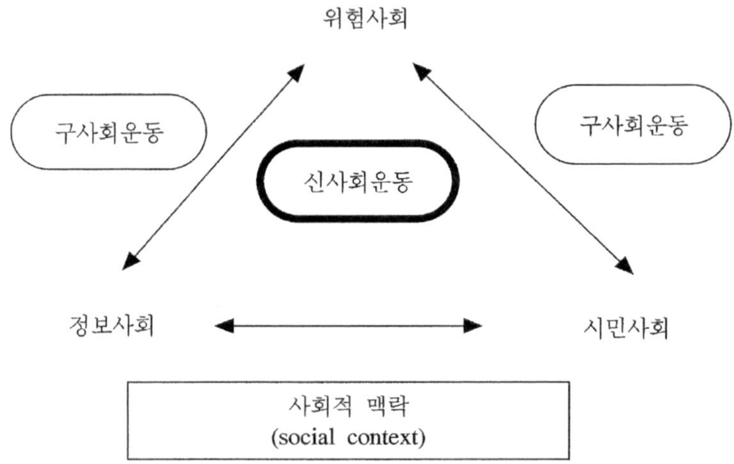

으로 발전할 수 있는 것이다. 또한 풀뿌리 민주화를 달성하기 위한 시민들의 자발적 참여를 유도하기 위한 운동자원으로서 정보운동이 또한 정권의 부정부패를 비판하는 반정부 운동으로 변할 수 있는 것이다. 운동은 항상 급진화와 제도화의 길로 나아갈 수 있는 가변적인 것이다. 물론 운동이 지향하고 있는 목표에 따라 전략이 정해지지만 운동이 자치하고 있는 시·공간상의 위치에 따라 변할 수 있다. 즉 사회적 맥락의 영향을 받아 운동은 다양한 방향으로 나아갈 수 있는 것이다.

운동의 발전방향이라는 견지에서 보면 운동환경의 변화는 보다 다양한 운동을 추구할 수 있으며, 이것은 신사회운동의 활성화를 의미한다. 예컨대, 개인의 생활과 보다 가까운 운동이 가능해진다. 소비자운동, 환경보호운동이 보다 자발적으로 지역을 중심으로 형성될 수 있으며 더 나아가 통신공간을 통한 정보운동이 공간상의 제약을 허무는 데 기여할 것이다. 과거 권위주의 정권에 취했던 운동단체들의 태도와는 달리 문민정부의 출현과 더불어 보다 적극적인 성원적인 관계를 유지하면서 정책을 개발하는 운동단체들이 많아졌다. 물론 이것은 관변단체와는 성격은 다르지만 그 비판의 정도는 차이가 있다. 환경문제와 같은 탈계급적인 이슈를 추구하는 다양한 운동단체들이 급성장하면서 운동에 대한 전망 역시 위험사회, 정보사회를 중심으로 논의되었다. 그러나 아직까지는 시민권의 확대라는 미완의 과제를 안고 있는 한국 사회에서는 정치성이 강한 운동단체들이 잔존하고 있는 실정이다. 이러한 정치적인 운동조직들은 다양해진 이슈에 대해서 보다 합리적인 대안을 제시하는 이슈 중심의 운동을 추구하고 있다. 이슈는 분명 레드(red)와 블루(blue)를 넘어서서 그린(green)으로 나아가고 있지만, 이것이 병존하고 있기에 운동단체 역시 이슈는 신사회운동적이지만 운동방식과 목표는 구사회운동적인 경우가 많은 것이 우리의 운동현실이다. 따라서 <그림 2>와 같이 맥락의 변화에 따른 이슈의 다양화에도 불구하고 운동진영은 여전히 구사회운동과 신사회운동으로 나뉘어져 있으며, 이것은 다시 기존의 이슈에다 새롭게 제기되는 이슈를 추가하는 이슈운동으로 해석할 수 있는 것이다.

주지하듯이, 민주화는 풀뿌리 수준의 개인들의 적극적인 참여와 정부의 제도개혁이 상호 결합할 때 가능하듯이 이제 더욱 다양해진 이슈에 대처해 나아가기 위해서는 이러한 상호작용이 보다 활성화되어야 할 것이다. 이것이 과거에 주로 계급차별해소와 민족통일을 중심으로 한 민중운동보다는 탈계급적인 다양한 이슈운동, 즉 신사회운동의 활성화가 요구되는 것이다.

3. 한국에서의 신사회운동의 성장: 운동조직을 중심으로

한국 사회에서 구사회운동과 신사회운동의 활동은 중첩되어 있다. 일부에서는 한국 사회가 사회분화의 추세 아래 보다 다원화되는 사실을 감안할 때 자율성과 정체성을 추구하려는 신사회운동이 보다 주도적인 사회운동으로 자리잡을 것으로 전망하고 있다. 이러한 전망이 타당한 것인지는 최근의 운동단체들에 대한 경험적인 연구를 통한 검증이 수반되어야 한다. 과연 운동조직들이 변화된 환경에 대하여 어떻게 탄력적으로 적응하고 있는지, 그리고 신사회운동과 구사회운동 진영 간의 이러한 적응력의 차이는 존재하는지에 대한 검토가 필요하다. 이 장에서는 우선 한국에서의 운동의 성장을 운동조직을 중심으로 살펴보고자 한다.

1) 운동조직의 흥망성쇠: 신사회운동조직의 성장[4)]

신사회운동과 구사회운동을 운동조직이 추구하는 목표와 이데올로기에 따라 구분하였을 때, 민중운동과 시민운동의 부상을 확인할 수 있었다. 사실 구사회운동과 민중운동이, 신사회동과 시민운동 네트워크는 어느 정도 선택적 친화력을 가지고 있다. 운동조직의 설립의 특징을 보면 서울에 중앙조직을 둔 지방의 지역조직이 증가하였으며, 지역중심의 자발적 시민운동조직이 최근에 많이 설립되었다. 한편, 기존의 운동조직이 목표와 운동방식을 바꾸는 소위 '카멜레온식 변화'는 좀처럼 발견되지 않았다. 대신에 운동조직의 변화를 꾀하는 방식은 기

---

4) 이 글에서 사용하는 자료는 1997년 2월 10일부터 3월 10일까지 서울대 사회발전연구소에서 실시한 『1990년대 한국 시민운동에 관한 조사연구』를 토대로 얻어진 것이다. 통계분석은 조사결과 표본으로 정한 총 195개 단체로부터 회수된 52개 단체만을 대상으로 이루어졌다. 물론 분석단위는 운동조직이지만 실제 관찰단위는 운동조직의 실무자인 운동대표, 사무책임자, 간사였다. 한편, 본 조사연구는 자료수집방법으로 질문지 우편조사와 자료조사를 병행하는 방식을 택했다. 사실 본 조사의 질문이 구체적인 조직 내부사항에 관한 것이 많았고, 조사시기 역시 운동단체의 정기총회가 몰려 있는 시점과 정치적으로 혼란한 때여서 질문지 회수율은 그리 높지 않았다. 운동단체의 대표의 경력과 운동조직 간 연결망을 분석하기 위해서 기존의 자료를 이용하였다. 따라서 질문지에서 연대활동단체에 대한 연결망 분석을 위한 자료로 재구축하기 위해서 『시민의 신문』이 1997년에 발간한 『민간단체총람』을 참조하여 설립년도, 상근자수, 조직의 특성, 사업활동 등의 자료를 이용하였다.

<표 1> 운동조직의 설립 기원

	새롭게 출발	시민운동단체	민중운동단체	종교단체	관변단체	전문직업단체	기존 단체의 연합
N(45)	19	9	5	3	1	2	6

존의 운동조직을 연합체나 협의체 형식으로 출발하는 것이다. 물론 이러한 조직의 성원은 기존의 운동성원이 그대로 유지하고 있다.5)

1990년대 한국의 사회운동조직의 설립은 몇 가지 특성을 보인다. 기존의 계급차별 해소와 민족통일을 운동의 목표로 삼던 저항적인 민중운동과는 차별성을 보이면서 점차 다양한 형태를 띠면서 특화된 이슈를 중심으로 운동을 전개하는 조직들이 새롭게 출현하였다. 또한 지역을 중심으로 과거 운동 경험이 있는 사람과 새로운 인사가 결합되어 운동조직을 새롭게 형성하는 경우도 많아졌다. 이것은 지역정서에 따라 자발적으로 이루어지는 경우와 지역의 특별한 이슈를 계기로 운동조직이 형성되는 경우로 구분된다. 후자의 대표적인 예로 지역환경운동연합 또는 녹색연합과 같은 환경운동단체가 있다. 지금도 지역조직은 다양한 이슈에 대한 대응과정에서 만들어지고 있다. 이것은 최근에 급속히 성장하고 있는 신사회운동이 지역문제에 대한 대응과정에서 다양한 운동조직으로 형성될 수 있음을 암시하는 것이다.

2) 회원구성 및 주요 참가자

구사회운동이 주로 물질적인 이해관계를 추구하는 것과는 달리 신

5) 이러한 운동조직의 '헤쳐모여식' 재결집은 운동 실무자들의 강한 연결망으로 가능해진다. 기존에 알지 못했던 실무자들보다는 이미 알던 운동동지간의 업무수행능력은 월등히 높은 것은 당연하다. 조사결과 전체의 32%가 과거에 함께 활동하던 사람이었다. 이것은 신·구사회운동 모두에서 보이는 현상이다. 신사회운동이 자율성과 정체성을 추구한다는 측면에서 보면 분명 운동조직에 고립된 개인으로 참여하는 경우가 많아야 하지만 우리의 운동현실은 이러한 특성을 아직 뚜렷이 보여 주지 못하고 있다.

사회운동은 가치와 이데올로기에 관심을 가지며 그 추구하는 목표가 특정한 집단의 이익이 아니라 사회 전반의 영역에 영향을 미치는 공공선(collective goods)을 추구하는 가치관의 문제와 결부되어 있다. 이것은 참여성원의 다양성을 의미하는 것이다. 공공선을 위해서는 보다 다양한 성원의 참여가 요구된다.

구사회운동이 노동운동을 중심으로 한 계급차별 해소운동이기에 그 성원은 주로 노동자이다. 그러나 신사회운동은 다양한 이슈운동이기에 원칙적으로 성원의 다원성이 전제된다. 신사회운동에 높은 참여율을 보이는 참여자들로는 중간계급, 쁘띠부르주아, 주부들을 포함한 여성들, 젊은 세대, 고학력층 등의 사회범주들이 있으며, 이들 중 특히 중간계급이 그 중심을 이룬다. 오페(Offe, 1985)는 중간계급 이외에도 주부들이나 은퇴한 사람과 같은 탈상품화된 주변집단과 쁘띠브르주아를 주요한 신사회운동 참여자로 꼽고 있다. 그에 따르면 탈상품화된 주변집단들은 삶의 조건과 생활기회가 철저하게 외적 조건에 의하여 결정되기 때문에 자율성을 상실하고 무력감에 젖어 있는 범주라고 한다. 이들이 자율성을 회복하고자 노력하며, 상대적으로 시간적 여유가 많은 집단들이어서 신사회운동과 같은 활동에 시간을 할애할 수 있다고 본다.

분석에서도 운동단체들은 다양한 회원분포를 보이고 있다. 전문직업인을 중심으로 한 운동조직과 특수한 대상을 회원으로 갖는 운동조직을 제외한 대부분의 운동조직에는 다양한 직업의 회원들이 고루 분포되어 있다.[6] 그것은 <표 2>와 같다.

회원의 구성과는 별도로 주목해야 될 사항은 바로 운동조직의 활

6) 전자의 예로는 건강사회를위한치과의사회, 건강사회를위한약사회 등을 들 수 있으며, 후자로는 부산장애인연합회, 전농을 등을 들 수 있다. 또한 **YWCA**, 소비자보호단체협의회와 같은 여성중심의 운동단체는 주부가 거의 대부분을 차지한다. 대체로 몇 개의 운동단체를 제외한다면 회원구성은 전체적으로 고루 분포되어 있다.

<표 2> 회원의 구성 및 주요 참가자

	전문 관리직	준전문 기술직	사무직	판매·서비스·생산직	농어민	주부	기타 (학생)	전체 N(%)
회 원	25.1	7.9	16.4	12.6	9.9	24.3	15.9	100
주요참가자	21(48.8)	1(2.3)	4(9.3)	2(4.7)	3(7.0)	7(16.3)	5(11.6)	44(100)

동에 있어서 주요 참가자이다. 운동조직은 다양한 직업의 개인들을 회원으로 충원하고 있지만, 조직의 체계화 및 공식화를 추구하는 과정에서 어쩔 수 없이 운동이 전문가 또는 실무자 중심으로 이루어지게 된다. 운동 실무자들은 과거 운동가 중심이었으나, 이제는 사무직으로 확대되는 추세를 보이고 있다. 이번 조사에서도 전문관리직(종교인, 교수, 의사, 변호사, 예술인 등)과 사무직(교사, 간호사 등)이 가장 적극적인 참여자로 나타났다. 운동이 전문가를 중심으로 주도되고 있는 과정에서 유의해야 할 점은 운동의 중심성이 소수 전문가에게 몰리게 되어 실제 활동에서 회원이 사라진다는 것이다. 즉 운동조직이 거대해지고 사업이 다양화되면서 다양한 성향의 회원들의 참여보다는 소수 운동전문가 또는 지식인 중심의 명망가 활동으로 전락할 수 있다.[7)]

7) 지난 1997년 3월, 경실련의 비디오테이프 사건은 사회운동의 도덕성과 신뢰성에 큰 타격을 주었다. 이 사건을 계기로 운동진영에서는 지금까지의 사업이 돌진형에 가까울 정도로 팽창 일변도여서 운동 역시 '시민 없는 시민운동'이라는 기형적인 운동양태를 보이게 되었다는 반성의 목소리가 높아졌다. 성원은 간데 없고 명망가 몇 명만이 활동하는 운동처럼 보이는 것은 운동의 전문성과 전문가 중심의 운동을 혼동했기 때문이다. 한 운동실무자는 "운동의 전문성은 견지하되 이 과정에서 소수 지식인이나 운동 전문가가 중심이 되는 운동은 견제해야 한다"고 강조했다. 이러한 전문가 중심운동은 초기에는 회원에 대한 고려를 하다가도 돌진형에 가까울 정도로 이슈를 좇다 보면 회원은 간 데 없고 정책과 성명서를 내는 데 급급한 운동으로 전락하게 된다. 이러한 현상을 극복하기 위한 대안으로 한 실무자는

그럼에도 불구하고 운동의 중심성은 물론 회원활동에 있어야 하지만 운동의 핵심적인 활동은 어쩔 수 없이 소수 실무자에 모일 수밖에 없다. 따라서 실제 활동에 있어서 일반회원들이 참여할 수 있도록 다양한 프로그램을 개발할 필요가 있다. 예를 들어 최근에 시도되고 있는 운동단체들의 다양한 아카데미는 교육과 운동을 연결하는 프로그램으로 시사하는 바가 크다.

3) 거시환경과의 관계

사회운동조직은 자원을 동원하는 과정이나 운동전략을 수행하는 과정에서 거시환경으로부터 끊임없이 직·간접적인 영향을 받게 된다. 본 조사연구는 대표적인 거시환경으로 정부, 정당, 지방자치단체, 기업, 언론을 상정하고 있다.[8] 전체적으로 보면 사회운동조직은 언론과의 관계에서 가장 친화적인 것으로 나타났다. 그러나 운동조직들은 언론에 대한 이중적인 자세를 견지해야만 언론에 이끌리는 것으로부터 벗어날 수 있다. 또한 지방자치단체와의 관계도 과거와 비해 호전되고 있는 것으로 나타났다. 이는 과거 지역 운동조직이 지방행정기관을 적대적인 것으로 간주하던 입장에서 보다 친화적인 관계를 유지하여 지역의 현안문제를 보다 적극적으로 해결하려는 자세변화로 해석할 수 있다. 그런데 이것은 '비판적인 견제'라는 것을 전제한 관계이지 단순히 지자제에 의존하는 관계는 아니다. 언론을 제외한 나머지 거시환경은 중간점수(5점 척도: 3점) 이하를 보이고 있는데, 이

"회원과 실무자를 잇는 운동이 되기 위해 소규모 운동, 지역의 생산적 운동, 즉 특정 이슈를 좇는 운동보다는 일상적으로 이루어지는 운동에 이제는 눈을 돌려야만 한다. 그래야 회원이 늘 중심에 서게 된다"고 회원의 중심성을 강조했다(운동 실무자와의 인터뷰, 1997. 7. 26).

8) 본 연구는 사회운동조직을 구조와 행위를 연결하는 하나의 매개자로 상정하고 그것이 끊임없이 사회문화적 구조적인 영향을 받으면서, 미시 수준에서는 안정적인 동원전략을 구사하며 거시 수준에서는 운동의 제약을 없애기 위해 끊임없이 활동하여 그 변화를 가져옴을 전제하고 있다.

<그림 3> 사회운동과 거시환경과의 거리(5점 척도)

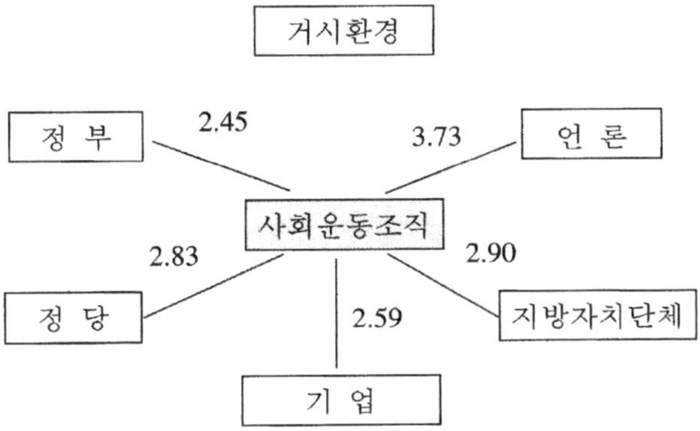

는 사회운동조직들이 현실적으로는 어려움을 겪고 있음에도 불구하고 아직까지 기본적인 제약요인으로 작용할 수 있는 거시환경에 대해서 일정한 거리를 두고 있음을 보여 주는 것이다.

사회운동조직을 중심으로 본 거시환경에 대한 태도는 우리 사회운동의 현주소를 보여 준다. 운동조직이 보다 안정적이고 체계적인 운동구조를 이룬다면 이 거시환경과의 관계는 보다 친화적인 관계로 나아가길 기대한다. 우리는 그것을 운동단체의 언론과 지방자치단체와의 관계변화에서 전망할 수 있다. 물론 운동의 건강성은 외부환경과의 적극적인 관계를 모색하더라도 이러한 일방적인 의존관계를 견제해야만 가능한 것이다.

요컨대, 구사회운동과 신사회운동적인 특성을 고려할 때, 최근의 특징은 거시환경을 보다 친화적인 것으로 보려는 의식상의 변화를 보이는 반면에 실제 활동에서는 유의미한 어떤 변화도 보이지 않는 아이러니를 보이고 있다는 것이다. 이는 우리 사회의 운동조직이 거시환경의 변화에 대하여 여전히 열려진 자세로 대응하고 있음을 의미한다.

4. 한국 사회의 신사회운동조직 특성: 구조와 동학

서구의 신사회운동의 운동상의 특징은 장외에서의 영향력 행사를 위한 다양한 직접적 행동을 취하는 것이다. 즉 신사회운동은 기존의 정치기구들과 의회정치를 포기하고 비제도화된 수단들을 적극적으로 활용한다. 신사회운동이 기존의 정치기구들을 이용하지 않는 것은 신사회운동이 본질적으로 비정치적이라는 이유라기보다는 기존의 이익집단이나 정당들이 이들의 이해관계나 관심사를 대변하지 못하기 때문이다. 신사회운동이 취하는 직접행동(direct action)의 양식들로는 시위, 공공시설 점거, 연좌항의, 농성, 시설물 파괴와 같은 과격한 유형들을 적극 활용하고 있으며, 때로는 시민불복종이나 비폭력과 같은 비교적 온건한 양식들도 취한다. 이렇듯 신사회운동이 추구하는 사회변혁의 전략은 직접적으로 의사결정에 참여하는 제도개혁을 이루어내는 개혁의 정치보다는 정치적 담론과 대중적 여론에 개입하여 지도력을 발휘하는 영향의 정치에 해당되며, 이 점에서도 노동운동과 좋은 대조를 이루고 있다. 이러한 유형적 특성이 한국 사회에서는 어떻게 나타나고 있는지를 신사회운동조직의 구조와 동학—동원구조, 조직활동, 운동조직 간 네트워크 특성—이라는 측면에서 살펴보고자 한다.[9)]

---

9) 앞에서 제시하였듯이 신사회운동조직에 대한 이해는 운동의 동원구조와 조직활동을 통해서 가능해진다. 오늘날의 사회는 시민사회의 성장과 정보통신기술의 발달, 위험요소의 위협 등의 복합적 출현으로 다양한 운동조직이 출현하게 된 열려진 체계이다. 이러한 열려진 체계 속에서 운동은 급진화 또는 제도화와 같은 다양한 경험을 하게 된다. 신사회운동에 대한 분석도 열려 있는 체계 내에서의 다양한 운동조직들이 조직간 느슨한 네트워크나 자원동원전략, 그리고 보다 지속적인 활동을 꾀하는 조직활동 등을 살펴봄으로써 가능해진다.

1) 연줄망과 동원전략

운동의 출현 및 거시환경과의 관계를 주로 다루는 신사회운동론은 현실운동에 대한 운동과정분석이 결여되어 있어 운동 전반을 이해하기 위해서는 자원동원론과의 결합이 필요하게 된다. 한국 사회의 운동조직은 운동의 목표나 내용은 분명 신사회운동적인 측면이 강하지만 현실적인 동원전략과 같은 형식을 보면 구사회운동적인 특징이 강하다. 우리는 이것을 운동조직들이 회원 가입 과정에서 동원하는 기존의 연줄망에서 찾을 수 있다.

신사회운동의 특징은 이익집단, 또는 노동조합과 같은 구사회운동 조직과 같이 체계적이고 안정화된 동원구조를 갖기보다는 가치와 정체성을 공유하는 개인들의 느슨한 네트워크로 연결되어 있다는 것이다. 물론 정당과 같은 정치조직보다는 상대적으로 느슨한 조직구조를 보이지만 현실적으로 안정적인 조직구조를 추구하고 있으며, 운동의 안정성을 확보하기 위해서도 운동조직들은 기존의 연줄—학연, 지연, 운동동지 등—을 적극 활용하고 있다.

이번 조사에서도 대부분의 운동조직들은 회원들의 일대일 접촉을 통한 회원 확보를 주요 동원방법으로 삼고 있는 것으로 나타났다. 이는 아직도 우리 사회에는 연줄망 의식이 강하게 작용하고 있음을 보여주는 것이다. 운동단체들은 조직을 유지하기 위해서 지속적인 회원가입이 필요하며 그러기 위해서는 다양한 연줄(networks)을 찾게 되는데 이를 토대로 회원가입을 유도한다. 따라서 운동단체들은 무조건적인—자발적인 참여를 통한—회원 확대보다는 이러한 기존의 연줄을 통한 동원방식에 더욱 강한 관심을 갖게 되었다. 최근에 운동단체들이 비판받거나 스스로 인정하는 최대의 운동과제인 '회원의 중심성 회복'은 이러한 연계나 연줄을 통한 회원가입을 적극적으로 추진하게 만들었다.

<표 3>과 같이 운동단체에 가입하는 회원들의 경로는 주로 기존에 알던 경우와 운동대표자가 운동조직을 새로 창립하는 경우였다. 이러

<표 3> 회원의 가입경로

경로 / N	프로그램 참여	이미 알던 회원 권유	언론매체 통해	창립 멤버	토론회 참가	전체
전체N(%)	7(6.7)	45(43.3)	10(9.6)	41(39.4)	1(1.0)	104(100)

한 실무자들의 강한 연결망은 운동조직의 '헤쳐모여식' 결합이라는 특징을 보여 준다. 기존에 알지 못했던 실무자보다는 조직 내에 이미 알던 운동동지가 월등히 많았으며, 그들은 과거에 동일한 운동조직에서 함께 활동한 경험이 있는 운동동지들이었다. 기존의 알던 관계를 조사한 결과는 전체의 32%가 과거에 함께 활동하던 사람이었다. 이것은 변화된 사회적 맥락—민주화와 근대화의 과제제기—에 따라 과거 권위주의 정권하에서 형성했던 운동조직과는 다른 운동조직을 창출해야만 했다. 그 방식은 고립된 개인으로 새로이 결합하는 경우도 있지만, 우리 사회에는 여전히 실무자들끼리의 공통의 운동경험이 강한 연결고리가 되어 이들은 비슷한 운동조직으로 옮겨가는 경우가 많았다.

이렇듯 운동조직들은 다양한 운동목표를 가지고 새롭게 출현하거나 기존의 운동조직들을 연합하여 출현하였다. 그러나 이러한 운동의 출현에 주목한 나머지 이슈의 차별성과 운동목표의 차이를 강조하는 반면에 운동과정에 대한 분석을 간과하는 경우가 많았다. 위에서 언급한 바와 같이 한국 사회의 신사회운동조직들은 이슈나 목표는 새롭게 변했지만 동원전략에 있어서는 여전히 전통적인 방식을 사용하고 있음이 밝혀졌다. 다음은 운동조직들의 동원과정에 대한 분석을 통해 과연 어떠한 활동을 하는지를 살펴보고자 한다.

2) 재정동원 및 조직활동

우리 사회의 운동조직들의 재정문제는 어제 오늘의 문제가 아니다. 조직의 운영에 있어서 가장 중요한 것은 재정(money)동원과 회원

(member)의 참여이다. 조사결과, 대부분의 운동조직들은 전체 재정을 충당하는 데 있어서 회비의 비중이 가장 높은 것으로 나타났다. 이것은 과거 개인의 후원금과 특별한 이벤트를 통한 수익금으로 재정문제를 해결하는 것에서 이제는 회원의 회비를 통해 안정적인 조직구조를 이루려는 전략상의 변화를 의미한다. 그러나 이것은 각 운동조직이 정관에서 밝히고 있는 이상적인 재정구조이지, 현실은 회원의 회비가 차지하는 비중이 설립 초기보다 점차 적어져서 이론과 현실의 괴리를 경험하고 있는 실정이다.[10] 전체적인 재정의 비중을 보면 <표 4>와 같다. 평균분포를 보면 재정을 충당하는 데 있어서 회비 다음으로 중요한 항목은 이벤트나 교육프로그램과 같은 수익사업을 통한 재정동원으로 나타났다. 신사회운동조직일수록 수익사업에 적극적이며 구사회운동일수록 수익사업보다는 후원금(찬조금)에 의존하는 경향이 강하다. 그러나 우리 사회에는 운동조직이 전통적으로

10) 운동조직의 취약한 재정구조는 이러한 회비회수율에서 기인한다고 볼 수 있다. 대표적인 운동조직의 지난 1년 동안(1996년)의 회비비는 경실련(23%), 환경운동연합(30%), 참여연대(25%), 전국연합(30.3%)으로 각각 조사되었다. 이것은 운동조직이 재정을 충당하는 방식이 이념형과 실제 사이에 괴리가 크게 생기고 있음을 보여 주는 것이다. 왜냐하면 운동조직들이 조직을 운영하는 데 필요한 자원을 회비와 수익금으로 정관에 정하고 있지만 현실은 그렇게 운영되지 못하고 있기 때문이다. 현실적으로 운동조직은 개인, 기업, 정부, 지방자치단체 등으로부터 후원금과 지원금을 받고 있으며 어떤 운동조직의 경우는 연구 프로젝트를 수행하여 생긴 수익금에 의존하고 있다. 참고적으로 각 운동조직의 정관을 살펴보면, 경실련의 경우는 회원의 회비, 특별모금, 사업수익을 재정의 원천으로, 환경련은 회원의 회비, 지역조직의 재정분담금 및 사업수익금 및 기타 수익금을 재정의 원천으로, 참여연대는 회원의 회비, 후원금, 특별모금, 기타 수익을 원천으로, 전국연합의 경우는 회원의 회비, 찬조금, 기타 수익금으로 운영하는 것을 원칙으로 하고 있다. 경실련, 1997, 『제4기 2차중앙위원회 자료집』; 전국연합, 1997, 『제6기 정기대위원대회자료집』; 환경운동연합, 1997, 『1996 환경운동』; 참여연대, 1996, 『제3회 정기총회 자료집』.

<표 4> 재정동원 비교

	회비비	정부지원금	개인후원금	기업후원금	지자체 후원금	수익사업	자산수익	전체(%)
평균	32.3	7.3	11.2	8.3	4.3	21.8	5.2	100

정부에 대해 도전적일수록 정부나 지자제로부터의 후원금을 적게 받기 때문에 구사회운동조직들도 이제는 보다 적극적으로 수익사업을 통해 재정문제를 해결하려 하고 있다. 또한 지방자치 실시 이후 지역의 운동조직들은 지역기반이 강하기 때문에 지방자치단체의 후원금을 적극적으로 활용하고 있는 것으로 나타났다.

신사회운동의 조직적 특성은 일정한 조직형태에 대해서는 무관심하기 때문에 돌발적인 사건이나 새로운 이슈에 대해 매우 능동적이고 유연하게 대처할 수 있다는 것이다. 이러한 유형에 가장 적합한 것은 조직은 종종 단일의 이슈에 따라 조직된 국지적인 지역집단(local group)이라 할 수 있다. 또한 신사회운동의 지역적, 이슈중심적 특성은 신사회운동의 이데올로기의 파편화를 강화한다. 즉 공통의 이데올로기를 지닌 정치조직보다는 광범위한 대상에게 호소할 수 있어서 운동의 확대가 용이하다. 그러나 운동은 형식적인 조직구조와 정치지향성을 지니게 된다. 이것은 경험적인 연구를 통해 쉽게 확인할 수 있는 것으로 신사회운동조직은 조직이 느슨한 것에서부터 견고한 조직에 이르기까지 다양하게 존재한다. 따라서 신사회운동 진영 내에서도 목표와 이데올로기, 조직의 형식에 있어서 상당한 정도의 다양성이 존재하고 있으며, 이는 신・구사회운동 특성의 교차를 의미한다. 일부에서 제기되고 있는 신・구사회운동의 단절은 현실적으로 존재하는 신・구사회운동 특성의 병존이라는 운동현실을 간과함에서 비롯되는 것이다. 본 조사연구에서도 운동조직들은 분명 방향성은 차이가 있지만 실제적인 활동은 별 차이가 없게 나타났다. 조직활동을 몇 개의 항목으로 구분하여 보면 <표 5>와 같다.

<표 5> 운동조직활 비교 [%(N)]

	대외적인 토론회	조직내 소모임	성명발표·서명운동	집회·시위 (참여인원)	대중매체 활용 횟수	자체 신문 저널 수	교육프로그램 (참여인원)
평균	13.0(46)	22.3(46)	19.2(46)	13.6(46) (4880)	77.4(46)	11.7(46)	9.4(46) (1466.6)

분석 결과, <표 5>와 같이 신사회운동조직은 대외적인 토론회 및 공청회 그리고 조직 내 모임을 활성화하여 합리적인 정책대안을 지속적으로 만들어 내고 있으며, 동시에 사안에 따라서 토론회나 모임과 같은 공식적인 절차를 통해서 영향력 행사를 하기보다는 서명운동, 집회나 시위와 같은 직접적인 방식을 활용하기도 한다. 즉 운동조직이 정부와의 관계에서 도전적일수록 집회 및 시위와 같은 비제도적인 방식을 적극적으로 활용하고 있다. 예컨대, 환경운동단체들은 사안에 따라서 정부에 대해서 성원적인 관계를 유지하다가도 극단적인 도전적인 관계를 형성하기도 한다. 최근에는 대부분의 운동조직이 환경문제에 대한 심각성을 인지하면서 조직의 역량을 환경보전운동에 집중하고 있는 추세이다. 더 나아가 환경운동은 물론이고 노동운동, 소비자운동, 여성운동, 진보적인 재야운동까지도 정부의 환경정책에 비판적 견제를 하고 있다. 그 운동방식도 정부에 대해 환경친화적인 정책을 촉구하는 성명서를 발표하는 것에서부터 집회나 시위 같은 보다 직접적인 방식까지 사안에 따라 다양하게 나타나고 있다.

또한 운동조직의 활동에 있어서 대중매체는 매우 중요한 기제이다. 이것을 어떻게 활용해야 하며, 어떤 관계를 유지해야 하는가의 문제는 운동조직의 발전에 큰 영향을 미친다. 조사결과, 운동조직이 보다 안정적인 조직구조를 가지면서 매체를 보다 적극적으로 활용하는 것으로 나타났으며, 활용 차원을 넘어서 이제는 자체 신문을 제작, 배포하여 회원관리에 능동적으로 대처하고 있다.[11] 구사회운동조직보다

11) 사회운동이론에서 자원을 동원하는 핵심적인 기제로 언론을 강조한다. 운

는 신사회운동조직이 매체이용에 있어서 적극적이었다. 몇몇 운동조직들은 언론의 적극적인 후원에 힘입어 조직을 홍보하고 확대시키는 데 수월하기도 했다.[12] 언론에 게재되는 것은 그만큼 인지도를 높이게 되어 회원충원 및 후원금 모집과 같은 자원동원을 용이하게 해주는 하나의 기초가 된다. 이러한 현상은 기초지역으로 갈수록 더욱 두드러지는데, 최근 지방을 중심으로 활동하는 지역조직의 활동은 지방언론에 거의 매일같이 언급될 정도이다.

그러나 이러한 대중매체에 대한 적극적인 활용에 대한 한계와 우려의 목소리가 동시에 존재한다. 현실적으로 운동조직 중에는 실질적인 활동보다는 주로 언론에 의존하여 이슈를 제기하는 데 중점을 두는 운동조직이 있다. 이것은 언론을 통해서 이슈를 제기하고 이를 중심으로 활동하다가 이슈가 대중의 시선에서 사라지면 다시 새로운 이

동조직이 성장하고 유지되기 위해서는 회원을 안정적으로 동원할 수 있어야 하며, 그 대표적인 방법이 바로 대중매체를 활용하는 것이다. 여기서 중요하게 제기되는 문제가 바로 정체성(identity)의 문제이다. 운동조직은 매체를 통해 문화적 상징을 지속적으로 제공하고, 이 상징이 하나의 정체감을 형성하게 된다. 만약 이것이 확대되어 하나의 공공선(public good)을 이루게 되면, 풀뿌리 수준의 개인들은 이 공공선에 자신을 일치시키게 된다. 이러한 일체감이 공공선을 실현하려는 다양한 운동에 대한 참여를 높여 주며 이러한 높은 참여율은 자연히 운동조직의 지속적인 활동으로 이어진다(Friedman, 1985).

12) 언론과의 가장 적극적인 관계를 보여 주는 가장 대표적인 것은 경실련, 참여연대이다. 경실련의 많은 정책이 언론을 통해서 알려졌으며, 참여연대는 설립하기 전부터 언론의 주목을 받았고, 설립 후에도 언론사와 적극적인 연대활동을 벌이기도 하였다. 또한 언론이 운동을 후원하는 차원에서 이제는 직접적으로 주도하는 소위 언론 환경운동들이 등장하기도 했다. 조선일보의 '샛강살리기운동', 동아일보의 '그린스카우트'가 대표적이다. 결국 운동조직은 이제 언론을 등지고는 조직을 운영하기가 어려워졌으며 보다 적극적인 자세로 언론을 활용하거나 보다 친화적인 관계를 유지하려고 한다. 그러나 이것이 언론의 이슈전략에 끌리게 되어 운동이 이슈 파이팅 방식으로 나아가게 된다면, 운동의 건강성을 해칠 수 있음을 유의해야 한다.

슈를 제기하는 이슈 파이팅(issue-fighting) 전략을 사용하는 언론 의존적인 태도이다. 그러나 이슈 파이팅을 계속하다 보면 즉각적인 대응이라는 측면에서는 효과를 거둘 수는 있지만 활동의 지속성이 떨어지고 회원 참여가 적어진다. 그리고 이슈를 찾다 보면 언론에 끌려가게 되고 언론의 입맛에 맞는 이슈를 추구하게 되는 결과를 가져온다. 이러한 이유로 운동조직은 언론은 활용하되 지나치게 의존하는 것을 경계하는 '비판적인 자세'를 늘 견지해야 한다.

운동조직들이 수행하고 있는 교육 프로그램(아카데미)은 대부분의 운동조직들이 최근 들어 가장 적극적으로 추진하고 있다. 이것은 운동의 지속성을 유지하기 위해서 필요한 회원들의 참여를 유도하기 위함이다. 과거 구사회운동조직은 소규모의 형태로 실무자 중심의 교육강화 및 자체 내 연수 프로그램을 많이 실시하였다. 또한 최근의 설립된 소위 '의식개혁'을 운동목표로 삼고 있는 운동조직들은 회원을 대상으로 한 교육강좌를 주요 활동으로 삼고 있다. 그러나 최근의 신사회운동조직이 실시하는 다양한 교육 프로그램에는 참여인원이 꾸준히 증가하고 있다. 이는 신사회운동조직이 수익사업 및 조직 홍보 차원에서 다양한 교육 프로그램을 개발하고 있으며, 그 대상도 자체 회원에 국한한 것이 아니라 일반인에게까지 확대하고 있기 때문이다.[13)]

3) 신사회운동의 네트워크

신사회운동은 느슨한 형태의 네트워크로 이루어져 있으며 이슈에 따라서 이러한 느슨한 연결망이 보다 강한 연결 정도를 보여 준다. 오늘날 한국의 운동현실은 민중운동을 구사회운동으로, 시민운동을 신사회운동으로 등치시킬 수 없으며, 민중운동이 제기했던 과제를 세

13) 이들 단체는 운동을 일상적인 활동으로 전환시키기 위해 다양한 교육 프로그램을 개발하고 있다. 즉 자체 내 아카데미를 통하여 조직을 홍보하고 있으며 또한 교육을 통한 회원가입이라는 사업과 동원을 연계시키고 있다.

대가 지난 유물로, 시민운동이 제기한 과제를 서구적 틀로 해석할 수 없을 정도로 복잡하다. 예를 들어 철저히 비정치적인 사안만을 고집하던 운동단체도 정치적 민주화를 위한 범사회운동단체들의 연대활동에 동참하여 철저히 정치적인 활동을 하기도 한다.14)

분석 결과, 운동단체가 운동목표로 삼고 있는 것은 합리적 대안제시(19.1%), 민중의 권익보호(19.1%), 의식개혁 및 도덕성 회복운동(14.9%), 기타(17%) 등과 같이 신사회운동과 구사회운동의 특징을 모두 다 보여 주고 있다. 이것은 자연스럽게 사안(이슈)에 따른 운동조직 간의 연대활동에서도 나타난다. 1990년대 들어 운동조직들은 이슈가 더욱 다양해지는 와중에도 전체적인 정치적 사안이 출현할 경우에는 신 · 구사회운동조직들 간의 만남이 지속되었다. 즉 운동조직들의 시 · 공간상의 위치는 사회적 맥락의 변화라는 외적 요인의 영향을 받으면서 탄력적으로 바뀌고 있음을 확인할 수 있다. 즉 특별한 이슈가 없는 운동의 소강국면에서는 이 두 진영은 나름대로의 경계를 유지하면서 자신의 위치에서 활동을 하지만, 범사회운동단체의 참여가 필요한 사안에 대해서는 일종의 '힘싣기' 차원에서 연대활동을 하는 탄력성을 보여 주고 있다. 이것이 바로 우리 사회의 신·구사회운동의 병존을 반영하는 것이다.

주로 비정치적 사안을 중심으로 활동하는 신사회운동조직이 보여주는 연결망은 분명 정치적 사안에 대한 참여와는 다른 양상을 보이고 있다. 우선 비정치적 사안에 있어서는 일정한 중심이 없는 다중심성을 보이고 있다. 일정한 축이 없이 특화된 이슈를 중심으로 분리되기도 하며, 또한 지역의 사안을 중심으로 지역연결망을 보이기도 한

---

14) 환경운동단체들이 환경문제를 넘어서서 공선협 활동에 참여하는 것은 한시적인 이슈파이팅이지만 정치적 사안에 적극적으로 참여하고 있음을 보여주는 것이다. 예컨대, 지난 1997년 5월에 결성된 '민주개혁사회단체연대회의'(민주연대)에 환경운동연합이 참여하고 있다. 물론 이 연합체는 상층적인 지도부의 연대이지만 아주 정치적인 연대모임임에는 틀림없다.

다. 즉 신사회운동은 지역중심의 운동에서 더욱 두드러지게 나타난다. 그리고 대표적인 신사회운동의 하나인 환경운동은 오늘날 거의 모든 운동조직들이 관심을 갖고 있어서 사안에 따라서는 문제가 되는 지역을 중심으로 연대활동이 이루어지고 있다. 이러한 환경운동의 연결망은 참여의 폭이 아주 포괄적이어서 아주 느슨한 네트워크를 이루게 된다. 반면에 여성운동의 경우에는 그 참여의 폭이 제한되어 있다. 여성운동이라 여성의 중심성이 높지만 우리의 운동현실에도 문제가 있다. 연대활동에 있어서 여성부문을 끼어 맞추기 정도로 생각하는 경우가 아직도 존재하며 여성의 문제를 전체 이슈화하는 데는 아직까지는 미흡한 실정이다. 예컨대, 지난 몇 년간 가장 이슈화되었던 정신대 문제는 활동한 단체가 주로 여성단체였다. 만약 이것이 보다 포괄적인 연대에 의한 범사회운동으로 전개되었으면 그 양상은 다르게 나타났을 것이다.

또한 분석 결과, 신사회운동의 네트워크에서 전국적인 운동보다는 지역중심의 운동으로 발전한 가능성이 높음을 알 수 있었다. 지역의 현안문제에 대한 지역의 운동조직은 보다 강한 연대활동을 하게 된다. 현실적으로 지방정부는 개발과 보전을 어떻게 조화시키느냐의 문제에 당면하여 지역환경을 고려하지 않은 채, 지역의 개발논리를 앞세워 심각한 갈등이 나타나고 있다. 이러한 지역문제에 대해 그 지역에 위치한 운동조직들이 광범위하게 참여하여 환경을 보전하기 위한 연대회의를 꾸리는 경우가 있는가 하면, 지역의 조직이 미약할 경우에는 중앙이 지역문제에 직접 참여하여 지역주민을 중심으로 대책위를 만들고 지원하는 경우도 있다. 우리 사회의 지역 환경운동연합의 경우를 보면, 이러한 지역주민의 대책위가 지속적인 활동을 목적으로 환경문제에 대처하기 위한 운동조직으로 설립된 경우가 주를 이룬다. 예컨대, 경실련, YMCA, 전국연합 등의 지역조직이 대도시를 중심으로 설립된 것과는 달리 환경련의 지역조직은 속초, 서태안, 시흥, 여수, 여천, 과천, 평택 등에서 환경문제가 쟁점화된 이후에 그 지역을 중심으로 형성되었다. 그런데 이러한 환경문제에 대한 지역중심의 연대활동은 '무지개 연합'이라는 특징적인 모습을 보이고 있다. 예를 들면, 지역주민의 생존권과 관련된 문제가 된 위천공단 조성계획은 곧바로 부산지역을 중심으로 한 <부산시민의 총궐기본부>를 만들게 했다. 이러한 무지개 연합의 형성은 대표적인 구사회운동조직인 전국연합의 지역의 환경연대활동에 대한 입장에서도 확인할 수 있다. 전국연합은 환경운동의 전문성을 인정하고, 모든 사안에 참여하기보다는 운동조직들의 '힘실기'가 필요한 경우에만 지역의 대책위 정도에만 참여하여 연대활동을 벌인다는 입장을 가지고 있다. 사실 이 정도의 힘실기의 연대활동은 곧 정치적인 연대활동으로 변하게 된다.

위와 같이 환경, 여성문제와 같은 탈계급적인 사안에 대한 신사회운조직들의 연대활동은 다중심성(multi-centrality)을 보여 주고 있다. 이것은 기존의 운동조직들이 환경문제의 심각성을 인정하여 자신의 운동역량을 환경 쪽으로 확대하거나 자신의 사업을 환경운동과 접목시키면서 그 중심성이 분산되고 있는 것이다. 이런 연유로 환경운동은 중앙무대를 중심으로 하는 이슈파이팅보다는 지역문제를 중심으로 한 다양한 운동조직 간의 무지개 연대활동이 지속될 것이다. 이런 견지에서 보면 신사회운동은 중앙의 무대도 중요하지만 지역을 거점으로 하는 지역운동과 연결되는 것이 바람직한 것으로 보인다.

5. 한국 사회에서의 신사회운동의 가능성

우리 사회의 운동조직 간 연결망은 전형적이기보다는 혼재되어 있다. 다양한 쟁점이 지역과 시기에 따라 다양한 연대활동을 가능하게 하고 있어 연결망은 안정적이기보다는 유동적인 것이 우리 운동현실이다. 이것은 바로 우리의 운동사를 반영하는 것이기도 하다. 구사회운동과 신사회운동의 구분이 유럽의 운동사적 배경에서 이루어진 것이라면, 최근의 한국의 사회운동구조의 변화를 반영하는 것은 '민중운동'과 '시민운동'의 구분일 것이다. 1987년 6월 항쟁을 전후한 시기에 절정기를 맞았던 변혁지향적 운동이 1990년대에 들어오면서 다소 약화되고, 다른 한편으로 환경, 반핵, 경제정의, 소비자 문제, 교육, 언론, 지방자치 등의 매우 다양한 사회적 쟁점을 중심으로 한 개혁지향적 운동이 세력을 크게 확장하였다. 여기서는 이러한 운동부문의 변화를 기초로 민중운동이 구사회운동과, 시민운동이 신사회운동과 일치하지는 않지만 각각 선택적 친화력이 있음을 전제하고 분석을 시도하였다. 사실 서구의 경험을 보면, 신사회운동은 구사회운동이 다룰 수 없는 부문에 대한 취약성으로부터 출발하였음을 알 수 있다. 그런데 우리 사회는 신구사회운동이 단절적으로 존재하지 않으며 사회적 맥락이 제공하는 시·공간적 위치에 따라 자리매김하고 있다. 즉 사안에 따라 연대활동을 하는 경우도 있고, 때로는 단절적인 모습을 보이기도 한다.

이러한 열려진 체계 속에서의 운동조직은 그 발전의 방향이 다양하게 이루어질 수 있으며 이는 동시에 운동진영에 있어서 신·구사회운동이 공존하고 있음을 의미하는 것이다. 경험적으로도 우리 사회의 운동조직 대부분은 새롭게 형성되었으며, 그 기원도 구사회운동조직(재야운동단체)으로부터 그 성격을 바꾸는 '카멜레온식 변화'도 드물었다. 반면에 대부분이 새롭게 형성하거나 연합체 형식으로 재출발한 경우였다.

그러나 이러한 신구사회운동의 병존 상태가 다양한 운동조직들이 무질서하게 혼재되어 있음을 의미하지는 않는다. 그러한 다양성 속에서도 몇 가지 일관되는 특징을 보이고 있다. 첫째, 1990년대 들어 도전적인 성격을 지닌 신사회운동조직이 급성장하고 있다는 것이다. 과거의 정부에 대해 도전적인 자세를 유지하던 구사회운동조직과는 달리 새로운 사회문제로 부각된 문제—환경, 인권, 소비, 인권 등—에 대처하기 위해 운동조직을 설립하는 경우가 많았다. 운동조직의 기원과 종착점 간의 변화추이를 추적하는 과정에서 이러한 운동조직의 증가를 확인하였다. 둘째, 운동조직 간 연결망에서 정보나 자원의 흐름은 사회적 맥락의 변화에 의해 영향을 받는 것이다. 보다 느슨한 네트워크로 이루어져 있는 신사회운동조직은 구사회운동조직과는 달리 지속적인 연대활동보다는 사안에 따라 이루어지는 비지속적인 연결망을 보여 주고 있다. 즉 연대활동을 통해 강한 연결고리(strong ties)를 형성하게 되는 것은 바로 사회적 맥락의 변화에 의한 것이다. 셋째, 사회 문화적 요인—지역의 정서—이 운동조직의 유형에 관계없이 운동조직 간 연결망을 이루는 데 중요한 역할을 한다는 것이다. 마산·창원지역, 광주지역, 부천지역, 울산지역 등은 시민운동과 민중운동 진영이 사안에 따라 적극적인 연대활동을 모색하고 있음을 지역중심의 연결망에서 확인할 수 있었다. 이것은 운동조직의 목표와 전략도 중요하지만 그 지역의 사회 문화적 요인이 운동조직의 활동에 영향을 미친다는 가설을 뒷받침하는 것이다. 마지막으로 운동조직 외부환경으로서의 거시환경에 대한 태도변화를 들 수 있다. 민주화를 경험하는 과정에서 구사회운동조직은 여전히 정부에 대하여 갈등적인 관계를 보이는 반면에 도전적인 입장을 보이는 신사회운동조직 중에는 활동에 따라 정부의 지원을 받는 사례가 점차 증가하고 있다. 이것은 거시환경에 대한 태도변화의 징후로 볼 수 있다. 예를 들어 지방자치제 실시 이후 지역의 운동조직은 지방자치단체와의 관계를 보다 적극적인 관계로 모색하고 있다. 이것은 지역의 운동조직이 동일한 지역 안에서 공통의 문제를 해결한다는 차원에서 보다 협조적인 관계를 유지함을 의미하는 것이다. 또한 거시환경에 대한 가장 두드러지는 변화는 언론에 대한 친화적인 태도이다. 과거 언론을 적대시하던 운동조직들이 이제는 언론을 조직을 알리는 대외적인 창구뿐만 아니라 조직의 이미지 고양과 회원을 충원하는 데 핵심적인 기제로 인정하게 되었으며 더 나아가 언론과의 연대활동의 모습도 보인다.

사실 위와 같은 몇 가지 일관된 특징은 여전히 유동적이며 하나의 안정적인 운동구조를 보이지는 않고 있으며, 이는 운동조직들이 열려진 체계 속에서 사회적 맥락의 변화에 따라 다양한 방향으로 나아갈 수 있음을 의미하는 것이다. 그 방향 중에서도 보다 풀뿌리 수준에 가까운 지역운동이 뚜렷해질 것으로 본다. 그것은 지방자치 실시 이후 지역중심의 소규모 모임이 자발적으로 형성되었고, 지역의 자율성과 정체성에 관한 운동이 주를 이루기 때문이다.

제5장

신사회운동과 사회지표

권 태 환

1. 사회지표운동의 배경

1960년대 선진 자본주의 사회를 중심으로 형성된 신사회운동과 사회지표운동은 같은 배경을 가지고 있다. 1950년대의 경제성장과 대량 소비시대의 출현은 선진 자본주의 국가들에게는 새로운 세계의 도래를 뜻하는 것으로, 그리고 일반 사람들에게는 모든 어려움과 굴레에서의 해방을 뜻하는 것으로 받아들여졌다. 그러나 1960년대에 들어오면서 서구 및 선진 자본주의 사회는 새로운 갈등과 혼란을 경험하게 된다. 도시빈민운동, 인종폭동, 반전운동, 좌파학생운동, 히피의 등장 등의 사건이 그것이다. 이러한 일련의 사건들은 일시적이고 단절적인 현상이 아니라 체제의 모순에서 비롯된 현상 즉 '자본주의 체제의 위기'로 인식되었다.

이러한 위기는 자연 사회변동에 대한 요구로 발전하였다. 그러나 그 방향에 대해서는 의견이 일치될 수는 없었다. 사회주의적 이념을 가진 사람들은 자본주의의 위기를 사회주의로 가는 하나의 과정으로 파악하고, 따라서 이를 계기로 자본주의의 해체를 위한 과격한 투쟁을 주장하였다. 반대로 자본주의 또는 민주주의에 대한 신념을 지닌 사람들은 이를 변화를 통한 성숙의 계기로 받아들였다. 후자에 있어 중요한 과제로 등장한 것이 바로 인간생활 조건에 대한 총체적 접근을 뜻하는 '삶의 질'에 대한 논의이다. 그리고 삶의 질을 파악하기 위한 수단으로서 '사회지표'의 개념이 등장하고 삶의 질에 대한 본격적인 논의가 사회지표운동으로 발전하게 된다. 특히 사회지표는 서구사회의 새로운 가치 추구를 전제로 한다는 점, 그리고 여러 가지 사회적 조건의 평가를 가능하게 함으로써 새로운 가치에 입각한 각종 시민운동의 활성화를 시도하고 있다는 점에서 기존의 경제지표와는 근본적으로 다른 성격을 가지고 있다. 거기에는 경제 중심적인 사고, 즉 "많으면 많을수록 좋다"(the more, the better)라는 생각에 대한 회의와, 경제는 인간이 영위하는 삶의 한 부분일 뿐이라는 인식이 자리잡고 있다.

1970년대 후반부터 1980년대 중반 사이에 선진 자본주의 사회에서 사회지표운동은 사회적 관심의 대상에서 밀려나는 경향을 보인다. 이러한 현상은 이들 사회의 경제적 조건의 변화와 밀접히 연관된 것으로 알려져 있다. 이 기간에 많은 선진 자본주의 사회는 경제성장이 둔화되고 실업률이 급증하는 등 경제적 위기를 경험하게 된다. 이러한 위기는 정부와 시민들로 하여금 총체적인 삶의 질에 대한 논의를 뒤로 하고 다시 경제에 대해 관심을 집중하도록 하는 결과를 가져왔다. 즉 선진 자본주의 사회에서 사회지표운동이 경제적 풍요와 더불어 부각된 사회적 위기의식과 삶의 질에 대한 관심이 높아지면서 발생하였다면, 경제적 위기는 경제적 문제를 우선시하도록 만들어 사회지표운동을 위축시키는 결과를 가져왔다. 그러나 사회지표운동과 함께 널리 퍼진 복지에 대한 관심은 초기에 사회지표에 대해 별 관심을 보이지 않던 다른 서구 자본주의 사회들로 하여금 사회지표에 대해 새로운 인식을 갖도록 하는 계기가 되어 1980년대 후반부터 사회지표운동은 선진 자본주의 국가 사이에 보다 확산되는 현상이 나타난다. 개발도상국에서도 열악한 통계 상황에도 불구하고 1970년대 초부터 사회지표에 대한 관심이 확산되었다.[1] 우리 정부에서는 1979년 발행한 '한국의 사회지표'가 그 효시를 이룬다. 그러나 개발도상국에서 사회지표체제를 채택하는 배경은 선진국과는 근본적으로 다르다. 선진사회의 경우, 자발적 욕구가 중요한 기제였다면, 개도국의 경우는 국제개발기금의 활동과 연관된 국제연합의 설득이 중요한 계기로 작용하였다.

최근 사회지표에 대한 중요성은 또 다른 맥락에서 부각되고 있다. 1990년대 초 사회주의권의 몰락은 이들 지역에 사는 사회성원들의 삶의 질을 크게 떨어뜨렸다. 현재 이들 사회에서 공통적으로 관찰되는 현상은 단순한 정치적 불안, 경제 침체를 넘어, 각종 사회질서와 제도의 총체적인 파괴이다. 가족제도, 혼인제도가 파괴되고 보건제도가 위기를 맞고 있다. 이와 함께 근본적으로 인간성, 삶의 조건, 사회적 가치에 대한 총체적인 의문이 제기되고 있다. 이들 사회는 대부분이 사회주의적 가치를 포기했지만, 이들에게 자본주의적 가치가 해결책은 아니다. 여하간 현재 이들 사회에서 삶의 질은 가장 중요한 쟁점으로 부각되고 있으며, 삶의 질을 파악하는 수단인 사회지표의 작성은 그 자체가 중요한 국가적 내지 사회적 과제가 되지 않을 수 없다.

이와 같이 사회지표가 세계적인 관심의 대상이 된 것은 비교적 최근의 일이지만, 사회지표 연구의 효시는 1920년대 말로 소급된다. 1920년대와 1930년대에 걸쳐 미국의 대표적인 사회학자 오그번(Ogburn)은 사회변동 추세에 대한 보고서를 작성하였고, 이는 1928년부터 1942년에 걸쳐 『미국 사회학 저널』(*The American Journal of*

1) 인도네시아, 인도, 말레이시아, 필리핀, 브라질과 같은 개발도상국에서는 사회지표에 대한 관심이 서구와 거의 같은 시기라고 볼 수 있는 1970년에 초에 이미 나타나 1972-75년 사이에 정부 주도의 사회지표 작성이 이미 시도되고 있다(윤종주, 1983 참조).

Sociology)에 수록되었다. 또한 오그번 보고서로 알려진 「미국의 최근 사회추세」(Recent Social Trends in the United States)가 1933년 사회추세에 관한 대통령 위원회의 보고서로 제출되기도 하였다. 이러한 사회변동과 추세에 대한 관심은 1920년대 말에 시작된 공황과 도시화로 인한 여러 가지 심각한 사회문제의 발생과 연관이 큰 것으로 판단된다. 오늘날 사회지표 연구 역시 1960년대 중반 미국에서 시작되었다. 특히 주목받는 것은 미국 우주국(NASA)의 우주계획(space program)이 미국 사회에 미치는 영향에 관한 연구이다. 이 연구는 사회현상을 파악할 수 있는 적합한 자료가 매우 부족하고 우주계획의 사회적 영향이나 효과를 측정할 수 있는 방법이 별로 없다는 점을 강조함으로써 사회지표 연구의 중요성을 일깨우고 있다.

이어 1960년대에 광범하게 표출되기 시작한 소위 '자본주의의 위기' 현상과 관련하여, 서구의 여러 나라에서 사회지표에 대한 관심이 퍼지고 국제연합도 사회지표에 대한 관심을 보이게 된다. <표 1>에서 보는 바와 같이, 1970년에서 1974년 사이에 영국, 프랑스, 네덜란드, 스페인 통계국에서는 사회추세에 관한 통계와 해설을 발간하였다. 다음 덴마크, 오스트리아, 서독이 그 뒤를 이었다. 한편 OECD는 1970년에 사회지표에 관한 작업을 시작하였고, 국제연합의 사회경제위원회에서는 유럽통계인회의와 함께 비슷한 시점에 사회인구 통계체계 개발에 착수하였다. 여기에는 사회과학자, 통계학자들은 물론 책임있는 위치에 있는 각국 정부의 공무원들과 정치인들도 참여하였다. 이들은 이 새로운 작업에 사명감을 가지고 참여하였고, 그러한 이유로 사회지표 연구는, 다른 연구에서는 보기 힘든 사회지표 '운동'이라는 명칭을 얻게 되었다(Noll & Zapf, 1994: 1).

여하간 사회지표는 새로운 가치를 전제로 한 역사적 산물이라는 점, 새로운 시민운동을 위한 수단으로서 등장하였다는 점, 그리고 인간의 존엄성에 바탕을 둔 특정 쟁점을 중심으로 한 국제적 협력을 촉진시키는 데 호소력을 갖는 내용을 많이 포괄하고 있다는 점에서

<표 1> 유럽 여러 나라 및 초국가적인 사회지표 및 보고 현황

A: 유럽 국가

국가기관	명 칭	최초 발행	간행 형태
네덜란드 Social and Cultural Planning Office	Social and Cultural Report	1974	2년 간격
덴마크 Danmarks Statistics	Levevilkär Danmark	1976	4년 간격
서독 Statistisches Bundesamt	Datenreport	1983	2년 간격
싸이프러스 Department of Statistics and Research	Social Indicators	1992	
스웨덴 Statistics Sweden	Perspectiv pa Valfarden		부정기
스페인 Instituto Nacional de Estatistica	Indicadores Sociales Panoramica Social	1991 1974	
영국 Central Statistical Office	Social Trends	1970	3년 간격
오스트리아 Statistisches Zentralamt	Sozialstatistische	1977	4/5년 간격
이탈리아 Instituto National di Statistica	Sintesi della Vita Sociale Italiana	1990	
터키 Prime Minstry State Planning Organization	Social Indicators	1990	
포르투갈 Instituto Nacional de Estatistica	Portugal Social 1985~1990	1992	
프랑스 Institut Nationale de la Statistisque et des Economique	Données Sociales	1973	3년 간격
헝가리 Tarki	Social Report	1990(영문)	

B: 초국가적인 사회지표

국제기관	명 칭	최초 발행	간행 형태
Eurostat	Social Indicators for the European Community Social Portrait of Europe 1991	1977 1991	비정기 매 3년
OECD	Living Conditions in OECD Countries	1986	
세계은행	World Development Report Social Indicators of Development	1978 1987	연간 연간
UNDP	Human Development Report	1990	연간

주: 1993년 말 현재 자료임.
출처: Noll & Zapf, 1994: 6.

그 중요성이 부각되고 있다. 한마디로 사회지표는 사회적으로 중요한 쟁점이나 문제를 밝혀내고, 그것의 의미를 사회적으로 부각시키고, 궁극적으로는 해결의 방향과 방안을 제시한다는 점에서 사회운동 또는 시민운동의 가장 중요한 기본 기제를 이루는 것으로 판단된다. 특히 20세기 말 이념적 지배의 종식을 뜻하는 냉전체제의 붕괴는 앞으로의 세계에서 판단의 기제로서 자료의 중요성이 매우 커질 것이라는 예측을 가능하게 한다. 쟁점의 형성, 이를 둘러싼 각종 설득, 문제 해결의 모색에서 이념적 주장은 힘을 잃고, 대신 각종 조사 자료 및 통계로 구성된 사회지표의 이용이 보편화될 전망이다.

2. 삶의 질과 사회지표

사회지표에 대한 보다 구체적인 이해는 여러 기관과 국가에서 사용하고 있는 정의를 통해 얻을 수 있다. 대표적인 기관으로 국제연합은 1969년 세계 각국이 사회지표체계를 채택할 것을 권유하면서 사회지표를 다음과 같이 간략하게 정의하고 있다. "사회지표란 사회의 주요 부문의 제 조건에 대한 간결하고 균형된 판단을 촉진시키는 직접적으로 규범적인 관심을 나타내는 통계다." 한편 최초로 사회지표라는 용어를 사용한 것으로 알려져 있는 바우어(Bauer, 1966: 1)는 사회지표를 "사회의 가치와 목표를 중심으로 현재 우리가 어디에 서 있으며, 어디로 가고 있는지를 평가할 수 있게 하는 일련의 통계 및 다른 증거"(social reporting)라고 정의하고 있다. 이들 정의를 분석해 보면 사회지표는 사회의 주요 부문을 모두 포괄한다는 점, 사회에 대한 균형된 판단을 촉진시키기 위한 것이라는 점, 규범적인 관심에서 작성되는 통계라는 점을 알 수 있다. 다른 말로 사회지표는 "사회가 바람직한 방향으로 움직여 가는지를 감시하기(monitoring of social change) 위한 수단의 성격을 가진"(Sheldon & Moore, 1968), 또는 "삶의 질, 근대화, 적극적인 사회정책과 관련하여 중요한 의미를 갖는 모든 종류의 통계정보"(Zapf, 1977)라고 할 수 있다. 그러면 여기서 사회지표의 성격을 보다 자세히 살펴보자.

사회지표운동이 나타나기 전에도 선진사회에서는 사회의 주요 부문에 대한 지표가 많이 생산되었다. 경제지표뿐만 아니라 교육, 보건, 노동, 산업, 인구 등 여러 가지 통계가 작성되었다. 따라서 사회 주요 부문에 대한 포괄적인 지표의 작성은 완전히 새로운 작업이라고 보기 어렵다. 그러나 과거에는 이러한 개별 부문의 지표작성이 하나의 통일된 체계하에서 이루어지지 않았다. 일부 총체적 판단을 위한 노력이 있었으나 지속되지는 못하였다. 단편적인 지표로부터 사회상태의 지속적이고 총체적이고 균형된 판단은 어려웠다. 그러나 1960년대 사회지표운동을 통해 비로소 통계지표의 관심영역을 넓혀 사람들의 생활과 직접 관련된 새로운 지표의 작성을 본격적으로 시도할 수 있는 계기가 마련되었다. 특히 주관적인 지표의 개발은 매우 새로운 시도로 평가된다.

사회지표의 핵심 특성의 하나는 그 작성의 목표가 규범적인 판단, 즉 가치판단에 근거한다는 점이다. 그러면 구체적으로 규범적 관심이 지표에 어떻게 반영되는지 예를 들어 살펴보자. 가령 범죄 없는 사회, 모두가 건강하게 사는 사회를 이룩하는 것은 대부분의 사회에 있어 중요한 규범적 관심의 내용을 이룬다. 우리는 경찰관의 수를 범죄와 관련된 지표, 그리고 의사의 수는 건강의 지표로 간주할 수 있다. 그러나 경찰관의 수나 의사의 수는 규범적 관심을 적절히 수용하고 있지 못하다. 그것은 범죄자나 환자의 수가 많아져 경찰관이나 의사가 늘 수도 있고 반대로 이들의 수가 늘어남으로써 범죄가 줄고 환자가 줄 수도 있기 때문이다. 따라서 경찰관의 수나 의사의 수는 사회지표로서 적절하지 못하다. 오히려 우리의 가치나 규범으로 볼 때 사회가 "어디로 가고 있는지"를 알기 위해서는 범죄율이나 이환율이 보다 적절한 지표로 간주할 수 있다. 만약 범죄율이 계속 올라간다면 이를 보고 사람들은 우리 사회가 바람직하지 못한 방향으로 가고 있다는 판단을 하게 되고, 이러한 현상을 바로잡기 위한 행동을 취할 수 있게 된다. 이와 같이 규범적 관심은 시민들의 사회적 참여를 전제로 하는 것이다. 즉 사회지표운동은 시민들의 규범적 관심을 높이고 사회적 참여의 기회를 확대시킴으로써 보다 바람직한 사회를 이룩하기 위한 노력으로 볼 수 있다.

가치 지향 또는 규범적 판단의 주요 내용은 사회에 따라 다를 수 있다. 각각의 사회는 문화적 배경에 따라 그리고 현재의 국가 목표에 따라 무엇이 바람직한가를 다르게 설정할 수 있다. 한 걸음 더 나아가 규범적 판단은 한 국가 안에서도 집단에 따라 커다란 차이를 보일 수 있다. 국가를 단위로 할 때 규범적 판단을 구분하는 중요한 축의 하나는 성장과 복지이다. 오늘날 선진국은 대체로 복지를 규범적 판단의 주 요소로 간주하고 있다. 실제 선진국에서 나타난 사회지표운동은 바로 복지에 대한 관심에서 비롯된 것이다. 그리고 국가주도보다는 사회단체를 중심으로 발전하여 왔고 그런 의미에서 그 자체를 시민운동의 하나로 간주할 수도 있다. 그러나 개발도상국의 경우 국가의 관심은 복지보다는 성장에 쏠려 있다. 따라서 사회지표 작성의 주체도 정부다. 복지에 대한 규범적인 강조의 약화에는 성장과 복지를 동일시하는, 또는 동전의 양면으로 생각하는 논리가 깔려있다. 우선 성장을 통해 총체적인 몫이 커져야만 그 구성원들의 복지에 대한 고려가 가능해진다는 생각이 그것이다. 이러한 복지 관념의 차이는 선진국과 개발도상국 사회지표의 내용의 차이를 야기시키는 일차적 요인으로 작용한다. 성장과 대립되는 분배라는 관점으로 복지를 생각하는 선진사회에서는, 사회지표의 주요 목적은 각종 사회상태가 주요 사회계층 또는 집단들 사이에 어떠한 차이를 보이는가를 밝히고, 이를 통해 사회적 불평등이나 복지의 문제 해결을 모색하는 데 두지 않을 수 없다. 즉 이들 사회에서 '어디'라는 방향성을 판단하는 중요한 요소는 '더 많이'가 아니라 '보다 고르게'라고 할 수 있다. 그러나 성장을 복지의 조건으로 보는 개발도상 사회에서는 계층별 차이나 특정 복지 대상 집단에 대한 관심보다는 국가의 총체적인 발전과 전 국민의 평균적인 생활상태에 더 관심을 기울이게 된다. 우리나라의 경우에도 초기에는 사회지표가 성장의 관념을 중심의 체계로 짜여져 있었으나, 최근에는 점차 복지적 관심의 비중이 높은 지표로 그 내용이 바뀌어 가고 있다.

그렇다고 사회지표가 선진국과 개발도상국 사이에 어떤 규범적 연관성이나 통일성을 상정할 수 없는 것은 아니다. 규범적 판단의 국가 간 또는 집단 간 차이에도 불구하고 오늘날 모든 국가나 사회가 추구하는 공통의 행동규범은 존재한다. 가난의 추방, 민주주의, 지속적인 발전, 오염 없는 환경, 도덕성의 회복, 기회의 평등, 건강한 삶에 대한 지향 등이 그것이다. 이들은 바로 현대사회의 '삶의 질'을 판단하는 주요 요소로 간주된다. 한편 사회지표는 본질적으로 삶의 질에 대한 관심이다. 이러한 점에서 사회지표의 기본적인 틀은 존재한다고 할 수 있다. 그리고 삶의 질에 대한 고려의 반영 정도가 바로 주어진 사회지표의 질을 평가할 수 있는 척도가 된다. 여하간 삶의 질에 대한 관심을 통해 우리는 사회지표를 관통하는 보다 포괄적인 가치지향을 확인할 수 있다. "형평과 복지, 생태학적 가치, 민주주의"가 그것이다. 이들 가치는 또한 오늘날 대부분의 사회운동과 시민운동의 기초가 되고 있다. 이러한 목적적인 가치와는 별도로 우리 앞에는 미래의 상태 또는 삶의 질을 조건짓는 여러 가지 현상이 빠르게 떠오르고 있다. 세계화, 정보화, 고령화 등이 이에 속한다. 이들은 우리에게 선택을 요구하는 것이 아니라 적응과 수용만을 강요한다. 이러한 새로운 사회구조적 요소들은 새롭게 사회지표의 중요한 고려 사항으로 부각되고 있다.

사회지표의 규범적 관심과 삶의 질에 대한 논의는 새로운 통계에 대한 관념을 요구한다. 일반적으로 통계는 가치배제적인 속성을 가진 것으로, 즉 주어진 현상에 대한 객관적 서술의 성격을 가진 것으로 생각된다. 물론 사후적으로 이러한 통계자료를 통해 가치를 전제로 한 판단을 할 수도 있다. 그러나 이는 사회지표에서 주장하는 가치전제적인 통계와는 다르다. 가치를 전제로 하여 지표를 작성한다는 것은 주관적 판단에 입각한 정책 또는 행동을 위한 통계의 작성, 한마디로 가치적합한 통계의 작성을 뜻한다. 여기서 '누구의', '누구를 위한' 가치이냐의 문제와 가치의 사회적 합의의 가능성과 필요성 여부가 쟁점으로 떠오를 수 있다. 한편 규범적 관심은 흔히 개인의 태도로 구성되는 주관적 지표를 강조하는 경향이 있다. 그것은 개인적 가치나 태도를 완전히 외면하고 집합적 가치를 설정하기 어렵기 때문이다. 개개인의 가치가 사회적 가치지향과 거리가 멀 수도 있다. 가령 사회적으로는 집합주의적인 가치를 지향하면서도 개개인은 개인주의적 또는 이기적인 행동지향을 보일 수도 있다. 그러나 이러한 개인적 가치와 사회적 가치의 불일치는 그 자체가 중요한 사회적 현실이다. 따라서 개인의 주관적 가치나 태도도 사회지표의 중요한 요소가 될 수 있다. 이 점에 대해서는 사회지표의 기능을 어떻게 설정하느냐에 입장이 다르다. 가령, 사회지표의 목적을 현재의 여러 가지 사회상태를 시민들에게 정확하게 알리고 시민 개개인이 자신의 위치를 정확하게 파악하도록 하는 데 국한시키고, 행동의 문제는 시민들 자신에게 맡긴다면 주관적인 지표의 필요성은 크지 않다. 이러한 관념은 스웨덴의 사회지표체계에 잘 반영되어 있다. 반면 국가가 집합적 가치를 설정하고 이에 따른 정책적인 개입이나 시민동원을 사회지표의 핵심 목표의 하나로 설정한다면 개인의 주관적 가치나 태도의 파악은 불가피하다. 이러한 맥락에서 1960-70년대 서구 자본주의 정치에 있어서의 국가 개입주의의 확산은 사회지표운동의 활성화는 물론 주관적 지표의 적극적인 수용에도 커다란 영향을 미친 것으로 알려져 있다. 또한 미국에서 시작하여 세계적으로 확산된 정책연구의 주요 요소로서 KAP(knowledge, attitude & practice) 서베이의 등장도 사회지표에서 주관적 지표에 대한 강조를 높이는 데 상당히 기여한 것으로 판단된다.

한편, 개인의 복지나 삶의 질에 대한 판단은 객관적 차원과 주관적 차원에서 모두 이루어질 수 있다. 이 둘이 잘 일치하는 경우도 있지만 그렇지 않은 경우도 많다. 가령 객관적으로 훌륭한 생활조건을 향유하고 있는 사람이 자기의 생활이 어렵다고 생각하는 경우가 있는가 하면, 반대로 객관적으로 볼 때 생활이 어려움에도 불구하고 자기의 삶의 질이 매우 높다고 생각하는 사람도 있다. 바로 이러한 차이가 개인의 주관적인 평가의 정책적 중요성을 보여 주는 것이기도 하다. Zapf는 개인적 복지를 객관적 평가와 주관적 평가의 결합에 의해 <표 2>와 같이 네 가지 상태로 범주화하고 있다. 이 가운데 가

<표 2> 개인적 복지의 범주화

객관적 생활조건	주관적 복지평가	
	좋 음	나 쁨
좋 음	건강(well-being)	부조화(dissonance)
나 쁨	적응(adaptation)	박탈(deprivation)

출처: Zapf, 1984.

장 바람직한 것이 객관적 조건과 주관적인 평가가 모두 좋은 상태에서 일치하는 경우이다. 반면 다른 세 가지는 각기 다른 사회적 또는 정책적 함의를 가지고 있다. 부조화의 경우는 사회적으로 '불만족의 딜레마'로 인한 아노미 상태를 유발시킬 가능성이 크다. 거꾸로 적응은 스스로 자신을 사회로부터 소외시키는 경향을 뜻하며, 이 집단은 기존 사회정책의 관심에서 벗어나 있는 것이 보통이다. 한편 박탈의 경우는 적극적인 사회운동의 세력으로 등장할 가능성이 높다. 이러한 객관적 평가와 주관적 평가의 연계를 통해 사회상태에 대한 보다 포괄적인 판단이 가능하다. 그리고 한 걸음 더 나아가 이러한 판단은 사회정책의 방향 설정, 각종 사회정책의 우선성 평가, 사회위기 경보체계의 확립에 도움을 줄 수도 있다. 실제로 초기의 사회지표운동은 이들 매우 야심적인, 그러나 현실성이 약한 내용을 사회지표의 주요 기능으로서 설정하였다. 여하간 주관적 지표는 여러 가지 논쟁에도 불구하고 이미 사회지표의 주요 부분으로 자리를 확고히 하고 있다고 할 수 있다.

3. 사회지표의 종류와 체계

이미 위에서 언급한 바와 같이, 사회지표운동이 세계적인 현상이고 여러 사회들 사이의 비교 가능한 지표의 작성이 시도되고는 있지만, 사회지표 또는 사회보고는 경제지표나 보고와는 달리 어떤 하나의 표준적인 체제를 가지고 있지 않다. 그것은 사회에 따라 또는 집단에 따라 가치가 다르고 주요 관심의 영역에 차이가 있기 때문이다. 따라서 사회지표의 종류도 다양하다. 지역의 포괄성으로 볼 때 국가 단위의 지표가 주를 이루고 있지만, 초국가적인 지표체계가 이미 여러 곳에서 시도되고 있으며, 국가 내의 지역이나 지방이 주체가 되어 나름대로의 지표체계를 만들어 이용하는 경우도 많이 관찰된다. 다음 주제의 포괄성에 있어서도 차이가 크다. 크게 보아 모든 생활영역과 관심영역, 생애주기를 종합적으로 제시하고 있는 포괄적인 지표나 보고, 단일 또는 몇 개의 생활 및 관심영역이나 하위집단, 사회문제에 초점을 맞춘 비포괄적인 지표나 보고로 다룰 수 있다. 또한 사회지표나 보고는 작성자에 따라 구분할 수도 있다. 대부분의 경우 공식 통계기구, 중앙정부의 부처, 지방정부 등 공식적인 기구가 행위자로서 역할을 수행하지만, 연구기관이나 협회, 조합 등 비공식기구에 의해 사회지표나 보고가 이루어지기도 한다. 대체로 공식적인 국가나 국제 통계기구에서 만드는 지표는 종합적이고 전국 또는 국제적인 성격을 강하게 가지고 있으며, 아마도 이것이 가장 기본적인 형태가 아닌가 생각된다. 그리고 공식적인 지표는 대부분 지속성과 연속성을 특징으로 하고 있으며 따라서 전반적인 각종 사회변동의 개괄적인 파악에 적합하다. 반면에 비공식적 지표나 보고체계는 특수 목적에 초점을 맞추고 있고 융통성이 높아 단순한 사회변동의 파악보다는 사회문제의 쟁점화와 사회운동의 기제로서 중요한 의미를 가질 수 있다.

사회지표의 목적과 성격이 규정되면 이에 따라 구체적인 영역이 구성되고 하나의 지표체계가 이루어진다. 그러면 거기에 들어가는 구체적인 내용은 무엇인가? 각각의 지표는 어떠한 형식으로 주어지는가? 이와 같은 질문들이 보여 주는 것이 바로 사회지표의 체계에 대한 관심이다. 사회지표의 체계를 이해하기 위해서는 우선 지표의 작성과 이용의 과정을 이해할 필요가 있다. 이를 요약하면 <표 3>과 같이 표시할 수 있다

<표 3> 사회지표의 작성과 이용의 과정

#1	지표 작성의 목적설정	→	관심영역의 설정	→	구체적 지표의 선정
#2	자료의 생산과 수집	→	지표 및 통계표의 작성	→	통계보고서 작성
#3	분석과 사회(상태)보고	→	행동, 정책수립	→	지표체계의 평가

출처: Kwon T-H et al. (1981: 11)

<표 3>에서 보듯이 사회지표의 작성과 활용은 크게 보아 3개의 차원으로 구분된다. 첫째, 지표체계의 개념화 단계, 둘째, 지표 및 보고서 생산의 단계, 셋째, 지표의 활용단계가 그것이다. 사회지표가 전체적으로 체계를 가지고 있다는 것은 개별 지표들이 임의로 선택된 것이 아니라 어떠한 틀에 따라 선정되었다는 것을 뜻한다. 즉 각각의 개별 지표는 전체적인 틀의 구성요소의 하나이며, 이들은 주어진 틀 안에서 다른 지표들과 연결됨으로써 의미를 갖는다. 다시 말해 체계는 모래알과 같은 개별지표들을 하나의 건축물로 만드는 역할을 한다.

사회지표의 틀을 짜는 데 가장 기본적인 것은 사회지표의 목적을 설정하고 설정된 목적을 달성하기 위해 목표를 구체화시키는 작업이다. 이미 사회지표의 일반적인 목적이 무엇인가에 대해서는 앞에서 언급하였다. 가령 삶의 질의 파악, 복지의 측정, 생활조건의 파악 등이 그것이다. 목적이 설정되면 그 목적의 내용을 구체화해야 한다. 이를 가리켜 흔히 개념적 정의라고 한다. 삶의 질이나 복지와 같은 용어는 일상적으로 사용되지만, 그것이 실제로 무엇을 뜻하는지 명백한 것은 아니다. 이와 같이 추상적인 용어의 의미를 명백히 하는 과정을 보통 '의미의 특수화'라고 한다. 사회지표체계에 있어 의미의 특수화는 일차적으로 주요 용어가 지칭하는 의미의 구성요소를 밝히는 작업이 된다. '삶의 질'이라는 용어를 예로 들어보자. 경제수준, 건강, 교육, 환경, 안전 등을 그 구성요소로 선정한다면 우리는 이들을 가지고 삶의 질을 평가하게 된다. 반면, 자유, 평등, 사랑, 행복,

만족 등과 같은 보다 주관적인 내용들을 그 구성요인으로 규정한다면 위의 것과는 전적으로 다른 하나의 체계를 만들어 내게 된다.

우리는 보통 사회지표 하면 앞의 체계를 연상한다. 그러나 서구사회에서는 개인의 주관적인 판단을 중시하는 뒤의 체계를 강조하는 사람들도 많다. 여기에는 시민 개개인의 주관적인 판단을 통해 문제가 제기되고 사회참여가 이루어지고 결과적으로 사회 발전이 이루어진다는 생각이 전제되어 있다. 그러나 대부분의 개발도상사회에서 국민 각자가 자신의 복지와 삶의 질의 향상에 적극 참여하고 이를 통해 사회가 바람직한 방향으로 변화하기를 기대한다는 것은 현실적으로 어렵다. 따라서 선진국들과는 달리 개발도상국에서는 '발전을 통한 복지'라는 관념을 가지고 사회지표체계를 만드는 것을 볼 수 있다. 따라서 이들 국가의 사회지표에서는 사회발전의 정도를 반영하는 내용을 중시하는 경향이 관찰된다. 이와 같이 사회지표는 그 목적에 따라 근본적으로 상이한 여러 가지 체계를 형성할 수 있다. 그러나 가용한 자료, 자료수집의 문제, 국가의 정책적인 관심사 등으로 인해 개발도상국의 사회지표는 그 내용에 있어 커다란 제한을 받는 것이 보통이다. 선진국에서도 국가가 사회지표 작성의 주체가 될 때에는 그 체계가 객관적인 요소와 일상생활과 직접 관련된 제도적 부문을 중심으로 짜여지는 것이 일반적이다. 현재 사용되고 있는 대표적인 사회지표의 부문별 체계를 제시한 것이 <표 4>다. 한편 우리 나라의 것은 <표 5>에 수록되어 있다.

처음 우리 나라 사회지표의 주요 관심 부문은 인구, 소득과 소비, 고용과 인력, 교육, 보건, 주택환경, 사회(가정과 사회보장), 공안의 8가지로 구성되어 있다. 그 내용을 분석해 보면 사회의 주요 제도와 공공복지의 수준에 초점이 맞추어져 있음을 알 수 있다. 이에 비해 미국의 보건, 교육, 복지성의 지표는 질병, 환경, 빈곤, 소외, 사회적 이동 등 개인들이 일상생활에서 경험하고 있는 소위 현대 산업사회의 문제에 초점이 모아져 있다. 이와 같이 사회지표체계를 통해 우리는 거꾸로 그 사회 또는 작성기관의 주요 사회적 관심사와 가치를 읽을 수도 있다.

사회지표의 총체적인 뼈대를 이루는 부문이 정해지면, 이들 부문 하나하나를 가지고 다시 그 부분을 원래에 목적에 따라 파악할 수 있는 보다 세부적인 영역을 설정하게 된다. 즉 관심영역의 구체화 작업이 요구된다. 가령 우리 나라 사회지표에는 사회 상태를 파악하는데 중요한 배경적 요소로서 인구가 하나의 부문을 형성하고 있다. 인구는 다시 크기와 구조의 두 영역으로 나누고 각각의 영역은 다시 세부영역으로 나뉘고 있다. 마지막으로 각각의 세부 영역을 파악할수 있는 개별지표가 제시되어 있다. 이러한 사회지표의 체계는 마치 나무에 비유할 수 있다. 나무에서 줄기가 뻗고, 큰 줄기에서 다시 조

<표 4> 국제기구 및 여러 나라의 사회지표체계에 나타난 주 관심영역

A: 국제기구

UNRISD: 생활수준 지표(1966 & 1970)	OECD: 사회적 관심체계(1980)	UN: 사회, 인구 통계체계(1975)
영양	건강	인구의 변동과 그 구성요인
주거	교육과 배움	가족과 가구
건강	고용과 근로의 질	사회계층과 이동
교육	시간과 여가	소득분포, 소비 및 자산형성
여가	재화와 서비스의 집중	주거
안전	물리적 환경	시간배분과 여가
잉여소득(1966)	사회적 환경	사회보장과 복지서비스
환경(1970)	개인의 안전	교육
		경제생활과 고용서비스
		보건 및 의료 서비스
		질서, 공안, 범죄

B: 개별 국가

미 국		영 국	일 본			
보건, 교육, 복지성(1969)	센서스청(1980)	'사회추세'	사회생활 통계지표	국민생활 지표	신국민생활지표	
					활동 영역	구조 변화
건강과 질병	인구와 가족	인구	자연환경	가정 생활	양육	고령화, 국제화, 집중화, 정보서비스화, 그린화
사회이동성	건강과 영양	가구와 가족	인구세대			
물리적 환경	주거와 환경	주거	건강의료	건강	건강	
소득과 빈곤	교통	교통과 환경	거주환경	환경과 안전	주거	
공안	공안	법집행	안전			
교육, 과학, 예술	교육과 훈련	교육	생활시간의 배분	지역사회 활동	교육	
참여와 소외	사회참여	사회참여	학교교육	학교 생활	교제	
	문화, 여가, 시간 이용	여가	사회교육, 문화, 스포츠	학습문화 활동	여가	
	노동	고용	노동	근로 생활	노동	
	사회보장과 복지	지출과 자원	사회보장			
	소득과 생산성	수입과 부	재정	경제적 안정	소득과 소비	
			경제기반			

출처: 윤종주, 1983; 한국보건사회연구원, 1995: 56-65; 김양희 · 윤혜미, 1996: 23-24.

<표 5> 우리 나라의 사회지표의 주 관심영역

1978년 원안 및 1987년 개정안	1995년 개정안
인구	인구
	가족
소득과 소비	소득과 소비
고용과 인력	노동
교육	교육
보건	보건
주택과 환경	주거와 교통
사회	
문화	문화와 여가
공안	안전
	정보와 통신
	환경
	복지

그만 가지가 나고, 그 가지에 잎이나 열매가 매어 달리는 형태가 바로 사회지표의 구조적 모습이다. 커다란 가지에 해당하는 부문을 정할 때와 마찬가지로 세부 관심영역이나 개별지표를 정할 때에도 사회지표의 전반적인 목적과 가치는 중요한 역할을 한다. 그것은 구체적인 개별지표 하나하나를 통해 우리는 사회지표가 의도하고 있는 바를 달성할 수 있기 때문이다.

사회지표의 체계를 만든다는 것은 건축에 있어서 설계도를 작성하는 것과 같다. 설계도는 일차적으로 우리가 건축하고자 하는 건물의 용도, 즉 목적을 고려하여 만들어진다. 또한 공간에 대한 이론이나, 인간관계에 대한 이론, 생산성에 대한 이론 등이 설계에 고려되기도 한다. 이와 같은 이론적인 요소들은 사회지표에 결정적인 역할을 한다. 실제 부문, 주 관심영역, 하위 관심영역, 개별지표의 체계는 의식적이든 무의식적이든 여러 가지 이론에 근거하게 마련이다. 그것은 이론이 없이는 체계가 형성될 수 없기 때문이다. 그러나 아무리 훌륭한 이론이 있다고 하더라도 방법이나 필요한 자재가 없으면 그 설계도는 아무 쓸모가 없게 된다. 이와 같이 목적, 이론, 방법이 잘 통합되어 있을 때에만 우리는 훌륭한 그리고 유용한 사회지표체계를 만들 수 있다.

4. 사회보고(Social Reporting)

사회지표의 목표는, 사회성원들로 하여금 스스로 삶의 질의 향상과 복지사회의 실현에 이바지하도록 하는 데 있다. 따라서 사회지표는 일차적으로 삶의 질이나 복지와 관련된 각종 사회상태의 파악을 가능하게 하는 지표들로 구성되는 것이 일반적이다. 한편 복지사회의 실현은 다른 말로 국가의 정책을 통한 사회변동의 유도를 뜻한다. 여기서 사회변동의 목표는 주로 형평과 조화의 관념을 바탕으로 하고 있다. 만약 우리가 비약적인 경제발전을 이루었다 하더라도 빈부의 차가 더 심해지거나 어떤 층은 전보다 못 살게 되었다면, 이는 복지사회의 실현에 역행하는 일이 될 것이다. 그리고 이러한 현상은 사회적 갈등과 긴장을 증폭시키는 결과를 가져올 것이다. 다시 말해 사회지표는 사회의 안정과 조화를 해치는 여러 가지 사회문제를 시민들로 하여금 파악하도록 하고 이의 해결에 적극적으로 참여토록 하는 적극적인 기능을 수행할 수 있다. 바로 이와 같은 기능이 선진사회에서 사회지표를 도입하게 된 배경을 이룬다. 사회지표의 시계열적인 분석을 통해 우리는 또한 어떤 사회현상이 과연 바람직한 방향으로 변하였는지, 그리고 앞으로 어떤 방향으로 변할 것인지를 판단할 수 있다. 이러한 방향에 대한 인식은 현재에는 문제가 되지 않더라도 앞으로 나타날 문제에 대해 관심을 돌리게 함으로써 미래지향적인 사회정책 수립에 도움을 줄 수 있다. 특히 미래지향성이 규범적인 관심을 전제로 이루어진다는 것은 각종 사회정책의 일관성을 높이는 데 중요한 요소로 작용할 수 있다는 것을 뜻한다.

시민의 차원에서 볼 때 사회지표는 자신이나 자신이 속한 집단의 사회적 위치와 그 지위가 어떠한 방향으로 변하고 있는지를 파악하는 데 필요한 자료를 제공한다. 이러한 자료는 시민사회의 기초가 되는 시민들의 정치참여와 집단간 갈등의 제도적 해결을 촉진시키는 데 필요불가결의 요소를 구성한다. 그러나 그것이 아무리 친밀감을 준다 하더라도 시민들이 통계자료나 지표를 가지고 현실에 대한 구체적이고 합리적인 판단을 하기는 어렵다. 대부분의 사람들은 통계값이나 지표를 제대로 이해하지 못한다. 뿐만 아니라 많은 사람들이 통계값들이 수치로 나열된 것을 보면 아예 골치 아픈 것으로 치부하여 이해하기를 포기해 버린다. 즉 시민들이 사회지표를 이해하고 이를 이용하여 스스로의 삶의 변화와 국가의 발전에 참여할 수 있도록 하기 위해서는 사회지표를 통해 얻을 수 있는 결과에 적절한 해설, 즉 주요 관심사에 대한 총괄적인 상태는 물론 지역, 계층, 집단들 사이의 차이의 정도와 그 변화의 방향에 대한 알기 쉬운 전문가의 해설이 필요하다. 이와 같은 해설을 '사회(상태)보고'(social reporting)라고 한다.[2] 특히 선진사회에서와 같이 사회지표가 시민들의 자발적인 사회 및 정치참여 유발과 복지사회의 실현을 기본 목적으로 만들어질 때에는 사회보고는 중요한 행동과 정책의 지침을 제공하게 된다. 따라서 서구의 여러 기관에서는 사회지표를 기초로 한 사회상태에 대한 분석 보고서(사회보고)를 지속적으로 작성하고 있다. 이러한 사회상태에 대한 보고의 제도화는 시민들의 사회문제에 대한 인식을 높이고, 따라서 정치 및 사회 참여 폭의 확대를 가져올 것으로 기대

---

2) Zapf는 사회보고의 목적을 "사회구조와 과정 및 사회정책의 전제와 결과에 대한 정보를 정기적으로, 적절한 시점에, 체계적으로 그리고 자동적으로 제공"하는 데 있는 것으로 보고 있다(1977: 10). 한편 Rockwell은 보다 쉽게 사회보고를 "사회과학 방법에 대한 훈련을 받지 못한 사람들을 대상으로 한 여러 가지 사회 추세에 대한 서술, 설명 및 해석"으로 정의하고 있다(1983: 90).

된다.

사회지표의 궁극적인 목적이, 그것이 현시적이든 묵시적이든, 사회변동에 있다면, 그리고 오늘날 시민사회에서 사회운동 또는 시민운동이 사회변동의 가장 중요한 기제가 되고 있다는 사실을 고려한다면, 사회보고는 물론 사회지표체계의 설정에 있어 비공식기구의 역할은 정부기구 못지않을 것이다. 정부의 분석과 보고는 대부분 추세의 고찰과 단기적인 전망에 그치고 있으며, 현실을 정당화라는 논리에 기초를 두고 있다. 그리고 많은 경우, 경제적인 논리의 지배로 주요 사회적 쟁점들이 무시되거나 주변으로 밀려나는 경향이 있다. 물론 규범적이고 따라서 변화지향적인 내용의 지표체계나 사회보고는 비공식기구의 것에 보다 잘 반영될 수 있다. 그러나 비공식기구가 자체적인 자료 생산과 분석 능력을 동시에 갖기는 어렵다. 따라서 공식기구가 통계적인 사회지표를 작성하고 비공식기구가 쟁점과 문제의 파악을 중심 내용으로 하는 사회보고를 작성토록 하는 역할 분리의 제도화에 대한 요구가 나타나기도 한다. 그러나 비공식기구의 사회적 쟁점이나 문제에 대한 분석은 어떤 특정 집단의 이해관계를 반영하기 쉽다. 이러한 점을 고려하여, 사회보고의 주체로서 가장 적합한 기관으로 흔히 대학연구소나 중립적인 연구기관이 거론된다.

사회보고에 어떤 표준적인 모형이 있는 것은 아니다. 우선 사회보고는 그 목적이나 성격상 일반 시민이나 정책 결정자를 대상으로 하지 않을 수 없다. 따라서, 분석 자체는 깊이가 있어야겠지만, 내용은 매우 이해하기 쉽도록, 그리고 사람들의 사회현상 판단에 도움을 줄 수 있도록 특별 배려가 요청된다. 한편 다루는 내용은 주로 세 가지 요소로 구성된다. 첫번째는 사회의 총체적인 변화의 방향과 모습에 대한 요약적인 서술이다. 물론 여기에서도 각종 문제에 대한 전망과 대책에 대한 논의가 개괄적인 수준에서 이루어진다. 그러나 보다 문제 지향적인 따라서 시민운동에 의미를 갖는 것은 전체 인구를 대상으로 한 분석보다는 계층과 쟁점 중심의 분석과 해설이다. 바로 특정

계층에 대한 심층적인 보고와 특정 쟁점에 대한 전망과 해설이 나머지 요소를 이룬다. 관심 계층의 선택은 주로 사회적 형평과 사회 문제의 관점에서 이루어진다. 여기에는 여성, 노인, 청소년, 빈곤층, 중산층, 근로자 등이 포함된다. 쟁점의 선택은 주로 가치 또는 규범적 판단을 기초로 한다. 사회보고에 포함되는 중요한 쟁점으로는 환경, 교육, 주택, 고용, 세대문제, 범죄, 불평등 등을 들 수 있다. 이러한 여러 가지 요소와 내용을 하나의 보고서에 싣는 것은 어렵고, 그럴 경우 보고서의 유용성도 떨어진다. 정기적인 사회보고의 기본 요소가 되는 것은 총체적 내용이다. 특정 계층과 쟁점과 관련된 내용은 종합 보고서에는 몇 년에 한 번씩 순환적으로 포함시킬 수 있다. 또한 특정 사회적 쟁점이나 계층의 문제에 대해 관심을 갖는 기관이나 조직에서 관심 주제에 대한 정기적인 보고체제를 확립할 수도 있다. 국제적으로 이러한 분야별 사회보고는 국제연합을 비롯한 주요 국제기구 및 비정부기구에 의해 작성되고 있다. 선진국의 경우 이러한 활동은 정부와 비정부기구, 연구기관 등을 통해 널리 이루어지고 있다. 그러나 자료가 매우 제한되어 있고 자료수집 능력이 약하고, 시민의 사회참여의 전통이 수립되어 있지 못하고, 시민운동에 대한 억압이 심한 개발도상 사회에서는 사회지표체계가 만들어져 있다고 하더라도 사회보고는 없거나 부실한 것이 일반적이다.

5. 한국의 사회지표

우리 나라에서 사회지표가 정부의 공식통계로서 처음 작성된 것은 1979년이다. 정부 통계국과 한국개발원은 국제연합의 권고에 따라 1975년 국제연합 인구활동기금의 지원으로 사회지표 작성을 위한 연구를 수행하여, 1978년 그 결과를 사회지표안으로 출간하였다. 이것은 거의가 기존의 정부통계로 구성되었다. 그리고 "한국의 사회지표"는 1979년 정식 통계로서 채택되면서 연간으로 발간해 오고 있다.

그 동안 한국의 사회지표는 1987년과 1995년 두 번에 걸쳐 체계 개편 작업을 거쳤다. 1978년에 마련된 사회지표의 기초 관심영역은 인구, 소득과 소비, 고용과 인력, 교육, 보건, 주택과 환경, 사회, 공안의 8개 부문으로 이루어졌고, 개별지표로는 총 350개가 선택되었다. 그 가운데 기존 자료에서 작성이 가능한 것이 184개였고, 166개는 새로 작성해야 하는 것이었다.[3)] 1987년의 개정은 전체적인 체계의 조정보다는 개별지표의 확충에 중점을 두어 사회체계의 뼈대를 이루는 기초 관심영역은 그대로 두고 개별지표의 수만 437개로 늘렸다. 한편 1995년의 개정은 체계의 대폭 수정을 전제로 행해졌다. 우선 기초 관심영역이 12개의 부문으로 늘었다. 새로운 관심영역으로 정보와 통신, 환경, 복지, 문화와 여가가 추가되고, 사회영역이 없어지고 이에 속해 있던 가족이 독립 영역으로 분리되었다. 주택과 환경, 사회 부문에 포함되던 많은 내용이 주거와 교통 부문의 일부로 되었다. 공안은 안전을 중심으로 재편되었다. 그리고 가능한 한 개별 지표 작성에 있어 세계화, 고령화 지방화에 대한 고려를 반영하도록 하였다. 개별지표의 수도 525개로 크게 확충되었다. 주관적 지표도 삶의 질에 대한 관심의 확대와 함께 점진적으로 증가해 왔다(한국보건사회연구원, 1995: 20-26).

한국 사회지표는, 사회지표운동이 전혀 형성되지 못한 상태에서, 그리고 사회지표에 대한 관념이 일반인에게는 물론 사회과학자와 통계전문가에게도 매우 생소한 상황에서 추진되었다. 오히려 사회지표가 국가 통계로서 계속 출간이 되면서 사회지표에 대한 관념은 정부의 여러 기간과 민간부문으로 확산되었고, 사회적으로 삶의 질에 대한 관심이 커지고 연구도 활성화되었다. 다시 말해, 우리 나라에서는

3) 실제 1978년 사회지표(안)에 포함된 것은 기존의 통계에서 바로 작성이 가능한 98개와 기존의 자료에서 개발이 가능한 18개 총 114개이다. 그 총수는 1979년 최초의 사회지표에는 128개로 다음 1980년에는 151개로 늘었다(경제기획원 통계국, 1978; Kwon T-H et al., 1981: 13).

우리 사회에 적합한 복지적 관심이나 규범적 관심이 사회지표에 반영된 것이 아니고, 단순히 사회현상의 이해를 위한 도구로서 사회지표가 채택되었다. 최근 제2차 개정안이 마련되기 전까지 한국의 사회지표는 국가의 여러 사회 상태에 대한 종합적이고 총량적인 판단과 국가 정책의 보조자료로서의 기능을 강조하였다. 복지 상태에 대한 언급은 있으나, 복지관련지표를 포괄적으로 작성하려는 시도는 없었고, 그나마 몇 개 포함된 내용도 사회보장 현황의 총량적 소개에 불과하였다. 실제 "복지적 관심사"라고 할 수 있는 형평이나 사회적 불평등의 관념은 거의 반영되지 못하였다. 아마도 사회복지와 복지적 관심의 구분은 한국 사회지표의 의미와 유용성을 높이는 데 가장 기초적인 과제가 아닌가 싶다.

한국 사회지표의 또 다른 특징은 주관적 지표를 강조하면서도 그것이 새로운 통계체계에 입각한 것이라기보다는 기존 각종 통계의 편집의 성격을 강하게 보이고 있다는 점이다. 물론 주관적 지표는 기존 정부통계에는 포함되어 있지 않다. 이를 위해 새로이 도입된 조사가 사회통계조사이다. 다시 말해 사회통계조사는 사회지표의 작성을 위한 조사라고 할 수 있다. 그러나 한국의 사회지표는 포괄적인 성격으로 인해 하나의 조사통계를 기초로 작성하는 것이 불가능하다. 반면, 주관적 지표는 물론 삶의 질과 관련된 지표 가운데에는 기존의 통계로서는 작성이 어려운 것이 많다. 따라서 이러한 새로운 요구를 수용하기 위해 만든 것이 사회통계조사이다. 이 조사는 다른 조사와는 다른 특성을 가지고 있다. 우선 주관적인 문항이 많이 포함되어 있다. 또한 조사내용과 항목이 매년 다르다. 사회지표에 포함되는 영역 가운데 매년 몇 가지를 선택해 한 영역을 2년 내지 3년 주기로 조사를 실시한다. 이들 조사자료에는 각종 사회현상의 이해와 전망에 필요한 중요한 내용이 많이 포함되어 있다. 그러나 사회통계조사는 사회지표체계에서 보조적인 위치를 차지하고 있을 뿐이다. 조사자료는 그 일부만이 사회지표에 포함될 뿐으로, 구체적인 사회현상의 분석에 거의 활용되지 못하고 있다. 그 이유의 하나는 사회보고체계의 부재에서 찾을 수 있다.

우리 나라의 경우, 사회지표가 정부의 공식통계로서 채택된 후 여러 가지 부차적인 효과를 낳은 것으로 평가되고 있다. 우선 사회통계는 일반 사람들의 통계에 대한 인식을 바꾸고, 그들이 통계에 대한 친숙한 느낌을 갖도록 하는 데 크게 공헌하였다. 과거의 통계들, 가령 경제 통계와 같은 것들은 그 내용이 전문적이어서 보통 사람들은 이해하기 어려웠다. 그리고 이러한 자료들은 정부의 정책을 합리화하거나 선전하는 데 주로 사용되었다. 따라서 통계는 모르거나 믿을 수 없는 것이라는 관념이 널리 퍼지게 되었다. 그러나 사회지표는 내용이 비교적 간결하고 전문성이 약할 뿐 아니라 우리의 생활과 직결된 부분들을 주로 포함하고 있기 때문에 많은 사람들이 쉽게 이해할 수 있어, 정부 통계에 대해 친근감을 갖도록 하고 이를 믿게 하는 중요한 역할을 하였다. 특히 사회지표를 통해 밝혀진 여러 가지 현상이 언론에 재미있게 소개되면서 사람들은 자기도 모르게 통계를 생활의 일부로 느끼게 되었다.

이러한 사회지표의 효과는 각종 지표운동을 활성화시키는 데 크게 공헌했다. 사회지표가 우리의 생활상태를 포괄적으로 이해하는 데 좋은 안내자가 된다는 인식이 퍼짐에 따라 정부의 여러 부서는 물론 여러 주요 사회단체들이 사회지표를 모형으로 하여 자신들의 목적에 맞는 지표체계를 개발하기 시작하였다. 가령 여성들의 실태를 총체적으로 파악하기 위한 여성지표가 여성개발원에서 만들어진 것을 비롯해, 농어촌공사의 전국 산촌지표 연구, 서울시의 복지지표, 청소년연구원의 청소년 지표, 정신문화연구원의 국민 문화지표체계 연구, 소비자보호원의 소비자 지표 등이 그 예에 속한다. 이러한 지표들은 현실의 올바른 판단에 기초한 합리적인 정책수립을 위한 노력의 일환으로 평가할 수 있다. 이와 같이 사회지표는 여러 분야의 사회정책의 합리화에 중요한 공헌을 하였다. 현재에도 사회지표의 관념에 입각한 각종 지표의 작성 활동은 여러 곳에서 진행되고 있다. 그러나 이들 지표의 대부분은 정부의 공식통계인 한국 사회지표의 체계를 기초로 작성되었고, 전반적인 현상파악의 한계를 벗어나지 못하고 있다.

더욱이 이들은 시민운동의 도구 또는 기제로서는 거의 기능을 하고 있지 못한 실정이다. 물론 그 중요한 이유의 하나는 우리 사회 전반에 걸쳐 시민사회의 관념이 형성되어 있지 못한 데서 찾을 수 있다. 자발적 참여의 전통과 개별 이익집단들의 시민들에 대한 설득을 통한 목적달성의 전통이 제대로 형성되지 못한 상태에서 시민운동 또는 사회운동의 목적에 맞는 사회지표의 출현을 기대하기는 어렵다. 설령 사회지표가 그러한 목적에 이용될 수 있는 내용을 담는다 하더라도 그것은 하나의 문서 또는 통계자료의 의미밖에는 갖기 힘들다. 한마디로 사회지표의 의미와 유용성은 주어진 사회의 성격에 따라 결정된다고 할 수 있다. 사회지표를 통해 시민사회적인 성격을 확산시킬 수 있는지는 의문이다. 그러나 그 가능성을 어느 정도 인정한다면, 그것은 충실한 사회보고체계의 확립을 통해서만 가능할 것이다. 그 이유는 사회보고가 총체적 또는 체계론적 판단에 기초한 행동과 행동의 결과에 대한 현실적 평가를 촉진시키며, 따라서 행동을 이념적 지배에서 분리시켜 과제 해결 지향적으로 유도하는 효과를 발휘할 것으로 기대되기 때문이다.

이러한 점에서, 사회보고 체계의 부재는 아직까지 우리 나라의 사회지표가 변화 지향적이고 행동 지향적인 성격을 가지고 있지 못함을 의미한다. 사회지표가 많은 사람들에게 유용한 정보를 제공해 주고 있으며 언론의 관심의 대상이 되고 있는 것도 사실이다. 그러나 우리 나라 사회지표는 관심영역의 지나친 포괄성과 편집통계의 성격 때문에 정부의 어떤 특정 분야의 정책에도 도움을 주지 못한다. 그렇다고 사회지표가 시민사회의 요구를 반영한 것이 아니기 때문에 시민운동에 도움이 되는 정보를 체계적으로 제공하고 있지도 못하다. 사회지표에서 정책적 함의를 도출하는 작업이나 주요 계층별 각종

사회상태의 비교를 통한 사회문제의 쟁점화는 현재의 사회지표로서는 불가능하다. 이를 위해서는 각종 행동과 관련 쟁점을 중심으로 한 사회보고체계의 도입이 요구된다. 정부에서도 이에 대한 필요성은 인정하고 있으나 아직 시도는 못하고 있다. 또한 시민운동단체들은, 지표 분석능력에도 문제가 있지만, 분석의 중립성 또는 신뢰성의 문제를 야기시킬 수 있다. 정부 자체의 사회보고도 마찬가지의 문제를 갖는다. 이미 위에서 얘기한 바와 같이, 사회보고의 기관으로서는 정부나 직접 이해 당사자라고 볼 수 있는 시민운동단체들 보다 중립적인 연구소가 더 적합한 것으로 여겨지고 있다. 그러나 사회보고를 체계적으로 수행할 수 있는 능력을 갖추고 있는 연구소도 우리 나라에는 별로 많지 않은 실정이다. 아마도 중립적이고 객관적인 사회보고 능력을 가진 대표적인 기관으로는 대학을 꼽을 수 있을 것이다. 따라서 우리 나라의 경우, 이러한 기능의 수행을 목적으로 하는 대학연구소의 활성화는 바로 사회운동을 효율적으로 촉진시키고, 결과적으로 시민사회를 앞당기는 데 기여할 것으로 기대된다. 이 점에서도, 국가와 시민사회 그리고 대학의 기능적 통합은 우리 사회의 앞날을 위해 매우 중요한 과제가 아닐 수 없다.

제6장

지구촌화, 세계시민사회 그리고 신사회운동

조 은

1. 서 론

'세계화'는 신사회운동에 새로운 숙제를 안겨 주고 있으며 신사회운동론 또한 '세계화' 맥락에서 새로운 패러다임을 모색하게 되었다.[1)]

1) 여기서 세계화는 globalization의 번역어로 본 논문에서 지구촌화와 혼용하여 사용했다. 세계 시민사회(world civil society) 또한 지구시민사회(global civil society)와 혼용하여 사용하였다. 구분이 필요한 경우 본문에서 주석으로 처리하였다. 지구촌(global village), 지구공동체(global community), 지구촌화 등은 세계가 점차 국경을 초월해 하나의 상호의존적 공동체가 되어 가고 있다는 의미가 강한 반면 '세계화'는 정치, 경제, 문화, 환경 등의 영역에서 영토적 분절화에 기반하는 근대 국민국가의 경계가 허물어지고 세계가 하나의 단위체로 통합되어 가는 과정을 시사한다. 이와 관련한 정의는 (Giddens, 1989: 520) 참조. 그러나 다른 한편으로 세계화의 정의는 세계화에 대한 이론적 입장에 따라서 많은 차이를 드러낸다. 즉 세계화라는 용어는 시대적 특성을 가리키기도 하지만 '인식론'으로도 작동한다(Amoore et al., 1997: 179). 세계화에 대한 인식론적 차이는 신사회운동론에서도 입장 차이를 드러낸다. 본문에서 신사회운동은 신사회운동론의 입장에서 정의된 '새로운' 사회운동의 의미로 썼으며 신사회운동론은 다양하

세계화와 더불어 신사회운동이 새로운 관심의 표적이 되는 이유는 모든 권력이 전지구적으로 연계되어 있고 모든 주요권력이 개념적으로뿐 아니라 실제상황에서 전지구적으로 관철됨에 따라 민주주의의 토대가 변하고 있기 때문이다. 토대가 변화고 있을 뿐만 아니라 민주주의의 의미가 단순히 일국 내의 선거중심의 정치제도 차원을 넘어서 세계질서 속에서 결과될 경제사회, 문화적 불평등을 해소할 수 있는 제도적 장치로 확대될 것을 요구하고 있기 때문이기도 하다(임혁백, 1994: 103-104). 국민국가(nation-state) 단위를 넘어서는 '민주주의의 범세계적 모델'(the cosmopolitan models of democracy)이 국가와 시민사회의 민주적 조절을 가능하게 하는 제도적 장치로 이해되어지고(Held, 1995: 232). 이러한 상황에서 신사회운동은 의제(agenda)뿐 아니라 운동의 목표, 전략, 실천 등 모든 영역에서 지형변화를 예상할 수밖에 없다.[2] 신사회운동에서 '새로움'이 무엇인가에 대한 문제제기는 여전히 논란의 장이다(Johnston et al., 1995: 8; Melucci, 1994, 1995; Buechler, 1995).[3] 그러나 신사회운동이 세계화와 관련되었을 때 새로움은 보다 자명해진다.[4] 그 동안 대부분의 신사회운동이 국민국가를 상대로 국민국가의 테두리 내에서 진행되었다면 지구촌화 시대에서는 운동의 표적뿐 아니라 방법도 바뀌어야

지만 기본적으로 계급 이외의 정치, 이데올로기, 문화에 근거한 집합행동에서 논리를 찾아내고, 사회운동의 문제가 구조적으로 결정되기보다는 사회적으로 구성된다는 일련의 입장을 가진 이론들을 칭한다(Buechler, 1995: 442) 참조.

2) '민주주의의 범세계적 모델'에 대한 자세한 설명은 Held, 1995: 271-272 참조.

3) 신사회운동의 '새로움'을 둘러싼 논의는 (Buechler, 1995: 447-449) 참조. 우리말 논문으로는 (조돈문, 1995) 참조.

4) 대표적인 신사회이론가인 메루치(Melucci)는 신사회운동의 네 가지 특성의 하나로 세계체제의 상호의존성에 대한 인식을 꼽고 있다(Shefner, 1995: 599).

하는 단계에 있으며 이런 점에서 세계화는 곧 신사회운동을 새롭게 이해하는 주요한 선결조건이기도 하다. '세계화'와 '지역화'라는 일련의 구조적 조건 변화는 신사회운동의 새로움을 인정하고 전통적인 사회운동 또는 노동운동과 신사회운동의 새로운 관계설정을 요구한다(Sklair, 1995: 499). 이러한 점에서 세계화시대 신사회운동은 기존의 신사회운동의 지형을 넘어선 새로운 이론적 실제적 문제를 제기한다.

세계화는 끊임없이 새로운 사회운동의 의제를 가져온다. 한편으로는 인권이 지구적 이슈가 되고 환경운동을 통한 種-공동체(species-community)로서 인류의 미래에 대한 관심이 고조되고 다른 한편으로는 세계시민 혹은 세계 시민권에 대한 관심이 높아지면서 탈세계화(deglobalizing)와 재세계화(reglobalizing)운동이 가시적으로 등장한다(Robertson, 1992: 59). 뿐만 아니라 '세계화에 대한 저항' 운동도 등장한다(Gills, 1997; Chin, 1997). 20세기 말 각 사회는 문화적 다원성과 다인종 문제에 직면하게 되고 개인의 정체성도 성, 민족, 인종, 문화, 지역, 계급 등의 고려로 더욱 복잡해지고 있으며 전지구적 의식의 고양, 탈물질적 가치 강조, 냉전의 종식, 인권과 핵확산에 대한 관심, 국제기구와 세계시민운동단체의 수적 증가, 전 지구적 커뮤니케이션 수단의 급속한 증대 등 사회운동의 주제와 영역의 확산이 이루어지고 있다. 신사회운동의 발흥은 바로 이러한 다원화된 생활세계의 갈등에 대한 새로운 접근으로 지적되며 '다원적 주체'의 등장과 대단히 밀접하게 연관되어 있다(Adam, 1993; Cloward, 1995; Darnovsky, 1995). 이른바 신사회운동이라 불리는 '미시정치'의 등장은 '국지적 저항'을 활성화시켰고 근대 국민국가적 프로젝트를 거부한다(김호기, 1994: 116). 이러한 신사회운동이 특히 세계화와 연관하여서 의미를 갖는 것은 계급기반에 크게 제약받지 않으며 새로운 차원의 정체성의 중요성을 부각시키고 있고 일상생활과 관련된 사적이고 친밀한 영역과 연관되면서 기존의 국민국가 경계를 넘어서 해결이 기대되고 전 세계적 네트워크가 필요한 운동이라는 점에서 그러하다. 그리고 무엇보다도 상호의존의 세계질서 맥락에서 국가의 주권마저도 수많은 국가적 · 지역적 · 국제적 기관들에 의해 분할지배되거나 제한받는 상황에서 세계시민사회의 형성 가능성과 이를 가능하게 하는 제도, 조직, 정치에 대한 기대가 광범위하게 확장되고 있음이 지적된다(박길성, 1994: 226).[5] 이른바 지구 시민권(global citizenship) 개념이 형성되면서 '지구 시민사회'라는 개념에 대한 논의가 활성화되고 새로운 실천운동의 필요성도 가중되고 있다(Falk, 1993: 39-42).[6] 초국가적인 세계시민사회가 세계사회의 의사결정과 개인의 정체성 형성의 단위가 되며 국민국가적 · 민주적 의사결정은 국민국가의 경계선을 초월하는 복잡한 다국적, 중다논리적 국제사회와 광범한 실제적인 지역적 · 지구적 제도라는 맥락에서 추구되고 있다(McGrew, 1992: 147).

더욱이 자본주의의 전 지구화 과정은 정치적으로 지구를 통합하는 과정이면서 또한 그러한 통합 때문에 긴장과 분할을 자초한다. 그리고 개별국가의 권력은 지구촌 질서 재편이나 지구촌 문제를 관리하는 데 점차 애매한 위치에 있다. 새로운 세계정치의 장르가 일국 차원의 권력과 의사결정능력을 재규정하고 권력이나 민주주의의 문제

---

5) 세계시민사회 관련 우리말 논문은 김세연, 1995; 라종일, 1995 참조.

6) 지구시민사회(global civil society)라는 개념은 국가와 시장의 논리로부터 독립된 영역으로서 이러한 시민사회영역이 국제적 수준에서 형성되고 국경을 넘어서는 시민사회의 연대활동이 활성화된 전 지구적 범위에서의 공적 영역(Public Sphere on a Global Scale)이라고 정의할 수 있다. 초국가적 시민사회(transnational civil society)라고 부를 수도 있다(정수복, 1995: 391 및 Falk, 1993 참조). 여기서 '지구 시민'의 이미지가 다음과 같이 제시된다. ① 전지구적 개혁주의자, ② 정치경제영역에서 초국가적 정체성을 가진 사람, ③ 세계질서의 관리자, ④ 지역 정치의식의 등장에 따른 새로운 정치공동체의 감각의 소유자, ⑤ 초국가적 사회운동가 등 다양하다(Falk, 1993: 41-47).

가 더 이상 국가 수준의 전력이나 의사결정의 문제가 아니라 세계적·지구적 수준의 문제가 된 것이다. 이제까지 국민국가 수준에서 다루어 온 민주주의의 형식과 내용 및 그 실천의 주체가 갖는 의미를 재평가하고 "탈근대적이고 지구적인 수준"에서 재설정하고자 하는 움직임이 제기된다. 국민국가의 등장과 함께 성장한 시민사회의 확대에 따른 신사회운동이 지구촌화 및 세계시민사회 등장과 함께 새로운 도전에 직면하게 된 셈이다. 근대적 시민사회의 성장에 따라 가능해진 세계시민사회의 형성가능성은 근대성의 시대에 가장 확실한 정체성의 근거였던 국민국가의 경계를 허물어뜨리면서 시작되고 시민사회의 성장과 함께 활성화된 신사회운동은 세계화와 맞물리면서 지형변화를 맞고 있다. 즉 세계화 경향은 정체성을 전래의 단선적 차원에서 가늠하기 어렵게 할 뿐 아니라 국적, 인종, 언어, 민족, 계급 등에 기초하여 정체성을 설정하고 그에 기반하여 사회세력화를 재단하던 방식으로 사회운동의 세력화를 재단하기도 어렵게 하고 있다. 이제 근대 국민국가의 형성 이래 안정적으로 유지되어 왔던 '동질적 시민'에 기초한 시민사회가 위협받고 있는 것이다(임혁백, 1994: 99-100). 이런 점에서 신사회운동은 기본적으로 시민사회로부터 출현한다고 말할 수 있지만 그러나 시민운동과는 일정한 거리를 유지한다(조대엽, 1995: 71).

이른바 지구시민사회운동 또는 세계시민운동이 본격적으로 전개되기 시작한 것은 20여 년 정도로서 신사회운동의 시작과 맥을 같이한다. 냉전체제의 붕괴, 서구의 복지국가의 신화가 깨지기 시작하고 아시아나 아프리카, 남미 등에서는 성장 위주의 개발독재방식에 회의를 가져오면서 시민단체들이 폭발적으로 등장하면서이다. 1970년대 이후 '정치'와 '비정치' 영역 또는 '국가'와 '시민사회' 융합(fusion)의 과정은 초보적 정치행위자로서의 시민들의 수준에서만이 아니라 전지구적 정치사회 상황에서도 분명하게 일어나고 있음이 지적되고 있다(Offe, 1987: 63). 즉 초국가적 시민운동은 1980년대 시민운동에서 매우 중요한 위치를 점한다. 인류역사상 처음으로 환경, 인권, 여성 운동 등의 초국가적 기반이 현저하게 눈에 띄게 되었고 정치의 현실적 장이 특정 국가를 상대로 하거나 국가와 시민사회와의 관계에 위치지울 수 없음이 분명해졌다. 일상생활과 관련하여서는 사고는 세계적으로 하고 행동은 지역적으로 해야 한다는(Flacks, 1995) 세계화 논리에 대해 운동의 수준에서는 사고는 지역적으로 하지만 행동은 세계적으로 해야 한다는 문제가 제기될 만큼(Falk, 1997), 사회운동의 세계적 연대는 새로운 쟁점이 되고 있다. 그리고 이러한 전 지구적 신사회운동의 행동주체는 새로운 논란과 관심사이다. 전 지구적 신사회운동은 전통적 의미에서 '정치적'이라고만 볼 수도 없고 또한 '전문지식인적'(professional)이라고만도 볼 수 없다.

뿐만 아니라 전 지구적 정보화는 전 지구 차원의 정치경제적 구조조정과 관련하여 중요한 쟁점이 되고 있다. 자본주의적 정보화가 지역적으로뿐 아니라 전 지구적으로 관철되고 있다. 전 지구적 자본주의는 초국적기업(TNCs), 초국적자본가, 그리고 소비주의에 대한 문화 이데올로기에 의해 지지받고 있으며 신기술은 전 지구적 사이버 공동체를 출현시키고 있다. 신기술이 정치권력, 주권, 통치의 본질을 근본적으로 변화시킬 것이라는 인식은 점점 확산되고 있다(Bromberg, 1996; Braman, 1994; Sparks, 1994). 전제주의적인 패쇄적 주권 개념의 집착은 위험한 일일뿐 아니라 불가능해지고 있으며 사이버공간의 등장은 국경과 정체성의 개념에 혼란을 야기할 것으로 지적되고 있다(론펠트, 1995). 문제는 세계화가 진행되면 될수록 정보기술이 발달하면 할수록 민중(subaltern)은 그들의 저항대상을 확인하는 일이 어렵게 될 것은 명약관화하다.[7)]

이러한 점에서 세계화는 신사회운동의 지형변화를 예고하며 세계화

7) 민중은 그들의 일상생활의 불편함을 기반으로 사회운동을 일으키고 당연히 지역기구(local agencies)를 상대로 행동하지만 그러한 지역기구를 지배하는 보다 상위의 세계적 기구에 대해서는 무지할 수가 있다.

라는 관점에서 신사회운동을 그리고 신사회운동론의 관점에서 세계화를 새롭게 조명해야 할 필요성을 제기한다. 즉 세계화는 신사회운동에 새로움을 부여하는 동시에 신사회운동의 이론적 관점의 수정도 요청한다. 따라서 신사회운동에 대한 기존 사회과학의 패러다임은 한계를 노정하는 것으로 지적된다.[8] 사회과학 자체가 세계화와 지역화의 물결 앞에서 세계체계(global), 지역(regional), 국가(national), 지방(local)이라는 네 개의 분석 수준을 구분하고 그것들 사이의 관계를 설명할 수 있는 이론적 장치를 발전시켜 나가야 한다는 요구를 받고 있다(Held, 1995: 21). 이러한 지형변화는 신사회운동의 이론적, 실천적 관점의 변화도 유도한다. 세계화 맥락에서 신사회운동은 새로운 이론적 작업도 필요하고 경험적 연구도 필요하다. 이 논문은 세계화 맥락에서 기존의 신사회운동을 재검토하고 신사회운동론의 시각에서 세계화를 접근할 필요성을 가지고 시작되었지만 그러나 실제로는 그러한 작업을 이 논문에서 수행하기보다는 그러한 작업을 위한 예비적 고찰의 수준에서 세계화에 따른 신사회운동의 지형변화와 중심 이슈를 검토하고 신사회운동의 국지적 저항과 세계적 연대의 전략과 향방을 가늠하고자 했다.

2. 세계시민사회론과 신사회운동의 지형변화

1) 정체성의 중층화와 '국민국가의 쇠퇴'

(1) '국민국가의 쇠퇴'와 정체성의 위기

"혁명의 거부가 곧 근대성 위기의 원인이자 결과다"(Hunter, 1995: 321)는 지적은 신사회운동을 이해하는 매우 중요한 출발점이다. 신사회운동은 곧 혁명의 거부에서 시작되고 그런 점에서 근대성의 위기

---

8) 기존 사회과학 패러다임의 한계를 지적하면서 새로운 패러다임을 모색하고 있는 Buttle & Taylor, 1994: 228-255 참조.

와 혁명에 대한 대안운동이라고 할 수 있다. 혁명의 대안은 다양한 정치적 입장을 전제하며 이는 시민사회, 민주주의, 인권, 특정 정체성 회복 등등의 가치를 내걸고 있다. '세계시민'이라는 개념의 등장은 전 지구적 상호의존이 심화되어 감에 따라 근대성의 시대 또는 국민국가의 자명했던 자기정체성의 근거가 흔들리고 있음을 의미한다.[9] 물론 아직까지는 국민국가는 여전히 가장 중요한 정체성으로 작용하지만 집단정체성으로서 국민국가의 기능은 약화되고 있으며 초국가적 세계시민사회와 지역화에 따른 다양한 하위집단이 부상하면서 정체성의 중층화는 심화되고 있다.[10] '통합의 주요 기제'로서 국민국가의 역할은 경제체제 및 제도 세계화에 도전을 받고 있는 것이 사실이다(Splochal, 1994). 국민국가가 부여해 온 통합의 가치와 본질이 도전받을 뿐 아니라 심지어는 '국민국가'라는 개념 자체가 도전을 받고 있다. 권력은 국민국가에서 초국가기구로 옮겨가고 있으며 더욱이 국제적 문화산업의 발달과 함께 문화 또한 초국가적 현상이 되고 있다. 더욱이 국민적 정체성의 초점으로서 그리고 주요 통합 기제로서 국민국가는 초국적 수준에서만이 아니라 국가 내부에서도 도전을 받고 있다. 이제 근대국가가 어떤 특정 단일국가로 정의되기 어려움을 많은 연구자들은 지적하고 있으며 서구의 경우 이미 다른 하위국가적(substate) 정체성이 정치와 문화 영역에서 등장했음을 보여준다. 이런 점에서 세계화는 무엇보다도 정체성의 위기를 가져왔다고 볼 수 있다(Calhoun, 1994).

이러한 상황에서 역설적으로 신사회운동은 민족의 특정 정체성 회복과 관련하여 가장 강력한 힘을 발휘한다. 민족주의는 그 동안 국가권력의 필수적인 원리였다. 민족주의 정서는 페미니즘이나 환경, 평

9) 여기서 '세계시민'은 world citizenship의 번역어로 '지구시민' global citizenship과 구분하지 않고 사용하였다.

10) 여기서 국민국가의 기능의 약화는 곧 '국민국가의 위기'를 이야기하는 것은 아니다. 이에 대한 논란은 김호기 참조(1994: 116-118).

화운동 등을 움직일 만큼 강하며 퀘벡, 보스니아 등에서 보듯이 굉장한 세력으로 작용해 왔다. 민족주의(ethnic nationalism)가 지구촌화 사회에서 어떻게 신사회운동의 형태를 취할 것인가는 하나의 숙제이며 신사회운동의 지형변화를 이해하는 데도 중요하다. 노동시장의 국제화, 생태계의 파괴와 정치, 군사적 분쟁으로 인해 국제적 인구이동이 광범위하게 일어나면서 '민족'의 문제가 민주주의 논쟁에서 다시금 중요한 주제로 등장하게 되었다. 민족주의의 통로가 될 수 있다는 우려까지 제기된다. 세계 경제의 상호의존성이 증대하는 상황 속에서 국민국가는 오히려 '다양한 전략'을 구사하며 국내산업을 보호하고 그 역할이 증대하고 있다는 입장도 제기된다(Hart et al., 1997: 67). 오히려 '민족적 경쟁국가'로의 변신을 도모하고 있다는 것이다(김세연, 1997: 395). 또한 정보와 통신의 세계화는 공통된 인류의 이해와 가치를 형성시키기도 하지만 경우에 따라서는 민족적 정체성과 차이에 대한 감각을 부각시켰으며 역으로 민족주의를 강화시키는 결과를 낳기도 한다(김호기, 1994: 122).

자유주의 정치학자들 및 근대화이론은 국민국가 및 개인주의를 '근대'로 특화시킨 반면 인종 및 특정 그룹에 기반한 정치는 효과적인 국가통합에 장애가 되는 '부족주의'로 폄하했다. 정통 맑시스트 이론에서도 국민국가의 통합은 정치적 경제적 발전을 위해 필요한 것으로 가정되었다. 그러나 점점 지구주의와 부족주의, 세계화와 지역화, 통합과 분화는 새로운 선택으로 부각되고 있다. 특히 서구의 분리주의 운동 등은 국민국가가 주민들의 정체성으로서 그 기능과 역할이 약화되고 있음을 보여 준다.

그러나 다른 한편 '국민국가 쇠퇴'는 과장되었다는 비판도 제기된다(Amoore et al., 1997: 185). 이러한 현상이 국민국가의 쇠퇴를 상징하기는 하지만 그러나 이는 곧 국가의 위기를 의미한다고 볼 수 없으며(Douglas, 1997) 세계화가 곧 세계시민사회의 구성요건을 형성하지도 않는다(김호기, 1994). 즉 국민국가의 성격과 역할이 변한 것은 사실이고 부분적으로 국가의 주권을 뛰어넘는 초국가적 정치체가 나타날 징후는 인정하지만 국민국가가 이러한 정치체제에 의해 대체될 것이라는 주장은 이론적으로나 현실적으로 타당하지 않다는 것이다(김세연, 1997).

2) 전자 지구촌화와 시공 개념의 변화: 사이버공간과 지구시민사회

전자 지구촌화는 전통적인 영토 주권 개념의 존립을 가시적으로 위협하고 있다. 또한 국민국가의 쇠퇴만이 아니라 이른바 근대적 관료제 국가가 사이버체제 국가(cybercratic state)로 대체될 것인가의 문제까지도 제기한다(론펠트, 1997: 32).[11] 맥루한 등 정보사회론자들은 전자회로가 '시간'과 '공간'의 장벽을 무너뜨렸으며, 전 지구적인 차원에서 담론이 재구성되고 있음을 일찍이 지적하였고(McLuhan et al., 1967) 슐츠(Schultz) 같은 학자는 1980년대에 이미 정보혁명이 새로운 권력의 원천이 될 것임을 지적하였다. 정보혁명의 확산이 세계를 훨씬 좁게, 그리고 상호의존적으로 만들 뿐 아니라 국민경제. 지역경제, 세계경제의 기술적 기반을 변동시킬 것이라고 보았다. 뿐만 아니라 전통적인 국민주권 개념에 도전하는 정치적 변화를 초래할 것이라고 내다보았다(Schultz, 1986: 24-28; 1985: 705-721).

시민사회와 정보사회는 근본적으로 긴장관계에 있다고 지적된다(Splichal et al., 1994). 정보사회가 정치행위를 조직할 수 있는 새로운 수단을 제공하고 따라서 시민사회를 강화할 것인지 혹은 그 반대일지에 대한 논란이 거듭되고 있다(Mestroric, 1994; Ito, 1994; Moeglin, 1994; Jakubowicz, 1994: Braman, 1994).[12] 스프리칼

---

11) 사이버체제국가는 '사이버체제' 즉 'cyber'와 'cracy'를 어원하는 개념에서 만들어진 용어로 정보를 통한 지배를 의미하며 론펠트가 1978년에 사용했다. 자세한 사이버크러시의 정의는 론펠트(1997:70) 참조.

12) 이에 대한 우리말 정리는 강정인(1995: 150-185) 및 강명구(1995: 186-213) 참조. 론펠트(1997: 22)는 초기에 '전자민주주의'와 '원격민주주의'가

Splichal(1994) 같은 학자는 시민사회와 국가 간의 변증법적 관계에 대해 전자 지구촌화가 갖는 함의에 주목하면서, 그 동안 정보기술의 발달이 가져올 사회적 변화에서 정보경제 및 세계적 영향에는 주목했지만 국가에 대비되는 시민사회의 실체에 연관시켜 전자 지구촌화의 문제에 주목하지 않은 점을 지적하고 있다. 한편 자쿠보위츠 Jakubowicz(1994)는 전지구적 미디어 발달이 가져올 초국가적 성격과 영향력에 보다 주목한다. 이러한 점들이 국가경계를 넘어서서 사회조직의 차원을 확대하거나 국가적, 지역적, 그리고 지방경제의 통합에 결정적 역할을 할 것이라는 점에서 신사회운동과 맺게 되는 관계는 복합적이다. 신기술은 기존의 장벽인 국경의 경계를 해체시키는 배경으로 작용할 것이라고 예측되지만 이러한 해체가 곧 평등한 장벽 없는 국가의 등장을 의미하지는 않는다(Moeglin, 1994).

전자 지구촌화는 시장의 개념도 바꿔 놓고 있다. 예전에 시장이란 확대되거나 수축되는 경계를 지닌 지정학적 실체였다. 그러나 벨이 지적한 것처럼. 로테르담 원유 현물시장은 “더 이상 로테르담에 있지 않다. 모든 곳에 있다. 시장은 이제 텔렉스-컴퓨터 네트워크와 다름이 없다”(Bell, 1987: 31). 산업활동 전반이 특정한 지역적 기반과 무관해지고 경영활동이 중앙의 본사와 무관해짐에 따라 “역사적 · 사회학적으로 매우 중요한 변화가 일어나고 있다. 즉 시장의 본성이 ‘장소’에서 ‘네트워크’로 변화하고 있다는 것이다(Castells, 1996). 세계 전역이 전자금융거래를 위한 시장이 되고 있고 한때 ‘다국적 기업’으로 불리던 기업들이 국경과 무관하게 세계 전역을 생산기지이자 시장으로 간주하는 ‘글로벌기업’으로 변모하고 있다. 이러한 전자 지구촌화는 경제영역뿐 아니라 정치, 문화, 이데올로기 영역에서도 관철된다. 이는 월러스타인(Wallerstein)의 세계체제론이나 로버트슨

대중의 정치참여, 정부의 책임 있는 대응을 증대시킬 것이라고 기대하였지만, 주류에 선 연구자들은 신기술이 민주적 관행을 잠식시키는 데 이용될 가능성을 우려하고 있음을 미국 정당정치를 통해 보여 준다.

(Roberson) 같은 문화연구가들이 내다본 자본주의의 전 지구화라는 분석틀을 넘어선 것이다. 그러나 다른 한편 사이버체제는 궁극적으로는 정부와 시민사회 간의 소통과 협력을 개선시키는 다양한 새 기제들이 구축되는 것으로 해석되고 있다. 인권과 민주주의의 진보를 향한 무수한 사회적 투쟁 속에서 네트전의 특성과 양상도 발전될 것으로 전망된다.13) 정보공유의 영역이 한 국가 내에서뿐 아니라 국가의 경계를 넘어서 확대되기 때문이다. 예를 들면 중국에서 벌어진 천안문 사태는, 정보기술혁명이 전체주의 체제에 대해 정치적 위기를 조성할 수 있음을 입증하였다. 이 사건으로 이들 체제는 정보기술을 악용하는 방식을 배우게 되었다. 그러나 이러한 과정에서 비민주적 통제의 유령이 출몰할 수도 있다(론펠트, 1997).

사이버공간은 빠르게 성장하는 '권력과 소유의 새로운 원천'임이 지적되고 있다. 세계적 차원에서의 사회경제적 불평등, 민족적, 종교적, 인종적 갈등, 기술을 국내외적 권력기반으로 활용하려는 많은 체제들의 이해관계가 사이버 공간에서 만나게 되었다(Mestrovic, 1994; Miège, 1994; Moeglin, 1994). 특히 제3세계에서는 지배 엘리트와 국가안보를 유지하려는 세력들이 신기술을 반민주적인 목적으로 이용할 가능성이 높아지고 있으며 이에 반격하고자 하는 시민사회 사이버공간 또한 만만치가 않다. 지리적으로 널리 분포되어 있는 과학자 행동주의자 인종집단과 그 밖의 다른 집단들은 컴퓨터 네트워크 위에서 '인식론적 공동체', '전자 부족', '가상공동체'를 형성한다. 더욱이 사이버공간의 출현은 사적·공적 활동의 새로운 영역을 창출시키고 있다. 국민국가 내에서 그리고 전 지구적 영역에서 무엇이 공적

---

13) 사회적 네트전의 좋은 예가 최근 멕시코에서 지속되고 있다. 멕시코의 지역민병대와 국제적인 인권 NGO들이 거대한 네트워크를 통해 '정보작전'을 감행함으로써 맥시코 정부로 하여금 민병대 세력과 협상하도록 요구하고 있으며, 이와 아울러 멕시코군이 전투작전을 하지 못하도록 압력을 가하고 있다(론펠트, 1997: 47).

<표 1> '국경 없는 행동'에 등록된 NGO 웹사이트(websites) 분포 현황

분류 \ 지역*	북미	유럽	아시아	오세아니아	아프리카	중남미	계
지역사회	50	2					52
청소년·아동	46	3			1		50
환경·자연보호	42	3	1	1			47
건강	39	4					43
성문제	39						39
교육	28	2					30
장애자	23	1					24
주택	22	1					23
범죄·마약	15	1		1			17
정보기술	14						14
노동·훈련	14						14
경제발전	8	2					10
기타**	89	3		2	1		95
계	429	22	1	4	1		458

출처: Action Without Borders(AWB)Network (http://www.idealist.org)

* 북미: 미국과 캐나다; 유럽: 프랑스, 노르웨이, 영국, 스위스, 그리스; 오세아니아: 호주와 뉴질랜드; 아시아: 일본; 아프리카: 남아연방공화국

** 기타의 항목은 합계가 1-9개에 해당하는 18개 항목을 모두 합친 것임(예를 들면 양육, 농업, 여가, 노인, 인종, 인권, 법률, 기금, 종교, 평화, 재해대책, 빈곤 등등임)

윤영민(1997)에서 재구성.

인 것이고 무엇이 사적인 것인가, 그리고 국가와 사회는 어떤 관계인가 하는 문제를 재정의해야 한다는 의제도 제기한다. 즉 전자 지구촌화는 전지구적 사회운동의 가능성을 제공하지만 이에 저항하는 새로운 가능성도 제공한다(프레드릭, 1997). 그리고 정보혁명은 네트워크형 조직을 촉진시킴으로써 모든 행위자들이 국내외 활동에서 조직화

된 네트워크를 최대한 활용할 수 있게 하고 비즈니스계나 행정부 영역보다 시민사회의 힘을 더욱 키워 주게 될 것으로 전망된다(론펠트, 1997: 23).

이런 변화가 일어난 곳, 특히 선진경제의 민주주의 사회에서는 정부와 기업 그리고 시민사회 간의 균형이 거시적으로 재구조화될 것이며, 이는 국제적인 반향을 불러일으킬 수 있다. 물론 사이버공간을 둘러싼 헤게모니 싸움은 국가와 국가 간에도 첨예하다. 각국의 신기술 이용능력에서 차이가 생기면서 권력의 분산이나 협동 또는 갈등이 생기고 있다. 정보부자와 정보빈자 사이에서 일부 국가는 전 지구적인 정보력을 장악하게 되겠지만 또 다른 국가들, 특히 제3세계는 '전자 식민지화'·'정보제국주의'를 우려하고 있다. 사이버 공간 안에서도 '전자식민지화'의 가능성은 나타나고 있다. 이런 점은 인터넷의 정보제공자 전자우편의 국제 분포만 봐도 쉽게 알 수 있다. 예를 들면 1997년 8월 현재 '국경 없는 행동'에 등록된 NGO 웹사이트 분포현황을 보면 1997년 8월 현재 457개 웹사이트 중 북미에 429개가 분포되어 있고, 유럽 22, 아시아 1, 오세아니아 4, 아프리카 1, 중남미 0 등이다(윤영민, 1997).

3) '위로부터의 세계화'와 '아래로부터의 세계화'

새로운 세계질서(new world order)가 위로부터의 세계화의 개념에 기반한다면 전 지구공동체(one-world community)의 개념은 아래로부터의 세계화 개념에 기반한다(Falk, 1993: 1997). 여기서 '위로부터의 세계화'와 '아래로부터의 세계화'라는 이분법적 접근은 세계화라는 사회구성의 주요한 근사치적 접근(approximation)이다(Falk, 1997: 20). '위로부터의 세계화'를 신질서라 이름한다면 세계시민사회 운동은 그러한 신질서의 세력화를 막는 것이며 인권과 민주주의 실현을 위한 다양하고 공동체정신을 가지고 비폭력적이며 평등하고 지속적 성장이 가능한 지구시민사회를 만드는 것이다(Falk, 1993: 50). 즉 세계시민사회의 신사회운동은 미디어가 확산시킨 신세계질서가 가정한 소비지향적 세계시민사회, 또는 구매력을 가진 자들을 위한 동질화된 세계 슈퍼마켓에 대항하는 '자본에 의한 세계화'에 대한 저항운동이다(Falk, 1997; 정수복: 1997).

국가권력과의 타협을 통한 초국가자본에 의해 유도된 세계화는 시공의 구체성과 특수성을 기반으로 한 지역적 풀뿌리 운동들로부터 심각한 비난과 저항에 부닥치고 있다(Obi, 1997). 초국적기업을 중심으로 하는 지배체제는 민족적 쇼비니즘, 종교적 근본주의, 문화적 배타주의, 패쇄적 공동체주의, 성차별주의, 인종적 편견과 차별주의 등을 장소 또는 국가의 제약을 받지 않기 때문에 지구 전체에 힘을 행사한다. 또한 초국적기업은 지구적 차원에서 자원을 최대로 활용할 수 있는 자원을 갖추고 활용도를 최대로 높이려는 욕구 때문에 지구환경을 파괴하고 지속가능한 발전을 불가능하게 한다. 이러한 세계화가 중심부 강자의 논리로 전개되는 것을 막기 위해서 신사회운동은 '위로부터의 세계화'에 대한 '아래로부터의 세계화'라는 정치적 저항의 형태를 띤다.[14] 즉 전 지구적 시장 메커니즘과 전 지구적 정치구조를 민주화시키고자 하며 그러기 위해서 한 나라의 울타리 안에서 국가와 시장과 사회를 민주화시키고 지속가능하고 인간적 발전을 위한 사회운동을 전 지구 차원으로 확대시키고자 한다.

'위로부터의 세계화'는 많은 한계를 노정한다(Falk, 1997: 20-24). 즉 ① 각국의 민주적 선거장치조차 지구 자본의 본질적 특성과 지향점의 범위 안에서 움직이며, ② 경제적 지구지배에 대한 비판은 신뢰할 만한 대안적 접근이 없는 한 공공 및 엘리트 의견에 영향을 주기 힘들고, ③ 여러 환경적 위해의 해결이 시장에 맡겨지며, ④ 위로부

14) '아래로부터의 세계화'는 팔크(Falk, 1993; 1997)가 그의 논문들에서 쓰고 있는 globalization-from-below의 번역어로서 우리 나라에서는 정수복(1994, 1997)이 '밑으로부터의 세계화'라는 개념으로 세계시민 신사회운동론에 활용하고 있다.

터의 세계화는 결국 우익 극단주의의 부활을 가져올 수 있으며, ⑤ 산업사회의 임금투쟁이나 작업조건 투쟁에서 다운사이징이나 시간제노동 등으로 노동운동의 방향이 바뀌면서 노동운동의 세력 또한 제약받을 수밖에 없고, ⑥ 세계화는 국가의 통제를 약화시키는 방향으로 진전될 것이라는 점이다. 따라서 지구적 경제지배구조에 시장논리를 관철시키려는 정치적 경향과 행위 유형에 대한 보다 프로그램된 반응을 준비할 필요가 있다는 것이다. 또한 세계화 과정에서 생긴 문제들을 해결하기 위해서는 세계체제의 구조 자체를 민주화하려는 노력이 똑같이 요구된다.

전 지구적 차원의 민주주의가 이루어지기 위해서는 전 지구적 공공영역(public sphere on a global sphere)이 만들어져야 한다. 전 지구적 공공영역은 세계화 과정에서 생겨난 문제들에 대한 다양한 인식의 관점이 제시되고 합리적인 토론을 통하여 여론이 형성되며 세계적인 규범이 형성되는 영역이다. '아래로부터의 세계화'의 규범적 잠재력은 폭력의 최소화, 경제적 복지 최대화, 사회적·정치적 정의의 고양, 그리고 환경의 질의 향상 등이다(Falk, 1997: 20). 현재 진행되고 있는 세계화는 초국적기업에 의해 주도되고 있음을 부정하기 힘들다. 세계에서 가장 규모가 큰 경제단위의 1/2이 국민국가라면 나머지 1/2은 초국적기업들이며 대부분의 초국적기업은 국민국가보다 엄청난 경제력을 축적하고 있다. 초국적기업의 경영진은 어떤 독립정부보다도 우리 일상생활에서 더 큰 영향력을 발휘하고 있다. 예를 들면 GM, IBM, McDonald, KFC, Coke 등 초국적기업들은 무엇을 먹고 마실까에서부터 어떤 지식과 학과를 선택할 것인가, 그리고 우리의 후손에게 어떤 사회를 물려줄 것인가에 이르기까지 커다란 영향력을 행사한다는 것이다(정수복, 1997). 전 지구적 초국적자본의 영향력이 커짐에 따라 세계 곳곳의 사람들은 지리적, 문화적, 종교적, 또는 국가, 성, 계급 등으로 나누어진 기존의 정체성을 가로질러 비슷한 삶의 조건을 공유하게 된 동시에 이에 대한 초국적 대응도 필요하게 되었다. 여기서 지역시민사회 건립이 주요한 주제로 부각된다. '거주지점에서의 민주주의'(democracy on the spot)와 '초국가 참여 민주주의'(transborder participatory democracy)의 결합의 문제가 제기되며 지역세력화가 전 지구적 개혁으로 연결될 수 있는가가 새로운 관심사이다(Pieterse, 1997).

3. 지구시민 권력?: NGO 및 CSO[15)]

세계화에 따라 국가 간 상호의존의 증대, 국가 간 장벽의 약화는 일국의 문제가 일국으로만 그치지 않고, 전 지구의 문제로 확대되는 경향이 있다. 그런 점에서 신사회운동의 관심 범위와 활동도 전지구적 문제로 확대될 수밖에 없다. 각국의 시민단체는 무한경제시대의 시장의 역할에 대해 제어와 견제를 수행하면서 세계적 정치권력에 대항할 수 있는 세계 각국의 시민단체들과의 연대라는 두 가지 업무를 수행해야 한다. 이로 인해 지구적 지배의 기초를 낳는 제도, 조직, 정체가 광범위하게 성장하였으며, 이 모든 것이 국가의 권력과

15) 시민사회의 영역에서 활동하는 집합적 조직에는 자원적 결사체(voluntary association)와 사회운동조직이 있는데 이러한 조직들이 유엔의 활동에 참여하면서 얻은 이름이 NGO(Non Governmental Organization)이다. 이것은 정부기구(GO: Governmental Organization)들로 구성된 유엔에 그 밖의 범주의 조직들을 지칭하는 중립적 용어로서 1953년 처음으로 사용되었다. 우리말로 비정부기구 또는 민간단체로 불리고 있다. NGO는 비영리(non profit), 비정부(non governmental), 비정당(non partisan)의 원칙을 지키면서 국가와 시장의 활동과 구분되는 영역에서 활동한다고 해서 제3섹터(third sector)로 불리기도 한다. 최근에는 민간조직을 적극적으로 부르기 위해 새로운 용어들이 만들어지고 있다. 시민사회단체(Civil Society Organization: CSO), 민중조직(Peoples' Organization: PO) 등이 그것이다. 민중조직이 중심이 되는 회의에서는 정부기구를 비민간단체(NPO: Non Peoples' Organization)로 부르기도 한다(정수복, 1993).

능력을 재규정하는 새로운 세계정치의 중심 내용으로 나타난다(박길성, 1994: 59). 따라서 국경을 넘어선 시민들 사이의 유대화를 공론화하는 세계시민사회라는 공간이 만들어지고 그 안에서 다양한 형태의 세계시민운동이 형성되고 활성화되고 있다. 특정 국가 간에 쌍무적으로 해결할 수 없는 전 지구적인 문제 또한 증가하고 있으며 이에 대한 민간단체의 역할은 갈수록 커지고 있다. 또한 각국의 시민단체는 문제해결을 위해서 정부의 제도적인, 정책적인 지원을 필요로 하고 국가 간 문제라든지, 전 지구적 문제 등의 경우 다른 나라와의 외교적인 협조문제와 또한 개별 시민단체들만의 노력으로는 해결 불가능한 사안이 존재하기 때문에 국제적 정부기구와도 협조해야 한다. 비정부기구(NGO) 또는 시민사회단체(CSO)는 전 지구적 지배관할의 새로운 조직이다.[16] 세계시민사회 형성의 중심세력으로 부각되는 비정부기구는 엘리트나 이익집단의 연결을 통해 국제적 다원주의를 모색하면서 국가나 자본의 활동에 제약을 가하기도 하고, 동시에 국가의 경계를 넘어선 초국적 연합을 모색하기도 한다(Wood, 1993: 15). 초국적 활동의 급속한 팽창은 정부, 정부 간 조직, 초국가적 기업(TNC), 초국적 민간단체 등의 접촉을 활성화시키고 이러한 과정에서 국민국가의 역할을 넘어서는 초국적 기업의 등장과 더불어 국제적 민간단체(INGO)의 역할이 증대된다.[17] 최근 들어 NGO의 활동은

---

16) 세계민간운동단체들은 NGO라는 용어에 대해 거부감을 표명한다. NGO가 UN에서 국가대표라는 외교적 지위를 갖지 않은 모든 단체를 지칭하는 권위주의적이고 차별적이라는 용어라는 점에서이다. 대신 시민사회단체 CSO (civil society organization)라는 대체용어를 만들어 쓰고 있다. 영리를 목적으로 하는 기업집단은 당연히 CSO운동에서 배제되는 것이다. 소비자운동의 대상이 기업에 대한 감시인 것처럼 세계시민운동의 대상이 다국적기업과 그에 관련된 영리적 조직이기 때문에 기업관련 단체들은 NGO는 될 수 있으나 CSO에는 구조적으로 포함될 수 없다(유재현. 1996: 46).

17) 국제적 민간단체(International Non-Governmental Organization: INGO)는 국제기구와 더불어 초국가적 문제를 해결하는 데 관여하는 능동적 참여자

IGO보다 훨씬 더 급속히 확산되고 있는 실정이다.[18)]

지구촌 정치에서 세계시민단체들의 영향력과 실질적인 기여는 무시할 수 없다. 특히 기존의 국민국가의 특색, 다국적 기업의 등장 등 일련의 변화로 미루어 볼 때 세계시민운동 또는 지구촌화된 신사회운동의 등장은 불가피하다고 본다(유재현, 1996: 42). 그 이유로서 첫째, 국민국가의 역할이 세계기구나 세계협약에 의해 제약을 받고 있어 그 힘이 약화되고 있고 각국 정부는 자국의 이해관계에 얽매여 지구 전체의 문제를 해결하는 데는 적극적 역할을 하기 힘들며 둘째, 다국적 기업들의 영향력이 국경이 없는 경제를 만들어 가고 있기 때문에 경제성장을 최우선 순위에 놓고 있는 각국 정부는 다국적기업의 횡포에 대해 규제할 힘을 가지고 있지 못하며 이러한 다국적기업에 대한 감시는 세계적으로 조직화된 세계시민운동만이 담당할 수 있다는 것이다. 이런 의미에서 국제적인 역학관계는 '새로운 세계권력의 3분법'에 의해 형성되고 있다(유재현, 1996: 45). 국제기구나 국제협약에 의해 강화되고 있는 세계적인 정치권력(global political power), 국경 없는 경제구조 속에서 전 세계 어느 곳에서도 사업을 벌이고 있는 다국적 기업에 의한 세계적인 자본권력(global economic power), 그리고 자생적으로 세계 각국에서 생겨난 시민단체들이 자연스럽게 연대를 형성하여 만들어지고 있는 지구 시민사회권력(global civil society power)이다. 이는 전 시대의 사회질서를 전횡적으로 구성하던 자본의 논리, 국가의 논리로부터 상대적으로 자유

이다.

18) 예를 들면 IGO 가입추이를 보면 1960년에는 전 세계적으로 3,116개 기구가 있었으나 1991년에는 7,567개 기구가 있으며 특히 아프리카, 아시아 등에서 급속한 성장세를 보여 준다. NGO 종류의 증가 추세를 살펴보면, 1909년 176종류에 불과하던 것이 1951년에 832, 1960년에 1,268, 1970년에 2,296, 1981년에 4,265, 1990년에 4,646종류로 늘어났다. 한국은 이 기간에 19개에서 43개로 증가했다(박길성, 1996: 215-219에서 인용).

롭다(Rosenau, 1990). 특히 오늘날 국제사회에서 “엄청난 영향력을 지닌 부드러운 쟁점”(soft issues with hard consequences)으로 칭해지는 환경, 지역, 인권, 여성 등의 문제에 접근하는 데 있어 다층적인 초국가적 중요성이 배가되고 있다. NGO나 CSO 중 어떤 문제와 관련된 세계 시민사회단체가 많은가에 대해서는 확실한 정보가 없지만 ‘국경 없는 행동’에 등록된 NGO 웹사이트를 보면 1997년 8월 현재 지역사회, 청소년, 아동, 환경보호, 건강, 성 문제순이다(표 1 참조). 또한 인터넷의 메일링 리스트와 뉴스그룹의 시민정보 네트워크 현황을 보아도 비슷하다. 메일링 리스트에는 지역사회, 환경, 노동, 평화의 순으로 많고 뉴스그룹에서도 마찬가지이다(윤영민, 1997).

1980년대 이후 세계시민사회는 크게 성장하고 있으며 1990년대에 들어서 유엔이 주관하는 리우환경회의, 코펜하겐 사회개발회의, 베이징 여성회의 등을 통해 NGO들의 활동이 널리 주목받게 되었다. 유엔은 1972년 스톡홀름 환경회의 이후 시민사회에서 형성된 의견을 수용하기 위해 정부대표들 간의 회의와 더불어 NGO들에게도 의견을 표명할 수 있는 기회를 제공하였다. 전 세계적으로 환경, 개발, 여성문제 등을 주제로 하는 NGO들의 활동은 앞으로 더욱 활성화될 것이라는 전망도 나오고 있다. 세계 전체가 국경의 벽을 넘어 하나의 단위가 되어 가는 세계화의 와중에서 지구 차원의 민간조직들이 국경을 넘어 국가의 간섭을 벗어나 활동하게 되는 것이다. 물론 NGO들은 모두 동일한 논리나 목표를 공유하는 것은 아니다. 어떤 조직은 조직목표를 단순히 조직 구성원의 이해 보호 차원에서 설정하고 있는가 하면 어떤 조직들은 기존 질서에 의문을 제기하는 인본주의적 목표를 세우고 있기도 한다. 그런가 하면 세계를 변화시키는 목표를 설정하고 있는 조직도 있다(박길성, 1994: 220). NGO가 반드시 관에 대립되는 기구라고만 볼 수 없다. 국가에 따라서는 민간단체를 적절하게 지원하고 운영함으로써 오히려 정부와 비정부기구의 경계를 구분하지 않는 경우도 있다. 세계시민사회운동이 비교적 성공적이라고 볼 수 있는 스웨덴의 경우가 그 좋은 예이다.

> 스웨덴은 최초로 지구적 문제를 논의하기 위해 세계회의가 소집되는 경우 정부 간 회의와 민간회의를 동시에 개최하도록 유도하고 이를 국제 관례화했다. 스웨덴의 경우 이러한 관과 민의 무차별은 세계회의에 출석하는 대표단의 편성에서도 알 수 있다. 각국 대표단의 구성은 대개 5명 이내의 정식대표나 대표대리 및 조언자들로 구성되며, 선진국의 경우 그 숫자는 대개 수십 명에 이른다. 이러한 대표단의 구성에는 특별한 규정이 없다. 즉, 정부 관련 부서의 장관이나 직원일 필요가 없다는 것이다. 스웨덴의 경우 정부대표단에 정부관련 부처의 담당자와 함께 민간단체의 대표가 반드시 선정된다. 특히 국제장애자의 해나 국제아동의 해와 같은 경우에는 사안과 관련된 NGO나 시민대표가 대표단의 일원으로서 선출될 뿐 아니라 중심을 이루는 것이 보통이다. 한 예로서 브라질에서 개최된 지구서미트에 참가한 26명의 정부대표단 중에서 5명이 환경이나 개발문제에 관련된 대표적 NGO에서 선정되었다(한백연구재단, 1997: 4).

세계시민단체가 국가와 시장을 함께 견제하는 제3부문으로서의 전지구적 권력을 행사할 것인지는 지구촌화와 신사회운동에서 중대한 이론적·현실적 관심사이다.

4. 국지적 저항과 세계적 연대: 환경운동과 여성운동의 사례

신사회운동은 신사회운동이론가의 관점과 입장에 따라 여러 가지로 범주화될 수 있다(Buechler, 1995). 하버마스(Habermas)처럼 체제와 생활세계의 틈새에 위치지우기도 하고 투렌(Touraine)처럼 생산, 권력, 정보, 금력을 극대화하려는 체계와 개인성을 옹호하고 확장하려는 주체간의 논리에 위치지우기도 한다. 또는 운동의 목표에 따라 공동체 추구와 정체성 추구의 신사회운동으로 범주화될 수도 있다. 즉 문화적 정체성의 위기, 주변인화, 낙인화로 요약되는 정체성의 위기와 관련된 신사회운동, 다른 하나는 생태적 파괴를 가져오는 전쟁, 핵과 같은 물질적 존재의 위험, 환경오염 등 공동체의 위기와 관련된 신사회운동이다. 전자는 여성운동, 동성애운동, 민족주의 운동 등이 대표적이고, 후자는 환경운동, 평화운동, 핵확산금지운동 등이 대표적이다. 전자의 범주에 들어가는 운동들은 전 세계적 연대를 통해 지역 수준에서 그들의 조직을 강화하고 정체성의 세력화를 세계적 연대를 통해 추구한다면, 후자의 범주들은 지역 수준에서 문제를 제기하고 세계적 연대를 통해 이를 강화하고 지구공동체의 문제로 확대한다. 여기서는 공동체운동의 성격이 강한 환경운동과 정체성운동의 성격이 강한 여성운동을 사례로 국지적 저항과 세계적 연대가 구체적 신사회운동에서 어떻게 나타나는가를 보고자 한다.

1) 지구공동체운동으로서 환경운동과 국지적 저항

환경운동은 대표적인 지구공동체 운동이다. 특히 세계체제 수준에서 무제한적인 자연개발을 정당화하던 지배사회중심의 패러다임에서 자연의 용량 안에서 인간활동을 규제하는 생태 중심적 패러다임으로 이동하면서 환경문제는 점점 전 지구적 관심사가 되고 있으며 지구촌화의 맥락에서 환경운동은 더욱 주요한 신사회운동이 되고 있다(Burningham, 1994). 생태위기나 환경위기는 어떤 특정 지역에 국한되어 발생하거나 국지적으로 회피될 수 있는 것이 아니라 전 지구적 차원에서 발생한다(Aigbowhan, 1993). 즉 환경운동은 지역적 관심과 노력에서 출발해서 전 지구적 관심과 노력으로 확대되는 대표적 신사회운동이다.[19] 오늘날 환경보존은 지구상에서 최고의 가치로 인정

---

19) 예를 들면 전 세계적으로 유명한 환경운동단체인 그린피스가 만들어진 것은 1970년 2월이었다. 알래스카의 알류샨 열도의 끝에 위치하고 있는 암치카라는 섬 주위에서 핵실험을 한다는 보고가 있자 여기에 반대하기 위해 조림학자 짐 볼렌(Jim Bollen) 등이 중심이 되어 벤쿠버에서 그린피스의

받고 있으며 EU의 경우를 보면 환경문제의 의사결정은 국가가 아니라 관련 공동체 차원에서 해결되기를 희망한다(이종원, 1996). CSO의 다양한 활동영역 중에서 환경문제에 대한 CSO의 역할은 국적이나 지역, 계급, 집단의 장벽을 뛰어넘는 대표적인 예이다. 국가, 기업, 국제기구는 패러다임 전환의 주체가 될 수 없으며, 민간환경단체가 그러한 역할을 할 수 있다는 진단이 개진되고 있다(정수복, 1994: 221-222).[20] 국제적 연대에 기반한 민간단체들의 세계시민 환경운동은 국제환경협상에서 자국의 이해관계를 우선적으로 고려하는 정부간 협상을 넘어서 진정한 지구환경보호를 위한 활동의 내용이 무엇인가를 제시해야 할 임무를 지니며 민간단체들의 힘은 국경, 국적, 계급과 계층의 장벽을 뛰어넘어 공동의 주장과 연대 그리고 행동을 가능하게 한다(정수복, 1994: 223). 선진국의 경우 환경운동은 대량생산체계로서의 포디즘에 대한 비판, 노조와 자본 간의 성장지향적 타협, 그리고 '근대적' 생활방식에 대한 자성 등을 포괄한다. 환경위기의 원인과 책임에 대한 새로운 규정은 대안사회의 모습, 환경운동의 주체, 실천계획 등 모든 측면의 변화로 연결된다.

주요한 환경파괴의 위협은 대체로 전지구적으로 막강한 영향력을

전신인 '해일을 만들지 마라'(Don't Make a Wave)는 이름의 위원회를 만든 것이다. 그린피스는 이 때부터 환경오염 현장을 방문하여 자신들이 그곳에 있음을 알림으로써 오염행위자들에게 심리적·도덕적 압박을 가하는 증인되기(being witness)의 방법을 사용하고 있다(정수복, 1993: 401).

20) 환경문제를 다루었던 리우회의에서 수많은 비정부 민간단체들이 중요한 역할을 담당할 수 있었던 것도 이러한 이유에서이다. 1992년 리우회의에서는 세계적으로 1만 4,000여 민간단체들이 지역과 국가를 초월하여 인간의 복지와 지속 가능한 발전(sustainable development)을 위해 공동으로 연대할 수 있는 가능성을 보여 주었다고 평가받고 있다. 여기서 민간단체들은 정부 간의 공식적인 회담의 결과인 '리우선언'과 '의제21'의 선언에 대해 대안적인 선언과 협약을 선포하면서 정부의 입장이 아닌 시민의 입장에서 환경문제를 인식하고 문제해결을 위한 여러 가지 행동 프로젝트를 제시한 바 있다(박길성, 1996: 216).

행사하는 다국적기업(MNC), 세계은행 같은 다자간 개발기구 등이다. 그러나 환경파괴의 직접적 영향은 토착민들에 먼저 일어나고 이에 대한 문제제기도 대체로 토착민들에 의해 제기된다. 예를 들면 히말라야 산맥의 삼림파괴의 위기를 문제삼은 것은 가와(Garwha)라는 토착부락의 농민여성이었다(Shiva, 1993: 53). 그러나 지역적 환경운동만으로 지구촌 환경문제를 해결할 수 없다. 지역적 환경운동이 국제적 네트워크를 통해 활성화할 때만 해결의 실마리를 보인다.[21] 환경운동 모델은 국제적 네트워크를 통해 확산된다.[22] 리우환경회의는 환경운동이 반공해운동을 대치하게 되는 중요한 계기가 되었으며 리우환경회의를 계기로 반공해운동조직들이 보다 대중적이고 보편적인 환경운동을 벌인 것으로 지적된다.[23] 전통적으로 사회학은 국민국가를 분석의 단위로 삼아 왔지만 이제 세계화(globalization)와 지역화(localization)가 동시에 진행되고 있는 현재의 상황에서 국민국가 내

21) 한국의 경우도 비슷하다. 즉 1992년을 기점으로 환경운동이 확산기에 접어들었는데 이는 1992년 리우환경회의(유엔환경개발회의)의 영향 때문이다. 리우에서 유엔환경개발회의가 열린 이후 우리 나라의 환경운동의 이데올로기 지형은 또 한번 변화를 겪었다. 리우회의는 환경운동 내의 이데올로기 지형뿐만 아니라 국가와 기업 모두의 변화를 낳은 중요한 사건으로 지적된다. 리우회의의 또 하나의 중요한 효과는 국가와 자본, 특히 자본이 대중의 욕구와 국제적 압력을 받아 "환경적으로 건전하고 지속가능한 발전"이라는 목표에 적어도 담화적으로 동의하게 되었다는 사실이다(구도완, 1995: 362).

22) 한국 환경운동의 경우 독일의 녹색운동, 스페인의 '몬드라곤 생산자 협동조합운동' 등을 모델로 한다(구도완, 1995: 359).

23) 공추련은 1991년 초에, 민간환경단체 중심으로 '유엔환경개발회의 한국위원회'를 조직하는 데 적극적으로 참여했다. 이 위원회는 리우회의 참가를 위해 재벌기업으로부터 후원금을 받았다. 이에 대해 공추련의 일부 회원들은 "재벌의 돈을 받아 브라질에 간다"고 비난하면서 공추련 지도부가 창립선언문의 정신을 배반했다고 비판했다. 이들은 결국 1991년 3월 공추련을 탈퇴했다. 이러한 논쟁을 통해서 공추련은 급진적인 노선에서 실용적이고 개혁적인 노선으로의 방향전환을 명확히 하게 되었다(구도완, 1995: 355).

부의 지역과 국민국가를 넘어선 세계체제 수준의 분석이 절실히 요구되고 있다고 지적된다. 특히 환경문제를 올바로 이해하고 설명하기 위해서는 지역, 국민국가 그리고 전지구적 수준이라는 세 개의 분석 수준을 구분하고 각각의 수준에서 문제가 어떻게 영향을 주고받는가를 연구해야 한다는 것이다(정수복, 1994: 204).

2) 정체성 운동으로서 여성운동과 세계적 연대

신사회운동으로서 여성운동은 국내적 산물이면서 또한 국제적 산물이기도 하다. 여성운동만큼 세계 곳곳에서 고르게 확산된 신사회운동은 없다. 또한 광범위한 공통성을 가지고 있지만 여러 차원에서 지역별, 국가별 차별성이 이토록 큰 사회운동도 없다. 따라서 전 지구적 페미니즘이 여러 지역에서 진행되는 하나의 공통의 이름을 공유할 수 없는 여러 여성운동을 모두 통칭할 것인지에 대해서도 합의하기 힘들 정도이다. 분명한 것은 여성운동들은 세계화라는 맥락에서의 신사회운동으로 재조명할 필요가 있다는 점이다. 여성운동은 어떤 사회운동보다도 가장 전 지구적이다. 이는 "여성의 자매애는 세계적이다"(Sisterhood Is Global)라는 말에 함축되어 있다. 또한 가장 지역적이기도 하다. 따라서 전 세계적 페미니즘(global feminism)이라는 용어를 쓸 수 있는가에 의문이 제기되고 있기도 하다(Basu, 1995: 1). 여성운동의 경우 운동의 목표나 주체, 의제가 지역별로 다르다(Basu, 1995: 4). 북미와 남미, 아시아, 러시아, 유럽 등 지역별로 운동의 기원이나 성격에서 많은 다양성을 보여 준다(Basu, 1995; Kumar, 1995). 남미의 경우는 권위주의 국가에 대해 대항하는 민주화운동과 밀접하게 연관되어 있다(Alvarez, 1990). 반면 아프리카, 중동 등의 경우는 민족해방운동이나 국가통합운동과 연결되어 있다. 반면 미국은 여성 정체성운동의 경향성이 가장 뚜렷하며 유럽은 복지국가문제에 더욱 관심을 표한다. 각국의 여성단체들은 선진국이나 제3세계를 막론하고 정부의 정책에 덜 의존적이면서 또한 전 지구적 자매애를 무조건 포옹하지도 않는다.

여성운동은 1980년대 후반에 들어와서 국적, 인종, 계급, 종교, 언어, 성적 지향성에 따라 국내적 그리고 국제적 분할을 거듭했다. 제1세계와 제3세계의 여성 간의 격차와 반목은 1975년 멕시코 세계여성대회에서 그리고 1980년 코펜하겐대회에까지 계속적으로 문제가 되었다. 그리고 1985년 나이로비대회에서 "여성의 자매애는 세계적이다"는 신화를 포기하고 각 지역별, 그리고 한 사회 내의 여성들의 삶의 차이를 드러내고 페미니즘에 대한 각 사회별 의미의 차이를 인정함으로써 오히려 여성들 간의 대화의 통로가 열렸다. 1995년 북경세계여성대회는 여성의 권익향상을 위한 전 세계 여성들의 힘을 보여주었을 뿐 아니라 이를 위한 국제적 의제를 보여 주기도 했다. 1975년 멕시코 여성회의와 1980년 코펜하겐 여성회의 이후 여성 NGO 활동은 크게 활성화되었다(Pietila & Vickers, 1990; 한국여성개발원, 1986). UN의 제4차 세계여성대회는 1975년부터 1985년 말 유엔이 '세계여성의 세기'(A Decade for Women)로 선포한 것은 여성운동을 전 지구적으로 확산하는 데 얼마나 기여했는가를 여실하게 보여 주었다. 물론 유엔의 '세계여성의 세기' 선포 자체가 전 세계적 페미니즘의 성장에 대한 반응이라고 볼 수 있지만 또한 각국 정부로 하여금 최소한 입으로라도(lip-service) 여성운동에 관심을 갖도록 압력을 가했다고 할 수 있다. 이러한 결정은 유엔의 공식회의에서뿐 아니라 NGO 포럼 등에서 여성들이 진정으로 국제적으로 집단적 결속력을 과시할 수 있는 계기가 되었다(NGO Forum, 1995). 현재 세계적으로 활동하는 여성단체들 가운데는 International Council of Women, International Alliance of Women 등 19세기 말에 창설된 참정권 운동단체, 같은 무렵에 창설된 YWCA, 여성금주운동(WTM) 등의 여성복지단체, 양차대전 사이에 생긴 전문직 여성단체들인 국제대졸여성모임(IUW), 국제전문관리직 여성모임(IFBPS), ZONTA 등 수없이 많다. 이러한 전통적인 여성단체들이 다소 보수적인 입장을 띠는 데 비해서 1975년 세계여성의 해 이후에 창설된 여성단체들은 훨씬 더 변화지향적이다. 캐나다에서 만들어져서 제3세계 여성들과 연대를 추구하는 MATCH International Center, 뷔르셀에 본부가 있는 Women's Organization of Europe, 워싱턴에 있는 Equity Policy Center(EPOC) 등을 그 예로 들 수 있다. 1985년 케냐의 나이로비 여성회의에 이어 1995년 8월 베이징에서 열린 제4차 세계여성회의는 불과 20년 만에 여성문제를 세계적으로 중요한 이슈로 올려 놓는 역할을 하였다. 베이징 여성회의에 참여한 4만여 명의 NGO 포럼 참가자들은 네트워킹(networking)을 통해 베이징 선언과 362개의 행동강령의 실천을 감시하기로 의견을 모았다. 화이러우에 모인 세계여성들은 여성 세력화를 이루기 위하여 지역별, 분야별 네트워크 구성을 논의하였고 많은 참가자들이 21세기 새로운 대안사회의 주역은 GO가 아니라 NGO들이라는 것을 확인하였다(정수복, 1993: 401).

여성운동의 전 지구적 연계는 크게 두 가지 차원에서 진행된다. 하나는 여성학 연구기관들의 국제적 네트워킹이다. 여성운동에 대한 국제회의나 조직에 대한 재정 지원은 주로 제1세계 여성단체들이 떠맡는다. 이 때문에 제3세계 여성운동이나 여성단체들의 네트워킹이 재정지원국의 영향에서 자유롭지 못하다(Jahan, 1995: 107). 또한 서구의 선진 자본주의 페미니스트들은 전 지구적 여성운동의 공통성을 일반화하는 경향이 있다. 이러한 일반화는 제1세계와 제3세계의 긴장을 강화할 뿐만 아니라 인종 간, 계급 간 그리고 동성애와 이성애 페미니스트 간의 긴장도 가중시킨다. 전 세계적 여성운동이라는 맥락에서 볼 때 여성운동에 대한 연구들은 크게 세 가지 문제점을 가지고 있는 것으로 지적된다(Basu, 1995: 1). 하나는 침묵과 생략으로 주로 서구와 미국의 여성운동에 초점을 맞춤으로써 포스트 식민주의 사회의 여성운동을 간과하는 경향, 두 번째는 여성운동을 근대화나 발전의 산물로 개념화하는 경향 그리고 세 번째는 전 세계적으로 여성억압과 행동력의 공통성을 전제하는 경향이다. 이는 1980년대 서구에서 여성억압의 공통성(또는 보편성)의 강조와 연관된다. 이러한 입장의 등장은 이론적으로는 여성의 지위 향상에 대한 근대화론적 시각에 대한 도전임과 동시에 식민지 경험을 가진 제3세계 여성억압 구조에 대한 관심이다. 그러나 이러한 긴장과 차이가 곧 전 지구적 여성운동이 불가능하다는 것을 의미하지 않는다. 이러한 긴장과 차이의 부각은 어떤 의미에서 지역적 여성운동과 전지구적 여성운동의 연관성을 드러내는 좋은 담론이다.

3) 소결: 국지적 신사회운동과 전 지구적 신사회운동

환경문제에서 'global'이라는 담론은 전 지구적이라는 이름하에 토착민을 통제하는 것이 아니라 토착민이 그들의 환경을 지킬 수 있도록 지구적 통제를 구하는 정치적 공간이어야 한다는 점이다. 이는 결코 보편적 이해나 전 지구적 통제를 통한 특정 이해의 관철을 대변하는 것이 아니라 지역적·국가적, 그리고 전 지구적 통제로부터 어느 정도 자유로워야 함을 의미한다. 최근의 지구환경에 대한 토의와 협상은 세계은행 등 비토착 중앙집권화의 경향을 띠는 문제를 안고 있다. 이는 지역공동체 보호에 기반한 의사결정권의 확대, 권한의 재제도화가 수반되지 않으면 안 된다는 점을 보여 준다. 최소한 지역환경에 영향을 줄 수 있는 모든 프로젝트에 대한 사전 동의권과 정보공유권 등이 보장되어야 한다는 것이다. 특히 국제적 NGO들이 '선택한' 각 국가별 NGO들이 국제적 협상 테이블에서 '민중'을 대변하는 지역 NGO를 '선정'한다는 사실은 중요한 문제점으로 지적되고 있다(Shiva, 1993: 59).

'지구환경'인가 '녹색제국주의'인가 하는 의문은 최근 환경운동에서 중요한 논쟁이 되고 있다. 예를 들면 유엔 환경개발회의가 환경에 대한 보편적 인본주의나 지구살리기에 관심이 있다고 보기 힘들다는 것이다. 모든 사람들 특히 제3세계의 빈자, 그리고 지구라는 땅덩이 위에서의 삶이 국제적 환경문제 협상에서 주요 관심사가 아니라는 사실을 드러냈다고 지적되고 있다. 풀뿌리 환경운동에서 제기된 삼림 파괴, 수질오염, 유독성 화학물질, 핵위험 등 복합적 환경문제는 주변화되는 경향이 있고 오히려 환경파괴의 주범이 지역주민에 있는 듯 오도하는 경향이 있기 때문이다. 새로운 국제환경규범은 국가 간의 이해관계를 조정한 타협의 산물이 아니라 "새로운 가치와 윤리에 기반한 새로운 패러다임의 전환"을 의미한다(정수복, 1994: 210). 이러한 패러다임의 전환이 민간환경단체들의 국제적 연대에 의해 열릴 수 있을 것인가는 '세계시민사회' 신사회운동의 숙제로 남는다(정수복, 1994: 222).

여성운동은 지구공동체운동의 성격이 강한 환경운동과는 조직이나 운동의 목표, 연결망 등에서 많은 차이점을 보인다. 지역적 여성운동과 전 지구적 여성운동의 연대는 지역환경운동의 세계적 연대와는 그 성격을 달리한다. 지역 여성운동과 세계적 여성운동이 어떻게 생산적으로 작동하는가에 대한 관찰은 페미니즘과 다른 사회운동이 어떻게 연관되는가를 더 분명하게 보여 준다. 또한 한 국가 내의 동성애자, 흑인과 백인 여성운동, 종교적 차이 등이 보편적 페미니즘에 대한 도전을 어떻게 작동시키는가는 페미니즘과 주변적 또는 피압박 민중과의 관계를 재정립할 수 있는 계기를 마련해 준다. 여성운동이 전 지구적으로 그들이 투쟁목표를 향해 투쟁하는 과정에서—그들의 목소리를 찾아내고 그들만의 안건을 규정하고 그들만의 사회적 공간을 창조하면서—가장 보편적 목표를 찾아내고 특수성과 보편성이 일치하는 지점을 찾았을 때 그들의 주제가 더 이상 여성이 아닌 경우도 발생한다. 또는 전 지구적 여성건강운동처럼 지방, 국가, 지역, 세계적 수준을 가로질러 새로운 '해방'적 지구사회운동의 성격을 띨 수도 있다(Amoore et al., 1997: 188). 지역적 페미니즘과 전 지구적 페미니즘의 긴장은 여성운동과 다른 피억압집단 간의 관계에 반영되어 나타나기도 한다.

민족주의와 여성(운동)이 맺고 있는 함의도 매우 복합적이다. 민족적 정체성(national identities)을 중시했던 많은 국가들은 남녀평등을 지원해 왔고 여성들은 새로운 국민국가 건설에 중요한 역할을 담당했다. 그러나 국민국가가 세워진 뒤에 여성들이 받은 혜택은 제한적이었다. 예를 들면 남비아(Nambia)의 독립국가 건설, 남아공에서의 민주국가 수립, 팔레스타인의 독립 등에서 볼 수 있듯이 여성들이 특정 억압에서 벗어났다는 점에서 여성들이 민주화를 통해 혜택을 받은 것은 사실이지만 그러나 그러한 과정에서 얻어낸 여성을 위한 약속은 지켜지지 않았거나 여성운동의 유산이 훼손되는 일은 비일비재했다. 동구나 구소련에서 공산주의의 붕괴, 중국의 개방정책에 따른 여성들의 무장해제, 그리고 인종주의적 민족주의에 따른 여성들에 대한 피해는 엄청난 것이다. 종교적·인종적 민족주의는 보스니아 전쟁이나 인도-모슬렘 분쟁에서 보듯이 거의 야만적이다. 지구촌화와 여성운동이 맺고 있는 관계와 영향은 민족주의가 형성되는 형태가 다양한 만큼 다양하다. 전 세계적 자본주의화 또한 여성에게 심각한 타격을 주고 있다. 무한 경쟁시대에 서구 및 미국에서 보여지는 사회복지 예산의 감축, 일자리의 축소 등 시장영역의 확대는 여성들에게 타격을 주고 있고 이는 역설적으로 여성운동을 자극하기도 한다. 바수(Basu, 1995: 18)의 "페미니즘이 전 지구적으로 보다 강력한 세력화가 진행될수록 또한 페미니즘이 얼마나 다양하고 분할되어 있으며 탈중심화되어 있는가를 보여 준다"는 지적은 매우 역설적이다. 이러한 지적은 지역적 신사회운동의 지구적 연대, 그리고 지구적 신사회운동의 지역적 실천의 의미를 재확인시켜 주는 동시에 세계화시대 신사회운동의 실천전략에 많은 시사점을 제공한다.

5. '세계적 민주주의'와 신사회운동의 과제

세계시민사회는 매우 모순적 시대상황을 배경으로 한다. 하나는 무한경쟁시대라고 일컫듯이 국가 간 경쟁이 더욱 치열해진 상황과 다른 하나는 국가 간 장벽의 약화와 국가 간 상호의존의 증대에 따라 인류의 공영을 지향하는 상황이다. 세계화시대의 양면적 특성은 시민단체로 하여금 그러한 특성에 걸맞는 새로운 역할을 요구한다. 신사회운동이 세계화의 흐름을 바꿔 놓기는 힘들겠지만 세계화에 어떤 방식으로든 영향을 미칠 것이라는 점을 부인할 수 없다. 그러나 언제 어떤 방식으로 어떤 사회운동이 국제적 연대를 통해 세계시민사회 형성에 기여할 것인지 또는 기여하고 있는지를 점검할 필요가 있다. 우리가 신사회운동이라고 할 때 운동의 지지기반, 권력에 대한 저항방법, 운동의 분석 수준, 지향성이나 운동의 사회적 기반 등이 다양하며 또한 이론적 관점에 따라 이에 대한 평가 등도 다양하다 (Buechler, 1995). 신사회운동에서 지속적으로 문제가 되고 있는 신사회운동의 새로움, 예를 들면 탈이데올로기, 탈물질적, 또는 탈역사적 지향이 세계화에 어떻게 연관되어 나타날 것인가는 여전한 숙제로 남는다.

또한 신사회운동이 보다 진보적인 것인지 아니면 반동적인지, 그리고 운동의 주체가 과연 계급기반을 넘어서는 것인지 그리고 국가경계를 넘어선 계급기반을 의미하는지에 대한 논란이 계속된다. 이른바 구사회운동의 주체였던 계급이나 산업화와 억압의 주체였던 국가가 아닌 전 지구적 차원에서 새로운 사회운동의 주체를 찾아내는 일 그리고 신사회운동이 구사회운동에 비해 '문화적'인지 또는 여전히 '정치적'인지에 대한 논란, 이러한 논란이 갖는 함의가 세계화 맥락에서 어떻게 이론화될 것인지도 숙제이다. 보다 경험적으로는 '세계적 민주주의'가 어떻게 가능할 것인지 또는 신사회운동은 그러한 세계시민사회건설에 어떻게 기여할 수 있을는지, 그리고 그러한 신사회운동의 주체설정이나 자원동원이 어떻게 가능할지 등은 앞으로 신사회운동연구의 커다란 숙제이다. 신사회운동의 전 지구적 연대가 새로운 가능성으로 지적되지만(정수복, 1997: 405) 그러나 신사회운동의 전 지구적 연대가 어떻게 가능한지, 그리고 어느 정도의 효력을 발휘할 수 있을는지는 구체적 사례를 통한 경험연구가 필요한 영역이다.

한편 세계화에 따른 다양하고, 새로운 사회문제의 등장과 전자지구촌화는 세계시민단체의 활동에 대한 요구를 더욱 증대시킬 것이라는 점은 분명하다. 이러한 경향은 많은 정부조직들이 '네트워크화된 조직'으로 발전될 것이며 '조직적 네트워크'가 많은 조직들 사이에서, 조직의 부분들 사이에서, 그리고 조직의 각급 기관들 사이에서 발전할 가능성을 함의한다. 또한 다조직적 네트워크는 정부보다 기업에서 중요한 추세가 될 것이지만 무엇보다 시민사회영역에서 가장 중요하게 될 것이라는 점 또한 부정할 수 없는 사실이다. 여러 다양한 비정부기구—이 가운데 일부는 사적 자원조직(private voluntary organization; PVO)이라고도 한다—는 정부와 기업활동에 영향을 줄 목적으로 네트워크 형태의 연대를 형성하고 있다(론펠트, 1996). 인권, 평화, 환경, 소비자, 노동, 이민노동자, 인종, 성차별 등의 쟁점을 둘러싼 좌파와 중도좌파 활동가들이 가장 대표적인 예에 속한다. 전자언어를 매개로 한 담론영역의 지구화가 이념-문화적 차원에서 세계시민의 정체성을 구성할 수 있는 토대를 제공하게 된 것이 사실이다. 그러나 전자언어를 통한 정체성 형성의 권한이 세계적 민주화의 길에 들어선 것은 아니라는 점에서 전자 지구촌화가 세계시민사회 형성을 가져올 것으로 낙관할 수 있는 조건은 아니다(김세연, 1995: 313). 네트워크는 지구를 하나의 전 지구적 전자문명(global electronic civilzation)으로 연결할 잠재력을 지니고 있으며 그럴 경우 우리는 문명의 다양성을 보존할 수 있을 것인가가 새로운 문제로 부각될 것이다. 이러한 문제는 전자 지구촌화의 신사회운동에 새로운 항목을 추가할 수도 있다.

세계시민사회의 사회적·정치적 의제는 시민사회의 정치적 사회적 의제를 정하는 것만큼 명료하다. 즉 평등, 참여, 세력화, 그리고 민주화, 탈집중화, 탈관료화, 인권과 시민권 보장, 다양화 등을 쉽게 꼽을 수 있다. 그러나 경제적 의제는 애매하고 이해관계가 상충된다. 따라서 신사회운동이 이 영역에서 세계시민사회에서 추구할 수 있는 대안적 프로그램은 매우 제한적이다. 또한 국민국가의 개념이 다양한 의견의 통합의 장이 되고 있듯이 세계시민사회 또한 경합의 장이며 특히 '세계시민사회' 개념은 세계시민사회문제의 해결의 주체를 상정할 수 있는가의 문제를 제기한다. 현재 진행되고 있는 세계화 경향을 볼 때 국가 수준을 넘어선 초국가기구 수준에서 민주주의의 형식과 실천 주체가 새롭게 형성되었다고 보기도 어려운 것이 사실이다. 이렇게 볼 때 민주주의의 틀을 고려하지 않은 채 개인으로서의 '시민'을 국민국가의 수준을 넘어서는 새로운 민주주의의 실천 주체인 '세계시민'으로 곧 바로 설정할 수는 없다(김세연, 1995: 311). 이렇게 볼 때 세계화 맥락에서 신사회운동이 상정한 '세계시민사회' 또는 세계공동체는 '상상적 공동체'일 수도 있다(라종일, 1995).

그러나 시민운동의 국제적 연대가 국가에 따라서는 그 동안 국내적으로 불가능했던 개혁운동들을 성공시키는 데 결정적인 기여를 했음을 부인할 수 없다. 더욱이 1990년대 들어와 세계화가 가속화되는 상황에서 새로운 사회운동의 전 지구적 연대는 더욱 중요하고 긴급한 의제가 되고 있다. 전통적으로 정부 당국자들이 담당하던 국제관계 또한 국가의 권력 엘리트만의 독점적 영역이 될 수 없으며 세계적인 민간단체의 교류는 단순한 교류가 아니라 각종 세계협상과 세계정치 자체에 중대한 영향을 미치고 있는 것이 사실이다.[24] 그러나 이러한 공간의 확보가 곧 세계시민단체의 자율공간을 보장하는 것은 아니며 또한 세계시민단체 내부의 다양한 힘의 관계를 무시할 수 없을 것이다. 신사회운동의 가장 주요한 과제의 하나가 자율성의 확보라고 한다면 세계시민사회 구성에서 신사회운동이 어느 정도 자율공

24) 마치 자유상인들의 조직체인 '길드'의 발달과 인적, 자본적 교류 확대라는 민간의 자유스러운 거래가 중세봉건사회를 무너뜨렸듯이 시민사회의 세계화는 이제 세계의 판도를 바꿀 정도의 힘을 가지게 될 것이라는 예상도 나오고 있다(유재현, 1996: 53).

간을 차지할 수 있느냐는 세계화와 관련한 신사회운동의 과제에서도 여전히 중요한 숙제이다. 이와 함께 국지적 저항, 또는 지역의 세력화가 전지구적 개혁 세력화와 어떻게 연결될 수 있느냐는 문제 또한 새로운 과제이다(Pieterse, 1997).

제2부
시민단체와 신사회운동에 대한 실태분석

제7장

사회운동조직 간 연결망

권태환 · 이재열

1. 서　론

1) 민주화와 신사회운동의 대두

한국 사회에서 민주화가 진전된 결과 사회운동의 지평은 널리 확대되었다. 권위주의 체제하에서 국가의 강력한 주도로 이루어진 근대화 과정에서, 시민사회는 철저한 분절과 분산적 동원의 대상이 되었다. 국가는 시민사회 내의 다양한 자발적 결사체의 형성을 최대한 억압한 반면, 조합주의적 방식으로 친정부적인 사회단체들을 조직하고 관변단체로 육성하는 전략을 택한 것이다. 반면에 이에 대항하는 시민사회 내 다양한 세력들은 주로 권위주의적 정권에 대항하는 학생운동과 다양한 민주화운동, 그리고 자본주의적 발전에서 소외된 노동자들을 중심으로 하는 노동운동이 그 핵심을 이루었다고 평가해도 지나치지 않을 것이다. 사회운동조직의 목적으로 본다면, 1990년대 이전의 운동은 대개 국가권력에 대항하여 새로운 권력을 창출하거나, 권력의 행사방식에 영향을 미쳐서 사회 내의 정치적, 경제적 불평등의 문제를 개선하고자 하는 권력지향적인 운동이었던 것으로 이해할 수 있을 것이다.

그러나 정치적 민주화의 진전으로 인해 시민사회는 오랜 결빙상태에서 풀려나 내적 역동성과 자발성을 찾아나가게 되었고, 그 결과 다양한 시민운동단체들이 활동할 수 있는 공간이 확대되었다. 시민사회의 해빙은 사회운동의 측면에서는 다양한 형태의 신사회운동이 등장할 수 있는 배경이 된 것으로 이해된다. 전통적인 사회운동과 신사회운동은 그 성격을 달리하는 것으로 이해되어 왔다. 신사회운동은 권력지향적이라기보다는 문화혁신적이며, 특정 집단이나 계급의 이해를 대변하기보다는 공적인 가치와 생활양식의 변화를 지향하며, 형식적이고 위계적인 조직체계 대신 느슨한 네트워크와 자발적 참여를 기축원리로 한다는 것이다(Cohen and Arato, 1992). 서구에서 논의된 신사회운동론은 신사회운동의 지평이 근대성을 전제로 한다는 점에서 근대성이 자리잡은 사회에서 근대성이 배출한 문제를 해결하기 위한 새로운 형태의 사회운동이 발생한다는 점에서 전통적 사회운동과는 일정한 단절이 이루어진다는 주장을 편다(McAdam, McCarthy and Zald, 1996). 조직생태학의 관점에서도 시대적 상황의 변화는 전혀 새로운 형태의 운동조직의 형태를 요구할 것이라는 가설을 생각할 수 있게 한다. 그래서 권위주의 체제하에서의 체제도전적 사회운동과는 무관하게, 새로운 이념과 조직형태를 갖추고 새로운 성원들을 충원한, 말 그대로 '새로운' 사회운동이 출현할 것이라는 것이다.

그러나 한국과 같이 급속한 근대화를 경험한 사회에서는 탈현대적 이슈들과 근대성의 이슈들이 혼재되어 있을 가능성이 있다. 따라서 1968년의 학생운동 이후 30여 년의 역사를 지닌 서구의 신사회운동이 전개되어 온 과정과 특징이 한국 사회에서 일대일로 대응될 것이라고 말하기는 어려운 측면들이 많이 존재한다. 한국의 신사회운동은 한국적인 맥락에서 이해되어야 할 부분이 많이 있는 것이다. 이 연구는 신사회운동의 성격에 대한 여러 가지 이론적 논의의 결과들을 토대로 신사회운동의 한국적 특성을 탐구하는 것을 목적으로 한다. 신사회운동은 과연 전통적인 사회운동과 별개의 운동의 논리를 가지고 새롭게 탄생한 것인가 아니면 구사회운동과의 연장선상에서 서로 밀접하게 접목되어 있는 사회운동조직의 다면적 특성의 한 차원인가 하는 것은 흥미로운 질문이 아닐 수 없다. 이 연구에서는 이러한 문제에 대한 해답을 찾기 위해 사회운동조직들 간의 연결망의 양상에 대해 살펴보고자 하였다. 흔히 신사회운동을 조직의 특성으로 보면 네트워크의 네트워크(network of networks)라고 한다. 그 이유는 신사회운동이 기존의 사회운동처럼 위계화된 거대조직을 갖추기보다는 최소한의 인원으로 조직을 운영하며, 참여자의 자발적 헌신에 의존하는 유연한 조직 특성을 갖기 때문이라는 것이다.

2) 신사회운동과 연결망 분석(Network Analysis)

지금까지 사회운동에 대한 연구는 개별행위자에 준하는 내적인 일관성과 통합성을 갖춘 사회운동조직들이 운동의 주체로 설정되고, 이들의 자원동원능력이나 이념적 성향, 그리고 전략 등이 사회운동의 양상을 결정하는 것으로 이해해 왔다. 그러나 연결망 분석은 사회적 현상을 한 행위자나 조직을 단위로 분석하기보다는 이들 간에 맺어지는 관계로부터 파생되는 출현적 속성(emergent property)을 강조하고, 그에 따라 관계의 양상을 분석한다는 점에서 행위자중심, 혹은 변수중심의 접근법과는 구별된다. 특히 많은 사회학자들이 주지하는 바와 같이 거시적 사회현상에 대한 이해방법과 미시적 과정에 대한 이해방법 사이에는 메우기 힘든 간격이 존재해 온 것으로 이해할 수 있는바, 연결망 분석은 거시적 사회현상과 미시적 사회현상을 연계하여 다양한 분석수준 간의 연계구조를 이해하고 분석하는 데 유용한 틀로 활용할 수 있다.

기존의 사회과학적 연구들은 변수중심의 분석틀을 유지해 왔다. 변수중심의 접근법은 개별 행위자들이 어떤 의견을 지니는지, 혹은 어떤 행위를 하는지, 또는 그들의 의견이나 행위가 전체 사회구조에 어떤 영향을 미치며 동시에 사회구조로부터 어떤 영향을 받는지 등의 문제에 접근하기 위해 개별행위자들의 제반 속성—예를 들자면 성, 수입, 교육수준, 종교 등—또는 이 속성들의 전체 분포를 살피고, 이 속성들이 설명대상과 맺는 상관관계에 대해 탐구하는 것을 기본적인 전략으로 한다. 그러나 사회연결망분석은 행위자의 정체성이나 의견, 행위, 그리고 그들의 기본적 속성까지도 개별행위자들 간의 관계에 의해 결정된다는 기본적 가정을 가지고 있다.

사회운동조직 간의 연결망을 연구한다는 것은 기존의 조직단위연구와는 구별되는 다양한 유용성을 가질 수 있다고 생각되는데, 그 중 몇 가지만을 제시한다면 다음과 같다.

첫째, 사회운동, 특히 신사회운동은 구사회운동과는 달리 구성원의 집단적 이익을 달성하려 하기보다는 집합적 정체성(identity)과 유대감을 확산하고자 하는 근본적인 목적을 추구한다. 그러므로 이념의 확산을 추구하는 과정에 대한 연구에서 조직 간, 그리고 행위자 간의 연대의 구조를 밝히는 것은 신사회운동의 과정을 이해하는 첩경이 될 수 있다.

둘째, 한국의 사회운동은 급속한 경제성장과 뒤이은 정치적 민주화라는 근대적 사회로의 이행과정을 압축적으로 경험하면서, 동시에 여성해방이나 환경보전, 사회적 마이너리티에 대한 관심 등과 같은 탈근대적인 이슈들이 혼재된 상태에서 성장해 왔다는 점에서 다소 이질적인 목적과 조직운영방식이 상호 밀접히 결합되어 있을 가능성이 높다. 달리 말하면 권위주의 체제에 대한 저항과정에서 성장한 인권운동조직들과, 노사관계의 비대칭성과 국가의 억압에 대한 저항으로 출발한 노동운동조직, 급속한 산업화의 결과에 대한 성찰로부터 출발한 환경운동조직, 그리고 가부장적인 권위구조하에서 남녀간의 평등을 성취하고자 하는 여성운동조직 등이 상호 밀접한 환경적 요인들을 공유하며 성장해 왔기 때문에, 이들 간에는 복잡한 인적·물적 자원의 공유나 교류가 이루어져 왔을 것이라는 추측을 가능케 한다. 따라서 사회운동조직에 대한 연결망 분석은 다양한 영역의 운동조직들 간의 상호연계구조를 파악할 수 있어서, 사전적으로 개념 수준에서 분류된 운동조직의 유형들을 실제 활동에 기반해 귀납적으로 유형화하고 개념화할 수 있는 근거를 제공해 줄 수 있을 것이다.

셋째, 사회운동조직을 개별조직의 특성이 아닌 조직들 간의 "관계"를 중심으로 파악하게 되면, 개별 조직의 특성이 아닌 "연대활동" 자체를 분석의 대상으로 할 수 있게 된다. 즉, 조직들 간의 연대활동이 이루어지는지의 여부를 결정하는 것은 더 이상 조직의 특성만이 아니라 조직들 간의 관계적 유사성이나 상이성에 의해 설명될 수 있다는 것이다. 이러한 분석은 결국 양자관계(dyad)를 중심으로 하여 이루어진다.

3) 조사대상의 선정과 조사방법

이 연구에서는 한국의 대표적인 사회운동조직을 조사대상으로 선정하기 위해 객관적 평판법과 주관적 평판법을 동시에 사용하였다. 첫째는 객관적인 평판법을 이용하기 위해 1992년부터 1997년까지 5년간의 신문기사들을 검색하여 다양한 활동이 주요 일간신문에 보도된 횟수를 파악하였다. 신문기사에서 인용된 빈도가 높은 순으로 모두 144개의 후보단체를 선정하였다. 이 단체들을 다시 환경, 여성, 복지, 인권, 구사회운동 등의 5개 영역으로 나눈 후, 각 영역별로 그 분야의 사회운동단체의 활동에 대해 자세히 알고 있는 7명의 전문가들로 평가진을 구성하여 이들이 각 단체에 대해 주관적인 평판도를 5점 척도로 평가하게 하였다.[1] 조사대상조직을 선정할 경우에 영역에 대해서는 미리 구분을 하였으나, 협의체와 단일운동단체, 그리고 중앙과 지방의 구분은 미리 하지 않았다.

---

1) 평가를 맡은 전문가들은 해당 분야의 다양한 운동단체들과 오랜 기간 직접 접촉을 했거나, 이 부문에서 활동하고 있는 전문연구자, 신문기자, 연구소 종사자, 실제 활동가 등을 중심으로 하여 선정하였다.

<그림 1> 사회운동조직의 설립연도별 분포

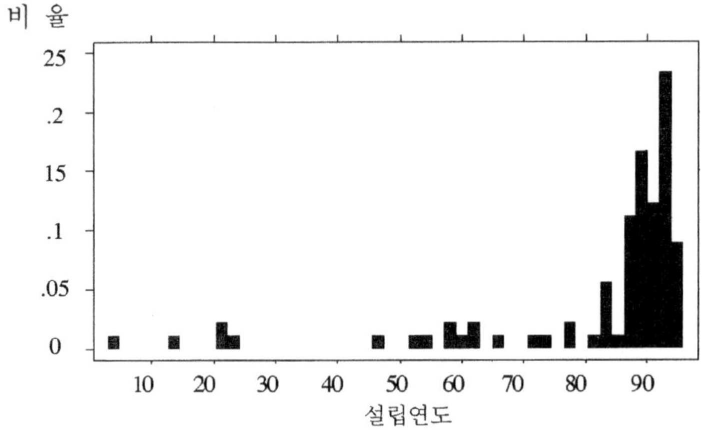

객관적 평판법으로 추출된 144개 후보단체에서 주관적 평판법에 의해 최종적으로 선별된 것은 100개의 운동조직이었다. 이들 조직에 대해서는 1998년 1월 중에 두 가지의 조사가 집중적으로 이루어졌다. 첫번째는 운동조직의 대표나 실무책임자들을 대상으로 하는 설문조사 및 심층면접으로서 각 운동조직의 내부구성과 활동내용, 그리고 조직간 연결망에 대한 설문조사와 함께, 면접원을 통한 조직 내 주요 이슈들에 대한 심층적 면접이 이루어졌다. 두 번째는 조직 내 실무책임자의 이동경력과 의식에 대한 설문조사가 병행되었다.[2)] 전체 100개의 대상조직 중 실제로 연결망에 대한 조사자료를 얻을 수 있었던 것은 모두 90개 조직이었다. 조사의 결과는 대상 조직들이 다음과 같은 특징을 가지고 있다는 것을 보여 준다. 먼저 조사대상이 된 조직 90개 중 모두 65개는 1987년 이후에 창설된 반면에, 20개는 해방 후 1987년 사이에, 그리고 5개만이 1945년 이전에 창설되었다. 따라서 대부분의 사회운동조직들이 정치적 민주화가 이루어지는 시

2) 설문조사와 심층면접은 서울대학교, 동국대학교, 연세대학교의 대학원에서 사회운동을 전공하는 대학원생들에 의해 이루어졌다.

점인 1987년 이후에 집중적으로 설립되었다는 것을 잘 보여 준다. 운동단체의 활동영역에 따라 보면 여성운동단체가 20개, 환경단체가 14개, 인권 및 복지단체가 40개, 구사회운동단체가 16개였으며, 조직의 수준별로는 협의체가 27개, 단일운동단체가 63개였다.

한편, 전체 90개 단체 중 전국에 지부를 두고 전국을 포괄하는 단체는 모두 50개인 반면, 중앙에서만 활동하는 조직이 18개, 서울을 제외한 기타 지역에서 활동하는 단체가 21개였다. 현재의 회원 수에 따르면, 백 명 미만이 6개, 백 명 이상 천 명 미만이 29개, 천 명 이상 만 명 이하가 21개, 만 명 이상 십만 명 이하가 13개, 십만 명 이상 백만 명 이하가 6개, 백만 명 이상인 경우가 3개였다. 상근자의 규모별로는 5명 이하가 48개, 6-10명이 14개, 11-20명이 10개, 21명 이상이 15개로서 평균 상근자 수는 12명이었다. 전체적으로 보면, 상근자 규모에 비해 참여하는 회원수가 많다는 점에서 조직의 위계화 전략 대신 참여폭의 확대를 통한 운동에너지를 공급하려는 전략이 주를 이루고 있다는 것을 알 수 있다.

2. 연대활동상 중심적인 사회운동조직과 특성

1) 사회운동조직 간 연대활동의 정의

이 연구에서는 사회운동조직 간의 연대를 두 수준으로 나누어 살펴보았다. '포괄적 연대'란 공동성명의 발표, 교육 프로그램의 운영, 캠페인, 법개정 청원, 서명 등과 같은 다양한 연대활동에서 인적 및 물적인 교류나 정보교환을 모두 포괄하는 것으로 정의하였다. 반면에 '강한 연대'는 포괄적 연대 중에 정보교환에 머무는 소극적 연대를 제외한 인적 및 물적 연대에 한정하였다. 그러므로 강한 연대는 포괄적 연대의 한 부분이라고 정의할 수 있을 것이다. 따라서 포괄적 연대에서 강한 연대를 제외한 정보교환을 중심으로 하는 잔여범주를 '약한 연대'라고 정의할 수도 있을 것이다. 이 글에서는 궁극적으로 포괄적 연대를 분석의 대상으로 삼고자 한다. 그러나 분석의 성격에 비추어 조직간 연대가 지속적이고도 유의미한 수준으로 진전하기 위해서는 필연적으로 '강한 연대'로 이행되어야 한다고 판단하였다. 그리하여 조직 간 연대활동에 대한 분석은 '강한 연대'를 중심으로 고찰하고, 필요에 따라서는 '약한 연대'를 포함하는 포괄적 연대도 분석의 대상으로 삼고자 한다.

2) 연대활동상의 중심조직

사회연결망에서 중심성은 중요성과 연관되어 있다. 중요한 행위자란 현저한(prominent) 위치에 있는 행위자이다. 모레노(Moreno)의 개념으로 돌아가 본다면 스타에 해당하는 사람이 중심성이 높은 행위자라고 할 수 있다. 중심성을 측정하는 데는 다양한 방법이 존재하지만, 이 글에서는 세 가지 개념에 주목하고자 한다.

첫번째로 보고자 하는 것은 매개중심성(betweenness centrality)이다. 매개중심성이 높은 조직은 타조직들의 연대활동을 촉진시켜 주는 중심적인 역할을 하는 조직이라고 정의할 수 있다. 매개중심성은 다음의 식과 같이 표현된다.

$$C_b(n_i) = \sum_{j<k} g_{jk}(n_i)/g_{jk}$$

달리 설명하면, i번째 조직의 매개중심성은 i를 제외한 나머지 조직들 j와 k를 연결하는 최단거리(geodesics) 안에 i가 존재해서 i를 거치지 않고는 소통이 되지 않는 조직간 쌍들이 전체 조직쌍에서 차지하는 비중을 의미한다. 만일 j와 k를 연결하는 최단거리가 I 이외의 다른 경로가 있을 경우에는 전체 최단거리 수들 중의 하나($1/g_{jk}$)로 가중하여 처리하게 된다. 그러므로 매개중심성은 해당 조직 i가 얼마나 타조직들을 매개해 주는 브로커, 혹은 다리(bridge)의 역할을 하느냐의 정도를 측정할 수 있게 해 준다.

두 번째로 보고자 하는 것은 수신중심성(in-degree centrality)이다. 수신중심성이란 모두 n개의 조직이 있을 때, 타조직으로부터 연대활동의 대상으로 선택된 빈도를 의미한다.

$$C_i = \sum_i z_{ij},\ i \neq j$$

따라서 수신중심성이 높은 조직은 그만큼 타조직으로부터 활동의 대상으로 지목받는 빈도가 높다는 점에서 높은 위신(prestige) 혹은 지위(status)를 가진 조직이다.

세 번째 발신중심성(out-degree centrality)은 각 조직이 외부에 연대활동을 의뢰한 빈도를 의미하며 다음과 같은 식으로 표시될 수 있다.

$$C_o = \sum_j z_{ij},\ i \neq j$$

발신중심성이 높다는 것은 조직간 연대활동을 촉발시키는 데 얼마나 적극적인가의 정도를 의미한다고 할 수 있다.

각 사회운동조직들 간의 연대를 정보교환과 인적·물적 교류를 모두 포괄하는 '포괄적 연대'와, 그 중에 인적·물적 교류만을 골라낸 '강한 연대'로 구분한 후, 각각의 연대활동에서 각 사회조직들이 점하는 중요성을 세 가지의 중심성지수로 계산한 후, 그 중에서 상위 10개의 조직들만을 골라 제시한 것이 <표 1>에 나타나 있다. 먼저 포괄적 연대활동에서 브로커의 역할이 가장 두드러진 조직은 참여연대로서 여타 조직들에 비해 압도적으로 높은 중심성을 보여 주고 있다. 반면에 강한연대활동에서는 민주노총의 브로커 역할이 가장 두드러진다. 이는 참여연대가 정보의 교환을 매개하는 브로커로서의 역할이 상대적으로 강했다면, 민주노총은 직접 사회운동조직 간의 인적/물적 교류의 브로커 역할이 보다 강했다는 것을 보여 준다.

운동조직 간의 연계에서 드러나는 수신중심성을 보면, 포괄적 연대

<표 1> 중심성지표별 상위 10대 중심조직

순위	포괄적 연대					
	매개중심성(C_b)		수신중심성(C_i)		발신중심성(C_o)	
1	참여연대	1711	민주노총	23	녹색소비자연대	29
2	녹색소비자연대	980	참여연대	23	민가협	15
3	녹색교통운동	871	한국여성단체연합	20	한국여성노동자협의회	13
4	한국노총	733	경실련	20	인권운동사랑방	11
5	한국여성단체연합	641	전국연합	15	참여연대	10
6	녹색연합	583	민변	14	한국노총	10
7	전국연합	500	녹색연합	11	민교협	10
8	부산YWCA	434	민가협	9	전국연합	10
9	민주노총	410	우리민족서로돕기운동	8	건강한사회를위한의사회	9
10	민가협	355	한국여성민우회	8	녹색연합	8

순위	강한 연대					
	매개중심성(C_b)		수신중심성(C_i)		발신중심성(C_o)	
1	민주노총	478	민주노총	14	녹색소비자연대	13
2	참여연대	454	경실련	14	민가협	11
3	전국연합	330	참여연대	13	인권운동사랑방	9
4	한국여성단체연합	243	한국여성단체연합	11	민교협	8
5	인권운동사랑방	141	전국연합	8	그린훼밀리운동연합	8
6	불교환경교육원	136	민변	8	참여연대	7
7	의보통합연대회의	134	녹색연합	5	의보통합연대회의	6
8	우리밀살리기운동본부	128	우리밀살리기운동본부	5	전국연합	6
9	참교육시민모임	116	민예총	5	민주노총	6
10	민교협	115	참교육을 위한 전국학부모회	5	녹색교통운동	5

에서나 강한 연대 모두에서 큰 순위의 변동이 없다. (양자 간의 서열 상관계수는 <표 2>에서 보면 .867에 달한다.) 이는 운동조직 내에서 스타의 위치를 차지하는 조직이 민주노총, 경실련, 참여연대, 여단협, 전국연합, 민변, 녹색연합 등의 순이며 상당히 안정적인 형태라는 것을 보여 준다.

<표 2 > 중심성지수들 간의 서열상관계수(Spearman's *rho*)

		포괄적 연대		강한 연대		
		수신중심성	발신중심성	매개중심성	수신중심성	발신중심성
포괄적 연대	매개중심성	.738*	.748*	.646*	.714*	.446*
	수신중심성		.476*		.867*	.176
	발신중심성					.669*
강한 연대	매개중심성	.491*	.522*		.598*	.672*
	수신중심성		.475*			.198

*: p < .001

발신중심성의 순위도 포괄적 연대와 강한 연대활동 모두에서 커다란 변동은 없어 보인다. 양자 간의 서열상관계수는 .669로서 수신중심성에서와 같은 높은 연관성은 없지만, 대체로 유사한 순위를 보이고 있다. 특히 녹색소비자연대와 민가협, 인권운동사랑방, 참여연대, 전국연합 등이 매우 활발한 연대추구활동을 하고 있다.

3) 중심성의 결정요인

연대활동상에서 중심적인 조직은 어떤 특성을 지닌 조직들일까? 다음의 <표 3>은 사회운동조직의 특성별로 중심성 지수들의 평균을 비교해 본 것이다. 이 표에서 먼저 드러나는 특징은 수신중심성과 발신중심성을 결정하는 요인이 반대라는 점이다. 단체수준별로는 연합체나 협의체가 단독조직보다 수신중심성이 높아서 이들이 타조직으로부터 연대활동을 요청받는 비중이 높다는 것을 보여 준다. 반대로 단독조직에서는 타조직에 대한 연대활동 요청이 상대적으로 두드러진다. 사회운동조직의 활동영역별로 보면 전국을 포괄하는 조직이나 중앙에서 활동하는 조직들이 지방이나 기초지역에서 활동하는 조직에 비해 연대활동을 요청받는 비중이 높다. 브로커의 역할을 측정하는 매개중심성을 기준으로 하면, 단체의 성격이 연합체나 협의체인지,

<표 3> 사회운동조직의 특성별로 본 중심성지수들

단체 특성		포괄적 연대			강한 연대(인적/물적 교류)		
		매개 중심성	수신 중심성	발신 중심성	매개 중심성	수신 중심성	발신 중심성
단체수준	1. 연합/협의체	128.5	5.4	3.2	51.3	4.2	2.4
	2. 단독조직	121.0	3.0	4.0	23.3	2.3	2.7
	전체 평균	123.3	3.8	3.8	31.7	3.0	2.7
	F값	.02	4.72*	.73	2.07	4.30*	.53
단체유형	1. 여성운동	95.8	3.7	2.6	14.9	1.8	1.0
	2. 환경운동	151.9	2.6	5.3	24.3	1.5	3.0
	3. 인권운동	57.4	3.6	4.1	13.9	1.5	1.9
	4. 사회복지	147.0	3.9	3.2	32.3	2.2	1.9
	5. 구사회운동	168.7	4.8	4.3	77.4	2.8	2.5
	전체 평균	123.3	3.8	2.8	31.7	2.0	2.0
	F값	.54	.39	1.08	1.61	.55	1.46
활동영역	1. 전국 포괄	131.5	4.9	4.4	38.4	2.4	2.1
	2. 중앙	184.4	3.8	3.2	40.8	2.1	1.8
	3. 광역지방	65.5	1.3	2.6	9.2	1.0	1.8
	4. 기초지역	39.1	1.0	2.8	9.1	0.7	1.6
	전체 평균	123.3	3.8	3.8	31.7	2.0	2.0
	F값	.88	3.04*	1.02	.68	1.45	.16

주: 매개중심성(betweenness centrality)은 타조직이 다른 조직들에 도달하기 위해 해당 조직을 거쳐야 하는 정도를 의미하며, 수신중심성(in-degree centrality)은 해당조직이 타조직들로부터 요청받은 연대의 횟수를, 발신중심성(out-degree centrality)은 해당조직이 타조직들에게 요청한 연대의 횟수를 의미한다. I은 정보교환과 인적·물적 교류를 전부 포함하는 연대활동을 의미하며, II는 인적·물적 교류에만 한정한 연대활동을 의미한다.

*: $p < .05$

혹은 단독조직인지가 큰 영향을 미치지는 않는다. 단체유형에 따라서는 구사회운동조직, 환경운동조직, 사회복지운동조직 등의 브로커 역할이 상대적으로 두드러진다. 활동영역별로 보면 역시 지역에 기반한

<표 4> 사회운동조직의 중심성을 결정하는 요인에 대한 회귀분석

	포괄적 연대			강한 연대		
	매개중심성	수신중심성	발신중심성	매개중심성	수신중심성	발신중심성
역사	-5.20**	-0.10**	-0.81*	-1.34*	-0.06**	-0.04*
ln(규모)	-7.55	-0.20	-0.24	0.69	-0.06	-0.10
ln(상근자)	123.75***	2.21***	1.36*	18.60	1.23***	0.52
전국/중앙	100.40	3.66**	1.88	26.99	1.48*	0.66
상수항	-57.17	-0.42	2.82	-15.02	-0.26	2.02
R-square	.080	.274	.138	.114	.215	.080
사례수	75	75	75	75	75	75

*: p < .05; **: p < .01; ***: p < .001

조직보다는 전국을 포괄하는 중앙조직들의 브로커 역할이 두드러진다. 다양한 중심성을 종속변수로 하고 조직의 역사, 조직의 규모(회원수), 상근자의 수, 조직의 활동영역 등을 독립변수로 하여 회귀분석을 행한 결과는 사회운동조직의 수신중심성이 가장 높은 설명력을 갖는 것으로 나타났다 (<표 4> 참조). 수신중심성을 설명하는 요인들을 살펴보면, 역사적으로 오래된 운동조직보다는 최근에 설립된 운동조직들이 연대활동에서 중심적인 역할을 행하는 것으로 나타났으며, 회원수는 큰 영향을 미치지 않는 것으로 나타났다. 반면에 전국을 무대로 하거나 중앙에서 활동하는 조직의 수신중심성이 유의미하게 강한 것으로 드러났다. 포괄적 연대에서는 동일한 요인들이 조직의 매개중심성이나 발신중심성에도 영향을 미치고 있다. 그러나 운동조직의 유형, 즉 환경이나 여성운동, 혹은 기타 운동의 영역이 가지는 고유한 효과는 없다. 달리 말하면 운동조직의 중심성은 신사회운동조직이나 구사회운동조직이나를 불문하고 큰 차이를 나타내지 않았다. 이는 운동조직의 중심성을 결정하는 것이 회원수나 운동의 영역이 아니라 조직이 가진 자원처리능력, 즉 상근자의 숫자와 비례한다는 것을 드러내는 것이다.

3. 전체 사회운동조직 간 연대의 양상과 특성

1) 블록모델링을 통한 연대관계의 요약

전체 사회운동조직 간의 연결망이 맺는 양상을 보여 주기 위해서 이 연구에서는 강한 연대에 일차적으로 주목하였다. 한국의 사회운동조직간의 연대활동을 통해 우리는 전체적 양상을 어떻게 그려 볼 수 있을 것인가? 이 질문에 답하기 위해 먼저 다양한 조직들 중에서 조직간 연대의 분야에서 상대적인 위치가 유사한 조직들을 골라낼 필요가 있다. 조직간 연대활동상의 유사성, 즉 구조적 등위성에 따라 몇 개의 블록으로 요약하고, 각각의 블록들 간, 그리고 블록 내 연대활동의 양상을 보여 주는 것이 필요할 것이다. 전체 사회운동조직들 간의 관계를 요약하기 위한 블록 모델링(block modeling)의 한 방법으로 이 연구에서는 CONCOR(CONvergence of iterated CORrelations)를 이용하였다. CONCOR란 연결망상의 조직들의 위치를 판별하기 위한 방법으로서 조직들을 *i*행과 *j*열에 따라 범주내의 조직들간의 상관관계는 +1로, 범주 간의 상관관계는 −1이 되도록 범주들을 세분화시키는 방법이다(Wasserman and Faust, 1994: 376-380). 범주의 구분은 처음에는 두 블록으로, 그리고 각각의 블록을 다시 두 개의 하위블록으로 나누는 방법을 반복하여, 가장 동질적인 세분화된 범주가 나타날 때까지 계속하게 된다. 이 방법은 같은 범주 안에 속한 조직들 간의 상대적인 구조적 등위성을, 판별할 수 있게 해 준다. 조직 *i*와 *j*가 구조적으로 등위에 있다는 것은 모든 조직(k=1, 2, ..., g이고 k$\neq i$, j)과의 관계에서 *i*가 *k*와 맺는 관계가 *j*가 *k*와 맺는 관계와 동일하다는 것을 의미한다. 물론 이 때 세분화의 수준과 하위범주내 등위성의 정도를 판단하는 것은 기계적으로 이루어질 수 없고 전체 연결망에 속한 조직의 수와 내부 동질성의 정도를 이론적 관점에서 판단하여야 한다.

<표 5> CONCOR를 이용한 사회운동조직의 분류(구조적 등위성)

블록	중심단체	소속단체
1. 환경I	녹색연합, 한국여성민우회	대한YWCA연합회, 수원환경운동센터, 그린훼미리운동연합, 환경과 공해연구회, 한국여성의 전화
2. 환경II		걷고 싶은 도시만들기시민연대, 녹색교통운동, 우리민족서로돕기운동본부, 녹색소비자연대, 부천YMCA, 불교환경교육원
3. 인권I		전국여성농민회총연합, 지식인연대, 민가협, 부산참여자치시민연합, 부천외국인노동자의집, 울산민주시민회, 의보통합연대회의, 주거권실현을 위한 국민연합
4. 환경III	우리밀살리기운동본부	무등산보호단체협의회, 한국여성노동자협의회, 인천산업사회보건연구회, 춘천경실련, 부산경실련
5. 소비자운동I	한국여성단체연합, 소비자보호단체협의회	기독교윤리실천운동, 한국YMCA전국연맹, 노동인권회관
6. 종합I	참여연대, 경실련	건강사회를 위한 약사회, 외국인노동자대책협의회, 광주전남환경운동연합, 주한미군범죄근절운동본부
7 인권II		장기수가족후원회, 인도주의실천 의사협회, 한국정신대문제대책협의회, 인권운동사랑방, 불교인권위원회, 천주교정의구현사제단
8. 인권III	전국연합, 민예총, 민변, 민주노총, 민교협	한국인권협, 참교육시민모임, 천주교인권위원회, 한국노총
9. 환경IV		수원경실련, 국제인권옹호한국연맹, 대전환경운동연합, 부천연합, 북한인권개선운동본부, 한국여성단체협의회, 생명가치를 찾는 민초들의 모임
10 .부산지역		부산장애인 총연합회, 낙동강보존회, 부산YWCA, 참여자치대전시민회의, 부산환경운동연합
11. 여성		대한어머니회, 서울YWCA, 인간교육실현학부모연대, 가톨릭여성연합회
12. 소비자운동II	참교육을 위한 전국학부모회	한국여성민우회, 인천환경운동연합, 우리농촌살리기운동전국본부, 생활협동중앙회, 소비자문제를 연구하는 시민의 모임
13. 개별활동		또 하나의 문화, 가정법률상담소, 낙태반대운동연합, 전국장애인단체총연합회, 대한주부클럽연합회, 대한간호협회, 국제엠네스티한국지부, 바른언론을 위한 시민연합, 한국여성정치연구소, 원주민주청년회, 흥사단, 한국유권자운동연합, 한국부인회, 마산창원환경운동연합, 교통문화운동본부

주: 중심단체는 전체 90개 운동조직 중 타조직으로부터의 연대의 대상이 된 빈도, 즉 피선중심성이 높은 조직들을 의미한다.

CONCOR를 사용해 전체 90개의 사회운동조직을 <표 5>와 같이 13개 블록을 나눌 수 있었다. 이 과정에서 90×90의 매트릭스는 13×13의 매트릭스로 요약되었다. <표 5>에서 각 블록에 속해 있는 조직들은 타조직과의 연대활동에서 비교적 유사한 양상을 나타내고 있음을 의미한다. 예를 들면 블록 8에 속한 조직들은 타블록에 속한 조직들과의 관계에서 보면 유사한 위치를 점하고 있다. 특히 전국연합과 민예총, 민변, 민주노총, 민교협 등은 운동조직들 간의 연대활동에서 보면 유사한 역할을 하는 조직들임을 의미한다. 그 외에도 한국인권협회나 참교육시민모임, 천주교인권위원회, 한국노총 등도 비교적 유사한 위치를 점하고 있다. 그러나 후자의 조직들과 전자의 조직들 간의 중요한 차이는 전자의 조직들이 보다 두드러지는 역할을 수행하고 있다는 점이다.

2) 블록 내와 블록 간 연대의 밀도

<표 6>에서는 블록 내, 혹은 블록 간 연대활동의 밀도를 보여 준다. 대각선상에 위치한 것은 각 블록들 내의 연대활동의 밀도이고, 그 밖에 있는 것은 블록 *i*로부터 블록 *j*로 요청하여 실현된 연대활동의 밀도를 의미한다. 이 때 밀도(density)는 특정 사회연결망을 구성하는 개별조직들이 얼마나 촘촘하게(densely) 혹은 성기게(sparsely) 관계를 맺고 있는지를 측정한 것으로서 (실현한 관계의 수/최대 가능한 관계의 수)로 정의할 수 있다. <표 6>에서 보면 블록 내 연대의 밀도가 가장 높은 것은 블록 1로서 .20에 해당한다. 달리 말하면 블록 1을 구성하는 모두 7개의 운동조직들 간에 가능한 연대의 수는 모두 7×(7-1)로서 42개인데, 실제로는 10개의 연대관계가 확인되었다. 그러므로 밀도는 10/42=.20인 것이다. 블록 간 연대의 밀도가 가장 높은 것은 블록 2→블록 6으로서 .28이다. 블록 2에 속한 조직이 모두 6개이고, 블록 6에 속한 조직이 모두 6개이므로 블록 2의 조직들이 모두 블록 6의 조직들을 연대활동의 대상으로 선택한다면

<표 6> 구조적 등위성에 기반한 13개 블록 간 연대활동의 밀도 매트릭스

발신블록 \ 수신블록	1	2	3	4	5	6	7	8	9	10	11	12	13
1	0.20	0.10	0.00	0.00	0.09	0.02	0.00	0.00	0.00	0.00	0.00	0.00	0.00
2	0.10	0.11	0.00	0.03	0.20	0.28	0.00	0.02	0.02	0.00	0.00	0.00	0.00
3	0.00	0.00	0.00	0.02	0.08	0.25	0.08	0.18	0.00	0.05	0.00	0.00	0.00
4	0.00	0.00	0.02	0.03	0.03	0.08	0.00	0.13	0.00	0.07	0.00	0.08	0.00
5	0.00	0.00	0.03	0.00	0.00	0.10	0.00	0.00	0.00	0.00	0.00	0.00	0.00
6	0.00	0.03	0.00	0.00	0.00	0.03	0.03	0.09	0.00	0.00	0.00	0.00	0.00
7	0.05	0.00	0.08	0.00	0.07	0.00	0.06	0.15	0.00	0.00	0.00	0.00	0.00
8	0.02	0.00	0.00	0.00	0.07	0.04	0.06	0.17	0.00	0.00	0.03	0.04	0.00
9	0.02	0.02	0.00	0.00	0.00	0.00	0.00	0.00	0.02	0.03	0.00	0.00	0.00
10	0.00	0.00	0.05	0.03	0.00	0.00	0.00	0.00	0.00	0.12	0.00	0.00	0.00
11	0.00	0.00	0.00	0.00	0.20	0.00	0.00	0.00	0.07	0.00	0.00	0.00	0.00
12	0.00	0.03	0.00	0.08	0.00	0.00	0.00	0.00	0.00	0.00	0.00	0.11	0.00
13	0.00	0.00	0.00	0.00	0.00	0.00	0.00	0.00	0.00	0.00	0.00	0.00	0.00

모두 36개의 관계가 만들어질 수 있다. 그러나 실제로 10개의 관계가 만들어졌다. 그러므로 밀도는 10/36=.28이 된다.

3) 중심적 운동 블록의 판별

<표 6>을 살펴보면 대각선을 기준으로 하여 양쪽 삼각형이 대칭적이 아니라는 것을 알 수 있다. 이는 연대활동이 호혜적으로 이루어지지 않는다는 것을 의미한다. 앞에서 예를 들어 본 블록 2→블록 6으로의 연대활동, 즉 블록 2의 조직들이 블록 6의 조직들에게 요청하여 성사된 연대활동의 밀도가 .28에 달했지만, 블록 6에서 블록 2로 요청하여 이루어진 연대활동의 밀도는 .03으로 단 1회의 연대활동만이 이루어졌음을 보여 준다. 이처럼 연대활동의 방향이 비대칭적인 경우 타운동조직으로부터 연대활동의 요청을 많이 받는 조직일수록 전체 사회운동영역에서 차지하는 위치가 중심적이 된다는 것을 알

수 있다. 그러므로 스타(star) 조직이란 타블록으로부터의 연대요청이 많은 조직이라고 할 수 있다. 이처럼 연대활동의 네트워크에서 피선택의 빈도가 높은 고위신(prestigious) 조직을 수신중심성(受信中心性, in-degree centrality)이 높다고 할 수 있다. 즉, 수신중심성이 높은 조직은 조직간 연대에서 중심적 역할을 수행하는 조직이다. 전체 90개의 사회운동조직 중에서 가장 높은 수신중심성을 보인 단체는 민주노총(14점), 경실련(14점), 참여연대(13점), 한국여성단체연합(11점), 전국연합(8점), 민변(8점), 민교협(5점), 녹색연합(5점), 우리밀살리기운동본부(5점), 한국여성민우회(5점), 참교육을 위한 전국학부모회의(5점), 민예총(5점), 소비자보호단체협의회(5점) 등이었다. <표 1>에서는 이들을 중심조직으로 따로 분류하여 제시하였다.

4) 전체 연대 네트워크의 양상

이상에서 언급한 블록 모델링과 블록 내와 블록 간의 연대의 밀도, 그리고 개별조직의 피선중심성 등을 종합하여 요약한 내용을 압축적으로 보여 주는 것은 <그림 2>이다. 이 그림에서 블록 간 연대의 밀도가 .05 이상인 것들만을 가는 화살표로 표시하였고, 블록 간 연대의 밀도가 .10 이상인 경우는 조금 굵은 화살표로, 그리고 .20 이상인 경우는 아주 굵은 화살표로 표시하였다. 또한 블록 내 연대의 밀도가 .10 이상인 경우는 굵은 화살표로 표시하여 차별화하였다. 이 그림에 따르면, 한국의 사회운동단체들은 크게 13개의 블록으로 나뉘며, 각각의 블록들은 다양한 특성들을 차별적으로 보여 준다. 가장 중심적인 블록으로는 5, 6, 8번 블록을 들 수 있다. 이들은 모두 타 단체로부터 연대의 요청을 많이 받는 조직들이다. 이 그림에서 드러난 주요 블록들을 특징적으로 요약하자면 다음과 같은 서술이 가능할 것이다.

첫째, 중심적인 블록들 중에도 블록 5는 여성단체협의회와 소비자보호단체협의회, 기독교윤리실천운동, 한국YMCA전국연맹, 노동인권

<그림 2> 블록모델링을 통해 본 사회운동단체 간의 연대의 양상 (인적 · 물적 교류)

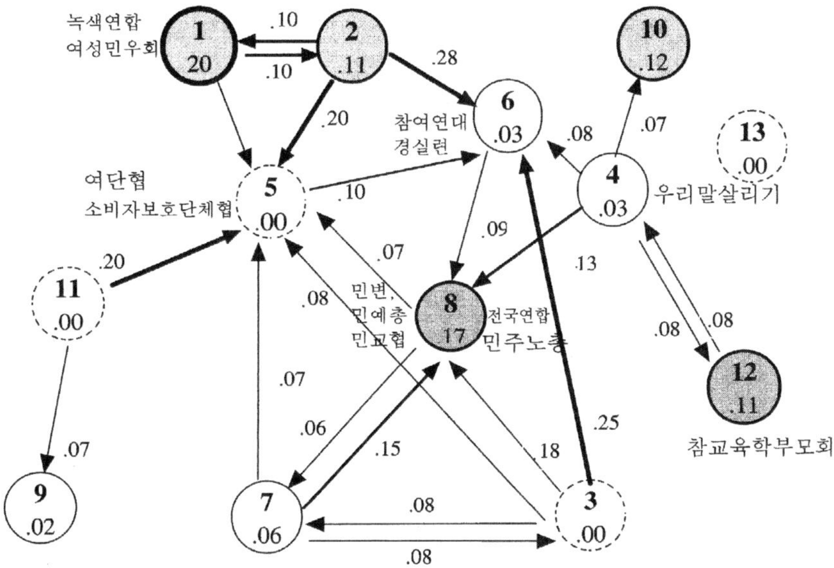

· 원내의 큰 숫자는 블록의 번호를, 원내의 작은 숫자는 블록 내 조직간 연대의 밀도를, 화살표 옆의 작은 숫자는 블록간 연대의 밀도를 나타낸다.
· 굵은 원과 화살표는 각각 블록 내와 블록 간 연대의 밀도가 높음을 의미한다.
· 운동조직명은 각 블록 내에서 중심성이 높은 운동조직을 표시한 것이다.

회관 등으로 구성되어 있다. 그 성격으로 보면 여성운동과 종교적인 사회참여운동, 소비자보호운동 등이 골고루 포함되어 있다. 이들은 1, 2, 3, 7, 8, 11번 블록으로부터 연대활동의 대상이 되었으며, 특히 2번의 환경운동블록과 11번의 교육운동조직들로부터의 연대는 높은 밀도를 나타내고 있다. 다시 말하면 다양한 성향의 운동조직들로부터 광범위한 연대의 대상이 되고 있다는 점에서 가장 연대의 포괄범위가 넓으면서도 동시에 높은 중심성을 보여 주고 있다. 특히 여단협과 소비자보호단체협의 중심적 활동이 두드러진다. 반면에 5번 블록에 속한 조직들은 블록 내 연대의 밀도는 0이라는 점에서 내부 응집력이 없는 역할상의 동질적 위치를 점하는 명목적인 블록이다.

둘째, 참여연대나 경실련으로 대표되는 블록 6은 블록 2, 3, 4, 5에 속한 조직들로부터 연대활동의 요청을 받고 있다. 연대요청을 한 조직들이 환경운동, 지역운동, 민권운동, 여성노동운동, 소비자운동 등의 영역에서 활동하는 조직들임을 고려할 때, 블록 6도 블록 5에 못지 않은 포괄성을 지니며, 특히 2번과 3번 블록으로부터는 매우 밀도가 높은 연대활동이 이루어지고 있다. 그러나 5번 블록도 2번 블록과 마찬가지로 블록 내 밀도는 .03에 불과해 역시 내부응집력이 약한 집단으로 분류할 수 있을 것이다.

셋째로 주목할 것은 8번 블록이다. 민변, 민예총, 민교협, 전국연합, 민주노총 등을 포괄하는 이 집단은 블록 내 연대의 밀도가 .17로 비교적 내부 응집성이 높으며. 동시에 3, 4, 6, 7블록에 속한 조직들로부터 연대의 대상이 되고 있다. 주된 연대의 기반은 노동운동조직, 환경운동조직, 개혁지향형의 종합적 시민운동조직, 인권운동조직 등이다.

넷째로 구별이 되는 것은 블록 10과 12로서 타조직과는 최소한의 연대를 유지하되, 블록 내 조직들 간의 연대가 비교적 활발한 유형이다. 블록 10은 주로 부산지역의 사회운동조직들로 구성되어 있으며, 지리적으로 분리되어 있는 부산지역 내 운동조직들 간에 비교적 높은 밀도의 연대활동이 이루어지고 있다는 것을 보여 준다. 블록 12는 참교육을 위한 전국 학부모회, 여성민우회, 소비자문제를 연구하는 시민의 모임, 생활협동중앙회 등 소비자운동단체들이 포진해 있으며, 내부적으로도 비교적 높은 밀도의 연대활동을 하고 있다.

다섯 번째로, 독특한 것은 13번 블록에 속한 조직들로 이들은 블록 내, 혹은 블록간에 전혀 가시적인 연대활동을 나타내지 않는 독자적 활동조직들이다.

이상의 내용들을 염두에 두고 <그림 2>에 드러난 양상을 간략히 요약하자면, 현재 한국의 사회운동에서 연대활동을 중심으로 해석하자면, 각각의 블록은 운동조직의 유형에 따라 동질적인 유형의 조직들이 모이는 유유상종의 경향(homophily)이 나타나고 있지만, 상당한 정도는 유형들 간의 교차연대활동도 광범하게 진행되고 있음을 알 수 있다. 사회운동세계에서 중심적인 유형으로는 크게 세 가지를 나눌 수 있을 텐데, 필자는 이를 1) 여성중심의 소비자운동조직(블록 5), 2) 사회개혁지향의 종합운동조직(블록 6), 3) 민주화운동에 기반한 인권조직(블록 8)으로 대별할 수 있다고 생각한다. 각각의 유형을 대표하는 것은 여단협, 참여연대, 전국연합 등이다.

이처럼 다양한 운동조직 간의 상호교차연대활동이 이루어지는 이유는 사회운동조직들이 단일목적이 아닌 복수의 목적을 추구하기 때문에 실질적으로 활동상 중첩된 영역이 크게 존재하기 때문이다. 이러한 경향성은 <표 7>에서도 잘 드러난다. 각 조직별로 스스로 정관에 명시된 목적을 분류한 결과, 모든 조직유형에서 일차적인 목적으로는 각각의 조직의 전문성에 맞는 목적을 제시하고 있지만, 그 외에도

<표 7> 사회운동조직 유형별 정관에 명시된 목적의 분포 (단위: %)

여성운동조직 목적		환경운동조직 목적		인권운동조직 목적		복지운동조직 목적		구사회운동조직 목적	
여권신장	80	환경보전	92	인권보호	94	합리적 대안	86	합리적 대안	88
합리적 대안	45	합리적 대안	54	합리적 대안	53	의식개혁	64	민중권익	69
인권보호	45	의식개혁	31	민중권익	47	환경보전	55	인권보호	63
의식개혁	35	소비자보호	23	민족통일	41	인권보호	50	기타	44
기타	35	민중권익	15	의식개혁	35	소비자보호	45	환경보전	38
소비자보호	35	도덕성	15	여권신장	29	민중권익	41	민족통일	38
도덕성	35	여권신장	8	도덕성	29	민족통일	41	의식개혁	31
민족통일	30			환경보전	24	기타	41	여권신장	13
환경보전	25			장애복지	12	장애복지	41	소비자보호	13
민중권익	20			기타	6	도덕성	36	장애복지	13
장애복지	15			소비자보호	6	여권신장	14		

상당히 많은 이슈들에 대해 동시에 관심을 가지고 있음을 알 수 있다.

4. 운동조직 간 연대의 결정요인: 관계쌍 분석

사회운동조직 간의 연대는 각 조직들 간의 관계쌍(dyad)으로 구성된다. 관계쌍이란 전체 사회운동조직들 간의 관계가 맺어질 수 있는 이자관계를 의미한다. 이러한 관계쌍에 일정부분에서는 실제로 한 방향으로의 연대활동이 이루어지고, 다른 관계쌍들에서는 연대가 발생하지 않는다. 모두 90개의 운동조직들간에는 이론적으로 가능한 연대의 수는 (90)×(90-1)=8,010개이다. 그 중에 실제로 인적 물적 교류를 통한 연대가 이루어진 것은 포괄적 연대인 경우에는 338개의 관계쌍이 발견되어 전체 가능한 연대의 4.2%를 점하며, 강한 연대의 경우에는 모두 178개 관계쌍이 전체의 2.2%에 달한다 (<표 8> 참조).

한편, 각각의 실현된 연대 중에서 두 조직이 서로 상대를 연대상대라고 지적한 사례는 포괄적 연대의 경우에는 102개, 강한 연대에서는 36개로서 전체 연대의 관계쌍에서 차지하는 비율은 각각 30.2%와 20.2%에 해당한다. 호혜적 연대의 비중이 높다는 것은 자원동원과 정보처리능력을 갖춘 중심적 조직과 그렇지 못한 주변적 조직 간에 정보나 협력의 흐름이 양방향으로 이루어진다는 것을 의미한다.

<표 8> 운동조직 간 연대활동 관계쌍의 분포

	포괄적 연대	강한 연대
전체 가능한 연대의 수(A)	8010	8010
맺어진 관계의 수(B)	338	178
호혜적 관계의 수(C)	102	36
연대의 밀도(B/A)	4.2%	2.2%
호혜적 연대의 밀도(C/B)	30.2%	20.2%

<표 9> 사회운동조직의 수준별 및 연대의 형태별 교차분석 (빈도, %)

	포괄적 연대			강한 연대		
조직 수준	연합/ 협의체	단독 조직	합계	연합/ 협의체	단독 조직	합계
연합/ 협의체	41 47.67	45 52.33	86 100.00	24 53.33	21 46.67	45 100.00
단독조직	106 42.06	146 57.94	252 100.00	56 42.11	77 57.89	133 100.00
합계	147 43.49	191 56.51	338 100.00	80 44.94	98 55.06	178 100.00
	Pearson $\chi^2(1)$=0.8214 Pr=0.365			Pearson $\chi^2(1)$=1.7131 Pr=0.191		

그러므로 정보교류의 차원에서는 중심조직과 주변조직 간의 협력이 비교적 호혜적이고 평등한 방향으로 이루어지지만, 인적·물적 교류에 국한된 강한 연대활동에서는 중심적 운동조직들은 주변조직으로부터의 연대제의로부터 상당히 선택적으로 반응한다는 것을 알 수 있다. <표 9>에서 포괄적 연대를 조직의 수준에 따라 살펴보면, 협의체나 연합체들이 자체 내에서 연대파트너를 선택한 비율은 47.7%이며, 단일조직들이 자체 내에서 연대파트너를 선택한 비율은 57.9%로서 그 차이는 확대되었지만 통계적으로는 유의미한 차이를 나타내지 않는다(χ^2=.821, p=.365). 강한 연대에서도 협의체나 연합체의 성격을 가지는 조직들이 자신과 동일한 수준의 조직을 연대활동의 대상으로 택한 비율은 53.3%이며, 단일조직이 단일조직을 연대의 파트너로 선택한 비율은 57.8%로서 큰 차이가 나타나지 않는다(χ 2=1.712, p=.191).

포괄적 연대를 조직간 활동영역에서 보면, 각 영역별 자체 내 선택, 즉 유유상종의 비율은 여성운동(51.9%), 인권운동(51.4%), 복지운동(37.0%), 환경운동(31.1%), 구사회운동(23.2%)의 순으로서 여성운동과 인권운동의 경우에 유유상종의 경향이 가장 강하다 (<표 10>

<표 10> 사회운동조직의 영역별 및 연대의 형태별 교차분석 (빈도, %)

운동영역	포괄적 연대					
	여성운동	환경운동	인권운동	복지운동	구사회운동	합계
여성운동	27 51.92	2 3.85	3 5.77	8 15.38	12 23.08	52 100.00
환경운동	18 24.32	23 31.08	3 4.05	18 24.32	12 16.22	74 100.00
인권운동	4 5.71	1 1.43	36 51.43	12 17.14	17 24.29	70 100.00
복지운동	12 16.44	8 10.96	6 8.22	27 36.99	20 27.40	73 100.00
구사회운동	12 17.39	2 2.90	14 20.29	25 36.23	16 23.19	69 100.00
합계	73 21.60	36 10.65	62 18.34	90 26.63	77 22.78	338 100.00

Pearson $\chi^2(16) = 143.9738$ Pr = 0.000

운동영역	강한 연대					
	여성운동	환경운동	인권운동	복지운동	구사회운동	합계
여성운동	10 52.63	0 0.00	1 5.26	4 21.05	4 21.05	19 100.00
환경운동	9 21.43	14 33.33	2 4.76	12 28.57	5 11.90	42 100.00
인권운동	2 6.06	0 0.00	16 48.48	6 18.18	9 27.27	33 100.00
복지운동	7 15.91	6 13.64	2 4.55	15 34.09	14 31.82	44 100.00
구사회운동	7 17.50	1 2.50	5 12.50	14 35.00	13 32.50	40 100.00
합계	35 19.66	21 11.80	26 14.61	51 28.65	45 25.28	178 100.00

Pearson $\chi^2(16) = 80.2004$ Pr = 0.000

<표 11> 사회운동조직의 지역별 및 연대의 형태별 교차분석

(빈도, %)

활동지역	포괄적 연대				
	전국	중앙	지방광역	기초지역	합계
전국	164 74.21	52 23.53	2 0.90	3 1.36	221 100.00
중앙	46 79.31	11 18.97	0 0.00	1 1.72	58 100.00
지방광역	17 50.00	2 5.88	12 35.29	3 8.82	34 100.00
기초지역	16 64.00	4 16.00	3 12.00	2 8.00	25 100.00
합계	243 71.89	69 20.41	17 5.03	9 2.66	338 100.00

Pearson $\chi^2(9) = 91.8101$ Pr = 0.000

활동지역	강한 연대				
	전국	중앙	지방광역	기초지역	합계
전국	80 74.77	25 23.36	0 0.00	2 1.87	107 100.00
중앙	25 75.76	8 24.24	0 0.00	0 0.00	33 100.00
지방광역	10 41.67	2 8.33	10 41.67	2 8.33	24 100.00
기초지역	7 50.00	2 14.29	3 21.43	2 14.29	14 100.00
합계	122 68.54	37 20.79	13 7.30	6 3.37	178 100.00

Pearson $\chi^2(9) = 68.0770$ Pr = 0.000

참조). 반면에 구사회운동에서 복지운동으로(36.2%), 복지운동에서 구사회운동으로(27.4%)는 비교적 높은 선택이 이루어지고 있어서 양 영역 간의 연대가 가장 활발하다는 것을 알 수 있다. 강한 연대관계를 조직 간 활동영역에서 보아도, 각 영역별 자체 내 선택, 즉 유유상종의 비율은 여성운동(52.6%), 인권운동(48.5%), 복지운동(34.1%), 환경운동(33.3%), 구사회운동(32.5%)의 순으로서 여성운동의 경우에 유유상종의 경향이 가장 강하다. 포괄적 연대관계에서와 마찬가지로 구사회운동에서 복지운동으로(35.0%), 복지운동에서 구사회운동으로(31.8%)는 비교적 높은 선택이 이루어지고 있어서 양 영역 간의 연대가 가장 활발하다는 것을 알 수 있다.

한편, 조직의 활동지역별로 보면, 포괄적 연대에서 유유상종의 경향은 전국포괄지역(74.2%), 서울 제외한 광역지역(35.3%), 서울지역(18.9%), 기초지역(8.0%)의 순으로 매우 낮게 나타난 반면, 서울을 제외한 광역지역 조직들 중의 79.3%, 서울지역조직들의 50%, 그리고 기초지역 조직들의 64%는 연대활동의 대상으로 전국포괄조직을 선택하여 전국을 포괄하는 조직이 조직 간 연대의 파트너로서 압도적 지위를 차지하고 있다는 것을 알 수 있다. 강한 연대활동에서도 전국포괄지역의 압도적 지위는 동일하게 확인된다. 전국단위조직의 74.2%, 서울 기반 조직의 75%, 지방광역지역에서 활동하는 조직의 41.7%, 그리고 기초지역기반 조직의 50.0%가 전국단위조직을 연대의 파트너로 선택하고 있는 것이다(<표 11> 참조).

전체 90개의 운동조직들 간의 연대활동은 방향성을 가지고 움직이므로, 연대활동의 발신조직을 i라 하고 수신조직을 j라 하면 모두 8,010개의 방향성을 가진 관계쌍들이 존재할 수 있다. 그런데 실제로 연대관계가 성립한 것은 일부분에 지나지 않으므로 과연 어떤 요인들이 운동조직들 간의 연대활동이 이루어지게 하느냐를 설명하기 위해서는 전체 관계쌍 중에서 실제로 연대가 이루어진 경우를 1로, 그리고 연대가 이루어지지 않은 경우를 0으로 하는 로짓분석을 하면

될 것이다. <표 12>는 로짓분석의 결과를 제시하고 있다. 전체 잠재적 관계쌍 중에 조직의 회원수 등에서 보고되지 않은 것들을 제외하고 모두 5,700개의 관계쌍의 사례들이 분석에 활용되었다.

이 분석에 활용된 독립변수들은 발신조직과 수신조직의 속성들의 일치와 차이 여부를 척도화한 것들이다. 동일수준 여부는 두 조직이 모두 연합체나 협의회인 경우, 혹은 두 조직이 모두 단일운동조직인 경우에 1의 값을, 그리고 두 조직이 상이한 조직수준을 갖는 경우에는 0의 값을 갖는 가변수로 활용되었다. 동일영역 여부는 두 조직의 분류가 여성, 환경, 사회복지, 인권, 구사회운동 등의 영역에 함께 속하는 경우에 1, 서로 다른 영역에 속하는 경우에는 0의 값을 가지는 가변수로 처리되었다. 동일지역 여부도 두 조직의 활동영역이 전국, 중앙, 광역지역, 기초지역의 4분류 중 같은 범주에 속하는 경우에 1, 그렇지 못한 경우에 0의 값을 가지는 가변수로 처리되었다.

한편, 두 조직의 연대활동의 방향성을 검토하기 때문에 발신조직과 수신조직의 설립연도의 차이는 양의 값을 가지는 경우에는 신생조직이 오랜 역사를 가지는 조직에 연대를 요청하는 경우를 의미하며, 음의 값은 반대를 의미한다. 같은 방식으로 두 조직 간의 상근자 수의 차이, 회원수의 차이, 그리고 두 조직의 중심성의 차이를 독립변수로 활용하였다.

분석의 결과는 흥미로운 사실들을 보여 준다. 첫째, 포괄적 연대를 결정하는 요인과 강한 연대를 결정하는 요인들 사이에 큰 차이는 없어 보인다. 먼저 유유상종(homophily)의 효과를 보기 위해 도입한 변수들의 효과에서는, 조직수준의 동질성은 연대활동에 큰 차이를 나타내지 않은 반면에, 동일 영역에 속한 조직들끼리, 그리고 동일 지역에서 활동하는 조직들끼리 연대활동이 성사될 가능성이 유의미하게 높아진다는 것을 알 수 있다. 둘째, 최근에 설립된 조직일수록 이전에 설립된 조직과 연대활동을 하는 데서 강한 연대를 추구하는 경향이 있다. 반면에 이전에 설립된 조직은 최근에 설립된 조직과 정보교

<표 12> 운동조직간 연대를 결정하는 요인에 관한 로짓분석: 관계쌍(dyad)의 분석

	포괄적 연대				강한 연대			
	I		II		I		II	
	계수	p>|z|	계수	p>|z|	계수	p>|z|	계수	p>|z|
동일수준 여부	.070	0.614	.176	0.219	.069	0.712	.255	0.188
동일영역 여부	.956	0.000	.955	0.000	.906	0.000	.884	0.000
동일지역 여부	.804	0.000	.817	0.000	.767	0.000	.782	0.000
*i*의 설립연도 − *j*의 설립연도	-.003	0.352	.009	0.024	-.007	0.160	.010	0.063
*i*의 상근자수 − *j*의 상근자수	-.006	0.030	.003	0.382	-.010	0.011	.003	0.533
*i*의 회원수 − *j*의 회원수(천 명)	-.0001	0.191	-.00002	0.827	-.0003	0.065	-.000	0.415
*i*의 중심성 − *j*의 중심성			-.156	0.000			-.199	0.000
상수항	-3.829	0.000	-4.070	0.000	-4.444	0.000	-4.861	0.000
사례수	5700		5700		5700		5700	
χ^2	88.94		180.53		50.75		141.09	
Prob > χ^2	0.0000		0.0000		0.0000		0.0000	
Pseudo R^2	0.0451		0.0916		0.0412		0.1145	
Log Likelihood	-941.23		-895.43		-590.85		-545.69	

환수준의 연대활동에서 더 적극적이어서 대비를 이룬다. 이는 민주화가 진행된 이후에 설립된 조직들이 실질적인 연대활동에서 보다 적극적임을 보여 주는 결과로 해석할 수 있을 것이다. 셋째, 두 상이한 조직간의 연대관계를 결정하는 중요한 요인은 상근자 수로 대표되는 조직의 과업수행능력이다. 이는 조직의 회원수로 측정한 조직규모의 효과가 전혀 없다는 것과 대비된다. 즉, 회원의 수보다는 조직의 상근자 수가 훨씬 조직의 역량을 잘 반영한다는 것으로 이해할 수 있

을 것이다. 조직 간 연대는 상근자 수가 적은 조직에서 상근자 수가 많은 조직으로 요청하는 경향이 매우 강하다는 것을 알 수 있다. 그런데 이러한 상근자 수의 효과는 조직의 중심성(여기서는 수신중심성)을 통제한 결과 사라진다. 앞에서 이미 분석한 대로 조직의 중심성을 결정하는 가장 중요한 요인이 상근자의 수였다는 것을 상기할 때(<표 4> 참조), 조직 간 연대에서도 상근자 수로 대표되는 조직의 과업수행역량이 매우 중요한 역할을 한다는 것을 알 수 있다.

이상의 내용을 간략히 정리한다면, 조직 간 연대는 유사한 이슈를 다루는 조직들 간에, 그리고 동일 지역에서 활동하는 조직들 간에 활발히 일어나며, 조직 간 연대의 방향은 조직의 과업수행능력이 낮은 곳에서 높은 곳으로 집중하는 경향이 있고, 특히 민주화의 진행 이후에 출범한 조직들이 조직 간 연대의 중심에 자리잡고 있다는 것으로 요약될 것이다. 따라서 조직의 활동영역과 지역에서는 유유상종의 경향이, 그리고 조직의 과업수행능력 간에는 교차연대의 경향이 강하다고 할 것이다.

5. 외부환경과의 연결망

1) 소속행렬의 분석

사회운동조직은 사회적 환경 속에서 자원을 동원하고 자신의 목적을 달성하기 위한 통로로 정부나 지방정부, 언론, 기업, 정당, 외국기관 등을 활용한다. 이 연구에서 조사한 90개 사회운동조직들이 연대활동을 벌인 사회적 환경에 속한 조직들은 모두 181개에 달하였다. 이들의 응답은 90개의 행(i)과 181개의 열(j)을 가진 소속행렬(affiliation matrix)로 표시가 가능하다. 이 때 x_{ij}=1이라는 것은 i번째의 사회운동조직이 j번째의 환경조직을 연대의 대상으로 선택했다는 것을 의미하며, x_{ij}=0이라는 것은 두 조직 간의 연대가 존재하지 않는다는 것을 의미한다. 그런데, X를 $i \times j$의 행렬이라 하면, X'는 $j \times i$

의 행렬이 된다. 이 때, $X^i=XX'$로, $X^j=X'X$로 계산이 가능하다. 여기서 X^i는 90개 사회운동조직간의 유사성을 보여 주는 행렬로, X^j는 181개의 사회적 환경조직들 간의 유사성의 행렬로 이해할 수 있다. (자세한 내용은 Breiger, 1974를 참조) 이 연구에서는 181개의 사회적 환경조직들을 그대로 사용하지 않고, <표 13>에 나타나는 바와 같이 모두 27개의 분류로 바꾸었다. 그러므로 j는 181개가 아니라 27개의 조직범주들이 사용된 것이다. 따라서 모두 90개의 조직에서 각 조직범주 쪽으로 요청된 연대활동의 밀도를 계산한 후, 평균밀도(.03)보다 높은 값을 가지는 경우에 1의 값을 그렇지 않은 경우에 0의 값을 주어 90×27의 행렬로 전환하여 분석에 사용하였다.

2) 어떤 범주들이 사회운동조직에 중요한 환경으로 기능하는가?

앞에 언급한 바와 같이 환경에 속한 조직들을 27개의 범주로 통합하여, 각 범주에 대해 사회운동조직들이 연대한 관계의 빈도, 다시 말하면 환경에 속한 조직군들의 평균적인 연대수신빈도(in-degree ties)를 계산한 결과는 <표 13>과 같다. 이 표는 환경에 속한 조직들이 얼마나 사회운동조직들로부터 신뢰와 협조의 대상이 되느냐를 나타내 준다는 점에서 일종의 위신(prestige)이라고 보아도 좋을 것이다.

이 표에 따르면, 사회운동조직들에게 가장 중요한 것은 보건복지부, 교육부, 공보처, 문화관광부 등과 같은 사회문화분야의 정부부처들로서 총 11.5회의 연대수신밀도를 보여 준다. 달리 말하면, 총 90개 사회운동조직 중 평균 11.5개의 운동조직들이 이들 부처와 밀접한 연관을 맺고 있다는 것을 의미한다. 두 번째로 강력한 영향력을 행사하는 것은 국민회의(11회)로서 한나라당(4회), 국민신당(1회), 자민련(1회) 등과 비교해 압도적으로 높은 위치를 점하고 있다. 정부부처에서 는 환경부가 7회로서 여타 정부부처의 범주들이 다수의 부처들을 포함한다는 것을 염두에 둔다면 단일부처로서 압도적으로 높은 지위를

<표 13> 사회적 환경에 있는 조직이 사회운동조직으로부터 받은 연대의 평균빈도

사회적 환경범주	밀도	사회적 환경범주	밀도	사회적 환경범주	밀도
사회문화부처	11.50	정치외교부처	1.60	사법검찰경찰	1.00
국민회의	10.00	기타지방행정	1.33	지방교육행정	1.00
환경부	7.00	정부출연기관	1.27	지방의회	1.00
한나라당	4.00	경제단체	1.25	일반기업	1.00
중앙방송사	3.75	잡지사	1.25	은행	1.00
중앙신문사	3.11	노동조합	1.25	전문신문사	1.00
광역시도청	2.80	지방방송사	1.20	국민신당	1.00
경제부처	2.44	재벌	1.18	자민련	1.00
지방신문사	1.83	국제기관	1.02	시구군청	0.88

점한다. 이상의 정당과 정부부처를 제외하면, 중앙의 방송사들(KBS, MBC, SBS)과 중앙의 일간신문사들이 높은 지위를 점하고 있어서 (각각 3.75점과 3.11점), 여타 단체나 기업, 그리고 국제기관들에 비해 사회운동조직에게는 유의미한 환경이 되고 있다는 것을 알 수 있다.

X^j의 행렬을 토대로 27개 사회환경조직범주들 간의 상대적 차이를 유클리디안 거리(Eucledian distance)로 계산한 후, 이를 다차원축척(multi-dimensional scaling)으로 표시한 것이 <그림 3>이다. 이 그림에서 선으로 둘러싸인 안에 있는 범주들은 집락분석(cluster analysis)의 결과 기능적으로 유사한 단체들이라는 것을 의미한다. 이 그림을 해석한다면 다음과 같다. 첫째, 단일한 범주로서 중요한 영향력을 행사하는 것은 광역자치단체, 사회관련부처, 경제관련부처 등이다. 이들의 역할은 각기 상이한 독특성을 지닌다. 둘째, 중앙의 방송사나 신문사는 매우 중요한 역할을 하며, 동시에 이들의 역할은 매우 유사하다. 셋째, 국민회의는 정당임에도 불구하고 내무관련부처와 유사한 역할을 해 왔다. 동시에 국민회의는 정부부처보다 오히려 더 높은 영향력을 발휘하고 있다. 이 조사가 1998년 1월 중에 이루어진 것이라

<그림 3> 사회운동조직의 환경: 다차원 축적법

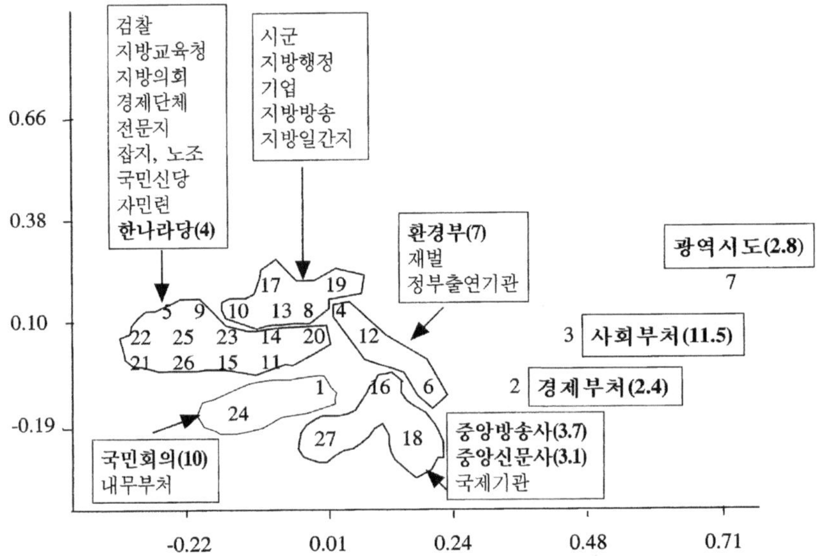

는 점을 상기한다면, 이미 김대중 정부가 들어서기 이전에 야당으로서의 국민회의는 사회운동조직과의 연대활동에서는 단연 독특한 역할을 수행해 왔다는 것을 보여 주는 결과이다. 넷째, 한나라당은 국민회의와는 다른 역할을 하고 있다. 즉 경제단체, 검찰, 교육청, 전문지, 기타 정당 등과 유사한, 하지만 그 중에서 가장 주도적인 역할을 해 왔음을 보여 준다. 넷째로 기초자치단체, 지방행정관련기관, 기업, 지방방송, 지방의 일간지 등은 모두 지방에 근거한 사회운동조직들의 환경으로서 유사한 역할을 해 온 것으로 드러난다. 그러나 이들은 분산되어 있고, 주도적 역할을 하는 조직을 갖지 못하고 있다.

3) 사회운동조직과 외부환경과의 친화력

사회운동조직과 환경조직들과의 친화력을 살피기 위해 5점의 척도를 구성하였다. 평균을 3으로 하고 3 이상이면 친화적 관계를, 그 이하면 갈등적 관계를 의미하는 것으로 구성되었다. 그 결과 사회운동조직들은 언론을 제외한 대부분의 환경조직들과 갈등적 관계에 있는 것으로 나타났다. 사회운동조직들은 일반적으로 언론과 가장 높은 친화력(3.34)을 나타내고 있으며, 그 다음으로 지방자치단체(2.86), 정당 (2.74), 중앙정부(2.41), 기업(2.31)의 순이었다.

운동조직의 유형별로 살펴보면, 여성운동의 경우에는 언론과 지방자치단체와 친화력을 유지한 반면, 중앙정부나 기업, 정당 등과는 갈등적 관계가 많았다. 환경운동단체들은 언론과 가장 친화력이 높은 반면 중앙정부나 기업과 갈등관계에 놓여 있었다. 특히 인권운동조직은 기업과 가장 갈등적인 관계를 유지하고 있고, 구사회운동단체들은

<표 14> 사회운동조직과 환경과의 친화성

	중앙정부	지방자치단체	기업	언론	정당
여성	2.74	3.06	2.67	3.44	2.79
환경	2.39	2.92	2.39	3.46	2.85
인권	2.59	2.73	2.00	3.12	2.56
복지	2.27	2.86	2.31	3.27	2.68
구사회	2.06	2.67	2.13	3.43	2.88
전체평균	2.41	2.86	2.31	3.34	2.74

<표 15> 환경과의 친화력과 접촉빈도 간의 상관관계

사회적 환경	상관관계
중앙정부	0.206
지방자치단체	0.269*
기업	0.162
언론	0.126
정당	0.283*

*: $p < .05$

중앙정부와 가장 갈등적인 관계에 놓여 있다.

한편 환경과의 친화력과 환경과의 연대활동의 빈도는 사회적 환경이 무엇이냐에 따라 다르게 나타난다. 사회운동조직들 중 정당이나 지방자치단체와 접촉이 많은 조직들은 정당이나 지방자치단체에 대해 친화력을 강하게 느낀다. 반면에 중앙정부, 기업, 언론 등과는 접촉의 빈도와 친화력 간에는 상관관계가 없다. 달리 말하면, 정당이나 지방자치단체와의 관계에서는 이념적인 동조나 친화력 등이 발휘되지만, 중앙정부나 기업, 언론 등과의 연대활동은 이념적 친화력보다는 도구적 관계에 치중하는 것으로 이해된다. 특히 기업과의 관계에서 관계의 도구성이 가장 크게 나타난다.

6. 결 론

이 연구에서는 신사회운동의 한국적 특성이 어떻게 발현되고 있는지를 알아보기 위해 신사회운동의 특징으로 평가되는 연결망의 양상에 대해 살펴보았다. 대부분의 사회운동단체들은 시기별로는 1987년 이후에 집중적으로 생겨났다. 사회운동조직들 중 타조직과의 네트워크에서 가장 중심적인 역할을 한 조직은 브로커의 역할로 보면 포괄적 연대활동에서는 참여연대와 녹색소비자연대, 녹색교통운동 등의 순이었던 반면 강한 연대활동에서는 민주노총, 참여연대, 전국연합 등의 순이었다. 이는 참여연대는 상대적으로 정보교환의 측면에서, 그리고 민주노총은 인적, 물적 교류에서 중심적 역할을 해 왔음을 보여 준다. 사회운동조직의 중심성을 결정하는 가장 설명력이 높은 변수는 역사이다. 즉, 최근에 설립된 운동조직들일수록 비교적 역사가 오래된 조직들에 비해 훨씬 높은 중심성을 나타내고 있는데, 이는 시기별 주요 이슈들에 대해 전문화된 문제제기를 하는 사회조직들, 예를 들면 현 상태에서는 노동문제, 환경문제, 사회복지 등의 문제에 대해 다루고 있는 조직들의 중심성이 높으며, 지역적으로는 중앙에서 활동하는 상근자 규모가 큰 조직에서의 중심성이 높다.

사회운동단체 간의 연대의 양상을 블록모델링을 통해 확인한 결과는 다양한 신구사회운동조직들이 상호 긴밀히 연결된 가운데서도 몇 가지 분절의 양상들이 드러나고 있다. 중심적 역할을 하는 조직군으로 크게 세 개를 나누어 볼 수 있는데, 첫번째는 참여연대와 경실련을 중심으로 하는 종합적 사회운동조직, 두 번째는 전국연합과 민주노총, 민변, 민예총, 민교협을 중심으로 하는 민주화운동세력, 그리고 세 번째는 여단협과 소비자보호단체협 등 여성 및 환경운동조직들이다. 이들 중에서 가장 내적 응집력이 높은 그룹은 두 번째 그룹이며, 반대로 두 번째와 세 번째 그룹은 연결망상의 역할의 유사성에도 불구하고 내부적으로는 밀접한 유대가 결여되어 있는 양상이다. 즉, 이들은 유사한 전략을 택하지만 상호 경쟁적인 위치에 있는 것으로 이해할 수 있다.

한편, 사회운동조직 간의 연대활동은 평등한 관계에서 이루어지기보다는 다양한 자원과 능력을 갖춘 상당히 이질적인 집단들 간의 불평등한 관계에서 행해지는 것으로 이해할 수 있다. 정보교류의 수준에서는 비교적 호혜적인 연대가 강하지만, 인적·물적 교류에서는 이러한 불균형이 훨씬 강해진다. 즉, 중심적인 조직들은 주변조직의 연대제의에 대해 매우 선택적으로 반응한다는 것을 알 수 있는 것이다. 사회운동조직들 간의 연대는 활동영역과 지역에서는 유유상종의 경향이, 그리고 조직의 과업수행능력에서는 교차연대의 경향이 매우 강하게 나타나는 것을 알 수 있다.

사회운동조직은 운동조직들 간의 관계뿐 아니라 환경으로서의 정부기관, 정당, 언론기관 등 외부기관들과도 관계를 지니고 있다. 정부부처 중에는 보건복지부, 교육부, 공보처, 문화관광부 등이 주된 연계의 대상이 되고 있으며, 정당에서는 국민회의가, 그리고 중앙의 방송과 신문이 중요한 환경이 되고 있다. 특히 이들과의 관계에서 특히 언론은 사회운동조직과 가장 높은 친화력을 발휘해 온 반면, 중앙정부는 가장 갈등적인 관계에 있었는데, 특히 구사회운동과 중앙정부와의 대립이 두드러진다. 사회운동조직은 정당이나 지방자치단체와의 관계에서는 이념적 동조나 친화력을 발휘하는 반면, 중앙정부나 언론과의 연대활동은 도구적 관계에 치중하는 것으로 이해된다.

이상에서 본 바와 같이 한국의 사회운동단체들은 비교적 다양한 연결망에 의해 상호 연계되어 있다. 그리고 연결망은 신·구사회운동의 경계를 넘어서 다양한 교차양상을 보이고 있다. 이러한 양 운동의 접합은 우리 사회에서 신사회운동의 위상을 잘 보여 주고 있다.

우리 사회의 신사회운동은 이념이나 분석적 개념의 수준에서는 탈현대적 이슈나 이념들을 받아들이고 있지만, 이는 전통적인 운동 네트워크와 분명하게 구별되지 않는다. 같은 뿌리에 기인하면서 이슈에 따라 어떤 경우에는 민주화운동으로, 어떤 경우에는 환경운동으로 분화되기도 한다. 조직을 단위로 하면 공식적인 관계인 데 반해 개인을 단위로 하면 매우 비공식적인 동지관계나 동창관계가 조직 간 관계의 토대가 되고 있는 것이다. 더구나 상근자 중심의 운동이 중심적이라는 사실은 예산 확보가 운동조직에게는 관건이 됨을 보여 주는 것이다. 정부와의 관계가 빈번할수록 프로젝트를 수주할 수 있는 것으로 드러났다고 할 수도 있다.

조직생태학적 함의를 따져 본다면, 우리의 신사회운동은 새로운 사람, 새로운 조직, 새로운 이슈로 출발하지 않았다는 점에서 서구의 이념과 일치하지 않는다. 이는 한국에서는 사회운동의 환경 자체에 전통적 요소와 탈 현대적 요소가 뒤섞여 있음을 암시한다. 달리 말하면 짧은 시간 동안에 압축적인 성장을 한 한국 사회에서 사회운동의 성격도 상이한 이질적 요소들이 뒤섞여 발전한 것이라는 점에서 사회운동의 환경적 합성이라는 측면에서는 일관성이 유지된 것이라고 해석할 수도 있을 것이다. 서구의 신사회운동이 1968년의 학생운동을 기점으로 하여 문화적 변혁을 추구한 최소한 30년의 역사가 있다면, 한국의 신사회운동은 비교적 최근에 급속히 성장하였으며, 필연적으로 전통적 사회운동과 명백한 분화를 거치지 못한 상태라고 결론지을 수 있을 것이다.

제8장

신사회운동 참여자 분석
누가, 왜, 어떻게 참여하는가?

송 호 근

1. 서 론

누가 신사회운동에 참여하는가? 그들은 어떤 동기에서, 어떤 방식으로 참여하는가? 잉글하트는 이 질문을 인지적 동원(cognitive mobilization) 개념으로 답했다. 교육수준이 높은 사람들이, 새로운 이슈에 새로운 대안을 갖고, 정치적 토론을 통하여 사회운동으로 나아가는 과정을 거친다는 것이 바로 인지적 동원의 내용이다(Inglehart, 1990). 잉글하트는 신사회운동 참여자의 특성을 다음과 같이 요약하였다. 탈물질적 가치를 선호하며, 좌파지향적이며, 젊은 세대에 속하며, 교육수준이 높고, 정치적 토론을 자주하며, 중산층에 속한다는 것이 그것이다.

그렇다면, 서구 신사회운동의 이러한 특성에 비추어, 한국의 신사회운동은 어떤 양상을 보이고 있을까? 이 질문이 이 장의 주요 관심사인데, 여기서는 운동단체 실무자[1]와 회원을 분석함으로써 한국 신

1) 단체대표가 아니라 단체의 실질적 업무를 담당하는 유급, 무급의 상근자를 지칭한다.

사회운동의 특성을 조명하고자 한다. 이 연구의 분석결과는 다음과 같이 요약된다. 한국의 신사회운동은 인지적 동원이 아니라 '연고적 동원'에 의존하고 있다. 연고적 동원이란 운동단체의 참여가 개인적 친분과 연고관계를 통하여 이루어지는 것을 뜻하는데, 연고적 동원의 정도는 실무자와 일반 회원 간에 차이가 있다. 실무자들이 일반 회원보다 연고적 관계를 통하여 운동단체를 선택하고 있는 경향이 더욱 큰 것으로 나타난다. 연고적 동원은 사회운동에 대한 일반 회원들의 자세를 소극적, 수동적으로 만드는 결과를 가져오기도 하지만, 실무자들 수준에서는 '이심전심' 내지 '상호이해'를 고양시켜 이념적 갈등에 의한 조직의 분열을 방지하는 긍정적 측면도 갖고 있다. 다시 말해, 연고적 동원은 실무자들 간 개인적 신뢰를 구축해 온 가장 중요한 기제이다. 연고적 동원이 사회운동에 미치는 부정적 기능을 제거하고 긍정적 발전에너지로 승화되려면 '개인적 네트워크의 사회화' 과정이 필요하다.

이 연구에서는 두 가지 유형의 조사자료가 활용되었다. 하나는 운동단체의 구성원에 관한 설문조사, 다른 하나는 실무자의 개인적 경험과 사회적 경력에 관한 설문조사이다. 분석결과의 신뢰성을 높이기 위해 주요 운동단체의 운동상황과 조직현황, 실무자가 당면한 난제들을 집중적으로 규명하는 초점집단조사(focus-group survey)도 병행하였다.2)

이 장의 주요 내용은 다음과 같다. 우선 참여회원과 실무자의 인구학적, 사회적 특성 분석을 통하여 누가 신사회운동에 참여하는가를 밝히고(2절), 가입동기와 가입경로를 분석하여 그들이 '왜,' '어떻게' 참여하게 되었는지를 밝힐 것이다(3절). 한국의 신사회운동은 아직 태동기에 놓여 있는 만큼 운동부문 간의 연대활동이 매우 중요하다. 이런 관점에서, 신사회운동의 운동부문들 간 연대가능성이 어느 정도

---

2) 조사방법과 그 내용에 대하여는 본서 7장 참조.

인지를 실무자들의 경력조사를 통하여 판단하려 한다(4절). 구사회운동이 독자적 쟁점과 정체성 확립 여부에 따라 부침을 거듭하였다면, 신사회운동에는 각 운동단체들의 공동참여를 이끌어 낼 수 있는 쟁점개발과 운동단체 실무자들 간의 상호이해와 협력이 중요하다. 5절에서는 실무자와의 인터뷰조사를 토대로 신사회운동이 처한 현실적 난관이 무엇인지를 조명할 것이다.

2. 구성원의 특성

1) 일반 회원

서구 신사회운동 참여자에 관한 조사연구에 의하면, 참여자들은 주로 중간계급과 쁘띠부르주아에 분포되어 있으며, 주부들을 포함한 여성, 젊은 세대, 고학력층 등의 사회적 범주가 운동의 주요자원으로 꼽히고 있다(Kitschelt, 1990; Inglehart, 1990). 특히, 중간계급의 대표적 범주인 전문가집단은 기존의 전통적 정치양식과는 뚜렷이 구별되는 독자적인 정치역량을 지니고 있다는 점에서 신사회운동과 높은 친화성을 갖는다. 이러한 서구적인 특성에 비하여 우리의 경우는 어떠한가를 알아보기 위하여 운동단체에 가입하여 활동하고 있는 일반회원의 특성을 운동부문별로 분석하였다(<표 1>).[3)]

우선, 참여자의 직업별 분포를 보면 신구사회운동을 막론하고 전문·사무직종 종사자의 비율이 높게 나타난다. 이는 한국에서 사회운동이 중산층 중심으로 전개되어 왔다는 좋은 증거이다. 그러나, 더 상세히 관찰한다면, 신사회운동 참여자가 구사회운동보다 더 중산층 중심적임을 알 수 있다. 판매·생산직에 종사하는 사람들의 비율이 노동운동으로 대표되는 구사회운동에 보다 많이 나타나는 것은 어찌 보면 자연스런 현상으로 이해된다. 전문·사무직 출신의 사람들이 사회

3) 운동부문별 구분에 대하여는 본서 7장 참조.

<표 1> 운동부문별 회원 특성 비교 (단위: %)

부문(N) / 특성	여성운동 (13)	환경운동 (9)	인권운동 (8)	사회정의 및 복지운동(17)	구사회운동 (10)
전문 · 사무직	33.3	51.5	74.7	55.1	53.2
판매 · 생산직	11.8	13.8	14.5	14.3	21.6
주부	42.7	11.3	2.7	14.0	14.6
30대	11.8	25.2	21.8	13.0	9.8
40대	30.3	29.2	26.6	37.1	45.0

운동에 보다 많은 관심을 갖고 있다는 점은 우리만의 독자적 특성은 아닐 것이다.

그런데, 주부의 참여율이 지극히 낮은 것은 서구와 뚜렷이 구분된다. 주부의 참여율은 여성운동의 경우를 제외하고(42.7%) 대단히 낮은 수준에 머물고 있다. 서구사회에서는 기혼여성들의 사회적 활동통로가 다양하고 그 기회도 넓게 열려져 있는 반면, 한국의 여성들은 결혼과 함께 가정 속으로 퇴장하는 경향이 여전히 강하다는 점을 시사한다(이효선, 1997).

운동부문별 회원의 연령분포를 보면, 40대가 30대보다 더 활발하게 참여하고 있다는 점은 신 · 구사회운동을 막론하고 별 차이가 없다. 한국 사회에서 30대란 직장에서의 자율성이 지극히 낮아 개인적 활동에 신경을 쓸 여유가 없는 연령이라는 점과 관계가 있는 것처럼 보인다. 젊은층의 참여가 저조하면 신 · 구사회운동의 성격이 보수화할 소지가 많다. 사안에 따라서 다르겠지만, 젊을수록 진보적 · 개방적 성향을 가질 개연성이 커지기 때문이다. 영역별 연령분포가 이를 뒷받침한다. 개방적, 진보적 이념과 친화성을 보이는 환경운동과 인권운동의 경우 30대가 비교적 높은 비중을 차지하고 있는 반면, 구사회운동의 경우에는 40대의 비중이 높게 나타난다(45%). 1970년대와 1980년대라면 그 사정은 달랐겠지만, 한국에서도 노동운동의 역사가 쌓이면서 노동운동가들의 연령이 높아지고 있으며, 그에 따라 호전적, 전투적 성향도 점차 낮아지고 있는 것으로 판단된다. 이에 반하여, 젊은 세대일수록 포스트모던적 쟁점과 가치관에 보다 많은 관심을 갖는 경향이 발견된다. 잉글하트의 지적처럼, 젊은 세대일수록 탈물질주의적 가치에 더 경도됨을 시사하는 것이다.[4)]

2) 실무자

실무자는 일반회원들과는 달리 사회운동의 발전에 대단히 중요한 역할을 담당하고 있다. 일반회원이 운동의 기반이라고 한다면, 실무자들은 그 골격과 뼈대를 형성하고 있기 때문이다. 흔히 활동가로 불리는 이들은 사회운동으로 생업을 유지하거나 적어도 사회운동과 긴밀히 연관되는 일을 통하여 생계를 꾸려 가는 사람들이다. 그러므로, 사회운동의 미래는 이들의 활동상과 직결되어 있음을 부인할 수 없다. 이들의 특성이 앞에서 살펴본 일반회원들의 그것과 사뭇 다르게 나타나는 까닭도 여기에 있다. 이들은, 말하자면, 직업운동가들인 셈이다.[5)]

실무자의 연령, 종교, 학력, 직업별 분포를 살펴보면 한국의 운동단체들이 어떤 사람들에 의하여 움직여지고 있는가를 가름할 수 있을 것이다. 조사대상자 164명 중 남자는 71명(44.1%), 여자는 90명(55.9%)으로 비교적 여성이 많았다. 이들의 연령분포는 30대가 가장 높고(54.3%), 20대(23.8%), 40대(16.5%) 순으로 나타나, 40대의 참

---

4) 잉글하트는 물질주의적 가치와 탈물질주의적 가치를 구분하면서, 전자가 경제적·물질적 풍요를, 후자는 자기표현과 삶의 질을 중시한다고 규정하였다. 세대 간에는 이 차이가 뚜렷한데, 생활주기 효과보다는 세대 간 가치변화과정이 다르기 때문이다(Inglehart, 1990; Dalton et al., 1995. pp.72-99 참조).

5) 1980년대에는 권위주의 정권에 도전하는 직업혁명가들이 나타났다면, 직업활동가들은 민주화의 공간에서 시민사회의 영역을 넓히려는 1990년대적 운동의 산물이다(강문규, 1995).

여가 높은 일반회원과 대조를 이룬다(<표 2>). 직업활동가의 주요 연령층이 20대와 30대로 이루어져 있다는 사실은 신사회운동이 탈물질주의적 가치관과 직결된다는 점을 시사하기에 충분하다.

다음, 실무자의 종교적 배경은 개신교의 비율이 상대적으로 높게 나타났다. 이는 권위주의 정권하에서 민주화운동의 주도집단이 개신교였다는 점과 무관하지 않다. 다시 말해, 권위주의 정권하에서 시민사회운동에 투신하던 종교단체와 활동가들이 민주화가 진행되는 과정에서 그 목적과 활동양상을 바꾸어 자연스럽게 신사회운동으로 전환하였으리라는 것을 추측케 한다(이신행, 1997; 크리스찬아카데미, 1996). 한편, 인권운동의 실무자들은 오랫동안 인권문제를 중시해 온 가톨릭교와 연관된 사람들이 많아 대조를 이룬다.

교육수준이 높을수록 새로운 쟁점에 민감하기 때문에 신사회운동에 참여할 가능성도 더불어 높아진다. 실무자들의 교육수준이 일반 회원보다 훨씬 높게 나타나는 것은 이 때문일 것이다. 실무자들의 교육수준을 살펴보면, 대부분이 대졸 이상의 학력을 보유하고 있다. 여성운동단체의 경우에는 조사대상자 전부가 대졸 이상의 높은 학력을 보였으며, 환경운동단체, 사회정의 및 복지운동 부문은 고졸 학력을 가진 실무자들도 더러 눈에 띄었다.

서구사회와 가장 큰 차이를 보이는 점은 실무자들의 직업분포와 배경이다(cf. Kitschelt, 1990). 우선, 운동단체에 상근하는 직업활동가들의 전직(前職)을 살펴보면, 학생(10.1%), 사무직 회사원(8.2%), 교사와 학원강사(5.7%), 공장노동자(4.4%), 주부(1.3%) 등으로 나타났는데, 이는 상근직원의 상당 비율이 화이트 칼라 출신이라는 점을 시

<표 2> 실무자 연령 분포

연령	20대	30대	40대	50대 이상	총계
% (N)	23.8 (39)	54.3 (89)	16.5 (27)	5.5 (9)	100 (164)

사한다. 이들이 적은 수입에도 불구하고 운동단체에 투신할 수 있는 이유는 자신을 보조하고 있는 별도의 소득원을 갖고 있기 때문이다. 조사에 의하면, 실무자의 60%는 본인 소득이 100만 원 미만이라고 답하고 있으나 가구 평균소득은 241만 원으로 나타나 실무자의 대부분은 중류 정도의 생활을 유지하고 있는 것으로 보인다. 다시 말해, 본인 이외의 소득원이 이들로 하여금 사회운동에 투신하도록 받쳐 주고 있음을 알 수 있다.[6] 그렇다고 이들이 모두 여유 있는 생활을 영위하는 것은 아니다. 최근 IMF사태를 계기로 운동단체의 재정상황이 악화되자 이를 견디지 못하고 운동단체를 떠나는 사례가 늘어나는 것이 그 예이다. 직업활동가들이 애초에 경제적 보상을 바라고 뛰어든 것은 아니지만 최소한의 생활도 보장해 주지 못한다면 사회운동의 명맥을 이어갈 인적자원은 쉽게 충원되지 않는다.

한편, 운동부문별 실무자의 소득분포는 자못 흥미롭다. 구사회운동단체 실무자들은 가구원의 평균소득이 낮아 중산층에 속하는 경우가 상대적으로 드문 반면에, 여성운동단체 실무자들의 평균가구소득은 상대적으로 높아 비교적 괜찮은 생활을 유지하고 있다. 이런 소득수준의 차이가 운동부문별 활동성향, 운동방식, 이념에 유의미한 영향을 미치고 있다고도 가정할 수 있겠는데, 이는 별도의 연구과제로 남겨 둔다.

3) 실무자의 직업 경험

실무자들은 유급 상근직과 무급 자원봉사자로 구성된다. 유급상근직

---

6) 배우자의 직업구성이 이를 뒷받침한다. 남자활동가의 배우자 직업은 주로 교사, 약사, 간호사와 같이 비교적 안정적 계층이었다. 그리고, 여자활동가의 배우자 직업은 전문직에 종사하는 경우가 많았다. 이러한 분포는 우리 사회의 경우에도 사회운동에 적극적으로 참여하고 있는 실무자의 대부분이 중산층에 속하고 있음을 보여 준다. 비록 본인의 실제 소득은 적지만 본인 외 가구원의 소득이 경제적 어려움을 해소하고 있는 것이다.

은 박봉에도 불구하고 다른 직업을 갖지 않고 운동에만 헌신하는 활동가들이며, 무급 자원봉사자는 주로 전문직 종사자들로 겸직실무자들이다. 비교적 큰 규모의 중앙단체를 제외하면 상근직 실무자보다는 무급 자원봉사자들이 많다. 겸직실무자들의 직업은 주로 교수, 변호사, 의사, 약사, 종교인과 같은 자유전문직에 분포되어 있는 반면, 상근실무자들은 교사, 간호사, 학원강사, 일반 사무직 등에서 전직한 사람들이었다.

현직과 전직을 합하여 전문, 사무직종이 대종을 이루는 것은 바로 신사회운동의 뚜렷한 특성일 것이다. <표 3>에 나타나듯이, 직장을 그만 두고 운동에 뛰어든 실무자들의 전직 중 전문, 사무직이 대종을 차지하는 반면, 판매 및 서비스직은 극히 드물다. <표 3>에는 나타나 있지 않지만, 직업을 바꾸지 않은 경우('직업 동일') 90% 이상이 전문, 사무직으로 응답하였다. 직장을 그만둔 경우 가장 빈번히 나타나는 직업 범주가 일반 회사원(8.2%), 시민사회단체(7.5%), 교사와 학원강사(5.7%), 공장노동자(4.4%), 학생(10.1%) 순으로 나타나는 것은 흥미롭다.

직장을 그만 두고 신사회운동에 뛰어든 실무자들이 거의 절반을 차지한다는 점과, 그런 사람들의 대부분이 사무직 종사자였다는 점은 전문성을 지향하는 신사회운동의 뚜렷한 특성이다.[7] 키트쉘트는 전문지식과 비판의식을 갖춘 활동가들을 상징전문가(symbol specialists)

<표 3> 운동단체 실무자의 현직, 전직 분포

직업	직업 동일	전 직								미취업
		전문직	관리직	준전문	사무직	판매직	서비스직	생산직	농어민	
%(N)	37.4(61)	6.1(10)	4.3(7)	9.2(15)	18.4(30)	3.1(5)	1.8(3)	6.1(10)	1.2(2)	12.3(20)

7) 서구사회에서 활동가들의 사회적 배경에 관한 분석으로는 Kitschelt(1990) 참조.

로 불렀다(Kitschelt, 1990). 경제적 어려움에도 불구하고 이들을 신사회운동에 헌신하도록 이끈 계기는 물론 운동목표와의 의식적 동의(consciousness consensus)이다. 이들은 인문과학과 사회과학의 전문지식을 습득하고 세계의 정치와 경제적 상황에 대한 풍부한 식견을 갖춘 사람들이다. 그리하여, 일반 시민들을 설득하고 사회적 쟁점에 대하여 비판의식을 갖게끔 도와줄 수 있는 역량을 겸비한 사람들이다. 특히, 학생운동 출신의 활동가들에게는 이런 경향이 두드러진다. 이들은 기존의 운동이념과 방식의 구태의연함에 불만을 느끼고 새로운 이슈와 관련된 운동영역에 헌신하려는 경향이 강하다. 예컨대, 최근에 그 활동이 두드러지는 정보운동단체, 환경운동단체, 소비자운동단체, 인권운동단체 등에 학생운동 출신의 활동가가 대거 참여하는 것은 이 때문일 것이다.

3. 참여 형태: '연고적 동원'

사회운동의 활성화에는 시민들의 폭넓은 참여가 필수적이다. 잉글하트가 말하는 '인지적 동원' 개념에는 활동가들의 동원전략과 시민들의 자발적 참여가 동시에 함축되어 있다. 운동을 주도하는 사람들이 새로운 쟁점의 중요성을 효과적으로 부각시켜 시민들의 광범위한 호응을 이끌어 낼 수 있어야 사회운동의 활성화가 가능하다. 신사회운동을 '쟁점의 정치'(issue politics)로 규정하는 시각은 바로 이런 전략적 동원과 자발적 호응의 상호결합이 운동의 관건임을 전제한다(Dalton et al., 1995).[8] 운동의 초기 단계에서 전략적 동원과 자발적 참여의 결합은 더욱 중요하다.

많은 연구자들이 공통적으로 지적하듯, 한국의 사회운동, 특히 신

8) 정확히 표현하자면, 신사회운동의 정치는 계급 내지 집단에 기초한 정치균열(group-based political cleavages)이 아니라 '쟁점에 기초한 균열'(issue-based cleavages)을 특징으로 한다.

사회운동적 성격을 띠는 운동은 '엘리트중심적'으로 운영되어 왔다(강문규, 1995; 김성국, 1996; 김영래, 1997). 시민들의 자발적 참여를 이끌어 내는 단계에서 엘리트중심의 운영방식은 필수적 과정이겠지만, 한국의 사회운동이 시민사회 내부로 그 기반을 확대하지 못하고 여전히 명망가 중심의 쟁점개발과 홍보에 머물게 되는 이유는 시민들을 단지 동원의 대상으로만 바라보았던 지난 날의 오랜 관습 때문일 것이다. 권위주의 정권의 유산인 소위 관변단체의 활동방식과 관의존성이 시민들의 자발적인 참여욕구를 봉쇄하는 결과를 초래하는 것이다. 이런 한계에서 벗어나서 사회운동을 명실공히 '시민이 있는 시민운동'으로 발전시키려는 노력이 최근 여러 운동단체에서 시도되고 있기는 하다. '시민사회 뿌리내리기', '참여하는 회원상 정립', '1인 1회원 확보운동', '회원자치모임 활성화' 등의 명칭을 내건 다양한 형태의 프로그램이 그것을 말해 준다.

그렇다면, 한국 사회운동의 실상은 어떠한가? 시민들은 어떤 통로를 통하여 사회운동에 참여하고 있는가? 활동가들이 충원되는 통로의 특징은 무엇인가? 그것은 '인지적 동원'의 요건을 충족하고 있는가? 사회운동에 참여하는 사람들의 행위는 객관적 사회쟁점, 조직적 네트워크, 동기 유발, 참여에 필요한 정치적 숙련(political skill) 등 네 가지 요소가 혼합된 것이다. 이 중에 정치적 숙련의 과정은 개인의 문제의식이 운동적 차원으로 진전되는 데에 가장 중요한 요소이다. 공유된 문제의식을 사회적 힘으로 발전시켜야 한다는 일종의 상호적 의무감이 정치적 표출의 통로와 기술을 습득해 나가는 과정을 인지적 동원이라고 정의한다면, 여기에는 어떤 희생에도 불구하고 개인의 가치관을 사회적 영역으로 연결시키겠다는 강한 동기유발과 자발적 참여행위가 수반된다(Inglehart, 1990). 따라서, 일반 시민들의 자발적 참여를 촉발하려면 강제적인 동원보다는 다양한 참여기제를 통한 정치적 숙련과정이 필요한 것이다. 그렇다면, 한국의 경우는 어떠한가? 일반 회원과 실무자들의 가입경로와 충원방식을 분석함으로써 우회적으로나마 그 단면을 엿볼 수 있을 것이다.

1) 일반 회원의 가입 경로

일반 회원들의 가입 경로에 대한 분석은 인지적 동원과는 상대적으로 거리가 있음을 보여 준다. “현재의 운동단체에 참여하게 된 가장 중요한 계기는 무엇입니까?”라는 질문에 대하여, ‘학연 혹은 지연을 통한 면식관계’(회원 권유, 55%)와, 과거 운동을 같이 했던 사람들끼리의 ‘단체 설립’(33%)이 가장 빈번한 범주로 나타났다. 이는 회원이나 실무자가 일상생활에서 친숙하게 지내고 있는 사람을 중심으로 회원가입이 이루어지고 있음을 의미한다. <표 4>에서 보듯이, ‘회원 권유’와 ‘창립’을 합하여 거의 90%에 근접한다. 이에 반하여, 언론매체를 통한 홍보와 토론회 등 인지적 동원의 요건에 부합하는 통로는 지극히 미미하다. 면식관계에 있는 사람들이 참여했다고 해서 그것이 반드시 자발적 참여가 아니라고 부인할 근거는 없으나, 사회적 쟁점에 대한 공감을 토대로 개인적 교류관계가 형성되는 것과는 명백히 다르다. 다시 말해, 문제의식의 공유를 통하여 회원 간의 유대가 형성되는 것과, 회원 간의 유대가 먼저 만들어지고 문제의식을 공유하는 것과는 분명한 차이가 존재한다는 말이다(Gamson and Meyer, 1996). 이를 단순화하면, 신사회운동단체들은 과거의 운동단체들과 마찬가지로 개인적 연줄망(personal networks)에 기초한 동원전략에서 아직 벗어나지 못했다는 점을 시사한다. 이를 ‘인지적 동원’에 대비하여 ‘연고적 동원’이라고 규정할 수 있을 것이다. 조직목표와 활동방향, 이념 등을 홍보함으로써 일반시민들의 동기 유발과 자발적 참여를 이끌어 내는 이른바 ‘시장기제적 동원’(market mobilization)과는 거리가 있다. 그러나, 최근에 들어 면식관계에 의존한 동원전략을 버리고 자발적 참여를 촉진하는 다양한 통로를 적극적으로 개발하고 있는 단체들이 늘어난 것은 주목할 만하다. 이들이 주로 선호하고 있는 홍보수단은 언론매체와 인터넷이다.[9] 매스콤과 인터넷은 의

<표 4> 회원들의 가입경로

경로	사업참여	회원권유	언론매체	토론회	기타(창립멤버)	무응답	총계
% (N)	5.0(8)	55.3(89)	3.7(6)	1.2(2)	32.9(53)	1.9(3)	100(161)

질문: "귀하가 현재 활동하고 있는 운동단체에 참여하게 된 가장 중요한 계기는 무엇입니까?"

외로 커다란 홍보효과를 선사하고 있는데, 일례로 언론의 집중적 조명을 받았던 참여연대는 설립 초기 회원수가 628명이었던 것이 3년 후인 1998년에는 2,000명으로 확대되었으며, 1999년에는 3,000명을 목표로 삼을 정도로 급성장하였다.

일반회원들의 참여가 부족한 운동단체는 실무자들의 친목모임 이상의 의미를 갖지 못한다. 자발적 참여가 결여되면 운동단체의 생존요건인 재정의 악화가 초래된다. 원론적 견해이지만, 비정부기구(NGO)는 운동단체를 후원하고 지지하는 시민들의 자원봉사활동과 이들이 내는 기부금과 회비에 의하여 운영되어야 한다. 그러나, 자발적 참여의 결여는 한국의 사회운동단체들로 하여금 활동능력의 소진과 재정악화의 악순환에 봉착하도록 만든다. 정부는 운동단체의 지원에 있어 과거보다 훨씬 개방적 자세를 보이고는 있지만 이것만으로는 한계가 있으며, 기부문화의 부재도 운동단체의 재정적 영세성을 부추기는 중대한 원인으로 작용한다.[10] 그러나 문제의 핵심은 운동단체들 자체

9) 최근에 '환경운동연합'은 일반 기업처럼 라디오광고를 활용하여 회원 확보를 시도하고 있다. 또한 몇몇 다른 운동단체들은 홈페이지를 만들어 단체 홍보에 활용하고 있다. 그러나 이를 전담할 전문인력이 부족하거나, 재정적 어려움 때문에 시도의 차원에 머물고 있는 형편이다. 인터넷에 최신정보를 계속 올려 활동상황을 지속적으로 홍보하고 있는 소수의 단체들도 이 작업을 외부 전문회사에 맡기는 경우가 많다. 한편, '인권운동사랑방'처럼 통신공간을 단체의 주 업무영역으로 삼고 있는 특수한 예도 있다.

10) 권위주의 정치하에서 법적 단체로 인정받지 못하던 단체들도 최근 정부로

에 내재한다. 즉, 회원중심의 프로그램과 참여문화를 제대로 개발하지 못하고 있다는 점이다. 앞에서 예를 든 몇몇 단체를 제외하고는 주로 개인적 연줄을 동원한 회원충원이 이루어지고 있는 실정인데, 면식자원이 소진됨과 동시에 운동단체의 조직적 성장도 중지한다는 점은 자명하다. 연고적 동원의 양상은 자발적 참여의 통로와 프로그램을 개발해야 할 의무를 안고 있는 실무자들의 경우에도 예외가 아니다.

2) 실무자들의 가입경로

실무자들의 가입경로를 보면, 일반 회원과는 달리 창립 멤버로 참여한 사례는 발견되지 않는 대신, 거의 대부분이 과거 운동동지들의 권유(84.1%)가 가장 중요한 계기로 작용하고 있음을 알 수 있다. 따라서, 언론매체(5.6%)와 토론회 참석(2.8%) 등의 인지적 동원요인은 극히 작은 비중을 차지한다. 다시 말해, 운동의 중추를 구성하고 있는 실무자들은 과거 사회운동을 같이 해 오던 사람들과의 긴밀한 관계를 통하여 주로 충원되고 있으며, 이를 실무자의 입장에서 보면, '과거의 그들'이 어디서 무엇을 하고 있는가가 운동단체 선택의 가장 중요한 기준이 된다는 뜻이다. 실무자의 수준에서 연고적 동원이 보다 강하게 나타난다는 것은 의외의 사실이다.

그러나, 권위주의 정권하에서 사회운동단체들과 활동가들이 겪었던 어두운 경험들을 기억한다면 그리 이상한 현상은 아니다. 정치적 탄

부터 합법적 지원을 받게 되었으며—예컨대, 한국민족예술인총연합—, 그동안 단체 설립에 있어 장애요소로 지목받던 '사회단체등록에 관한 법률'도 '등록'이라는 용어 대신 '신고'로 변경되었다. 또한, 경실련, 환경운동연합, 전국농민운동연합과 같은 단체의 대표자들이 정부의 정책결정과정에 적극 참여하게끔 되었다. 그러나, 이러한 정책상의 변화에도 불구하고 운동단체의 재정문제를 해결하기 위해서는 현재 기부행위를 금지하는 '기부금품모집규제법'을 폐지해야 한다는 목소리가 높다(김영래, 1997).

<표 5> 실무자들의 연령별 가입경로

경로 / 연령	계(%)	20대	30대	40대	50대
사업 참여	8(7.4)	4	3	1	-
운동동지 권유	90(84.1)	17	57	12	4
언론매체	6(5.6)	3	3	-	-
토론회	3(2.8)	1	1	-	1
계	107(100)	25	64	13	5

질문: "귀하가 현재 활동하고 있는 운동단체에 참여하게 된 가장 중요한 계기는 무엇입니까 ?"

압과 사찰이 가해지는 경우 사회운동은 활동가들 간의 '개인적 신뢰'에 의존할 수밖에 없을 것이다. 개인적 신뢰는 운동을 지속하는 데에 따르는 위험부담을 상쇄시켜 준다. 지하운동이나 점조직으로 관철되는 저항운동에서 이념의 공유보다는 개인적 신뢰가 중시되는 까닭이 여기에 있다. 이렇게 본다면, 탄압과 사찰이 없어진 상황에서도 개인적 연고를 통하여 운동단체를 선택하는 관행이 지속되고 있는 점은 어느 정도 이해할 수 있다. 그러나, 여기서 문제는 '연고적 동원'에 의한 실무자들의 충원이 과연 사회운동의 발전에 어떤 영향을 미치고 있는가 하는 것이다. 이념적 공유가 더욱 강해지지 않는 상황에서 개인적 신뢰는 별 의미를 갖지 못하거나 약화되기 마련이다. 또는 연고적 관계가 권위적, 서열적 요소를 내포하고 있기 때문에, 정책개발과 홍보 등의 조직활동에 있어 의견대립이 발생할 경우 합리적 해결의 가능성을 저해할 수도 있다. 그러나, 역으로 장점도 있다. 쟁점을 중심으로 이합집산을 거듭하기 쉬운 조직의 분열을 개인적 신뢰와 '과거의 동지애'로 막아 낼 수 있다는 점이 그것이다. 또한, 연고적 동원이 회장단과 참모진 수준에서 의사결정 과정에 어떠한 영향을 미치고 있는가의 문제는 대단히 흥미롭지만 별도의 연구로 미루어 둔다. 한편, 연고적 동원의 정도는 세대별로 약간의 차이가 발견된다. 사례수가 적어 신뢰성이 떨어지기는 하지만, 젊은 세대일수록 '언론매체'나 '사업참여'를 통한 자발적 참여사례가 조금 증가하고 있는 것이 나타난다. 더 많은 자료분석을 통하여 이런 경향이 확증된다면, 그것은 '인지적 동원'의 점증을 예견할 수 있는 좋은 증거가 될 수 있다. 젊은 세대일수록 연고적 관계를 거부할 성향이 많아진다고 가정하면, 향후 사회운동의 실무자 충원에 있어 연고적 동원은 차츰 약화되고 동기 유발에 의한 자발적 참여와 헌신이 두드러질 것으로 예상되는 것이다.

운동부문별 분석도 이와 유사한 결과를 보여 준다. 실무자들의 평균연령이 비교적 낮은 환경운동은 실무자 충원에 있어 언론과 매스컴을 활용하는 성향이 많은 반면, 다른 운동부문은 연고적 동원에 의존하는 경향이 강하다. 과거의 운동동지들끼리 일종의 '헤쳐모여식' 이합집산이 일어나고 있거나, 아니면, 운동부문 간 실무자들의 특정한 이동패턴이 존재함을 시사한다. 예컨대, 사회정의 및 복지운동부문은 과거 노동운동이나 민주화운동에 참여했던 활동가들이 많이 진출하고 있으며, 여성운동은 성불평등, 성희롱, 성차별 등의 새로운 쟁점이 부각되면서 여성노동운동가들이 자연스럽게 정착한 영역이다.

<표 6>은 실무자들의 충원이 연고적 동원에 의존하고 있음을 다른 차원에서 보여 준다. 즉, "참여하고 있는 단체의 실무자들과의 관계는 어떤 유형의 것인가"라는 질문에 대하여, 약 30%가 연고적 관계를 지적하였으며(학교, 고향, 직장), 24.2%는 타운동단체에서의 활동경험을 지적하였다. 이에 반하여, '전혀 관계없다'고 지적한 사람은 32.3%에 불과하여 기존의 면식관계, 연고, 공통경험 등의 요인이 실무자들의 단체 선택에 중요한 요인으로 작용하고 있음을 입증한다. 이런 관계유형이 나이트하르트가 '네트워크들의 네트워크'라고 부른 것과 어떻게 차이가 나는지는 아직 불분명하다(Neidhardt, 1985). 신사회운동은 운동단체와 활동가들의 긴밀한 네트워크로 이루어진다는 말인데, 나이트하르트는 개인적 연고보다는 이념의 동질성 또는 강령

<표 6> 실무자들 간의 관계

	관계없음	연고적 관계			타운동단체	기타	무응답
		학교	고향	직장			
% (N)	32.3(52)	26.7(43)	1.9(3)	1.2(2)	24.2(39)	10.6(17)	3.1(5)

질문: "귀하가 현재 참여하고 있는 단체의 실무자 중 기존에 알던 사람이 있다면, 그 사람과의 관계는 어떤 것입니까?"

의 친화성에 강조점을 두고 있다. 한국의 경우, 학연과 지연, 직장관계 등의 연줄에 의존한 연고적 동원방식이 사회운동의 영역에서 이념적 동질성을 증대하는 데에 어떤 기능을 할 것인가를 판단하기란 쉽지 않다.

이에 대하여는 두 가지 추론이 가능할 것이다. 부정적 관점에서, 연고적 동원은 사회운동단체로 하여금 '이념적 동료집단'보다는 일상생활에서의 '친목 집단'으로 변질시킬 가능성을 높일 수도 있고, 운동조직 내에서 연고적 관계에 내재한 권위주의적, 비합리적 요소가 사회운동의 전문성을 저해하는 결과를 낳을 수도 있다. 긍정적 관점에서, 연고적 동원은 실무자간 개인적 신뢰의 기반을 단단하게 구축해주기 때문에 이념적 갈등과 정책적 균열이 발생하더라도 조직와해를 피하게 해 준다. '조직의 지속성'이 운동의 핵심적 요건에 해당한다고 한다면, 연고적 동원은 운동성과와는 무관하게 운동단체의 명맥을 잇게 하는 접착제 역할을 수행할 수도 있다. '타운동단체'에서의 공통 경험이 큰 비중을 차지하는 것도 같은 맥락에서 해석될 수 있다. 정치적 탄압이 존재하는 경우, 운동의 동지애는 혈육보다 더 진한 체험임은 두말 할 나위가 없다. '경험의 공유를 통한 동원'은 과거의 동지라는 구태의연함을 숨기고는 있지만 조직 내부의 사사로운 갈등을 초월하여 이념적 지향을 같이하고 있다는 의미이기도 하다. 다시 말해, 상호이해의 전제조건이 충족되고 있는 셈이다(McAdam, McCarthy, Zald, 1988, 1996).

분석적 관점에서, '연고'(또는 네트워크)를 두 가지 속성으로 구분하는 것이 유용하다. 개인적 차원에서 그 의미를 갖는 '개인적 네트워크'(personal network)와, 이것이 사회적 평면으로 확장되었을 때 비교적 객관적 의미를 띠게 되는 '사회적 네트워크'(social network)가 그것이다. '연고적 동원'은 개인적 네트워크를 사회적 네트워크로 전환하는 행위인데, 이 경우 개인적 네트워크가 사유화되면(privatized) 앞에서 지적한 부정적 기능이 커지는 반면, 사회적 규범의 통제를 거쳐 사회화되면(socialized) 긍정적 기능이 강화될 것이다. 어찌 보면, 개인적 네트워크는 우리 사회에 특유한 한국적 자산이다. 이것이 신사회운동의 발전에너지가 되려면 개인적 네트워크의 사회화(socialization of personal network) 과정이 필요하다. 운동부문간 연대(solidarity)가 형성되는 것은 바로 이러한 과정을 통해서이다. 실무자들 간에 존재하는 '개인적 차원'의 상호이해가 '조직적 차원'으로 확대될 때, 그리고 개인적 네트워크의 사회화가 뒷받침될 때, 운동부문 간 강한 연대감이 형성된다. 이것이 다음 절의 관심사이다.

4. 운동부문 간의 연대가능성

한국의 신사회운동은 아직 태동기에 놓여 있는 만큼 운동부문 간의 상호연대가 대단히 중요하다. 서구의 경우에도, 신사회운동 단체들이 하나의 공통된 쟁점을 중심으로 연대활동을 벌이면서 그 활동영역과 영향력을 확대해 나가는 사례가 자주 나타난다. 종교단체가 인권문제 및 노동권 확립운동에 참여하거나, 교육단체가 교육주권운동으로부터 소비자주권운동으로 나가는 것이 그 예이다. 사회운동의 쟁점이 하나로 모아지기 어렵고 시민들의 관심이 여러 방면으로 분산되어 있을 때 이런 통합적 연대활동은 대단히 커다란 전략적 효과를 창출한다. 더욱이, 운동단체가 설립된 지 얼마 되지 않아 시민들의 관심을 끌기에 역량이 부족한 신생조직일 경우 공통 쟁점을 중심으로 한 연대전략은 단체의 기반 확대에 기대 이상의 힘을 발휘한다. 영국의 평화운동이 좋은 예이다(Rochon, 1990). 반전, 반핵, 군비 축소, 민족적 자존심 등의 기치를 내거는 평화운동의 지향이념은 반전단체, 환경단체, 노동단체, 여성단체들과 공감대를 넓힐 수 있는 그런 유형의 것이어서, 신사회운동의 구심점이 되기에 충분하다. 로콘의 연구에 의하면, 1980년에 평화운동의 1/3은 평화운동단체가 주관한 것이었지만, 1985년이 되면 노동조합, 전문가단체, 여성단체들이 그보다 훨씬 많은 비중을 차지하게끔 되었다. 신사회운동을 다중조직의 장(multi-organizational field)으로 규정하는 이유가 여기에 있다(Klandermans, 1992). 구사회운동이 운동의 독자적 쟁점 개발과 정체성의 확보에 따라 부침을 거듭해 왔다면, 신사회운동은 연대활동을 통하여 성장한다. 거스필드의 표현을 빌면, 구사회운동은 '선형성의 속성'(trait of linearity)을 갖는 반면, 신사회운동은 유체성적 속성(trait of fluidity)을 갖는다(Gusfield, 1981).

한국의 경우는 어떠한가? 한국의 사회운동단체들은 시민의식의 고양과 운동기반의 확대를 위하여 연대활동을 전개할 역량을 갖추고 있는가? 그 가능성은 어느 정도인가? 운동부문 간 연대활동의 가능성은 시민생활에 지대한 영향력을 미치는 전국적 쟁점이 발생했을 경우에 높아진다. 예를 들면, 낙동강 페놀오염사건이 발생하여 식수원을 더럽히고 국민위생을 위협하였을 때 환경연합과 소비자단체 간의 긴밀한 연대운동이 벌어진 적이 있으며, 여기에 노동조합이 가세하여 주범기업의 비도덕적 행위를 고발하고 재발방지를 위해 노력한 사례가 있다. 핵폐기물처리장과 댐건설을 둘러싸고 전개되었던 지역환경단체, 학생과 주부연합체, 반핵단체 등의 협력적 연대운동도 좋은 예일 것이다(구도완, 1996; 박재묵, 1995).

구사회운동의 전형인 노동운동과 어느 정도의 친화감을 보이고 있는가에 대한 한 연구는 운동부문별로 친화감이 달리 나타나고 있음을 보고하고 있다(조돈문, 1996a, 1996b). 조돈문은 서울에 근거를 둔 전국적 수준의 대표적 운동단체를 대상으로 노동운동 선호도를 조사하였는데, 여성운동이 다른 부문에 비하여 상대적으로 높은 선호도를 보인다고 지적하였다. 여기에는 조직적 관점과 실무자 관점의 두 가지 해석이 가능하다. 조직적 관점에서 보면, 여성운동단체들이 과거에 여성노동운동이 목표로 하던 쟁점들을 신사회운동적 가치관으로 대거 수용하여 핵심적 운동강령으로 설정하고 있기 때문이다. 실무자적 관점에서는, 활동가들의 이념적 동질성과 연속성을 들 수 있다. 과거 여성노동운동에서 활약하던 많은 사람들이 여성운동단체의 실무자로 변신한 경우가 많아 자연스럽게 운동영역 간 '상호이해'의 개연성이 높아진 때문이다. 이에 반하여, 환경운동은 상대적으로 낮은 선호도를 보이고 있는 것으로 나타났다. 환경단체들은 노동운동이 시민 일반의 복지향상이라는 보편적 목적보다는 조합원만을 위한 배타적 목표를 추구한다고 보는 경향이 있으며, 다른 한편으로는, 노동운동의 전력을 가진 사람들은 환경운동단체에서는 잘 발견되지 않기 때문이기도 하다. 다시 말해, 실무자들 간 상호이해의 정도가 떨어진다. 그리하여, 적어도 중앙수준에서, 환경단체와 노동단체 간 연대활동은 잘 일어나지 않는다.

운동부분 간 연대활동의 가능성을 측정하는 지표로 두 가지를 들 수 있다. 나이트하르트가 주목했던 '이념적 동질성'(또는 '강령의 친화성'), 다른 하나는 운동단체 실무자들의 '상호이해'의 정도이다. 개별참여자를 분석대상으로 하는 이 글은 두 가지 지표 중에서 주로 후자에 초점을 맞추려 한다. 운동부문들에 대한 실무자들의 '상호이해'의 정도를 측정하는 방법은 여럿 있을 것이다. 예를 들면, 각 운동부문들에 대하여 어느 정도의 친화감을 갖고 있는가, 다른 운동단체의 실무자들과 얼마나 자주 접촉하는가, 공동행사를 얼마나 자주 개최하는가, 또는 정기적으로 정보를 교환하고 있는 운동단체는 몇 개이며, 구체적으로 어떤 유형의 단체인가 등등을 물어보는 것이

<표 7> 실무자들의 경력조사 (단위: 명)

경력범주 / 운동부문	ⓐ 목표가 동일한 운동단체	ⓑ 목표가 다른 운동단체	사무, 전문직	운동단체경력자 ((ⓐ+ⓑ)/계)	계
여성운동	2	6	11	42.1%	19
환경운동	4	5	4	69.2%	13
인권운동	7	3	5	66.7%	15
정의, 복지운동	10	7	9	65.4%	26
구사회운동	10	12	5	81.5%	27

질문: “현재의 운동단체에 참여하기 이전 귀하의 주요 경력은 무엇이었습니까?”

다.[11] 이 연구에서는 실무자들의 경력에 초점을 맞추었다. 경력은 곧 실무자들의 운동경험을 말해 주는데, 운동경험이야말로 이해의 수준을 가름하기에 좋은 척도가 될 것이기 때문이다. 다만, 그것이 연대활동을 촉진하는 ‘선호’(preference)인지 아니면 그것을 위축시키는 ‘혐오’ (abhorrence)인지를 정확히 측정하지는 않았다는 흠이 있으나, 운동실무자들이 실제로 선택해 온 경력은 극소수의 예외를 제외하고는 ‘선호’에 가깝다고 보아도 무리는 아닐 것이다.[12]

<표 7>은 설문분석의 결과인데, 이로부터 몇 가지 해석을 끌어내면,

첫째, 응답자의 경력은 ‘운동단체’(66%)와 ‘사무, 전문직’(34%)으로 대별된다. 사무 · 전문직이 34%에 달한다는 점은 비교적 안정된 수입이 있는 중산층, 고학력자로 이루어진 신사회운동 활동가들의 특성을

11) 노동조합의 연결망구조에 대한 연구가 그 좋은 예이다. 김용학과 송호근(1997) 참조.

12) 조사대상 운동단체(97)에 각각 2부씩, 총 165개의 개인용 질문지를 우송한 결과, 100명이 자신의 경력을 밝혀 주었다. 응답을 원치 않았던 사람들은 개인정보의 공개를 원치 않았던 이유도 있겠지만, 비슷한 운동단체에 지속적으로 참여하고 있기 때문에 특이할 만한 경력상의 변화가 없다고 판단했을 가능성도 있다.

대변하기에 충분하다. '운동단체'가 66%를 점하는 것은 괄목할 만한 일이다. 이 중 목표가 유사한 단체(33%)와 목표가 다른 단체(33%)가 절반씩 분할된다. 다시 말해, 사회운동의 실무자들 중 1/3 정도가 다른 운동부문에서 이미 활동한 경험을 가진 사람들이며, 이는 타운동부문에 대한 이해의 정도가 높다는 것을 시사한다. 모든 영역은 아니더라도, 적어도 과거 몸담았던 부문과 현재의 부문에 대한 상호이해는 갖추고 있을 것이다.

둘째, 운동단체에 몸담았던 사람들의 비율이 부문별로 차이가 난다. 여성운동에서 경력자의 비율이 가장 낮으며(42.1%), 환경, 인권, 정의 및 복지운동은 65-70%, 구사회운동은 80%를 기록하고 있다. 이는 여성운동의 실무자들은 '새로운 인물'이 태반이며, 구사회운동은 '과거의 인물'이 주류를 형성하고 있다는 뜻이다. 이것이 운동이념의 진보성, 개혁성, 전문성에 각별한 의미를 가질 것으로 예상되지만, 별도의 연구로 미루어 둔다. 다만, 구사회운동의 실무자들이 사회운동에 대한 상호이해의 수준이 가장 높을 수 있다는 추론을 가능케 한다. 아마, 운동의 역사가 길고, 그만큼 운동경력이 쌓인 때문인 것으로 생각된다.

셋째, 운동부문 간 실무자 경력에도 약간의 차이가 발견된다. 사례수가 적어 통계적 의미를 갖기는 어렵겠으나 대체적인 추세만을 읽어 보면, 여성운동, 환경운동, 구사회운동의 실무자들은 대체로 다른 부문의 단체로부터 이동해 온 경우가 많은 반면, 인권운동과 사회정의 및 복지운동은 부문 내에서의 이동이 보다 잦게 나타난다. 그러나, 그 차이가 운동성향에 어떤 영향을 미칠 것인가에 대하여는 더 많은 자료에 근거한 엄밀한 분석이 필요하다.[13)]

13) 실무자들의 경력이동 사례를 자세히 분석하는 것이 필요할 것이다. 인터뷰 대상자들은 대단히 활발하게 운동영역을 이동하고 있다. 예를 들면, 전국연합과 같은 재야운동단체에서 활동하던 재야운동가가 사회정의운동단체의 실무자가 된 경우, 종교인으로서 사회문제의 개선에 뛰어든 복지운동가, 역

실무자들의 경력분석으로부터 적어도 다음과 같은 결론이 가능하다. 실무자 중 2/3 정도는 적어도 두 개 이상의 운동단체에서 활동했던 경험을 갖고 있으며, 1/3은 목표를 달리하는 사회운동에서의 실무경험을 갖고 있다. 이는 실무자들 사이에 운동부문들에 대한 상호이해가 상당히 높게 형성되어 있다는 사실을 시사한다. 이를 우리의 관심사와 관련하여 해석한다면, 운동부문들 간 '상호연대'의 조건은 상당히 성숙되어 있다는 뜻이다. 다만, 그것이 연대활동의 필수요건인 이념적 동질성 또는 강령의 친화성으로 발현되려면, 개인적 네트워크를 사회화하려는 노력과 함께 모든 운동단체가 다같이 참여할 수 있는 공통적 쟁점 개발이 필요하다.

5. 신사회운동의 당면문제: 세 가지 쟁점

조사자료를 바탕으로 한 지금까지의 분석은 사회운동의 특성을 보여 주는 데에는 유용하지만, 운동현장에서 뛰고 있는 실무자들과 활동가들의 생생한 체험을 전달하기에는 한계가 있다. 운동단체들의 조직현황과 구성원의 특성은 사회운동의 현실과 전망을 가름하는 데에 대단히 중요한 객관적 지표이다. 이 지표들이 리얼리티를 획득하려면 실무자들의 현장체험과 문제의식이 부가되어야 한다. 운동단체의 현장실무자들은 무엇을 운동의 촉진 혹은 장애요인으로 간주하고 있는가? 그들이 당면하고 있는 가장 큰 어려움은 무엇인가? 그들은 한국의 사회운동에 대하여 어떤 전망을 갖고 있는가? 이 절에서는 운동단체의 핵심적인 역할을 담당하고 있는 간부들의 현장목소리를 재정확

시 사회문제로 관심을 바꾼 전직 노동운동가, 소비자운동에 뛰어든 농민운동가, 학생운동 출신의 민주청년운동가 등을 들 수 있다. 최근에는 교사들과 학부모들이 연합한 교육운동, 공공선 실현을 위한 전문가단체 운동 등도 증가하고 있다. 실무자들의 활발한 영역이동과 운동영역의 중첩현상은 곧 연대활동의 기반이 된다.

보, 조직화, 정치화의 세 가지 문제로 요약하여 제시하고자 한다.[14)]

1) 재정 확보

실무자들이 가장 큰 어려움으로 꼽는 것은 역시 재정 확보의 문제이다. 사회운동단체들의 재정은 정부지원금, 자체 수익사업, 회원들의 회비, 기부금, 기타의 소득으로 이루어진다. 민주화가 한창 진행되고 경기가 좋았던 1990년대 초·중반기에 운동단체들의 재정은 그런대로 괜찮은 편이었다. 사회적 쟁점에 대한 시민들의 관심이 증가하면 할수록 운동단체를 지원하려는 시민들의 의욕도 함께 상승하기 때문이다. 그러나, 최근 IMF 사태가 발생하면서 운동단체를 위한 재정자원은 거의 고갈되었다고 해도 과언이 아니다. 운동단체들은 향후 회비감소와 여타 수익이 줄어들 것을 우려하여 자체적으로 긴축재정을 편성하였는데, 경제 사정이 더 악화되면서 상근직 보수까지를 채불해야 하는 극한 상황으로 치닫고 있다. 때로는 자신의 봉급을 반납하여 재정적자를 완화하려는 실무자들의 애처로운 노력도 엿보이지만, IMF 사태로 인한 재정자원의 고갈현상을 막기에는 역부족이다. 이런 어려움은 최근 설립된 단체일수록 더욱 심각하다.

운동단체의 재정악화는 실무자들의 의욕을 꺾고, 급기야는 조직활동을 마비시킬 우려를 안고 있다(Jenkins and Klandermans, 1995). 재정악화의 문제가 실무자에게 미치는 영향은 단체마다 조금씩 다르다. 예를 들면, 전문직 종사자이면서 반상근 활동을 하는 실무자들(겸직실무자)은 생계수단을 유지하고 있기 때문에 별다른 소득원이 없는 유급 상근실무자들에 비하여 사정이 나은 편이다. 회원 구성에 있어 전문직 종사자가 상대적으로 많거나, 종교단체와 긴밀한 연계를 맺고 있는 단체의 경우에도 실무자들이 느끼는 경제적 어려움은 가

14) 전국적으로 알려진 중요 사회운동단체를 몇 개 선별하고, 이 단체에서 사무국장, 정책국장, 조직국장 등의 직위를 가진 활동가들과 인터뷰하였다.

벼운 편이다. 그래서, YMCA, YWCA, 가톨릭 및 기독교재단 등이 후원하는 단체와 정부의 특별지원을 받는 단체를 제외하면, 대부분의 사회운동단체들이 재정적자로 심각한 진통을 겪고 있다고 보아도 무리가 아닐 것이다. 인터뷰에 응한 한 실무자는 상근직 활동가로서 자신의 생계를 해결할 수 없을 뿐만 아니라 때로는 단체활동을 위하여 빚을 지는 경우도 불가피해졌다면서 '재정악화'를 사회운동의 가장 큰 적으로 규정하였다.

재정악화는 실무자들로 하여금 운동의 이상과 현실 사이에서 방황하도록 만든다. 다시 말해, '운동의 목적'과 '단체의 생존' 사이에서 피할 수 없는 선택을 강요받고 있다는 것이다. 기업기부금을 둘러싼 마찰이 바로 이러한 예이다. 기업기부금은 적자재정에 허덕이는 운동단체에 단기적이나마 활력을 불어넣는 요인임에 틀림없다. 그러나, 기부금이 오염물질을 몰래 방출하여 부도덕한 기업으로 낙인찍힌 업체로부터 나온 것이고, 기부대상이 그 기업을 감시해야 할 환경단체일 경우 문제는 그리 간단치 않다. 언론의 이기주의적 성향과 편파보도를 감시하면서 언론기관으로부터 재정지원을 받아 단체활동을 전개하는 역설적 상황도 벌어졌던 것이 우리의 현실이다. 이에 대한 실무자들의 견해도 결코 일치하지 않는다. 기업기부금을 긍정적으로 보는 사람들은 '기업이윤의 사회적 환원'으로 해석하고자 하는 반면, 부정적 입장을 취하는 사람들은 결국 활동의 폭을 제약하고 급기야는 운동의 명분까지를 망가뜨리는 독소로 보는 것이다. 유일한 해결책은 시민들의 광범위한 참여를 이끌어 내어 이들이 납부하는 회비에 기대를 거는 방법이다. 그러나, 운동의 방향모색과 전략수립 등 전문성을 요하는 과제가 산적한 시점에서 조직의 기반확대와 재정문제에 온갖 시간과 노력을 할애해야 하는 현실이 실무자들을 낙담시킨다. 특히, 전국 수준의 방대한 조직을 가진 단체일수록 실무자들은 전문성을 살려야 할 과제 이외의 잡무에 시달리고 있으며, 그 결과 단체의 행정직원으로 전락한 듯한 절망에 빠지기도 한다는 것이다.

실무자들은 운동단체와 일반 시민을 연결하는 중개자이면서 단체의 살림을 꾸려나가는 현장감독과 같다. 이들의 입지와 자율적 공간을 넓히는 것이야말로 사회운동의 전망을 밝게 만드는 첩경일 것이다. 그러나, 대부분의 실무자들은 재정적 어려움에 당면하여 실무자 본연의 역할을 충실히 수행할 수 없는 처지에 놓여 있으며, 그 결과 운동목적과 현실 간의 괴리감, 전문성의 결여, 정체성 위기 등 쉽지 않은 난제에 빠져 있다.

2) 조직기반의 확대

사회운동은 조직기반을 필요로 한다. 이른바 '조직적 공간'의 수직적, 수평적 연대야말로 운동의 사활을 좌우하는 중대한 요소이다(McCarthy, 1996; Kriesi, 1996). 한국의 사회운동이 중앙집중주의에 편향된 모습을 보이면서도 리더십의 재생산이 원활하게 이루어지지 않는 이유는 시민적 참여가 결여된 채 사회적 쟁점에 따라 명망가들의 형식적 연대활동이 사회운동의 대세를 형성하고 있기 때문이다. 실무자들은 사안에 따라 이합집산을 거듭하는 한국의 사회운동 형태를 연고주의, 패권주의, 지역이기주의로 특징짓고 있다. 연고주의란 활동가들이 자신의 이념 내지 신념보다는 과거 어려웠던 시절의 동지애 또는 학연, 지연 등의 연고적 명분에 의하여 단체참여를 결정하는 모습을 지칭하며, 패권주의란 서울중심주의 내지 영향력 있는 단체의 정책방향에 종속되는 경향을, 지역이기주의는 운동의 보편적 목적보다는 지역의 특수한 이익에 사로잡히는 경향을 각각 지칭한다. 이런 세 가지 특징이 조직기반의 확대를 저해하고 동시에 시민참여의 기회를 제약한다는 것이다.

연대기구(협의체, 연합체)의 결성은 중앙수준에서 가장 쉽게 관찰되는 조직화 방식이다. 이 방식은 사회적 쟁점에 대하여 신속하게 대처할 수 있다는 장점을 가지면서도, 시민적 참여가 뒷받침되는 조직적 역량을 결하게 된다. 그 결과, 소위 '언론플레이'로 불리는 언론활용

방식에 의존하게 되는 것이다. 명망가 중심의 연대활동은 특별한 이견이 없는 한 신속하게 이루어진다. 성명서 발표, 대책회의와 연대회의 구성 등과 같은 일시적 운동방안은 별 어려움 없이 전개되는 반면, 일반 회원들은 연대의 명분, 과정, 정책 등등의 구체적 사항에 대하여 많은 의구심과 회의를 품게 되는 것이다. 회원들의 자발적 참여와 강도 높은 동기유발이 결여된 상층조직 수준의 연대는 생명력이 오래지 못할 뿐 아니라 사회운동을 명망가들의 친목모임으로 만들 소지를 안고 있다. 신사회운동을 '영향의 정치'라고 부르는 것처럼, 언론활용은 신사회운동의 기반 확대를 위하여 대단히 중요하다. 그러나, 시민적 참여의 결여를 메우는 방식의 언론활용은 참여를 희망했던 시민들조차 사회운동에 회의감을 갖도록 만든다(Johnston and Klandermans, 1995).

이런 관점에서 운동단체의 실무자들이 언론에 대하여 이중적 태도를 갖고 있는 것은 자연스럽게 이해된다. 언론은 사회운동의 사활을 좌우할 만큼 중요하지만, 그것에 지나치게 의존하게 될 때의 폐단 역시 경계하지 않으면 안 된다는 것이다. 다시 말해, '쟁점의 정치'를 본질로 하는 신사회운동에 있어 언론은 '필요악'이다.

사회운동의 연대활동이 상층 수준에서의 이합집산에 국한될 때 사회운동에 가용한 인적, 물적 자원의 중앙편중 현상이 불가피하게 초래된다. 이런 형태의 사회운동에 대한 실무자들의 반응은 한결같이 부정적이다. 명망가들이 필요치 않다는 것이 아니라, 명망가의 일회적, 형식적, 전략적 연대가 너무 자주 일어나기 때문에 일반 시민들은 점점 더 그 중심에서 소외되고 운동의 명분에 대하여 회의를 갖게 된다는 것이다.

연대활동은 조직적 기반이 취약한 한국에서 신사회운동을 확산시키기 위한 좋은 전략일 수 있다. 연대활동은 협력작업이며 일의 분담이다. 공동목표와 노동분업이 없는 연대활동은 형식적 결과만을 낳을 뿐이다. 한 실무자는 연대활동을 다음과 같이 묘사한다.

> 예를 들어, 지역의 환경문제가 쟁점화될 경우, 전문성을 갖춘 환경운동단체가 정책대안을 제시하고, 지역사회의 여성운동단체가 최전선에서 쟁점의 중요성을 환기시키고, 여타 운동단체들은 인적, 물적 자원을 제공해 주는 등의 협력작업이 있어야 지자체나 기업에 압력을 행사할 수 있다.

그러나, 패권주의와 엘리트주의가 약화되지 않고 운동단체의 리더십이 시민들의 참여에 의하여 통제받지 않는 한 행사위주의 현시적 운동경향은 사라지지 않을 것이다. 현 단계에서 더 절실한 것은 운동지도자들 간의 연대활동보다는 회원들의 자발적 참여를 촉발할 수 있는 프로그램의 개발과 운동단체들의 공동 참여를 유도할 수 있는 쟁점개발일 것이다.

3) 운동의 정치화

신사회운동은 정치화를 전제하는가? 그것은 소위 새로운 정치(new politics)로 발전해야 하는가?(Hilderbrandt and Dalton, 1978). 이 질문은 서구에서 많은 논쟁을 불러일으켰는데, 아직 의견의 일치를 보지 못한 채로 남아 있다. 유럽에서 신사회운동은 급진정당의 결성을 촉진하였다. 그렇다고 신사회운동을 지향하는 급진정당이 정치적으로 성공을 거둔 것은 아니다. 독일의 녹색당과 스웨덴의 환경당처럼 대부분 군소정당으로 잔존하고 있는 실정이다. 신사회운동의 기치가 높이 외쳐졌을 때 신사회운동가들은 여세를 몰아 곧 거대정당을 결성할 수 있을 것으로 믿었다. 그러나, 정치적 진입장벽이 대단히 높아서 중앙무대로 진입한 신정치정당 가운데 거대정당을 결성하는 데에 성공한 사례는 찾아보기 힘들다.[15] 여기서 더 중요한 문제는 정치화

15) 1980년대 유럽 12개국에서 결성된 녹색정당 가운데 8개 정당이 의회에 진출하였다. 뮐러-롬멜이 조사한 35개의 신정치정당 가운데 의회에 의석을 확보하고 있는 정당은 20개에 달했다. 그러나, 중앙무대에서 거대정당을 결

의 성공 여부보다 정당으로의 전환이 이루어진 다음에 발생하는 문제이다. 즉, 신사회운동의 본질이 현실정치의 장에서 왜곡될 수밖에 없는 필연적 과정에 관한 문제이다. 신사회운동의 생명은 탈물질주의적 가치관의 추구에서 찾아진다. 그런데, 예를 들어, 독일의 녹색당이 선거에서 승리하려면 '개발'과 '환경보존' 사이에서 적절한 타협을 행해야 한다. 즉, 이념의 순수성과 새로운 가치관을 저버릴 수밖에 없는 상황에 자주 직면하게 되는 것이 현실정치의 법칙이다. 정치화의 딜레마가 여기에서 비롯된다.

아직 초기단계이긴 하지만, 한국의 신사회운동에도 이런 유사한 쟁점이 발견된다. 인터뷰에 응한 대부분의 실무자들은 신사회운동의 정치화에 비판적 태도를 견지하고 있으며, 시민사회에 뿌리를 둔 신사회운동의 본연적 의미를 지켜 나갈 것을 선호한다. 그렇다고 활동가들의 정치적 진출에 반대하는 것도 아니다. 그것은 개인의 문제이지 단체와 결부시켜 생각하지 않는 것이 좋다는 생각이 지배적이다. 그러면서, 사회운동을 정치입문의 수단과 창구로 활용하려는 태도에 대하여는 부정적 태도를 보였다.

정치화에 대한 입장이 운동부문별로 차이가 발견된다는 점은 자못 흥미롭다. 예를 들면, 여성운동단체의 실무자들은 단체 지도자들의 정계입문을 긍정적으로 보고 있다. 사회 전반에서 벌어지고 있는 성차별의 철폐가 운동의 가장 중요한 목표이고 보면 운동지도자들의 정치입문이야말로 그것을 보장하는 가장 확실한 방법일 터이다.

반면, 환경운동, 사회정의 및 복지운동단체의 실무자들은 사회운동과 정치 사이에 명확한 경계를 두고 싶어한다. 파당의 이익을 떠나 공공선의 실현을 도모하고, 그것을 거스르는 정부나 기업행위에 대하여 가차없는 비판을 수행하는 것이 사회운동의 최고의 목표라는 것

성한 예는 없다(Mueller-Rommel, 1990). 라쉬케는 신정치정당을 '탈산업적 준거정당'으로 부른다(Raschke, 1983).

이다. 이런 입장에서, 몇몇 실무자들은 사회운동조차 권력투쟁의 대리영역으로 화할 만큼 지나치게 '정치화'되어 있음을 개탄한다.

신사회운동이 아직 초기단계에 있고, 운동의 시민사회적 기반이 약한 한국 사회에서 사회운동과 정치간의 경계문제는 앞으로도 계속 논쟁거리로 남을 전망이다. 제도권 정치로의 진출을 위해 39명의 후보를 지방선거에 출마시켰던 환경운동연합의 예에서 보듯이, 신사회운동의 정치화 노력은 꾸준히 전개될 듯이 보이지만, 정당정체성이 취약하고 정권교체기마다 정당의 이합집산이 반복되는 한국의 정치현실 속에서 신사회운동의 정치화 문제는 그다지 쉽지 않을 것이다.

6. 결 론

활동가와 일반회원에 관한 분석은 신사회운동의 성격과 현황을 엿볼 수 있는 중요한 단서를 제공한다. 권위주의 체제의 오랜 관행에서 벗어나지 못한 한국 사회에서 포스트모던적 현상으로 규정되는 신사회운동에 대한 논의가 여전히 어줍잖고 시기상조라는 일각의 비판도 설득력이 있지만, 구사회운동의 목표와 가치들이 글로벌라이제이션의 자장 속에서 신사회운동적 쟁점으로 변환되어 나타나는 것은 한국도 예외가 아닐 것이다. 이런 관점에서 신사회운동에 대한 연구는 미완으로 남아 있는 구사회운동적 가치와 문제의식을 두루 포괄하고 물질적 이해관심에 기초한 정치적, 사회적 균열의 의미를 새롭게 조명하는 과제를 안고 있다. 혁명 혹은 집합행동에 관한 전통적 연구들이 그것에 참여하는 계급성원들의 일상생활과 사고양식 분석에 초점을 맞추었던 것과 같이, 탈물질적 가치를 추구하는 사람들의 사회적 배경과 단체형성의 계기를 분석하는 것은 신사회운동의 내부 기제를 파악하는 데에 대단히 중요하다.

한국의 신사회운동의 주요 참여자들이 대체로 사무, 전문직 종사자들이며, 중산층에 속하고, 고학력자들로 이루어졌다는 점은 서구사회와 마찬가지이다. 연령별로는, 일반 회원의 경우 40대의 비율이 높았으나, 실무자들은 20대와 30대의 젊은층이 더 많은 비율을 점하고 있다. 운동단체의 살림을 담당하는 실무자들은 사회운동이 생계의 터전이자 삶의 현장인 직업활동가들이다. 그런 만큼, 학생운동과 노동운동 등에 헌신한 경험이 있고 개인적 신념이 투철한 사람들이 대부분이다. 실무자들의 2/3가 대학 졸업 후 주로 운동단체에서 경력을 쌓아 왔다는 것이 그것을 입증한다. 1/3에 달하는 사무, 전문직 출신의 실무자들도 이전 직장을 사회운동에 헌신하기 위한 일종의 준비기간으로 생각하는 경향이 강하다. 이들이 한국의 신사회운동의 미래를 개척해 나갈 중심집단이라는 점은 분명하다.

한국의 활동가들이 이른바 좌파-자유주의(left-libertarianism)적 성향을 갖고 있는지는 아직 불분명하다. 키트쉘트가 묘사하였듯이, 서구사회에서 활동가들은 시장, 부의 축적, 성취윤리에 대한 불신과 평등주의적 재분배를 전통적 사회주의와 공유한다는 점에서 '좌파'이며, 개인적, 집합적 행위를 규제하는 사적, 공적 관료제의 권위를 부정한다는 점에서 '자유주의적'이다(Kitschelt, 1990). 이 연구에서는 단지 진보적, 개방적으로 서술하는 데에 그쳤지만, 한국의 활동가들의 이념적 성향이 좌파자유주의에 가깝다는 추론을 뒷받침해 주는 증거는 많다. 우선, 그들이 직·간접으로 권위주의 정권의 탄압을 경험한 결과 민주주의적 가치를 더 절실하게 추구하게끔 되었다는 점, 그것을 경험하지 않았더라도 이들 사이에 형성된 강한 저항문화가 활동가들의 직업윤리 형태로 전수되고 있다는 점이다. 이들에게는 경제적 불평등, 독점, 권위, 억압, 강제 등등의 부정적 항목을 거부할 수밖에 없는 역사적·사회적 배경이 이미 주어져 있는 셈이다. 그러나, 그것이 좌파자유주의의 다양한 스펙트럼과 정확히 부합하는지는 미지수이다.

서구사회에서 사회운동은 인지적 동원을 특징으로 하는 데에 반하여, 한국에서는 연고적 동원이 이루어지고 있다는 것이 이 글의 주요 논지이다. 의식적 동의와 자발적 동기유발이 인지적 동원의 핵심이라면, 연고적 동원은 개인적 친분과 연고관계에 주로 의존한다. 연고적 동원에의 의존도는 일반 회원보다 실무자들의 수준에서 보다 크게 나타난다. 그런데, 연고적 동원이 운동참여에 미치는 영향은 다르다. 일반 회원의 경우, 그것은 운동참여를 소극적, 수동적으로 만드는 데에 반하여, 실무자들에게는 개인적 신뢰의 기반을 만들어 주고 있다. 특히, 과거 어려웠던 시절에 '공유한 운동 경험'은 이념적 균열과 가치관의 대립까지를 메워 주는 일종의 연대요인으로 작용한다.

연고적 동원은 서구사회에서는 잘 발견되지 않는 한국적 특성이자 자산이다. 그것은 신사회운동이라는 포스트모던적 현상에 여전히 전통적 요소를 강화하고 있다는 점에서 부정적이며, 쟁점 중심의 이합집산을 억제하고 직업운동가들 간의 끈끈한 유대를 지탱해 준다는 점에서 긍정적이다. 운동단체 내부에서 이런 형태의 연고적·개인적 네트워크가 정책결정과 실행과정을 권위주의적으로 만들 우려를 안고 있는 것도 사실이다. 그러나, 역으로, 실무자들 간 노선의 차이와 이념적 대립에서 기인하는 조직활동의 마비상황, 더 나아가서는, 조직의 균열을 방지해 준다는 의미에서 긍정적 기능을 행사한다. 그럼에도 불구하고, 개인적 네트워크의 사유화(privatization)를 경계하고 '사회적 네트워크'로 발전시켜 나가야 할 짐을 안고 있음은 분명하다. 이런 의미에서, 모든 신사회운동단체들이 공동으로 참여할 수 있는 범사회적·공통적 관심사와 정책사안을 개발하는 일은 신사회운동이 초기적 형성단계에 놓여 있는 한국 사회에서 보다 중요하다. 그것은 활동가들의 의욕을 북돋우는 세 가지의 헌신기제(committment mechanism)를 충족시키는 기초작업에 해당한다. 활동가들의 참여활동을 더욱 촉진하는 동기와 유인을 '헌신기제'로 규정하면서 키트쉘트는 합목적적(purposive)·연대적(solidary)·물질적(material) 헌신기제를 충족하는 것이 중요함을 강조한다. 그러나, 활동가들과 핵심인물들이 끊임없는 좌절과 방황을 거듭하고 있는 모습은 서구의 신사회운동 또는 그것에 기초한 신정치정당들의 헌신기제 역시 대단히 취약함을 시사한다는 것이다. 5절에서 간략하게 논의한 세 가지의 당면문제가 바로 이것이다.

제9장

여성운동단체의 연대와 균열

조 은

1. 서 론

한국의 여성운동이 1980년대에 들어와 지형변화를 겪었음을 여러 연구들은 지적하고 있다(이효재, 1998; 조주현, 1996; 김경희, 1998). 이러한 여성운동의 지형변화는 여성의 '정체성'의 담론화와 관련되어지거나 또는 운동 영역의 변화와 목표 및 이념과 관련되기도 하지만 새로운 여성운동단체의 등장이나 사회운동의 프레임 변화와 무관하지 않다.[1] 여성운동단체들은 1990년대에 들어오면서 또 다른 변화를

1) 1980년대 여성운동단체의 활동 변화는 세 가지로 지적된다. 첫째, 소극적인 사회참여, 사회봉사의 수준에서 벗어나 보다 적극적으로 여성의 종속적 삶의 조건을 구조화하고 있는 사회체제에 대한 문제를 제기하고 이를 해결해 나가기 위한 여성운동의 성격을 띤다는 점, 둘째, 여성단체의 주체가 보수적 성향을 띠는 소수의 지도자적 여성으로부터 여성 근로자, 농민, 청년여성, 가정주부 등으로 전환, 확대되고 있다는 점, 셋째, 서울을 정점으로 중앙집권적인 조직을 가지고 있던 기존 여성단체의 한계를 극복하여 지방조직이 활발하게 조직됨으로써, 정치보다 한발 먼저 여성단체의 지방화가 실현되고 있다는 점 등이다(정무장관(제2)실, 1995: 239).

겪고 있으며 사회개혁운동 속에서 어떻게 자신의 특수성을 살려갈 수 있는가를 고민하게 되었고 이러한 변화는 연대활동의 강화로 나타나고 있다.2) 성(Gender)이 계급이나 민족 등의 경계를 넘어 단일한 세력화를 가능하게 하는 연대의 단위인가 하는 물음은 오랫동안 여성운동과 사회운동의 숙제였으며 따라서 여성운동단체 간의 연대 또는 여성운동단체와 다른 사회운동단체와의 연대는 여성운동과 성 정치를 전망하고 이해하는 데 매우 중요한 과제로 부상한다.

여성운동의 역사가 오랜 유럽이나 미국에서도 최근 여성운동에 대한 관심이 여성운동의 내용이나 목표 외에 그들의 조직적 특성 및 다른 사회운동조직들 간의 갈등과 연대 등으로 확대되고 있다(Ferre and Martin, 1995; Mueller, 1995). 이러한 관심의 확대는 그 동안 여성운동의 역사나 의제로 볼 때 새삼스러운 것은 아니다. 여성운동은 줄곧 다른 사회운동으로부터의 독립성과 자율성 또는 운동영역의 자율성과 독립성 등 관계설정을 두고 논란이 되어 왔으며 여성운동 내부에서 많은 노선 싸움도 있었다. 급진과 개혁 또는 사회주의 페미니스트와 자유주의 페미니스트 그리고 급진 페미니스트들 간의 논박이 오고 갔으며 여성운동이 계급운동이나 민족주의 운동 또는 인종차별 철폐운동이나 민주화 운동 등과 때로 제휴하고 때로 갈라선 역사를 가지고 있다(Cliff, 1987; Briskin and McDermott, 1993; Poster, 1995; Ryan, 1992; Ferre and Hess, 1985). 뿐만 아니라 이 과정에서 여성운동단체들이 내부 분열과 갈등을 경험하기도 했다. 이러한 경험을 통해 여성운동단체들은 자체적인 조직의 특징을 만들어

2) 1990년대 이후 결성되어 적극적인 활동을 전개하고 있는 연대모임으로는 1990년 4월에 결성된 '인간교육실현학부모연대', 1990 11월에 결성된 '한국정신대문제대책협의회', 1991년의 '성폭력특별법제정 추진위원회', '탁아소문제특별대책위원회', 1993년 7월의 '북경대회 준비를 위한 NGO모임', 1994년 '할당제 도입을 위한 여성연대', 1994년 5월 '가정폭력 방지법 추진을 위한 연대' 등이 있다(정무장관(제2)실, 1995: 245).

가면서 운동의 의제와 실천전략을 개발하고 다른 사회운동단체 조직들과 어떻게 연대할 것인가를 고민할 뿐 아니라 여성운동단체끼리는 어떻게 결속할 것인가를 고민해 왔다. 이러한 고민은 조직구조에도 영향을 미쳐 여성적 조직체(femicracy)를 선보이고 기존의 위계적 조직과는 다른 집합결정의 조직을 현실화하기도 했다(Fantasia, 1988). 즉 계급, 인종 또는 민족주의나 민주화 등이 여성운동을 어떻게 갈라놓는가? 혹은 반대로 여성운동이 이해관계를 달리하는 여성집단을 정치적으로 연대하게 할 수 있는가 하는 페미니스트들의 오랜 숙제는 여성운동단체에 대한 경험적 연구들로 연결되고 있다. 여성운동단체들 간의 연대와 균열과정은 여성운동단체들의 조직구성이나 운동스타일의 차이를 드러내며 때로는 운동단체들의 조직구조나 스타일이 이데올로기보다도 더 명확하게 운동단체의 특성을 보여 준다. 이러한 일련의 여성운동조직의 특성은 페미니즘과 여성운동단체, 그리고 여성운동단체와 다른 사회운동단체 간의 연대와 거리를 이해하게 할 뿐 아니라 여성운동과 계급운동 또는 다른 신사회운동과의 관계에 대한 새로운 이해의 영역이 되고 있다(Brenner, 1996: 24; Katzenstein, 1990). 미국의 여성운동단체에 대한 몇몇 연구들은 성(gender)이 계급이나 피부색이 다른 여성들을 정치적으로 한데 묶는 데는 불충분하지만 성, 계급, 인종을 가로질러 정치적 연대가 불가능한 것이 아니며 또한 여성운동 내부의 동학이 전체적인 사회운동의 환경과 밀접한 연관이 있음을 보여 주고 있다(Meyer and Whittier, 1994; Smith, 1995).

여성운동이 여성문제(gender issue)만을 문제삼아 움직이는 것은 아니다. 이는 미국이나 유럽 등 선진 자본주의 사회뿐 아니라 구동구권 그리고 그 동안 제3세계로 불렸던 지역도 마찬가지다(Alvarez, 1990; Basu, 1995). 인종, 성차별주의, 자본주의가 사회지배의 축으로 작동해 온 사회에서 성과 인종과 계급문제는 언제나 주요한 사회운동의 축을 구성해 왔으며 이들 조직들은 때로 연대하고 때로 분열했다

(Ferguson, 1991; Ryan, 1992). 여성운동과 노동운동과의 관계는 「성과 계급」 논쟁으로 불려지는 오랜 논쟁사를 기록하고 있으며 각 나라의 상황에 따라 인종차별 반대운동과 민주화운동이나 민족해방운동과의 관계는 이론적 논박이 되고 있다(윤택림, 1994; 조순경, 1995). 한국의 여성운동 또한 이러한 논란과 현실로부터 자유로울 수 없다.[3] 한국 여성운동역사에서 볼 때 반식민, 반자본, 반독재라는 사회운동과 여성운동 간의 거리는 여성운동단체들의 주요한 숙제였다. 최근 들어서는 환경운동, 인권운동, 평화운동 등 이른바 친 여성적 신사회운동들과의 관계 설정 또한 새로운 숙제가 되고 있다. 한국의 여성운동 연구에서는 운동단체의 조직적 특성이나 내부의 동학, 그리고 다른 운동단체들 간의 역학관계는 별로 알려진 바가 없으며 여성운동단체들끼리 혹은 여성운동단체와 다른 사회운동단체들이 어떤 사안을 두고 어떻게 연대하고 또는 갈등하는지에 대해서 별로 연구된 바가 없다.

이 연구는 탐색적 수준에서 한국여성운동단체의 연결망 분석을 통해 사회운동에서 성이 갖는 함의와 한국여성운동의 지형변화를 전망해 보고자 했다. 이 연구는 크게 세 가지 현실적 관심을 가지고 시작했다. 첫째, 여성운동단체들의 조직의 특성은 어떠한가? 운동의 지형이 다른 여성운동단체들은 내부조직이나 의제에서 차이가 드러나는가? 둘째, 여성운동단체 간의 연대와 균열은 어떠한가? 셋째, 여성운동단체와 다른 사회운동단체와의 관계, 특히 균열과 연대의 축으로 이론화된 성과 계급, 성과 민주화 등의 관계는 여성운동단체의 연결망에서 어떤 의미를 갖는가? 등이다. 이러한 질문은 여성운동단체의 조직의 특성이나 연대가 앞으로 한국의 성 정치에 어떤 영향을 미칠 것인가, 그리고 여성운동에서 성이 정치적으로 이해관계를 달리하는

3) 진보적 여성운동 내부의 이러한 갈등은 1980년대 초반 여성운동의 대표주자이던 여성평우회 내부를 분열시켜 결국 해소하게 만들었다(여연, 1998: 21).

여성집단을 묶어 낼 수 있을 것인가 하는 이론적 현실적 관심과 이어진다. 여기서 여성운동단체의 조직의 특성은 주로 의사결정구조와 운영체계, 운동의 목표와 의제를 통해 보았고 여성운동단체 간의 역학 관계는 여성운동단체의 연결망을 분석하고 여성운동단체들 간의 연대와 균열을 가져온 사안에 초점을 맞추었다. 다른 사회운동단체와의 관계는 노동운동단체, 민주화운동단체 및 기타 사회운동단체로 나누어 연결망을 분석하고 성이 계급, 민주화 그리고 기타 신사회운동을 어떻게 가로지르고 있는가를 보았다. 연구대상 단체는 학계와 언론계와 여성계에 널리 알려진 대표적인 여성운동단체들을 중심으로 했으며 자료는 1998년 1월부터 2월 사이에 수집했다.[4] 자료는 구조화된 설문지와 심층면담을 통해 수집했으며 그 외 단체의 약사, 성명서, 기관지 등의 자료와 전화인터뷰 등을 통해 자료를 보완했다.

2. 여성운동단체의 의제와 조직의 특성

1) 조사대상 단체의 일반적 특성: 여성단체와 여성운동단체

조사대상 단체들은 소속단체를 거느린 여성단체연합(이하 여연)이나 여성단체협의회(이하 여협) 등 협의체의 성격을 띤 단체들과 협의체를 구성하지 않은 개별적 단일운동단체로 나누어진다.[5] 단일운동

4) 단체 선정은 학계와 언론계와 여성계에서 여성운동단체들에 정보가 많은 인사들의 추천에 의존했으며 기타 한국의 시민사회단체 요람을 참조하였다.

5) ▪ 여성단체연합 소속단체는 기독여민회, 민족미술협의회 여성분과, 민족통일민중운동연합 여성위원회, 민주화실천가족운동협의회, 민주화운동청년연합 여성부, 민중불교운동연합 여성부, 여성의 전화, 여성평우회, 전민연 여성위원회, 한국가톨릭농민회 여성부, 한국기독교교회협의회 여성위원회, 한국기독교장로회 여교역자협의회, 한국노동자복지협의회 여성부, 한국여신학자협의회, 공해반대시민운동협의회 여성분과, 주부아카데미, 한국교회여성연합회, 한국기독노동자총연맹, 한국기독교농민회총연합회 여성부, 가톨릭여성농민회 등이며 또 하나의 문화는 소속단체는 아니며 사안중심 협의체다.

단체들 중에는 개별단체지만 지방지부를 거느린 전국적 조직의 여성단체도 있고 전국망을 가지고 있지만 중앙단체의 소속단체로서보다는 지역 기반을 둔 개별 여성운동단체도 있으며 지역조직이 없는 개별단체 등이 모두 포함되어 있다. 연구대상이 된 단체 중 중앙의 협의체나 연합체는 7개 단체이며 산하단체가 7개, 사안중심의 협의체 1개, 단일운동단체가 5개였다. 이들 단체들은 다음과 같다. 대한 YWCA 연합회, 여성단체협의회, 여성단체연합, 대한주부클럽연합회, 한국부인회, 소비자보호단체협의회, 대한어머니회, 서울 YWCA, 부산 YWCA, 한국여성의 전화, 전국여성농민회총연합, 한국여성민우회, 가톨릭여성연합회, 대한간호협회, 한국정신대문제대책협의회, 시민의 모임, 한국여성정치연구소, 한국여성노동자협의회, 참교육을 위한 전국학부모연대, 또 하나의 문화 등이다. 이들 단체 중 일부는 여성운동단체라고 못박을 수 없는 성격을 가지고 있다. 소비자보호협의회, 참교육학부모회, 간호협회, 소비자문제를 연구하는 시민의 모임은

▪ 여성단체협의회 소속단체는 대한간호협회, 대한기독교여자절제회연합회, 한국여학사협회, 대한조산협회, 여성문제연구회, 중앙부인회, 가톨릭여성연합회, 전문직여성클럽한국연맹, 한국부녀복지연합회, 한국여성항공협회, 대한미용사회중앙회, 한국우먼스클럽, 한국여성문화생활회, 국제존타한국연합회, 한국여성크리스찬클럽, 대한약사회여약사회, 우리옷협회, 한국식생활개발연구회, 국제여성총연맹한국본회, 대한영양사회, 국제여성승공연합, 대한치과위생사협회, 한국통일여성협의회, 한국퇴역여군회, 고향을 생각하는 주부들의 모임, 한국자수문화협의회, 한·일여성친선협회, 한·중여성교류협회, 열린 세계 사회복지연구소, 한국여류시각디자이너협회, 한국여성불교연합회중앙본부, 천도교여성회본부, 한국여성정보인협회, 대한여성과학기술인회, 한국생활공예협회, 원자력을 이해하는 여성모임, 한국여성세무사회, 한국여성발명협회, 주부전문인클럽, 한미몬테소리협회 등이 회원단체이며 협동회원단체로는 인천광역시여성단체협의회, 전북여성단체협의회, 경기도여성단체협의회, 대전광역시여성단체협의회, 강원도여성단체협의회, 충북여성단체협의회, 제주도여성단체협의회, 부산광역시여성단체협의회, 울산광역시여성단체협의회 등이다.

회원들 다수가 여성이고 활동영역이 여성운동단체들과 유사하여 학계, 언론계, 여성계로부터 여성운동단체로 범주화된 듯하다. 실제로 이들 단체들은 정관에 '여성의 권리신장'이 들어 있지 않다.[6] 이들은 광의의 여성단체이기는 하지만 여성운동단체로 보기는 힘들다. 이 논문에서는 필요한 경우 여성단체와 여성운동단체를 분리시켜 자료를 읽었으며 여성운동단체에 분석의 초점을 맞췄다.

조사대상단체의 일반적 특성을 보면 규모가 작으며 시작 또한 매우 작은 규모로 시작했다. 협의체의 경우도 20명이 모여 시작한 경우가 있으며 100명 이내로 시작한 경우가 협의체 2개, 단일운동단체 1개 등 3개이며 대다수가 1천 명 이내로 시작했다. 설립 당시 초기 회원 수도 최저 20명에서 1만 명 등 매우 다양하지만 1개 단체를 제외하면 300명 이내 수준이다. 초기 상근자 수도 1명에서 9명까지 다양하지만 5명 이내가 10개 단체이며, 1명으로 시작한 경우가 2개 단체, 2명으로 시작한 경우가 4개 단체이다. 5명 이상은 2개 단체이며 8개 단체가 응답하지 않았다. 현재 회원은 250명에서 360여 만 명(?) 등 매우 편차가 심하며 1천 명 이내가 2개 단체, 2천 명 이상, 1만 명 이내가 6개 단체 그 이상이 9개 단체, 무응답 3개 단체이다. 단일운동단체 중에도 회원이 5만 명이 넘는 단체도 있기는 하지만 회원 수나 상근자 수 등 규모가 큰 단체는 모두 협의체이다. 현재 상근자 수 또한 2명에서 134명까지 다양하며 2명이 3개 단체, 3인 이상 10인 이내 6개 단체, 10인 이상이 8개 단체이며, 이 중 1개 단체만 100명이 넘는다. 이들 중 여성운동단체만 보면 규모는 더욱 작다. 회

6) 소비자 보호협의회와 소비연은 소비자 보호만, 간호협회는 해당항목이 없이 기타에 국제교류와 회원관리를 추가하고 있으며 참교육학부모회는 합리적 대안 제시, 인권보호, 의식계몽을 꼽는 등, 이들 네 단체는 단체의 목표에 여성의 권리신장은 포함되어 있지 않다. 회원들의 성비구성을 보면 여성들만으로 구성되어 있거나 회원 85% 이상이어서 여성단체로 범주화되는 것이 상례이다.

원수가 많고 상근자가 많은 단체는 소비자보호협의회와 간호협회 등 여성 직능단체들이다. 여성운동단체와 여성단체는 그 규모와 수적 구성이 다르다. 단체들의 설립연도는 1980년 이전에 창립된 단체가 10개 1980년 이후에 창립된 단체가 10개이다. 이들 중에는 1922년과 1923년 등 해방 이전에 설립된 단체에서부터 1990년과 1991년 등 아주 최근에 창립된 단체 등이 포함되어 있다.

2) 조직의 특성

(1) 운영과 의사결정

여성운동의 조직은 의사결정구조나 조직구성에서 상당히 다양하며 1980년대 이전에 만들어진 연조가 높은 단체와 연조가 젊은 단체들 간에는 의사결정이나 조직구성에서 많은 차이를 드러낸다. 오래된 여성운동단체들, 예를 들면 1922년에 만들어진 대한 YWCA 연합회(이하 대한 Y 약칭), 1942년에 만들어진 대한 주부클럽연합회(이하 주부클럽), 1948년에 만들어진 한국부인회, 1950년대에 만들어진 대한 어머니 중앙연합회나 한국여성단체협의회(이하 여협) 등이 일인 회장이나 일인 대표제를 가지고 있는 데 비해 1980년대 이후에 만들어진 여연, 한국여성의 전화, 여성민우회, 참교육을 위한 전국학부모회 등은 공동대표제로 운영되고 있다. 또한 전자의 경우는 명망있는 인사들이 회장이나 대표를 맡았고 현재도 그러한 데 비해 후자의 경우는 운동단체에서 일하면서 내부에서 성장한 경우가 많다.[7] 1980년대 이

7) <여협>과 <여연>이 그들의 지도력에 대한 언급은 이를 잘 보여 준다. 여협은 『30년사』에서 "오로지 여성의 힘을 한 데 모으는 일이 필요하다는 대전제 아래 한국여성의 지도급 인사들이 모였으나 각자 소속단체가 있는 만큼 사업을 추진하고 단체 사이의 조정과 연결을 원만하게 떠맡을 인물이 있어야 했다"(여협, 1989: 99)고 적고 있으며 또한 "여협 역사의 태반을 주도했던 김활란, 이숙종, 이철경 회장을 비롯한 많은 선배들께서 고인이 되시고 여협의 구성원과 위상도 초창기의 그것과는 판이하게 변화되어 있음을 본다"(여협, 1993: 245)에서 읽을 수 있듯이 여협은 명망있는 인사 중

후에 만들어진 단체들의 조직표는 덜 위계적이며 대체로 보다 민주적 의사결정구조를 보이며 단독 결정보다는 집합결정을 그리고 단일 대표보다는 공동대표체제를 보인다. 1980년대 이전에 만들어진 여성단체들 중에는 회장이 수년 동안 바뀌지 않거나 소수 몇 명에 의해 움직이는 운영체계를 가진 경우도 있고 특정학과의 졸업생들만으로 사무처가 구성되어 있는 경우도 있다. 조사단체 중 조직에서 가장 뚜렷한 조직적 특성을 보인 사례는 1983년에 창립된 <또 하나의 문화>(이하 또문)이다. 특정한 개인을 대표로 내세우지 않고 단체에서 공식직함을 가진 사람은 간사뿐이다. 일주일에 한 번씩 있는 조찬모임이 주요 의사결정 기구이며 정식회원이 되면 누구나 이 조찬모임에 참석할 수 있다. 누구라도 더 많이 참석하면 더 많이 의사결정에 참여하게 되는 셈이다.[8)]

(2) 구성원의 특성

조사대상단체 중 각 단체에서 2명씩(상근자가 1명인 단체는 1명) 상근자 38명을 면담조사한 결과 학력은 전문대졸 1명을 빼면 모두 대졸 이상이며 대학원을 마친 경우도 상당수이다. 현 운동단체에서 일하기 전에 다른 경력을 거친 경우가 20% 이내이며 여성운동단체의 경우는 농민운동이나 노동운동을 한 경우 등 현장 경험을 한 경우이고 간호협이나 소비협 같은 여성단체는 전문직의 경험을 가진 경우이다. 그 외 80%가 처음부터 현 운동단체 또는 다른 시민운동

심의 지도체제를 가지고 있었다. 이에 비해 여연은 『10년사』에서 "여연의 지도력은 몇몇 사람이 발휘하는 카리스마적인 지도력이 아니라, 회원단체들의 참여와 활동가들의 헌신성을 통해 만들어진 집단적 지도력이라는 장점을 가지고 있다"(여연, 1998: 23)고 적고 있다.

8) 이러한 조직에 익숙하지 않은 면담 조사자는 설문지의 상당부분을 채우지 못하고 "특정한 개인을 내세운 기존 단체와는 성격이 다르다. 또문은 기존의 다른 운동단체와 성격이 다르기 때문에 설문의 내용을 가지고는 이 단체의 성격이나 조직을 파악할 수 없을 것 같다"는 면담 소견을 첨부했다.

단체에서 일한 운동단체 전문인이다. 이들이 일하게 된 경로를 보면 60%가 단체의 회원이나 선후배와 동창 등을 통했으며 나머지는 언론매체나 교수 추천 등을 통해 입직하고 있다. 1980년대 이전에 만들어진 단체들은 대부분 교수 추천이나 학교 선후배를 통해 일하게 된 반면 1980년대 이후 단체들 중에는 언론을 통해 알게 되어 스스로 찾았거나 회원들의 소개를 받아 입직했다. 연령별로는 1934년생부터 1974년생까지 다양하며 30대가 가장 다수를 점한다.

회원의 성비를 보면 남성회원이 한 명도 없는 경우가 7개 단체이며 5% 미만이 4개, 나머지 9개 단체 중 1개 단체를 빼고는 모두 남성비가 15% 이내이다. 회원들의 분포를 보면 단순사무직의 비율이 높은 단체가 가장 많고 농어민이나 판매 생산직비는 매우 낮다. 회원들간의 연대활동이 많은 편이며 특히 동인지나 소식지 발간, 월례강좌나 소모임 활동 등을 통해 회원의 활동 등을 회원들에게 널리 알리고 있다. 활발한 단체일수록 소식지 발간이나 소모임 활동이 많다.

1980년대 이전에 만들어진 여성운동단체들과 1980년대 이후에 만들어진 단체들 간에는 조직적 특성, 운동의 목표, 운영방식에서뿐 아니라 회원이나 사무처 구성에서도 뚜렷한 차이를 드러냈다. 또한 단체의 활동가들의 배경에서도 많은 차이를 드러냈다. 대표나 사무총장, 상근간부, 상근직원들을 주요활동가로 보았을 때 이들 주요 활동가들의 경력에서도 두드러진 차이가 났다. 1980년대 이후 단체들의 활동가들은 현장운동가 중심으로 짜여 있다. 여노협, 민우회, 여성의 전화 등이 대표적으로 전업 운동가 중심으로 사무처가 구성되어 있다. 여노협의 경우 여성운동을 하기 전 노동운동을 했던 20대 후반부터 50대 초반까지 여성 노동운동가 1세대, 2세대, 3세대가 함께 모여 일한다는 자긍심을 보여 내부적 연대와 결속을 보여 준다.

(3) 재정상태

여성운동단체들의 재정상태를 보면 자립 정도가 매우 낮다.[9] 운영비에서 회비가 차지하는 비율은 낮게는 2%, 높으면 40% 수준이며 평균적으로는 회비를 통한 재정충당비율이 17%이다(<그림 1>). 정부 지원금을 하나도 안 받는 경우는 한 단체뿐이며 낮게는 3%에서 30% 수준의 지원을 받으며 3개 단체가 25% 이상의 지원을 받고 있다. 오래된 단체의 경우에 기업 후원금이나 지방자치단체 후원금을 받는 경우가 많으며 1980년대 이전에 창립된 여성운동단체들은 자산 수익이 전체 재정에서 차지하는 비율이 높다. 반면 신진단체들은 자체 수익사업을 하는 경우가 더 많은 것으로 나타났다. 무응답단체들을 빼고 보았을 때 평균적으로 재정충당비율은 회비와 수익사업이 각각 17%, 그 다음이 정부지원금 15%, 지방자치단체 후원금과 자산 수익이 각각 8%이다. 그 외 기타가 26%이다(<그림 1>).

1년 재정이 억대를 넘는 경우가 10개 단체이며, 1억 원 미만이 1개 단체였고 나머지는 무응답이다. 지출은 최저 7천6백만 원에서 최고 29억까지지만 1억 미만 3개 단체, 1억 이상 5억 미만 4개 단체, 5억 이상 10억 미만 2개, 10억 이상 1개 단체이고, 나머지는 무응답이다. 지출에서 사업비 비율은 최저 25%에서 최고 76%까지이고 50% 미만이 절반 정도를 차지한다. 인건비가 차지하는 비율은 최소 8%에서 최대 41%까지이며 30% 미만이 6개 단체이고 30% 이상이 6개 단체, 나머지는 무응답이다. 평균적인 지출내역을 보면 사업비의 비율이 48%이며 그 다음이 인건비로 30%를 점한다. 그 외 경상운영비 20%, 기타 2%이다(<그림 2>). 회비에 의한 수입원의 비율이 낮고 지출에서 인건비가 차지하는 비율이 평균적으로 30%나 된다. 그러나 많은 여성단체들이 밤늦게까지 일하거나 주말에도 일하지만 상근직의 임금은 턱없이 낮다. 이들의 수입은 여성운동단체의 경우 33%가 60만 원 이상 99만 원 이하이며 30만 원에서 59만 원이 30%로서

9) 이 자료에는 여성단체로 범주화될 수 있는 4단체의 자료와 그 외 2개 단체가 무응답으로 처리되었다.

<그림 1> 여성운동단체 재정충당비율

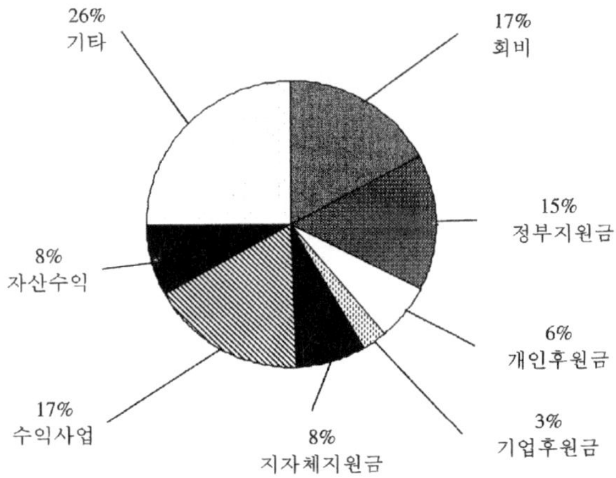

<그림 2> 여성운동단체 지출내역

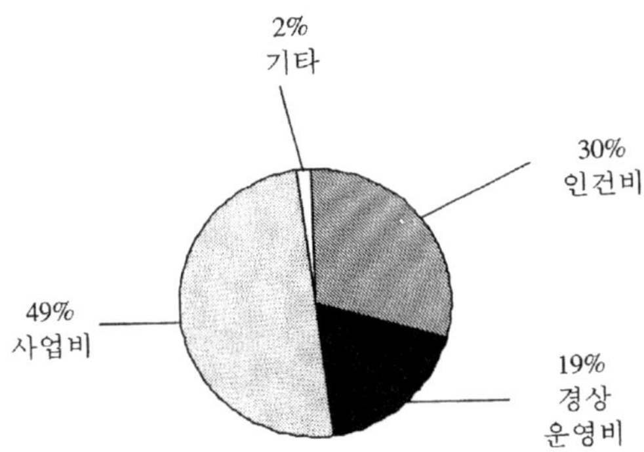

다수가 1백만 원 미만을 받고 있다. 여성운동단체 활동가들은 낮은 임금이나 열악한 근무조건에도 불구하고 운동단체를 운동현장으로 생각하는 경향이 높으며 봉급이 높은 여성단체는 활동가라기보다는 직장 개념이 두드러졌다. 활동가들은 과한 노동강도, 재교육 프로그램의 부재, 일반회원들의 낮은 참여도 등을 가장 어려운 점으로 꼽는다. 열악한 재정상황에서 여성단체들은 "몸으로 때우는 재정사업"을 하는 경우가 많다. 민우회의 딸기쨈 만들기, 생협활동 등이 그 대표

적인 사례다(한국여성민우회, 1997).

3) 의제와 활동범위: '쓰레기'에서 '통일'까지

여성운동단체들은 물론 대부분 여성의 권익과 지위향상을 주요 운동목표로 내걸고 있지만 운동의 의제들은 매우 다양하다. 조사대상단체의 정관에 명시되어 있는 목적을 조사해 본 결과 ① 합리적 대안제시, ② 민중의 권익보호(계급차별 해소), ③ 환경보호, ④ 여성의 권리신장, ⑤ 의식개혁 및 도덕성 회복, ⑥ 인권보호, ⑦ 소비자보호, ⑧ 민족통일, ⑨ 의식계몽, ⑩ 장애인복지, ⑪ 기타 등 11개 항목에서 YWCA는 의식개혁, 소비자 보호, 도덕성 회복, 여성의 권리신장, 민족통일 등 5개를 꼽았고, 여협은 여성의 권리신장, 인권보호, 민족통일 3개 항목, 여연의 경우는 ①부터 ⑩까지 모두를 꼽고 그외 기타로 사회민주화를 추가하고 있다. 여성의 권리신장만을 꼽은 경우는 대한 주부클럽연합회와 민우회 정도이다. 한국부인회는 ②, ⑥, ⑩만 제외하고 모든 항목을 체크하고 거기에 국제교류를 추가하고 있다. 대한 어머니회는 ②, ⑧, ⑩을 제외한 모든 항목을 꼽았고 여성의 전화는 합리적 대안제시, 민중의 권익보호, 여성의 권리신장, 인권보호, 민족통일을 꼽았으며 전남여성농민회는 여성의 권리신장과 민족통일을 꼽았다. 가톨릭 여성연합은 여성의 권리신장, 의식개혁 및 도덕성 회복, 인권보호, 의식계몽을 꼽았다. 정대협은 합리적 대안제시, 여성의 권리신장, 인권보호, 의식계몽을 꼽았고 또문은 합리적 대안 제시, 여성의 권리신장을 꼽았으며 여성정치연구소는 합리적 대안 제시, 여성의 권리신장, 의식개혁 및 도덕성 회복을 꼽았으며 여노협은 민중의 권익보호(계급차별 해소), 여성의 권리신장, 인권보호를 꼽았다. 여권신장 외에 다른 사회개혁 목표를 대부분 안고 있음을 보여 준다.

연례활동을 보면 한 단체가 전문성을 가지고 특정활동에 집중한 경우보다 백화점식으로 여러 활동을 벌인 경우가 많다. 단체들이 하는 운동은 '쓰레기'에서 '통일운동'까지 또는 '낙동강살리기운동'에서부터 '핵실험 반대'까지 매우 다양하다. 1997년 한 해 동안 조사단체들의 연례 사업내용을 보면 낙동강살리기운동이나 성비불균형 극복을 위한 딸사랑운동(부산 Y)에서부터 금모으기, 외화동전 모으기운동(대한 Y), 청소년문화 감수성훈련(주부클럽), 가출청소년찾기와 위해업소, 정화캠페인(한국부인회), 에너지절약 협력사업, 고령자취업알선(대한어머니회), 의정참여나 경제살리기 연대(부산 Y), 쉼터 사업(여성의 전화), 북한동포돕기(가톨릭여성연합), 여성노동자문제(여노회), 출판문화운동(또문) 등 참으로 다양한 활동을 하고 있다. 이러한 다양한 활동들은 여성운동이 수행해야 할 주제와 영역의 광범위성을 드러내는 것이기도 하지만 여성운동단체들의 활동이 다른 사회운동단체들과 중첩될 수 있음을 보여 준다. 또한 이는 각 영역의 운동에서 여성주의적 시각이 갖는 중요성을 드러낸다고 볼 수도 있다. 그러나 다른 한편으로 여성운동의 고유한 운동영역이 있는가 하는 해묵은 질문을 제기할 공간을 드러낸다. 물론 연대와 갈등의 가능성이 함께 존재한다.

3. 여성운동단체의 연대와 균열

1) 연결망

<그림 3>은 여성운동단체들 간의 연대관계를 크랙플롯(Krackplot)을 이용해서 나타낸 것이다.[10] 적극적 연대의 조작적 정의는 특정 사안에서 인적·물적 자원을 교류한 경우며 정보만을 교류한 경우는 소극적 연대로 정의했다. 실선 화살표로 표시된 것은 인적·물적 자원의 교류를 이룬 적극적 연대를 나타내며, 점선 화살표는 정보교환에 머문 소극적 연대를 나타낸다. 화살표의 방향은 발신성과 수신성

10) Krackplot 프로그램 및 연결망에 대한 자세한 설명은 앞의 7장 참조. 이 연결망은 총 20개 단체를 대상으로 했으나 본 그림은 연결망에서 제외된 고립자(isopaltor)를 빼고 Krackplot의 결과를 한글로 다시 그린 결과이다.

〈그림 3〉 여성운동단체 연결망

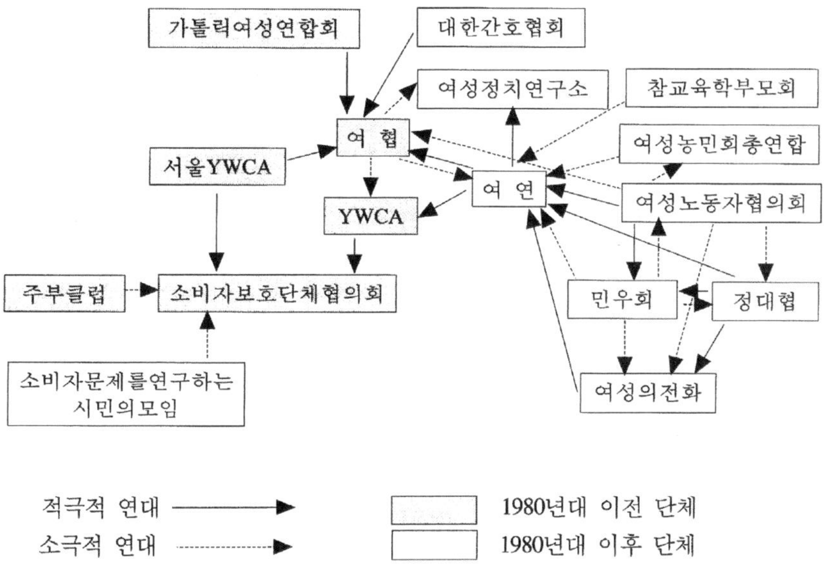

을 나타내는데, 발신은 정보나 물적·인적 자원의 연대를 요청한 경우며 수신은 다른 단체로부터 보다 물적 인적 자원의 연대를 제의받았음을 나타낸다. 발신성과 수신성은 몇 개의 단체로부터 연대를 제의받고 몇 개의 단체에 연대를 제의했는지를 나타내도록 되어 있지만 이 그림에서는 연대의 강도나 횟수 등을 정확히 나타내지 못하고 단지 단체들 상호간의 관계 여부만을 보여 준다. 연대의 강도나 횟수는 <표 1>에 나타나 있다. <표 1>에서 적극적 연대와 소극적 연대를 포괄하여 포괄적 연대로 이름 붙였다. 포괄적 연대에서 소극적 연대를 뺀 수치가 적극적 연대이다.[11)]

11) Krackplot 분석에서 발신중심성을 계산했지만 크게 의미가 없어 표에서 제외했다.

연결망의 전체적인 구도를 보면 <여연>과 <여협>은 여성운동단체 간의 연결망에서 중심축을 이루고 있음을 알 수 있다. 실제로 여성운동단체협의체는 크게 여연과 여협으로 크게 나누어진다. 여협은 1959년 대한여학사협의회, 대한어머니회, 대한부인회, 대한 YWCA 등 8개 단체를 회원으로 결성된 여성직능단체협의체다.[12] 여연은 1987년 21개 회원단체가 모여 만들어졌는데 성고문대책위원회, 생존권대책위원회, 그리고 KBS시청료거부 여성연합들이 모체가 되었다.[13] 1987년 여연의 발족으로 여협과 여연은 여성운동단체의 양대 맥을 형성한다. 여협이 기존의 중산층 여성 중심의 직능단체 협의체라면 여연은 여성노동자와 농민을 포함한 기층여성이 주축이 된 운동단체 협의기구이다. 이러한 여연과 여협의 차이는 1980년대 이전에 만들어진 단체들과 주로 1980년대 이후에 만들어진 단체들간에 차별성으로 이어지며 여성운동단체들의 연대와 균열의 구도를 보여주는 것으로 해석할 수 있다. 1980년대 이전에 만들어진 단체 중 한국부인회와 대한어머니회 등은 다른 여성운동단체와 연결망이 드러나지 않았으며 1980년 이후 단체로는 <또문>의 연결망이 드러나지 않았다. 소비자문제를 연구하는 시민의 모임은 1980년대 이후에 만들어진 단체이지만 단체의 의제와 목표 때문인지 1980년대 이후 만들어진 단체들과는 연결고리가 없고 소비자보호단체협의회와 소극적 연대를 맺고 있다. 가장 높은 수신성을 보이는 단체는 한국여성단체

12) 여협에 대한 자세한 기록은 『한국여성단체협의회 30년사』 (1989) 참조
13) 여연 결성 총회 모임의 명칭은 개편총회였으며 이는 그 동안 함께 활동해온 성고문대책위, 생존권대책위, KBS 시청료거부 여성연합 등이 사업을 개편하여 결성했다는 뜻이다(여연, 1998: 22). 여연의 산하단체들은 노동운동이나 민주화운동을 해온 단체들이거나 그 단체들의 여성부가 대다수를 차지한다. 여기서는 실제 사안 중심으로, 특히 지난 2-3년 동안에 법제화되거나 사회적 쟁점이 된 사안을 두고 여성운동단체들이 어떠한 연대를 형성하고 내부적으로 어떠한 이견과 균열을 보였는가를 보고자 한다.

<표 1> 여성운동단체들의 연대

	포괄적 연대		적극적 연대	
	발신성	수신성	발신성	수신성
1. 대한YWCA연합회	1	2	1	1
2. 한국여성단체협의회	3	5	0	4
3. 한국여성단체연합회	3	7	3	3
4. 대한주부클럽연합회	1	0	0	0
5. 한국부인회	0	0	0	0
6. 소비자보호단체협의회	0	4	0	2
7. 대한어머니회	0	0	0	0
8. 서울YWCA	2	0	2	0
9. 부산YWCA	0	0	0	0
10. 한국여성의전화	1	3	1	1
11. 전국여성농민회총연합	1	1	0	0
12. 한국여성민우회	4	2	0	2
13. 가톨릭여성연합회	1	0	1	0
14. 대한간호협회	1	0	1	0
15. 한국정신대문제대책협의회	3	2	3	0
16. 소비자문제를 연구하는 시민의 모임	1	0	0	0
17. 한국여성정치연구소	0	2	0	1
18. 한국여성노동자협의회	6	1	2	0
19. 참교육을 위한 전국학부모회	1	0	0	0
20. 또 하나의 문화	0	0	0	0

주: 연결망 분석 프로그램인 UCINET V를 이용하여 작성하였음.

연합이며, 그 다음이 한국여성단체협의회, 소비자보호단체협의회 순이다. 가장 높은 발신성을 보인 단체는 한국여성노동자협의회이며, 그 다음이 민우회, 한국여성단체연합, 한국여성단체협의회, 한국정신대문제대책협의회 순이다. 높은 수신성을 보이는 한국여성단체연합, 한국여성단체협의회, 소비자보호단체협의회는 각 단체들 간의 연결망에서 중심적인 역할을 하는 단체들로 볼 수 있으며 이들은 협의체들이다. 한국여성단체협의회와 한국여성단체연합은 주로 소속단체들로부터 수신을 받고 있으며 이는 협의체라는 조직의 성격과 관련이 있는 듯하다. 소비자보호단체협의회의 경우에 소비자 문제라는 특정 의제와 관련하여 연결망의 중심성을 얻고 있다. 여협은 소속단체가 아닌 YWCA와 <소비협>과 긴밀한 연대를 형성하고 있으며 한국여성단체연합은 소속단체 외에 한국정신대문제대책협의회, 참교육학부모회와 여성정치연구소 등과 연대관계를 맺고 있다. 여연과 여협은 직접 수신과 발신을 하고 있으며 쌍방향의 연줄망을 보여 주고 있다. 여연은 적극적 연대의 발신, 여협은 소극적 연대의 발신지이다. 여연과 여협의 소속단체들이 협의체를 거치지 않고 직접 연대하는 경우는 많지 않다. 여노협이 예외적으로 여협에 직접 발신을 하고 있다.

2) 여성운동 내부의 동학

(1) 여성운동단체 양극화의 의미

<그림 3>에서 보듯 여성운동단체의 양대 맥을 형성하고 있는 여협과 여협은 한국여성운동사에서 볼 때 제도권 여성운동단체와 재야 여성운동단체로 입장 차이를 보여 왔다. 여협은 『한국여성단체협의회 30년사』(1993)에서 "우리 사회가 피폐와 혼동의 늪에 깊이 빠져 있던 시기"에 창설된 여협의 30년의 역사에 자긍심을 나타내는 한편 "우리 역사의 굴절의 시기를 지내 온 단체" 또는 "어느 기구한 여성의 생활사만큼이나 요철과 기복이 많았다는 것을 발견한다"(여성단체협의회, 1993: 245)고 쓰고 있다.[14] 그리고 "행동권이 유보된 상황"에서 "이러한 때에 할 수 있는 최선의 방법은 허용된 범위 안에서 운동을 계속하며 일방적 계몽운동을 전개하는 것인데, 허용된 범위

---

14) 실제로 여협은 '10월유신 계몽사업'을 계획하여 조직적으로 이를 실시하거나 '총력안보 범여성 궐기대회' 등을 매년 개최하여 분단상황과 전쟁에 대한 위기의식을 강조하고 독재에 항거하거나 민주화에 앞장서기보다는 총력안보의 국정목표를 지지하는 활동을 담당하였다(정무장관(제2)실, 1995: 235-236).

안에서 운동을 계속한다는 것은 기성질서의 기성조직에 참여해서 여성해방운동의 맥을 이어 가는 것"이었다고 주장하고 또한 기득권에 의지한 제도권 여성단체였음을 밝히고 있다.[15)]

반면 여연은 1987년 창립하면서 '반외세', '민주화', '생존권 투쟁'을 함께 하는 여성운동으로 자리매김하고 있다.[16)] 여연이 만들어지기 전까지 여협에 대항할 만한 여성운동단체는 없었으며 1970년대에는 여성노동자운동이 활발해지면서 일부 지식인 여성들이 여성노동자 편에 서기 시작한 정도였다.[17)] 1980년대 들어와 여성노동자들은 기존의 중·상류층 여성들이 중심이 된 여성단체들이 자신들의 고통과 투쟁에 무관심하다는 것을 경험하면서 그들의 이익을 대변할 '진보적 여성단체'를 결성하고자 했고 이렇게 하여 기득권대 기층여성운동 구조가 서기 시작했다(여연, 1998: 19). 이와 때를 같이하여 KBS의 편파적인 보도에 맞서 시청료거부운동이 범국민적으로 번져나가자 여성단체도 연대하여 'KBS시청료거부 여성연합회'를 결성하고 주도적인 역할을 담당하게 되었다. 또한 민주화 집회에 참여한 여

---

15) "여성의 발전, 복지사회의 달성을 목적으로 하는 한국여성단체협의회는 정부와 사회와의 긴밀한 협조를 표방하는 제도권 여성단체로서 입지를 지켜왔다"(여협, 1993: 245)고 주장한다.

16) "올바른 여성운동은 남성과 동등한 권리를 획득하는 것만이 목적이 될 수 없습니다. 오히려 제반 여성의 억압현실을 만들어 내는 사회구조 자체의 변혁을 목적으로 해야 합니다. ……이러한 현실을 타파하기 위해 여성운동은 민족의 자주화를 이룩하기 위한 반외세 투쟁, 정치적인 억압으로부터 민주주의와 남녀평등을 쟁취하기 위한 민주화 투쟁, 인간답게 살 권리를 쟁취하려는 생존권 확보 투쟁으로 굳건히 자리잡아야 합니다."(이우정, 『민주여성』/한국여성단체연합, 1987. 창간사에서 재인용) 이 글은 1987년 7월에 창간된 여연의 기관지인 민주여성의 창간사에서 인용.

17) 1977년 남영나일론 여성노동자 해고사건에 항의하여 YWCA, 한국교회여성연합 등 6개 단체가 연대하여 불매운동을 전개했고 1978년 동일방직사건에서는 7개 여성단체들이 성금보내기, 성명서, 진정서 보내기 등의 지원을 했다(정무장관(제2)실, 1995: 235).

대생 추행사건은 반독재 투쟁을 해온 11개 여성단체가 연대하는 계기를 만들어 냈다. “민족, 민주, 민중과 함께하는 여성운동”이란 여성운동 프레임은 이렇게 해서 시작되고 이를 토대로 여성단체연합이 창립하게 된 것이다.[18] 당시 주도적 여성운동단체였던 여협이 기득권과 정권의 편에 섰다면, 여연은 1980년대의 ‘민족민주운동’이라는 큰 방향에 동의하면서 자주화, 민주화, 통일, 여성권익을 여연운동의 목표로 삼고 활동을 시작함을 분명히 했다.[19] 또한 여연은 회칙에서 “본 연합은 여성운동세력 간의 조직적 연대를 이루어 나가며, 사회의 민주화와 자주화, 여성해방을 쟁취함을 목적으로 한다”(여연, 1998: 18)고 밝히고 있는 데서 보듯이 여연은 출발점에서 다른 사회운동단체들과의 연대를 여성운동과 다른 사회운동과의 연대를 큰 숙제로 내걸었다. 여연의 사회운동단체와 연대는 여협이나 그 이전의 여성운동단체들과 상당한 차별성을 드러내는 것이기도 하다.

(2) 여성운동단체의 연대와 균열의 사례

대립관계에 있던 여협과 여연은 1990년대 YS 정부가 들어서면서 ‘반독재’라는 사회운동의 집결점이 필요 없어지면서부터 사안별 연대를 시작했다. 그 이전 6공 때까지는 여연과 여협은 단체 수준에서는 거의 교류가 없었으며 사안별 연대도 해본 적이 없었다. 1995년 북경여성대회 참석을 위한 국제 NGO 모임을 시작으로 1994년부터 연대를 시작하여 구체적 국내운동사안에서는 “할당제 도입을 위한 여성연대”로 이어졌다. ‘할당제 도입을 위한 여성연대’는 처음 ‘정치

---

18) 1985년 3월 8일 제1회 한국여성대회를 개최했다(정무장관(제2)실, 1995: 240).

19) 1980년대 초창기에 결성된 여성운동단체들은 정치투쟁이 바로 참여하거나 민주단체들과 연대하지는 않았으나 반독재 투쟁, 5·6공시 반정부운동 등에 적극적으로 참여하였고 자주화, 민주화, 통일의 정치적 과제에 대해 찬성하는 입장이었다(여연, 1998: 20).

할당제 도입'에서 '고용 할당제 도입'까지 확대했으며 여기에는 여협 소속 35개 단체, 여연소속 28개 단체, 그리고 대한 YWCA 연합회, 한국여성유권자연맹, 한국여성정치개발연구소, 한국여성정치연구소, 한국여성정치연맹 등이 연대했다.[20] 그러나 여연과 여협의 연대가 지속적으로 일어나는 것은 아니다. 사안에 따라서는 전연 다른 입장을 취한다. 할당제와 비슷한 시기에 문제가 된 여성시간제 노동 및 파견제 여성노동 문제에서는 여연과 여협이 연대하지 않았다. 여성노동문제에 가장 관심을 보인 단체는 민우회와 여노협인데(민우회는 주로 사무직 여성노동자에, 여노협은 주로 생산직 노동자의 단체) 민우회와 여노협의 소속단체인 여연이 시간제 노동 및 파견제 노동에 적극적인 반대운동을 벌이면서 여협과 연대를 원했지만 성사되지 않았다. 여연은 노동자측 담론에 동조적이었다면 여협은 사용자측 담론에 보다 동조적이었다. 이러한 차이는 여협과 여연이라는 양대 여성단체의 계급적 성향을 반영한다. 여연에는 생산직과 사무직 노동자를 주축으로 하는 여노협과 민우회, 그리고 민주노조 여성부 등이 가입해 있는 데 비해 여협은 경총이나 경제인연합 회원들이 가입해 있는 데서도 그 차별성을 알 수 있다.

할당제에서 여연과 여협의 연대는 반정부운동이나 민주화운동 등에서 노선을 달리했던 양대 여성단체 협의체와 기타 여성단체들이 반정부운동이나 민주화운동으로 갈라설 필요가 없을 때 연대할 수 있다는 좋은 사례인 반면 시간제 및 파견 여성노동에서의 균열은 여성운동단체 간의 연대가 계급이해와 무관할 때는 가능하지만 계급적 이해관계를 달리할 경우 여성단체 간의 연대가 어려움을 보여 준다. 할당제 등 계급적 이해가 드러나지 않거나 첨예하지 않은 사안에서는 여연과 여협이 쉽게 연대하고 있지만 계급이해가 분명하면 여성

---

20) 이들은 1995년 김영삼 정부의 세계화 추진위원회(이하 세추위 약칭) <여성사회참여 10대 과제>시에 공무원 할당제가 벽에 부닥쳤을 때도 연대성명을 내는 등 활발하게 움직였다(조은, 1996).

이라는 것만으로 연대하기가 쉽지 않음을 보여 준다.

4. 여성운동의 지형: 성·계급·민주화의 경합

1) 사회운동단체와의 연결망

<그림 4>는 여성운동단체들이 지난 1년간 연대활동을 벌였던 사회운동단체들을 노동운동단체, 민주화운동단체, 그리고 기타 시민운동단체로 크게 범주화시켜 Krockplot 프로그램을 이용하여 연결망을 구성한 것이다. 노동운동단체로는 민주노조, 노총 등이며 민주화운동단체로는 민가협, 민협, 참여운동연대 등이다. 그 외 비영리 시민운동단체는 모두 기타 시민운동단체로 범주화했다. 점선은 정보교류만을 한 소극적 연대를, 실선은 인적·물적 교류를 한 적극적 연대를 보여 준다. 괄호 안은 여성운동단체가 연결망을 가진 세 범주에 속하는 단체들의 수를 가리킨다. 연대의 종류에는 함께 서명운동을 벌이거나 가두시위를 하거나 공청회를 하거나 연대 청원을 하는 등 여러 가지 방식이 있지만 이 그림에서는 연대의 종류와 강도는 보여 주지 못한다. 또한 이들 단체들이 여성운동단체에 요청을 한 것인지는 알 수 없으며 여성운동단체의 입장에서 본 연대 여부만을 보여 준다. 이 연결망은 여성운동단체들에 따라 노동운동, 민주화운동, 그리고 기타 시민운동단체들과 맺고 있는 연대가 다름을 보여 준다.

여성운동단체들이 비교적 광범위한 연대를 하는 단체는 노동운동이나 민주화운동단체들보다는 기타 시민운동단체들이다. 이들 시민운동단체들은 녹색연합, 환경운동연합에서부터 쓰레기문제 해결을 위한 시민운동협의회, 주한미군 범죄근절운동본부, 노동법, 안기부법 개악 무효화, 생활개혁실천 범국민협회회 등 운동의 성격이나 의제가 다양한 단체들이 포함되어 있다. 이들 단체들은 주부클럽이나 대한어머니회, YWCA 등 오래된 단체들뿐 아니라 여연이나 민우회, 여노협 등도 광범위하게 적극적 또는 소극적 연대를 하고 있다. 반면 노동운동

<그림 4> 여성운동단체와 사회운동단체와의 연결망

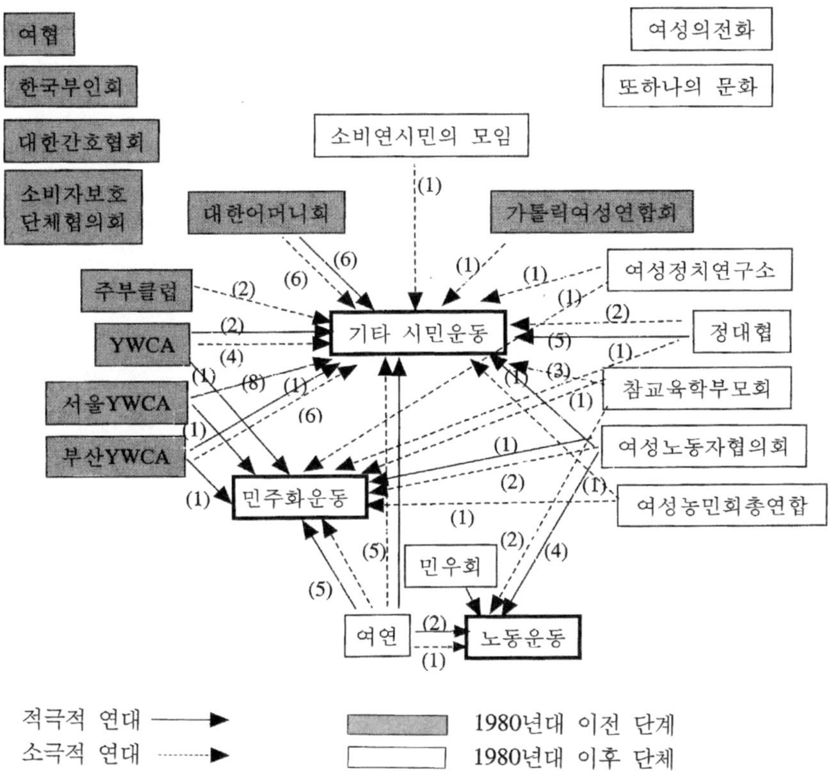

이나 민주화운동단체들과는 매우 제한된 여성운동단체들만이 연대를 하고 있다. 1980년대 이후 여성운동단체들은 민주화운동단체들과 거의 모두 연결망을 가지고 있는 반면 오래된 단체로는 YWCA만이 연결망을 가지고 있다. 노동운동단체와는 민우회와 여연, 여노협 세 단체 등만이 연대를 보여 준다. 여연은 가장 많이 다른 사회운동단체들과 연대하고 있으며 여협은 다른 사회운동단체들과 연대가 많지 않다. 여성운동단체 간의 연결망에서는 여연과 양대 맥을 형성한 여

협이 다른 사회운동단체들과의 연결망에서는 여연에 비해 적극적이지 않은 점은 매우 흥미롭고 주목할 만한 점이다.

2) 성 · 계급 · 민주화 그리고 신사회운동

여성운동단체들과 다른 사회운동단체들 간의 관계를 좀더 들여다보면 성과 계급과 민주화세력이 맺고 있는 관계를 드러내 준다. 이는 <그림 4>에서도 어느 정도 보여지지만 상근자들과의 인터뷰 자료, 단체의 약사, 그리고 특정사안을 둘러싼 연대를 들여다보면 더욱 분명해진다. 여성운동단체들 중 여성노동문제에 관심을 갖지 않은 단체는 별로 없지만 노동운동단체들과 직접적인 관계를 갖거나 연대를 하는 경우는 많지 않다. 조사대상단체 중 민우회와 여성노동자회는 창립시부터 노동운동단체와 연대를 맺어 왔다.[21] 여연은 소속단체 중에 노동운동단체들의 여성부가 포함되어 있어 여연과 노동운동단체들의 연대는 제도화되어 있다고 볼 수 있다. 반면 여협이나 여협의 소속단체들은 노동운동단체들과의 연결망이 드러나지 않는다. 그러나 연결망이 있다고 해서 여성노동운동단체와 노동운동단체가 여성노동문제에 의견의 일치를 보는 것은 아니다. 사안에 따라 긴장관계에 처할 때도 많다. 1980년대 '진보적' 여성운동론은 성과 계급의 이중적 억압을 가장 분명하게 받고 있는 기층여성이 진보적 여성운동의 중심이 되어야 한다고 생각했으며 이에 따라 '진보적' 여성운동단체들은 '여성' 보다는 '노동자' 문제를 앞세웠다. 그러나 여성고용평등법 제정과 개정, 여성 시간제노동과 파견노동문제 등을 경험하면서 차츰 '여성' 노동문제의 중요성을 인식하게 되었다.[22] 특히 남녀고용평등

21) 여노회는 여연이 결성되기 전 1970년대 생존권 대책위원회 시절부터 노동조합 및 노동운동단체와 연대활동을 해 왔으며 1980년대 들어와 독자적인 여성노동자운동단체로서의 성격을 띠기 시작하면서부터는 사안에 따라 연대활동을 하고 있다.

22) 여성운동사에서 보면 1970년대 제조업 공장의 노동자로서 열악한 노동조

법 경험을 하면서 여성운동단체와 노동운동단체의 연대의 한계를 경험했다.[23] 이러한 한계는 한국 사회에 만연한 성차별구조와 가부장적 이데올로기를 그대로 담지하고 있는 노동조합조직들의 성격에도 기인하는 바 크다(조순경 · 김혜숙, 1998). 이 점에서 노동운동단체들의 가부장제적 성격을 개혁하는 일은 여성운동의 과제가 되고 있다.

여성운동단체들은 민주노총과 한국노총 양 조직이 남녀고용평등 실현을 중점과제로 채택하고 실천방안을 내놓아야 한다면서 끊임없이 노동운동쪽에 여성 노동자의 문제를 제기하지만 노동운동에서 여성 노동의 문제는 주변적 문제가 되는 경우가 많다.[24] 그러나 어떻든

건을 개선하기 위해 민주노조 설립투쟁을 전개하였을 때 일부 여성들이 참여하였지만 당시 성차별에 대한 인식은 거의 갖지 못하고 노동자로서 당하는 부당한 억압에 항거한 정도였다. 그 이후 대다수의 여성노동자들이 해고당하고 결혼하여 현장을 떠나고 난 후, 남아 있는 노동운동 여성지도자들은 여성운동의 중요성을 인식하게 되었고 여성노동운동이 별도로 필요하다고 생각하고 1987년도에 여노협을 결성하였다(여연, 1998: 19).

23) 1988년에 여연을 중심으로 하여 '남녀고용평등법 개정을 위한 특별위원회'를 구성하여 개정운동을 전개하여 1989년 3월 임시국회에서 법개정을 이루어 냈으나 개정운동의 전개과정에서 여성노동자의 참여와 노동조합의 연대를 끌어내지 못했다(여연, 1998: 51). 이 때 노동운동의 전역량이 노동법 개정에 투입되어 있었고, 연맹이나 단위노조의 경우, 노조 결성 이후 안정적 기반을 구축해 가는 시기였다는 제약점도 있었지만 그보다는 여성노동자의 요구를 결집 · 관철해 나갈 수 있는 여성조직과 지도력이 부재했다는 노동운동의 내적 조건에 따른 결과였다. 또한 평등법 제정 초기부터 개별적 노사관계법(근기법, 평등법)은 제 · 개정하면서도 집단적 노사관계법(노동조합법, 쟁의조정법)의 개정은 강력하게 통제하는 정부의 노동정책도 다른 요인으로 작용했다(여연, 1998: 51-52).

24) 여성노동자문제를 민주노조 진영에서 어떻게 해결해 나갈 것인가라는 관점과 정책은 결여되어 왔고, 이는 곧 노조의 인력과 재정, 사업의 배치에서도 드러나고 있다. "한 여노협에서는 민주노총 결성을 앞두고 <민주노총 여성사업 활성화를 위한 정책제언문>을 작성하여, 여연과 여노협이 함께 민주노총(준)에 공식적으로 제출했으나, 안타깝게도 채택되지 못했다"(여연,

남녀고용평등법은 여성운동단체의 노력 끝에 개정되었으며 그 성과는 이후 전개된 여성운동과 노동운동의 연대에서 여성운동을 평가하는 중요한 잣대가 되고 있다. 여연은 1996년 노사개혁과정에서 민주노총과 한국노총과의 공동토론회를 제안하여 공동주최를 성사('노사관계 개혁과 여성운동', 1996. 7. 8)시킨 바 있으며 여연과 양 노총이 연대구조의 기초를 잡았다는 점에서도 큰 의미를 갖는다. 또한 입장이 다른 노동운동단체를 여성이 끌어들였다는 점에서 의미가 크다(여연, 1998: 56).

민주화운동단체와 제휴한 여성운동단체는 전체 여성운동단체에서 본다면 소수이다. 여연의 경우는 소속단체에 민가협이 들어왔으며 민주화운동 청년연합 여성부, 민중불교운동연합 여성부, 전민연 여성위원회 등이 들어 있는 데서 알 수 있듯이 민주화운동단체의 여성부를 통해 연대가 제도화되어 있다. 그러나 이외에도 민주화 변호사협회와 민주화 전국연합, 참여연대 등의 단체들과도 적극적, 소극적 연대활동을 하고 있다. 민주화 운동단체와의 연대 또한 여성운동단체들을 차별화시키고 있다. 민주화운동단체들과 관계를 맺고 있는 여성운동단체들은 노동운동단체와 마찬가지로 1980년대 이후에 창립된 단체들 그리고 주로 여연소속 단체들이다. 1980년대 이전에 만들어진 여성단체로는 YWCA가 비교적 뚜렷하게 민주화 운동단체들과 연대하는 것으로 연결망에서 드러난다.

그 외 기타 신사회운동단체들과 여성운동단체들의 관계는 노동운동단체나 민주화운동단체 간의 관계처럼 여성운동단체 간의 균열이 확연하지 않다. 노동운동이나 민주화운동과 다르게 매우 광범위한 여성운동단체들이 이른바 신사회운동이라 부를 수 있는 기타 시민운동단체와 활동을 하고 있다. 따라서 진보적·보수적 또는 1980년대 이전이나 이후의 여성운동단체 간의 균열도 표면적으로 드러나지 않는다.

1998: 95)

이는 운동의 의제나 목표에서 갈등의 소지가 적기 때문이기도 하지만 이들 시민운동단체들의 성격이 워낙 광범위하기 때문이기도 하다. 신사회운동단체 내의 균열이 있을 수 있지만 여성운동단체나 노동운동단체 또는 민주화운동단체처럼 그 균열이 표면적으로 드러나지 않기 때문으로 해석할 수 있다.

5. 결론: 여성운동단체와 성 정치의 전망

한국여성운동단체의 연결망 분석을 볼 때 여성운동단체들 간의 연대와 균열은 여성운동단체들이 창립연대나 노선에 따라 분명한 차별화가 드러난다. 1980년대 이전과 이후에 만들어진 여성운동단체들은 조직의 특성에서 차이를 드러내며 연결망에서도 차별화를 보이고 있다. 이러한 여성운동단체의 균열은 보수 기득권 여성운동단체와 진보적 여성운동단체가 구별되는 맥락을 보여 주며 특히 민주화운동의 참여 여부가 중요한 갈림길이다. 즉 한국 사회에서는 계급보다는 민주화가 여성운동의 균열을 가져온 조건이었다고 볼 수 있다. 여성운동단체의 균열은 여성운동단체 간의 내부 연결망에서만이 아니라 여성운동단체와 다른 사회운동단체와의 연결망에서도 드러난다. 이러한 균열은 사례나 역사적 배경에서 드러나듯 제도권과 비제도권, 또는 독재와의 타협과 항거, 기득권과 기층 여성운동이라는 차별성을 보여 주는 것이기도 하다. 이러한 균열과 차별성은 다른 사회운동단체와의 연결망에서는 더욱 뚜렷하다. 특히 민주화와 노동운동단체와의 연결망에서 뚜렷한 차별성을 보여 준다. 여성운동단체들은 노동운동단체들과의 연대나 민주화운동 단체들 간의 연대에서 보듯이 여성운동단체 내부가 동질화되어 있는 것은 아니며 내부 구성원이나 운영, 운동 목표 계급적 성향 등에서 다양성과 이질성을 보여 준다. 그러나 계급적 이해관계가 언제나 작동하는 것은 아니며 운동의 이슈에 따라 다양한 연대를 맺고 있다. 신사회운동이라 부를 수 있는 기타 시민사회운동단체들과의 연대에서는 이러한 차별성이 크게 드러나지 않는다. 어떤 부문 운동도 전체 사회운동으로부터 독립적이거나 자족적이기보다는 서로 보완적이며 서로 영향을 주고받는다. 여성운동 또한 그러하다. 여성운동단체들과 다른 사회운동단체들 간의 연대와 균열을 보면 노동운동단체나 민주화운동단체와 연대하는 여성운동단체들은 '진보적' 여성운동단체들이다. 반면 보수적 여성운동단체들의 경우는 여성운동단체 외의 다른 사회운동단체들과는 연대나 관계를 맺지 않으며 따라서 특별한 갈등관계도 노정되지 않는다. 반면 신사회운동단체들과는 여성운동단체들이 폭넓게 연대한다. 그러나 신사회운동단체들 내의 균열이 없다고 보기는 힘들다. 어떤 여성운동단체들은 어떤 신사회운동단체와는 서로 연대하지만 어떤 신사회운동단체와는 연대하지 않으며 이 연구에서는 그러한 신사회운동 내의 균열을 보여 주지 않는다. 신사회운동단체들의 의제와 성격이 워낙 광범위하기 때문에 이 논문의 자료만으로 신사회운동이 성, 계급, 민주화에서의 차별을 넘어서 광범위한 연대를 가져올 수 있을 것으로 해석하기는 어려우며 여성운동단체들이 계급과 민주화의 경계를 가로질러 연대하지는 못하지만 신사회운동단체들과는 연대할 수도 있다고 말하기도 힘들다.

다만 민주화나 계급이 더 이상 주요 쟁점이 되지 않는다면 여성단체들 간의 연대는 훨씬 강화될 수 있다고 볼 수 있다. 실제로 90년대 들어 반독재 민주화운동의 프레임에서 벗어나면서 여성운동단체들의 연대는 증가했다.[25] 중산층 지향이 높은 여협과 보다 기층 여

---

25) 연대활동과 동시에 여성들의 요구가 정치력을 갖게 되는 또 하나의 기반인 대중조직, 지방조직을 강화하려는 움직임도 지속되고 있다. 활동내용에 있어서는 여성노동자운동, 중산층여성의 사회참여 활동이 현저히 줄어들고 정치참여, 정신대 대책, 성폭력, 가정폭력문제, 환경문제, 평화통일문제 등이 주를 이루어 이전 시기에 비하여 여성 고유의 영역에서 발생하는 문제에 대한 관심이 고조되고 있다(정무장관(제2)실, 1995: 244). 이와 더불어

성 지향성을 가진 여연의 연대가 이루어진 것이 민주화가 어느 정도 진행된 뒤라는 것은 여성운동과 사회환경과의 관계의 중요성을 드러낸다. 민주화나 계급이해가 첨예하지 않을 경우 여성운동단체들이 어떻게 연대하고 균열을 보일 것인가는 앞으로 한국 여성운동과 성 정치에서 매우 주목할 만한 점이다. 또한 그렇게 될 경우 여성운동단체와 노동운동단체, 또는 민주화운동단체와의 연대의 성격이 어떻게 변화할 것인지 주목할 만하다. 바꾸어 말하면 그 동안 '진보적' 여성운동이 노동운동과 민주화운동에의 여성 동원 전략에 이용된 정도만큼 노동운동이나 민주화운동이 남녀평등을 얻어내는 전략적 연대가 될 수 있을지는 중요한 관심사다.

성은 여성운동에서 기본적 공통분모로서 특정사안에서 연대할 수 있는 기반이 되지만 성이 민주화나 계급이해 등의 축을 넘어선 연대의 기반이 될 수 있다고 말하기는 힘들다. 마찬가지로 성의 이해와 계급의 이해가 일치하지 않을 때 계급이 성을 넘어서서 연대기반이 될 수 있다고 이야기하기도 힘들다. 이는 앞으로 경험적 연구의 숙제이다. 여성노동운동단체들이 남녀차별과 계급차별을 같은 위치에 놓

1990년대 들어 가장 활발하게 전개되고 있는 활동은 여성의 정치참여를 증진하기 위한 활동이다. 이는 특히 1995년 6월 실시된 지방의회 선거를 앞두고 여성단체가 연대하여 지방의회 의석의 20%를 확보하자는 운동을 전개하였고, 여연에는 15명의 여성후보를 발표하여 실전 워크숍을 갖는 등 사전준비 작업에 중점을 두었고, 선거법에 저촉되지 않는 범위 내에서 여성단체들은 최대한의 지원을 아끼지 않았다.

이 밖에도 1990년대 들어서는 '푸른평화공동체', '녹색평화시민운동연합', '푸르게 사는 모임' 등 환경보전과 생명운동에 관심이 있는 지역여성 소모임이 활동화되었고 생활공동체 생협운동도 활기를 띠게 된다. 그리고 최근 특기할 만한 것은 여성단체의 활동이 남성들을 포섭하기 시작하였다는 것이다. 즉 한국 여성의 전화에서는 1995년 3월 '여성평화를 위한 변호사 모임'을 구성한 데 이어 4월에는 '평등문화를 가꾸는 남성모임'을 발족시킨다 (정무장관(제2)실, 1995: 244-245).

고 고민하듯이 노동운동단체들이 성차별의 해소를 계급차별의 해소와 같은 선상에서 놓을 수 있을 것인가를 고민할 수 있을 것인지에 대한 경험연구도 필요하다. 앞으로 민주화가 이슈가 아닐 경우 계급적 이해에 따른 여성운동단체의 균열이 분명해질 것인지도 성 정치를 전망하는 데 중요한 변수이다. 이 연구는 여성운동과 성 정치에서 중요한 것은 성이 계급이나 반독재의 경계를 넘어서 연대의 기반이 될 수 있느냐 없느냐가 아니라 그럴 수 있는 사회적 조건이 되느냐 아니냐의 문제임을 보여 준다. 여성운동단체들이 성차별을 없애는 여성해방담론의 전략으로 민주화운동이나 노동운동 또는 여타 신사회운동을 끌어들일 수 있을는지는 큰 숙제인 동시에 성 정치의 가능성을 점치는 잣대가 될 것이다. 그 때 여성운동단체 내의 균열, 그리고 여성운동단체와 다른 사회운동단체 간의 연대와 거리는 성 정치의 지형에 많은 영향을 미칠 것이다. 여성운동과 성 정치는 무관할 수 없으며 여성운동단체의 분석은 성 정치의 전망과 무관할 수 없다. 어떤 의미에서 여성운동단체들의 연대와 균열은 성 정치의 가능성을 전망하는 데 매우 중요한 관건이다.

제10장

환경운동의 구조와 동학

김 호 기

1. 문제제기

1990년대 들어와 우리 사회에서 두드러진 현상 가운데 하나는 환경에 대한 관심의 증가이다. 1960년대 이후 30년 간 성장제일주의의 산업화에 따른 각종 공해와 오염의 증대는 국민들의 생명과 건강을 위협하는 수준에 도달했으며, 지난 2-3년만 하더라도 시화호 오염사건, 대만핵폐기물 북한 반입, 한강과 낙동강의 수질오염, 그리고 이상 기후변화 등이 커다란 국민적 관심을 불러일으켰다. 환경에 대한 이러한 관심의 증가가 환경위기를 인지하고 이를 해결하기 위한 다양한 환경운동을 활성화시켜 왔다.

환경운동의 목표는 자연보호에서 시작하여 생존권 보장, 공해추방, 생활공동체 건설, 반핵운동, 그리고 사회변혁에 이르는 다양한 쟁점들을 포괄하고 있다. 이 환경운동의 역사적 기원은 오랜 과거로까지 소급되지만 서구의 경우에는 1960년대 후반 이후, 그리고 한국의 경우에는 1980년대에 들어와서 영향력 있는 사회운동으로 활성화되었다. 환경문제는 그 속성상 피해가 특정 지역과 계층에 국한된 지역운동으로 나타나기도 하지만, 동시에 광범위한 지역과 계층을 포괄한다는 점에서 다계급적이고 광범위한 주체들이 운동에 참여하기도 한다. 우리 사회에서 환경운동은 1980년대에 공단이나 원전지역의 피해주민들을 중심으로 국가와 정면으로 대결한 사례들이 주요 흐름을 이루어 왔으나, 1990년대에 들어와서는 도시지역 주민들을 중심으로 참여 민주주의적 요구와 생활의 질적 향상을 추구하는 시민운동이 새롭게 증가하는 경향을 보여 주고 있다.

이 글의 목표는 이러한 환경운동을 주도하는 환경운동단체의 조직과 활동을 경험적 자료에 기반하여 분석하는 데 있다. 글의 내용은 크게 네 부분으로 나누어진다. 우선 2절에서는 한국 환경운동의 역사가 개괄적으로 논의된다. 서구와 비교해 볼 때 짧은 기간임에도 불구하고 한국의 환경운동과 환경운동단체는 지난 20년 간 비약적으로 성장해 왔다. 이어 3절에서는 환경운동단체의 이념적 지향과 조직적 특성이 검토된다. 환경운동단체는 어떤 이데올로기를 갖고 있으며, 그 조직적 특성은 어떠한가의 문제가 분석된다. 4절에서는 환경운동단체의 행동수단과 전략을 논의한다. 기존의 사회운동단체와 비교해서 환경운동단체는 어떤 운동방식을 활용하고, 또한 다른 사회운동단체들에 대해서는 어떤 연대의 전략을 구사하고 있는가를 분석한다. 마지막 5절에서는 한국 환경운동의 성격을 신사회운동론에 준거하여 간략히 검토하고 환경운동의 향후 과제에 대해 약간의 생각을 피력하고자 한다.

2. 환경운동의 전개과정

한국 환경운동의 역사는 자본주의 산업화의 전개과정과 그 궤적을 같이 한다. 단기간에 진행된 압축적 경제성장에 대응하여 환경운동도 매우 빠른 속도로 성장해 왔는데, 크게 보아 1987년 6월 민주항쟁을 분기점으로 하여 제1기와 제2기로 나누어 볼 수 있다.[1] 환경운동의 역사를 이렇게 크게 두 시기로 구분하는 것은 6월 민주항쟁에 따른 정치적 개방과 시민사회의 활성화가 환경운동의 발전에도 커다란 영향을 미쳤기 때문이다. 전자의 시기가 조직적 환경운동이 등장하고 성장하기 시작한 형성기라면, 후자의 시기는 환경운동이 전국적으로 증대되고 다양화한 확산기라고 볼 수 있다.

1) 환경운동의 형성기(1960-1987)

주지하듯이 한국의 압축적 산업화는 수입 에너지원과 기초원료 및 중간재를 에너지 다소비형·공해다발형 생산설비의 가동을 통해 가공 조립하여 산업공해와 환경오염을 누적시켜 왔는데, 이 과정에서 공해의 지리적 분포는 공업의 재배치 과정에 따라 일방적으로 결정되어 왔다(최병두, 1991; 백욱인, 1990). 경제발전에 따른 산업공해에 대응하여 1960년대와 1970년대에 공해지역 주민들의 피해보상과 이주 요구 등의 지역환경운동이 발생했지만, 경제성장이 최우선적인 과제였던 만큼 이러한 환경운동은 당시 국민들로부터 크게 주목받지는 못했다.[2] 본격적인 환경운동은 1980년대에 들어와서야 시작되었는데,

---

1) 한국의 환경운동에 대한 대표적인 연구로는 구도완(1996), 정수복(1996), 이득연(1998)의 연구를 지목할 수 있다. 이 가운데 특히 구도완의 연구는 경험적 자료에 기반하여 한국 환경운동의 역사를 치밀하게 분석하고 있다. 구도완에 따르면, 한국의 환경운동은 4개의 시기로 나누어질 수 있다. 곧 제1시기(1960-79)에는 공단 주변 주민들의 피해보상운동이 주류를 이루었다면, 제2시기(1980-87)에 들어서 환경운동의 이념과 조직, 전략을 가진 전문환경운동조직이 등장하기 시작했으며, 제3시기(1988-91)에 이르러 다양한 이데올로기를 가진 환경운동조직이 활성화된 이후, 제4시기(1992년 이후)에 이르러서는 대다수 환경운동조직이 현실주의적 전략에 기반하여 적극적인 환경운동을 전개해 오고 있다는 것이다.

2) 구도완(1996: 147)과 정수복(1996: 142)에 따르면, 1965년 부산 감천 화력발전소 주변 주민들이 제기한 매연분쟁이 우리 나라 최초의 환경운동으로 지적되고 있다. 이 외에 울산 지역 주민들의 피해보상 요구와 여천, 광양 지역 주민들의 피해보상 요구 등은 1960~70년대 선구적인 환경운동이라

핵발전소지역이나 공단밀집지역 등을 중심으로 피해지역 주민들의 직접적인 생존권 투쟁, 피해보상운동, 이주대책요구 등이 활발하게 전개되었다(구도완, 1996). 온산 주민의 집단이주 요구(1985~1986), 목포 진로주정공장 설치 반대(1983), 아산만 주민 피해보상 요구, 하동 어민 피해보상 요구(1985) 등은 1980년대 전반의 가장 대표적인 환경운동으로 지목될 수 있다.

1980년대 전반에 환경운동이 이렇게 사회적으로 주목을 받게 된 것은 환경문제를 체계적으로 조사, 연구하고 환경운동을 조직적으로 전개하기 위해 전문환경운동단체가 본격적으로 설립되기 시작했다는 점과 깊은 관련을 맺는다(구도완, 1996; 이득연, 1998). 1970년대 환경운동단체가 없었던 것은 아니지만 체계적인 환경운동을 전개한 전문운동단체의 효시는 1982년에 설립된 공해문제연구소(공문연)이다. 공해문제연구소는 공해에 대한 일반 국민의 인식의 제고와 반공해운동의 지원에 목표를 두고 공해피해지역 실태조사, 공해피해 상담, 공해 강좌 등의 활동을 전개하여 여론의 상당한 주목을 받았다. 공문연의 뒤를 이어 1984년 반공해운동협의회(반공협), 1986년 공해반대시민운동협의회(공민협), 1987년 공해추방운동청년협의회(공청협)가 결성되어 공해문제의 연구 및 홍보, 반공해운동에 대한 보다 폭넓은 지원활동을 전개했다. 한편 이 시기에 환경오염지역 주민들을 중심으로 지역환경운동단체 또한 조직되었는데, 예를 들어 1982년 온산면 이주추진협의회, 1983년 영산호보존회, 1986년 삼학도보존회, 1987년 유달산보존회 등이 창립되어 지역사회의 반공해운동과 환경보존운동을 활발히 추진했다.

이 가운데 특히 온산병으로 세상에 알려진 온산 주민들의 피해보상운동은 지역운동단체에 공문연, 반공협 등과 같은 연구 및 운동단체들이 적극적으로 결합하여 피해보상과 이주보상을 관철시켰던 1980

할 수 있다.

년대 전반 대표적인 환경운동의 사례이다(환경과공해연구회, 1991: 167-175). 이 온산 반공해운동의 직접적인 원인은 다국적기업과 결탁하여 특정 지역을 황폐화시킨 국가의 성장제일주의 축적전략에 있었으며, 그 운동의 진행과정 또한 지역환경운동과 국가권력 사이의 직접적인 대결의 양상으로 나타났다. 이 온산 반공해운동은 환경오염을 낳은 정치, 경제적 구조에 대한 대응을 전면적으로 부각시키지는 않았으나, 운동의 조직화 및 전개과정에서 환경운동단체와 연대를 이루기 시작했을 뿐만 아니라 경제발전에 따른 환경파괴를 여론화하는데 나름대로 기여했다고 볼 수 있다. 전체적으로 볼 때, 1980년대 전반 환경운동의 중요한 특징은 환경오염에 따른 피해보상을 중심으로 운동이 전개되었고, 환경파괴의 일차적인 원인을 정부의 반환경적 발전전략에서 구함으로써 정치적 민주화를 위한 민족민주주의 운동으로서의 성격을 강조했다는 점에 있었다.

2) 환경운동의 확산기(1987-현재)

1987년 6월 민주항쟁은 환경운동의 발전에 커다란 전환점을 제공했다. 6월 민주항쟁을 통해 이루어진 정치적 기회구조의 확대와 시민사회의 팽창은 다양한 생태적 관심에 기반한 다수의 환경운동단체들이 결성될 수 있는 조건을 창출했으며, 이에 따라 국가에 저항하는 민족민주주의운동의 일환으로 전개되어 왔던 환경운동의 성격이 변화하기 시작했다. 더욱이 1990년대에 들어와서는 삶의 질에 관한 사회적 관심이 증가하고, 특히 1992년 리우환경회의가 국내에 보도되면서 환경오염 및 파괴는 공공영역에서 가장 활발히 토론되는 주제의 하나로 부각되었다. 예를 들어 <표 1>에서 볼 수 있듯이 지난 5년 간 환경운동연합이 선정한 10대 뉴스는 시민사회와 시민운동 내에서 커다란 관심을 불러 모았던 쟁점들이었다.

1987년 이후 환경운동의 성격 변화는 무엇보다도 도시지역 주민들을 중심으로 참여민주주의를 실천하고 삶의 질을 향상시키려는 환경

<표 1> 환경운동연합이 선정한 10대 뉴스(1993-1997)

1993	1. 국제적 핵쓰레기장이 되어 버린 동해 2. 김영삼 정부 환경정책 후퇴 3. 지리산 양수댐 건설 환경영향평가 조작 논란 4. 쓰레기 소각장 유치대상 주민 분노 5. 광양 앞바다 기름 대량 유출 6. 반핵운동 확산 7. 당국 수돗물 측정 불신 증가 8. 민간단체 공해기업 상품불매운동 9. 인제 제병훈련장 설치 계획 10. 민간환경단체 전국적 조직화
1994	1. 낙동강, 영산강 식수오염 2. 서울 대기오염 비상 3. 정부 핵폐기장 허위 광고 4. 국립공원 덕유산 환경파괴 5. 김포 매립지 침출수 대량 누출 6. 생수시판 허용 7. 공해산업 원진 레이온 중국 수출 8. 환경처, 환경부로 승격 9. 산본쓰레기 소각장 건설 강행 10. 그린피스, 환경련 반핵 캠페인
1995	1. 쓰레기 종량제 전국적 실시 2. 연안 바다 뒤덮은 최악의 적조, 기름 3. 굴업도 핵폐기장 무산 4. 연이은 방사능 누출 사고 5. 프랑스 핵실험 강행 6. 최초의 지자제 선거, 녹색바람 7. 소각장 반대 주민운동의 전국적 확산 8. 환경법 규제 완화로 환경파괴 앞장 선 정부 9. '오존 경보제' 서울 시범 실시 10. 가야산 해인골프장 허가 취소

1996	1. 시화호 무단 방류, 시화공단 오염 2. 여천공단 오염 3. 가야산 해인골프장 반대 서명 4. 핵발전소 방사능 관리 사고 5. 위천공단 건설 논란 6. 한탄강, 임진강 하천 오염 7. 수도권 젖은 쓰레기 반입 금지 8. 동물의 멸종 위기 9. 무너지는 그린벨트 10. 후퇴하는 환경정책과 삶의 질
1997	1. 대만 핵폐기물 북한 반출 저지운동 2. 그린벨트 보존정책 위기 3. 댐건설로 파괴되는 자연생태계 4. 다이옥신 검출 5. 매립으로 사라지는 갯벌 6. 자동차 백만대 시대의 대기오염 7. 핵발전소 주변 양산단층, 활성단층으로 밝혀짐 8. 환경파괴에 앞장서는 정부기관 9. 기후변화협약과 영흥도 화력발전소 건설 문제 10. 휴전선 접경지역 보존 논란

출처: 환경운동연합, 1994, 1995, 1996, 1997, 1998a에서 정리.

운동이 급속히 확산되었다는 점에서 찾을 수 있다(김호기, 1995a). 이 시기에 자원재활용, 쓰레기 분리수거 및 줄이기, 자연보호 캠페인, 소비자보호운동, 생활공동체운동 등을 포함한 새로운 환경운동들이 대거 등장했으며, 이러한 새로운 흐름은 전반적으로 '전 국민이 피해자이면서 가해자'라는 시각에서 직접적인 저항의 방법보다는 생활실천운동 중심의 캠페인이나 여론형성, 정책건의 및 입법요구 활동 등에 주력하여 기존의 민족민주운동과 일정한 거리를 두었다. 이와 함께 환경운동의 주체로 화이트 칼라 중심의 중간계급이나 지식인 · 학생 · 종교인 · 주부 등 주변층의 역할이 강조되었으며, 그 행동수단 또한 강연회, 공청회, 시위 및 농성 등에 이르기까지 다양화되었다.

환경운동이 이렇게 확산되고 다양화되었다고 해서 기존의 지역환경운동이 감소한 것은 아니었다. 시민사회의 팽창은 지역의 생태적, 경제적 이익과 결합된 지역환경운동을 또한 증폭시켰는데, 상봉동 진폐증 보상운동(1988), 영광·고리·월성 주민 원전 반대운동(1988), 영광 원전 3·4호기 건설반대운동(1989), 군산 TDI공장 건설반대운동(1990), 안면도 핵폐기물 처리장 반대운동(1990), 페놀 사건에 대한 대구 시민 피해보상운동(1991), 굴업도 핵폐기장 건설반대운동(1995), 시화호 살리기운동(1996) 등은 그 대표적인 사례이다. 이러한 지역환경운동의 역사에서 특히 반핵운동은 반공해운동과 함께 매우 중요한 지위를 점하고 있다. 경험적인 조사에 따르면, 핵발전소 피해보상운동과 건설반대운동에서는 경제적 이해관심이 우선시된 반면에, 핵폐기장 건설반대운동에서는 경제적 이해관심과 생태적 이해관심이 결합된 반대논리가 구성되어 왔다(이득연, 1992). 한편 핵시설이 이미 가동되고 있는 지역과 그렇지 않은 지역 간의 반핵운동에도 차이가 관찰되는데, 전자의 지역에서는 이미 그 시설에 따른 내부적 이해관계를 갖는 집단이 형성되기 때문에 반대운동이 활발하지 못한 반면에, 이해관계가 아직 현실화되지 않은 지역에서는 주민참여의 수준이 매우 높은 것으로 나타나고 있다(박재묵, 1995).

1987년 이후 환경운동의 보다 대중적인 활동을 위해 결성된 대표적인 단체는 1988년 창립한 공해추방운동연합(공추련)이다. 공민협과 공청협이 통합된 공추련은 1987년 이후 진행된 일련의 민주주의 이행과정에서 환경운동의 목소리를 대변하고 반핵운동을 위시하여 환경운동을 적극적으로 전개해 왔는데(구도완, 1996), 1993년 부산, 대구, 광주, 마산, 창원, 울산, 진주, 목포, 군산 지역의 환경운동단체와 통합하여 전국 최대의 단일 환경운동단체인 환경운동연합(환경련)으로 출범하였다. 이와 더불어 1989년 환경문제를 전문적으로 연구하고 정책대안을 모색하기 위해 환경과공해연구회가 창립되었으며,

1991년에 창립한 배달환경회의는 대한녹색당창당준비위원회, 푸른 한반도 되찾기 시민의 모임과 통합하여 1994년 배달녹색연합(이후 녹색연합으로 개칭)으로 출범했다. 환경운동연합과 녹색연합은 전국적 지부를 갖춘 대표적인 환경운동조직으로 1990년대 초반 이후 환경운동을 주도해 오고 있다.

환경운동단체 이외의 시민단체가 환경문제에 적극적인 관심을 갖게 된 것도 바로 이 시기인데, YMCA, 경제정의실천시민연합 등은 독자적으로 또는 환경운동단체와 연대하여 생활환경운동, 환경감시 및 고발, 캠페인 및 여론 형성, 입법요구 및 정책대안 제시 등을 모색해 왔다. 이 운동단체들은 환경운동 이외에 다양한 사회복지운동을 추구하는 포괄적인 시민운동단체이지만 독자적인 사회적 영향력을 바탕으로 환경문제의 중요성을 여론화하는 데 적지 않게 기여해 왔다. 다양한 공동체운동조직의 등장 또한 6월 민주항쟁 이후 환경운동의 성장에서 주목할 만한 또 하나의 경향이다. 1989년 조직된 한살림모임은 유기 농산물 직거래를 통해 생명운동을 전개한 대표적인 공동체운동조직이며, 이 외에도 소비자협동조합, 생산자협동조합, 노동자협동조합, 그리고 소규모 종교공동체가 대거 조직되었다. 이런 다양한 환경운동단체의 조직화는 환경운동의 확산과 분화를 직접적으로 반영하고 있으며, 또한 환경에 관한 이슈들을 시민사회 내의 다양한 영역으로 확산시키는 계기를 제공했다.

3. 이데올로기와 조직적 특성

1) 환경운동단체의 현황

환경운동단체의 조직과 활동을 분석하기에 앞서 환경운동단체의 현황을 살펴볼 필요가 있다. <표 2>에 따르면 1988년 4월 현재 민간환경단체는 허가단체, 비허가단체, 참여단체를 포함하여 385개가 있는 것으로 집계되고 있는데 1980년대 초반 몇몇의 환경운동단체만이 있었던 것과 비교해 볼 때 환경운동단체의 수는 지난 20여 년 동안 비약적으로 증가해 왔다. 이 가운데 비허가단체가 236개로 가장 수가 많은데, 이는 정부 및 기타 기관의 간섭을 배제하기 위해서 취하고 있는 불가피한 전략에 기인한다. 한편 참여단체는 **YMCA**나 경실련 환경센터 등과 같은 사회운동과 병행하여 환경운동을 펼치는 경우이며, 전부 서울에 소재하는 특징을 보여 주고 있다. 이 표에서 주목할 것의 하나는 환경운동단체의 서울집중도로, 전체 단체의 3분의 2가 서울에 있다는 점이다. 정치, 경제, 정보의 수도 집중경향을 고려하면 이러한 경향이 이해되지 않는 바는 아니나 풀뿌리 민주주의

<표 2> 민간환경단체 현황(1998. 4. 20 현재)

구분	허가단체	비허가단체	참여단체	계
서울	80	119	47	246
부산	3	5	-	8
대구	2	13	-	15
대전	1	11	-	12
인천	-	11	-	11
광주	3	4	-	7
경기	5	22	-	27
강원	1	3	-	4
충남 · 북	1	7	-	8
전남 · 북	2	11	-	13
경남 · 북	4	29	-	33
제주	-	1	-	1
계	102	236	47	385

주: 1) 허가단체: 민법 제32조 및 환경부 소관 비영리법인의 설립 및 감독에 관한 규칙에 의거 환경부장관의 허가를 받은 단체
2) 비허가단체: 환경운동을 목적으로 자유롭게 설립하여 활동하는 단체
3) 참여단체: 본래의 설립목적 이외에 사회적으로 환경문제가 부각됨에 따라 환경운동을 병행하는 단체

출처: 환경부, 1998: 159.

를 지향하는 환경운동의 기본 성격을 생각해 볼 때 결코 바람직한 것은 아니다.

이러한 환경운동단체의 이데올로기와 조직적 특성을 분석하기 위해서는 우선 다음과 같은 두 가지 점을 주목해야 한다. 첫째는 환경운동단체는 그 단체의 성격에 따라 활동이 크게 달라진다. 크게 보아 환경운동단체는 그 운동주체에 따라 피해자운동단체와 시민운동단체로 나누어 볼 수 있는데, 피해자운동단체가 집단이주 요구, 혐오시설 반대, 피해보상 요구, 공장입주 반대 등의 운동을 전개하고 있다면, 시민운동단체는 입법 요구, 정치적 압력, 불매, 오염감시 활동, 생활환경운동, 유기농 직거래, 생명문화운동 등을 모색하고 있다.[3] 환경운동단체에 대한 이러한 구분은 그 단체가 어떤 성격을 갖고 있느냐에 따라 환경운동단체의 이데올로기, 조직적 특성, 행동수단, 연결망 등이 달라진다는 점에서 매우 중요하다. 우리 사회에서 1980년대에 전자의 흐름이 중심을 이루어 왔다면, 1990년대에는 전자의 흐름과 후자의 흐름이 중첩되어 나타나고 있다.

둘째, 한국 환경운동에서 관찰되는 특징 중의 하나는 1990년대에 들어와 전국적 운동단체인 환경운동연합과 녹색연합의 역할이 매우 중요해졌다. 1997년 12월 현재 환경운동연합과 녹색연합은 각각 4만 2천여 회원, 1만 5천 회원을 보유하고, 각각 29개와 7개의 지역조직

3) 이러한 구분은 구도완의 환경운동 유형 분류를 참조한 것이다. 구도완에 따르면 한국의 환경운동을 다음과 같은 6가지 유형으로 나눌 수 있다(구도완, 1998: 376).

운동주체 / 운동대상	국가	기업	시민
피해자운동	집단이주 요구운동 혐오시설 반대운동	피해배상 요구운동 공장입주 반대운동	소각장 주변 주민의 쓰레기줄이기운동
시민(압력) 운동	입법요구운동 정치적 압력운동	불매운동 오염감시 활동	생활환경운동 유기농 직거래운동 생명(문화)운동

을 갖추고 있는 방대한 전문환경운동단체이다.[4] 이 두 단체 가운데 특히 환경운동연합은 1980년대 주로 지역적 수준에서 전개되어 왔던 환경운동을 전국적 수준으로 이끌어 올렸을 뿐만 아니라, 기존의 반핵운동에서 친환경적 정책대안에 이르기까지 현재 환경운동에서 가장 커다란 영향력을 행사하고 있으며 특히 중앙조직과 유기적 네트워크를 이루고 있는 지방환경운동연합은 지역적 개별 이슈를 둘러싼 피해자환경운동은 물론 일반 시민을 위한 생활환경운동을 활발하게 전개하고 있다.

2) 환경운동단체의 이념적 지향

환경운동의 이념적 지향으로는 흔히 환경관리주의와 생태학의 패러다임이 비교되고 있다. 환경관리주의가 근대산업사회의 생산과 소비를 변화시키지 않고 환경문제를 해결할 수 있다고 보는 반면에, 생태학 내지 생태주의는 환경위기를 극복하기 위해서는 환경과 인간, 환경과 사회·정치적 생활양식의 근본적인 변화가 있어야 한다는 점을 부각시키고 있다. 환경관리주의와 생태주의에 덧붙여 자연보호주의와 민족민주주의 또한 한국의 환경운동에 커다란 영향을 미쳐 온 이념적 지향들이다. 자연보호주의가 심미적·윤리적·종교적 이유에서 자연의 보호를 강조하고 있다면, 민족민주주의는 권위주의 정권의 반환경적 발전전략을 환경위기를 낳은 주요 요인으로 보고 환경위기를 해결하기 위해 정치적 민주화를 일차적인 과제로 설정한다.

경제발전 과정을 환경운동 성장과 거시적으로 연관시켜 볼 때 환경

---

4) 1998년 3월 현재 지역환경운동연합으로는 부산, 대구, 광주전남, 마산창원, 울산, 진주, 대전, 전북, 원주, 서산태안, 춘천, 거제, 경기북부, 인천, 충주, 시흥, 서천, 남해, 청주, 속초, 여수여천, 과천, 목포, 창녕, 안양군포의왕, 광양, 안산(준), 고양(준), 평택(준)이 있으며, 지역녹색연합은 대전, 부산, 설악, 인천, 하남, 순천, 대구가 있다. 환경운동연합과 비교해 녹색연합의 지역조직은 활동은 이제 막 시작하고 있는 상태인 것으로 보인다.

에 대한 우리 사회의 이념적 흐름은 경제우선론에서 경제성장과 환경보호의 병행론으로 전환되고 있는 것으로 보인다. 그리고 환경운동의 단계를 앞서 지적한 형성기와 확산기로 나누어 볼 때 전자의 시기에는 민족민주주의가 커다란 영향을 미쳤다면, 후자의 시기에는 환경관리주의, 생태주의, 그리고 자연보호주의가 크게 부각되었다고 할 수 있다.[5] 1980년대 전반 환경운동의 이념적 지향으로 민족민주주의가 강조된 것은 환경운동을 민주화 운동의 하나로 추진했다는 점에 기인한다. 정부에 대한 비판이 거의 허용되지 않는 상황에도 불구하고 환경운동의 이념은 공해문제 발생의 요인을 군사독재 정권, 독점재벌, 다국적기업의 환경파괴적 발전전략에서 찾고 반공해운동의 주체를 민중으로 설정하는 사회변혁의 이데올로기 틀 내에서 구성되었다(정수복, 1996: 144).

1980년대 전반 환경운동의 이러한 이념적 지향은 당시 환경운동단체의 창립 목적이나 창립 취지에서 잘 나타나고 있다. 예를 들어, 1982년 창립한 공문연은 공해를 "이윤추구만을 목표로 하는 자본주의 모순이 극단에 이르렀을 때 나타나는 현상"으로 파악하고, "우리나라의 공해는 독점자본과 결탁한 정치권력과, 외국의 공해산업을 들여올 때 안보론으로 합리화한 독재 권력에 의해 발생되었다. 따라서 반공해 운동의 목적은 독점 자본주의와 독재권력, 그리고 분단체제를 근본적으로 극복하는 것"임을 주장하였다(이득연, 1998: 69). 공민협

5) 구도완(1996)에 따르면 한국 환경운동조직의 이데올로기는 다음과 같이 변화되어 왔다. 제1시기(1960-1979)에는 전반적으로 환경문제가 사회적 관심의 대상이 되지 못했으며, 제2시기(1980-1987)에는 민족민주운동의 영향을 받은 좌파 환경주의가 주류를 이루었고, 형식적 민주화가 이루어진 제3시기(1988-1991)에는 생태주의와 환경관리주의가 새롭게 등장했다. 리우환경회의가 열린 1992년을 전후로 시작된 제4시기(1992년 이후)에는 좌파 환경주의가 급격히 쇠퇴하고 생태주의가 점차 확산되었고 환경관리주의를 내포한 시민환경운동이 지배적인 경향으로 자리잡게 되었다.

과 공청협 등의 운동단체의 이념적 지향도 이러한 인식에서 크게 벗어나지 않았으며, 1988년 출범한 공추련 또한 그 이념적 지반을 민족민주주의에 두고 있었다. 공추련은 생명의 파괴와 생존을 위협하는 환경과 핵문제의 발생원인을 "돈벌이에 혈안이 되어 있는 독점재벌과 그 비호가 군사독재, 그리고 한반도를 식민지 쓰레기장으로 여기면서 군림하고 있는 미국이 그 주범"이라는 점에서 찾고 있으며, 따라서 환경운동의 전략은 "전체 민중운동, 즉 자주, 민주, 통일운동과 적절히 결합시켜야" 함을 강조하였다(이득연, 1988: 70). 1980년대 전반 환경운동단체가 환경운동이라는 말보다 반공해운동을 선호했다는 사실은 당시 환경운동단체의 이념적 지향이 어디에 있었는가를 단적으로 보여 주고 있다.[6)]

그러나 1987년 이후 민주화가 제한적으로 전개되고 환경운동이 다양해지면서 환경운동의 이념적 지향 또한 변화되기 시작했다. 이러한 변화는 무엇보다도 공추련의 후예로 1993년 개편된 환경운동연합의 창립선언문에서 찾을 수 있다. 환경운동연합은 "그 동안의 급속한 산업화와 도시화, 그리고 이를 무분별하게 진행시켜 온 잘못된 정책들"과 "이러한 정치, 경제의 영향으로 인해 우리 시민 개개인들 역시 무절제한 소비생활로 환경을 더욱 파괴하고 오염시키"게 되었다고 진단하고, "단순한 저항과 반대에서 한 걸음 더 나아가 과학적 원인분석을 기초로 시민들이 공감하고 동참하는 실천운동으로 환경운동을 발전"시켜야 한다고 주장하고 있다(환경련, 1994, 표지 뒷면). 환경위기의 주요 책임자로서 "기업과 정부 그리고 시민개인들"을 지목하고 "새로운 환경의식과 실천으로 스스로 자신의 삶터를 건강하게

---

6) 반공해운동 개념을 선호한 경향은 당시의 정치사회적 조건으로부터 크게 영향받았다. 다시 말해, 체제와 극단적인 대립구도를 형성하고 있었던 상황 속에서 정치적 피압박자의 반체제 운동에 상응하는 공해문제에서의 공해피해자 운동을 부각시키는 것이 환경운동 이념의 주요 흐름을 이루었다(이득연, 1998: 63).

가꾸어 나가는 시민운동"을 부각시키고 있다는 점에서 공추련의 이념적 지향과 적지 않은 차이를 보여 주고 있다. 요컨대 환경운동연합의 이념적 지향은 생태주의에 중심을 두되 한국적 현실에 주목하여 여타의 이념적 지향들을 결합시키고 있다고 볼 수 있다.

이러한 이념적 지향의 변화는 1987년 이후 시민사회와 사회운동의 구조변화와 불가분의 관계를 갖는다. 다시 말해, 민주항쟁 이후 형식적 민주주의 절차가 제한적으로 도입되면서 기존의 사회운동 세력들 사이에 정세에 대한 평가의 차이가 나타났으며, 이에 따라 민중운동과 시민운동 간의 노선분화가 이루어졌다. 기존의 민중운동에 대해 시민운동은 민주화과정을 통해 중간계층의 역할이 중요하게 되었다고 보고 특정 계급의 이익을 초월하여 사회적 공공성을 추구하는 점진주의적 운동을 부각시켰다. 이러한 사회운동의 분화는 시민사회의 지형이 '국가 대 시민사회'의 단일한 대결구도에서 '국가와 시민사회'의 다층적 대결구도로 변화하고 있음을 보여 주고 있다는 점에서 중요하다(김호기, 1995a). 환경운동은 1990년대 초반 민중운동에서 시민운동으로 점차 그 성격이 바뀌어져 갔으며, 환경운동단체의 이념적 지향 또한 민족민주주의에서 생태주의를 중심으로 한 담론으로 변화되어 왔다.

1980년대 후반 이후 환경운동의 이념적 지향의 하나는 심층생태학과 사회생태학의 영향에서 찾을 수 있다. 우리 사회에서 심층생태학과 사회생태학의 영향을 받고 있는 대표적인 환경운동으로는 유기농산물 직거래 운동을 펴는 한살림공동체로 주목할 수 있다(김종철, 1991; 한살림, 1990; 김지하, 1992).[7] 한살림공동체에 따르면, 현대 산업문명의 위기는 자연을 지배와 정복의 대상으로 보고 과학기술의 맹신 아래 직선적인 경제성장을 추구한 결과로 초래된 것이며, 궁극적으로는 물질과 우주를 기계모형으로만 인식하고 생명현상을 유기

7) 심층생태학과 사회생태학에 관해서는 김호기, 1995b를 볼 것.

적으로 파악하지 않는 반생태적 자연관에 기인한 것이다. 한살림공동체는 이에 대한 근본적 대안으로 동양의 전통사상에 기초한 생명에 대한 우주적 각성과 가치, 양식을 지향하는 생활문화운동, 생명의 질서를 실현하는 사회실천운동, 그리고 자아실현을 위한 생활 수양활동으로서 새로운 세상을 창조하는 생명의 통일운동을 포괄하는 한살림운동을 부각시키고 있다(한살림, 1990: 6-43). 의식혁명과 생활양식의 총체적 변혁을 동시에 추구하는 이러한 이념적 지향은 에코토피아(ecotopia)를 이상으로 설정하는 공동체운동의 이념적 지반을 이루고 있다.

3) 환경운동단체의 조직적 특성

일반적으로 환경운동의 주체는 환경운동의 성격에 따라 달라지게 된다. 피해보상 혹은 생존권 확보의 시각에서 볼 때 운동의 주체는 그 피해를 당한 사회집단 혹은 계급이지만, 시민사회 내에서 광범위하게 추진되는 시민운동이라는 시각에서 볼 때 그 주체는 환경문제에 관심을 가진 탈계급적인 일반시민이 된다. 이러한 환경운동의 주체가 갖는 특징은 운동단체의 회원 구성에도 그대로 반영된다. 지역환경운동단체의 경우 그 피해가 주민들의 생존에 직접적인 영향을 미친다는 점에서 피해당사자나 피해예상 당사자가 주요 회원으로 활동하고 있다면, 시민환경운동단체의 경우는 환경문제에 관심이 높은 일반 시민들이 주요 회원으로 활동하고 있다.[8)]

---

8) 환경위기가 궁극적으로 전 지구적인 것이므로 그 주체가 당연히 모든 사람이라는 보편주의적 시각은 그 논의가 다분히 유토피아적이기 때문에 현실지형 내에서 가능한 주체의 정치전략을 구성하는 데 한계가 있다. 반면에, 환경운동의 주체를 '중간계급' 및 '신사회운동세력' 혹은 '노동자계급'과 같이 계급적 수준으로만 한정하는 것 또한 이 운동의 주체가 다계급적이자 비계급적이라는 점을 간과하고 있다. 새태사회주의가 강조하듯이 현대 자본주의는 노동과 자본의 모순, 그리고 자연과 인간의 모순이 중첩되어 있

<표 3>과 <표 4>는 환경운동단체의 회원 구성의 특징을 보여 주고 있다.[9] <표 3>에서 환경운동단체 회원의 직업 구성을 보면 전문사무직과 학생 및 기타가 주요 회원이며, 특히 전문사무직의 비중이 50%를 넘어서고 있다. 환경운동단체의 회원 구성은 다른 사회운동단체의 구성과 대비해 볼 때 커다란 차이를 보이고 있지 않으나 학생 및 기타 집단의 비중이 높은 것은 특기할 만하다. 전문사무직과 학생의 비중이 높은 것은 환경운동의 중심세력이 신중산층이라는 점에 기안하고 있으며, 이것은 구사회운동과 대비되는 서구 신사회운동의 중요한 특징이라고 볼 수 있다. <표 4>를 보면 회원의 연령구성에서 환경운동단체는 다른 운동단체와 비교해 볼 때 10대와 20대의 비중이 높은 것으로 나타나고 있는데, 이 역시 서구 신사회운동의 주요한 특징이기도 하다.

한편, 환경운동단체의 조직은 그 유형에 따라 상이한 특성을 보여 주고 있다. 지역환경운동이 그 사안의 성격상 조직적 결속력이 높은 편이라면, 시민환경운동단체는 전자와 비교해 비교적 낮은 편이다. 예를 들어 반핵운동과 생활환경운동을 비교해 보면 이러한 차이는 쉽게 관찰되는데, 경제적 관심, 또는 경제적 관심과 생태적 관심이 결합되어 있는 반핵운동의 조직이 높은 참여와 결속력을 보여 주고 있는 반면에, 생태적 관심이 강조되는 생활환경의 조직은 상대적으로 낮은 참여와 결속력을 보여 주고 있다. 1990년대에 들어와 환경운동

으며(Gorz, 1980; Pepper, 1984; Lipietz, 1995), 따라서 생태적 압박으로 인한 자연 조건의 위기는 이러한 이중적 시각에서 해석하는 것이 타당한 것으로 보인다.

9) <표 3>, <표 4>, <표 5>, <표 7>, <표 10>의 조사대상 환경운동단체는 지역산하단체인 인천환경운동연합, 마산창원환경운동연합, 부산환경운동연합, 대전환경운동연합, 광주전남환경운동연합, 그리고 단일운동단체인 낙동강보존회, 환경과공해연구회, 녹색연합, 수원환경운동센터, 그린훼밀리운동연합, 무등산보호단체협의회, 불교환경교육원, 생명가치를 찾는 민초들의 모임, 녹색소비자연대이다.

<표 3> 회원의 직업 구성 (단위: %)

	여성운동	환경운동	인권운동	사회복지운동	구사회운동
전문사무직	33.1	51.6	74.8	55.2	53.2
판매생산직	11.8	13.9	14.5	14.4	21.6
농어민	8.5	3.4	0.0	1.9	1.6
주부	42.8	11.3	2.8	14.1	14.6
학생 및 기타	3.8	19.3	2.6	13.7	8.3

<표 4> 회원 연령 구성 (단위: %)

	여성운동	환경운동	인권운동	사회복지운동	구사회운동
20세 미만	1.6	15.8	0.0	6.4	1.7
20~29세	11.9	25.2	21.8	13.0	9.9
30~39세	30.4	29.2	26.7	37.1	45.0
40~49세	28.0	21.8	24.0	25.4	24.0
50~59세	22.3	14.3	20.0	15.1	10.0
60세 이상	4.5	3.0	6.3	4.2	5.1

의 이슈가 다양해지고, 특히 도시 중간계급을 중심으로 다양한 생활환경운동이 활성화되었음에도 불구하고 시만환경운동의 자발적인 참여수준이 이렇게 낮은 것은 환경위기에 대한 사회적 관심이 높다 하더라도 그것이 직접적인 피해로 구체화되지 않는 한 사회운동으로 동원화되는 데 여전히 한계가 있다는 점에 기인하는 것으로 보인다.

시민환경운동단체의 이러한 조직적 특징은 여성운동, 인권운동, 사회복지운동에서 관찰되는 이른바 '시민 없는 시민운동'의 문제가 환경운동단체의 경우도 예외가 아니라는 점을 보여 주고 있다.

환경운동단체의 '시민 없는 시민운동'의 성격은 상대적으로 역사가 일천하기는 하나 주요 환경운동단체의 회원규모가 작은 것은 환경운동의 시민사회적 기반이 여전히 취약하다는 점을 잘 드러내고 있는데, 예컨대 1997년 12월 현재 환경운동연합의 회원은 4만 5천여 명,

<표 5> 재정 의존도 구성 (단위: %)

	여성운동	환경운동	인권운동	사회복지운동	구사회운동
회비	13.6	24.5	26.7	31.6	28.9
정부지원비	16.9	7.2	15.8	10.6	10.0
개인후원회	6.9	14.8	22.2	15.9	14.9
기업후원회비	3.1	14.2	3.9	6.0	5.6
지자체후원금비	8.4	11.8	0.0	9.5	6.6
수익사업비	16.5	11.8	17.1	14.9	15.0
자산수익비	13.3	4.4	1.3	2.1	4.4
기타비	21.2	11.1	4.7	9.4	11.5

녹색연합은 1만 5천 명, 그린훼밀리연합은 2만 6천 명, 녹색소비자연대는 7천 명인 것으로 조사되고 있다. 재정문제에도 그대로 투영된다. 환경운동단체의 운영 및 사업이 회원들의 자발적인 회비와 후원금에 의해 이루어지는 것이 바람직함에도 불구하고, 전체 재정에서 회비가 차지하는 비율은 여전히 낮은데, <표 5>에서 볼 수 있듯이 전체 재정에서 회비의 비중은 25% 정도에 불과한 것으로 나타나고 있다. 이러한 회비의 비중은 다른 운동단체와 비교해 볼 때 커다란 차이를 보이지 않는다.

<표 6>은 대표적인 환경운동단체인 환경운동연합의 구체적인 재정 상황을 보여 주고 있다. 이 표에 따르면 1997년 환경운동연합의 전체 수입 가운데 회비 및 후원금이 차지하는 비율은 50.6%이며, 나머지는 주로 재정사업과 프로젝트 수입에 의존하고 있다. 한편 녹색연합의 경우 1997년 전체 수입에서 회비와 후원회비가 차지하는 비중은 환경운동연합보다 낮은 6.9%, 6.3%였다(녹색연합, 1998: 19). 이러한 회비의 수준은 다른 사회운동단체와 비교해 볼 때 유사하거나 오히려 낮은 편인데, 예를 들어 1995년 참여연대의 경우 전체 수입 중 회비의 비중은 약 20%, 후원금의 비중이 40%였으며, 경실련의 경우에도 전체 수입에서 회비가 차지하는 비중이 32% 정도였다(권

<표 6> 환경운동연합 결산보고서(1997)

수입		지출	
항 목	금 액	항 목	금 액
회비 및 후원금	576,684,520	인건비	374,291,900
재정사업 수입	247,855,900	사업비	458,940,140
교육사업 수입	47,067,370	회원사업비	184,406,487
프로젝트 수입	266,920,500	환경조사비	48,553,040
기타 수입	1,462,759	생태조사비	9,796,970
		교육사업비	29,306,183
		반핵평화비	30,071,350
		재정사업비	100,710,570
		행사비	56,095,540
		일반관리비	269,335,268
		당기잉여금	37,423,741
합계	1,139,992,049	합계	1,139,991,049

출처: 환경운동연합, 1998b: 15.

영준, 1996). 환경운동단체의 이러한 재정 상황은 한국 환경운동의 풀뿌리적 기반이 여전히 취약하다는 것을 단적으로 드러낸다고 볼 수 있다.

4. 행동수단과 전략

1) 환경운동단체의 행동수단

일반적으로 서구 구사회운동의 주요 행동수단이 정치적 동원에 있다면, 신사회운동의 전략은 직접행동과 문화혁신에 크게 의존하고 있다(Scott, 1990: 19). 환경운동과 연관시켜 볼 때 직접행동은 각종 개발저지 및 반대를 위한 대중동원, 환경감시 및 고발, 그리고 다양한 생활환경운동에의 직접적인 참여로 나타나고, 문화혁신은 각종 캠페인 및 여론 형성, 그리고 교육 프로그램을 통해 환경에 대한 새로운 가치를 내면화시키는 것으로 구체화된다. 이와 더불어 환경보호에 대한 다양한 입법 요구와 정책대안 제시 또한 환경운동의 주요한 행동수단으로 활용되고 있다.

앞서 지적했듯이 1980년대 전반 환경운동의 형성기에는 피해보상운동 내지 건설저지운동과 같은 직접행동이 환경운동의 주요 행동수단이었다면, 1990년대에 들어와서는 문화혁신과 정책대안 제시가 새로운 행동수단으로 부각되고 있다. 특히 각종 토론회, 성명서 발표 및 서명 등은 공공영역에서 환경파괴의 실상과 환경보전의 중요성에 대한 광범위한 여론을 형성하는 데 상당한 성과를 거두고 있는 것으로 보인다. 하지만 이러한 행동수단의 변화는 단절적인 성격이 강하기보다는 기존의 운동방식에 새로운 운동방식이 중첩되는 연속성이 두드러진다. 예를 들어 1990년대에 들어와서도 안면도 핵폐기장 반대운동, 굴업도 핵폐기장 반대운동, 가야산 해인골프장 건설저지운동 등은 1980년대 운동방식과 연속성을 갖고 있는 대표적인 사례들이며, 1997년의 경우에도 영흥도 유연탄화발전소 저지운동, 차산리 코리아트윈스 골프장 건설반대운동 등이 적극적으로 전개되기도 했다.

흥미로운 것은 1990년대에 들어와 서구 환경운동에서 빈번히 활용되었던 이른바 전위적 시위가 새로운 행동수단의 하나로 등장했다는 점이다. 전위적 시위의 효시는 1993년 결성된 배달녹색연합의 하위조직인 '녹색전사단'이라 볼 수 있는데, 25-30명 정도로 구성된 이들은 1993년 9월 광양만 기름 유출 사고시 녹색호를 출동시켜 상황실을 개설하고 피해사례를 접수하는 조사활동을 벌였으며, 1994년 3월에는 인왕산 치마바위에서 자일과 로프에 의지한 채 암벽 단식농성을 감행하면서 정부의 환경정책을 규탄하여 상당한 관심을 불러일으켰다. 이를 뒤이어 환경운동연합 또한 1994년 4월 '생명의 빛'이라는 환경전사대를 결성하여 서울 종로 3가 세운상가 빌딩에서 반핵을 내용으로 한 대형 현수막을 내걸고 시위를 전개한 바 있다(이득연,

<표 7> 운동방식의 비교 (단위: 횟수)

	여성운동	환경운동	인권운동	사회복지운동	구사회운동
단체의 토론회	8.3	13.5	5.1	20.1	7.6
항의 집회 및 시위	10.4	10.2	8.4	8.7	13.0
성명서 발표 및 서명	9.2	11.2	9.4	15.4	22.6
자체 신문 및 잡지 발행	14.9	8.9	27.9	18.0	11.8
회원 교육프로그램 운영	30.2	7.5	16.6	24.1	14.8

1998: 100-101). 최근 들어 이러한 전위적 시위는 감소하기는 했지만 그 행동의 파격성으로 인해 환경여론의 형성에 결코 적지 않은 영향을 미쳤다고 볼 수 있다 서구 급진적 환경운동단체들의 트레이드 마크인 이 전위적 시위는 신사회운동의 직접행동의 특징을 단적으로 보여 주고 있는 사례이다.

<표 7>은 환경운동단체의 1997년 주요 행동수단의 현황을 보여 주고 있다. 이 표에 따르면 환경운동단체의 경우 토론회, 항의집회 및 시위, 성명서 발표 및 서명이 주요 행동수단으로 활용되었으며, 홍보물 제작이나 회원교육 프로그램 또한 활발히 운영되었다. 이 방식 가운데 특히 토론회나 성명서 발표, 그리고 집회와 시위는 환경에 대한 공공영역의 관심을 활성화시키고 이를 집합적 운동으로 전환시키려는 이른바 '영향의 정치'의 방식이라 할 수 있다. 이 영향의 정치는 권력정치의 장에 직접 진입할 필요없이 공공정책과 정치문화에 커다란 영향을 미침으로써 시민사회의 민주화에 기여하는 전략을 말한다(Choen & Arato, 1992). 1990년대에 들어와 환경에 대한 국민들의 관심이 증가한 것은 무엇보다도 환경 오염 및 파괴의 현황을 폭로하고 언론을 통해 이를 여론화하려는 전략에 크게 힘입은 것으로 볼 수 있다.

한편 입법 요구와 정책대안 제시 또한 매우 중요한 환경운동단체의 운동방식이다. 이에 대해서는 특히 환경과공해연구회 등과 같은 전문 환경연구단체와 전국적 수준의 환경운동단체의 정책기획팀 및 연구

<표 8> 최근 제정 · 개정된 법의 환경성 평가(1997)

부처	검토 대상 법안 수(A)	개악법안 합계(B)	3개 조항 이상 개악법안		1-2개 조항 개악법안		개악법안 비율(B/A)
			법안 수	조항 수	법안 수	조항 수	
총계	52	32	11	65	21	29	61.5
환경부	16	7	4	35	3	3	43.8
건설교통부	8	4			4	8	50.5
통상산업부	9	7	3	17	4	6	77.8
해양수산부	7	5			5	7	71.4
문화체육부	6	4	2	6	2	2	66.7
농림부	3	2	2	7			66.7
국방부	2	2			2	2	100.0
총무처	1	1			1	1	100.0

출처: 이치범, 1997: 296.

소의 역할을 주목할 수 있다. 예를 들어, 환경과공해연구회는 환경영향평가법의 주민참여방안, 쓰레기 소각문제 해결방안 등과 같은 정책대안을 발표하여 환경운동단체 내 · 외부로부터 상당한 주목을 받았다(환경과공해연구회, 1994, 1995). 1997년도 개정 및 제정 예정의 법률 중 60% 가량이 반환경적 독소조항을 담고 있다는 환경운동연합의 조사를 주목해 볼 때 환경문제에 대한 구체적인 정책대안의 제시는 매우 중요한 과제이다(<표 8> 참조). 하지만 이러한 대안 제시는 아직까지 그 성과가 미흡하고 답보상태인 것으로 보인다. 이것은 정책 연구 기능이 여전히 취약하다는 점에 기인하는 것이지만, 환경운동의 아킬레스건인 생태논리와 경제논리의 내적 긴장에서도 그 원인을 찾을 수 있다. '생태적으로 조화로운' 성장을 제시할 수 있는 정책대안의 모색은 한국 환경운동단체의 과제인 동시에 서구 환경운동단체가 당면한 과제이기도 하다.

다른 사회운동단체와 비교해 볼 때 분권적 공동체운동은 환경운동

<표 9> 우리 나라 공동체운동의 세 가지 조류 비교

대분류	소분류	특 징			
		지역적 기반성	대외적 폐쇄성	의식적 이념성	대안적 실험성
지역운동	두레공동체	◑	◑	◑	○
	반공해주민운동	●	○	◑	○
	신도시주민운동	◑	○	○	○
	지역시민운동	○	○	○	○
협동조합운동	소비자협동조합운동	◑	◑	◑	◑
	생산자협동조합운동	●	●	●	◑
	노동자협동조합운동	○	◑	●	●
소공동체운동	종교적 소공동체운동	●	●	●	●
	비종교적 소공동체운동	●	●	●	●

주: 제시된 공동체운동 가운데 특징이 아주 강한 것은 ●, 보통으로 강한 것은 ◑, 다소 약한 것은 ○로 표시했음. 그러나 이러한 분류는 상대적인 것으로 운동상호간의 구분에 초점을 둔 강도 표시임.
출처: 구자인, 1995: 100.

단체의 주요한 전략의 하나로 주목할 수 있다. 우리 사회에서 공동체운동의 기원은 전근대시대의 두레공동체에까지 소급할 수 있지만, 공동체운동조직이 새롭게 등장한 것은 그리 오래된 일이 아니다. 공동체운동은 흔히 지역운동, 협동조합운동, 소공동체운동으로 분류할 수 있는데, 이 가운데 지역적 기반성, 대외적 폐쇄성, 의식적 이념성, 대안적 실험성이 두드러지는 소공동체운동이 가장 전형적인 공동체운동이라 할 수 있다(<표 9> 참조). 1989년에 결성된 한살림모임과 직·간접적으로 연계된 농촌마을, 경기도 화성의 야미기시 공동체, 충남 홍성의 풀무원 마을은 생태주의를 지향하는 대표적인 비종교적 소공동체조직으로, 인격적 친밀과 정서적 깊이, 도덕적 헌신과 수양, 내적 응집력, 육체노동과 인간관계의 중시, 만인의 행복추구를 지향하는 친환경적 분권주의 프로그램을 실천하고 있다(구자인, 1995: 98). 이러한 분권적 공동체운동에 대해서 그 프로그램의 실현가능성과 지속가능성에 적지 않은 비판이 제시되어 왔다. 무엇보다도 우리가 녹색사회로부터 기대할 수 있는 모든 것을 국지적으로 생산할 수 있는 것은 아니라는 점에서 공동체운동의 분권주의적 프로그램은 내재적인 한계를 갖고 있다(Dobson, 1990: 216). 그러나 공동체운동들이 환경보전에 대한 철저하고 근본적인 대안이라는 점에서 부정적으로만 평가할 수 있는 것은 아니며(안승준, 1995), 한살림운동의 사례에서 볼 수 있듯이 상당한 잠재력을 갖고 있는 것으로 평가할 수 있을 것이다.

2) 연대와 갈등

환경운동은 그 이슈가 다른 운동단체의 이슈와 중첩되어 있다는 점에서 운동단체 간의 활발한 연대를 모색해 왔다. 이러한 연대활동은 크게 환경운동단체 내부와 외부 두 방향에서 이루어져 왔는데, 내부적으로 중앙조직과 지방조직의 연대와 환경운동단체 간의 연대가, 외부적으로는 이슈에 따라 다른 사회운동단체와의 연대가 활성화되어 왔다.

우선, 전국적 규모의 환경운동단체가 아직 나타나지 않았던 1980년대 전반에는 개별 이슈에 대한 운동단체들의 개입과 지원이 활발하게 이루어졌다. 온산병 투쟁이나 상봉동 진폐증 사건에는 공문연을 필두로 여러 환경운동단체가 참여했으며, 1990년에 일어난 안면도 핵폐기장 건설반대투쟁에는 환경운동단체들은 물론 다른 사회운동단체들까지 적극적으로 운동에 가세했다. 안면도 투쟁의 경우 핵폐기장이 안면도에 건설된다는 사실이 밝혀진 후 안면도 주민들은 건설반대투쟁위원회를 조직하고, 청년층과 학생들의 높은 참여 하에 며칠에 걸친 대규모 시위와 집회를 벌였는데, 공추련 등 전국의 20여 개 공해추방 반핵평화 운동단체들이 '전국 핵발전소 추방운동본부'를 구성하고 지역주민과 연대하여 운동을 주도했다. 이 투쟁의 초기에는 공추련, 환경과 공해연구회, 한국반핵반공해평화연구소, 평화연구소, 건강사회를 위한 약사회, 전민련, 전노협, 전농, 전교조, 민중당, 전국건설일용노조 등이 참여했으며, 이어서 부산공민협, 광주환경공해연구회, 목포녹색연구회, 건강사회를 위한 치과의사회 등이 가세했다(이득연, 1992: 338). 광범위한 대중동원의 결과 정부의 계획이 수포로 돌아간 이 안면도 투쟁은 환경운동단체 간의 연대는 물론 환경운동단체와 다른 사회운동단체 간의 연대의 모범적 사례로 볼 수 있다.

1990년대에 들어와 이러한 연대활동은 전국적인 지역조직을 갖춘 환경운동연합의 등장으로 인해 보다 유기적인 관련 속에서 체계적이고 조직적인 사업으로 전개되었으며, 피해보상이나 건설저지운동뿐만 아니라 자연보호나 생활환경개선이 새로운 연대활동 이슈로 부각되었다.

<표 10>과 <표 11>은 녹색연합과 환경운동연합이 1997년에 추진했던 주요 연대활동을 보여 주고 있다. 아직 지역조직과의 네트워크가 상대적으로 덜 활발한 녹색연합의 경우 중앙단위의 수준에서 환경운동연합, 경실련, YMCA와 함께 환경캠페인 및 성명서 발표, 대만핵폐기물 저지운동 등 연대 활동을 벌였으며, 지방단위에서는 핵발전소건설반대운동을 위시해 갯벌 보존 등 여러 연대사업을 전개했다. 한편 <표 11>을 보면, 환경운동연합은 1월 노동법 투쟁에서 12월 경제실정 규탄 및 고용안정 촉구 시민대회에 이르기까지 비단 환경문제뿐만 아니라 광범위한 사회적 이슈들에 적극적으로 개입하는 연대활동을 벌여 왔다.

환경오염 및 파괴가 사회제도와 불가분의 관련을 맺고 있다는 점에서 보다 적극적이고 개방적인 연대사업은 시민사회의 내적 균열과 갈등을 봉합하여 보편이익을 모색할 수 있는 계기가 되고 있는 것으로 보인다.

연대활동이 증대했다고 해서 환경운동이 다른 사회운동과 언제나 양립할 수 있는 것은 아니다. 왜냐하면 환경운동단체의 생태적 관심이 해당 지역 거주민이나 이해당사자의 경제적 관심과 갈등을 불러

<표 10> 녹색연합의 연대사업(1997)

단체명	연대활동 내역
환경운동연합	환경캠페인, 성명서, 대만핵폐기물 저지 등 다수
경실련	환경캠페인, 성명서, 대만핵폐기물 저지 등 다수
YMCA	환경캠페인, 성명서, 대만핵폐기물 저지 등 다수
불교환경교육원	북한돕기운동, 교육
전교조	우유병 살리기
경주시민모임	핵발전소 건설반대운동
월성핵발전소 대책위	핵발전소 건설반대운동
영광	핵발전소 건설반대운동
녹색서울시민위원회	과제 21 작성, 음식쓰레기 줄이기 등 다수
환경과 공해연구회	캠페인, 수도물 대책위 활동 등
강화발전연구회	강화지역 그린플랜 수립 등
김제경실련	갯벌보존 세미나 등
수원환경운동센터	교육 프로그램, 캠페인 등
전남동부지역사회연구소	갯벌 보존
여성민우회	쓰레기 줄이기
시민협	대선 정책개발 등

일으킬 가능성은 상존하고 있기 때문이다. 바로 여기서 환경운동단체와 다른 운동단체 간의 갈등이 발생한다. 1980년대 원진레이온 사건과 최근 대구 위천공단의 건설을 둘러싼 논란은 바로 이러한 갈등을 보여 주는 중요한 사례들이다. 우선 1988년 수많은 직업병 환자를 배출한 원진레이온의 경우 상당수 노동자들을 반신불수나 정신분열증으로 몰아넣었을 뿐만 아니라 공장에서 황화수소를 내뿜어 지역주민들이 심한 악취로 여러 차례 시위와 농성을 벌였다(환경운동연합, 1993 8월호: 59쪽). 이는 공장 내부 작업환경 개선을 요구하는 노동자들의 저항에 공장측이 공장의 굴뚝을 조금 더 높여 공장 내의 황화수소를 공장 밖으로 뿜어 버렸기 때문이었다. 당시 원진레이온 노동자들 가운데 일부는 "우선 그거라도 좋다", 또는 "공해방지시설까

<표 11> 환경운동연합의 연대 활동(1997)

	연대사업
1월	노동법 안기부법 날치기 무효 및 민주수호 투쟁 참여
2월	특별검사제 도입과 부패방지법 제정을 위한 시민사회종교단체연석회의 기자회견
2월	한국환경사회단체회의 창립대회 공동개최
4월	민주개혁사회단체연대회의(약칭: 민주연대) 결성 참여
5월	'97 제1차 민간환경정책협의회 참여
6월	대선자금 관련 대통령 수사 촉구 결의문 발표(민주연대)
6월	대선자금 공개와 정치개혁 촉구 집회(민주연대)
7월	돈 안 드는 정치를 위한 정치 관계법 개정의 청원(돈정치추방시민사회단체연대회의)
7월	정치제도 개혁 촉구를 위한 제시민사회단체 기자회견
9월	'97 제2차 민간환경정책협의회 참여
12월	'97 제3차 민간환경정책협의회 참여
12월	경제실정 규탄 및 고용안정 촉구 국민대행진(민주연대)

출처: 환경운동연합, 1998a: 43.

지 다 요구하다 회사가 문을 닫으면 우리는 어디로 가느냐"는 반응을 보이기도 했는데(신철영, 1990: 47), 이러한 사례는 경제적 관심과 생태적 관심이 상충할 때 환경운동과 다른 사회운동 간의 갈등이 현재화할 가능성이 매우 높다는 것을 보여 주고 있다. 1996년 대구 위천공단 개발계획을 둘러싸고 진행된 갈등은 또 하나의 대표적인 사례이다. 정부는 대구 지역의 만성적인 불황을 타개하고 대규모 고용을 창출하기 위해 위천공단계획을 발표했으나, 부산환경운동연합을 포함한 100여 개의 시민운동단체가 위천공단저지대책위원회를 구성하여 집회, 시위, 청원 등을 통해 낙동강살리기운동을 전개했다(환경운동연합, 1997: 261, 269-270). 위천공단 갈등은 '개발이냐 환경이냐'의 문제를 둘러싼 시민운동단체 간의 갈등을 단적으로 보여 주었는데, 대구지역 내에서 대구환경운동연합은 반대를 표명했지만, 대구경실련을 포함한 상당수 시민운동단체들은 대구시 계획을 지지하는 견해를 표명했다(장석준, 1996: 44). 낙후된 대구지역 경제를 고려할 때 후자의 주장을 지역이기주의로만 비판할 수 없다는 데에 이러한 갈등의 딜레마가 놓여 있다.

이러한 사례들은 환경운동단체와 다른 사회운동단체 간의 갈등이 이슈에 따라서는 언제든지 가시화될 수 있다는 점을 보여 주고 있다. 문제의 핵심은 환경위기에 관련된 보편이익 내지 생태적 이익이 특정 지역 및 집단에 관련된 특수이익 내지 경제적 이익과 주어진 상황에 따라서 상충될 가능성이 크다는 점에 있다. 따라서 이러한 이익들을 효과적으로 결합시키기 위해서 환경운동단체와 다른 사회운동단체 간의 보다 활발한 의사소통과 연대활동이 이루어져야 한다. 시민사회가 다양한 사회운동단체의 전략들이 교차하고 있는 사회적 공간이라면, 환경운동단체들은 시민사회의 공간에서 보다 적극적이고 개방적인 연대의 정치를 모색할 필요가 있다. 요컨대, 환경운동단체들은 '연대 속의 차이'를 인정하면서도 '차이 속의 연대'에 적극적으로 참여함으로써 민주주의의 공고화를 위한 주체적 조건을 확장시켜 나가야 할 것으로 보인다.

5. 지속가능한 발전을 향하여

한국의 환경운동단체는 길지 않은 기간임에도 불구하고 지난 30년 동안 비약적으로 성장해 왔다. 그 초기에는 공단 및 원전지역 중심으로 반공해운동을 전개해 왔지만, 1987년 6월 민주화운동을 계기로 운동의 조직, 이슈, 영역, 그리고 행동수단을 확대하고 다양화시켜 왔다. 압축적 경제성장에 따른 대규모 환경오염과 환경파괴의 현실을 지켜 볼 때 이러한 환경운동단체의 적극적인 활동은 인간답게 살 수 있는 '지속가능한 발전'의 내포와 외연을 심화시키고 확산시켜 온 것으로 평가할 수 있다. 하지만 이러한 환경운동단체의 활동에 문제가 없었던 것은 아니다. 앞서 지적했듯이, 한국 환경운동의 시민사회적 지반은 여전히 취약하며, 또 그 이슈의 성격상 여타의 사회운동과 갈등을 불러일으킬 수 있는 가능성을 내포하고 있다. 무엇보다도 환경운동의 중요한 특징이 시민들의 자발적인 직접참여의 활동방식에 있음에도 불구하고 시민환경운동의 경우 그 참여의 수준이 높다고 보기는 어려운 것이 현실이다.

그렇다면 한국의 환경운동을 신사회운동의 하나로 볼 수 있는가.[10)]일각에서는 여성운동, 환경운동, 교육운동 등이 모두 '시장 밖의 운동'으로서 생활방위, 새로운 가치지향, 생태학적 보존을 지향한다는 점에서 신사회운동으로 이해될 수 있다는 적극적인 견해가 제시되고 있다(이시재, 1992, 1998). 이러한 견해는 1990년대 한국의 사회운동이 기존의 노동·계급운동 중심의 운동으로부터 지역·시민운동으로 구성되는 신사회운동이 주도하는 운동으로 전환되어야 한다고 주장함으로써 기존의 변혁운동노선에 대한 비판을 함축하고 있기도 하다. 전체적으로 볼 때 한국의 환경운동은 기존의 민중운동과 다른 새로운 쟁점, 이데올로기, 주체, 운동방식 및 이해관심을 보여 주고 있다는 점에서 서구의 신사회운동과 유사한 것으로 이해될 수 있다(구도완, 1996). 하지만 이러한 평가는 1990년대 크게 증대된 시민환경운동에 제한한 경우에 타당한 것으로 보인다. 앞서 지적했듯이, 한국의 환경운동은 지역환경운동과 시민환경운동이 중첩되어 있으며, 지역환경운동에 내재된 구사회운동적 성격을 주목할 때 국내의 환경운동을 서구의 신사회운동과 곧바로 등치시키기는 어려운 것으로 보인다. 현재로서는 시민환경운동이 점차 그 중요성을 더해 가고 있다는 점에서 신사회운동적인 성격이 앞으로 보다 강화될 것으로 예측할 수는 있다.

굳이 강조하지 않는다 하더라도 환경보전은 우리 인간의 지속적인

10) 신사회운동에 관해서는 김호기, 1995a: 177-200을 볼 것.

삶을 위한 가장 일차적인 조건이다. 인간의 생존에 필요한 맑은 공기와 깨끗한 물, 그리고 유해하지 않은 식품은 바로 환경으로부터 주어지기 때문이다. 환경의 중요한 특징은 우리가 그것을 오염시킬 경우 너무나도 치명적인 대가를 치러야 한다는 점에 있으며, 따라서 이러한 환경을 보호하기 위해서 환경운동을 활성화해야 하는 것은 너무도 자명하다. 하지만 한국의 환경운동이 지난 20년 간 크게 성장했음에도 불구하고 자발적 참여의 수준은 그리 높지 않은 것이 현실이다. 이러한 참여의 수준을 제고하기 위해서 한국의 환경운동은 시민들의 자발적인 참여를 유도할 수 있는 다양한 프로그램을 개발해야 할 뿐만 아니라 풀뿌리 조직방식을 더욱 적극적으로 활용해야 한다. 환경위기를 해결하기 위해서 제도적 개혁 못지않게 의식의 변화가 중요하다면, 운동에의 직접 참여는 환경의식을 더욱 성숙시킬 수 있을 것이다. 나아가 한국의 환경운동은 다른 사회운동과의 연대에 보다 적극적인 관심을 가져야 한다. 환경에 대한 관심은 그 성격상 다른 사회운동의 관심과 상충한 가능성이 상존한다. 따라서 환경운동은 환경친화적 삶의 중요성에 대한 계몽을 더욱 활성화시켜야 하며, 생태적 관심과 사회적 관심을 양립시킬 수 있는 보다 유용한 전략을 개발해야 할 것이다. 이러한 과제들을 달성할 수 있다면 한국의 환경운동은 시민사회의 민주화에 지속적으로 기여할 수 있을 것이다.

제11장

사회정의 및 복지운동단체

임현진 · 공석기

1. 문제제기

사회운동이 새로워졌다는 것은 운동의 목표와 가치, 활동, 구성원의 변화 등에서 찾아볼 수 있다. 이른바 신사회운동은 과거 주변적인 것으로 여겼던 문제들에 대한 재인식을 전제로 그 중요성이 새롭게 평가되는 사안들을 대상으로 하고 있다. 그 대표적인 것이 환경운동과 여성운동이다. 이외에도 시민들의 생활상의 요구와 관련된 삶의 질 추구노력은 의료보건개혁운동, 소비자운동, 교통운동, 교육개혁운동 등으로 나타났다. 이 영역의 운동은 어느 한 계급이나 계층의 이익을 대변하는 것이 아니라 탈계급적인 공공선(public good)을 위한 것들이다. 사실 환경운동과 여성운동을 제외하면 이 부문은 매우 포괄적인 운동영역으로 남게 되어, 이 부문은 신사회운동적인 특성뿐만 아니라 구사회운동적인 특징도 지니고 있다. 이 장은 인권운동(사회정의 실현 차원에서)과 복지운동(다양한 복지관련 운동단체를 포함)을 어느 하나로 포괄하여 다루기가 어렵다는 측면에서 몇 가지 부문으로 나누어 분석하고자 한다.

이렇게 나누는 근거는 운동단체들이 추구하는 목표가 중첩되어 있기 때문이다. 환경보존과 여성의 권익보호라는 명백한 운동목표와 비교하면 이 부문은 어느 하나로 운동목표를 정하지 못하고 있으며 다양한 운동목표를 동시에 상정하고 있다. 이것은 우리 운동의 현실을 간접적으로 보여 주는 것으로서 몇몇 인권운동단체를 제외하고는 대부분이 서너 개의 운동목표를 상정하고 있다. 이것은 최근의 운동단체들이 운동방식에서는 새로울 수 있지만, 운동목표 부문에 있어서는 과거운동에 걸쳐 있음을 의미하는 것이다.

이런 견지에서 본 장은 여성, 환경운동을 제외한 사회정의 및 복지운동단체로 포괄될 수 있는 운동단체들을 몇 개의 하위범주로 나누고 이를 대상으로 운동발전 과정과 조직 특성을 보고자 한다. 또한 조직활동에 있어서는 운동단체들이 어떤 연대활동을 보여 주고 있는가에 초점을 맞추었다. 그리고 그 연대활동 분석을 몇 가지로 나누어 시도하였는데, 그 하나가 운동부문 내의 내적인 연결망, 운동부문 간의 연결망, 구사회운동과의 연결망, 그리고 외부환경과의 연결망 등이다. 이를 통해 사회정의 및 복지운동단체들이 연대활동에 있어서 신사회운동적 특성을 얼마나 보여 주고, 구사회운동과는 어느 정도 단절적인 모습을 보이는지도 살펴보고자 한다.

사실 운동단체 간의 연결망을 보기 위해서는 각 운동부문이 어떤 발전 경험을 보여 왔으며, 어떤 단체들이 연대활동에 있어서 중심적인 역할을 하고 있는지를 우선 살펴볼 필요가 있다. 따라서 각 부문의 핵심단체들에 대한 발전 경험을 시계열적으로 검토하는 것이 전제되어야 한다.

요컨대, 본 연구분석은 여성운동, 환경운동을 제외한 신사회운동단체들에 대한 분석이 매우 포괄적이고 모호한 이유로 이른바 사회정의 및 복지운동을 표방하는 운동단체들에 대해 몇 개의 하위부문을 나누어 각각의 발전 경험을 살펴보고, 이를 토대로 이 부문들이 보이는 연대활동상의 특성을 살펴보는 데 그 목적이 있다.

2. 조사대상 개관

1) 조사 범주

사회정의 및 복지운동단체로 범주화시켰을 때 포함되지 않는 운동단체가 없을 정도로 이 범주는 매우 포괄적이다. 여성운동은 상대적으로 여성의 권리를 신장시킨다는 운동목표하에 회원의 90% 이상이 여성인 경우에 해당되는 단체만을 대상으로 전문가들이 부여하는 평판점수(reputation scale)를 통하여 최종 표본을 추출할 수 있었다. 한편 환경운동의 경우는 환경보존이라는 운동목표를 가지고 활동하는 운동단체들에 대해서 중앙과 지역을 고려한 후에 그 평판점수를 토대로 표본을 선택하였다. 그러나 사회정의 및 복지운동단체의 경우는 정확히 정의할 만한 근거가 명확하지 못했다. 예컨대, 운동목표의 경우에는 운동단체들이 복수의 운동목표(의식계몽, 민중의 권익보호, 인권보호, 소비자 보호, 장애인 복지 등)를 상정하고 있어서 어떤 하나의 목표에 수렴하는 운동단체들을 묶어내기가 어려웠다. 따라서 몇 개의 하위범주를 만들었고, 그것을 토대로 차이점과 공통점을 찾아내는 것을 대안으로 삼았다. 그 하위범주는 크게 세 부문으로 나누었는데, 그 하나가 인권운동부문이다. 본 조사에서는 사회정의를 인권보호라는 구체적인 운동목표를 상정한 운동단체에 국한시켰다. 그러나 이 단체들 대부분이 인권보호만을 목표로 하지 않고 있으며, 이외에도 복수의 운동목표를 상정하고 있다. 예컨대, 의식개혁, 환경보존, 여성권리신장, 민족통일 등을 추가로 상정하고 있다. 사실 그 우위성을 어디에 두는가는 사업에 따라 달라지는 경우가 많다.[1)]

---

1) 본 조사에서 표본으로 정한 인권운동부문에 해당하는 운동단체는 다음과 같다. 한국인권단체협의회, 낙태반대운동연합, 국제인권옹호연맹, 국제엠네스티한국지부, 민주사회를위한변호사모임, 천주교정의구현사제단, 주한미군범죄근절운동본부, 인권운동사랑방, 천주교인권위원회, 불교인권위원회, 노

둘째로 복지운동부문을 들 수 있다. 사회복지란 궁극적으로 삶의 질을 향상시키는 것을 목표로 삼고 있으며, 다양한 하위범주를 포함하고 있기 때문에 거의 모든 운동단체가 여기에 포함된다고 할 수도 있다. 그러나 여기서는 생활상의 구체적인 사안을 대상으로 하는 운동단체로 한정지었다. 예컨대, 의료, 교육, 주거, 교통, 소비자 등의 구체적인 생활상의 문제에서 출발하는 운동단체는 그 최종적인 목표를 새로운 가치체계와 의미체계를 제시함으로써 올바른 시민의식 고취와 삶의 질의 고양에 두고 있다.[2)]

셋째로 우리 운동사의 특수한 측면을 보여 주는 종합운동단체를 들 수 있다. 이는 새로운 이슈로의 전환과 과거 민주화 운동 사이에 걸쳐 있으면서 다양한 사업을 벌이고 있는 운동단체가 해당된다. 이 범주의 운동단체들은 다양한 운동목표를 상정하면서 이슈에 따라 적극적으로 대처하는 이른바 '운동의 종합화'를 추구한다. 즉, 의식계몽에서 시작하여, 환경보존, 합리적 대안을 통한 개혁운동, 그리고 삶의 질 향상과 관련된 각종 이슈에 대하여 광범위한 관심을 갖고 참여하는 운동단체들이다. 또한 이러한 운동의 종합화는 중앙 수준의 문제가 아니라 최근에는 지역에서도 비슷한 운동단체들이 출현하고 있다. 대표적인 종합운동단체를 예시하자면, YMCA, 경실련, 참여연대, 흥사단, 기윤실, 지역의 시민운동연합 등이 중앙과 지역에서의 활동을 하고 있다. 또한 이 운동단체들은 단일운동단체인 경우와 지역조직을

동인권회관, 부천외국인노동자의집, 북한인권개선운동본부, 민주화실천가족운동협의회(장기수가족후원회 포함), 외국인노동자대책협의회, 가정법률상담소 등이다.

2) 복지관련운동부문으로 포함된 표본으로는 주거권실현을위한국민연합, 바른언론을위한시민연합, 한국장애인단체총연합, 부산장애인총연합회, 생활협동조합중앙회, 우리민족서로돕기운동본부, 한국유권자운동연합, 인간교육실현학부모연대, 참교육시민모임, 인도주의실천의사협의회, 건강사회를위한약사회, 교통문화운동본부, 녹색교통운동, 걷고싶은도시만들기연대, 녹색소비자연대 등이 조사되었다.

갖춘 연합체 또는 협의체 등의 조직형태를 유지하면서 가장 적극적인 연대활동은 이루고 있는 동시에, 운동방식과 활동이 종합화 또는 백화점식 지향이라는 비판을 받고 있다.[3] 현실적으로 사회정의 및 복지운동에서 종합운동단체들이 활동에서 그 핵심을 이루고 있는데 이는 우리 사회의 문제가 복합적이고도 동시적으로 제기되고 있음을 암시하는 것이다.

2) 분석방법

본 연구의 분석은 인터뷰와 설문지 조사를 토대로 이루어졌다. 우선 앞서 나눈 세 범주에 따라 운동단체에 대한 조직 특성을 회원구성, 재정기반, 운동의 전문성 등을 중심으로 각 부문이 어느 정도의 비중을 보이는지를 부문별 평균비교(Compare Means Table)를 통해서 살펴보았다. 둘째, 본 연구가 각 운동부문(여성, 환경, 사회정의 및 복지 등)이 어떤 역동적인 모습을 보이는지를 운동조직 간의 연결망을 통해 분석하였다. 셋째, 각 운동단체로 하여금 연대활동을 통해 다른 운동단체나 외부환경(정부, 지자체, 기업, 언론, 정당, 외국기관 등)으로부터 어느 정도 정보는 물론 인적·물적 자원을 교환하고 있는지를 조사하였다. 응답한 단체 중에서 빈도와 강도를 고려하여 사회정의부문, 복지부문, 그리고 종합운동단체의 세 범주 안에서의 연결망 지도를 만들어 보았다. 각 연결망 지도는 핵심운동단체(star)와 중심성(centrality)을 기초로 각각의 연결망 특성을 보여 주고 있다. 또한 이것이 구사회운동과 어떤 차별성을 보이는지를 실무자와의 인터뷰와 자료집을 통해 비교, 분석하였다. 이러한 분석을 위해서 주

---

3) 본 조사에서 종합운동단체로 범주화시킨 단체로는 한국YMCA전국연맹, 부천YMCA, 흥사단, 경실련, 부산, 수원, 인천, 춘천 등의 지역경실련, 기독교윤리실천운동, 참여연대 등이 있다. 또한 우리농촌살리기운동본부, 우리밀살리기운동본부, 부산참여자치시민연합, 참여자치대전시민회의 등도 종합적인 운동단체로 포함시켰다.

로 윈도즈용 SPSS, UCINET III & IV, 그리고 Krackplot 등의 프로그램을 활용하였다.

3. 운동부문별 특성: 부문별 운동단체의 발전 경험을 중심으로

사회정의 및 복지운동 부문의 특성을 파악하기 위해서는 이 부문이 어떤 발전경로를 거쳐 왔으며, 정부를 비롯한 외부환경과의 관계에서 어떤 태도상의 변화를 보여 왔는지는 우리 사회의 민주화과정과 밀접히 관련있다. 인권운동은 압제적인 법과 제도에 의한 인권침해를 극복하기 위한 운동에서부터 최근에는 외국인노동자의 인권문제, 여성, 장애인의 인권문제, 그리고 정보통신에서의 개인의 프라이버시까지 그 이슈가 다양해지고 있다. 인권운동 발전의 핵심은 통치나 정치논리에 따라 현존하는 인권침해를 극복하기 위한 시민사회의 대응의 역사이다. 한편, 복지관련운동단체는 과거의 과속발전의 부산물이 이제는 생활중심의 문제로 다가오게 되는 과정에서 삶의 양과 질의 불균등을 바로잡기 위해 매진하고 있다. 그리고 운동단체들은 보다 다양한 이슈에 대해 전문성을 갖추면서 대안을 제시하는 운동으로 발전하고 있다. 예컨대, 교육문제는 모든 문제와 연결되어 있다고 할 정도로 복잡한 문제이며 이는 더 이상 몇몇 정부의 탁상공론으로 해결할 수 없는 절대절명의 문제이다. 최근에는 학부모들이 나서서 교육문제를 보다 민주적인 방식으로 풀어가기를 희망하고 있으며, 그 결과 학부모-교사-학생의 운영위원회가 만들어지기에 이르렀다. 또한 교통문제, 보건의료문제, 소비자, 주거 문제 등은 일반 시민들이 더 이상 수동적인 입장에 머물기보다는 능동적으로 삶의 질의 향상이라는 차원에서 적극적으로 나서는 발전양상을 보이고 있다. 요컨대, 과거에는 YMCA, YWCA 등을 중심으로 의식개혁 및 계몽운동 차원에서 일반시민을 계몽의 대상으로 여기는 것으로부터 자발적으로 참여하는 능동적인 주체로 운동양상이 발전하고 있다. 특히 복지관련 운동단체에서 주부의 역할과 전문·사무직에 종사하는 중산층의 참여가 증가한다는 사실은 주목할 만하다. 종합운동단체는 1990년대 들어 민주화의 과정에서 상대적으로 비약적인 발전을 보인 운동부문이다. 정부의 개혁정책을 견제, 비판하면서 올바른 정책대안을 제시함으로써 일반 시민의 관심과 참여의 폭을 비약적으로 확대시켰다. 그러나 중앙과 지역의 운동단체 간의 운동발전 정도가 달랐으며, 종합적인 운동을 지향하는 운동단체들도 몇몇 핵심단체가 주도하는 운동으로 나아가는 이른바 운동패권주의적 양태를 보이고 있다. 그럼에도 불구하고 복합적인 문제가 양산되는 우리 현실에 운동단체들은 아직까지 종합적인 운동을 지향할 수밖에 없으며, 새로운 이슈에 따라 자신의 운동영역을 확대하는 악순환을 반복하고 있다.

이러한 세 부문의 운동발전 추세를 토대로 보다 구체적으로 각 부문에서 어떤 운동단체들이 핵심적으로 활동하고 있으며 성장하였는지를 살펴보고자 한다. 이러한 운동부문별 과거의 운동흐름에 대한 검토는 오늘날의 운동진영을 이해하는 데 큰 도움이 될 수 있다.

1) 인권운동단체

사실 인권운동은 우리의 인권현실의 개선 정도를 역사적으로 살펴보면 쉽게 파악할 수 있다고 했듯이 우리 인권은 엄청난 변화를 보였지만, 아직도 개선되어야 할 부문이 많음을 몇몇 인권운동단체의 주장에서 확인할 수 있다. 일제의 강점시기의 인간 이하의 취급, 해방이후의 국가 분열과 전쟁으로 인한 동족상잔의 비극, 그리고 이승만 정권부터 노태우 정권으로 이어지는 권위주의 정권은 정권을 유지하기 위해 인권을 유린할 수 있는 법적 도구를 만들었으며 이는 아직도 유지되고 있다. 이승만 정권 시절 1948년에 제정된 국가보안법은 당시 수감자 60,000명 중 50~60%를 감옥에 있게 한 법적 근거였다. 박정희 독재정권 시기인 1961년에 만들어진 반공법, 1975년의 긴급조치 9호, 그리고 유신헌법 등은 모두 개인의 자유를 억압하는 악법들이었다. 전두환 정권의 배경이 된 광주학살, 그리고 노태우 정권의 국가보안법 등은 아직도 인간의 최소한의 권리를 억압할 수 있는 법적 도구로 활용되고 있다. 이는 1993년 문민정부가 들어섰어도 별 차이가 없었으며 1996년 당시 1,570명이라는 양심수가 여전히 감옥 신세를 지고 있는 현실이다. 1996년에 있었던 역사바로세우기는 인권기준보다는 정치적 판단에 기초하여 이루어진 두 전직 대통령과 극소수의 관련자들에 대한 처벌로 끝나고 말았다. 혹자는 이는 정치적 보복적인 전략이며 단순한 정치적 쇼로 평가절하하였다. 왜냐하면 무죄, 희생자에 대한 어떤 배려도 이루어지지 않은 채 끝났으며, 또한 이것은 주도면밀하게 청와대 위주의 독점적 진행과 정치적 시나리오에 따라 야당과 사회운동단체, 그리고 일반 시민이 배제되는 위로부터의 일방적인 역사바로세우기였기 때문이다. 과거청산의 문제와 인권의 문제는 결코 위로부터 이루어지는 것이 아닌 풀뿌리 수준의 시민의 공감대와 참여를 전제한 지속적인 과정이어야 한다. 역사바로세우기는 결코 결실 없이 허탈한 마음만을 남기게 했던 것이다.[4)]

이러한 일반 시민이 배제된 인권운동 또는 과거 청산노력은 인권운동단체들이 목소리를 하나로 모으게 했다. 인권을 누르는 압제적인 법체계—국가보안법, 보호감찰법, 노동관련법 등[5)]—가 엄연하게 존재

4) 인권운동사랑방, 『1996년 한국의 인권상황 보고서』

5) 국가보안법은 1948년에 공포된 이후, 7차례 개정이 되었음에도 불구하고 법령이 막연하고 모호하게 정의되어 있어 악용의 소지가 높은 인권침해의 대표적인 도구로 이용되어 왔다. 보호감찰법은 피보호감찰자로 하여금 3개월마다 인근 경찰서에 보고서를 제출해야 하는 법으로서 개인의 신체의 자유와 사생활적 자유를 보장하고 있는 헌법에 위배되는 엄연한 인권침해 법규이다. 이는 또 하나의 벽 없는 감옥에 불과하다. 노동관련법은 김대중 국민정부가 들어선 이후 노사정위원회의 합의에 따라 노동관련법규의 개선 차원에서 변모하고 있다. 복수노조가 허용되고, 공무원직장협의회, 전교조 합법화 등이 예정되고 있지만, 여전히 남녀고용평등법, 여성발전 기초법처

하며, 이것이 지속적으로 양심수와 장기수의 수적 증가를 가져오고 있다. 1995년 12월 5일 민가협의 보고서에 따르면, YS 정권 이후 1,570명의 양심수와 763명의 국보법 위반자, 그리고 195명이 정치적 이유로 수감 중인 것으로 나타났다.[6] 이는 한국의 인권상황이 여전히 반인권적인 처사로 이루어지고 있음을 보여 주는 단적인 예이다.

결과적으로 인권운동의 역사도 이러한 인권침해를 막기 위한 인권침해 고발운동에서 이제는 적극적인 대응운동으로 발전하기에 이르렀다. 시퍼런 독재정권 시기에서는 몇몇 종교단체, 특히 천주교가 그 몫을 톡톡히 해왔다. 현재도 천주교정의구현전국연합, 천주교정의구현사제단, 천주교인권위원회 등이 인권문제에 대해서 적극적으로 대응하고 있다. 최근에도 인권문제에 있어서는 종교계의 참여가 두드러진다. 한국기독교교회협의회 인권위원회, 한국교회인권센터, 실천불교승가회, 불교인권위원회, 원불교사회개혁교무단 등이 인권문제에 있어서 적극적인 지원을 아끼지 않고 있다. 한편 지식인들의 인권침해에 대한 적극적인 문제제기가 꾸준히 있어 왔다. 과거에는 몇몇 지식인의 헌신적인 활동에 머물렀지만, 이제는 보다 전문적인 법적 지식을 갖춘 변호사들이 인권운동의 핵심을 이루게 되었다. 이들은 민주사회를위한변호사모임이라는 체계화된 조직을 갖추면서 참여변호사의 수도 꾸준한 증가를 보였고, 이제는 인권운동에서 가장 핵심을 이루는 운동단체로 자리잡았다. 물론 변호사라는 특수한 지위에서 생기는 활동의 영향력도 있지만, 인권을 침해받는 사람들의 볼멘 목소리보다는 합리적인 법적 대안을 가진 이들의 주장은 보다 설득력이 있었으며 효과적이었기 때문이다. 이들은 보다 사회의 다양한 부문과 연대활동을 하고 있으며, 상대적으로 진보적인 운동단체와의 강한 연

럼 이미 법이 제정되어 있음에도 불구하고 현실적으로 어느 정도 개선되고 있는지는 의문의 여지가 있다. 이는 실질적인 인권개선의 문제가 여전히 우리에게 과제로 남아 있음을 의미하는 것이다.

6) 민주화실천가족운동협의회 1998년 정기총회 자료집 참조.

결망을 이루고 있다.

인권부문에서 가장 실천적인 운동단체를 꼽는다면 단연코 민가협을 들 수 있다. 양심수나 장기수를 둔 가족이 주로 회원이 되어 꾸준한 활동을 벌이고 있는 단체로서 일반 시민들에게 한국의 인권 현실을 알리는 데 가장 적극적으로 활동하였다. 종교계의 후원과 민변 소속의 변호사의 합리적인 대안제시, 그리고 이 민가협의 적극적인 실천력이 바로 우리 인권운동의 뚜렷한 모습으로 자리잡아 가고 있다. 이외에도 인권운동사랑방의 활동은 주목할 만하다. 이 단체는 소수의 인권운동 전문가들이 새로운 매체—통신공간, 인터넷, 팩스—를 통해 인권현실을 지속적으로 알리고 있는 모임이다. 앞으로 통신공간을 통한 인권운동은 국제적인 연대활동에 적극적으로 참여할 것으로 보인다.

한국의 주요 인권문제의 또 하나는 외국인 노동자에 대한 비인간적인 대우와 처사에 있다. 최근에는 IMF의 구제금융을 받으면서 외국인의 수가 감소하고 있지만, 그 이전에는 외국인 노동자의 수가 불법체류자를 포함하여 25만 명에 달했다. 사실 한국 정부가 외국인 노동자 연수생제도를 도입함에 따라 연수생과 불법체류자의 임금격차가 발생하게 되어 작업장을 이탈하는 연수생이 늘어나고 이를 막기 위한 비인간적인 처사를 저지르는 고용주가 생기는 악순환이 반복되었다. 예컨대, 고용주들은 전화통화금지, 여권압수, 6개월 근무 후 임금지급, 체인 또는 수갑을 채운 후 굶기고, 학대하는 경우도 있었다. 1995년 1월 네팔인 8명이 명동성당에서 벌인 파업농성은 이런 처사를 입증하는 하나의 사례에 불과하다. 그러나 대부분이 추방을 두려워해 이런 비인간적인 처사를 당국에 고발하지 못하고 이런 인권침해를 감내하는 경우가 많았다. 최근의 IMF 사태 이후, 취업이 더욱 어려워지자 불법 체류자는 범칙금마저 내지 못해서 고국으로 돌아가고 싶어도 가지 못하는 더욱 어려운 상황을 맞고 있다. 정부는 비합리적인 외국인 연수생제도와 범칙금제도를 개선하고 산업구조조정에 따른 이들에 대한 법적 보호장치를 이른 시일 내에 정비하지 않으면 국제적인 반발을 살지도 모른다. 이러한 외국인 노동자의 인권침해를 막기 위한 운동단체들이 1990년대 들어 수도권지역을 중심으로 형성되었다. 부천, 성남지역의 외국인노동자의 집이 생겼으며, 서울에는 외국인노동자대책협의회가 1995년에 설립되어, 외국인 노동자의 근로조건 개선을 위하여 입법청원과 외국인 노동자에 대한 바른 이해를 위한 다양한 활동을 펼치고 있다. 이 단체는 주로 기독교, 가톨릭, 불교의 후원에 의존하고 있는 실정이다.

마지막으로 이 부문을 인권운동으로 포괄할 수 있는 것에 대해서는 논쟁의 소지가 있지만, 북한 주민들의 인간 이하의 생활을 돕기 위한 범국민적인 구호활동을 들 수 있다. 동포애적인 차원에서 모든 운동단체들이 참여한 결과 엄청난 모금성과를 이루고 있다.

2) 복지운동단체

과거 운동의 주변부를 차지하던 부문이 이제는 그 문제의 심각성이 전 사회를 위협하는 수준으로 높아졌다. 그러나 정부의 대응은 제도정비에도 미치지 못하였으며, 더 나아가 일상적인 사안에 대해서는 일반시민이 체감하기 어려울 정도로 미약하다. 그 결과 이에 대한 시민들의 대응의 노력은 다양한 운동단체들의 설립으로 이어졌다. 사회복지가 단순히 생존의 위협으로부터의 벗어나는 것을 의미하는 것에서 보다 윤택한 삶을 영위하는 삶의 결의 문제로 인식하게 되면서 이와 관련된 일상생활의 문제가 모든 운동의 대상이 되었다. 파행적인 교육문제, 엄청난 자동차의 증가에 따른 폐해, 소비자 주권의 문제, 보건의료문제, 주거개선 문제 등이 그것이다. 이러한 이슈는 어느 하나가 삶의 질의 향상을 담보할 수 없으나 모두 삶의 질 개선과 사회복지라는 포괄적 개념에 중요한 항목이 될 수 있는 것이다. 다음에 제시된 몇몇 운동단체들의 진영변화와 발전의 모습을 봄으로써 복지운동단체들의 운동의 흐름을 보고자 한다.

(1) 교통: 도시연대, 녹색교통운동, 교통문화운동본부

교통문제는 교통난을 해결하는 단순한 문제로 환원할 수 없다. 자동차 100만대 돌파는 기뻐할 문제가 아니라 그것이 일상생활을 위협하는 수준으로 전개되고 있다. 따라서 교통관련 운동단체들도 정책개발을 위주로 하는 연구소 중심의 운동에서 이제는 교통문제 해결의 실제적인 주체인 시민들의 참여를 적극적으로 유도하기 위하여 다양한 연계사업을 추진하고 있다. 대표적인 운동단체들을 들어보면, 우선 교통문화운동본부가 있다. 이 단체는 1980년대 중반 도시교통연구소로 출발하여 1996년에는 시민들과 함께하기 위한 문화운동으로 확대 개편한 운동단체이다. 이 단체는 캠페인, 세미나, 시민강좌를 통해 올바른 교통문화의식을 고양시키는 데 역점을 두고 있으며 이를 위해 다양한 언론홍보활동을 전개하고 있다.

한편, 교통문화의식에 주안점을 둔 운동단체와는 달리 교통문제가 곧 환경문제와 연결됨을 인지하고 환경운동과 연결시켜 활동하는 녹색교통운동과 걷고싶은도시만들기시민연대(이하 도시연대)가 있다. 녹색교통운동은 1993년에 회원 200명과 상근자 6명의 소규모 조직으로 출발했지만, 1997년 12월 현재 회원 3,000명과 상근자 6명으로 성장하였다. 도시연대는 1994년에 회원 100명, 상근자 3명의 연구소로 출발하였으나 1년 뒤에 시민교통환경센터로 전환하였다. 그러나 교통만으로 해결할 수 없는 문제가 너무 많고, 도시문제가 더욱 심각해지고 있음을 직시하고 도시연대로 전환하였다. 이 두 단체는 상대적으로 친화의 정도가 높아 적극적인 연대활동을 하고 있다. 이들이 주로 관심을 갖고 있는 사안은 택시노동자 완전월급제, 지하철, 철도문제, 지역의 복개천 문제 등이다. 교통문화운동본부가 정부와 친화적인 관계를 유지하는 반면에 녹색교통운동과 도시연대는 노동단체와 가까운 관계를 유지하면서 상호 적극적인 연대활동을 벌이고 있다. 이렇듯 교통문제와 관련하여 조사대상에 포함시킨 교통문화운동본부, 녹색교통운동, 도시연대는 다소 연대활동상의 차이를 보이고

있다. 즉, 교통문화운동본부가 좀더 관료적이고 조직적으로 운영되면서 있으면서 언론이나 정부단체와 우호적인 관계를 유지하고 있는 반면에, 도시연대와 녹색교통운동은 이와는 반대의 운동양태를 보이고 있다. 사실 교통운동단체들은 연혁이나 격이 다양하기에 교통이라는 공통의 사안을 다루고 있다고 해서 강한 연결망을 이루고 있는 것은 아니다.

요컨대, 교통문제는 이 분야에 전문성을 갖춘 사람들이 주축이 되어 연구를 통한 대안운동의 특성을 보인다. 앞으로 전문성을 갖춘 교통운동단체들이 지속적으로 생겨날 것으로 예상된다.

(2) 교육: 학부모연대, 참교육시민모임, 참교육을위한학부모회, 전교조

전통적으로 교육열이 강한 우리 사회는 올바른 교육제도의 부재로 사회적으로 엄청난 비용을 감수하고 있다. 국민 대부분이 우리 사회가 교육문제만 해결된다면 모든 문제가 해결된다고 생각할 정도로 불완전한 교육제도의 희생이 너무나 크다면서 교육현실을 개탄하고 있다. 사교육비의 문제, 대학입학 부정비리, 입시 위주의 교육, 청소년 범죄, 학교폭력, 인간다운 교육의 부재 등이 그 예일 것이다. 1989년 전교조의 결성은 지금껏 간과되어 오던 교육문제를 교사들이 하나된 목소리로 해결하려는 지난한 노력으로 이어지게 되었다. 1998년에 국민정부가 들어서면서 전교조는 합법화의 길을 걷게 되었고, 정부도 과거 관 주도의 교육개혁을 교육관련 사회운동단체와의 대화를 통해 대안을 찾으려는 전향적인 자세변화를 보이고 있다. 이런 측면에서 보면 교육개혁에 있어서 전교조의 기여는 대단하다고 할 수 있다. 한편 전국 교사들의 또 하나의 단체인 한국교원단체총연합(이하 교총)이 있다. 교총은 하나의 운동단체이기보다는 교직원의 권익을 보호, 향상시키는 데 역점을 두고 있다. 1993년 김영삼 문민정부 출범 이후에는 교총이 교육바로세우기운동협의회를 주도적으로 이끌었으나 별다른 성과 없이 끝나고 말았다. 교육민회 역시 1997년에 해체되는 비슷한 운명을 겪어야 했다.

한편, 1990년대 들어 교육문제에 대해 학부모들이 중심이 되어 인간다운 교육을 실현시키고자 운동단체를 결성하기에 이르렀다. 그 대표적인 것이 인간교육실현학부모연대, 참교육을위한전국학부모회(여성부문으로 포함시킴, 여연의 참관단체), 참교육을위한시민모임 등이 있다. 참교육학부모회는 전국에 15개 지부를 가진 조직형태로서 중앙과 지부가 연계하여 교육정책문제에 대해 대안을 제시하는 사업을 하고 있다. 학부모연대는 크리스찬아카데미 대화모임에 참가하던 사람 중에 뜻이 맞는 몇몇 사람이 1988년부터 준비하여 1989년의 발기인모임 그리고 1990년 4월에 창립한 단체이다. 이 단체는 교육사안에 대해서는 대부분의 타 단체와 연대활동을 하면서도 교육사안이 아닌 사안에 대해서는 참여하지 않는 교육 주력 운동단체이다. 이 단체는 전조교와는 차별성을 보이는 데 비교적 온건한 의식개혁 사업이나 제도개선에 주력하고 있다. 특히 공공기관(공보처, 교육청)과의 사업을 다양하게 추진하고 있다. 이러한 정부와의 공동사업의 측면에서 보면 학부모연대는 참교육시민모임과는 다르다. 참교육시민모임은 정부기관과 연대하지 않는 반면에 학부모연대는 공보처의 프로젝트 사업에 참여하거나 그 외의 지원사업에 적극적으로 참여하고 있다. 참교육시민모임이 활동방식에서 학부모연대와 다른 것은 그 출발점이 다르기 때문이다. 이 단체는 본래 1989년 전교조 결성 이유로 참여교사들이 해직되자, 그들을 돕고자 '해직교사후원회'를 만들었으며, 그리고 이 교사들이 다시 교단으로 돌아간 이후에는 낙후된 교육현실을 개선하기 위한 소규모운동으로 참교육시민모임으로 거듭나게 된 것이다. 학부모연대가 기본적으로 교육사안이 아니면 연대를 하지 않는 것과는 달리 이 단체는 직접적인 교육사안이 아니더라도 넓은 의미에서 교육에 영향을 미치리라고 판단되는 부분에 대해서는 연대하는 것을 원칙으로 하고 있다. 이 단체가 교육운동을 전개할 때 유지하는 연대의 큰 틀은 전교조, 참교육시민모임, 참교육학부모회를 기본으로 한 삼각구도이며, 그 외의 다른 단체와도 필요하면 연대하고 있다. 그러나 회원규모나 재정이 열악하며 조직정비도 다른 단체보다는 미숙한 상태이다.

요컨대, 교육운동 부문은 전교조와 교총이라는 양대 축을 중심으로 유지되고 있다. 학부모연대는 정부와 다양한 연대활동 속에서 의식개혁운동을 하고 있는 반면에, 참교육시민모임, 참교육학부모회는 전교조와 긴밀한 연대활동을 통해 보다 적극적인 교육개혁운동을 요구하고 있다.

(3) 소비생활: 생활협동조합협의회, 소비협, 소비자문제를연구하는시민의 모임

과거 소비생활부문은 생계문제에 밀려 주변적인 것이었다. 올바른 소비문화를 위한 계몽운동이나 건강한 식생활 습관을 고취하기 위한 강좌나 캠페인이 고작이었다. 기존의 여성운동단체들 예컨대, 대한어머니회, 주부클럽, 한국부인회 등이 이러한 소극적 수준의 소비생활운동을 담당해 왔다. 그러나 이제는 식생활문제가 개선되고 다양한 소비패턴이 생겨나면서 일방적으로 손해만 보았던 소비자가 생산자에게 소비자의 주권을 행사할 수 있는 보다 적극적인 의미의 운동을 전개할 필요성이 제기되었고 이를 담당하고자 하는 다양한 운동단체가 생겨났다. 소비자의 문제는 결코 여성의 문제가 아니며, 일상생활의 문제로까지 영역을 확대하고 있어 여성운동 영역을 넘어서고 있다. 물론 우리 사회는 여전히 여성운동단체들이 이 부분에 주로 관여하고 있다. 본 연구에서 주목하고 있는 운동단체는 생활협동조합(이하 생협)이다. 생협은 한 동네에서 함께 살고 있거나 같은 직장학교, 종교기관 등에서 함께 활동하고 있는 사람들이 자신들의 권익을 지키고 삶의 질을 향상시키기 위하여 만든 협동조합이다. 농, 수, 축협이 생산자를 중심으로 자신들의 권익을 지키기 위해 만든 생산자 협동조합인 반면에 생협은 소비자들의 생명과 권익을 지키는 소비자들의 협동조합이다. 중간 유통업자에 의해 피해를 보는 것에서부터 유해농산물로부터 능동적으로 피할 수 있으며, 더 나아가 지역공동체를 건설할 수 있는 토대를 제공해 준다는 측면에서 아주 중요하다. 생협은 지역별, 직능별로 모인 연합회와 사업연대를 목적으로 한 사업연합, 그리고 전국적 연대를 위한 생협중앙회가 있다. 1997년 12월 31일까지 경실련 정농, 녹원, 동부서울, 대전, 한밭살림, 건지골, 부천YMCA, 안양YMCA, 원주한살림, 강릉한살림, 하남한마을, 부남농민, 푸른평화, 새누리 등 전국에 73개의 생협이 있다. 이러한 생협은 지역주민들을 하나로 엮어 주는 하나의 열린 공간이 될 수 있다는 차원에서 지역수준에서 지속적으로 생길 수밖에 없는 것이다.

한편, 소비자 주권을 행사한다는 차원에서 소비자문제를 연구하는 시민의모임의 성립과 그 활동을 들 수 있다. 1983년 설립 당시 300명의 회원이 1998년 1월 현재 전국에 5개 지부를 둔 45,000명의 회원을 거느린 거대한 운동단체로 성장하였다. 소비자 문제 전반에 관한 조사연구, 계층별 교육, 상담, 소비자정책 로비활동, 홍보출판활동을 하는 운동단체로 자리매김하고 있다. 정부와도 친화적인 관계를 유지하면서 에너지절약, 금모으기 운동과 같은 캠페인을 지속적으로 벌이고 있으며, 연대활동은 주로 소비자보호단체와 하고 있는 반면에, 노동운동단체와는 거의 추진하지 않고 있다.

(4) 보건의료: 건약, 건치, 인의협

보건의료 부문의 운동단체는 기존의 이익집단(대한의협)과는 달리 사회민주화와 국민 건강권의 확보라는 '사회공공선'을 추구하려는 의사, 약사, 한의사 등의 전문직업 종사자들이 조직한 단체이다. 그 대표적인 단체로 건강사회를위한약사회(이하 건약)과 건강사회를위한치과의사회(이하 건치)가 있으며 각각 1990년과 1989년에 설립되었다. 건약은 6개의 지부를 둔 전국조직으로 발전했으며, 약사들의 조직이기 때문에 약사들의 전문성을 바탕으로 한 교육사업을 펼치고 있다.

건치는 1989년에 청년치과의사회와 연세민주치과의사회라는 두 단체가 통합되어 만들어진 것으로 7개의 지부를 둔 전국조직이다. 이 단체는 주로 의료소외계층에 대한 지원과 보건의료영역의 연구과제와 국민보건교육사업에 힘쓰고 있다. 또한 일반 의사들의 운동조직인 인도주의실천의사협의회를 들 수 있다. 이 단체는 1987년 인도주의를 실천하고자 하는 의사들이 187명의 회원으로 시작하여 현재는 1,000여 명에 이르는 전국조직으로 발전하였다. 보건의료단체들 간의 연대활동도 꾸준히 이루어지고 있는데 대표적인 것이 8개의 보건의료단체대표자회의의 협의체 형식과 의보연대회의가 있다. 이 보건의료부문 단체들은 보건 이외의 다른 단체와도 적극적인 연대활동을 하고 있는데, 대표적인 것으로 의료보험의 효과적인 시행을 위한 연대활동, 인권문제 개선을 위한 민변과 기타 인권운동단체와의 연대활동을 벌이고 있다. 이외에도 의사들의 모임이 다양하게 생겨나고 있는데, 예를 들면 청년의사, 민의련, 진보의련, 청한, 기청의, 노건연, 보사연 등이 그것이다. 각각의 운동단체들은 자신의 특성이 있고 그 지향점이 다르지만 중요한 인력의 분산이라는 측면도 한계로 지적되고 있다. 그 이유는 최근에 의료운동단체들이 신입회원이 감소하면서 평상시의 운영이 어려울 지경의 재정상태와 활동회원이 점차 감소하는 추세를 보이기 때문이다. 사실 초기의 개인적인 인간관계에 기초한 인력동원방식이 소진되면서 새로운 이슈와 대안이 희미해지면서 개인적인 사업과 활동을 병행할 수 없는 회원이 많아지면서 조직유지의 어려움을 맞고 있는 것이다. 전문직 종사자들의 모임인 민변과 인의협의 활동을 비교하면 그 차이를 간접적으로 알 수 있게 된다. 물론 노동운동단체와의 연대활동을 꾸준히 벌이고 있는 의료운동단체들도 있지만, 이들은 비교적 작은 규모를 유지하면서 꾸준히 연대활동을 벌이고 있는 수준이다.

(5) 주거부문: 주거연합

1998년에도 서울 도시 한복판에서는 철거반원과 주민들 간의 싸움이 있었다. 비인간적인 주거환경 속에서 살아가는 무주택 사람들의 목숨을 건 싸움은 1980년대 도시재개발 과정에서 자연스럽게 생겨나게 되었다. 초기에는 목동, 상계동, 사당동의 철거민들의 개별적인 싸움에 머물렀다. 이러한 경험을 토대로 1990년 6월에 국민주거권 실현에 뜻을 같이하는 사람들이 더 이상 주거문제로 고통받지 않기 위해 설립하였다.

주거연합은 정부의 개발정책이 주로 기업들의 개발이익만을 생각하고 주민들의 생활 실정에 맞지 않는 대형아파트만을 세우는 것이기에 대다수의 주민은 이사가야만 한다. 이는 그들의 삶의 자리를 파괴하고 주민들의 상부상조하는 지역공동생활체계를 무너뜨리는 결과를 가져왔다. 이런 개발정책이 반복적으로 일어나는 것은 주민의 참여가 배제된 채 개발이익만을 챙기는 기업과 도시재개발이라는 명분만을 추구하는 정부의 입장만이 반영되기 때문이다. 이에 대해 주거연합을 비롯한 다수의 관련단체(전국연합, 한국도시연구소 등)는 모든 국민은 건강하고 쾌적한 환경에서 생활할 권리를 가진다는 환경권에 근거하여 국가가 주택개발정책을 통하여 모든 국민이 쾌적한 주거생활을 할 수 있도록 재개발과정에서 저소득 주민을 고려한 적절한 대책을 요구하게 되었다. 예를 들어 국가는 개발지역 내의 세입자들의 현실적 사정을 고려하여 순환식 개발을 실시하고 임시거주시설, 공공임대주택 등의 설치를 의무화하도록 노력해야 한다는 것이다. 그러나 앞서 언급했듯이 철거민들의 주장은 일부에서만 수용될 뿐 많은 지역에서 억울한 일을 당하는 세입자들이 늘고 있다. 이러한 추세는 서울 및 수도권에서 지방으로 그 범위가 더욱 확대되고 있다.

3) 종합운동단체

종합적인 운동을 추구하는 운동단체들은 과거에는 주로 의식계몽운동에 주력하였다. 그러나 사회가 다원화되면서 주변부에 있던 문제가 중심부로 등장하면서 이 단체들은 운동영역을 환경, 소비, 교육, 복지 등으로까지 확장하였다. YMCA의 경우는 1990년대 들어 환경운동을 운동의 중심에 위치시켰고, 흥사단도 환경문제에 깊은 관심으로 가지고 사업을 추진하였다. 반면에 1987년 민주화 이후 성립된 경실련, 기윤실 그리고 비교적 최근에 설립된 참여연대도 운동영역을 설립 초기보다 확장시키고 있다. 경실련은 1989년 창립 이후 비약적인 발전을 이루었다. 경실련은 조직정관에 운동목표를 경제성장과 사회적 형평, 그리고 환경보존이 동시에 이룩되는 사회를 지향하는 운동으로 규정하고 있다. 사실 경실련은 1993년 문민정부 출범 이후 개혁의 파트너로서 정부와 사안별로 연대활동을 하면서 정부정책에 대해 비판적 참여라는 친화적인 관계를 유지하였다. 이러한 핵심적인 활동을 담당하는 곳은 정책위원회였는데, 여기에 소속되어 있는 위원들이 정계에 입문하는 경우가 많았다. 그러나 경실련은 지나친 이슈중심의 운동과 소수 전문가들의 정책제안운동에 머물러 회원은 없고 소수의 운동전문가들의 운동으로 머물었다는 비판을 받게 되었다. 특히 1996년부터는 도시개혁센터와 환경개발센터를 만들어서 변화된 환경에 적응하려고 했지만 1997년 초의 비디오테이프 파동에 연루되어 운동단체의 생명이라 할 수 있는 도덕성에 큰 타격을 받게 되었다. 이후 경실련은 거듭난다는 각오로 회원을 모든 활동에 중심에 올 수 있는 프로그램과 전략을 구상하여 실천하고 있다. 그러나 여전히 이른바 백화점식 운동방식을 견지하고 있으면서 다양한 이슈에 대한 정책적 대안을 제시하는 운동을 추구하고 있다. 또한 1997년까지 42개의 지역경실련을 갖추게 되어 명실상부한 전국조직으로 성장하였다. 이 지역경실련은 지역현안을 중심으로 활동하며, 독립채산제로 운영되고 있으며, 중앙과의 연대활동은 주로 지역경실련에 대한 정책지원에 있다.

기윤실은 1987년 12월에 몇몇 서울대 기독교인 교수가 중심이 되어 창립한 운동단체로 현재 18개 지부와 1만여 명의 회원이 참여하는 운동으로 성장하였다. 이 운동단체는 먼저 기독교인 개개인이 올바른 삶을 살도록 도우며, 건강한 가정을 이루고, 교회가 사명을 다하도록 지원하고 사회와 국가의 부정과 부패를 개선하는 일을 운동목표로 삼고 있다. 따라서 주요활동이 의식개혁운동에 그 초점을 맞추어 왔다. 예를 들면 정직운동, 문화소비자운동(음란폭력물추방운동), 좋은문화만들기운동, 검소하고 나누는 환경운동, 건강한가정만들기운동 등이 그것이다. 이 윤리운동은 최근에는 환경운동으로 운동영역을 확장하고 있는 모습을 보이고 있다. 또한 기존의 개인윤리에 대한 지나친 강조나 실천주장은 결국 윤리주의나 의식에 빠질 위험이 있으니, 앞으로 기윤실은 사회윤리운동으로 발전되는 것이 바람직하며, 그러기 위해서는 운동의 전문성을 추구해야 한다는 비판이 제기되고 있다. 즉 기윤실은 앞으로 윤리의 실천자들의 모임이라기보다는 기독교윤리의식을 가지고 사회의 비윤리성을 비판하며 개선운동을 벌이는 사람들의 모임으로 거듭나야 한다는 것이다(기독교윤리실천운동, 1997).

참여연대는 1994년 9월에 설립 당시 400명 회원(상근자 12명)에서 1997년 12월에는 회원 2,000명, 상근자 30명, 자원활동가 200명 등이 활동하는 종합적 운동단체로 자리잡아 가고 있다. 초기에는 인권문제에 관심을 기울였으나, 이제는 영역을 확대하여 의정감시, 지방자치, 사회복지, 과학기술, 부정부패척결, 작은권리찾기 등으로 확대되었다. 기존에 경실련이 조직의 비약적인 성장에도 불구하고 회원이 운동중심에서 사라졌다는 운동의 한계를 거울삼아 참여연대는 일반회원의 참여를 꾸준히 유지하기 위하여 회원자치모임을 확대하고 생활실천운동을 통해 회원의 자발적 참여를 유도하고 있다. 그러나 이것의 성패 여부는 프로그램의 유무가 아니라 얼마나 지속적인 관심과 역량을 투입하느냐에 달려 있다. 참여연대 역시 사안중심의 운동으로 나아가고 있어, 참여가 일시적인 것에 불과하여 회원의 증가도 단발적인 효과에 불과하다는 비판이 있다. 이러한 문제를 인식한 듯 참여연대는 지금까지의 3년의 성장을 토대로 앞으로의 3년의 비전을 제시하고 있다. 그 중심에는 역시 일반 시민이 위치하고 있다. 회원참여에 기반한 실천활동, 재정적 독립성을 확보하기 위한 회원배가운동, 연대활동에 있어서도 상층 수준의 연대가 아닌 회원의 실질적 참여가 보장된 풀뿌리 수준의 연대활동, 그리고 시민교육의 확대를 통한 동원이 아닌 자발적 참여를 유도하고 있다(참여연대, 1997). 이러한 목표는 물론 참여연대에만 해당하는 것은 아니다. 종합적인 운동을 추진하고 있는 운동단체들은 바로 시민이 중심에서 사라지게 되면 그 힘은 곧 소진하게 되므로 모두가 비슷한 고민을 하고 있으며 이것을 해결하는 것이 운동의 안정성을 확보하는 기본 전제가 되고 있음을 공감하고 있다.

중앙이 아닌 지역에서도 종합적인 운동을 추구하는 운동단체들이 있는데, 이는 1990년대 들어 지역 수준에서 새롭게 설립된 시민운동연합체이다. 최근 들어 과거의 운동방식을 탈피하고 새로워진 지역의 이슈(환경, 지역자치, 지역공동체 건설 등)에 대해 보다 탄력적으로 대응하기 위해서는 과거의 운동목표와 전략으로는 불가능하다는 것을 인지한 지역의 운동가와 지식인들이 새로운 운동단체들을 결성하게 되었다. 물론 지역의 핵심인물들은 과거와 비교해 볼 때 큰 차이는 없지만, 새로워진 사안에 대해 관심을 가지는 지역의 전문가와 지식인들이 결합하는 양상을 보여 주고 있다. 이러한 형태의 연합체는 지역의 중심도시에서 설립되고 있는데 그 대표적인 경우가 부산참여자치시민연합, 참여자치대전시민회의, 울산민주시민회, 정의로운사회를위한마산창원시민연합 등이다. 이러한 운동단체들이 아직까지는 지역에서 핵심적인 운동단체로 자리잡지는 못하고 있지만, 기존의 유력한 운동단체와의 연대활동을 통해서 점차 그 중심으로 나아가고 있다. 그것은 지역 수준에서의 지역사안에 대한 운동단체들 간의 연대활동에서 잘 나타나고 있다. 이 연대활동의 핵심은 지역자치와 지역의 환경문제를 어떻게 지속 가능한 발전전략에 맞출 수 있을까에 집중되어 있다.

이상에서 살펴본 것처럼 사회정의 및 복지운동단체들의 흐름이 앞서 제시한 범주에서도 다양하게 나타났다. 종합운동단체들은 설립한 지 10년을 맞이하는 것에서부터 오래된 전통을 가진 운동단체들로 그 성격이 다양하다. 현재 이 단체들은 회원의 중심성 확보와 운동의 전문성을 견지하기 위한 거듭나기에 힘쓰고 있다. 연대활동에서 보이는 이슈중심적 활동과 운동의 중첩성을 어떻게 조정하느냐가 각 운동단체가 맞이하는 공통의 문제이기도 하다. 이제 각 운동단체들의 발전양태를 보다 간명하게 보기 위해 몇 가지 핵심적인 테마를 중심으로 각 운동부문이 어떤 차이를 있는지 살펴보고자 한다.

4. 운동부문별 조직특성과 연결망

여성운동 및 환경운동과 달리 사회정의 및 복지운동은 앞서 제시한 세 개의 범주에서도 다양하게 나타났다. 다른 운동부문과 어떤 차별성을 보이는지를 회원구성, 운동의 전문성, 재정기반, 연대활동, 외부환경과의 관계, 그리고 중앙과 지역운동의 차이 등으로 나누어 살펴보고자 한다.

1) 회원 구성

신사회운동에 높은 참여를 보이는 사람들은 중산층이다. 이 중산층 중에서도 전문인집단은 독자적인 운동을 펼 수 있는 역량을 지니고 있다는 점에서 기존의 주변부에 있던 사회적 이슈를 중앙으로 자리지울 수 있는 능력이 있다는 점에서 신사회운동과 높은 친화성을 보인다. 왜냐하면 이들은 상대적으로 경제적 안정을 이루고 있으며, 당면한 물질적 생존에 연연하지 않아도 됨으로써 물질적 이해관계를 초월하여 사회운동에 참여할 수 있기 때문이다. 이것은 서구적인 특성이 우리 사회에도 적용될 수 있음을 보여 주는 것이다. 운동실무자의 조사에서도 보면 전문-사무직 종사자가 높은 비중을 차지하고 있는 것으로 나타났으며, 일반 회원의 구성에 있어서도 이 비중이 높게 나타났다. 특히 주부들의 참여가 두드러진다.

우선, 전체회원 수의 비교를 보면 <표 1>과 같다.

회원의 규모를 보면, 여성운동과 환경운동부문의 회원수가 급격히 증가하였음을 알 수 있다. 인권운동은 비교적 소규모의 운동으로 자리잡고 있어서 회원수가 크게 증가하지 않았다. 사회복지운동 부문은 다양한 운동단체들이 생겼음에도 불구하고 그 규모가 비슷한 수준을 유지하고 있다. 이것은 기존의 운동단체—YMCA, 홍사단 등—의 회원수가 큰 규모로 안정되어 있어서 상대적으로 적은 수의 회원을 가진 운동단체들이 규모상의 큰 변화가 있음에도 불구하고 전체회원의 변화에는 큰 변화가 없게 나타난 것이다.

둘째, 각 운동부문의 남녀구성이 어떻게 이루어지고 있는지를 살펴보았다. <표 2>는 각 부문에서 남자의 비중이 여성운동을 제외하고는 월등히 높음을 보여 준다. 여성운동과 환경운동에 비해 사회정의(인권) 및 복지운동운은 여성의 비율이 상대적으로 낮게 나타났다. 특히 인권운동의 경우는 남자회원이 압도적으로 많았는데 이는 민가협을 제외하면, 인권운동단체의 핵심을 이루는 종교운동단체나 전문직 종사자 중심의 단체가 주로 남자들로 구성되었기에 여성의 참여

<표 1> 평균회원 수 비교[7)]

	여성운동	환경운동	인권운동	사회복지운동
초기 회원수	1,544	295	146	51,000
현재 회원수	371,778	4,085	731	56,150

7) 운동단체의 설립초기의 회원수와 현재(1998년 1월 현재) 회원수를 기준으로 비교하였다.

<표 2> 남녀회원 비율 (단위: %)

	여성운동	환경운동	인권운동	사회복지운동
남자	6.6	62.0	72.1	66.7
여자	93.4	38.0	27.9	33.3

가 상대적으로 낮은 것으로 나타난 것이다. 사회복지 관련운동단체의 경우도 비슷하게 나타났는데, 교육과 소비생활 부분을 제외한, 보건의료, 교통, 주거부문과 종합운동단체에서는 여전히 남성중심의 운동이 되고 있기 때문이다. 사실 도시 부문의 여성 특히, 주부들은 상대적으로 자유시간이 많고 고학력인 경우가 많다. 그런데 이들이 참여할 수 있는 공간이 부족하거나 대부분이 교양강좌나 일회성 행사에 참여하는 정도에 그치고 있다. 이들이 꾸준히 참여할 수 있는 프로그램의 마련과 회원으로서 회비납부 이외의 직접참여의 기회를 증가시켜야 한다. 인적자원은 있는데 활용하지 못하는 실정이다. 이런 측면은 아직은 우리 운동이 서구의 신사회운동과의 거리를 보여 주는 것이기도 하다. 이제 운동은 일상생활로 나아가고 있기에 주부들의 역할을 매우 중요하게 작용할 것이며 이들이 참여가 운동의 성패를 좌우하게 될 것이다.

셋째, 회원들의 직업분포가 운동부문별로 나타난 것을 보면, 신사회운동 특성을 보여 주는 데 유의미한 근거가 되고 있다. 노동운동단체들은 주로 노동자와 종교인, 교수 등의 전문직 종사자가 주로 참가하는 반면에 여성운동과 환경운동, 그리고 사회정의 및 복지운동 부문에는 참여의 폭이 중산층으로 넓어진다. 전문·사무직 종사자가 회원의 핵심을 차지하는 반면에 판매, 생산직 종사자의 비중은 적어진다. <표 3>은 직업을 기준으로 회원분포가 운동부문별로 어떤 차이가 있는지를 보여 준다. 인권운동과 복지운동 부문에서 전문-사무직 종사자를 회원으로 가장 많이 갖고 있는 것으로 나타났다. 이것은 새로운 이슈가 전문성을 요구하는 부문이고 이들의 참여 없이는 정

<표 3> 회원의 직업 비중

	여성운동	환경운동	인권운동	사회복지운동	구사회운동
전문·사무직	33.1	51.6	74.8	55.2	53.2
판매생산직	11.8	13.9	14.5	14.4	21.6
농어민	8.5	3.4	0	1.9	1.6
주부	42.8	11.3	2.8	14.1	14.6
학생 및 기타	3.8	19.3	2.6	13.7	8.3

책대안을 준비할 수가 없어서 이들의 참여가 절실하다. 또한 실무자로서 참여를 하지 못하더라도 새로워진 문제에 대한 관심과 참여를 회비납부와 행사참여를 통하여 간접적인 지원을 아끼지 않는 사람들도 역시 전문사무직 종사자이다. 인권, 교통, 교육, 소비생활, 주거문제는 바로 이러한 전문성을 요구하며, 우리 사회의 특수한 형태의 종합운동단체들도 정부를 상대로 해서 사안별로 정책대안을 제시해야 하는 관계로 전문-사무직들의 참여 없이는 불가능하다. 앞으로 이들의 참여비율은 더욱 높아질 것이다. 한편, 이러한 추세는 구사회운동 영역에도 별다른 차이를 보이지 않는다는 것을 알 수 있다. 이런 견지에서 볼 때 우리사회의 운동이 여전히 전문가중심의 운동에 머물고 있음을 보여 준다. 단지 신사회운동 영역으로의 확장하고 있다는 것을 주부들의 참여—여성운동은 물론 환경운동, 사회복지운동에서 두드러지며—와 학생—특히 대학생들의 자원봉사활동이나 회원으로서의 참여—, 그리고 사회에 진출하지 못한 예비사회인들의 신사회운동에 대한 상대적으로 높은 관심은 그 가능성을 보여 주는 것이다.

그러나 운동단체들은 회원 참여의 증가와 구성원의 변화를 맞이하면서도 그것을 지속적인 참여로 이끌지 못하여 운동에 관심을 가졌던 회원들이 주변에서 맴돌다 실망하고 다시 움츠리는 결과를 맞고 있다. 문제의 핵심은 무엇보다도 회원의 참여에 있는 것이다. 회원을 배제한 채 운동목표와 조직을 바꾸어도, 그것은 몇몇 실무자들의 활동으로밖에 남을 수 없다. 운동단체들은 이러한 변화된 상황에서 나름대로의 올바른 길찾기에 나서야만 한다. 사실 김대중 국민정부의 등장과 IMF 체제가 들어섬에 따라 이미 이러한 요구는 자연스럽게 강제되기도 한다. 사실 올바른 길찾기가 회원의 중심성 회복으로부터 시작되어야 한다는 것은 신구사회운동 모두에게 해당되는 것이며, 우리는 특히 사회복지운동단체에서 그 노력을 확인할 수 있다. 인터뷰 조사에서 특히 종합운동단체의 실무자들은 솔직히 기존의 운동방식의 문제점을 인정하고 회원을 확보하기 위한 구체적인 노력을 계획하고 또한 실천 중에 있음을 밝혔다. 경실련은 비디오파동으로 회원의 급격한 감소를 경험하였으며, 참여연대는 나름대로 비약적인 회원증가를 거두면서 경실련이 경험하였던 '운동 이면에 나타난 일반회원의 소외현상'을 방지하고자 나름대로의 노력을 하고 있다.[8] 예컨대, 회원들이 소속감을 갖게 하기 위해 상징통합(회원규범, 회원증, 배지 등)을 시도하는 것도 하나의 예가 될 것이다.

이처럼 운동단체들은 결코 회원들의 자발적인 참여만을 기대하기보다는 다양한 프로그램과 대안을 가지고 참여를 유도해야 한다. IMF 체제가 들어섬에 따라 기존에 생활의 여력을 사회공공선 실현이라는 취지에서 다양한 운동단체에 참여했던 중산층이 현실적으로 무너지고 있다는 사실이 우리 운동의 근간을 무너뜨릴 수 있는 위험요인으로 다가오고 있다. 회비의 감소, 프로젝트의 감소, 기업의 지원금 중

8) 참여연대는 소수 정예회원으로만 유지되는 운동을 극복하고자 다양한 회원참여 프로그램을 계획, 실행하고 있다. 예를 들면, 사무직, 청년, 주부 등으로 나누어 대상층별로 회원배가운동을 벌이는 동시에 회원들만의 자치모임을 확대하고 활성화시키고 있다. 작은권리지킴이단, 사회복지청년모임과 같은 사업별로 회원조직을 결성하거나 아파트 공동체운동처럼 지역을 기반으로 한 회원결성 및 생활실천운동을 전개하고 있다. 물론 이것이 확실히 자리를 잡은 것은 아니지만 회원들 스스로가 참여하여 운동의 주체로 인식할 수 있는 공간을 제공한다는 차원에서 중요하다(참여연대 정기총회 자료집, 1997).

단 등 다양했던 재정원천이 하나둘 없어지고 있는 현실에 직면한 운동단체들은 회원들이 가까이에서 체감할 수 있는 자그만 운동으로부터 시작하는 것이 요구된다. 사회개혁과 민주화를 외쳤던 운동단체들도 회원들의 참여 부족을 현실적으로 느끼고 있다. 예를 들면 인의협과 같은 전문직 종사자들의 모임도 회원의 관심 결여로 회비만 형식적으로 내거나 참여는 줄어드는 활동인력 부족을 경험하고 있다. 국민정부가 들어섬에 따라 새로운 이슈에 운동목표 및 활동내용을 재정비할 것이 요구된다. 이러한 선결과제를 그대로 둔 채 회원의 참여만을 기대하는 것은 너무나 안이한 운동방식이며 곧 운동유지에 큰 위기를 맞이하게 될 것이다.

2) 사회운동의 전문성

(1) 통신활용과 국제적 네트워크

사회운동은 어쩔 수 없이 정치화될 수밖에 없다. 그러나 어디까지 사회의 공공선을 실현하는 순수한 운동이고 어디서부터 당파적 이익실현을 위한 정치정당운동으로 이해할 것인가라는 문제를 맞게 된다. 오늘날의 사회운동단체들은 엄청난 양의 과제를 부여받고 있다. 예컨대, 운동단체는 새로운 가치체계를 제시해야 하는 역할을 해야 한다. 이는 새로운 의미체계를 제시해야 하는 것으로 사회적 상호작용의 새로운 양식과 채널을 제시하는 역할을 의미한다. 시민행동의 프로그램을 구상하고 이를 실천해야 한다. 또한 새로운 이슈에 대해서는 합리적인 정책대안을 제시해야 한다. 사회운동단체는 이익집단과는 다르기에 이익갈등을 중재하고 조정하는 역할을 해야 한다. 불합리한 제도나 법률에 의해 피해를 본 사람이나 곤경에 처한 사람들에 대해 자원과 봉사의 역할도 또한 담당해야 한다. 더 나아가 운동은 이제 국경 안에서만 이루어져서는 안 된다. 세계화와 관련하여 국제적인 사안에 대해서는 외국의 운동단체들과 교류하고 정보를 교환하는 광범위한 연결망을 통해 국내문제와 전지구적 문제에 대한 해결책을 모색해 나가야 하는 과제를 안고 있다.

이러한 과제를 수행하기 위해서는 운동단체는 무엇보다도 전문성을 갖추어야 한다. 과거와 같은 개인적 친분에 의존한 인력만으로는 지속적인 운동을 유지할 수 없다. 최근의 컴퓨터 통신의 발달로 비롯된 인터넷을 통한 전 지구적 연결은 전문성을 가장 절실히 요구하는 부문이기도 하다. 그러나 실제 조사결과 정보민주주의—통신망을 통한 정보교환과 연대활동에 비중을 두고, 통신공간을 통해 일반 시민이 직접참여하고 결정하는 풀뿌리민주주의를 실현하자는 논의—에 대하여 대부분이 회의적인 반응을 보였다. 그것은 통신망을 구축하는 비용을 감당할 수 없으며, 통신공간을 적절하게 활용할 만한 인적자원이 없다는 더 큰 문제가 있기 때문이다. 물론 실무자들의 경우에는 전자우편과 같은 기본적인 통신활용은 79.4%나 하고 있다고 답하였다. 특히 사회복지운동 부문이 가장 높은 활용도(87.8%)를 보인 반면에 여성운동 부문이 가장 낮은 정도(70.0%)를 보였다. 그리고 활용내역을 보면 <표 4>와 같다.

대부분의 운동단체들은 상급단체인 연합체나 협의체와 가장 빈번하게 통신을 활용하고 있는 것으로 나타났으며, 그 다음이 회원과의 메일 교환과 같은 개인적인 일에 활용하는 것으로 나타났다. 아직까지 성격이 다른 운동단체와의 통신공간을 활용한 접촉은 적은 것으로 나타났다. 반면에 인권운동부문 단체들은 국제적인 이슈를 놓고 취하는 국제적인 연대활동에 적극적인 것으로 나타났다.

그러나 최근 들어 인터넷에 자신의 조직과 활동을 알림으로써 회원의 참여를 유도하는 홈페이지 개설 노력은 몇몇 단체에 머물었다. 사실 어떤 단체들은 만들고서도 지속적인 자료제공을 하지 못하여 유명무실해지는 경우도 많다. 누가 먼저 만드는가가 문제가 아니라 어떻게 활용하고 유지하느냐가 중요하다는 것을 인터뷰에서 확인할 수 있었다.9)

또한 외국과의 연대활동을 하기 위해서는 영어에도 능통해야 하고

<표 4> 컴퓨터 통신 활용 (단위: %)

	여성운동	환경운동	인권운동	사회복지운동	구사회운동	계
회원과의 메일교환	23.8	8.8	15.0	30.0	22.5	64.5
협의체, 연합체	18.2	12.5	14.8	30.7	23.9	71.0
국내 타운동단체	17.1	15.7	18.6	28.6	20.0	56.5
외국운동단체	13.3	13.3	30.0	20.0	23.3	24.2
개인적인 일	15.5	16.7	17.9	28.6	21.4	67.7
기타	41.7	16.7	16.7	25.0	0	9.7

국제문제에 전문적인 지식을 갖추는 등 국제적인 마인드가 전제되어야지 무조건적으로 전 지구적인 영역확대는 문제가 있음을 지적하였다. 세계가 열려졌다고 해서 운동이 바로 전 지구화되는 것이 아니며, 그러기 위해서는 운동이 전문성을 갖추어야 한다. 우리 운동 현실을 보면 이런 전문성을 갖춘 운동단체는 솔직히 몇 개에 불과할 정도로 열악하다. 그리고 과거 국제적인 활동도 소수에 의해 주도되었고, 이들은 외국재단으로부터 지원을 요청하는 형식의 운동에 역점을 두었다. 최근에는 북한동포돕기운동에서 국제적인 연대활동이 몇몇 단체에 의해 주도되었는데 이것 역시 소수 실무자의 국제적인 친분관계에 의존한 연대활동이라는 한계가 있다.

3) 재정기반

운동단체의 재정문제는 회원의 참여와 직결된다. 각 운동단체가 추진하는 사업에 따라서 회원들의 어느 정도 참여하고 있는가가 회비납부의 중요한 동기가 되기 때문이다. 최근에 시도하고 있는 회원의 통장에서 자동적으로 회비가 납부되는 계좌이체나 지로용지를 통한

9) 한 실무자는 통신망을 구축하는 것도 중요하지만 이것을 다룰 줄 아는 인적자원을 먼저 확보하는 것이 우선되어야 한다고 지적하였다. 통신공간을 통한 네트워크를 만들기 전에 인적 네트워크를 튼실하게 구축하고 이를 통한 통신네트워크 구축을 전개해야 한다는 것이 대체적인 입장이었다.

회비납부는 사실 대안이 될 수 없다. 활동의 기회와 참여방법을 다양하게 만드는 것이 전제조건이다. 최근에 대부분의 운동단체들이 겪고 있는 회비감소의 문제는 회원들은 더 이상 자료집만 받고 회비만 내는 것으로 만족하지 못하며, 더 나아가 실무자중심의 상층수준의 활동방식에 대한 회의에서 비롯된 것이다. 대부분이 전체 재정의 30% 이하를 회비에 의존하고 있어서 다른 재정기반을 찾을 수밖에 없어서 그 대안으로 정부나 기업으로부터 지원을 받고 있다. 운동부문별로 보면 여성운동이 정부의 지원이 늘고 있으며, 환경운동 부문은 상대적으로 기업의 지원금이 늘고 있다. 이는 환경운동단체들이 주로 대상을 기업이나 언론과 벌이는 경우가 많아서 그들로부터 협찬형식의 지원을 받는 경우가 많아졌다는 것을 의미한다. 여성운동이 보건복지부, 공보처, 정무 제2장관실, 문화체육부 등과의 연대활동을 벌여 왔다는 점에서 정부의 지원을 간접적으로 확인할 수 있다. 환경운동의 경우에는 지역에 기반을 둔 환경운동단체가 많아짐에 따라 지방자치단체의 지원의 폭이 점차 늘고 있는 것으로 나타났다. 이러한 재정기반의 특징은 바로 외부환경과의 관계에서 자연스럽게 나타난다. 정부, 기업, 언론, 지자체, 정당, 외국기관 등으로 외부환경을 나누었을 때, 연결망의 정도는 바로 재정동원의 기반이 될 수 있는 가

<표 5> 재정의존도 비 (단위: %)

	여성운동	환경운동	인권운동	사회복지운동	구사회운동	평균
회비비	13.6	24.5	26.7	31.6	43.7	28.9
정부지원비	16.9	7.2	15.8	10.6	1.7	10.0
개인후원비	6.9	14.8	22.2	15.9	13.9	14.9
기업후원비	3.1	14.2	3.9	6.0	.8	5.6
지자체후원비	8.4	11.8	0	9.5	2.1	6.6
수익사업비	16.5	11.8	17.1	14.9	15.1	15.0
자산수익비	13.3	4.4	1.3	2.1	3.2	4.4
기타비	21.2	11.1	4.7	9.4	13.0	11.5

능성을 의미한다. 인권운동이 외국기관과의 연결망의 폭이 넓다는 것은 바로 외국으로부터 재정지원을 받는 경우가 많음을 의미한다. 한편, 종합운동단체들이 광범위한 연결망을 보이는데, 특히 언론과의 연대활동은 자신의 활동을 일반 시민에 알리는 홍보 역할을 하는 데 크게 기여하고 있다. 예를 들면 경실련, 참여연대는 한국일보, 동아일보, 한겨레신문, 경향신문과 기획연구를 하면서 올바른 대안을 제시하는 정책개발 연대활동을 벌여 왔다. 이러한 활동 속에서 언론은 운동단체를 적극적으로 지원하는 경우가 많아졌고, 실제로 종합운동단체일수록 재정기반이 넓어지고 있는 반면에 단일운동단체의 경우에는 회원감소와 개인후원금의 감소로 재정기반이 점차 취약해지는 결과를 맞이하고 있다.

이렇듯, 종합화를 지향하는 몇몇 운동단체를 제외하면 대부분이 재정기반의 취약성을 겪고 있는 실정이다. 앞으로 외부와의 연대활동이 어떻게 유지되는가가 재정기반의 폭을 넓히고 안정적인 운동을 유지할 수 있는 틀이 될 것이다. 아마도 현재로서는 환경운동과 여성운동보다는 사회정의 및 복지운동부문이 연대활동의 폭을 더욱 넓혀야 할 처지다.

4) 운동단체 간의 연결망

운동단체 간의 연결망을 부문별로 보았을 때 여성운동과 환경운동의 경우는 몇몇 핵심단체를 중심으로 강한 연결망을 형성하는 반면에, 사회정의 및 복지운동부문은 다양한 이슈를 다루기 때문에 어떤 뚜렷한 연결망을 발견하기가 힘들었다. 앞서 이 부문을 세 개의 범주로 나누어 그 운동발전을 살펴보았듯이 연결망에 대한 분석도 이 구분을 따라, 인권운동부문의 연결망, 복지운동의 연결망, 그리고 종합운동단체 간의 연결망을 각각 살펴보았다. 특히 복지운동부문은 몇 가지 부문으로 더 나누어 이슈별로 각각의 연결망의 양태를 살펴보았다. 또한 중요한 이슈를 중심으로는 어떤 형태의 연결망을 이루는 지도 살펴보았다. 결론적으로 이 연결망의 모양은 구사회운동과 다양한 연결망을 형성하고 있다는 점에서 분명 여성운동과 환경운동과의 차별성을 보였다.

한편, 연결망 분석에서는 핵심운동단체(star)와 운동부문을 연결하는 매개운동단체(broker)를 밝혀보고 이들에 대한 구체적인 연대활동 사례를 살펴봄으로써 운동부문 간 친화성과 근접성에 초점을 맞추었다. 그리고 이를 토대로 운동단체들이 연결망 구축에서 신사회운동적인 특성을 어느 정도 보이는지를 살펴보았다.

(1) 인권운동단체의 연결망

인권운동부문의 연결망 분석에서는 민변이 핵심운동단체로 나타났다(<그림 1> 참조). 민변의 활동을 보면, 과거에는 소극적인 자세로 독자적인 활동에 주력하였지만 최근에는 이슈가 다양해지면서 연대활동의 폭도 넓혔다. 지금까지 민변은 기본적으로 연대활동에 있어서 수혜자라기보다는 제공자의 역할을 해왔다. 그리고 조직 차원의 연대활동을 하는 경우도 있지만, 소속 회원들이 개인적인 관심으로 연대활동에 참여하는 경우가 많았다. 이러한 경우는 민변 소속 변호사가 다른 단체에 중첩적으로 회원으로 가입되어 있는 경우이다. 예컨대, 이른바 '공대위'가 형성되면 기존에 연대활동을 해왔던 단체가 주관을 한다면, 민변은 의례 참가하는 것으로 되어 있으며, 최근에는 참여연대와 이러한 의례적인 연대활동을 빈번하게 벌이고 있다. 이는 민변 출신의 변호사들이 참여연대에 중심적인 활동을 하고 있고, 동시에 법률적인 지원활동이 필요한 경우가 많기 때문이다. 민변은 경실련과도 연대활동을 사안별로 추진하고 있다.

민변은 또한 상시적인 연대활동을 벌이는 단체들이 있는데, 그 하나가 한국인권운동협의회이고, 다른 하나는 민주연대이다. 후자는 1997년의 노동법 파동 이후 운동의 지속적인 유지를 목표로 만든 상충적인 연대기구이다. 여기에는 주로 전국연합과 민주노총을 비롯한 진보적인 운동단체들이 핵심을 이루고 있다. 그리고 한국인권협은 인권운동단체들의 상시적인 연대활동의 필요성을 느낀 몇몇 단체들이 1994년에 결성한 협의체이다.[10] 매달 집행위원회를 열어 중요한 사안에 대해서 정책을 결정하는 인권협은 소속단체들이 크게 강한 소속감을 느끼지 못하고 있다. 그것은 협의체 속성상 소속단체 중에 한 단체가 간사단체가 되어 협의체의 일을 맡고 있기 때문이다. 회비 역시 각 사안별로 수집하여 활동에 사용하거나 사안이나 단체의 사정에 따라 회비를 걷고 있는 실정이다. <그림 1>의 연결망에 나타나 있듯이 무엇보다도 핵심적인 활동은 민변, 민가협, 천주교인권위가 긴밀한 연대활동을 하면서 그 중심을 이루고 있다.

한편, 인권협 소속단체이지만 종교운동의 성격이 강한 종교인권운동단체들의 활동도 인권운동의 다른 중심축을 이루고 있다. 천주교정의구현사제단, 천주교정의구현전국연합, 불교인권위원회, 기독교인권센

<그림 1> 인권운동부문 연결망-민변을 중심으로

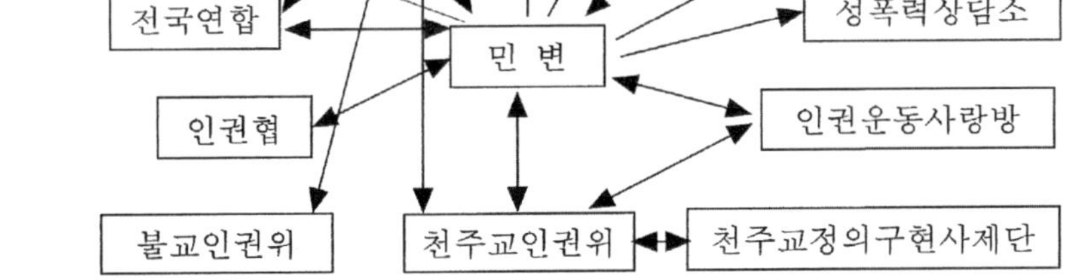

10) 인권협의 소속단체에는 민변, 민가협, 인권운동사랑방, 천주교인권위, 기독교인권센터, 불교인권위, 고난받는이들과함께하는모임, 유가협, 민주법연, 전국연합인권위 등의 10개가 현재 참여하고 있다.

터가 그것이다. 한편 인권운동을 전문적으로 하는 인권운동사랑방의 활동도 주목할 만하다. 이 단체는 일반회원조직이 없으나 상근활동가 조직으로서 『인권하루소식』이라는 팩스신문과 인터넷을 통해 인권 현안과 문제를 알리는 데 역점을 두고 있다. 그리고 인권과 관련된 사안에 대한 많은 연대활동을 하고 있으며 그 중에도 인권협 소속단체와의 연대활동도 많이 하고 있다.

(2) 사회복지운동 단체의 연결망

우선, 사회복지와 관련하여 다양한 운동이슈와 연결되어 있는 교통 부문의 운동단체들의 특징적인 연결망을 들 수 있다. 조사대상에 포함시킨 교통문화운동본부, 녹색교통운동, 도시연대의 연결망 특징은 <그림 2>와 같다. YMCA, 경실련, 환경운동연합, 참여연대 등과 같은 종합운동단체들이 녹색교통운동과 도시연대가 동시에 연대활동을 한 상대로서 연결망에 나타났다. 인권운동부문의 연결망에서도 몇몇 단체는 연결망에서 빠져 있는 것처럼 교통운동단체들도 성격이 다양하고 표방하는 가치도 다르기에 교통문제 해결을 표방하는 단체들이 모두 연대하지 않는 것이 연결망 지도에서 나타나고 있다. 녹색교통운동은 교통운동단체 중에서도 도시연대와 가장 긴밀히 연대하고 있으면서, 사안에 따라서 YMCA, 경실련, 참여연대, 환경운동연합과 같은 종합운동단체와의 연대활동을 벌이고 있다.

한편, 노동운동단체와의 연대활동은 어떠한가를 조사한 결과는 교통문화운동본부는 노동조합과 별다른 관계를 맺지 않고 있는 반면에, 녹색교통운동은 한국노총과 민주노총 모두와 연대하고 있다. 이 연대의 주요 관심사는 택시노동자의 완전월급제에 대한 활동으로서 택시노조, 자동차노련, 지하철노조 등과 주로 연대하였다. 또한 도시연대 노조와 연대활동을 하지만, 택시노조를 제외한 지하철, 철도조조와 연대하고 있다. 이들의 입장은 지하철과 철도의 문제는 전문성을 요구하는 사안이기에 정책대안을 마련하기 위해서 관련전문 사회운동

<그림 2> 교통부문의 연결망

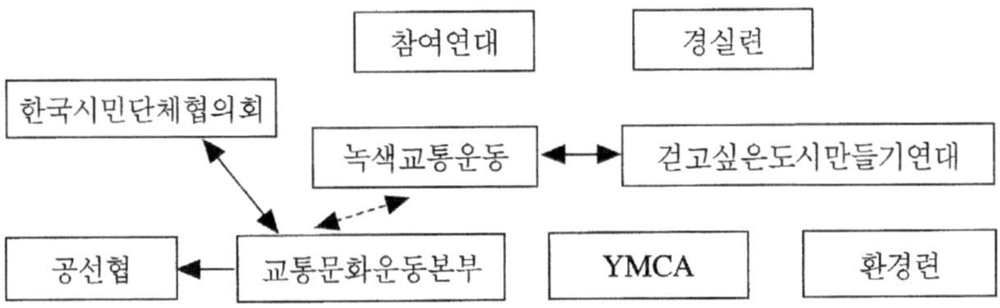

단체나 연구기관의 연대가 필연적이다는 입장이다.

둘째, 교육부문의 운동단체들 간의 특징적인 연결망을 들 수 있다. 교육부문의 운동단체들의 발전 경험에서 살펴본 것처럼 학부모연대와 한국시민단체협의회 소속의 교육관련운동단체, 그리고 전교조를 중심으로 한 참교육을위한전국학부모회와 옛 해직교사후원회로부터 출발한 참교육시민모임이 운동의 중심을 이루고 있다. 학부모연대는 전교조를 중심으로 한 개혁적인 운동단체와는 사안에 따라 연대활동을 하는 약한 연결망을 보이고 있다. 반면에 한국시민협, 기윤실과는 강한 연결망을 이루고 있다. 이는 자녀 교육과 관련된 일이면서 교육윤리운동이라는 차원에서 청소년에 대한 올바른 문화의식과 가치관을 심어 준다는 취지에서 기윤실의 운동목표가 일치하기 때문에 강한 연대가 가능해진 것이다.

한편, 참교육시민모임은 교육운동을 전개할 때, 전교조, 참교육학부모회와의 연대를 기본으로 활동한다. 이 단체는 세 단체 간의 연결망을 유지하면서 그 외의 단체와는 사안에 따라서 필요하다고 인식할 때 연대활동을 벌이지만 이것은 약한 연결망의 수준의 연대활동이다. 예컨대, 참교육시민모임은 학부모연대와는 달리 시민단체협의회에 가입하지 않으면서, 학부모연대와는 사안에 따라 연대활동을 하고 있다. 교육부문의 연결망은 다른 부문과 달리 여성운동부문과의 강한 연대활동을 보이는데 이것은 학부모들(특히, 주부)이 중심이 되어 교

<그림 3> 교육부문의 연결망

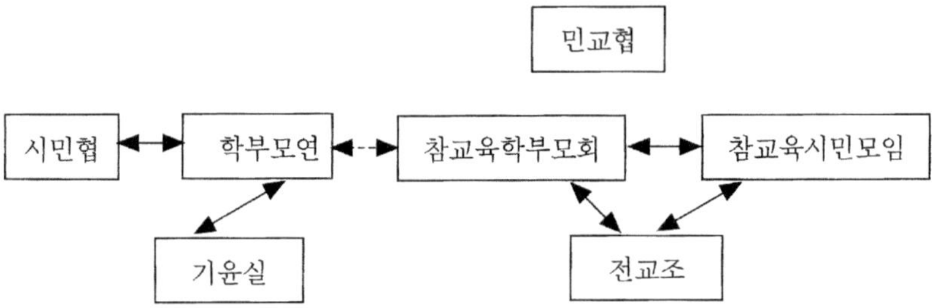

육운동을 전개하기 때문이다. 여성단체연합과 여성민우회는 여연의 참관단체인 참교육학부모회와 참교육시민과의 강한 연대활동을 벌이고 있는 반면에, 학부모연대는 기윤실과 정사협과 같은 의식개혁운동단체와 친화적인 관계를 보였다. 특이할 만한 것은 이 부문에 있어서 종합운동단체들과의 연결망이 아주 희박하다는 것이다.

셋째, 보건의료부문의 연결망을 들 수 있다. 보건의료부문의 운동단체로는 건약과 건치, 그리고 인의협이 조사되었다. 이 부문의 운동단체들은 다양한 연결망을 형성하고 있는데, 의료부문 안에서의 연결망은 보건의료대표자협의회라는 협의체(8개 단체의 대표모임)를 중심으로 상시적인 연대활동이 이루어지고 있다. 여기에는 건치, 건약, 청년한의사회, 기독교청년의료인, 노동과건강연구회, 진보와연대를위한보건의료인연대, 평등사회를위한민중의료연합, 인도주의실천의사협의회 등이 참여하고 있다. 이들은 보건의료단체공동수련회를 갖거나, 보건복지부의 보건의료정책 및 사회복지정책의 방향에 대한 참여연대와 공동세미나를 가졌으며, 북한수재민을 돕기 위한 보건의료부문의 모금운동을 전개하기도 하였다. 사회복지부문에서 노동운동과의 가장 강한 연결망을 형성하고 있는 것은 보건의료부문이다. 예를 들면 건약은 보건의료부문 이외의 다양한 사회운동단체와의 연대활동을 벌이고 있다. 민주사회개혁시민단체에 참가하거나 겨레사랑북녘동포돕기연대에도 참여하였다. 또한 의료보험통합일원화 문제에 대해서는 의보연대를 통해 전국연합과의 연대활동을 하였다. 건약과 건치의 설립 초기의 운동목표를 보면 충분히 노동운동단체 및 재야운동과의 강한 연결망을 형성할 수밖에 없는 이유를 알 수 있다. 건약의 경우, 노동조합과의 연대가 지역의 지부에서 이루어지는 경우가 많은데, 울산분회의 경우에는 현대자동차노조와 연대활동을 통해 노동자들에게 건강상식을 알려주는 활동을 했다. 이렇듯 건약의 지부의 회원들은 소속지역의 노조와 연대하는 경우가 많았지만, 중앙단위에서는 노조와의 연대는 이루어지지 않았다.

건치의 경우에는 타 보건의료부분과의 공동실천을 위한 범의료인연대기구 창출에 노력하고 있으며 그 대상은 보건의료단체대표자회의에 소속된 단체이다. 그 외에도 보건의료단체간사회의와 실천과제별로 협의구조를 이끌어 가고 있다. 또한 설립된 지 10년을 맞이하는 인의협은 다른 전문직 종사자들의 모임인 민변의 왕성한 활동에 비하면 초기의 활동성과에 비해 최근 들어서 점차 힘을 잃어가고 있는 모습을 보이고 있다. 자신의 조직을 정비하고 유지하는 데도 어려움을 겪고 있어 연대활동에는 그만큼 운동역량을 투입하지 못하고 있는 실정이다. 그나마 의보통합연대회의와 북한동포돕기민간단체전국회의에 참여하는 수준에 머물고 있다. 상대적으로 건약의 경우에는 보건의료단체부문 내의 강한 연결망을 비롯하여 참여연대, 민주노총, 전국연합, 경실련, 여연, 민교협, 지식인연대, 환경련, 민예총 등 대부분의 종합운동단체와의 사안에 따른 연결망을 광범위하게 유지하고 있어서 가장 왕성한 연대활동을 보이고 있다.

마지막으로 주거와 소비생활과 관련된 운동단체들의 연결망을 들 수 있다. 주거권실현을위한국민연합은 자체의 운동역량이 미진하며, 또한 동일한 운동목표를 가지고 있는 운동단체들이 적은 관계로 종합운동단체와의 강한 연결망을 유지하고 있다. 예컨대, 주거연합은 사안별로 종교계의 빈민선교단체로부터의 지원을 받는 경우와 한국

도시연구소의 연구결과를 제공받는 등의 수혜적 관계에 있다. 그리고 참여연대, 경실련, 민주노총, 전국연합 등과 같이 종합적인 운동을 추구하는 운동단체들과는 사안별로 강한 연결망을 유지하고 있다. 한편, 생활협동조합협의회는 소비생활과 관련된 다양한 운동단체와 연대활동을 하고 있는데, 특히 우리밀살리기운동본부나 지역의 YMCA와 사업별 연대를 하는 것으로 나타났다. 그 범위가 농협에서부터 귀농운동본부까지 광범위한 연결망을 유지하고 있는데, 이는 생협의 활동 특성상 다양한 연결망을 추구할 수밖에 없음을 보여 주는 것이다.

(3) 종합운동단체 간의 연결망

앞서 종합운동단체로 분류한 YMCA, 경실련, 기윤실, 참여연대, 홍사단 등은 어떤 하나의 운동을 추구하기보다는 다양한 이슈를 동시에 다루고 있기 때문에, 타 단체와 연대사업을 벌이는 경우가 상대적으로 많으며, 또한 정부정책에 대한 비판적 견제를 운동목표로 삼기 때문에 이슈가 변하면 그때그때 연대의 대상을 변화시키거나 확대하는 역동적인 양태를 보인다.

우선 중앙수준의 종합운동단체의 연결망을 보기 위해 운동단체 간의 정보는 물론, 인적·물적 교환까지 하는 연결망을 따로 구성해 보았다. <그림 4>에서처럼 종합운동단체들은 다양한 운동단체와 연대활동하고 추진하고 있음을 쉽게 알 수 있다. 그 중에도 참여연대와 경실련이 중앙에 위치하고 있으며, 이 두 단체를 좌측에서는 노동운동단체인 한국노총이, 우측에서는 민주노총과 전국연합이 둘러싸는 형태를 보여 주고 있다. 이는 중앙의 종합운동단체들이 구사회운동으로 둘러싸여 있으면서, 사안별로 강한 연대활동을 하고 있음을 의미한다. 인권운동부문에서 민변이 핵심적인 역할을 하고 있다는 것이 이 연결망에서도 나타나고 있다. 최근에 이슈가 되었던 북한동포돕기운동은 우리민족서로돕기운동본부의 연결망에서 그 모습을 찾을 수 있다. 몇몇 개인의 친분이나 과거 그 단체의 핵심인사가 개인적인 연

<그림 4> 중앙수준의 종합운동단체의 연결망(Krackplot 재구성)[11]

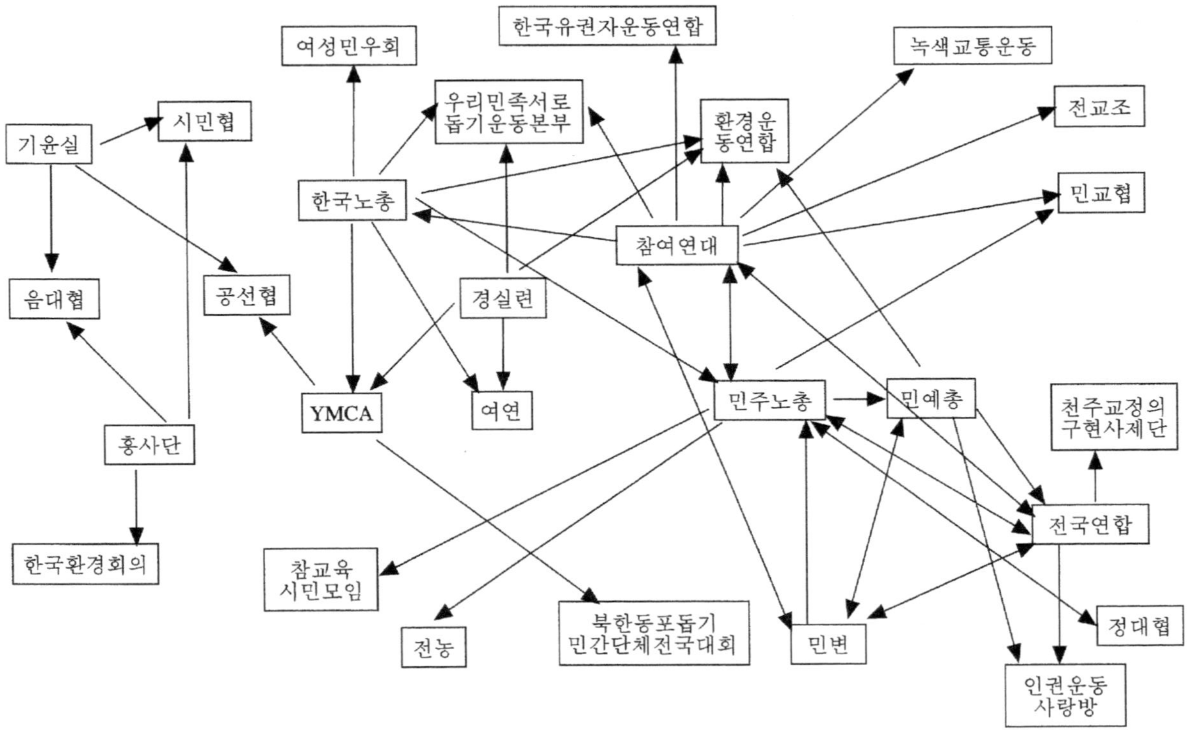

11) 이 연결망에 포함된 운동단체는 총 29개이며 연결망에 제외된 고립자(isolator)를 제외한 결과만을 대상으로 Krackplot을 이용하여 분석하였다. 본 그림은 Krackplot의 결과를 한글 그림 그리기로 재구성한 것이다.

줄망에 의존하여 조직 차원으로 연대활동을 확대한 것이다.

또한 중앙수준에서의 종합운동단체들은 환경운동과의 연대활동이 두드러졌다. 이는 종합운동단체들이 최근 들어 운동역량을 환경운동으로 확대하거나 이동하고 있음을 간접적으로 입증해 주는 것이다. 경실련의 환경개발센터 신설, YMCA의 환경사업에의 집중 등은 자연스럽게 이들이 환경운동연합과의 강한 연결망을 형성하게끔 하였다.

한편, 참여연대는 경실련보다 구사회운동 부문과 친화도가 높은 것으로 나타났으며, 그 연대의 폭도 높게 나타났다. 반면에 기윤실은 주로 윤리의식운동을 추구하고 있기 때문에 연대활동의 폭이 제한되어 나타났다. 예컨대, 음란물대책협의회를 중심으로 한 윤리의식운동은 교육과 의식개혁운동을 하는 다양한 운동단체 간의 연대활동을 가능하게 하였다.

전체적으로 보건대, 중앙에서 활동하는 종합운동단체들은 사안이 빈번하게 바뀌고 정부를 대상으로 비판과 견제활동을 하기에 공통의 관심사가 나올 때는 강한 연대활동을 하면서도, 동시에 각자 특유한 사업에 있어서는 차별성을 보이는 이중적인 연대활동 전략을 추구하고 있다. 따라서 노동운동단체와 기본적으로 거리를 두는 단체는 노동운동단체와의 연대의 모습을 거의 찾을 수 없는 반면에, 현실적으로 그런 경계가 무의미하다는 입장을 갖고 있는 경우에는 노동운동단체와의 적극적인 연대활동을 추구하고 있기에 연대의 폭이 광범위해졌다. 참여연대가 중심성(centrality)이 가장 높았던 이유가 바로 여기에 있는 것이다. 앞으로는 환경문제가 더욱 심각해지므로 환경관련단체의 연대활동도 더욱 강화될 것이다.

이러한 모습이 지역으로 갈수록 더욱 강하게 나타나고 있는데, 대체로 지역경실련과 지역환경운동연합, 그리고 지역의 시민운동연합은 지역의 공통적인 이슈가 출현할 때마다 강한 연대활동을 보이고 있다.

부산, 춘천, 수원, 울산, 대구, 대전 등의 지역조직들은 지역의 거의 모든 이슈를 다루는 종합운동을 벌이고 있는데, 이는 사안별로 일종의 '힘싣기' 차원에서 강한 연대활동으로 나타나고 있다. 특히 지역발전의제 21—21세기를 맞아 지역발전을 꾀하기 위한 실천아젠다—개발이나, 지역환경, 그리고 지역자치 등의 문제에서는 운동목표가 조금씩 다른 운동단체임에도 불구하고 운동목표와 관련 없이 왕성한 연대활동을 벌이고 있다.

5) 외부환경과의 관계

(1) 외부환경과의 연대활동 일반 특성

사회운동단체에 대한 정부의 정책변화는 몇 가지 측면에서 확인할 수 있다. 권위주의 정치하에 정부로부터 법적 단체로 인정받지 못하던 단체들도 최근 법적 단체로 등록하여 정부로부터 지원을 받고 있다.[11] 또한 그 동안 단체 설립에 있어 장애요인으로 비판받던 '사회단체에 등록에 관한 법률'도 '등록'이라는 용어 대신에 '신고'로 변경하는 등 상당한 유연성을 보이고 있다.[12] 정부 역시 정책결정과정에서 그 동안 재야단체, 또는 정부에 비판적인 단체로서 정부의 각종 위원회에 참여하지 못하던 경실련, 환경운동연합, 전국농민운동연합과 같은 단체의 대표자들이 정부의 정책결정과정에서 적극 참여하고 있으며, 최근에는 '제2기 노사정위원회'가 꾸려져 한국노총과 민주노

11) 한국민족예술인총연합(민예총)은 1988년 설립 이후 재야단체로서 활동하다가 정부가 규정하는 이른바 임의단체로의 활동을 그만 두고 1993년 문민정부 출범 이후, 그 해 8월에 사단법인으로 전환, 문화체육부에 등록하게 되었다. 1994년부터는 행사내용에 따라 문예진흥기금으로부터 지원을 받고 있다. 따라서 최근에 정부부처와 다양한 연대사업을 벌이고 있다. 예를 들면, 문화체육부, 문예진흥원, 문화정책개발원 등과 각종 문화정책에 대해 공청회와 토론회를 통해 의견수렴과 정책대안을 제시하고 있다. 또한 통일부와는 남북문화관계 개선을 위한 정책을 협의하는 수준에 이르렀다.

12) '사회단체등록에 관한 법률'이 1994년 1월 7일 법률 제4736호로 '사회단체신고에 관한 법률'로 바뀌었으며, 신고 관청도 중앙관서에서 시도지사에게 위임되었다.

총이 동시에 공식적으로 참여하고 있다. 이런 현상과 더불어 정부가 소위 관변단체라는 친정부적 단체에 대한 정책변화를 보이고 있다. 바르게살기운동협의회, 한국자유총연맹, 새마을운동중앙협의회와 같은 관변단체에 대한 지원은 1992년도에 총 459억 원에 달했으며, 이들이 점유하고 있던 관청사무실도 무려 6백여 개에 달했다. 그러나 정부는 최근 이들 단체에 대한 지원금을 대폭 삭감 내지 폐지하기로 결정하여 이들의 활동변화를 예고하고 있다. 앞으로 정부는 '사회단체육성특별법'(가칭)을 제정하여 정부의 지원을 보다 체계적으로 실시할 것으로 보인다. 문민정부 시기에는 시민운동단체를 활성화시킨다는 차원에서 일정한(?) 심사과정을 통하여 지원하는 정부주도의 육성정책을 실시하기도 했다.[13]

한편, 지방자치시대를 맞이하여 사회운동단체들은 과거 지역YMCA나 이익집단(JC, 로터리클럽, 라이온스클럽, 각종 이익단체) 등이 지역 현안에 대해 협조하거나 이권에 관련된 경우에는 적극적으로 반대하는 전형적인 이익집단행동을 해왔다. 그러나 지역의 문제는 지역시민의 의사가 반영되어야 한다는 지역자치의 취지하에 지역의 지식인과 운동가를 중심으로 운동단체가 꾸려졌다. 지역의 경실련과 환경운동연합은 설립방식에서 차이가 있지만, 그 구성원은 비슷한 성격을 띠고 있다. 지자체와의 관계는 지방으로 갈수록 보다 근접되어 있다. 지역으로 내려갈수록 교통캠페인, 자원봉사활동, 청소년문화 교실, 쓰레기 줄이기 운동과 같은 비교적 비정치적인 사안에서는 공약이행도 조사, 지방발전의제 21사업, 환경파괴적 개발과 같은 정치적 사안에

13) 공보처(현재는 폐지되어 국무총리실 산하 공보실과 문화관광부로 그 기능이 분산, 수용됨)는 1994년 4월 민주적 공동체의식 함양사업지원을 공개모집하여 경실련, 환경운동연합 등 13개 단체에 총 7억 원을 지원하였으며, 그 후 이 사업은 다른 단체에도 확대되고 있다. 또한 정무 제1장관실의 지원하에 운동단체 실무자들의 해외연수를 실시하여, 이에 대한 보고서를 내기도 했다.

대해서는 적극적인 반대운동을 벌여서 지자체와 갈등적인 관계를 보이기도 한다. 그러나 대부분의 경우에는 지역으로 갈수록 운동은 지자체와 다양한 연계활동을 벌이는 것으로 나타났다.[14)]

외부환경으로서 기업에 대한 사회운동단체들의 거리는 가장 멀게 나타났다. 기업은 대부분의 경우가 일회적 행사에 협찬 또는 후원하는 정도에 머물고 있다. 삼성과 선경이 그래도 가장 많이 후원하는 것으로 나타났지만, 그것도 복지관련운동단체(장애인 운동단체)에 한정되어 있었다. 특히, 장애인 후원사업이나 지역운동단체—경실련, 환경운동연합, YMCA 등의 지역조직—의 행사에 후원하고 있는 수준이다.

한편 외부환경으로서의 언론에 대해서는 대부분의 운동단체들이 적극적인 태도를 보였다. 예컨대, 인권운동단체들은 정부, 지자체, 기업과는 거의 관계를 맺고 있지 않지만, 언론과는 인권문제를 알리기 위한 차원에서 다양한 연대활동을 벌이고 있다. 그 대표적인 단체가 민변, 천주교인권위원회, 그리고 민가협이다. 이들은 신문과 방송매체를 통하여 양심수 문제를 적극적으로 알리는 데 노력하였고, 그 결실은 최근에 이루어진 대통령의 양심수 석방에서 거두기도 했다.

정당과 외국단체와의 연대는 아직까지 이렇다 할 만한 사례가 없었다. 정당은 국민회의와 국민승리21이 운동단체와 비교적 많은 연대활동을 추진하였으며, 전자가 주로 인권운동단체와의 연대라면 후자는 노동운동단체와의 연대였다. 외국기관은 연대의 폭이 상당히 넓었

---

14) 지역운동단체들의 외부환경과의 연대활동을 조사한 결과, 지역의 정서가 양자의 관계를 갈등적 또는 친화적인 관계로 만드는 주요 요인으로 작용함을 알았다. 환경운동단체들이 지자체와 다양한 연대를 보이는 반면에, 인권운동과 복지관련운동단체들은 이러한 연계가 거의 없다. 종합운동단체의 경우도 지역조직을 갖고 있는 경우에만 지역이슈를 중심으로 다양한 연대활동을 하고 있을 뿐이다. 연대활동을 형성하는 대부분의 부서는 환경과, 사회과, 도시정비과, 청소년문화과 등에 집중되어 있다. 사실 아직까지는 어떤 정책을 입안하고 실천하는 데 지역의 운동단체가 주도적이기보다는 지자체에 협조하는 수준에 머물고 있다.

지만, 주로 노동운동은 국제노동기구(ILO), 인권운동은 국제엠네스티를 비롯한 각국의 인권단체와의 관계에 집중되어 있다. 그런데 아직까지는 대부분이 외국으로부터 지원을 받는 수혜적인 관계가 지배적이다. 앞으로 국제적인 연대에서 주체적인 역할을 하기 위해서는 운동단체들이 운동의 전문성과 지속적인 연대를 위한 체계적 준비가 필요할 것이다.

(2) 주요 운동단체의 외부환경과의 연대사례

운동단체들 간의 연대활동은 앞서 살펴본 것처럼 비교적 안정적인 연결망을 형성하고 있다. 각 운동단체들과 마찬가지로 외부환경과의 관계도 운동단체의 기본적인 연대활동 방향과 비슷한 수준을 유지하고 있다.

우선 인권운동부문을 살펴보면, 인권운동단체들끼리 내부적으로 강한 연결망을 형성하고 있는 것은 그만큼 정부와의 거리를 유지하고 있기 때문이다. 실제로 인권운동단체 대부분은 정부기관, 지자체, 기업과는 거의 연결망을 이루지 못하고 있으며, 그 대신 인권문제를 일반 시민에 알리기 위해 언론을 적극적으로 활용하고 있다. 그 대표적인 경우가 천주교 인권위원회이다.[15] 또한 인권문제는 우리 내부의 문제이기도 하지만 국제적인 이슈로 관심을 모으기에 위해서도 적극적인 국제적인 연대를 추진할 필요가 있다. 따라서 다른 어떤 부문보다도 인권운동부문의 외국기관의 연계가 가장 왕성하다. 그 대표적인 경우가 인권운동사랑방과 외국인노동자대책협의회이다.[16]

---

15) 천주교인권위원회는 기본적으로 종교계의 안정적인 재정지원을 바탕으로 다양한 인권운동을 전개하고 있다. 다수의 회원에 의한 실천적인 활동보다는 인권문제를 언론에 알리고, 다른 인권운동단체를 지원하는 역할에 역점을 두고 있다. 예컨대, 한겨레 21과는 양심수시리즈를 게재하고 있으며, MBC의 안기부개혁시리즈 제작에 자료를 제공하기도 했다. 즉, 인권문제에 있어서 언론에 자료를 제공하며 이슈를 던지는 역할을 하고 있는 것이다.

다음으로 사회복지부문의 외부환경과의 관계를 보면, 대표적인 단체로 교통문화운동본부, 학부모연대, 장애인단체총연합회 등을 들 수 있다. 교통문화운동본부는 앞서 비슷한 운동단체와의 연대활동에서 녹색교통운동과 도시연대와는 차별성이 있음을 언급한 바 있다. 그 차이는 이 단체가 주로 정부나 지자체, 그리고 언론과의 적극적인 연대활동을 추진하는 데 있다.[17] 교육부문에 있어서 학부모연대는 정부와의 가장 적극적인 관계를 유지하고 있는 단체이다. 전교조, 참교육시민모임, 참교육학부모회가 노동운동단체와의 긴밀한 연대활동을 하고 있는 반면에, 학부모연대는 노동운동단체와는 거의 연대하지 않고 있다. 예컨대, 학부모연대는 정부나 지자체가 시민운동활성화를 위해 추진한 사업에 적극적으로 참여하거나 지역의 교육청과 공동의 심포지엄을 개최하고 있으며, 이것은 언론을 통해 적극적으로 알리고

---

16) 인권운동사랑방은 인터넷을 통하여 외국에 한국의 인권현실을 알리는데 운동실무자 중심의 조직이다. 특히 한국의 인권현실을 알리기 위한 인권영화제를 주최하는 과정에서 이 단체의 대표가 구속되는 일도 있었다. 현재 인권운동사랑방은 통신공간을 활용하여 인권문제에 관한 국제적인 연대를 지속적으로 추진하고 있다. 외노협은 한국에서의 외국인노동자들의 인권침해를 막고 제도적인 보호를 목표로 하는 여러 운동단체가 참여하는 협의체이다. 아시아지역이라는 특수성이 있기에 아시아 지역의 다양한 단체와의 연대활동을 벌여왔다. 예컨대, Asian Migranmt Center, Asian Monetary Research Center, Asian Center for Women's Human Rights Center, Asian Human Rights Commision, Asian Regal Resource Center 등과의 연대활동을 벌였다.

17) 교통문화운동본부는 교통난 해결을 위한 정책대안을 마련하기 위해서 공청회 및 연구프로젝트를 수행하고 있는데, 이 사업은 건설교통부, 환경부, 보건복지부 등의 지원을 받고 있다. 또한, 서울시와도 교통관리문제에 있어서도 연대하고 있다. 한편, 교통문화운동본부는 언론을 적극적으로 활용하고 있는데, 주요 일간지와 방송3사 모두에게 취재 및 자료협조를 통해서 자신의 활동을 일반 시민에게 알리는 데 아주 적극적이다. 최근 들어 조직이 확대되고 있으며, 정부의 지원도 증가하고 있는 편이다.

있다. 장애복지 부문에 있어서 장애인단체는 정부는 물론 기업으로부터도 지원을 받고 있다. 이는 기업이 이미지 고양을 위해서 장애인단체에 적극적인 후원을 아끼지 않기 때문이다.[18)]

사회정의 및 복지운동부문의 하나인 종합운동단체의 경우는 여성운동이 문체부, 보건복지부, 환경부 등과 긴밀한 관계를 유지하는 것과 달리 공보처의 연구사업에 참여하는 경우가 많았다. 여기에는 경실련, 참여연대, **YMCA**, 기윤실 등이 참여하였고, 지역조직들은 중앙부처보다는 지역의 정부관련기관과 연대하는 경우가 많았는데, 예컨대, 지역경실련이 한국도로공사, 환경보사국, 에너지관리공단 등과 연대활동을 하고 있다. 또한 지자체와도 가장 활발하게 연대하는 운동단체 역시 지역경실련이다. 특이할 만한 것은 종합운동단체들이 언론과의 연대활동에서 가장 적극적이라는 것이다. 정책대안을 알리고 일반 시민에게 활동을 거의 매일같이 알릴 수 있는 공간은 바로 언론이기 때문에 언론과의 친화적인 관계를 유지하는 것이 절대적으로 필요했다. 그 중에 경실련과 참여연대가 가장 적극적이었는데, 참여연대의 경우 언론을 통한 홍보는 물론 언론과의 공동사업을 벌이기도 했다.[19)]

---

18) 한국장애인단체총연합회와 부산장애인총연합회가 각각 형성하고 있는 외부환경과의 연대는 매우 광범위하다. 중앙의 경우에는 보건복지부, 서울시, LG 등으로부터 행사지원과 장애인 복지사업에 적극적인 지원을 받고 있다. 언론도 장애인 행사에 대해서는 과거와는 달리 빈번하게 알리고 있다. 지역의 경우에는 삼성이 장애인 날의 행사후원과 부산일보와 국제신문과 연대하여 장애인 결혼상담을 추진하기도 하였다. 이것은 바로 장애인에 대한 관심의 증가를 보여 주며, 다른 부문과 달리 정부를 비롯한 사회 각 부문의 적극적인 지원을 필요로 하는 것이기에 외부 환경과의 적극적인 연대를 추진하게 된다.

19) 한국일보와 '민선지방자치 2주년특별기획'시리즈를 통하여 각 자치단체장의 사업을 부문별로 평가하여 높은 호응을 받았다. 경향신문과는 '세기말 한국의 정책과제'에 관한 세미나를 기획하였고, 한겨레21과는 '작은권리찾기운동'을 매주 시리즈로 내고 있다. 국민정부 들어서자 참여연대는 한겨레

마지막으로 1997년에 운동단체들이 가장 적극적으로 추진했던 사업 중의 하나를 꼽는다면 그것은 다름 아닌 북한동포돕기운동이었다. 이 운동은 범국민적인 운동이기에 거의 모든 단체나 기관이 참여하였다. 그 중에도 가장 주목받을 만한 단체는 바로 우리민족서로돕기운동본부이다. 모금을 통해 운동단체를 꾸려 가는 운동단체로서 적극적인 국제적인 연대활동을 추진하고 있다. 이 단체의 핵심실무자의 개인적인 친분을 통한 네트워크도 일정 정도 차지하지만 이 단체만큼 짧은 기간 동안 다양한 연대를 실시한 단체는 없을 것이다.[20] 그러나 운동이 과연 지속적으로 유지될 것인가에 대해서는 의구심이 드는데 이는 지금까지의 운동이 지나치게 세몰이식 운동과 행사위주의 운동의 모습을 보였기 때문이다.

신사회운동이 정부에 도전적인 특성을 가졌다는 차원에서 보면 우리 운동부문은 아직은 정부를 비롯한 외부환경과의 수혜자적 관계를 유지하고 있다. 한편, 노동운동단체와 재야운동 단체들은 정부와의 도전적인 자세를 견지하면서 진보적인 언론과의 부분적 연대나 외국기관과의 연대를 맺고 있어 외부환경과는 비교적 폐쇄적인 망을 이루고 있다. 반면에, 인권운동이 정부에 도전적인 관계를 유지하면서 언론과의 연대를 통해 주변부적 이슈를 중심에 위치시키기 위한 지속적인 노력 속에서 서구적인 신사회운동 특성을 발견할 수 있다.

신문이 기획하고 있는 '개혁과제 세미나'시리즈에 적극적으로 참여하고 있다. 심하게 말하면 참여연대의 성장은 언론의 지원과 연대가 없었다면 불가능했을 것이다.

20) 이 단체는 구소련동포강제이주 60년 기념사업을 벌여 동포들에 대한 사랑을 환기시켰다. 국제교류재단과의 연대를 통해서 국제적인 연결망을 형성하였다. 한편 각 언론사를 통해 북한동포돕기운동을 동시에 추진하였다. 북한동포돕기, 옷보내기, 옥수수보내기 등의 다양한 이슈를 개발하고 있다. 최근에 북한동포를 위한 1일 금식행사를 통해 기금을 마련하는 모금사업을 하기도 했다.

5. 전망과 과제: 운동의 발전과 퇴보의 기로

1990년대 들어 사회운동단체들은 전성기를 맞이할 정도로 국가나 시민사회로부터 주목과 관심을 받아 온 것이 사실이다. 그것이 1993년 문민정부 출범 이후, 운동단체의 수에서 그 절정기를 보였으며, 그 이후에는 점차 감소하는 하강곡선을 나타냈다. 그러나 1997년 말에 터진 IMF 사태는 국가를 총체적인 위기상태로 몰아넣고야 말았다. 운동단체들도 역시 IMF 한파로 재정이 더욱 악화되었다. 그런데 이것이 회원의 회비와 후원금의 감소에 그치는 것이 아니라, 조직의 존폐위기로까지 나아가고 있다는 것이다. 즉, IMF 사태는 단지 운동단체로 하여금 경제적인 압박뿐만 아니라 운동의 방향을 잃고 어리둥절하게 만들 정도로 심각하다. 지금까지 운동단체들은 세계화 과정에서 나타난 경제위기에 대한 준비가 미흡했으며 조직 내부에서도 합리적인 정책대안에서도 혼란스런 모습을 보여 왔다. 이렇듯 운동단체들은 IMF 체제의 급작스러운 대두에 따른 경제적인 압박과 운동영역의 전 지구적 차원으로의 확대에 따르는 정책 형성과 구현 등의 문제를 동시에 안고 있다.

이러한 현실을 어떻게 주체적, 능동적, 합리적으로 극복하는가가 바로 우리 운동단체들의 미래의 발전과 퇴보의 접점이 되고 있다. 앞서 사회정의 및 복지운동부문의 단체들은 나름대로 자신의 영역을 개척해 가고 있으나, 몇 가지 경계해야 할 장애물도 현존하고 있음을 언급한 바 있다. 여기서는 이러한 장애물을 연대활동의 문제, 운동의 급진화 및 제도화의 문제, 그리고 운동의 중첩성 문제 등을 제시함으로써 운동전망과 과제를 대신할까 한다.

첫째로 연대활동과 관련된 사회정의 및 복지운동단체들의 장애물을 지적해 보자. 교통, 교육, 보건, 주거, 소비 등과 같은 복지부문은 나름대로 자신의 전문성을 유지하면서 소규모 조직을 유지하려는 경향이 있는 반면에, 종합운동단체들은 다양한 사업을 추진하다 보니 전문성을 유지하기 어려운 경우가 많다. 사실 운동의 전문성을 확보하기 위해서는 전문성을 갖춘 운동조직들과의 사안별 연대활동이 절대적으로 필요하다. 이제는 운동이 거대화되는 것보다는 전문성을 갖춘 회원들을 확보하는 것이 더욱 필요하다. 부족한 부문은 연대활동으로 채우면 된다. 따라서 연대활동은 앞으로 우리 운동조직들이 살아가는데 절대적으로 필요한 전략이며 전술이다. 그런데 우리가 마주하는 이슈는 전통적인 계급갈등에서 비롯된 것부터 새로운 갈등요인(환경, 성불평등, 실업 등)에 이르기까지 다양하다. 따라서 운동조직들도 전통적 의미의 구사회운동부문과 신사회운동부문에 두루 위치하고 있다. 실제로 연결망 분석에서 살펴본 것처럼 사안에 따라서는 운동부문의 경계를 넘어서는 강한 연대활동이 이루어지고 있다. IMF 사태는 이러한 부문 간의 연대활동을 더욱 더 요구하고 있다. 앞으로는 회원의 감소로 재정은 점차 어려워지고, 사업도 축소될 것이다. 반면에, 운동단체들의 참여가 필요로 하는 이슈는 결코 줄지 않고 심지어 늘어날 것이다. 이에 대처하기 위해서는 운동단체들이 자신만의 전문성을 유지하면서 참여가 꼭 필요한 경우에만 책임감 있게 연대활동에 참가해야만 한다. 모든 사안에 대해서 참여하는 것은 실무자는 물론 회원들을 지치게 만들 뿐이다. 이런 견지에서 보면 앞서 살펴본 연대활동 사례에서 인권운동단체들의 단단한 연결망은 바람직하다고 볼 수 있다.

둘째로, 운동의 급진화와 제도화의 문제가 있다. IMF 사태로 몇몇 운동단체들은 정부나 지자체에 지원을 바라게 된 이상, 이들에 대한 비판적인 입장을 유지할 수 없게 되어 점차 제도화의 길을 갈 수밖에 없는 경우도 있다. 그러나 우리 사회에 제기되는 이슈는 결코 정부의 정책에 순종할 수 없는 민주주의와 삶의 질과 관련된 다양한 문제들과 관련되어 있다. 즉, 환경, 성불평등, 인권, 기타 복지문제 등은 때로는 정부를 호되게 비판할 수 있는 급진적인 태도를 필요로 한다. 운동단체가 단순히 재정문제를 핑계로 안정된 조직을 유지하기 위해 공공선 실현을 위해 필요한 비판의 목소리를 접어둔다면 그 운동단체는 일반시민으로부터 점차 멀어지게 될 것이다. 물론 무조건 급진화의 길을 걸어야만 된다는 것은 아니다. 정책과 사안에 따라서는 정부와의 대화가 더욱 더 필요한 경우도 있다. 우리 사회의 운동단체들은 점차 제도화와 급진화의 갈림길에서 우왕좌왕하는 모습을 보일 것이다. 그러나 복합위험사회라는 현실 속에서 당분간은 결코 제도화의 길을 걷는 것이 바람직하지는 않을 것이다. 이는 앞서 녹색교통운동, 도시연대, 주거연합, 건약, 건치, 인의협, 민변, 참교육시민모임 등의 활동에서 그 근거를 찾을 수 있다.

마지막으로 운동단체들은 활동의 중첩성 문제를 보이고 있다. 운동단체들의 운동목표를 조사하면 하나만을 제시하는 경우가 거의 없다. 대부분의 운동단체들은 환경운동에 관심을 가지고 있으며, 최근 들어서는 환경이슈가 제기되면 모든 단체들이 관심을 가지고 뛰어드는 모습을 볼 수 있다. 관심을 갖는 것이 나쁜 것은 아니지만 이것은 운동역량의 낭비이다. 인권문제에 관심을 갖고 출발했으면, 지속적인 정책대안연구와 사업활동을 통해 일반시민에 대한 인지도와 전문성을 높이는 것이 더욱 바람직하다. 그러나 대부분의 종합운동단체들은 이른바 백화점식 운동을 지향하고 있기 때문에 운동이 중첩되고 있다. 사실 사안에 따라서는 운동단체들의 '단합된 힘'을 보여 주기 위해서 많은 단체들의 참여가 필요한 경우가 있다. 그러나 이것이 역량과 전문성을 갖추지 못한 모든 운동단체들의 참여가 필요하다는 것을 의미하지 않는다. 운동에 있어서 역할분담이 필요한데, 이런 역할분담이 합리적으로 이루어진 다음에 사안에 따라서 강한 연결망을 토대로 연대활동을 벌인다면 바람직할 것이다. 그러나 현실은 운동단체들이 운동패권주의에 빠져서 운동의 주도권을 확보하기 위해 운동영역을 확장하는 과오를 범하고 있다. 이것은 결국 회원을 운동중심에서 멀게 만들고 몇몇 실무자들의 운동이 되는 문제를 낳게 된다.

이제 운동단체들은 운동영역을 확장하여 활동이 중첩되는 것을 경계해야 한다. 일반 회원들의 요구를 꾸준히 반영한다면 이러한 실무자 중심의 운동영역 확장시도는 점차 줄어들 것이다. 이제 회원이 다시금 운동중심에 서야 한다. 이것이 바로 IMF 시대를 맞이한 운동단체들의 최우선 과제인 것이다.

제3부
신사회운동의 정치화

제12장

신사회운동의 제도화와 민주주의의 발전

서 두 원

20세기 후반 오랫동안 지속되어 오던 권위주의 체제의 붕괴는 제3세계에서 신사회운동의 성장을 촉발시켰으며, 이것은 신사회운동이 민주주의에 미치는 영향에 대한 학문적 관심을 증대시켰다. 본 논문은 이미 출간된 2차 자료를 토대로 북남미와 유럽의 다양한 신사회운동의 경험을 비교, 역사적 접근방식에 따라 분석한다. 기존 사회운동론 연구는 난해한 이론적, 방법론적 어려움에 직면하고 있다. 국가간에 존재하는 역사적, 사회적 조건의 명확한 차이로 인해 운동의 결과에 대한 분석은 다양하고, 때로는 상반된 평가를 도출해냈다. 그럼에도 불구하고 본 논문은 운동의 제도화가 국가의 정책결정과정에 영향을 미칠 수 있는 제도적 통로를 확보하고 체제 내의 개혁적 정치세력들과의 정치적 연대를 가능하게 해 준다는 점에서 민주주의의 공고화와 발전에 기여하는 중요한 정치적 과정이라는 사실을 밝혀낸다. 운동의 제도화하는 운동조직의 특정한 성격과 유리한 정치적 기회구조의 융합의 결과로 나타나는 역사적 산물이다. 그러나 운동의 제도화가 항상 민주주의를 발전시키는 것은 아니다. 운동조직이 분명한 집단정체성과 국가권력으로부터의 독자성을 유지하는 내적 조건과 국가의 성격이 다소 개방적이고 민주적 정당이 체제 내에서 확고한 세력을 유지하는 외적 조건이 결합되는 상황하에서만 제도화에 의한 민주주의의 발전이 가능하다.

1. 서 론

20세기 후반은 정치, 경제, 문화, 국제관계 등 다양한 분야에서 급격한 변화가 일어난 전 세계적인 격변의 시기였다. 그 괄목할 만한 정치적 변화 중 하나가 제3세계 국가에서 발생한 권위주의 체제의 붕괴와 민주주의로의 이행이었다. 1970년대 후반 브라질을 시작으로 남미의 여러 나라들은 오랫동안 유지되어 왔던 군부 권위주의 체제가 점차 약화됨에 따라, 비록 제한적이기는 하지만, 민주화로의 이행과정에 들어서게 됐다. 또한, 1980년대 말 공산 소비에트체제의 종말 이후, 동유럽의 여러 나라들 역시 민주화 과정에 본격적으로 진입하기 시작하였다. 민주화로의 이행은 단지 동유럽과 남미에 국한되지 않았다. 한국을 비롯한 여러 아시아국가들과 일부의 아프리카국가들 역시 유사한 정치적 과정을 밟게 된다.

보다 광범위한 민주화의 진전에 대한 요구는 서구 선진자본주의 국가들에서도 중요한 정치사회적 이슈로 등장하게 되었다. 자유민주주의(liberal democracy) 또는 사회민주주의(social democracy)의 한계를 극복하고자 하는 여러 사회조직들의 정치 세력화가 변화의 중심축을 이루고 있다. 1970년대 초부터 본격적으로 나타나기 시작한 포디스트적 생산방식의 위기(crisis of fordist production)과 코포라티스트적 복지국가의 위기(crisis of the corporatist welfare state)는 조직자본주의(organized capitalism) 체제 자체의 전반적인 쇄락을 초래했다. 체제의 위기는 '포스트 모더니즘'(post-modernism)이라는 새로운 정치문화구조를 등장시켰다. 기존 민주주의 정치체제가 갖는 시민의 권리와 참여의 범위에 대한 제한적 한계를 극복하고자 하는 다양한 정치적 요구들의 등장은 포스트 모더니즘 시기의 서구 민주주의 체제의 확장, 변화의 과정을 특징지운다(Hirsch, 1983, 1988; Lash and Urry, 1987; Offe, 1985; Steinmetz, 1994).

권위주의 체제로부터 민주주의로의 이행과 기존의 대의제 민주주의(representative democracy)의 확대 발전을 요구하는 여러 사회세력 중 주목할 만한 것은 소위 신사회운동'(new social movements)이라고 불리는 새로운 형태의 집단운동이었다. 신사회운동은 서구에서 네오코포라티즘(neo-corporatism) 전략에 따라 노사정 삼자협약(tripartite pact) 체제 내에 흡수된 노동운동에 저항하여 자유민주주의의 정치적 제한과 조직 자본주의의 경제적 위기를 비판하면서 등장한 여성, 인권, 빈민, 도시, 문화, 생태, 환경운동 등의 다양한 사회운동 세력을 포괄하는 개념이다.[1] 신사회운동은 내적 다양성, 발생의 역사적 배경의 상이함, 정치사회적 역량의 차이점 등에도 불구하고 하나의 공통적인 특징을 보이는데, 그것은 민주주의로의 이행, 발전, 정착에 대한 지속적이고 적극적인 요구이다.

정치, 경제, 사회적 변화에 따른 신사회운동의 등장 이후, 그것과 민주화 간의 상관관계와 인과성에 대한 분석은 정치학자와 사회학자들을 중심으로 한 사회과학자들 간에 중요한 연구주제로 떠올랐다. 그러나 지금까지 진척된 연구의 결과는 예상보다 미진했다. 기존의 연구들은 신사회운동과 민주화 간에 존재하는 인과성에 관한 이론적 결론을 도출해 내기보다는 국가 간에 존재하는 다양한 사회관계, 역사적 배경 등의 차이로 말미암아 이론적 차이를 확인시켜 주는 경우가 많았다.

따라서 이 글은 2차 자료를 토대로 한 비교분석을 통해서 신사회

---

1) 신사회운동과 구사회운동(노동운동) 간의 차이에 대해서는 Giugni and Passy(1998) 참조.

운동이 민주화에 미치는 영향을 밝혀보고자 하는 시험적 시도이다. 글의 구성은 다음과 같다. 첫째, 신사회운동과 민주화 간의 관계에 대한 다양한 사례와 주장을 특히 긍정적 평가와 부정적 견해가 극명하게 갈리는 남미의 상황을 중심으로 기술한다. 둘째, 기존 사회운동론 문헌에서 지적되었던 운동의 결과 분석에 존재하는 방법론적, 이론적 문제점들을 비판적으로 검토한 후, 대안적 모델을 제시한다. 셋째, 북미, 남미, 그리고 유럽에서 공통적으로 나타나는 신사회운동의 제도화(institutionalization)와 이를 통한 민주주의 발전과정 사이의 논리적 연계를 밝히고자 한다. 이 글은 지금까지 주로 서구와 남미의 정치학자들에 의해 시도되었던 '위로부터의(top-down) 민주주의'에 대한 접근방식 또는 '협약모델'(pact model)의 이론적 편협성을 보완하고, 사회운동이 민주화에 미치는 효과를 밝히는 '아래로부터의(bottom-up) 민주주의'에 대한 분석틀의 발전을 위한 시험적 노력이다. 이 글에서 도출되는 주장들은 이론적 결론으로 간주되기보다는, 추후 보다 체계적이고 심층적인 경험적 역사비교분석을 위한 '가설'들로서 역할할 수 있으리라 생각된다.

2. 신사회운동, 마지막 희망인가 민주화의 훼방꾼인가?

제3세계의 경우 권위주의 체제로부터 민주주의 체제로의 변환은 역사적 '사건'이라기보다는 역사적 '과정'이다. 다시 말해 권위주의 체제의 위기라고 불리는 자유화(liberalization), 민주주의로의 이행(democratic transition), 그리고 민주주의의 공고화(democratic consolidation)라는 일련의 과정을 거쳐 군부집단으로부터의 권력이양과 체제변화가 완성된다. 군부 권위주의 국가가 무력적 방법에 의해 민중들의 불만과 요구를 더 이상 탄압할 수 없는 위기상황에 직면하게 되면 집권세력 내의 강경파(duros)와 온건파(blandos) 간의 갈등구조가 형성되게 되고, 이것은 일정 정도 억압의 수위를 낮추게 되는 자유화의 국면을 초래한다(O'Donnell and Schmitter, 1986).[2] 정치적 자유화에 따른 급속한 '정치적 기회구조'(political opportunity structure)[3]의 팽창으로 이제까지 억눌려 왔던 민중들의 다양한 요구를 대변하기 위한 수많은 사회운동조직이 빠르게 성장하였으며, 그 이후 격렬하고 진보적인 성향의 사회운동이 뒤따라 발전하였다. 흔히 '신사회운동'이라고 불리는 민중들의 민주화에 대한 새로운 요구의 표출은 민주화 진행과정에 일정한 영향을 미치게 되는데, 이에 대한 학자들의 평가는 다양하다. 여기에는 비관론과 낙관론이 혼재하고 있다.

1970대 후반 남미에서 브라질을 필두로 오랫동안 유지되어 오던 군부 권위주의 정권이 점진적인 민주화로의 이행기에 접어들자 많은 사람들은 신사회운동이야말로 진정한 민주주의의 정착을 위한 마지막 희망이라고 기대했다(Alvarez and Escobar, 1992). 이러한 시각에 따르면 신사회운동의 확산은 그 동안 권위주의 체제 내에서 침체되어 왔던 '시민사회의 부활'(resurrection of civil society)이라는 점에

---

2) 권위주의 체제의 개방화의 원인에 대한 논의는 여전히 논쟁의 대상이다. 오도넬(O'Donnell)과 슈미터(Schmitter)와는 달리 라무니어(Lamounier, 1979)는 자유화가 민중투쟁의 결과라고 보고 있다. 쉬보르스키(Przeworski, 1991)는 이 둘 간의 절충주의적 입장을 취하는데, 그는 자유화가 권위주의 체제 내의 파워엘리트 간의 분열과 시민사회의 성장이라는 두 현상의 상호작용의 결과라고 보고 있다.

3) 1970년대 후반부터 발달하기 시작한 '정치과정모델'(political process model)은 사회운동론 문헌상 독자적인 이론적 분파를 형성하고 있다(McAdam, 1982; Tarrow, 1994; Tilly, 1978). 이 모델에 따르면 외생변수로서의 정치적 환경의 변화는 '자원동원 이론'(resource mobilization theory)이 강조하는 사회운동조직의 자원동원 능력과 조직의 성격, 조직지도자의 역할 등 내부적인 요인과 더불어 사회운동의 시작, 과정, 결과에 다른 어떤 요인들보다도 결정적인 영향을 미친다. '정치기회구조'라는 이름 아래 쓰이는 다양한 개념들에 대한 개관은 맥아담(McAdam, 1996) 참조. '정치과정모델'에 대한 비판적 검토는 Gamson and Meyer(1996), Goodwin and Jasper(1999) 참조.

서 역사적 의미를 갖는다. 신사회운동은 본질적으로 비타협적인 태도로 문화적, 상징적 요구를 비계급적 토대 아래 비제도적 방식을 통해 성취하려고 한다는 점에서 일정부분 '비정치적'(apolitical)인 운동이다. 그러나 전체적인 사회변혁을 위해 필요한 집단적 능력의 부재로 인해 결국 미미하고 제한적인 문화운동으로 전락할 위험성에도 불구하고, 신사회운동은, 역설적으로, 그것의 '비정치적' 성향으로 인해 보다 효과적인 '정치적' 결과를 초래하기도 한다는 점이 강조된다(Mainwaring and Viola, 1984). 이러한 주장은 좀더 자세히 살펴볼 필요가 있다.

신사회운동은 특성상 지역적이고, 분산적이며, 탄압에 직면하였을 때 쉽게 좌절하는 조직의 특성을 가지고 있다. 그러나 신사회운동의 역할과 의미가 항상 부정적인 것만은 아니다. 신사회운동은 그 운동에 가담하는 참여자들의 범위를 넘어서 전체 국민들에 대해 민주주의와 시민권의 의미를 확대, 재해석하는 상징적 의미를 지니는 경우가 많다. 브라질과 아르헨티나의 경우가 잘 보여 주듯이, 신사회운동이 갖는 급진주의적 민주주의의 성향은 민주주의에 대한 시민들의 '규범적 내용'(normative content of democracy)의 변화를 가져왔고, 참여민주주의의 중요성과 필요성을 알리는 효과를 가져왔다. 문화적, 담론적 변화는 투쟁의 결과이며 민주주의의 발전에 필수적인 요인이다(Mainwaring and Viola, 1984). 예를 들어 남미의 인권운동처럼 신사회운동은 국가제도 내에서 정치권력의 획득을 추구하지 않는 경우에도 공공의 장에 모습을 드러내고, 대안적 · 도덕적 권위를 주장하거나 정치적 저항을 명료하게 표현하는 것 자체만으로도 정치권력의 변화를 초래할 수 있다(Bouvard, 1994).

멕시코 빈민운동의 경우에서 잘 나타난 바와 같이, 신사회운동은 소규모의 산발적 운동이라는 한계에도 불구하고 전 사회적인 시각에서 볼 때 사회변혁에 대한 누적의 효과를 나타낸다. 또한, 신사회운동조직들 간의 협조적인 연계망, 임시적 연대, 최소한의 형식주의,

그리고 운동조직과 다양한 문화집단들 간의 친밀한 유대는 공식적이고 집중화된 조직의 부재를 보완하고 운동의 연속성을 보장할 뿐만 아니라, 때로는 여러 종류의 탄압에 직면하였을 때 보다 효과적인 대응수단이 되기도 한다(Offe, 1987). 신사회운동이 권위주의 체제의 자유화와 민주주의의 정착이라는 역사적 과정을 달성하는 데 있어서 유일하고, 가장 중요한 정치적·사회적 세력이라고 보기는 힘들다(J. Valenzuela, 1989). 그러나 그것은 독자적인 운동세력을 끊임없이 조직해 냄으로써 국가의 역할과 정당의 위상에 대한 변화요구를 다양한 운동조직으로부터 성공적으로 이끌어내고, 하나의 중요한 대항 정치적 담론으로 발전시켰으며, 결국 운동 자체가 국가의 중요한 정치세력으로 성장하는 '의도하지 않은 결과'(unintended consequence)를 이루어 냈다(Bennett, 1992).

신사회운동의 영향력은 상징적·문화적인 면에 국한되지 않는다. 왜냐하면 그것은 보다 실질적인 정치적, 제도적 틀 안에서도 주목할 만한 성과를 종종 이루어 냈기 때문이다. 남미의 여성운동은 적극적이고 효과적인 투쟁을 통해서 여성의 정치적·사회적 지위의 향상과 이를 위한 다양한 제도적 장치를 이끌어냈다(Chinchilla, 1992; Sternbach et al., 1992). 브라질의 경우, 민중운동은 시민의 요구를 집단적이고 효과적으로 정치권에 전달함으로써 탄압의 대상이 아니라 민주주의의 발전을 위한 대화의 상대로 정부로부터 인정받게 되었다(Cardoso, 1992). 베네수엘라의 환경운동은 1980년대 이후, 정치적 투쟁을 통해서 기존의 경제, 문화발전 방식에 대안을 제시하는 성공을 거두었다. 뿐만 아니라 국가의 정책결정 과정에 시민들이 보다 적극적으로 참여할 수 있는 탈집중화된 행정개혁을 이루어 냄으로써 신사회운동은 제도화된 참여정치의 장을 확보하게 되었다(Garcia, 1992).

신사회운동의 성공이 갖는 의미는 지역공동체와 정당체제의 변화된 관계에서도 나타난다. 흔히 일컬어지는 남미 정당정치의 위기는 시민운동에 대한 정당, 특히 좌파 정당의 태도를 변화시켰다. 신사회운동의 성공적인 활동에 힘입어 정당들은 점차 시민사회의 요구에 귀기울이게 되고, 그들의 요구를 적극적으로 수용하려는 태도를 취할 뿐만 아니라, 때로는 시민사회의 일부분이 정당정치 활동에 직접 참여함으로써 시민사회와 제도정치와의 보다 진전된 연대를 이루어 냈다(Hellman, 1992).

그러나 신사회운동이 민주주의에 미치는 이러한 긍정적인 면을 강조하는 시각을 '역사적 낭만주의'(historical romanticism)라고 비판하고, 신사회운동의 부정적 영향 또는 미미한 역할에 초점을 맞추는 입장도 존재한다. 이 같은 신사회운동의 정치적 영향력에 대한 비판적인 평가는 우선 민주주의에 대한 개념의 차이에서 비롯된 것으로 보인다. 즉 많은 정치학자들이 그러하듯이 민주주의를 협소하게 정의하여 민주주의란 다양한 사회집단들이 참여하는 제도정치의 공적인 활동무대로 보고 민주주의에의 기여 정도를 개혁적 공공정책에 미치는 영향력의 크기에 따라 측정한다면, 신사회운동의 역량에 대한 평가는 대체로 부정적일 수밖에 없다. 이러한 시각에서 보면, 시민사회 내에서 의견의 차이를 표현하기 위한 공간을 만들어 내는 것도 권력 창조의 한 과정이라는 푸코(Foucault, 1977)식의 이해는 지나치게 포괄적이고 부적절하다(Roberts, 1997).

신사회운동의 민주화에 미치는 역할을 폄하하는 시각은 단지 개념의 차이에서 유발되는 것만은 아니다. 신사회운동을 특징짓는 것 중 하나는 그것이 물질적 재화의 획득보다는 집단적·독창적 정체성의 확립을 위한 투쟁이라는 점이다(Cohen, 1985; Melucci, 1989). 앞에서 보았듯이, 많은 학자들은 민주주의 문화의 고양과 평등적 집단정체성 확립에 대해 신사회운동이 갖는 긍정적 역할에 대해 주목해 왔다. 그러나 이러한 '정체성의 정치'(politics of identities)는 간혹 비민주적인 정치적·담론적 결과를 가져오기도 한다. 브라질의 동성애 운동의 경우, 집단 정체성의 범위를 지나치게 제한적으로 규정하는 경우 신사회운동은 많은 수의 잠정적 참여자를 배제시키게 되고, 다른 운동과의 유기적·협조적 연대를 이루지 못하는 결과를 초래하기도 했다(MacRae, 1992). 아르헨티나의 민권운동에서 잘 나타나듯이, 신사회운동의 절대주의적·도덕적 주장은 정치적 협상이나 기존 정치세력과의 연대를 어렵게 하고, 결과적으로 스스로를 공식적 정치무대의 주변부에 머무르게 했다. 이러한 제약은 신사회운동의 내재적인 한계이기도 하다. 고도의 상징적 요구를 통한 도덕적 권위를 내세우는 인권운동의 방법은 비타협적·정치적 이미지를 부각시키는 경향을 보여왔다. 이는 권위주의 체제 내의 민주화 운동에 있어서는 큰 장점으로 작용하기도 하였지만, 민주주의 이행기에 있어서는 오히려 부작용을 초래했다. 이러한 새로운 정치상황에 대한 기능적 부적응으로 종종 신사회운동은 주변화된 하위문화의 범주를 벗어나지 못하였다(Brysk, 1994).

또한, 지역적으로 분산되어 있고, 정체성 중심의 투쟁노선을 추구함으로써 신사회운동 세력은 공통된 정치적 토대 내에서 합의된 대안적 정치적 요구를 만들어 내는 것이 쉽지 않고, 각 운동조직 간의 긴밀한 수평적 연대를 이루어 내기 어렵다. 따라서 그들의 정치적 역량은 제한적일 수밖에 없다(Chinchilla, 1992; Fals Borda, 1992; Hellman, 1992). 이것은 풀뿌리 민주주의 운동조직의 근본적인 한계이다. 소규모 공동체 중심의 시민운동은 그것의 가장 매력적인 민주주의적 요소, 예를 들면, 직접적 참여, 평등성의 강조, 비권위주의적 구조, 연대성의 규범 등을 잘 부각시킬 수 있다. 그러나 이러한 특성 때문에 시민운동은 역설적으로 다양한 집단들의 요구를 통합해 내기 어렵고, 그것을 집단행동을 통해 제도정치의 틀 내에서 관철시키지 못하는 자기 모순적 한계를 갖고 있다(Oxhorn, 1995). 신사회운동의 잠재적인 사회변혁 역량에 대해 회의적인 일군의 학자들은 신사회운동의 대표적인 덕목인 조직 내부의 민주적 성격에 대해서도 회의적인 입장을 취하고 있다. 즉 일반적으로 알려져 있는 것과 달리 신사회운동조직 역시 내부적으로 위계적, 관료적 성격을 많이 갖고 있다는 것이다(Roberts, 1997).

칠레의 빈민운동이 잘 보여주듯이 민주화 과정에서 등장하는 새로운 정당들과 사회운동조직 간의 관계는 상호보완적이라기보다는 경쟁적이며, 상호 양립할 수 없는 논리에 따라 각자의 목표를 추구해 왔다. 신사회운동은 참여, 연대, 공동체의 활성화를 추구한다는 점에서 민주화의 방법과 과정에 치중했다. 반면, 정당은 정치적 헤게모니 획득을 위한 목표의 도구적 효율성에 관심을 기울여 왔다. 이러한 조화롭지 못한 관계로 인하여 도시빈민 운동은 정당에 의해 결국 포섭되고, 궁극적으로 해체되는 경우가 종종 발생했다. 풀뿌리 조직의 역동성은 정당에 의해 덜 투쟁적이고 보수적인 정치적 경로로 흡수되었고, 결국 선거에서의 승리를 위한 한낮 도구의 일부분으로 전락하였다(Oxhorn, 1995). 동일한 결과는 베네수엘라의 여성운동에서도 발생하였다(M. Valenzuela, 1995). 이러한 신사회운동조직과 기존 정당들간의 정치적 이해의 불일치는 계급타협의 정치와 엘리트 중심으로 주조된 제한적 민주화로의 이행기에 권위주의 체제 내에서 어렵게 획득한 민중들의 자율적 집단투쟁의 동력을 오히려 박탈하고, 때때로 민중을 정치 민주화 과정에서 배제하는 비민주주의적인 정치상황을 만들어 냈다. 우루과이와 칠레의 신사회운동이 그 대표적인 사례들이다(Garcia, 1992). 전통적으로 국가의 역할이 강력하고 정당체제가 효과적이었던 나라에서는 민간통치가 회복되면서 정당이 정치의 전면에 재등장했다. 그 후 시민운동세력은 정치적으로 배제되고, 보다 나은 시민사회의 부활을 위한 민중의 역할은 심하게 제한됐다(Canel, 1992; Schneider, 1992).

신사회운동이 민주화에 미치는 역할에 대한 평가의 불일치는 비단 라틴아메리카의 상황에 국한되는 현상은 아니다. 상대적으로 작기는 하지만 낙관적 희망과 비관적 전망 간의 편차는 서구 선진자본주의 국가의 경우에도 나타난다. 간략히 말해, 신사회운동의 성장과 민주주의의 발전 간의 관계는 단선적인 것이 아니다. 틸리(Tilly, 1994)가 적절하게 지적하였듯이, 신사회운동은 민주화의 요구를 명확하고 성공적으로 제시함으로써 민주주의를 진척시킬 수 있지만, 반대로 너무 많은 수의 요구는 국가가 시민들에게 공공의 혜택(collective goods)을 전달할 수 있는 역량을 오히려 감소시킴으로써 민주주의의 발전에 역행할 수 있다.

남미의 신사회운동론을 연구하는 학자들과 마찬가지로 서구의 연구자들 중에도 신사회운동론의 문화적·담론적 결과를 긍정적으로 평가하는 이들이 있다(Tarrow, 1994). 서구의 경우 사회조직들이 일궈낸 다양한 유형의 주장, 항의, 투쟁에 대한 권리의 확보는 사회운동의 성공적인 문화적·담론적 업적이다(della Porta, 1999; Gamson, 1998). 그러나, 조직적 특성에 주목하는 경우, 신사회운동의 잠재적 영향력에 대한 전망은 비관적이다. 우선, 조직구조의 취약성은 지도체제의 정당성 결여와 다양한 의견을 조정하고 합의를 도출해 내는 과정에 불리하다. 이데올로기에 대한 '총체적'(totalizing) 불신은 조직 내에서 일어날 수 있는 어떠한 이데올로기적 토론이나 논쟁을 거부하게 되는데, 이는 체계적이고 일관성 있는 정치적·정책적 대안을 제시하는 데 커다란 제약으로 다가온다. 따라서 흔히 지적되는 신사회운동의 비이데올로기성은, 해결되지 못한 또는 수면 밑으로 잠적해 버린 그러나 언제든지 표출될 수 있는 이데올로기적 갈등의 뒤틀린 표상에 불과하다는 지적이 제기된다(Offe, 1987).

3. 운동의 결과 분석에 관한 이론적, 방법론적 문제들: 대안적 모색

앞에서 본 바와 같이, 신사회운동과 민주화로의 이행 내지는 민주주의의 발전 간의 관계에 대한 평가는 다양하고 때로는 상이한데, 그 이유를 살펴보는 것이 중요하다. 이것은 무엇보다도 신사회운동이 민주화에 미치는 영향을 연구하는 데 있어 사회운동론 학자들이 현재 당면하고 있는 이론적, 방법론적 어려움을 이해하고 그것을 해결하는 단초를 마련하는 데 필요하다. 보다 넓게 말해서, 사회운동이 사회변혁에 어떤 영향을 어떤 방법으로 주는가 하는 연구주제는 과학적이고 체계적인 방법에 따라서 그 인과성을 밝히는 것이 무척 난해하기 때문에 현 사회운동 문헌에서 가장 발전이 안 된 분야이며, 이론적·방법론적 혁신이 필요한 영역이다. 이러한 현상은 사회운동연구자들 다수가 사회운동이 사회를 변혁시키는 중요한 변수 중 하나라는 사실에 암묵적으로 동의하고 있기 때문에 사회운동연구에 매진하고 있다는 점에 비추어 볼 때 일종의 아이러니라고 말할 수 있다(Giugni, 1999). 사회운동의 결과에 대한 연구에서 자주 제기되는 문제점들은 다음과 같다.

첫째, 운동의 결과라고 구분할 수 있는 경우가 너무 많다는 점이다(Amenta et al., 1992; Burstein et al., 1995; Giugni, 1998; Kriesi et al., 1995; Sandoval, 1998). 사회운동이 운동의 내부동학에 어떤 영향을 미치는가를 살펴보는, 상대적으로 미시적 입장(Klandermans, 1989, Marks, 1989; McAdam, 1988; Rucht, 1989; Staggenborg, 1991; Voss, 1993)으로부터 외적인 결과, 즉 사회변혁에 미치는 영향에 관심을 두는 거시적 관점에 이르기까지 연구의 초점은 다양한 스펙트럼을 이루고 있다. 또한, 후자의 거시적 입장 내에서도 사회운동이 영향을 미칠 수 있는 사회변혁의 테두리는 무수히 존재한다(Clemens, 1998; Giugni, 1998). 예를 들면, Offe(1987)는 사회운동의 성공이라고 부를 수 있는 세 가지 사회변혁의 범위를 규정한다. 첫째, 파워엘리트들이 내리는 정책결정의 내용이 운동의 요구와 일치하는 경우(실재적 성공: substantive success), 둘째, 정책결정의 절차에 참여할 수 있는 경우(절차적 성공: procedural success), 셋째, 정당, 정부, 제도권의 관계자들이 사회운동을 집단이해의 대표자로서 승인하는 경우(정치적 성공: political success)가 그것이다. 사회운동의 결과에 대한 이러한 다양한 상세 구분은 분석의 어려움을 더해 주는데, 예를 들자면 파워엘리트들이 사회운동의 요구는 적극적으로 반영하지만 의사결정과정에서는 배제하는 경우가 있는 반면(실재적 성공 그러나 절차적 실패), 그 반대의 경우도 발생할 수 있다(절차적 성공 그러나 실재적 실패)(Gamson, 1990 참조). 절반의 성공과 절반의 실패에 대한 총괄적인 평가는 어떻게 이루어져야 하는가? 이에 대한 객관적인 평가의 기준을 도출해 내는 것은 쉽지 않은 일이다.

같은 종류의 어려움이 신사회운동과 민주화 간의 관계를 밝히는 연구에서도 반복된다. 민주주의라는 개념은 학자들에 따라 다양한 의미로 사용되고 있고, 그것은 크게 나누어 미국식 전통과 프랑스식 전통으로 구분되는데, 전자는 법률적 민주주의(legalistic democracy)를 강조하고, 후자는 참여적 민주주의(participatory democracy)에 주목한다(Held, 1987). 프랑스식의 보다 광의의 개념을 받아들여서, 민주주의란 시민이 공공영역에 실질적으로 참여하는 것이라고 정의한다면, 신사회운동의 조직원이나 지지자들이 길거리의 데모에 참여해서 소리쳐 그들의 요구를 표현하는 것만으로 민주주의는 신사회운동에 의해 확대, 발전되었다고 규정할 수 있다(Giugni, 1999). 그러나 형식적 규범과 규칙(formal norms and rules)을 강조하는 미국식 전통을 따라 기본적 권리와 자유의 확대, 또는 제도적 정책결정과정(예를 들면 청문회)에 참여할 수 있는 권한을 확보하는 경우에만, 사회운동은 민주주의의 발전에 기여하며 성공적이라고 평가한다면 미국의 평화운동과 반핵운동은 성공적인 사회운동이 되지만 길거리 데모에 참여한 프랑스인들의 집단행동은 실패한 운동이 된다. 이렇게 민주주의에 대한 개념의 다양성과 불일치는 사회운동이 민주화에 미치는 영향에 대한 무수한 유형화를 양상할 뿐이고 합의된 범주의 구성을 어렵게 한다. 예를 들면 노동운동은 '분배의 민주화'(distributive democratization)를 촉진시켰고, 학생운동은 '이데올로기적 민주화'(ideological democratization)에 기여했으며, 신사회운동은 '참여 민주주의'(participatory democratization)의 확대를 이루어 냈다는 주장이 대표적이다(Giugni, 1998).

둘째, 앞에서 살펴보았듯이 사회운동의 결과와 사회변혁의 층위는 너무 광범위해서 연구자는 불가피하게 특정한 사회변혁의 국면에 초점을 맞출 수밖에 없는데, 그럼에도 불구하고 여전히 해결하기 어려운 문제가 남는다. 그것은 사회운동 이외에도 수많은 변수가 사회변혁에 영향을 미칠 수 있는 가능성이 항상 존재한다는 점이다(Andrews, 1997; Giugni, 1998, 1999; Sandoval, 1998; Tarrow, 1994). 신사회운동이 민주화에 미치는 영향을 분석하기 위해서는 민주화에 잠재적으로 영향을 줄 수 있는 다른 모든 현상에 대한 통제가 필요한데, 이것은 대부분의 사회과학 연구에서 그러하듯이 결코 쉽지 않은 문제이다. 이러한 방법론적 문제를 해결한다 하더라도 또 다른 문제가 남는데, 그것은 신사회운동과 민주주의 발전 간의 인과성(causality)을 규명하는 일이다. 최근 사회운동의 결과에 관심을 갖고 있는 일부 학자들은 충분한 수의 사례를 체계적으로 모아서 다양한 통계적 기법을 동원하여 사회운동과 사회변혁 간의 관계를 밝히려는 노력을 보이고 있다(예를 들면 Gamson, 1990). 그러나 통계적 처리에 의해 나타나는 상관관계(correlation)가 어떠한 특정한 작용과 과정을 거쳐서 신사회운동이 민주화에 기여하는가 하는 인과성(causation)을 밝혀주는 것은 아니다(Amenta and Young, 1999).

앞에서 지적된 문제점들을 보완하고 보다 체계화되고 발전된 연구를 위해서는 다름과 같은 몇 가지 사항을 고려할 필요가 있다. 첫째, 사회운동의 결과에 대한 불변의 모델(invariant model)을 구성하려는 시도는 무모하다. 틸리(Tilly, 1995)는 많은 사회과학자들이 불변의 법칙을 발견하려고 노력해 왔고 또 발견할 수 있다면 대단히 유용한 분석의 틀이 될 수 있지만 그것은 현실적으로 존재하지 않는 것이라고 강조한 바 있다. 따라서 보편적인 법칙의 발견보다는 구체적인 상황적, 역사적 맥락에 주목하면서 '제한적 일반화'(limited generalization)를 추구하는 것이 보다 현실적이다. 특히, 여러 가지 면에서 공통점보다는 상이점이 더 많은 두 집단을 비교 연구하는 경우(예를 들면, 북미와 남미의 경우) 상황적 맥락에 충실한 연구방법이 더 바람직하다. 두 집단 간의 정치적 지형의 차이는 확연하다. 남미의 경우 권위주의 체제로부터 민주주의로의 이행기에 처해 있는 반면, 북미의 경우 오래 전에 정립된 민주주의 체제의 발전, 변형기에 놓여 있다. 따라서 추구하는 민주주의의 형태는 각기 다른데, 다소 단순화시켜 말하면, 남미의 경우는 권위주의로부터 자유민주주의(liberal democracy)로의 이행단계에 있는 반면, 북미는 자유민주주의로부터 급진적, 참여민주주의(radical, participatory democracy)로의 발전 과정에 있다고 말할 수 있다(Mainwaring and Viola, 1984). 이러한 국가 간의 차이는 사회운동의 성격, 운동에 작용하는 역사적 · 사회적 배경, 가능한 운동의 결과 등에 있어서 현저한 차별성을 나타낸다(Giugni, 1999). 국가형태의 윤곽(polity? configuration)에 따라 신사회운동이 민주주의에 미치는 영향력은 크게 차이를 보일 수 있는데, 예를 들면, 민주주의의 기본적 권리가 상대적으로 잘 보장된 정치체제의 경우에는 민주주의의 발전에 대한 요구에 대해 국민들이 지지를 보내고 파워엘리트들도 민감하게 반응하기 때문에 신사회운동이 민주화의 진전에 기여할 가능성이 상대적으로 크다고 가정할 수 있다. 반대의 경우도 생각할 수 있는데, 점차 세계화(globalization)되고 있는 상황에서 기본적인 민주적 권리의 부재는 민주화에 대한 밑으로부터의 압력을 자극해서 민주주의를 더 빠르고 성공적으로 진행시킬 수도 있다. 이와 같은 가정은 정치체제와 민주주의의 발전이 단선적이라기보다는 곡선적(curvilinear) 관계에 놓여 있다는 주장을 가능케 한다(Giugni, 1998).

둘째, 운동의 결과에 대한 연구는 통시적(diachronic) 시각에서 이루어져야 한다. 다시 말해 시간적 맥락에 대한 고려가 필요하다. 앞에서 강조했듯이, 민주주의 정착이 역사적 사건이 아니라 역사적 과정이라면 같은 신사회운동이라 하더라도 그것이 민주화에 기여할 수 있는 정도나 기회는 민주화의 발전과정, 예를 들면 권위주의 체제의 쇠퇴기, 민주적 이행기, 민주주의 완성기 등에 따라 다를 수 있다. 민주화로의 이행기에 있는 제3세계의 경우, 사회운동이 처해 있는 기회구조, 구조적 제약, 독재정권으로 회귀 위험성 등이 권위주의 체제의 말기와 민간통치 초기의 그것들과는 현저히 다르기 때문에 상대적으로 신사회운동이 민주화에 기여할 수 있는 기회 역시 상이할 수 있다(Hipsher, 1998a, 1998b; Sandoval, 1998). 또한, 사회운동이 생성, 발전, 쇠퇴의 주기(protest cycle)를 갖는다고 전제한다면(Tarrow, 1994), 운동이 사회변혁에 미치는 영향은 운동의 주기와는 다른 시간적 궤적(trajectory)을 따라 나타날 수 있다. 특히, 운동의 정치적 · 제도적 효과는 사회운동의 절정기에 나타나는 것이 아니라 때때로 시간적 지체(time lag)를 두고 후에 이루어진다(Andrews, 1997). 또한, 사회운동의 단기적 · 장기적 결과는 상호 일치하지 않을 수 있다. 예를 들면, 미국에서 19세기 초반에 나타났던 여성운동은 남북전쟁의 발발과 뒤따라 일어난 급격한 산업화와 함께 특별한 단기적인 성취 없이 정치적 무대에서 곧 사라졌지만, 이후 20세기 후반기에 발전한 여성해방운동의 역사적 근원으로서 정치적, 이데올로기적으로 커다란 영향을 미쳤다(Tarrow, 1994).

셋째, 운동의 결과에 대한 평가기준의 문제이다. 많은 학자들은 다음의 두 가지 기준에 따라 사회운동의 결과를 평가하는데, 그 첫째는 운동조직이 공식적이고 명시적으로 제시한 운동의 요구를 성취했는가이고, 둘째는 국가의 정책변화에 초점을 맞추는 시각이다. 첫번째 기준에 따르면, 운동의 결과는 목적달성 여부에 따라서 성공과 실패로 양분된다. 두번째 방법에 따르면 정부의 정책실행 여부, 실행된 정책이 운동의 목적에 합치하는 정도, 마지막으로 운동의 구성원을 포함한 시민들의 공공혜택(collective benefits)의 증진에 기여하는 정도에 따라 운동의 결과를 판단한다.

이러한 기준들은 공통적으로 몇 가지 한계를 가지고 있다. 우선 성공/실패의 이분법에 따른 평가기준을 살펴보자. 운동의 결과를 운동의 명시적 목적을 달성했는가에 따라 구분하는 경우, 평가의 주체가 누구인가 하는 문제와 평가의 기준이 무엇인가 하는 문제가 제기된다(Amenta et al., 1992). 특히, 운동의 내부동학에 미치는 영향을 연구할 경우, 평가의 주체는 제3자라기보다는 운동 구성원들이며, 이들의 평가는 여러 가지 상황적 정황에 따라 달라질 수 있다. 다시 말해, 제3자가 평가하는 '객관적' 결과와 참가자들이 판단하는 '주관적' 결과는 일치하지 않을 수도 있다. 더욱이, 주관적 평가의 '기준'이 다르다면 객관적으로 동일한 결과도 다르게 평가될 수 있고, 반대로 객관적으로 다른 결과도 동일하게 평가될 수 있다(Suh, 1998). 내부동학에 미치는 결과는 객관적 평가보다는 주관적 평가에 의해 더욱 직접적으로 영향을 받기 때문에(Giugni, 1999), '주관성'(subjectivity)의 형성과 특성을 설득력 있게 설명해 내지 못하는 한, 운동의 결과에 대한 분석은 피상적이 될 수밖에 없다. 그러나 현 사회운동론 문헌에서는 이러한 주관성에 대한 분석이 드물다. 또한, 만약 운동의 요구가 집단 이기주의적인 성향을 띠게 되는 경우에는 목표를 효과적으로 성취한 성공적인 운동이 구성원들의 개인적 복리향상 이외의 공공의 혜택에 기여를 하지 못하거나, 심지어는 공공복지의 저하를 대가로 집단적 이해의 증진을 이루는 부정적인 상황이 발생할 수도 있다. 사회적으로는 부정적인 결과, 그러나 집단적으로는 긍정적인 결과를 운동의 성공이라고 평가하게 되는 모순이 성공/실패의 이분법에 따른 평가기준에 내재되어 있다.

두번째 제기될 수 있는 문제는 운동의 '의도하지 않은 결과'에 대한 것이다. 때때로, 운동의 결과는 조직에 의해 제기된 요구와 일치하지 않는 경우가 있다. 미국의 빈민운동의 경우에 잘 나타나듯이, 사회운동은 국가로부터 요구한 것 이상의 양보를 얻어내는 경우가 있다(Piven and Cloward, 1977). 이러한 의도하지 않은 결과는 사회운동에게 때때로 긍정적 영향과 더불어 부정적 영향을 미치기도 한다(Tarrow, 1994 참조). 현 사회운동론 문헌에서 의도하지 않는 결과에 대한 연구는 상대적으로 적은데, 이러한 무관심은 종종 사회운동의 중요한 결과를 제외시키는 오류를 범하게 된다(Amenta and Young, 1999; Giugni, 1999). 앞으로 운동의 결과에 대한 분석은 조직에 의해 분명하게 의도된 목적의 달성 여부와 더불어 의도하지 않은 결과에 대해서도 주의를 기울여야 한다(Andrews, 1997).

정부의 정책변화에 따라 운동의 결과를 판별하는 기준은 경험적, 실증적인 검증이 상대적으로 용이하기 때문에 폭넓게 사용되고 있다(Giugni, 1999). 그러나 정부의 정책변화에 분석의 초점을 국한할 경우, 사회운동이 이루어 낼 수 있는 다른 중요한 결과를 간과할 수 있는 위험성이 있다. 사회운동은 이익집단(interest organization)과는 다르게 운동의 참가자들뿐만 아니라 공공복지(public welfare)의 증진에 관심을 가지고 있는 조직이다. 이 경우 사회운동조직의 명시된 목적의 달성은 잠재적인 공공의 수혜의 확대와 차이를 보일 수 있다. 그렇다면 사회운동이 공적 부문에 기여하는 정도를 따지는 것이 운동목적의 성취여부를 평가하는 것보다 더 중요할 수 있다(Amenta and Young, 1999). 또한, 앞에서 보았던 오페(Offe, 1987)의 사회운동의 결과에 대한 3분류법에 따르면 정책변화는 '실재적'(substantive) 결과로 구분할 수 있을 것이다. 그러나 정책변화에 국한해서 운동의 결과를 규정할 경우 다른 두 가지 결과, 즉 '절차적', '정치적' 결과는 소외되며, 따라서 실재적 결과에 못지않게 중요한 다른 종류의 운동의 결과를 배제하게 된다. 예를 들면, 보다 구조적인 권력관계의 변화, 체제의 변화, 그리고 근래 주목받기 시작하는 비정치적·문화적 변화에 대한 탐구는 부족하게 된다(Johnston and Klandermans, 1995; Morris and Mueller, 1992).[4)]

4) 갬슨(Gamson, 1998)은 운동의 의미나 목표의 정당성에 대한 시민의 지지

운동의 결과를 분석할 때 주의해야 할 네번째 항목은 사회운동 과정에 직접적·간접적으로 관여하게 되는 다양한 여러 정치세력들 간의 복잡한 상호작용과 그 유형에 주목해야 한다는 점이다. 혹자는 신사회운동과 민주화 간의 직접적 관계를 강조하기도 하지만(Tilly, 1994 참조), 대부분의 학자들은 사회운동이 사회변혁에 미치는 결과를 (특히 민주주의에 미치는 영향의 경우) 간접적(indirect), 비단선적(non-linear), 비단면적(non-unidimensional)인 것으로 파악하고 있다(Sandoval, 1998). 민주화에 미치는 신사회운동의 작용은 집단행동의 형태, 집단 요구의 성격, 운동조직의 특성 등과 같이 운동 내적인 요인에 의해서 영향받기도 하지만 복잡한 운동 외적인 환경요인에 의해 결정되기도 한다(Sandoval, 1998). 사회운동의 집합적 세력(collective power)은 특정한 사회운동의 결과를 이끌어 내는 데 있어서 필수조건은 되지만 충분조건은 되지 못한다(Amenta et al., 1992). 태로우(Tarrow, 1998)에 따르면, 사회운동의 결과의 다양성은 사회운동이라는 '독립변수'(independent variable)의 차이라기보다는 사회운동과 그것의 결과 사이에 개입하는 다양한 '매개변수'(intervening variable)의 차이에 의해 설명될 수 있다. 다시 말해, 사회운동의 결과를 분석하는 데 있어서는 운동의 성격을 규명하는 것 못지않게 그 운동이 처한 외적 배경을 이해하는 것이 중요하다(Amenta et al., 1992).

예를 들면, 제3세계의 경우 노동운동을 포함하여 신사회운동이 민주주의로의 이행과 공고화에 미치는 효과는 경제적 조건의 변화, 예를 들면, 최근 전 세계적으로 진행되고 있는 경제적 구조조정(economic restructuring)의 성격에 따라 크게 영향을 받는다. 하지만 전반적으로 보아 사회운동을 연구하는 학자들은 정치적 배경, 흔히

와 동의를 확보하는 사회운동의 문화적 성공이야말로 정책적 변화를 성공적으로 이루기 위한 전제조건이라고 본다.

정치적 기회구조(political opportunity structure)라 불리는 매개변수의 역할에 더욱 주목한다(Roberts, 1997). 특히, 신사회운동의 요구에 대한 국가나 정부의 태도, 반응 등을 강조하는데, 틸리(Tilly, 1994)는 사회운동이 민주화에 대한 요구를 중심으로 조직되고, 또한 국가가 그러한 요구를 실현시킬 수 있는 능력을 얻을 때만 사회운동의 확산이 민주주의를 진전시킬 수 있다고 주장한다. 왜냐하면 혁명적 상황과 같은 특수한 정치환경을 제외하고는 신사회운동 세력의 정치적·사회적 역량은 일반적으로 그것이 상호관계하고 투쟁하는 대상(대부분 정부나 국가)과 비교하여 열세이기 때문이다. 따라서 사회운동은 때때로 국가권력에 정면으로 도전하지만, 대부분의 경우 직접적인 대치는 피한 채, 국가에 대해 그들의 요구를 들어주고, 요구를 실현할 수 있는 적극적인 정책을 펴도록 요청하고 집단적 압력을 가하는 간접적인 방식을 택한다. 이러한 시각은 사회운동이 기본적으로 여러 정치세력들이 참여하는 도전과 응전의 정치적 상호작용 과정이며, 따라서 신사회운동의 결과는 이런 상호작용의 특성, 상호관계의 성격, 운동대상의 대응 여부에 따라 결정된다는 주장을 뒷받침한다. 따라서 민주화는 구조적 조건의 파생물이 아니라 전략적 선택의 결과이고, 운동의 결과는 조건적(contingent)이고 국면적(conjunctural)이다. 다시 말해, 사회운동의 발전궤적과 결과는 단선적(linear)이고 목적론적(teleological)인 것이 아니다. 운동이 처해 있는 상황에 따라 가장 전투적인 사회운동도 단순히 사라지거나 미미한 일상적인 저항조직으로 변질될 수 있고, 반대로 평범한 집단행동도 나중에 가장 효과적이고 투쟁적인 운동세력으로 성장할 수 있는 것이다(Alvarez and Escobar, 1992).[5] 따라서 사회운동의 궤적을 정확히 예측하는 것은

5) 같은 맥락에서 골드스톤(Goldstone)은 한 걸음 더 나아가 사회운동과 혁명은 역사적 기원에 관한 한 태생적 차이가 있는 것이 아니고, 운동의 발전과정에서 국가의 대응양식에 따라 운동의 성격과 방향이 정해진다고 주장한다. 운동의 정당성이 국가로부터 부여되는 상황에서는 사회운동으로 발

불가능하며, 그것은 상황에 따라 크게 변화한다. 결국, 사회운동 결과의 원인은 특정한 역사적 국면에서 다수의 사회적 관계들이 결합된 특수한 양식의 인과구조로 설명되어야 할 것이다(Giugni, 1999).

지금까지 검토한 문제점들을 고려하여 글의 남은 부분에서는 신사회운동이 어떤 조건하에서 민주화로의 이행과 발전에 영향을 미치는가를 살펴보고 그것이 어떤 운동 내적, 외적 조건들에 의해 규정되는지를 밝혀보겠다. 보다 구체적으로 (1) 신사회운동의 제도화가 민주화에 대해 갖는 긍정적 효과, (2) 운동의 제도화와 민주주의의 진전 사이에 존재하는 매개변수, 그리고 (3) 운동의 제도화를 촉진시키는 조건들을 살펴보겠다.

4. 신사회운동과 민주주의

1) 제도화의 경향과 민주주의의 발전

최근에 발전하기 시작한 신사회운동의 성장과 민주주의의 발전 간의 적극적인 연계를 주장하는 '아래로부터의 민주주의' 논리 중 특이한 것은, 많은 학자들이 신사회운동의 제도화(institutionalization)에 주목하고 있다는 사실이다. 이에 따르면, 신사회운동의 제도화는 전반적인 추세이며, 민주주의로의 이행, 민주주의의 공고화, 그리고 기존 민주주의의 발전 모두에 긍정적인 영향을 미칠 뿐만 아니라, 때로는 대립적 정치투쟁보다 바람직한 운동의 양태라는 것이다.

전되고, 반대로 극심한 탄압을 받을 때는 급진적인 혁명으로 분화해 나간다는 것이다. 물론 국가의 탄압의 성과에 따라 혁명의 성공과 실패는 결정된다. 골드스톤은 운동의 형태와 결과는 운동의 발생에 영향을 미치는 조건과 무관하다는 입장을 취하는데, 이러한 시각은 정치적 기회구조가 운동의 결과뿐만 아니라 운동의 발생에도 영향을 미친다는 보다 일반적인 견해(Amenta et al., 1992; Andrews, 1997; Tarrow, 1994)에 비추어 보아 다소 독특하다.

권위주의 체제의 붕괴 조짐은 기존의 닫힌 정치적 기회구조가 급격히 확대됨으로써 자유화의 시기가 도래하게 되면서 나타나기 시작한다. 변화된 정치구조는 다양한 종류와 많은 수의 사회운동을 폭발적으로 증가시키는데, 사회운동의 활성화는 역으로 권위주의 체제의 붕괴를 촉진한다. 민주주의로의 이행기로 접어들게 되면서 정당은 정치의 장의 전면에 재등장하게 되고, 대립적 투쟁은 민주적 협동이나 타협의 정치에 의해 대치되게 된다. 이러한 민주화의 진전은 사회운동을 제도화시키고 약화시키는 경향을 갖는다(Hipsher, 1998a, 1998b). 일군의 학자들은 민주주의로의 이행기에 있어 사회운동세력의 일정한 정치적 배제나 탈정치화, 정치적 투쟁의 완화가 민주주의의 공고화를 위한 필수조건이라고 간주한다. 민주주의로의 이행기에 지나치게 발달한 노동운동은 때때로 부정적인 결과를 초래할 수도 있다. 이행기에 중요한 역할을 담당하는 구권위주의 체제의 온건파들의 경우, 노동운동을 포함한 민중운동이 과격화되고 수용할 수 없는 급진적인 요구를 전면적으로 내걸고 투쟁하게 되면 이들은 강경파와 연대하여 권위주의 체제로의 회귀를 도모하기도 한다(J. Valenzuela, 1989). 다시 말해, 평화적 정권교체와 민주주의로의 순조로운 이행을 위해서는 저항세력의 성장이 아니라 반대로 절제가 필요하다(Mainwaring, 1992; Przeworski, 1992; J. Valenzuela, 1989, 1992).[6] 이와 같은 결론은 몇몇 나라에 국한된 현상이 아니며 남미와 북미, 그리고 동유럽의 국가들까지를 포함하여 나타나는 보편적인 현상이다(Cardoso, 1992; Giugni, 1998; Giugni and Passy, 1998; Hanagan, 1998; Hellman, 1992; Hipsher, 1998a, 1998b; Kubik, 1998; Meyer and Tarrow, 1998; Tarrow, 1990, 1998; J. Valenzuela, 1989).[7]

---

6) 이에 대한 반론은 커밍스(Cumings, 1989) 참조.

7) 이런 경험적 분석에 기초하여 오페(Offe, 1990)는 사회운동의 정치적 제도화가 가져다 줄 수 있는 다양한 혜택들을 고려한다면 운동의 제도화 과정보다는 오히려 어떤 경우에 신사회운동이 비제도적(noninstitutional), 대립

그러면 사회운동의 제도화란 무엇인가? 그것은 다음의 세 가지 과정으로 구성되어 있다(Meyer and Tarrow, 1998: 21).[8] "첫째, 집단 행동의 관례화(routinization of collective action): 사회운동세력과 정치권력은 공통된 각본에 의해 행동한다. 둘째, 포섭(inclusion): 정해진 절차에 따라 행동하는 사회운동집단은 제도 내에서 정치적 교환에 대한 접근의 기회가 주어진다. 셋째, 흡수(cooptation): 사회운동세력은 그들의 목표와 전술을 정치의 정상적 실행을 붕괴시키지 않고 달성할 수 있도록 변경한다." 운동의 제도화는 단면적이라기보다는 다면적이다. 다시 말해, 운동의 제도화는 입법, 행정, 정책결정의 과정에서 다양하게 구현된다. 또한 운동의 제도화는 일단계적 역사적 사건이라기보다는 다단계적 역사적 발전의 과정이다. 사회운동은 다음의 3단계를 거쳐 점차 제도화되어 간다. 우선 "정보나 의견을 개진하고 자문하는 상담(consultation)의 수준에서, 정책결정과정에 참여하고, 정책 실행에 일정한 책임을 지는 통합(integration)의 과정을 거쳐, 정책결정과 실행에 있어서 국가로부터 일정한 책임을 이양받는 위임(delegation)의 단계"로 점차 발전한다(Giugni and Passy, 1998: 85-86).

운동의 제도화를 통한 민주주의의 발전 가능성을 논의함에 있어 우

적(confrontational) 정치논리를 유지하는가 하는 것이 보다 더 흥미있는 연구주제라고 주장한다. 이러한 실증적 현상은 신사회운동이 기존의 정치적, 제도적 체제와 방식, 양태 등을 구세대의 낡은 정치 패러다임이라고 반대하고, 직접적 참여 민주주의라는 새로운 패러다임을 주창하면서 발생했다는 태생적 기원을 따져 볼 때, 다소 역설적이다.

8) 노스(North, 1990: 4; Kubik, 1998에서 재인용)는 제도(institutions)란 "인간들간의 상호작용을 규정하기 위해서 인간이 고안해 낸 강제의 한 유형"이라고 정의하며, 홀(Hall, 1986: 19: Kubik, 1998에서 재인용)은 제도는 "인간들의 관계를 구조화하는 형식적 규칙, 순종의 절차, 그리고 표준적인 관례"들을 포함한다고 주장한다. 따라서 제도화란 이러한 과정들을 성취하고 심화시켜 가는 사회적 과정이다.

리는 다음과 같은 긍정적 결과에 대해서 주의를 기울일 필요가 있다. 기존 정치체제 내에 존재하는 정당은 사회운동조직과 비교하여 보다 영속적이며 풍부하고 다양한 자원을 보유하고 있다. 따라서 기존 제도권 내로 진입하는 경우, 사회운동은 정례화된 정치적 진입로를 확보하고 '민주적 단체'(democratic institutions)로 전환함으로써 운동의 정치적 목적을 달성할 수 있고, 나아가 사회변혁을 이룰 수 있다 (Giugni and Passy, 1998; Hanagan, 1998; Kubik, 1998). 사회운동의 제도화는 운동의 절차적, 실제적, 정치적 목표를 모두 달성할 수 있는 가능성을 열어 준다. 이러한 가능성은 대략 제도화의 두 유형에 의해 구체화되는데, 첫번째 것은, 남미의 여성운동이 보여 주듯이, 신사회운동이 제도적 경로를 확보하고 국가의 정책결정에 영향을 미쳐서 운동의 목표를 달성하고자 하는 상향식(bottom-up)의 요구가 받아들여지는 경우이다. 두번째 유형은, 반대로 국가가 새롭게 등장하는 사회문제를 해결하는 데 필요한 정보나 지식의 부족을 느끼고, 따라서 사회운동조직으로부터의 적극적인 지원이 필요로 하는 경우 운동세력의 참여를 유인, 제안하는 하향(top-down)의 방식이 있다. 남미에서 에이즈(AIDs)가 점차 확산됨에 따라 국가가 동성애운동조직에 대해 취했던 적극적인 통합의 시도가 좋은 예이다(Giugni and Passy, 1998).

2) 운동의 제도화와 민주주의의 진전에 개입하는 매개변수: 조직의 자율성과 정치적 기회구조

사회운동의 제도화와 민주주의 발전 간의 관계를 긍정적으로 평가하는 시각은 현 사회운동론 문헌의 일반적인 견해와 정면으로 배치되는 것이다. 예를 들면, 유럽공동체(European Community)에 속해 있는 10개 국가의 환경운동을 분석한 달튼(Dalton, 1995)의 연구는 제도화된 신사회운동과 기존의 개혁세력 간의 긴밀한 정치적 연대가 민주주의를 발전시킨다는 시각에 반대한다. 그에 따르면, 환경운동조직은 강한 좌파적 경향에도 불구하고 기존 정당과의 연대나 제3의 정당 건설이라는 전략보다는 비당파적(antipartisan)·비공식적 연대망(informal networks)을 유지한다는 입장을 취한다. 정당과의 공식적 연대는 운동의 효과를 특정 정당의 운명에 지나치게 속박하기 때문에 오히려 비공식적·비당파적 태도가 정치적 협상력을 높여 주고 독립성을 보장하며 정치체제로의 접근을 더욱 용이하게 한다는 주장이다.

운동의 제도화의 부정적인 결과는 역사적으로 보아 결코 예외적인 현상이 아니다. 잘 알려진 대로, 서구의 자본주의 체제는 20세기 초반 이후 자본축적 체제(regime of accumulation)의 위기 극복을 위하여 새로운 사회규제의 양식(mode of social regulation)인 네오 코포라티즘(neo-corporatism)을 등장시킨다(Schmitter, 1979; Steinmetz, 1994). 이후 노동조합은 노사정위원회(tripartite commission)에 참여하게 되고 좌파정당의 대표적인 정치조직, 정치적 기반으로 활동하게 된다. 이러한 노동운동의 제도화는 국가, 자본과 더불어 사회의 중요한 정치세력으로의 성장을 가능케 하였지만, 노동자들의 집단이해의 성취와 민주주의의 진척이라는 넓은 의미의 사회변화에 미친 영향은 결코 긍정적인 것만은 아니었다. 노동자 대중과 관료화된 좌파정당 지도부 간의 괴리, 파벌의 성장, 내부 민주주의의 훼손, 물질적 이해의 증대라는 제한된 정치투쟁의 목표 등은 사회운동조직으로서의 역할을 점차 약화시켰다. 이런 고통스런 경험은 여성운동이 노동조합과 연대를 맺고, 제도권 내에 진입하였을 때 다시 반복되었다. 여성운동세력은 남성우월주의의 이데올로기로 무장된 노동조합에 종속되었다(Hanagan, 1998). 결국 노동운동의 제도화는 보다 확대된 참여의 기회를 요구하고, 다양한 주장을 제시하는 새로운 형태의 사회운동, 즉 신사회운동의 성장을 초래했다(Offe, 1987).[9)]

---

9) 이런 시각에서 보면, 네오 코포라티즘의 역사적 경험이 많지 않은 제3세계의 경우 대표적인 '구사회운동'(old social movements)으로 간주되는 노동운동을 신사회운동과 분리하고, 이들을 서로 다른 종류의 운동으로 다루는

보다 이론적으로 말하면, 정치권력에 일관되게 대항하기 위해 사회운동은 집단적인 힘(collective power)이 있어야 되는데, 이것은 민중들이 대중적인 집단행동에 자진해서 참여(willingness to act)하고 사회운동조직이 집단행동을 동원(mobilization of collective action)할 수 있는 능력에 기초한다(Offe and Wiesenthal, 1980). 집단행동 동원능력의 유지를 위해서 사회운동조직은 대항세력으로부터의 일정한 독립성과 자율성을 확보하는 것이 필수적이다. 따라서 조직이 점차 관료적, 위계적 체제를 갖게 되고, 운동이 법적, 사회적으로 보장되는 투쟁의 전략, 전술을 따르게 되며, 또한 운동의 요구가 기존의 정치체제의 틀 내에서 성취될 수 있는 것으로 변질되게 되면, 운동은 제도권 내로 흡수되게 되고, 궁극적으로는 체제 내에 포섭되어 운동의 본질을 잃고 소멸하게 된다는 주장이다(Piven and Cloward, 1977). 이러한 시각에서 볼 때, 운동의 제도화는 운동조직의 집단행동 동원능력을 일정하게 훼손하고 사회운동의 본질인 대립적 투쟁의 성격을 박탈하기 때문에 사회운동과 그것의 잠재적 사회변혁 가능성을 제한한다. 이러한 사회운동의 제도화에 대한 부정적인 시각과 이에 대한 사회운동론자들의 광범한 동의는 사회운동의 본질이 무엇인가 하는 정의(definition)에서 잘 나타난다. 사회운동에 대한 개념은 다양하지만 자주 인용되는 틸리(Tilly, 1994)의 정의는 사회운동을 국민의 힘을 공개적인 방법으로 반복적으로 표시함으로써 실권자의 정치적 권위에 대해 지속적으로 도전하는 것으로 규정한다.

그러나 신사회운동이 민주화에 대해 미치는 긍정적인 영향을 연구하는 경우, 우리는 지금까지 운동의 제도화에 대해 가졌던 보편적인 부정적 시각을 극복하고 보다 유연하고 균형잡힌 시각을 견지할 필

것이 타당해 보이지 않는다(Cardoso, 1992). 최근에는 서구에서 역시 신사회운동과 구사회운동을 구별하는 이분법적 시각에 반대하여, 양자 간의 연속성과 유사함을 강조하는 입장이 점차 증가하고 있는 추세이다(Klandermans, 1990; McAdam, 1995; Tarrow, 1989 참조).

요가 있다. 앞절에서 살펴보았던 신사회운동의 제도화와 이를 통한 민주주의의 발전은 일반화된 명제이기에 앞서 역사적 경향이고 이론적인 가설이다. 다시 말해 운동의 제도화가 민주화나 민주주의의 발전에 대해 갖는 잠재적 긍정적(또는 부정적)인 역할은 여러 가지 내적, 외적 상황이 충족되었을 때 가능한 국면적이고 제한적인 현상이다. 또한, 사회운동조직과 정당 간의 관계는 단순하다기보다는 유동적이다. 유럽의 좌파 정당과 사회운동 간의 관계에 대한 하나간(Hanagan, 1998)의 연구는 두 집단이 분리(disengagement), 독립(independence)과 통합(integration), 합병(consolidation)이라는 두 종류의 상반된 관계를 오랜 기간을 두고 반복한다는 사실을 밝혀 주고 있다. 따라서 다양한 사회집단의 이해와 요구를 수용하고 실현할 능력을 갖춘 민주주의가 정착된 선진국가에 있어서 사회운동의 확산은 민주주의의 발전에 기여할 수 있으나, 민주주의로의 이행기와 공고화기에 놓여 있는 남미를 포함한 제3세계의 경우 재화의 분배를 놓고 벌이는 집단 간의 이기적 갈등이나 (예를 들면, 과격한 노동운동) 운동조직과 국가 간의 전면적 대립과 비타협적 투쟁은 민주주의의 발전에 특히 해악적이라는 주장(Bresser Periera et al., 1993)은 지나친 단견이다. 다시 말해, 사회운동은 정착된 민주주의에는 순기능적이나, 민주화로의 이행이나 공고화에는 역기능적이다라는 이분법적 사고는 지양해야 한다.

운동의 제도화가 민주화의 진전에 항상 순기능적으로 작용하는 것이 아니고, 전자의 후자에 대한 긍정적 효과는 국면적(conjunctural)이고 조건적(contingent)이라면, 운동의 제도화가 민주화를 진전시키는 조건은 무엇인가? 신사회운동의 제도화와 민주주의 발전 간의 관계는 기본적으로 정치투쟁의 결과이고, 사회운동 내적, 외적 사회관계의 복합적 상호작용의 결과이다. 구체적으로 사회운동의 집단적 힘(collective power), 사회운동이 처해 있는 정치적 기회구조의 성격, 그리고 파워엘리트들의 성향과 전략의 특성 간의 특수한 결합이 제도화된 신사회운동의 민주주의에 대한 긍정적·부정적 결과를 결정한다(Giugni, 1998).

우선 내적 조건부터 살펴보자. 사회운동의 집단적 힘의 유지 여부는 신사회운동조직이 체제 내에 참여한 뒤 기존 권력집단으로부터 어느 정도 조직의 정체성(identity)과 집단행동에 있어서 조직의 자율성을 유지하느냐에 달려 있다(Cardoso, 1992; Sandoval, 1998). 운동의 제도화와 독립적이고 독자적인 집단정체성의 유지는 표면적으로 양립할 수 없는 것처럼 보이지만, 실제로는 상호 모순되는 것이 아니다. 조직의 정체성과 자율성이 보장되는 경우, 제도 내에 참여한 신사회운동은 정치의 장에 독자적으로 개입할 수 있고, 제3세계의 경우 잔존하는 권위주의 세력에 효과적으로 대응할 수 있으며, 민주주의를 확대시키기 위해 야당 정치세력과도 대등하게 정치적 타협을 할 수 있다. 결론적으로 민주주의의 공고화 시기에 중요한 정치적 세력으로 역할할 수 있다(Sandoval, 1998). 정체성과 자율성의 상실은 민주주의의 발전에 대한 기여의 기회를 상실할 뿐만 아니라, 예전의 몇몇 제도화된 운동의 바람직하지 못한 경험에서 나타났듯이 운동의 정치적 종속이나 완전한 굴종의 결말을 초래한다.

일반적으로 말해, 운동의 결과는 운동 내적 조건보다는 외적 조건에 보다 의존적이다. 사회운동의 집단적 힘의 유지는 운동의 바람직한 결과를 초래하는 데는 필수적인 조건이지만 충분조건이 되지는 못한다(Tarrow, 1998; Tilly, 1994). 제도화된 신사회운동에 의해 제공되는 변화의 요구를 실제적인 정책대안으로 구체화시키고 정치과정 내에서 추진시킬 수 있는 환경적 조건이 필요한데, 이를 정치적 기회구조(political opportunity structure)로 부른다. 이러한 정치적 기회구조는 대체로 두 가지 변수에 의해 결정된다. 첫째는 국가구조의 특성이고, 둘째는 정당들의 성격이다(Hipsher, 1998b). 브라질의 경우가 잘 보여 주듯이, 제도화된 신사회운동이 민주주의를 발전시키기 위해서는 개방적인 국가와 민주적인 정당의 존재가 필요하다. 반면,

칠레의 시민운동이 잘 보여 주듯이 국가의 구조가 폐쇄적이고, 민주적 정치세력이 존재하지 않는 경우에는 민주화의 발전에 기여할 기회가 좀처럼 주어지지 않는다(Hipsher, 1998b). 따라서, 확대된 정치적 기회구조의 존재는 제도화된 운동세력이 민주주의를 발전시키는 과정에 개입하는 중요한 매개변수이다. 그러나 정치적 기회구조와 제도화된 운동 간의 관계가 단지 전자가 후자의 역할을 규정하는 식의 일방적인 것만은 아니다. 반대의 인과관계도 성립한다. 운동의 제도화는 이미 존재하는 개혁적 정치세력을 압박하여 보다 개혁적인 정치적 발전을 추구하는 면도 있고, 또한 사회운동이 제도권 내로 진입하는 것 자체가 정치적 기회구조를 확대함으로써 개혁집단들 간의 정치적 제휴를 더욱 공고히 하고 그들의 정치적 목표를 추구하는 데 있어 보다 나은 조건을 제공하는 역할도 한다(Tarrow, 1998).

개방적인 국가와 민주적 정당의 존재가 구조적인 측면의 정치적 기회구조라면 보다 국면적이고 상호적인 성격의 기회구조인 정치적 연대(political alliance)에 대한 고려가 필요하다. 제도화된 운동세력의 독자적인 역량은 대부분의 경우 민주화를 포함한 거시적인 사회변혁을 위해서는 부족한 경우가 많다(Tarrow, 1998). 따라서 개혁적 성향의 정치세력과의 전략적 연대가 필수적이다. 이러한 필요성은 역사적으로 자주 검증되는데, 예를 들면 미국의 경우, 여성운동이 여권신장과 여성해방을 성취해 나가는 과정에서 민주당(Democratic Party)과의 정치적 제휴는 중요한 역할을 수행했다. 당의 자문회의에 여성운동을 참여시키고 당의 강령에 여성운동의 제반 주장들을 포함시킴으로써, 여성운동은 기존의 정치제도를 홍보수단으로 사용할 수 있었고, 결국 성공적인 결과를 맺을 수 있었다(Tarrow, 1994). 보편적으로 받아들여지는 가정(assumption)과는 달리, 개혁적 연대의 필요성은 신사회운동 세력이 항상 좌파정당과 연대하는 것은 아니라는 역사적 사실에 비추어 볼 때, 더욱 강조된다(Offe, 1987). 예를 들어, 정치세력 간의 다양한 연대형태의 하나인 전통적인 좌파세력과 우파세력 간의 정책적·전략적 연대는 신사회운동이 제도권 내로 진입한다 하더라도 민주주의의 발전에 적극적으로 기여하기보다는 결국 주변적 집단으로 내몰리게 되는 결과를 초래한다. 기존 정치세력들 간의 연합에 의한 신사회운동의 정치적 고립은 특히 경제적인 위기상황에서 확대된다(Offe, 1987).[10)]

3) 신사회운동의 제도화의 조건: 운동의 특성, 역사적 배경, 그리고 국가의 성격

신사회운동의 제도화가 민주주의의 발전을 촉진시킨다는 주장은 제도화란 매개 없이는 신사회운동이 민주화에 기여할 여지가 없다거나, 운동의 제도화가 민주화의 진전에 필수적인 요건이란 의미는 아니다. 사회운동이 민주주의의 발전에 기여하는 경로는 제도화 이외에도 비타협적 투쟁, 개혁적 연대, 완전한 포섭 등이 있을 수 있다(Tarrow, 1990). 그리고 운동의 제도화가 모든 경우에 발생하는 법칙은 아니다. 또한, 신사회운동이 제도권 내에 참여하는 것이 정치적 개혁세력과의 자동적인 연대를 의미하지는 않는다.[11)] 단지, 제도화된 운동의

---

10) 사회운동세력과 개혁적 정치세력과의 연대의 중요성은 운동의 결과를 분석하는 데 있어 중요하게 고려되어야 할 방법론적 입장 중의 하나인 결과에 대한 통시적 관찰의 필요성을 확인시켜 준다. 일반적으로 사회운동의 주기(성장, 발전, 쇠퇴)는 개혁적 정책의 제안, 결정, 실행의 정치적 과정보다 짧다. 따라서, 정치권과의 연계가 성공적으로 이루어질 경우 희망했던 운동의 결과는 운동의 발전주기가 쇠퇴기에 접어들었거나 사회운동이 완전히 소멸하였다고 하더라도 나중에 성공적으로 성취될 수 있는 가능성이 있다(Tarrow, 1998).

11) 또한, 사회운동이 사회변혁에 미치는 영향이 민주화의 발전이라는 현상에 국한되지도 않는다. 민주화란 광범위한 사회변동의 일부분이다. 사회변동이란 민주화 이외의 다른 사회관계의 변화를 내포한다. 사회변동에 대한 논의의 초점을 권력의 이동(transfer of power)이라는 보다 광의의 정치적 변화로 확대시킨다면, 권력의 이동은 국가와 시민사회의 상호 권리와 의무의 변화라는 민주화의 발전을 수반하기도 하지만, 민주화의 발전 없이도 권력

긍정적 의미를 강조하는 시각은 운동의 제도화는 기존의 비타협적 대치의 방식과 더불어 민주화의 전진에 중요한 요인이 될 수 있고, 세계적으로 점차 증가 추세에 있다는 의미를 강조할 뿐이다. 또한, 신사회운동의 제도화에 대한 관심이 사회운동세력과 국가권력과의 전적인 일치나 완벽한 협조체제를 의미하는 것으로 오해되어서도 안 된다. 사회운동과 국가권력은 근본적으로 권력균형의 불일치를 이루기 때문에, 운동이 제도권 내에 참여하더라도 국가와의 관계는 대부분 갈등적 협력(conflictual cooperation)의 형태를 취한다(Giugni and Passy, 1998).

그렇다면, 운동의 제도화와 그것을 통한 개혁집단과의 연대를 촉진시키는 배경은 무엇인가? 앞에서와 마찬가지로 사회운동에 대한 내생변수와 외생변수에 대한 고려가 필요하다. 사회운동집단이 가지고 있는 몇 가지 내적 특성은 운동의 제도화를 촉진시킬 수 있다(Giugni and Passy, 1998). 첫째, 사회운동이 제기하는 요구나 이슈가 정치적 권위에 직접적으로 도전하는 것이 아닌 경우, 운동집단의 대표성과 정당성이 정치권에 의해 받아들여지고 따라서 제도화로의 유입이 용이해진다. 예를 들면, 환경운동론자들이 강조하는 환경파괴의 해악과 그 방지가 가져다 줄 공공의 혜택에 대한 주장은 운동의 제도화가 쉽게 일어날 수 있는 대표적인 요구들 중 하나이다. 반면, 운동의 요구가 정치권력의 유지와 정면으로 충돌할 경우, 국가는 제도권 내로의 유인 대신 탄압의 방식을 선택하게 된다. 둘째, 형식화, 전문화, 집중화, 관료화된 조직을 가지고 있는 사회운동은 그렇지 못한 운동과 비교하여 제도화될 가능성이 많다. 이러한 조직적 특성들은 운동 내부에 존재할 수 있는 이견이나 갈등을 규정된 절차에 의해 신속히 해결할 수 있는 능력을 갖게 하고, 합의된 요구는 위계적 질서에 따라 정치권에 제시되기 때문에 상대적으로 운동이 제도권

의 이동은 일어날 수 있다.

내로 진입할 경우 정치적 타협과 교섭을 용이하게 한다. 셋째, 운동의 제도화로의 유인이 정책의 구상, 결정의 과정에 필요한 지식을 외부로부터 얻고자 하는 정부의 필요로부터 주어질 경우, 필요로 하는 지식에 대해 전문성을 갖춘 사회운동이 그렇지 못한 운동보다 제도권 내로 유입될 확률이 높다.

제도화된 신사회운동집단이 기존의 개혁적 정치세력과 연대할 수 있는 가능성은 사회운동조직의 내부 특성뿐만 아니라 사회가 처해 있는 역사적·정치적 상황에 따라 다르다. 서구와 같이 자유민주주의가 잘 발달되어 있고 좌파정당이 기존의 정치체제 내에 이미 자리를 잡고 있으면 개혁적 연대의 가능성은 상대적으로 높다. 서유럽과 같이 좌파 계급정당이 정착된 경우에 국한되는 역사적 배경이기는 하지만, 20세기 후반부터 나타나기 시작한 사회민주적 복지국가의 위기에 따른 좌파 계급정당의 국민정당, 대중정당으로의 변신 노력은 상대적으로 전통적인 지지기반인 노동자계급으로부터의 지원의 감소를 의미한다. 그러나 그것은 역으로 새로운 지지세력의 확대를 적극적으로 모색해 나가는 과정에서 좌파 계급정당에게 신사회운동의 주요 지원세력인 신중간계급과의 적극적인 연대를 모색하게 하는 동기를 제공한다. 이러한 역사적 배경은 신사회운동의 제도화를 통한 민주주의의 발전이라는 정치적 목적달성에 중요한 환경을 제공한다. 독일의 경우가 그 대표적인 예이다. 이러한 전략적 변화를 위한 구조적 조건 중의 하나는 경제상태의 상대적인 호황이다(Offe, 1987).

반면, 제3세계의 경우 운동의 제도화를 위한 역사적 배경은 서구의 경우와는 상이하다. 권위주의 체제의 몰락과 민주주의로의 이행기는 혁명적 상황과 달리 기존의 독재적 정치세력을 일순간에 소멸시키는 것이 아니다. 따라서 브라질과 아르헨티나와 같이 민주주의로의 이행기에 여전히 존재하는 강력한 권위주의 세력은 급진적 참여 민주주의를 지지하는 시민운동세력과 정치권 내의 자유주의자들 간의 연합을 저해하는 요인으로 작용하기도 하지만(Mainwaring and Viola,

1984), 반대로 운동의 제도화를 촉진시키는 역할을 하기도 한다. 민주주의 이행기로 접어든 제3세계의 국가들은 독재권력의 폐해를 이전에 경험한 경우가 대부분이다. 이에 저항해서 간헐적이지만 과격한 반독재 투쟁이 지속되다가, 권위주의 체제의 쇠퇴기에는 전례 없는 운동의 폭발이 일어난다. 그 후 사회협약(social pact)의 구성에 따라 사회의 다양한 정치적 이해의 조정과 해결, 민주주의의 제반 절차와 규칙을 제정하는 민주주의의 이행기에 접어들게 되면 집단적이고 과격한 대중투쟁의 동원이 일정하게 제한되게 되는데, 이는 때때로 사회운동세력의 자발적인 선택의 결과이다. 이러한 선택을 강제하는 가장 중요한 요인 중의 하나가 독재주의의 경험과 기존 권위주의 세력의 잔존이다(Hipsher, 1998a). 이것은 민주주의로의 이행기에 이전의 권위주의 세력의 재집권이나 독재체제로의 회귀가능성을 항상 열어 놓고 있고(Mainwaring and Viola, 1984), 그러한 권위주의 체제로의 반전이 실질적으로 불가능한 경우라고 하더라도, 사회운동세력들은 그 가능성을 믿는 경향이 있다(Kubik, 1998). 따라서 지속적인 집단행동의 동원이 가져다 줄 부정적 결과에 대한 우려는 높아지게 된다. 이러한 인식은 결과적으로 대립적 집단행동의 자제와 보다 제도화된 운동의 방식을 택할 가능성을 더욱 강화시킨다.

국가의 성격과 국가권력 내에서 개혁적 정치세력이 차지하는 위치와 상태는 신사회운동 제도화의 절차와 가능성에 보다 직접적으로 영향을 미치는 정치적 환경으로 작용한다(Giugni and Passy, 1998). 국가의 성격으로 보아 강력한 국가(strong state)는 약한 국가(weak state)에 비해 상대적으로 운동의 제도화를 저해한다. 또한 국가의 권위에 도전하는 저항세력을 다루는 국가의 전략적 측면에서 보았을 때, 실권자들의 배제적(exclusive) 전략은 수용적(inclusive) 전략에 비해 운동의 제도화를 지연시킨다. 강력한 국가는 집중화된 권력구조와 잘 조직된 행정관리제도를 갖추고 있다. 따라서 약한 국가에 비해 정책의 구성과 실행에 있어 보다 효율적이고 외부의 기관이나 집단의 도움을 필요로 하는 경우가 적다. 배제적 전략을 사용하는 경우에도 같은 결과를 초래하는데, 국가가 사회운동조직을 대중의 요구와 의견을 대표하는 정당하고 믿을 만한 협력자로 간주하지 않기 때문이다.

개혁집단의 정치적 위상은 제도화를 촉진시키는 또 다른 정치적 요인이다. 신사회운동 집단과 개혁론자들간의 성공적인 정책적 연대를 위해서는 우선 신사회운동 세력이 기존 정치권 내로 유입(incorporation)되어야 하고, 동시에 저항적인 기존 개혁세력이 체제 내에서 고립되어 있지 말아야 하며, 운동세력과 개혁주의자들 간의 강력한 내적 결합(cohesion)을 유지해야 한다(Offe, 1987; Sandoval, 1998). 그렇지 못하면, 예전의 기득권 세력의 반격에 노출되었을 경우 개혁적 정치세력들 간의 연대전선은 쉽게 붕괴된다. 만약 진보적 집단이 집권세력으로서 정국을 주도하고 있다면 사회운동의 제도화로의 진입은 한층 용이해진다.

5. 결 론

남미나 다른 제3세계 국가들의 민주화에 대한 논의는 엘리트중심의 '위로부터의' 협약모델(social pact model)을 주축으로 발전되어 왔다. 협약모델에 따르면, 권위주의 체제의 위기와 급작스런 정치적 기회구조의 확대로 특징지어지는 자유화 국면 이후의 민주주의로의 이행은 기존 집권세력 내의 온건파와 저항세력 내의 개혁파 간의 정치적 타협과 협약에 의해 시작된다. 그 후 정치적 평온이 회복된 상태에서 다양한 정치적 집단들 간의 서로 상이한 집단이해를 평화적인 방법으로 해결하기 위한 민주적 규칙의 제정과정이 필요한데, 이것이 민주주의의 토착화 또는 공고화 과정이다. 이 이론에 따르면, 민주적 개방 이후 민중운동의 계속적인 진행과 발전은 민주주의 공고화에 도움을 주기보다는, 새로운 권위주의 체제를 초래할 빌미를 제공할 수 있어 반민주적이다. 다시 말해 신사회운동의 성장은 민주주의의 정착에 역기능적이며 상호간의 관계는 모순적이다(O'Donnell and Schmitter, 1986).

반면, 서구 선진자본주의 국가의 자유민주주의의 발전과 성격을 규명하는 대표적인 이론인 다원주의(pluralist) 모델에 따르면(Dahl, 1961; Lipsky, 1970), 민주주의는 서로 갈등적인 집단이해를 협상하는 정치적 장이며, 모든 이해집단들은 이런 정치적 장에 침투할 수 있는 기본적인 권리를 가지고 있다. 그러나 이들 집단들 간의 세력관계는 항상 균형적이지는 않는데, 정치적 영향력의 차이를 결정하는 중요한 요인은 제3자에게 의존하지 않는 안정적인 정치적 자원의 획득여부이다. 이러한 시각에 따르면, 정당, 이익집단, 사회운동조직 간의 차이는 질적인 것이 아니라 유용할 수 있는 정치적 자원의 양적 차이에 기인할 뿐이며, 이익집단과 사회운동조직은 정책결정 과정에 영향력을 행사하여 각자의 집단이해를 실현하고자 하는 동일한 정치논리를 따르는 이익조직(interest organization)의 성원일 뿐이다(Burstein, 1999). 또한, 다원주의의 입장에 따르면 국가는 다양한 집단이해를 조정하고 중재하는 객관적인 제3자이다.

민주주의와 민주화에 대한 이 같은 두 가지 상반된 모델은 모두 이론적 장점과 단점을 가지고 있다. 그러나 사회운동이 민주주의의 발전과 정착에 있어 중요한 역할을 수행하는 정치적 세력의 하나라는 점에는 두 모델 모두 충분한 관심을 기울이지 못했다. 따라서 이 글은 민중들의 요구와 집단적 행동의 표출이 어떤 과정을 통해서, 그리고 어떤 역사적·사회적 배경하에서 민주주의의 진전에 긍정적인 영향을 미치는가 하는 문제를 보다 체계적이고 논리적으로 밝히고자 하는 '아래로부터의 민주주의'이론의 발전을 위한 시험적 탐색이다.

민주화의 발전에 기여할 수 있는 기회는 사회운동의 제도화라는 운동방식의 특정한 변화를 통해 대부분 주어지는데, 운동의 제도화가 운동의 소멸이나 해체로 오해되어서는 안 된다. 또한, 운동의 제도화는 자본주의 정치체제의 본질이 아니라 특수한 역사적 배경의 산물이다. 사회운동이 기존의 정치체제 내에 침투하여 집단적인 이익을 관철하고 공공의 복지를 증진시킬 수 있는 가능성은 항상 열려 있는 것이 아니고, 특정한 역사적 국면에서만 간헐적으로 나타날 뿐이다. 제도화에 따라 기존 정치권 내에 진입하게 되는 경우에도 사회운동집단은 충분한 정치적 영향력의 부재로 인해 민주주의의 진척에 조건적으로만 공헌할 수 있다. 불충분한 정치적 영향력은 정치적 자원의 부족에 기인하기도 하지만 보다 근본적으로는 사회운동집단과 기존 정치세력들 간에 존재하는 구조적 조건의 차이 때문이고 정치적 힘의 원천이 다르기 때문이다. 따라서, 권력의 이동이 필요하고 시민의 기본적 권리와 의무의 변화가 요구되는 민주주의의 회복이나 발전 같은 대사회변혁을 위해서는 시민사회의 성장이나 사회운동의 제도화 등의 독자적인 세력의 발전과 더불어, 개혁적 정치집단과의 전략적 제휴가 필요하고 정치적 연대를 통한 민주주의의 발전을 실천할 수 있는 개방적 정치 공간의 확보가 필수적이다.

제13장

사회운동의 정치세력화는 가능한가?

국제 경험에 비춘 한국의 현실과 전망

임 현 진

이 글은 한국사회에서 사회운동의 정치세력화의 성패에 관련된 국내외적 요인들을 비교시각에서 다루고 있다. 이를 위해 먼저 한국적 상황에서 사회운동의 특성을 알아보고, 다음으로 정치세력화에 연관된 주요 요인을 국제적 지평에서 살펴보고, 그리고 과거 사회운동권에 의해 이루어진 정치실험의 교훈을 검토한다. 이를 바탕으로 한국사회에서 정치세력화의 가능성과 한계를 결론에 대신하여 지적한다.

한국에서 사회운동이 독자적인 정치세력으로 전환되기에는 아직 국가와 정치사회와 시민사회의 모든 여건이 성숙되어 있지 못하다. 민중당과 개혁민주당의 실험은 민주화를 전후로 한 매우 다른 정치지형에서 시도된 이념과 노선을 달리하는 독자 세력화의 움직임으로서 우리 현실에서 사회운동의 정치참여가 성공하기에는 정치적 기회구조, 사회단체의 구조와 능력, 사회적 대중 기반 등이 무르익지 않았다는 사실을 지적해 주고 있다. 그러므로 사회운동의 정치세력화라는 과제는 그것이 맞다 혹은 틀리다라는 규범적 판단보다, 왜 한국사회에서 정치세력화가 문제가 되고 있으며, 그러한 정치세력화를 가로막는 구조적·행위적 요인들은 무엇이며, 정치세력화가 가능하지 않다면 지향해야 될 목표와 가치는 어떠한 것이어야 하는 것에 논의의 초점을 맞추어야 한다.

1. 서 론

한국 사회에서 사회운동의 역사는 결코 짧지 않다. 비록 일제 식민지 공간에서 타율적으로 추진된 자본주의의 왜곡으로 인해 사회운동의 산실로서 시민사회가 형성될 수 없었음에도 불구하고, 그러한 공백이 역설적으로 일제지배에 대한 반식민, 반봉건의 기치 아래 자주독립과 인간해방을 위한 광범한 민족운동과 계급운동의 출현을 가져왔던 것이다. 이러한 민족운동과 계급운동의 오랜 전통은 해방 이후 분단상황 아래 민간 및 군부 권위주의 정권의 지속 과정에서 여러 갈래의 사회운동[1])으로 면면히 이어져 오면서 산업화의 모순을 극복하고 민주화를 앞당기는 데 결정적인 기여를 해왔다고 말할 수 있다.

돌이켜보면, 권위주의 체제로부터 벗어나 민주주의 체제로 나아가는 과정에서 사회운동의 역할은 매우 중요했다. 이는 미완의 혁명으로서 4·19 학생의거, 유신독재체제 아래 학생과 노동의 저항과 항거, 1979년의 부마시민항쟁, 1980년의 '서울에 봄'에 이은 광주민주화운동, 1987년 6월 직선제 쟁취를 위한 시민항쟁, 1996년 말과 1997년 초의 개악적 노동법 반대투쟁, 그리고 2000년 총선에서의 낙천·낙선운동과 공천철회운동 등이 잘 웅변해 줄 수 있다. 그러나 우리는 군부정권의 퇴진과 민간정권의 등장이라는 외양보다도 언론, 출

1) 이 글에서는 한국사회의 특수성을 감안하여 사회운동을 노동자, 농민 등 기층민을 주축으로 하는 민중운동과 유권자, 소비자 등 시민권을 중심으로 하는 시민운동 두 가지를 모두 포괄하는 의미에서 사용하고 있다. 그러므로 모든 사회운동조직들을 NGO(non-government organizations)나 혹은 시민사회단체(civil society organizations)로 통칭할 수 있지만 민중운동과 시민운동 사이의 성향의 차이를 결코 간과해서는 안 될 것이다

판, 결사, 사상의 자유와 같은 시민의 기본적 권리의 함양이라는 내용 면에서 사회운동의 의의를 적극 찾아야 할 것이다.

해방 이후 한국의 사회운동이 지니는 주요한 특징은 시민도 없고 사회도 없는 곳에서 운동이 '시민권'을 찾아주고 '시민사회'를 만들어 내는데 주도적 역할을 해 왔다는 사실이다. 우리의 사회운동이 '시민권을 갖는 시민 있는 시민사회'를 이끌어 내는 데 일조를 하여 왔다는 점에서, 시민사회의 성장과 사회운동의 전개가 상보적으로 거의 궤를 같이하였던 유럽이나 미국과 같은 선발 발전국의 경험과는 상당한 거리를 보인다. 그러기에 한국의 사회운동은 기본권을 향유한 시민이라기보다 그것을 지니지 못한 민중의 기반 위에서 국가와 대치선을 그으면서 권력의 남용과 대의의 변질을 바로잡으려는 넓은 의미의 민주주의를 향한 전망을 공유하면서 민중과 시민, 그리고 급진과 개혁이라는 주체의 성격과 노선의 차이에 따라 때로는 분열되고 때로는 수렴되는 복잡다단한 모습을 보여 왔다.

특히 사회운동은 한국사회에서 그 정치적 영향력을 앞세워 새로운 정당 창당에 의한 독자적인 세력화를 모색하기도 하였다. 비록 실패하기도 하였으나, 한겨레민주당, 민중당, 그리고 개혁민주당이 그 보기이다. 최근에는 노동계와 시민사회 그리고 구학생운동권을 모태로 하는 진보진영에서 지난날의 독자적인 정치세력화의 실패를 교훈삼아 '민주노동당', '청년진보당', '녹색당' 등이 준비되고 있는 처지에 있다.

이러한 견지에서 이 글의 목적은 한국사회에서 사회운동의 정치세력화의 성패에 관련된 국내외적 요인들을 비교시각에서 다루려는 데 있다. 미국, 유럽, 라틴아메리카, 아시아 지역 나라들의 다양하고 복합적인 사회운동 경험을 보면 유사점도 있지만 차이점도 무시할 수 없다. 특히 이 나라들에서의 사회운동은 제도적이고 문화적인 맥락에서 볼 때 상당한 정도의 편차를 보여 주고 있다. 특히 한국의 경우 사회운동의 신구 형태가 발생론적으로 구분될 수 있지만 실질적으로 분간이 어려울 정도로 목표와 활동에서 서로 공유하는 측면이 많다. 이는 한국 산업화의 후발성과 민주화의 파행성이라는 고유한 특성을 고려할 때 당연한 사실이기도 하다.

따라서 사회운동의 정치세력화를 가능 혹은 불가능하게 만드는 작용변수를 여러 가지 사회, 정치, 문화, 경제 환경 아래에서 적확히 찾아내기 위해서는 국제 경험에 비춘 비교연구가 필수적이라 할 수 있다. 외국의 경험도 유럽과 미국이 서로 다르고 제3세계의 경우도 한국과 중남미의 사례가 서로 다르기 때문이다. 이 글에서 필자는 먼저 한국적 상황에서의 사회운동의 특성을 알아보고, 다음으로 정치세력화에 연관된 주요 요인을 국제적 지평에서 살펴보고, 그리고 과거 사회운동권에 의해 이루어진 정치실험의 교훈을 검토하려 한다. 이를 바탕으로 한국사회에서 정치세력화의 가능성과 한계를 결론에 대신하여 지적할 것이다.

2. 구사회운동과 신사회운동의 병존

1) 사회운동의 발전 추이와 맥락: 제3세계적 특수성

사회운동이란 "사회변동을 달성하거나 혹은 그것을 저해하기 위해 지속적으로 이루어지는 의도적이고, 조직적이며, 체계적인 다중에 의한 운동"(Turner and Killian, 1972: 246)이라고 정의할 수 있다.[2] 이러한 사회운동은 제도권 밖에서 변혁을 추동하는 병리적 현상이라

2) 사회운동의 본질에 접근하는 데 있어 최근에는 유럽의 신사회운동론적 관점과 미국의 자원동원론적 관점이 교차하고 있다. 신사회운동론이 시민사회의 다원화와 분권화라는 주체 형성을 강조하고 있다면, 자원동원론은 조직이해에 따라 공공정책에 도전함으로써 정치권력을 획득하는 것을 중시하고 있다. 전자로는 Melucci, 1990, Touraine, 1985, Rosenthal, 1992, Calhoun, 1993 등, 그리고 후자로는 Olson, 1965, Gamson, 1975, McCarthy and Zald, 1993, 1997, Tilly, 1978, McAdam, 1982 등 참조.

는 종래의 인식을 넘어 제도권 안에서 변화를 추구하는 정상적 현상이라는 것이 근래의 합의된 결론이다. 실제로 인류역사에서 노동, 농민, 빈민 운동과 같은 구사회운동이 특정 계급이나 집단을 넘어 일반 대중에 대한 기본적 권리의 확립에 기여하였듯이, 환경, 여성, 인권 운동과 같은 신사회운동은 다수자가 아닌 소수자로서 성, 세대, 인종이라는 다양한 정체성의 차이를 인정받게 하는 데 공헌하여 왔다고 볼 수 있다.

그러나 사회운동의 공간과 입지가 한국이라는 역사적 시공에서는 그리 크지 않았다. 식민지 공간에서의 민족운동과 계급운동의 끈질긴 전통에도 불구하고, 해방 이후의 남북분단과 전쟁은 과대성장한 국가'에 '성장지체된 사회'에 대한 물리적·이데올로기적 통제를 가져옴으로써 사회운동의 전개를 가로막는 배경이 되었다. 후발 자본주의의 상극적 발전이 초래한 계급대립, 노사갈등, 지역 격차에 따라 분출된 여러 가지 형태의 사회운동이 극우반공주의라는 냉전논리에 의해 차단될 수밖에 없었다. 특히 30여 년에 걸친'유사민간화된 군부통치'는 모든 사회운동을 체제 파괴인 것으로 간주함으로써, 학생, 지식인에 의한 민주화운동 내지 민족통일운동, 노동자, 농민, 도시빈민에 의한 민중운동, 도시와 농촌 지역의 주민운동, 그리고 인권, 환경, 복지를 위한 시민운동 등은 제대로 성장하기 어려웠다.

한국 사회에서 사회운동은 후기-후발형 종속적 자본주의 전개 과정에서 나타난 산업화의 모순과 민주화의 장애를 극복하려는 집합행동으로 이해될 수 있다. 부르주아 헤게모니가 수립되지 않는 가운데 국가의 주도에 의해 추진된 대외의존적인 발전은 선진국을 따라잡으려는 '선성장-후분배정책'으로 인해 계급, 지역, 부문 격차를 가져왔고, 그에 대한 밑으로부터의 저항은 권위주의적 조작과 억압에 의해 차단되는 결과로 이어졌던 것이다. 규모나 능력면에서 사회운동의 성장이 늦어질 수밖에 없었던 실정이다. 그러기에 노동자, 농민, 도시빈민에 기초한 구노동운동의 전개가 환경, 여성, 인권 등 신사회운동의 출현과 발생적으로 시기를 거의 같이하였으며, 또한 구사회운동과 신사회운동이 국민의 기본권 쟁취 내지 증진이라는 공통의 목표를 지녀 왔다는 점에서 내용적으로 수렴하고 있다.[3] 자본주의의 발전이 민주주의의 심화와 함께 사회운동의 성장을 가져온 구미의 경험과는 달리,[4] 우리는 권위주의 체제 아래에서 나타난 자본주의의 모순을 지양하기 위해 사회운동이 분출되어 왔다는 특징을 갖는다.

그러므로 한국의 사회운동은 자본주의의 모순을 치유한다는 점에서 체제변혁적 성격을 지니는 제3세계 사회운동의 맥락에 위치지워질 수 있다. 후기-후발형 종속적 자본주의 발전에 내재하는 민족모순과 계급모순이 중첩된 가운데[5] 사회의 총체적 변혁을 지향한다는 점에서 구미와는 달리 우리의 경우 사회운동은 자유와 평등이라는 핵심가치 아래 기성의 권력구조와 생산관계의 변화를 추구하는 제3세계적 특수성을 반영하고 있는 것이다. 실상 한국의 사회운동은 구사회운동의 '제도화'에 앞서 신사회운동의 '동원화'가 이루어지는 발전경로를 밟고 있다. 계급타협을 가능하게 할만큼 노동, 농민, 빈민운동

---

3) 물론 과거 19세기 영국 차티스트운동과 같은 구사회운동에서도 신사회운동적인 요소를 발견할 수 있으나, 오늘의 환경운동이 20세기 초엽의 환경운동과는 질적으로 다르다는 점에서 신·구사회운동을 이념지향, 조직구조, 성원성격, 동원방식에서 뚜렷한 차이를 지닌다고 보아야 한다(조돈문, 1995: 18-21). 필자는 구사회운동과 신사회운동의 연속성에 주목한다. 이에 대해서는 Scott(1990: 19), McAdam(1996), Klandermans and Tarrow (1988: 23)를 볼 것. 이 점에서 한국사회는 구사회운동의 '때이른 퇴조'와 신사회운동의 '때이른 등장'이라는 특이한 모습을 보여 주고 있다. 그럼에도 불구하고 이것은 '옛'으로부터 '새로운' 사회운동으로의 전환의 과정이라는 세계적 추세에 부합된다.

4) 물론 유럽과 미국의 경험 사이에도 차이점이 나타난다. 신사회운동이라 할 여성, 환경, 생태, 반전, 인권 운동이 미국에서는 자본주의 틀 안에서 전개되고 있다면 유럽은 반(反)자본주의라는 성향을 강하게 표출하고 있다.

5) 더욱이 우리는 여기에 보태 '1민족 2국가 2국민'이라는 분단모순을 안고 있다.

과 같은 구사회운동이 정당정치의 테두리 안에서 제도화되기 이전에 신사회운동이 환경, 인권, 혹은 여성의 영역에서 다계급적 동원화를 이끌어 내왔던 것이다.

제3세계에서는 시민권의 확립, 정치적 민주화, 불평등의 제거, 대외 종속의 탈피 등이 사회운동의 공통된 과제로 등장한다. 아직도 반(反)자본주의 정서와 친(親)사회주의 향수가 남아 있다. 이는 사회운동의 초점이 시민적 주체성과 다양성에 따른 자율성의 보장이라는 개인적 가치에 맞추어져 있는 유럽이나 미국과는 좋은 대조를 이룬다. 사회주의와 자본주의라는 거대 담론은 사회운동의 좌표로서 더 이상 효력이 없다. 성, 세대, 인종이라는 차이에 입각한 정체성이 신사회운동의 주요 주제인 것이다.

구미의 신사회운동이 '근대적 기획'이 지니는 병폐에 대한 근대적 비판과 아울러 탈근대적 지향이라면, 한국의 사회운동은 옛것이나 새것을 불문하고 근대적 병폐뿐만 아니라 전근대적 질곡을 동시에 해결하려는 근대의 완성과 초극이라는 단계에 있다고 보여진다. 벡, 기든스, 그리고 래쉬(Beck, Giddens and Lash, 1994)의 성찰적 근대화론을 원용한다면, 후기 근대('복합 근대')는 고사하고 초기 근대('단순 근대')조차 완성되지 않은 한국사회에서는 신·구사회운동은 산업화의 모순과 민주화의 장애를 극복한다는 점에서 서로 갈라지기 보다 만날 수밖에 없는 형편에 놓여 있다. 이 와중에서 신구 사회운동은 불가피하게 전통과 근대의 한계를 동시에 초월하려면서도 반근대와 탈근대를 동시에 대안으로 상정하여 온 것이다.

이 점에서 한국사회에서 전개되고 있는 여러 형태의 사회운동의 정향을 <그림 1>에서 적절히 살펴볼 수 있다. 우리의 경우 사회운동의 주체로 기본권을 향유하는 시민과 그렇지 못한 민중이 공존한다. 이념형적으로 볼 때, 노동, 농민, 빈민 운동이 구사회운동으로서 (가)의 부분에 위치한다면, 환경, 여성, 인권운동은 신사회운동으로서 (나)의 부분에 자리잡을 수 있다. 그러나 신·구사회운동은 실제로는 그 중

<그림 1> 사회운동의 정향

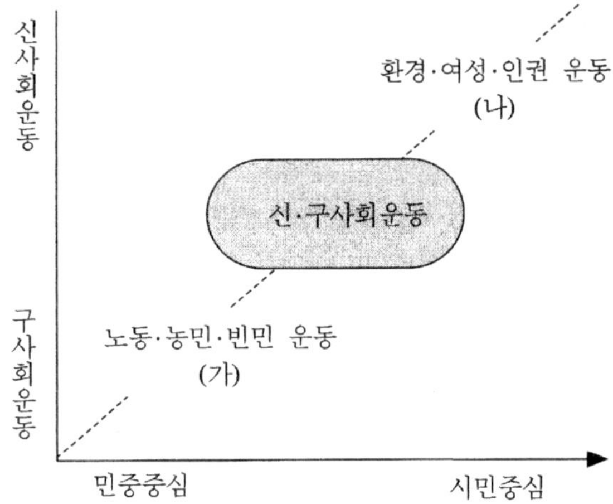

간영역에 지금까지 병존하고 있다고 보여진다.

우리의 경우 민중중심의 사회운동과 시민중심의 사회운동이 양립하면서도 이러한 신·구사회운동은 민주주의, 민중생존, 민족통일이라는 기본 방향에서 분기되기 보다 수렴되는 추세를 보여 왔다. 즉, 민중운동 = 구사회운동, 시민운동 = 신사회운동이라는 등식은 성립하지 않는다. 신·구사회운동은 정치권 안에 대한 '해방정치'와 동시에 정치권 밖의 '생활정치'를 함께 추구해 왔다는 연속성과 유사점을 지닌다. 이러한 민중운동과 시민운동의 분화와 공존은 다종다기한 시민사회단체의 출현과 아울러 이들 사이에 협력과 갈등의 환경을 만들어 주고 있다.

2) 사회운동의 현주소

한국의 사회운동은 시민도 없고 사회도 없는 곳에서 4·19학생혁명, 5·17민중항쟁, 6·10시민항쟁 등 주요 사례가 보여 주듯이 역사의 분기점마다 결정적 역할을 수행한 바 있다. 후기-후발형 종속적

자본주의 발전의 과정에 내재된 국가와 시민사회 사이의 비(非)대칭성을 고려하면 그러한 저항과 돌파는 경이적인 사실임이 분명하다.

한국의 시민사회는 남북분단에 따른 이데올로기적 폐쇄성, 강력한 국가주의, 불균형 성장전략, 장기간의 군부권위주의 통치 등 요인들로 인해 결빙되어 있었다. 그것은 엄밀한 의미에서 시민사회라기보다 신민사회라고 보는 것이 옳다. 이렇듯이 얼어붙은 사회는, 권리는 없고 의무만 있는 신민'들을 중심으로, 계급갈등, 연고주의, 위계서열, 집단주의, 이기주의가 만연되어 있었다고 해도 과언이 아니다(김성국, 1998: 39-47). 이러한 신민사회로부터 시민사회로의 전환이 본격적으로 이루어지게 된 배경에 시민사회단체에 의한 사회운동이 자리잡고 있는 것이다.

현재 한국사회에는 대략 6,159개에 달하는 비정부 민간 시민사회단체가 존재한다.[6] 1987년 이후 급성장한 사회단체는 1996년을 고비로 3,800개에서 거의 두 배 이상이 증가한 셈이다. 이러한 시민사회단체는 직능, 공익, 이익, 관변 단체들을 모두 포함한다. 그러나 미등록 단체가 54.4%를 차지한다는 점에서 절반 이상의 사회단체가 유명무실한 것으로 이해된다. 특히 보편적 가치로서 공공선을 위해 움직이는 공익지향의 시민 내지 민중운동단체는 그 숫자가 매우 적은 것으로 파악되고 있다. 사회단체의 과반수는 서울과 경기 등 수도권에 집중되어 있으며, 분야별로는 시민사회, 사회서비스, 문화, 경제 관련 단체가 주류를 이루고 있다. 사회단체당 평균회원수는 6,284명, 산하단체수는 평균 15.09개, 상근활동가는 평균 7.76명으로 주로 30

6) 공익지향의 사회단체로는 1903에 설립한 '서울YMCA', 1913년에 창설한 '흥사단' 등이 제1세대에 해당하며, 1988년 '공해추방운동연맹'을 전신으로 출발한 '환경운동연합', 1989년 출범한 '경제정의실천연합', 1994년 설립한 '참여민주주의를 위한 시민연대' 등이 제2세대의 경우이다. 이러한 두 세대 사이의 엄청난 시간 격차는 바로 한국 사회운동의 지체된 성장을 웅변해 준다.

대와 40대 연령층이며, 평균예산액은 3억 7천만 원인 것으로 나타나고 있다(시민의 신문, 1999).

한국의 시민사회단체들은 주로 '백화점식 운동방식'아래 여론몰이를 위해 '이슈파이팅'에 치우치는 경향을 보여 왔다. 정부의 곱지 않은 시선과 NGO에 대한 사회적 무지 아래 '시민'은 없고 '운동'만 있었던 상황 아래에서 불가피한 현상이었다고 여겨진다.[7] 이러한 시민단체의 한계는 풀뿌리가 약한 처지에서 지식인을 중심으로 하는 엘리트 주도적 시민운동에서 잘 드러난다. 시민 참여가 낮은 가운데 대중적 기반의 취약은 중앙집중적 구조와 언론의존적 담론운동의 성격을 만들어 주고 있다. 더욱이 사회단체 활동가들의 관료주의, 민중운동과 시민운동 사이의 연결 부재, 중앙중심적 운동구조 등은 사회문제의 쟁점화와 상호연대를 가로막는 장애가 되고 있다.

<그림 2>는 국가의 제도적 강도와 사회운동에 대한 지배전략 사이의 관계를 통해 네 가지 유형의 시민사회단체의 위치를 식별하기 위해 마련되고 있다. 강한 국가의 전통 아래 사회운동을 배제하는가 혹은 수용하는가의 여부에 따라 불란서의 '선택적 배제'와 네덜란드의'비공식적 포섭'이 나뉘어지며, 약한 국가의 전통아래 사회운동이 통합되는

<그림 2> 사회운동에 대한 네 가지 지배전략

		국가의 강도	
		강성	약성
지배전략	배제	선택적 배제 프랑스	공식적 배제 독일
	통합	비공식적 포섭 네덜란드	과정적 통합 스위스

7) 우리 나라에서 NGO 전통의 부재는 사회단체들에 대한 민간 차원의 지원을 법·제도적으로 봉쇄하고 있다.

가 혹은 배제되는가의 여부에 따라 독일 '공식적 배제'와 스위스의 '과정적 통합'이 구분된다.

한국 사회에서 사회운동은 대체로 박정희 정권에서 전두환 정권을 거쳐 노태우 정권에 이르는 권위주의 체제 아래에서 국가에 의해 의도적으로 배제되어 왔으나, 민주주의로의 이행이 이루어진 김영삼 정권과 김대중 정권 아래에서 '선택적 배제'와 '비공식적 포섭'이 동시적으로 가해져 왔다고 사료된다. 민간정부에 들어와서 이루어진 정치적 기회구조의 확장은 사회단체에 대한 정부의 재정적 지원은 물론 정책결정 과정에의 부분적 참여를 유도함으로써 그 어느 때보다도 사회단체와 국가 사이의 관계를 협조적으로 만들어 오고 있다. 실제로 민간정부들이 체제유지를 위해 새롭게 창출된 권력의 정당성을 강화하기 위한 자리의 재분배 과정에서 일부 구성원들의 정치권 진입은 물론이거니와 과거 권위주의 시절 민주화운동 과정에서 만들어진 비공식적 관계망을 통해 정부여당과 사회단체 사이의 정책협의가 간헐적으로 이루어져 왔음을 부인하기 어렵다. 특히 김대중 정권에 들어와서 사회단체에 대한 포섭이 공식적인 수준에서 공개적으로 시도된 바가 있다는 중요한 사실을 눈여겨 볼 필요가 있다. 선택적 배제와 비공식적 포섭이라는 이중적 전략이 '제2건국'이라는 명분 아래 국민운동 네트워크 차원에서 사회단체들을 정부 주도 아래 연합회로 동원하려는 일종의 '공식적 포섭'이 이루어졌던 것이다.[8] 권위주의 시대의 대표적 관변단체인 '새마을운동중앙협의회'를 제2건국 국민운동의 핵심단체로 설정했다는 점에서 국가에 의해 시민사회를 동원하려는 김대중 정권의 공식적 포섭의 강력한 의도를 볼 수 있다.

시민사회단체 중에서도 공익지향의 단체들은 한국 사회의 산업화와 민주화 과정에서 파생된 삐뚤어진 경제정의, 국민주권, 환경문제, 부

8) 대다수 시민단체가 자율성과 독립성과 순수성을 저해한다는 취지에서 불참과 반대를 표명함으로써 제2건국 국민운동은 아무런 성과 없이 명맥만 유지되고 있는 형편에 있다.

정부패, 주민이해 등 국민대중이라는 불특정 다수의 일반이익을 위해 활동하여 왔다. 이들은 한국이라는 전체사회에 대한 '일반이익'의 차원에서 지역적, 부문적, 계층적, 집단적 '특수이익'을 포괄하는 역할을 수행하여 온 것이다. 물론 사회단체들마다 성격이 모두 같은 것은 아니다. 이른바 '종합적 시민운동단체'로서 경제정의실현연합은 중산층 중심의 다계급적 성격, '환경운동연합'은 전 국민적 초계급적 특성, 그리고 '참여민주주의를 위한 시민연대'는 민중운동과 시민운동의 계급연합적 성향 등 운동 노선과 전략에서 상당한 차이를 보이고 있다.

경실련, 환경연합, 참여연대 등과 같은 시민단체들의 종합적 운동경향은 한국정치의 낙후성이라 할 밑으로부터의 대의성과 위로부터의 책임성의 부재에서 연유한다. 기본적 시민권조차 확립되지 않은 여건에서 사회운동의 목표가 '국정참여'와 '권력감시'에 설정될 수밖에 없었던 것이다. 실질적 민주화는 고사하고 민주주의의 절차와 규범 자체가 정착되지 않는 상태에서 시민사회는 물론 국가와 정치사회의 민주화라는 삼중의 과제를 안고 있는 것이 한국의 사회운동인 것이다. 이는 제도정치의 부실과 운동정치의 한계를 극복한다는 점에서 시민단체가 정치지향성을 갖게 된 원인이기도 하다. 일부 사회단체들의 경우에서 볼 수 있듯이 민주화를 전후로 한 정권도전형에서 정권친화형으로의 성격 변화도 그러한 정치지향성이 사회단체 본래의 개혁 목표와 혼돈됨으로써 나타난 결과로 볼 수 있다.

3. 사회운동의 정치세력화

1) 국가, 시민사회 및 정치사회

한국 사회에서 시민사회단체들은 이미 하나의 중요한 정치세력으로 존재한다. 아리스토텔레스가 날카롭게 지적한 대로 민주주의란 본질적으로 "지배하는 사람이 다시 지배받는"(ruling and being in turn)

모순을 지니며, 이를 극복하기 위해서는 밑으로부터의 대의성이 위로부터의 책임성에 의해 뒷받침되어져야 할 필요가 있다. 그러나 우리의 현실정치는 대의성의 왜곡뿐만 아니라 책임성의 방기 현상을 보이고 있다. 민주화의 진전이 상당히 이루어지고 있음에도 불구하고, 제왕적 대통령아래 입법·행정·사법 권한이 집중되고 있고, 또한 국가에 의해 시민사회에 대한 배제와 포섭이 동시에 이루어지고 있는 실정이다. '위임민주주의'(delegative democracy)라고 부를 수 있는 이러한 정치현실에서 기존의 정당정치에 의해 제대로 수행되지 못하는 '대의성의 대행'을 시민사회단체들이 대신하게 되었던 것이다(조희연, 1999: 330). 이 점에서 그들을 '준정치세력'이라고 규정해도 큰 무리는 없다(박형준, 1993). 사회운동이 지니는 정치지향성은 우리만의 특징은 아니다. 한국에서는 시민사회단체의 정치개입이 법·제도적으로 봉쇄되어 있다.[9] 그러나 미국에서는 시민사회단체가 특정 정당을 공개적으로 지지할 수 있으며, 나아가 서구에서는 시민사회단체들이 기존 정당과 정책연합도 추진할 수 있다. 민주주의 심화과정에서 서구나 미국의 경험은 사회운동의 현실정치 진입이 통합적 일부임을 보여 주고 있다. 노동운동과 같은 구사회운동세력이 노동당의 형태로 피지배계층의 이해 대변에 중추적 역할을 했다면, 환경운동과 같은 신사회운동세력은 녹색당의 형태로 다계급적 공동이익의 증진에 중심적 위치에 있었던 것이다. 물론 구사회운동이 정치체제

9) 시민사회운동단체의 정치활동은 금지되어 있다. 예를 들어, 제16대 국회의원총선거를 맞이하여 500여 개 시민단체들로 구성된 '총선시민연대'에 의한 낙천·낙선운동과 공천철회운동이 선거법에 의해 불법으로 간주되고 있다. 2000년 2월 개정된 선거법(87조 선거운동금지조항, 59조 사전선거운동 관련조항)은 시민단체의 공천부적격자 내지 공천반대자 명단 발표 행위를 허용하고 있지만, 낙천대상자 명단 발표와는 달리 낙선대상자 명단 발표를 선거 기간 전날까지 불허하고 선거운동 기간 중 낙선을 위한 가두행진, 서명운동, 피켓시위를 모두 금지하고 있다.

내부를 겨냥하여 권력 획득을 시도한 반면, 신사회운동이 그 바깥에 자리잡고 있으면서 정치과정의 제한성에 도전한다는 점에서 두 가지 사례의 정당정치적 역학은 매우 다르다(Offe, 1990: 232-234).[10] 이는 개혁이나 혁명을 내건 전자의 경우가 거대정당으로 전개된 것과는 대조적으로, 그러한 적극적인 유토피아를 꿈꾸지 않고 성, 세대, 인종 등 차이의 정치를 지향한 후자가 군소정당으로 머무르게 되는 이유이기도 한다.

권위주의로부터 민주주의로의 이행을 거친 한국은 김영삼 정권의 변형주의적 '수직적 정권교체'와 김대중 정권의 신변형주의적인 '수평적 정권교체'의 한계로 인해 민주주의의 공고화가 지연되고 있다.[11] 최대주의적 민주주의의 이상을 제쳐놓고라도, 우리는 절차적 민주주의의 출발인 선거민주주의의 단계에 놓여 있을 뿐 그 귀결이라 할 자유민주주의의 단계에 도달해 있지 못하다(Schedler, 1998). 즉, 민주적 헌법에 의해 보통선거가 주기적으로 치러지고 있지만 신진인사의 진입장벽이 높으며, 여야정당에 의한 공생적 엘리트 담합을 바탕으로 새로운 정치세력의 진출이 차단되고 있으며, 일반시민들도 지역감정과 색깔론에 의해 회유될 만큼 민주주의의 행위규범을 충분하게 내면화하고 있지 못하다.

---

10) 사회운동의 정치세력화에 관해서는 구사회운동과 신사회운동이 수렴하기도 하고 분화되는 경향이 나타나기도 한다. 이 점은 신사회운동을 근대화에 대한 '근대적 비판'으로 보는 Offe(1990), Habermas(1981)와 같은 입장과 '탈근대적 극복'으로 보는 Touraine(1995), Melluci(1990)와 같은 관점의 차이에서 두드러지게 나타난다. 그러므로 필자의 논의는 사회운동의 정치세력화를 부각시키기 위한 자의적인 구분임을 밝힌다.

11) 이러한 견지에서 한국은 3권분립이라는 '수평적 책임성'(horizontal accountability)과 국가의 시민사회에 대한 '수직적 책임성'(vertical accountability)이 결여된 '부분적 제도화'(partial institutionalization) 혹은 '지연된 민주화'(delayed democratization)의 단계를 벗어나지 못하고 있다(O'Donnell, 1996).

이러한 논지에서 <그림 3>은 한국 사회에서 사회운동의 활동공간을 국가와 정치사회와 시민사회 세 가지 영역으로 구분하여 살펴보고 있다.[12] 국가는 정치권력이 자리잡고 있는 정점(頂點)이며, 시민사회는 사적(私的) 관계가 연합되고 분리되는 공간이며, 정치사회는 정치권력의 획득을 위해 경쟁이 벌어지는 정당정치의 영역이다. 우리는 1987년 6월 민주항쟁 이후 국가에 복속된 정치사회의 이탈을 목격할 수 있었지만('가'에서 '나'로의 위치 변화), 정치사회는 시민사회보다 국가 쪽에 편입되어 있는 형편이다(정상적 위치는 '다').

그러므로 사회운동은 첫째, 시민사회에서 공공영역의 확장이라는 '여론의 형성', 둘째 정치사회에서 정당과 의회의 개혁이라는 '영향의 정치', 그리고 셋째, 국가의 영역에서 수평적, 수직적 책임성의 강화라는 '권력의 변화'를 시도하여 왔다고 평가할 수 있다.

근래에 이르러 한국의 사회운동은 국가와 시민사회의 관계에서 볼 때 '항의와 도전'보다는 '갈등과 협력'의 면모를 짙게 나타내고 있다 (Giugni and Passy, 1998 참조). 이것은 전두환 정권과 노태우 정권

<그림 3> 국가, 정치사회 및 시민사회의 현주소

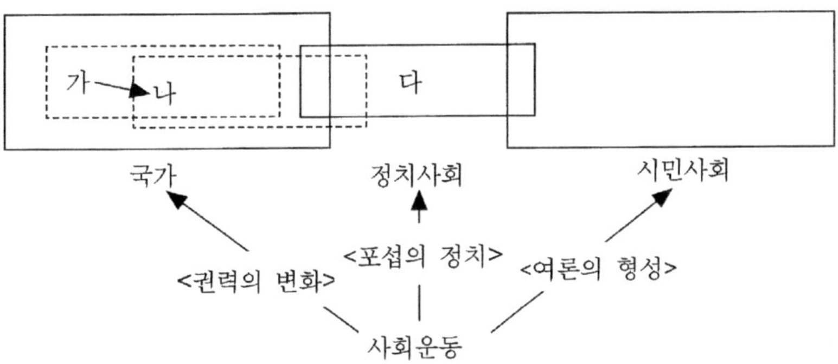

12) 정치사회에 관해서는 Stepan(1988: chap. 1), 최장집(1993: 381-383), 임현진(1993: 170-171), 윤상철(1998: 4-6), 손호철(1999: 263-265), 김수진 (1999: 242-243)을 참고하라.

이라는 군부권력과 김영삼 정권과 김대중 정권이라는 민간권력 사이의 권력성격, 사회연합, 계층기반 측면에서의 명백한 차이를 가르쳐 준다. 사회운동은 자기유지적인 반복가능한 제도화 과정에서 흡수(cooptation), 포섭(inclusion), 그리고 일상화(routinization)를 보여 주는 경향이 있다(Meyer and Tarrow, 1998: 21). 민간권력의 태동이후 시민사회단체 출신의 활동가들이 중앙정부나 지방정부 산하의 각종 위원회에 전문가가 혹은 대표자로서 비상임 내지 상임 위원으로 참여하고 있으며, 나아가 여야정당의 입문을 통해 국회의원으로 진출하거나 또한 행정부의 장·차관 내지 고급관료로 선임되는 흡수 현상을 볼 수 있다. 다음으로 포섭의 수준에서 보면 제도정치의 사회운동에 대한 관용의 범위와 폭이 넓어지고 있다. 과거 상상할 수도 없는 청원과 소청 등이 일반화되고 있으며, 집회, 시위와 아울러 토론회, 공청회가 활용되고 있으며, 중앙정부와 지방정부 수준에서 사회단체들에 대한 공적보조금이 지급되고 있는 것이다. 끝으로 중앙과 지방 사이에 현격한 격차가 존재하지만, 한국사회의 구조개혁과 민생문제에 대한 주요 쟁점들이 제도정치의 차원에서 논의됨으로써 의제화와 법제화라는 일상화가 이루어지고 있다. 시민사회단체들이 국가의 자문과 협의의 대상이 되고 있는 것이다. 요컨대, 시민사회단체들과 정부기관 사이에 개인적, 운동적, 사회적 차원에서 항의와 협력이 교차하는 갈등적 협력관계를 엿볼 수 있다.

한국 사회에는 셀로몬이 지적하는 '결사체적 혁명'이 휩쓸고 있다. 비록 양적 성장에 비해 질적 도약은 지체되고 있지만, 시민사회단체들은 '압축발전' 과정에서 사회운동이 내걸은 가치, 규범, 정책, 제도 등에서 정부와 공중 모두로부터 그 성과를 적극적으로 인정받고 있는 실정이다. 공공정책의 입안과 집행에서 보여 온 시민참여의 유도는, 갬슨(Gamson, 1975)의 표현에 의하면 사회운동의 '전면적 반응'(full response)을 가져왔다. 실제로 한국의 사회운동은 인권증진, 부패척결, 복지확대, 환경보호, 의정평가, 조세개혁, 정의실현 등에서 사회개혁의 선도적 역할을 담당하여 왔음을 부인키 어렵다.

2) 정치세력화의 요인 분석: 정치적 기회구조, 사회단체의 역학, 대중적 기반

일반적으로 사회운동의 정치세력화란 운동가들의, 개인적 혹은 집합적 차원에서 나타나는, 정치과정에의 직·간접 참여를 말한다. 따라서 새로운 정당의 결성이나 활동가의 기존 정치권 진출뿐만 아니라 정치권을 향한 로비활동이나 압력단체로서 영향력 행사 등이 포함될 수 있다.[13] 이는 사회운동이 국민의 이름 아래 이루어지는 권력엘리트에 대한 지속적인 도전의 성격을 지니기 때문이다(Tilly, 1994: 7). 사회운동이 공공정책에 제재를 가하기도 하지만 나아가 권력획득의 주체가 되는 이유도 그러한 이익집단 이상의 정치지향성에 놓여 있다. 이 점에서 사회운동은 공공선이란 명분 아래 사회의 창조적 변형을 위해 자신을 정의하는 '정체의식', 상대방을 규정하는 '적대의식', 그리고 기존의 것에 대안적인 사회의 일반원리를 제시하는 '전체의식'을 통해 체제변혁을 시도하는 경향을 지닌다(Touraine, 1985: 761).

한국 사회에서 사회운동의 정치세력화의 역사는 해방정국까지 거슬러 올라갈 수 있으나,[14] 그것이 두드러지게 나타난 것은 대체로 민주화 이후라 볼 수 있다. 1987년 6월 시민항쟁을 계기로 사회운동의 활동 공간이 늘어나면서 시민사회단체들의 정치권 로비와 압력단체의 역할에 더 나아가 일부 활동가의 정치권 진출과 사회운동세력에 의한 새로운 정당 결성이 시도되었던 것이다. 비판이 부정으로 인식되고 저항이 반역으로 간주되던 군부정치가 민간권력에 의해 밀려나

13) 이 글에서 정치세력화는 전자의 맥락에서 정의되고 있다.

14) 이 시기의 사회운동은 노동자와 농민을 중심으로 좌우세력의 정당결성과 관련하여 상당히 폭발적으로 이루어졌다. 물론 그것이 위로부터의 동원이란 한계도 있지만 밑으로부터의 분출이란 특성을 무시해서는 안 될 것이다.

<그림 4> 정치세력화의 조건

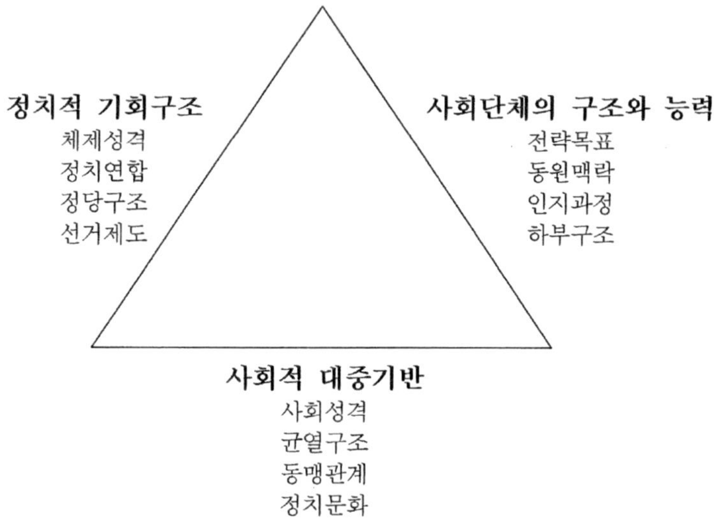

면서 참여가 비판을 대신하고 협력이 저항과 병행되고 있는 것이 오늘의 사회운동의 실상이다. 실제로 김영삼 정권 이후 김대중 정권에 이르기까지 적지 않은 숫자의 사회운동권 인사들의 국회와 아울러 기초·광역 단체장 및 의회 선거에 출마하는 경우를 목도할 수 있다.[15] 그러나 민중당과 개혁신당의 경험에서 볼 수 있듯이 독자정당 창당은 현실정치의 벽을 넘지 못하고 좌초함으로써, 사회운동의 정치세력화가 다수 활동가들이 기존 여야정당으로 '수혈'되는 제도정치강화용으로 역이용된 바 없지 않다. 2000년 제16대 총선에서 민주노동

15) 종합적 사회운동단체의 대표적인 보기로서 '경제정의실천연합'은 1996년 총선에서 24명의 출마자 중 3명의 당선자를 내었고, '환경운동연합'은 1명의 출마자가 당선되었고, 그리고 참여연대는 2명의 출마자가 모두 낙선되었다(지방의회의 경우는 참여연대를 빼고 많은 숫자의 실무자와 회원들이 출마한 바 있다). 그러나 이 단체 소속의 상당수 활동가들이 현재 정부와 청와대는 물론 '새천년민주당'과 '한나라민주당'에서 활동하고 있다.

당의 선전 여하가 관심을 끌고 있는 것도 그 귀결이 앞으로의 사회운동의 정치세력화의 독자 가능성 여부로 바로 이어질 수밖에 없기 때문이다.

사회운동의 정치세력화의 조건으로 여러 가지 요인들을 열거할 수 있다. 필자는 유럽과 미국 사회의 경험을 토대로 한국적 현실에서 <그림 4>와 같이 정치적 기회구조, 사회단체의 구조와 능력 및 사회적 대중 기반을 중요한 변수로 제시하고자 한다.[16] 여기서 정치적 기회구조는 체제성격, 정치연합, 정당구조, 선거제도, 사회단체의 구조와 능력은 전략목표, 동원맥락, 인지과정, 하부구조, 그리고 사회적 대중기반은 사회성격, 균열구조, 동맹관계, 정치문화 등으로 세분된다.

주지하다시피 한국은 거래를 통한 변형주의적 민주화 이행으로 인하여 권위주의 체제의 청산이 뒤로 밀어지는 지연된 공고화(delayed consolidation)를 겪고 있다(임현진, 1998: 416; Mainwaring, 1992: 323; 윤상철, 1998 참조). 그러기에 정치체제는 개방되어 있지만 구체제의 인사들이 국가기구 안에 광범하게 포진되어 있으며, 정당정치는 이념이나 색깔보다 종전과 같은 지역구도에 의해 움직이고 있고, 그리고 시민사회는 다양한 이해관계가 이질적 사회단체들에 의해 상충하는 격전장으로서 분열되어 있는 형편이다. 이 점에서 오늘의 한국은 '혼합체제'(mixed regime)에 가깝다(Schmitter, 1997: 243-245). 즉, 권력본체로서 국가의 이중적 성격이 사회운동의 '압력정체'와 정당정치의 '선거정체'와 정치사회의 '대의정치'와 비정상적으로 맞물

---

16) 여기에 관해서는 McAdam, McCarthy, and Zald(1996), McAdam(1996), Clemens(1997), 조대엽(1999), 임현진 · 공석기(1997), 송호근(1998)을 참고하고 있다. 여기서 필자는 의도적으로 국제적 맥락을 배제하고 있다. 물론 세계사회론이 주장하고 있는 대로, 국제사회의 규범과 NGO 사이의 연대가 국민국가 안에 테두리진 사회운동에 상당한 영향력을 행사하고 있지만, 그것이 바로 사회운동의 정치세력화로 이어지는 매개변수의 역할을 적극적으로 수행한다고 평가하기 곤란하기 때문이다.

려 있다고 말할 수 있다.

민간권력의 출범에 따른 정치적 기회구조의 확장은 사회운동의 정치세력화를 위한 필요조건일 뿐 충분조건은 못 된다. 정치체제의 개방은 기성 정권엘리트들의 연고와 고객 관계의 범위 안에서 인사충원과 권력분배를 한정시킴으로써 개인적 차원의 등용을 넘어서지 못하고 있다. 이렇듯이 정당성 확보의 수준에서 이루어지는 개별적 영입과 충원은 오히려 사회운동의 독자적 정치세력화를 가로막는 기성 권력의 전술적 고려의 일환일 수도 있다. 대권장악을 위해 가능했던 새천년민주당과 자민련 사이의 이종합종(異種合從)적인 지역연합은 인사개혁이나 체제혁파를 지체시키고 있다. 특히 지금과 같은 지역주의에 바탕한 다당적 정당구조 아래에서 새로운 정치세력은 의회활동을 위한 정치사회의 진출이 거의 불가능하다. 사실상 현재의 정당구조와 선거제도는 '외생정당'의 경로를 밟을 수 밖에 없는 사회운동의 정치세력화를 가로막고 있다. 일인보스 아래 당내 민주주의가 가동될 수 없는 상황에서, 일인일표의 소선구제와 비례대표제가 맞물려 있는 선거제도는 신진세력의 원내 진입조차 차단하고 있다고 보아도 지나치지 않을 것이다.

사회단체들의 조직과 재정 기반은 매우 취약하다. 한국사회에서 아직도 종합적인 기능을 행사하는 사회단체들이 주축을 이루고 있는 이유도 풀뿌리 수준의 하부구조가 부실하다 보니 '이것저것' 온갖 역할을 포괄할 수밖에 없기 때문이다. 그러므로 사회단체들의 전략목표는 광범위할 수밖에 없고 운동성원들이 전문성과는 다른 것에서 조직의 정체성을 인지하게 만드는 경향을 낳는다. 사회명사들을 중심으로 한 네트워킹에서 파생되는 관료주의와 편의주의 또한 대중과는 괴리된 엘리트 지향적 사회운동으로 잘못 나아갈 수 있다. 그러므로 사회운동의 정치세력화는 우리 시민사회단체들의 자발성, 전문성, 독립성의 견지에서 볼 때 아직은 때가 이르다 하겠다.

결국 사회운동의 정치세력화는 우리 시민사회의 질에 달려 있다.

사회운동의 묘상으로서 시민사회는 혈연, 지연, 학연을 중심으로 한 연고주의가 호혜-수원관계에 의해 사적 신뢰가 공적 신뢰의 정착을 가로막고 있기 때문이다. 더욱이 우리의 시민사회는 현실정치에 대해 겉으로 부정하면서도 안으로 긍정하는 모순적 정치문화의 장이기도 하다. 이렇듯이 권리와 책임의 주체로서 시민의 공공의식이 내면화되지 못한 상태에서 자라난 '무정형의 시민사회'는 시민과 민중의 이해가 분리되어 있는 가운데 지역적, 세대적, 계급적으로 균열되어 있다. 이러한 균열이 다양한 동맹과 갈등 관계 아래 여러 차원에서 헤게모니 투쟁을 가져오고 있는 어지러운 형국이다. 여기서 정치세력화는 무엇보다도 그러한 시민사회 안에서 사회권력의 잉태가 전제되지 않으면 현실정치에서 아무런 실체를 가질 수 없다는 사실에 주목하여야 한다.

4. 사회운동과 정치참여: 한국의 사례

1) 민중당[17]

배경. '민중당'은 1990년 11월 10일 창당되었다. 1980년대 노동운동의 주도세력이었던 '인천지역민주노동자연합'에 의해 추진된 '민중의 당'(대표: 정태윤)을 전신으로 1987년 대선 당시 재야의 중심 축이었던 '민족통일민중연합'의 독자후보진영의 인물들에 의해 '민중당'(대표: 이우재)이 결성되었다.

민중당의 출현은 1980년대 변화된 정치지형의 맥락에서 이미 예고되어 있었다고 볼 수 있다. 광주민주항쟁 이후 폭압적인 전두환 정권 아래 사회운동은 거의 폐쇄된 활동공간으로 인해 지하화될 수밖에 없었고, 이 와중에서 혁명주의 노선이 개량이나 개혁을 압도하게 되면서 사회운동의 주류는 마르크스·레닌주의에 입각한 계급지향적

17) 이 부분의 논의는 당시 민중당 정책실 차장이었던 이범 씨의 도움을 받고 있다.

성향을 지니게 되었다. 1970년대 중반 이후 추진된 중화학공업화의 영향으로 나타난 대규모 노동자계급의 등장은 사회운동의 중심을 노동부문에 옮겨 놓으면서 공장 브나르도운동, 진보적 출판운동, 반미혁명론, 제헌의회론 등을 이끄는 요인이 되었다. 특히 학생운동 안에서 전개된 반미 '주사파'와 계급혁명 'PD파' 사이의 다툼은 사회운동권으로 파급되어 '식민지반봉건사회론'과 '종속적 국가독점자본주의사회론'이라는 사회구성체논쟁으로 이어졌다.[18] 주사파가 대학사회를 장악하게 된 반면 PD파는 노동운동의 핵심이 되면서 사회운동권의 여러 세력들이 제휴하여 민중당을 만들게 되었다.

주체. 1987년 6월 민주항쟁은 한국정치의 민주 대 반민주 균열을 민주화 쪽으로 견인하는 결정적 계기가 되었다. 그러나 그 해 말 대선을 앞둔 시점에서 사회운동권은 군부권력을 청산하기 위하여 김영삼과 김대중 중 누구를 지지하는가를 두고 민통련 안에서 '비판적 지지'(문익환, 임채정, 김근태, 이해찬 등), '후보단일화'(계훈제, 이부영 등), 그리고 '독자후보노선'(백기완, 장기표, 이재오 등)으로 삼분되어 있었다. 군부독재를 반대하는 데 선도적이었던 김영삼과 김대중이 모두 재야에 의해 전폭적인 신임을 못 받고 있는 상황에서 사회운동권은 부르주아적 성향을 갖는 김영삼=제도권 그리고 프티 부르주아적 기질을 보인 김대중=재야로 보는 인식이 있었다. 이에 따라 사회운동권의 비판적 지지는 김대중, 후보단일화는 '한겨레민주당',[19] 그리고 독자후보노선은 '백기완선거운동본부'로 갈라지게 되었던 것이다.[20]

---

18) 전자는 미군철수를 전제로 반미자주 통일운동으로 나아갔고, 후자는 노동계급의 의식화와 조직화에 주력했다. 오늘의 민주노동당의 창당을 이끈 민주노동자총연합'은 후자의 입장에 서 있었으며 그 모태는 공장 브나르도운동이었다고 할 수 있다.

19) 이 점에서'한겨레민주당'도 사회운동의 정치세력화의 중요한 사례이다. 그러나 이 글에서는 지면의 제약으로 다루지 못하고 있다.

20) '전국대학생대표자협의회(전대협)'가 주도한 학생운동권은 비판적 지지가

그럼에도 불구하고 당시 학생운동권 중에서 공장으로 들어간 노동운동가들과 그 바깥에서 민중운동을 벌인 사회운동가들은 근본적으로 자유민주주의자들인 김영삼이나 김대중 휘하에서 정치를 하는 것보다 독자세력화만이 사회변혁의 지름길이라 믿고 민중당을 창당하기에 이른다. 민중당 창당에는 인민노련의 외곽세력인 민중의 당, 민통련의 독자후보진영, 학생운동권의 CA파 등이 연대하였다. 그러나 당대표 선임을 둘러싼 내부 갈등으로 인하여 1987년 대통령선거에는 독자후보를 내지 못하고 1988년 국회의원선거와 1991년 지방의회선거에만 후보를 출마시킨 바 있다. 민중당의 공동대표로는 이우재가 선임되었고, 백기완과 알력을 빚었던 장기표는 정책위원장을 맡았다.

경과. 민중당의 이념과 노선은 마르크스주의적 노동당이라기보다 수정주의적 사민당의 지향에 가까웠다고 판단된다. 정강정책의 경우, 경제운영에서 국유화 대신 사회화라는 완화된 표현을 쓴 것이나 재벌해체의 문제에 대해 명확한 입장을 개진하지 못한 것이 그 보기이다.[21]

사회운동의 정치세력화의 기본 조건이라 할 정치기회의 구조, 사회운동의 구조와 능력, 사회적 대중기반의 측면에서 볼 때 민중당의 성공은 애초부터 기약하기 어려운 것이었다. 당시 기존 여야 정당에 대항적인 독자적 아젠다를 설정한 것을 빼놓고, 민중당은 그것을 주도한 사회운동권이 대중적 지지기반을 갖기에 조직과 재정 역량이 극히 취약했을 뿐만 아니라 지극히 폐쇄되어 있는 정치체제 아래에서 현실정치의 기득권을 뛰어넘어 선다는 것 자체가 거의 무망했던 것이다.[22]

주류를 이루었으며, 이런 연고로 인해 독자후보노선은 소수의 PD파만이 가세해 있었다.

21) 민중당 정강정책의 입안에는 오세철, 박영은, 박형준, 김형기, 이병천, 정대화, 백욱인, 정태인 등이 관여한 것으로 알려져 있다.

22) 흥미로운 점은 당시 노태우와 김영삼이 국고보조금을 통해 민중당을 도와

민중당은 1991년 지방의회선거에서 태백지구의 기초단체의회의원 1명을 당선시키는 매우 저조한 성적을 거두었다. 더욱이 1992년 제14대 국회의원선거에서 1석도 획득하지 못하는 참패를 겪는다. 비록 이는 전체 유권자의 1.5%라는 미미한 지지이지만, 그 이전 제13대 국회의원선거에서 그 전신이라 할 '민중의 당'이 얻은 0.3%에 비하면 작은 진전이라 할 수 있다. 결국 민중당은 총선에서 3% 득표에 실패함으로써 현실 사회주의의 쇠퇴와 함께 국민적 관심조차 멀어지면서 해체의 운명을 맞게 되었다.

함의. 민중당의 실험은 사회운동의 정치세력화가 매우 지난한 과제임을 일깨워 주고 있다. 특히 민주화 이전 정치적 기회구조 자체가 봉쇄된 상황에서 이념과 열정만으로는 사회운동의 정치참여 자체가 무리라는 사실을 가르쳐 준다. 이것은 우리 시민사회가 그 당시 실정에서 계급으로 포장된 민중주의적 노선에 대해 보수적이었다는 사실을 말해 주며, 또한 현실정치에서도 이른바 민주화세력이라는 YS와 DJ로 상징되는 양김정치가 지역주의 기반 아래 일종의 엘리트카르텔을 형성하고 있음으로써 운동정치의 제도화가 허용될 수 있는 여지가 희박했었다는 사실을 지적해 주는 것이다. 그럼에도 불구하고 민중당의 전통은 지금도 민주노동당과 청년진보당으로 면면히 이어지고 있다는 점에서 민중진영에 의한 사회운동의 정치세력화는 여전히 지속되고 있다고 보여진다.

2) 개혁민주당[23]

배경. '개혁민주당'은 1995년 12월 4일 창당되었다. 1987년 6월 민주항쟁의 주역들을 중심으로 결성된 '정치개혁시민연합'을[24] 모체로

주려 하였으나 김대중의 반대로 좌절되었다는 역설적 사실이다.

23) 이 부분의 논의는 당시 개혁민주당 부대변인이었던 김영진 씨의 도움을 받고 있다.

24) 당시 정치개혁시민연합에는 당시 사회운동권의 대표자라 할 지도급 인사들

하여 출발한 개혁신당(공동대표: 장을병, 홍성우)과 민주당(대표: 김원기) 사이의 당 대 당 통합에 의해 개혁민주당이 결성되었던 것이다.

개혁민주당의 출현은 그것이 민주화 이후라는 점에서 민중당의 등장과는 정치지형에서 커다란 차이를 보인다. 1990년대 중반 정치적 기회구조의 확대라는 변화된 여건에서 사회운동권의 일부는 김영삼 정권에 참여하고 나머지는 민중당의 실패라는 경험 속에서 사회운동에 전념하고 있었다. 그러나 민주화의 덕택으로 민주가 반(反)민주를 제압한 상황에서 사회운동권은 김영삼 정권의 개혁성이 퇴조하는 가운데 김대중의 정계복귀 선언으로 인하여 다시금 불거진 지역할거주의를 극복하기 위해서는 김영삼, 김대중, 김종필의 '오너정치'를 뛰어넘는 새로운 독자적 정치세력화가 필요하다는 데 공감하기에 이르렀다.

특히 1996년 총선을 앞둔 시점에서 김대중의 국민회의 창당에 따른 민주당의 분당은 당시 3김으로 대표되는 봉건영주적 1인지배정당의 해악을 고취시키는 중요한 계기가 되었다. 현실 사회주의가 붕괴한 국제환경의 변화 아래 개혁민주당에 참여한 인사들은 주로 자유주의 세력과 진보주의 세력의 연합에 의해 세대교체를 통한 3김정치 타파를 목표로 내걸고 궁극적으로 새로운 정치세력에 의한 진정한 사회개혁을 준비하고 있었다고 보아진다.

주체. 세 단계를 거쳐 출범한 개혁민주당에는 사회운동권의 여러 부분이 참여하게 되었다. 첫 단계인 정치개혁시민연합의 결성에는 사회운동단체(정성헌, 최열, 박인제 등), 구민중당 출신(장기표), 구한겨레민주당 출신(이현배), YS · DJ 비판그룹(홍성우), 언론계(임재경, 성

이 상당수 참여하였다. '환경운동연합'의 최열, '경제정의실천연합'의 박인제, '참여민주주의를 위한 시민연대'의 홍성우, '한살림'의 박재일, 우리밀지키기운동본부'의 정성헌, '주거빈민연합'의 김영준, '나라정책연구회'의 서상섭, '홍사단'의 강태욱 등이 보기이다. 그러나 정치개혁시민연합은 개혁신당을 통해 주력이 정치권으로 빠져나감으로써 그 이후 이렇다 할 사회단체로서 기능하지 못하고 좌초하는 불운을 맞게 되었다.

유보), 학계(장을병, 김대환, 임현진), 기업계(오호근) 등이 주도하였으며, 두 번째 단계인 개혁신당의 발기에는 앞의 인사들 중 일부만이 참여한 가운데 사회운동단체, 특히 경제정의실천연합의 실무자들(서경석, 장신규, 송운학 등)과 2,30대 '젊은연대'(고진화, 이성헌 등) 등이 가세하였으며, 그리고 셋째 단계의 당대당 통합에는 민주당의 이른바 '개혁파'(이부영, 노무현, 김정길, 제정구, 이철, 유인태, 박계동, 원혜영 등)가 주도적 역할을 담당하였다.

개혁민주당은 총선을 앞두고 급조된 개혁신당이 실상 민주당에 흡수되는 것에 형태로 만들어졌다.[25] 그러므로 사회운동권 출신의 개혁신당 세력은 민주당의 이미지 개선을 위한 당내외 개혁에 성공하기 어려운 점이 없지 않았다. 시민사회 안의 다양한 세력을 포용하고 있다는 장점은 또한 개혁민주당의 이념과 노선의 설정에서 지도체제와 공천제도를 둘러싼 주도권 다툼으로 인해 신한국당, 국민회의, 자민련과 차별성을 뚜렷하게 부각할 수 있는 정강정책의 구현으로 이어지지 못하게 되었던 것이다.

경과. 개혁민주당이 새로운 이념과 노선을 제시하지 못한 대신[26] 그래도 제도정당의 후광을 얻었다는 점에서 민중당과는 비교가 안 될 정도의 성과를 얻어내었다. 1996년 제15대 국회의원선거에서 지역구 9명, 전국구 6명의 당선자를 내었다. 그럼에도 불구하고 전체유권자의 11.2% 획득은 결코 작은 지지는 아니지만 30여 석을 지니고 있었던 기존 민주당으로서는 커다란 참패임이 분명하다.[27] 특히 개

---

25) 사실상 김대중이 새로 만든 국민회의로 가지 않고 이기택의 민주당에 잔류한 국회의원은 30여 명에 달했다. 신생정당이라고 하지만 국회의원은커녕 지방의원조차 거느리지 못한 개혁신당으로서는 부득이 당 대 당 통합이란 명분 아래 결국 민주당에 개혁민주당으로 수용된 셈이다.

26) 개혁신당에 의해 원래 제시된 부동산실명제, 돈세탁방지법, 재벌소유경영분리, 행정실명제, 복식부기제도입, 시민소환제, 제정신청허용, 인사청문회도입, 상향식 공천제 등이 민주당과 통합 이후 구체화되지 못하는 한계를 가졌다.

27) 당시 신한국당은 34.5%(지역구 121명, 전국구 18명), 국민회의는 25.3%

혁신당 출신 당선자는 불과 4명에 그쳤고,[28] 민주당의 개혁파는 거의 전멸하는 결과에 이르렀다.

개혁민주당은 이후 1997년 제15대 대통령선거를 맞이하여 구민주당 세력을 위시로 하여 일부 사회운동가들이 신한국당과 합류하면서 해체되었다. 특히 구민주당 개혁파를 중심으로 새로운 정치세력화를 시도한 사회운동권은 대선 당시 김대중(김정길, 노무현 등), 이회창(홍성우, 이철 등), 기타 중립인사들(성유보, 박인제 등)로 갈라지면서 소멸되는 운명을 맞이하게 되었다. 그러나 대부분의 사회단체 출신 인사들은 본래의 사회운동으로 돌아가 현재 활동 중이다.

교훈. 개혁민주당의 실험은 민중당의 경험에 비추어 볼 때 정치세력화의 기본 조건이 훨씬 나은 상태에서 이루어졌다고 볼 수 있다. 사회단체의 구조와 능력과 사회적 대중기반이라는 점에서 비교적 좋은 여건에 있었던 개혁민주당의 좌절은 정치적 기회구조가 제아무리 확대된다고 하더라도 정당구조와 선거제도가 근본적으로 바뀌지 않은 한, 체제개방이 아무런 의미를 지니지 못한다는 사실을 시사해준다. 이는 지역주의에 의해 쌓아진 높은 현실정치의 장벽을 넘어서기 위해서는 최소한 1인2표 방식의 정당명부식 비례대표제가 도입될 필요성을 강력히 제기해 주고 있다.[29] 지역당 구도 아래 움직이는 정당구조와 그것을 보장하는 선거제도가 혁파되지 않는 한 사회운동의 정치세력화는 요원한 것이 우리의 현실이다. 특히 개혁민주당의 좌절은 총

(지역구 66명, 전국구 13명), 그리고 자민련은 16.2%(지역구 41명, 전국구 9명)의 지지를 각기 받았다.

28) 개혁신당 출신으로 지역구 1명(장을병), 전국구 3명(김홍신, 이미경, 하경근)에 지나지 않았다.

29) 당시 정당별 득표율에 의한 전국구 배분은 지역구 의석수를 기준으로 한 종전의 전국구 배분 방식에 비해 진일보한 것이었지만 표의 지역적 구획화를 극복하는 데 분명한 한계를 지녔다고 볼 수 있다. 이 점에서 2000년 제16대 국회의원선거도 이 제도가 그대로 유지되고 있다는 점에서 신진 정치세력의 의회 진입은 상당히 어렵다고 전망할 수 있다.

선에서 대선 후보를 갖지 못하는 한 유권자들로부터 외면당할 수밖에 없는 한국 정치문화의 대권향배적 특성을 엿보게 하여 주고 있다.

5. 결론: 정치세력화의 가능성과 한계

오늘날 한국의 사회운동은 한편으로 정치세력으로서 영향력이 크지 않으면서도 다른 한편으로 현실문제에 대해 지나치게 정치적으로 대처한다는 상반된 평가를 받고 있다. 이러한 모순적 자리매김에서 사회운동의 정치세력화에 관한 실상과 허상을 발견하게 된다. 결론부터 미리 얘기한다면, 사회운동이 독자적인 정치세력으로 전환되기에는 아직 국가와 정치사회와 시민사회의 모든 여건이 성숙되어 있지 못하다는 것이다.

민중당과 개혁민주당의 실험은 민주화를 전후로 한 매우 다른 정치지형에서 시도된 이념과 노선을 달리하는 독자 세력화의 움직임으로서 우리 현실에서 사회운동의 정치참여가 성공하기에는 정치적 기회구조, 사회단체의 구조와 능력, 사회적 대중 기반 등이 무르익지 않았다는 사실을 지적해 주고 있다. 그러므로 사회운동의 정치세력화라는 과제는 그것이 맞다 혹은 틀리다라는 규범적 판단보다, 왜 한국사회에서 정치세력화가 문제가 되고 있으며, 그러한 정치세력화를 가로막는 구조적·행위적 요인들은 무엇이며, 정치세력화가 가능하지 않다면 지향해야 될 목표와 가치는 어떠한 것이어야 하는 것에 논의의 초점을 맞추어야 한다. 이 글은 바로 그러한 질문에 답하기 위하여 쓰여졌다.

민주주의 선발국인 유럽과 미국의 경험은 사회운동의 정치세력화가 운동의 역학상 당연한 귀결임을 알려주고 있다. 사회운동의 초기 체제혁파가 후기 체제유지라는 생애주기를 거치면서 소멸과 생성의 자연사적 과정을 밟는다면 독자적 정치세력화는 그 산물임이 분명하다. 필자의 소견으로는 한국사회에서도 사회운동의 정치세력화는 현실조건과 관계없이 계속 시도될 것이며, 기존 제도정당을 넘어서는 독자정당의 출현은 사회운동의 조직 역량이 취약한 현실에 비추어 가까운 시간 안에 이루어지기 어렵겠지만 특정 부문에서 정체성을 갖는 '미니정당'의 출현은 전혀 불가능하지는 않을 것이다.

한국 사회는 역사적으로 가치와 자원이 중앙에 집중되어 있는 사회이다(임현진, 1999 참조). 이러한 중심지향적 사회에서는 제도정치가 권력을 독점하고 있는 가운데 이의 배분을 둘러싼 다툼이 지역, 학연, 혈연과 같은 연고주의와 호혜-수원관계에 의한 고객주의가 결합된 형태로 현실정치를 지배하게 되어 있다. 우리 정치의 고질병이라 할 소수 보스에 의존한 지역주의를 매개로 나타나는 정치엘리트들 사이의 '경쟁적 담합구조'(competitive collusion)도 그 결과에 다름 아니다(임혁백, 1997: 49).

우리의 사회운동은 두 차례에 걸친 민간권력의 등장 속에서 점차 체제내화되어 가고 있다. 특히 김대중 정권에 들어와 시민사회에 대한 국가의 헤게모니 장악력이 높아짐에 따라 사회단체들 중 일부 직능, 이익집단의 대표자들은 정계 진출을 위하여 그것들을 중간역으로 활용함으로써 현실정치의 대리인이 되고 있는 실정이다. 사회운동의 정치세력화에 대한 시기상조론은 바로 이러한 맥락에서 정당성을 가질 수밖에 없다.

사실상 후발적 산업화와 기형적 민주화를 겪어 온 한국사회에서 사회운동의 목표와 가치는 아직은 공공선이라는 전체이익의 조화에 설정되어야 한다. 특히 전근대적 유제가 후근대적 모순과 근대적 과제라 할 시민사회와 민주주의의 건설과 중첩되어 있는 우리의 경우 사회운동단체들은 정치세력화에 앞서 각기 자신의 전문성에 맞춰 정체성을 강화하는 길만이 사회적 기반과 조직적 역량을 키우는 관건이다. 이 점에서 한국의 사회운동은 현단계에서 '공동체적 체험'(communitas)을 높일 수 있도록 오히려 '탈정당정치'의 틀에서 정치세력화를 겨냥할 필요가 있다.

제14장

한국 시민운동의 정치세력화 방향

환경운동연합과 대전지역 시민운동단체의 지방선거 참여사례를 중심으로

박 재 묵

이 논문은 시민운동단체의 지방선거 활동에 대한 분석을 통해 한국 시민운동의 정치세력화 가능성을 전망하는 데 초점을 맞추고 있다. 먼저 정치세력화의 다양한 통로를 검토하기 위하여 유럽의 녹색당 결성과 미국 환경운동단체들의 선거운동 참여와 입법 로비 활동을 살펴보고 한국에서 녹색당 결성을 둘러싸고 전개된 논의를 요약·정리한 후, 시민운동단체의 지방선거 참여 결과를 분석하였다. 분석 대상 시민운동단체로는 전국적 단체와 지역 수준의 단체를 각각 1개씩 선정하였으며, 전국적 단체로는 환경운동연합이 그리고 지역단체로는 대전지역의 대전참여자치시민연대가 각각 선정되었다.

시민운동단체들은 지방선거 부활 후 '환경 후보' 또는 '시민 후보'를 추대하고 이들을 지원함으로써 정치 지형의 변화를 의욕적으로 시도하였다. 1995년과 1998년의 두 차례에 걸친 지방선거 결과만으로 장래의 변화를 예측하기는 어렵지만, 일단 이 기간의 선거 참여의 결과는 시민운동의 독립적인 정치세력화가 쉽지 않음을 보여 주고 있다. 첫째, 1995년의 지방선거와 1998년의 지방선거 사이에 시민운동세력의 지방정치 참여 움직임 자체가 후퇴하였다. 이것은 기본적으로 시민단체들이 특정 후보자를 '환경 후보' 또는 '시민 후보'로 추대하고 이들을 지원하는 것이 큰 실효성을 갖고 있지 않음을 나타내는 것이다. 이러한 실효성의 문제는 다시 시민운동단체의 선거 참여와 관련된 법률적인 제한, 시민운동단체의 내부 역량 부족, 시민운동에 대한 대중적 지지의 한계 등에서 비롯된 것으로 해석된다.

둘째로, 시민운동단체의 후보자 추천 및 이들에 대한 지원이 서유럽의 경우처럼 뚜렷한 대안 정치의 이념과 정책에 의하여 이루어진 것이라고 보기 어렵다. 시민운동단체 자체가 아직은 대안정치를 위한 이념과 정책을 마련하지 못하고 있다.

셋째로, 한국 정치의 구조적인 특징인 지역 분할 구도는 대안 정치의 공간을 허용하지 않고 있다.

1. 연구 문제

1987년 6월 민주화 항쟁을 계기로 해서 당시까지 권위주의 정권하에서 변혁과 민주화를 요구하던 사회운동세력측의 정치적 기회 구조(political opportunity structure)는 급속하게 확장되었고, 이러한 변화된 정치적 기회구조 속에서 사회운동 세력의 지형 역시 커다란 변화를 겪게 되었다. 전반적으로 사회운동의 전선은 다원화되기 시작했으며, 이러한 다원화 과정 속에서 이른바 '민중운동'과 대비된 의미로서의 '시민운동' 세력이 빠른 속도로 성장하였다. 최근에 와서 시민운동의 정치세력화 문제가 주로 시민운동권 내부에서 제기되고 있는 것은 이러한 시민운동 세력의 급속한 성장에 기반을 두고 있다.

엄밀한 의미에서 볼 때 시민운동을 포함한 모든 사회운동은 그 자체로서 이미 정치세력이라 할 수 있다. 대부분의 사회운동은 비록 제도정치의 장 외부에 존재하지만, 사회의 중요한 의사 결정 과정에 영향을 미치고자 하며, 나아가 권력구조의 변화에 영향력을 행사하고자 하기 때문이다. 이러한 관점에서 볼 때, 여기에서 말하는 시민운동의 정치세력화는 좀더 특정한 의미로 정의되지 않으면 안 된다. 즉, 여기에서 말하는 시민운동의 정치세력화는 시민운동세력의 제도정치권 진입을 의미하는 것으로 정의될 필요가 있다.

시민운동의 정치세력화를 이처럼 좁게 정의할 경우에도 시민운동의 정치세력화 움직임은 이미 다각적으로 전개되고 있다고 할 수 있다. 구체적으로 보면, '문민정부' 시기에 이미 시작된 시민운동권 인사들의 선거를 통한 국회 및 지방의회 진입 시도, 주로 지방자치단체장 및 지방의회 의원 선거에서 나타난 시민운동단체들의 후보자 지원 활동, 주로 '국민의 정부' 수립 후에 나타난 시민운동권 인사들의 권력 중심부 진입, 녹색당 창당을 위한 일부 운동지도자들의 시도가 있어 왔다.

또한 시민운동 세력이 정치세력화할 수 있는 조건도 점차 성숙하고 있음은 분명하다. 이미 정치적 기회구조는 일정 수준으로 확장되었고, 시민운동에 대한 대중의 지지기반도 크게 확장되었다. 특히 주목되는 변화는 신사회운동(new social movement) 또는 시민운동세력은 운동의 목표와 쟁점에 있어서 구사회운동(old social movement) 또는 민중운동과는 뚜렷한 차별성을 확보하고 있으며, 환경, 여성, 지방자치, 경제 민주화, 언론 민주화 등 생활의 문제를 쟁점화함으로써 주로 중산층 내부로 지지기반을 확장해 왔다는 사실이다. 최근 우리나라 다수 언론이 시민운동을 '제5의 권력'으로 지칭하면서 시민운동단체의 활동을 사건 발생기사가 아닌 기획기사 중심으로 보도하기에 이른 것은 '시민운동'을 의미 있는 새로운 '정치적 행위자'로 승인하고 있음을 보여 주는 좋은 사례라 할 수 있다.

그러나 정치적 기회구조와 대중적 지지기반의 확장이 시민운동 정치세력화의 핵심이라 할 수 있는 시민운동의 제도정치권 진입을 위한 충분 조건은 아닐 것이다. 시민운동의 정치세력화, 특히 시민운동세력의 정치 정당화 가능성을 검토하기 위해서는 이러한 요인 외에 시민운동 내부의 역량과 한국의 정치구조와 같은 다른 요인에 대한 광범위한 분석이 요구된다. 본 연구에서는 시민운동의 정치세력화와 관련된 조건들을 체계적으로 검토하는 작업을 목표로 하지 않는다. 여기에서는 우리 나라의 대표적인 시민운동단체의 하나인 환경운동연합과 대전지역 시민운동단체의 지방선거 참여 활동의 사례를 분석하고 이러한 활동이 시민운동의 정치세력화와 관련해서 갖는 의미를 추적해 보고자 한다.

2. 정치세력화의 다양한 통로

한국 시민운동의 정치세력화 가능성을 논의하기 위해서는 먼저 정치세력화의 다양한 형태를 검토하는 것이 필요하다. 정치세력화는 단순히 유럽의 녹색당에서 그 전형을 찾을 수 있는 정당조직의 결성을 통한 제도정치권 진입뿐만 아니라 다양한 형태의 제도적 정치 과정에의 참여방식을 포함할 수 있기 때문이다. 정치세력화를 정치적 과정에 대한 영향력의 행사로 볼 경우, 시민운동의 정치세력화의 구체적 형태는 크게 (1) 새로운 정당의 결성, (2) 기존 정당 후보자에 대한 지지운동과 낙선운동, (3) 로비 활동을 통한 정치적 영향력의 행사 등으로 나누어 볼 수 있다. 이러한 다양한 정치세력화 활동을 유럽과 미국의 사례를 중심으로 살펴보고자 한다.

1) 유럽의 녹색정당

새로운 정당의 결성을 통한 시민운동의 정치세력화는 독일을 비롯한 유럽의 녹색정당에서 그 전형을 찾아볼 수 있지만, 지구상의 최초의 녹색정당은 뉴질랜드에서 결성되었다. 1972년 3월에 뉴질랜드 타스매니아(Tasmania)에서 지역정당으로 결성된 연합타스매니아당(United Tasmania Group)이 세계 최초의 녹색정당이며(Rainbow, 1992), 또한 뉴질랜드의 가치당(Values Party)은 전국 의회에 도전한 세계 최초의 녹색당이다.

유럽의 경우, 녹색정당은 1972년에 스위스에서 주(州) 정당으로 처음 출현하였고, 다음해인 1973년에 영국에서 결성된 인민당(People)이 유럽 최초의 전국 규모 녹색정당이 되었다(McCormick, 1995: 208). 1976년 벨기에에서 창당된 녹색 정당이 유럽에서 세 번째로 출현한 정당이 되었고, 그후 1980년대에는 독일, 핀란드, 이탈리아, 스웨덴, 아일랜드, 포르투갈, 프랑스, 오스트리아, 룩셈부르그, 덴마크, 네덜란드, 스페인, 폴란드, 그리스, 체코공화국, 몰도바, 리투아니아, 슬로베니아, 루마니아 등의 19개 국가에서 조직되었으며, 1990년대에도 불가리아, 알바니아, 슬로바키아, 크로아티아, 라트비아, 에스토니아 등의 6개국으로 녹색당의 조직이 확산되었다(<표 1> 참조).

유럽의 녹색당 중에서도 서독의 녹색당은 가장 성공적인 사례이다. 서독의 녹색당은 유럽의 다른 몇 개 국가들보다 다소 늦은 1980년에 처음 결성되었지만, 창당 3년이 지난 1983년에 곧 바로 서독연방의회에 27석의 의원을 진출시킴으로써 세계적인 관심을 집중시킨 바 있다. 또한 1998년에는 연정에 참여함으로써 공동 여당이 되어 내각에 3명의 장관을 진출시키는 괄목할 만한 성장을 보였다.

현재 유럽의 녹색당 중에서 23개 정당이 전국의회 의석을 가지고 있으며, 14개 정당이 지방의회 의석을 가지고 있다. 녹색당의 선풍은 서유럽에서 시작되었지만, 현재 동유럽을 거쳐 독립국가연합 회원국가들로 확산되고 있다.

2) 미국 환경운동단체의 선거운동 참여와 입법 로비 활동

유럽에서와는 달리, 미국에서는 녹색정당은 있지만, 정치적 영향력을 크게 발휘하지 못하고 있다. 1980년에 배리 코모너(Barry Commoner)가 유럽 녹색당의 영향을 받아 시민당(Citizens Party)의 총재로 취임하였으나, 1984년에 정당 활동을 포기하고 민주당 대통령 후보 진영으로 자리를 옮겼다. 그후 재건된 미국의 녹색당은 각종 선거에서 후보자를 내기는 하였지만, 조직 미비와 내부 분파로 선거

<표 1> 유럽의 녹색당 결성과 의회 진출 현황(1980년대까지)

국 가	정 당	창설 연도	지방의회 진출 연도	전국의회 진출 연도
Switzerland	Ecology Party	1972	1973	1979
UK	Green Party	1973	1980	-
Belgium	Agalev	1976	1981	1981
	Ecolo	1980	1981	1981
Germany	Die Grunen	1980	1979	1983
Finland	Vihreat	1980	1980	1983
Italy	Liste Verdi	1980	1985	1987
Sweden	Mijopartiet	1981	1982	1988
Ireland	Green Party	1981	-	1989
Portugal	Os Verdes	1981	-	1983
France	Les Vertes	1982	1977	-
Austria	VGO	1982	1984	1986
	ALO	1982	1984	1986
Luxembourg	Alternative Lescht-Wiert Ich	1983	-	1984
Denmark	Die Gronne	1983	1985	-
Switzerland	Federation des Partis Ecologires	1983	1983	1983
	Federation Verte	1983	-	-
Luxembourg	Green Alternative	1983	1987	1984
Netherlands	De Groenen	1983	-	-
Spain	Los Verdes	1984	-	-
Austria	Green Alternative	1986	-	1986

Poland	Green Party	1988	-	-
Greece	Alternative Ecologists	1989	-	1989
Czech. Rep.	Green Party	1989	-	1992
Moldova	Actiunya Verde	1989	-	-
Lithuania	Green Party	1989	-	1990
Slovenia	Slovene Greens	1989	-	1990
Romania	Ecologu Party	1989	-	1990

자료: McCormick(1995: 205-206)
참조: Bulgaria, Albania, Slovakia, Croatia, Estonia 등에서는 1990년에 그리고 Ukraine에서는 1991년에 녹색당이 창설되었음.

정치는 물론 환경운동에서도 큰 영향력을 발휘하지 못하고 있다((Dowie, 1995: 243).

녹색당이 제도정치권 내에 확고한 위치를 점하는 데에는 실패했지만, 미국의 환경운동단체들은 특정 후보에 대한 지지운동 또는 낙선운동을 통하여 정치적 영향력을 확대해 왔다. 선거에서 친환경후보에 대한 지원과 반환경후보에 대한 낙선운동을 전문적으로 수행하는 대표적인 환경운동단체는 자연보전유권자연맹(League of Conservation Voters)이다. 1970년에 결성된 후 이 단체는 재정 지원, 선거운동원 지원, 공개적인 지지 등을 통해 친환경후보를 지원해 왔다. 지역 지부는 따로 두지 않지만, 12개의 주에 이 단체와 협력하는 독립적인 자연보전유권자연맹을 보유하고 있다. 1988년의 경우, 이 단체가 지지한 상하원 후보자 76명 중 60명(79%)이 선거에서 승리했다(박재묵, 1998: 19).[1] 또한 1996년 선거에서도 "패배한 공화당 현직의원

1) 환경운동단체의 친환경후보 지지운동이 항상 성공한 것은 아니다. 1988년 대통령 선거에서는 자연보전유권자연맹이 부시 후보('D'로 평가)에 비하여 높게 평가한 듀카키스('B'로 평가)가 패배하였으며, 1990년 133명의 지지

은 19명이었는데, 이 중 16명이 (환경운동단체들이 작성하여 발표한) 반환경의원 목록에 있는 의원이었으며, 자연보전유권자연맹이 선정한 '더러운 12인'(Dirty Dozen) 중 3분의 2가 낙선했으며, 시에라클럽(Sierra Club)이 후원한 후보 중 70%가 당선"(오경택, 2000: 204)된 바 있다.

낙선 및 지지운동과 함께 로비 활동은 미국의 시민운동단체 및 이익단체들이 정치 과정에 참여하는 가장 중요한 통로의 하나이다. 환경운동의 경우, 이른바 '십대단체'('G-10' 또는 'Big Ten')로 지칭되는 '주류' 환경운동단체들은 대부분 워싱턴에 본부를 두거나 로비 활동을 위한 사무실을 워싱턴 가까운 곳에 두고 있다.

미국의 환경운동단체들이 단순한 압력단체의 역할을 넘어서서 환경입법과 정책 형성을 위해 대의회 로비활동에 비중을 두게 된 것은 1970년대 중반부터이다. 미국의 환경운동단체들은 서로 연합하면서 때로는 환경단체 이외의 다른 이익단체들을 그들의 연합에 끌어들여 환경정치에 대한 영향력을 증대시키고자 했다. 환경 쟁점을 다룬 최초의 연대 활동은 1974년에 청정대기법(Clean Air Act)의 수정을 위해 결성된 전국청정대기연합이었다. 이 연합은 자연자원방어협의회(Natural Resources Defense Council)의 리차드 에이레스(Richard Ayres)에 의하여 주도되었고, 이 연합에는 환경운동단체뿐만 아니라 노동조합, 정치단체, 보건단체, 종교단체, 야외 여가활동단체들까지 참여하였다. 이러한 쟁점별 연합에서 벗어나 1981년에 상설기구로 조직된 것이 이른바 '십대단체'이다. 이러한 '주류' 환경단체의 '워싱턴 접근'(Washingtonization)에 대하여 주로 직접적 행동을 주된 운동방식으로 채택하는 환경단체들은 비판적 시각을 드러내고 있으나, '주류' 환경단체들은 여전히 법률전문가의 고용을 통해 로비 활동에 적극적으로 나서고 있다(박재묵, 1998: 11).

자 중에 84명만이 당선되기도 했다(Sale, 1993: 90-91).

3. 녹색정당 결성을 둘러싼 대립된 입장

녹색정당의 성격과 의회 내에서의 역할에 대한 논쟁은 녹색당이 성공적으로 제도정치에 진입한 독일에서 가장 치열하게 진행되었다. 이른바 '근본주의자'(Fundis; fundamentalist)와 '현실주의자'(Realos; realist) 간의 논쟁에서 페트라 켈리(Petra Kelly)로 대표되는 근본주의자들은 녹색당을 '반정당적 정당'(anti-party parties)이라고 규정하면서 그 역할은 대안적인 의회 활동의 모형을 제공하고 전통적 정당의 활동방식에 반대함으로써 전통적 정당을 전복시키는 것이라고 보았다. 또한 켈리는 "의회 안과 바깥에서 모두 새로운 세력이 요구된다고 보았다. 이러한 새로운 세력의 한 요소가 '반정당적 정당'이라고 하여, 의회 바깥에서 이루어지는 평화 및 환경 운동의 활동을 의회 내의 활동과 똑같이 중시한다. 그녀에 따르면 녹색당은 "반쯤 정당이고 반쯤 지역적 행동단체이다"(Kelly, 1991: 192-194). 따라서 녹색당은 녹색운동으로 남아 있어야 하며, 다른 정당과 동맹을 맺어서는 안 된다고 주장하였다. 반면에 현실주의자들은 기존의 체제를 통한 변화를 주장하며, 따라서 다른 정당과의 연합을 반대하지 않는다.

'근본주의자'와 '현실주의자' 간의 논쟁과는 다른 차원에서 녹색당의 결성 자체를 반대하는 환경운동가들도 적지 않다. 바로(Rudolf Bahro)는 "녹색당이 중시하는 것은 1987년 의회에서 재선되는 것"이고, 따라서 "생명의 보호를 위한 정당이 아니며 기본적인 생태학적 입장으로부터 급속하게 떠나고 있기 때문에 앞으로도 그렇게 되지 않는다"고 주장하였다(Bahro, 1991: 197). 그는 정당은 '반생산적'(counter-productive)이라고 보면서 그 대안을 코뮨 전략(commune strategy)에서 찾았다.

한국에서 녹색정당이 대안 정당으로 제기된 것은 1980년대부터이다. 1980년대 중반부터 두 가지 녹색당 계열의 정당 설립 움직임이 있었는데, 그것은 가칭 '환경보호당'과 가칭 '대한녹색당'의 창설 시도였다(이득연, 1998: 353-354). 그러나 이러한 움직임은 오늘날 진행되고 있는 녹색당 결성과 관련된 논의와는 그 배경이 크게 다르다. 이들 정당의 창당이 시도되었던 당시에는 아직 한국에서 시민운동이 활성화되지 않았고, 따라서 이러한 창당 움직임은 오늘날 제기되고 있는 시민운동의 정치세력화의 맥락과는 다소 거리를 갖는다.

최근 우리 나라에서 시민운동의 정치세력화와 관련하여 제기되고 있는 논의들은 크게 두 가지 입장으로 구분될 수 있다. 그 하나는 '조기결성론'이라 할 수 있고 다른 하나는 '시기상조론'이라 부를 수 있다. '조기결성론'의 대표적 주창자인 차명제(1999: 63)는 '한국에서 녹색당과 같은 시민사회를 대변해 주는 대안적 정당은 한국의 민주주의 발전과 21세기 참여 민주주의 실현의 전제 조건'이 된다는 점에서 이러한 정당의 창당은 '빠르면 빠를수록 좋다'는 입장을 분명하게 제시하고 있다.

그는 21세기에는 현재의 모순이 보다 심화될 것이고 이로 인해 인류에 대한 생존 위협도 보다 가중될 것으로 전망하고, 이러한 문제의 해결을 위해서는 인류의 보편적 가치를 추구하는 시민사회가 중심이 되어야 한다고 보면서 시민사회가 직접 제도정치에 개입하는 경우가 녹색당과 같은 대안적 정당이라고 주장한다(차명제, 1999: 55-57). 또한 차명제는 우리 나라의 경우, 녹색당 출현의 전제조건이 되는 성숙한 시민사회가 아직 형성되어 있지 않음을 인정하면서도 한국적 상황에서는 녹색당의 출현으로 시민사회가 활성화되는 계기가 마련될 수 있을 것으로 보았다(차명제, 1999: 65).

다른 하나의 입장인 '시기상조론'은 정수복(1996)에 의하여 가장 분명하게 제시되고 있다. 정수복은 녹색 정치의 가능성과 제약 요인들을 검토한 후 녹색정당 논의가 시기상조임을 주장하였다. 녹색정치의 가능성을 논의할 수 있는 조건으로는 환경운동을 주축으로 하는 시민운동의 성장, 새로운 정당에 대한 사회적 요구의 증대, 녹색정치의 잠재적 지지층의 확대 등을 들었고, 제약요인으로는 기존 정당 구조의 기득권 유지와 정치가 충원의 폐쇄 회로, 주체세력 형성의 미비, 사회적 지지 기반의 부재 또는 미약, 기존 정당들에 의한 녹색정치 이슈의 포섭, 선거법 및 정당법 등의 제도적 문제 등을 꼽았다. 그는 결론적으로 녹색정당 결성에 대한 논의는 시기상조일 뿐만 아니라 그 실현 가능성 또한 불투명하다고 주장하였다(정수복, 1996: 210-213). 나아가서 정수복은 섣부른 정치세력화 논의는 시민운동 세력의 역량 손실로 이어질 위험성이 있음을 경고하였다(정수복, 1998: 396).

녹색당의 창당과 관련된 상반된 입장이 공존하는 가운데 실제의 시민운동세력 내에서는 '시기상조론'의 입장이 상대적으로 우세한 것으로 보인다. '시기상조론'이 우세한 배경으로는 과거 변혁 운동 세력에 의하여 주도된 개혁 정당의 실패 경험이 크게 작용하고 있다. 환경운동연합과 같은 환경운동단체들은 하나의 이상 내지 전망으로서의 녹색당 결성을 포기하지는 않으면서도 정당 창당보다는 선거와 같은 제도적 정치 과정을 통하여 환경문제를 쟁점화하고 환경친화적인 인사들의 제도 정치권 진입을 지원하는 등의 제한된 활동을 전개해 왔다.

4. 환경운동세력의 정치세력화: 환경운동연합의 지방선거 참여 활동

환경운동연합은 우리 나라 시민운동단체 중에서 정치세력화 또는 정치적 영향력 확장을 위해 가장 적극적인 활동을 벌인 단체 중의 하나라 할 수 있다. 1993년에 설립된 이래 1회의 대통령 선거와 2회에 걸친 국회의원 선거 및 지방선거를 거치면서 시민운동의 정치세력화를 위해 비교적 다양한 활동을 전개해 왔다. 환경운동연합의 선거 참여 활동은 다양하다. 각 정당 및 개인 후보자의 공약 분석과 발표는 거의 모든 선거 과정에서 이루어졌다. 다양한 선거 중에서도 환경운동연합이 정치적 영향력을 확장하기 위하여 전략적으로 가장 역점을 두어 온 선거는 지방선거이다. 지방선거의 경우, 환경운동연합은 다른 시민운동단체들과 연대하여 이른바 '시민 후보'를 내세우거나 독자적으로 '환경 후보'를 내세우고 이러한 후보들을 당선시키기 위해 조직적인 활동을 벌였다.

1) 시민운동단체 활동의 제약 요인

시민운동단체들의 선거관련 활동은 몇 가지 중요한 한계 속에서 이루어진다. 첫 번째 한계는 법률적 한계이다. 2000년에 들어와서 공직선거및선거부정방지법이 부분적으로 개정되기는 했지만, 이 법은 시민운동단체들의 선거관련 활동을 크게 제한해 왔다. 가장 중요한 제약은 시민운동단체들이 후보자를 추천할 수 없게 되어 있다는 점이다. 법에 의하면 후보자의 추천은 정당과 개인만이 할 수 있다. 구체적으로 보면, 후보자는 정당의 공천을 받거나, 아니면 일정 수 이상의 개인의 추천을 받아 무소속으로 출마하게 되어 있는 것이다.

뿐만 아니라 시민운동단체들의 선거 운동 참여는 과거에는 금지되어 있었다. 『공직선거 및 부정선거방지법』 제87조에 의하면, "단체는 사단 재단 기타 명칭의 여하를 불문하고 선거기간 중에 그 명의 또는 그 대표의 명의로 특정 정당이나 후보자를 지지하거나, 지지 반대할 것을 권유하는 행위를 할 수 없다"고 규정되어 있다. 다만, 노동조합은 이러한 제한을 받지 않는다.

선거운동에 대한 이러한 제약은 같은 법 제10조에 규정된 공명선거추진활동과 관련이 있다. 다시 말해서 과거 법에 의하면, 시민운동단체들의 공명선거와 관련된 활동은 권장 또는 허용되었지만, 후보자 추천이나 선거운동은 금지되어 왔다.

두 번째 한계는 시민단체 간 연대의 한계이다. 시민운동단체들은 많은 활동에 있어서 연대를 강조한다. 실제로 1998년 지방선거에 즈

음해서 환경운동연합 등 8개 시민운동단체들의 상설 연대기구인 한국시민단체협의회는 공직선거및선거부정방지법과 지방자치법의 개정을 추진한 바 있다. 그러나 시민운동단체들이 선거관련법 개정의 요구에서와 같이 항상 쉽게 연대할 수 있는 것은 아니다. 선거와 관련된 시민운동단체들의 활동 방향은 기본적으로 공명선거실천시민운동협의회의 틀 안에서 공명선거 감시 활동에 중점을 두고자 하는 운동 노선과 법에 의하여 허용되지는 않지만, 후보자를 내거나 특정 후보자를 지지 또는 반대하는 활동에 초점을 두고자 하는 운동 노선으로 나뉘어지는 경향이 있다. 환경운동연합이 후자의 운동 노선을 취해 온 반면에, 다른 많은 시민단체들은 전자의 노선을 취해 왔다고 할 수 있다.

세 번째 한계는 지역분할 구도로부터 오는 한계이다. 시민운동단체들은 후보자 개인의 도덕성, 능력 및 공약을 근거로 하여 후보에 대한 지지 또는 반대 활동을 벌이고자 하지만, 지역분할 구도로 인하여 이러한 캠페인의 영향은 크게 제약받고 있다. 우리 나라의 많은 지역에서 특정 정당의 공천이 후보 개인의 다른 어떤 특성보다도 당락에 중요한 영향을 미치고 있기 때문이다.

2) 환경 후보 지원과 그 결과

환경운동연합은 1995년과 1998년의 두 차례에 걸친 지방선거에서 '환경 후보'를 선정하여 이들에 대한 지지운동을 전개하였다. 환경운동연합이 지방선거 국면에서 실정법의 한계를 넘어서면서까지 이른바 '환경 후보'를 내고 그 후보의 당선을 위해 조직적으로 지원 활동을 펴는 가장 중요한 이유는 당선 가능한 후보가 있는 지역에 대한 집중 지원을 통해 '모델 지방자치단체'를 창출하는 데 있다. 이러한 목표에 따라 환경운동연합은 지방선거에 대비한 기구로서 지방자치특별위원회를 내부에 설치하고 이 위원회를 중심으로 '환경 후보'를 선정하고 이들에 대한 지원 방안을 마련하였다. 지방자치특별위원회는 대체로 선거일로부터 6개월 이전에 조직되었다.

지방자치특별위원회는 먼저 지역별로 출마 예상자 현황을 파악하고, 후보자에 대한 당선 가능성 여부를 판단한 다음 구체적인 지원 방안을 마련하는 절차를 밟았다. 후보자에 대한 지원은 정책 지원과 직접 지원이 모두 포함된다. 특정 지역이 전략지역으로 선정되는 경우에는 이 지역 후보자에 대해서는 집중적 지원이 이루어지게 되며, 다른 사회단체와의 협력을 통한 공동지원체제가 갖추어지게 된다.

1995년 지방선거에서는 모두 46명의 후보가 '환경 후보'로 선정되어 환경운동연합의 지지와 지원을 받았다. 46명을 구체적으로 보면, 기초자치단체장 후보자 4명, 광역의회 의원 후보자 5명 및 기초의회 의원 후보자 37명이다. 전체 46명의 환경 후보자 중에서 당선된 사람은 모두 31명(입후보자의 67.4%)이며, 이들은 기초자치단체장 2명, 광역의회 의원 4명 및 기초의회 의원 25명으로 구성되어 있다.

1998년의 지방선거에서는 기초자치단체장 후보자 3명, 광역의회 의원 후보자 8명, 기초의회 의원 후보자 28명 등 모두 39명이 '환경 후보'로 추천되었다. 이들 39명의 '환경후보' 중에서 선거 결과 당선된 사람은 총 22명(입후보자의 56.4%)이었다. 22명의 당선자들은 기초자치단체장 2명, 광역의회 의원 6명 및 기초의회 의원 14명으로 구성되어 있다.

지방선거의 시기에 따라 '환경 후보'로 추천된 입후보자의 수와 이들의 당선율은 다소 다르게 나타났다. 우선 '환경 후보'로 추천된 입후보자의 수는 1995년에 비하여 1998년에 다소 감소하였다. 구체적으로 보면, '환경 후보'로 추천된 광역의원 후보자는 증가한 반면에 기초의원 후보자는 크게 감소하였다. 전체적으로 '환경 후보'가 감소한 것은 환경운동 진영 인사들의 지방 정계 진출에 대한 열망 자체가 다소 떨어진 데 기인하는 것으로 보인다. 거꾸로 말한다면, 30여 년 간 유보되었던 지방자치제가 부활되어 처음으로 지방선거가 실시된 1995년에 운동권 인사들의 제도 정치권 참여 열망이 특별히 높았

<표 2> '환경후보' 추천 현황과 당선 현황

선거 구분	추천 현황				당선 현황				당선율 (%)
	기초 단체장	광역 의원	기초 의원	계	기초 단체장	광역 의원	기초 의원	계	
1995년 6.27 지방선거	4	5	37	46	2	4	25	31	67.4
1998년 6.4 지방선거	3	8	28	39	2	6	14	22	56.4
계	7	13	65	85	4	10	39	53	62.4

자료: 환경운동연합, 『1998 환경운동』 및 환경운동 연합 내부 자료

다고 할 수도 있다.

당선율 또한 1998년에 와서 크게 하락하였다. 기초의원 입후보자 28명 중 14명만이 당선된 것이 당선율에 커다란 영향을 미쳤다. 이러한 추천 인원과 당선율의 변화로 보아 일단 지방정치에 대한 시민운동권의 관심이 다소 감소하고 있는 것으로 해석할 수는 있으나, 지방선거가 단지 두 차례밖에 치러지지 않았기 때문에 이러한 변화를 근거로 해서 장래의 변화를 예측하기는 어렵다.

'환경 후보'로 추천된 후보자들의 대부분이 환경운동연합의 회원이거나, 아니면 집행위원, 지도위원, 집행위원장 등의 직책을 맡고 있는 사람들이다. 환경운동연합과 관련이 없는 사람도 없지는 않으나, 이들은 극히 적은 수에 불과하며, 이들도 다른 시민운동단체의 회원으로서 환경운동에 참여한 경력이 있는 사람들이다(<표 3>과 <표 4> 참조).

1995년에 당선된 '환경 후보', 특히 기초의회 의원 당선자들은 우리 나라의 대표적인 공해지역이라 할 수 있는 울산 지역과 인천 옹진군, 전북 고창, 강원 인제, 경북 포항, 서울 양천, 경기 군포 등과 같이 지역환경운동이 활발하게 전개되었던 지역에서 많이 배출되었다.

<표 3> 1995년 지방선거에서 당선된 환경후보의 경력

구 분	지 역	성 명	성별	경 력
기초단체장	대구 남구	L씨	남	대구 환경연합 집행위원장
	경기 의왕시	S씨	남	환경정책연구소 소장
광역의회	울산	S씨	남	울산 환경연합 공동의장
	광주	O씨	남	광주 환경연합 공동의장
	경기 과천	S씨	남	과천 환경연합(준) 지도위원
	경기 과천	L씨	남	과천 환경연합(준) 지도위원
기초의회	인천 남동	C씨	남	고잔환경보전대책위 위원장
	인천 옹진군	K씨	남	굴업도핵폐기장반대투쟁위 사무국장
	대구 서구	L씨	남	환경연합 시민환경감시단 총무
	대전 서구	K씨	여	대전 환경연합 주부모임
	의정부	Y씨	남	경기북부 환경연합 집행위원
	목포 용해	M씨	남	목포 환경연합 이사
	창원 사과	C씨	남	마산창원 환경연합 지도위원
	울산 중구	S씨	여	울산 환경연합 연대분과
	울산 동구	I씨	여	울산 환경연합 여성위원장
	울산 중구	C씨	남	울산 환경연합 노동환경위원장
	거제 능포	L씨	남	환경연합 회원
	충주 주덕	K씨	남	충주 환경연합 지도위원
	전북 고창	L씨	남	고창 환경연합(준) 의장
	강원 인제	K씨	남	인제군제병훈련장설치반대대책위원회 위원장
	경부 포항	C씨	남	청하핵폐기장대책위 위원장
	서울 양천	L씨	여	목동소각장반대대책위
	서울 구로	M씨	여	환경연합 회원
	경기 군포	K씨	여	군포산본소각장 대책위
	경기 군포	P씨	남	군포산본소각장 대책위
	경기 군포	K씨	남	군포산본소각장 대책위
	경기 군포	C씨	남	군포산본소각장 대책위
	경기 과천	K씨	남	과천 환경연합(준) 기획실장
	경기 과천	K씨	여	과천 환경연합(준) 지도위원
	경기 과천	O씨	여	과천 환경연합(준) 지도위원
	서울 관악	C씨	남	이해찬 의원 보좌관

자료: 환경운동연합 내부자료

<표 4> 1998년 지방선거에서 당선된 환경후보의 경력

구 분	지 역	성 명	성 별	경 력
기초단체장	대구광역시 남구청장	L씨	남	전 대구 환경연합 집행위원장
	울산광역시 북구청장	C씨	남	울산 환경연합 환경정책연구회장
광역의원	서울 노원	K씨	여	여성민우회 환경위원장
	경기 동두천	N씨	남	경기북부 환경연합 감사
	충남 서천	C씨	남	서천 환경연합 의장
	대구	K씨	남	대구 환경연합 상임집행위원
	전남 광양	K씨	남	광양 환경연합 지도위원
	제주	P씨	남	제주 환경연합 준비위원
기초의원	서울 노원	K씨	남	서울 환경연합 회원
	서울 강동	C씨	남	강동 송파 환경연합 운영위원
	의정부	K씨	남	경기북부 환경연합 자문위원
	과천	C씨	남	과천 환경연합 운영위원
	과천	S씨	여	과천 환경연합 회원
	대전	K씨	여	대전 환경연합 집행위원
	목포	K씨	남	목포 환경연합 집행위원장
	여수	C씨	남	여수 환경연합 이사
	여수	P씨	남	여수 환경연합 이사
	여수	S씨	남	여수 환경연합 이사
	광양	L씨	남	광양 환경연합 지도위원
	거제	L씨	남	거제 환경연합 의장
	제주	L씨	남	제주 환경연합 준비위원
	제주	K씨	남	제주 환경연합 준비위원

자료: 환경운동연합 내부자료
환경운동연합, 『1998년 환경운동』.

이것은 지역환경운동을 통하여 지역사회에서 지도자로 부상한 인사들이 지방선거를 맞이하여 제도정치권의 지도자로 충원되고 있음을 분명하게 보여 주고 있다.

1998년에 당선된 ‘환경후보’ 중에는 앞에서 본 바와 같은 풀뿌리운동 지도자가 거의 발견되지 않는다. 1995년에 기초의회에 진출했던 지역환경운동가들의 대부분이 1998년 지방선거에 입후보하지 않았다. 풀뿌리운동의 지도자뿐만 아니라 환경후보는 일반적으로 지방 정치에 지속적으로 참여하지 않는 경향을 보이고 있다. 1995년 지방선거에서 당선된 '환경 후보' 중에서 1998년 지방선거에서 재선된 경우는 3건에 불과하다. 대구광역시 남구청장 L씨와 대전광역시 서구 기초의회 의원 K씨, 거제 기초의회 의원 L씨 등이 재선에 성공한 경우이다. 의미 있는 사실은 1995년 지방자치단체장 또는 지방의회 의원으로 당선된 '환경 후보'의 대부분이 1998년 선거에서 입후보하지 않음으로써 재선 사례가 드물게 되었다는 점이다.

5. 지역시민운동세력의 지방선거 참여: 대전지역 시민운동단체의 사례

1) 대전의 시민운동단체

대전의 시민운동단체로서 지역적 쟁점에 비교적 지속적으로 관심을 표명해 온 단체로는 대전YMCA, 대전YWCA, 대전기독교교회협의회 등의 기독교 단체, 대전환경운동연합, 녹색연합충청지역본부, 환경보전대전시민연합(단체의 연합임), 카톨릭환경회의 등의 환경운동단체, 올바른 지방자치 실현을 위한 대전 시민모임, 대전공명선거실천협의회(단체 연합), 대전참여자치시민연대 등의 주민자치운동단체, 주부교실, 홍사단대전시지부, 경제정의실천대전시민연합, 민주주의민족통일대전충남연합, 참교육대전시민모임 등이 있다. 위의 시민운동단체들과 연대하여 시민운동에 참여해 온 다른 단체로는 진보적인 의·약사단체와 노동조합을 들 수 있다.

이들 단체 중에서 지방 자치 참여를 단체 활동의 명시적인 목적으로 표방하고 있는 단체는 올바른 지방자치 실현을 위한 대전 시민모임(아래에서는 '시민모임'이라 함), 대전공명선거실천시민운동협의회(아래에서는 '대전공선협'이라 함) 및 대전참여자치시민연대(아래에서는 '참여자치'라 함)의 세 단체이다. 이들 단체들은 넓은 의미에서 '주민 자치'의 실현이라는 공통의 목적을 갖고 있기는 하지만, 단체의 성격과 구체적인 활동 내용은 크게 다르다.

'시민모임'은 약 30명의 '개혁적' 성향을 지닌 대학교수, 변호사, 의사, 언론인, 사업가, 시민단체활동가 등의 지식인 모임으로 1991년에 창립되었다. 이 단체는 주로 지역사회의 문제를 쟁점화 또는 여론화하고 그 대안을 모색하는 활동에 주력해 왔다. 따라서 구체적인 활동은 포럼 또는 토론회를 개최하는 것이었다(올바른 지방자치 실현을 위한 대전시민모임, 1995: 74-78). 정치적 중립성을 활동의 원칙으로 정하고 있었기 때문에 지방선거를 비롯한 각종 선거와 관련된 활동에는 참여하지 않았다. 이 단체는 1997년 이후 활동을 중단하였다. 활동이 중단된 까닭은 내부적으로는 재원 조달의 곤란과 참여율의 저조의 요인이 있었고, 외부적으로는 참여의 폭과 방식을 둘러싸고 상호 갈등관계에 놓여 있던 '참여자치'가 그 역할을 대신할 수 있었기 때문이다.

'대전공선협'은 1998년 당시 서울을 비롯한 전국 54개 지역에 지역협의회를 두고 있는 전국조직인 공명선거실천시민운동협의회의 대전지부의 성격을 갖고 있는 단체로서 1992년 2월에 결성되었다. 이 단체는 개인 회원은 두지 않고 단체 회원만을 갖고 있어 일종의 단체들의 연합회적 성격을 갖고 있다. 전국 본부에는 경제정의실천시민연합 등 47개 단체가 회원으로 가입되어 있고(공명선거실천시민운동협의회, 1998: 24), '대전공선협'에는 현재 '『경제정의실천대전시민연합' 등 비교적 다양한 정치적 성향을 지닌 11개 단체가 가입되어 있다. 선거법에 의하면 특별법에 의하여 설립된 '국민운동단체'로서 국가 지방자치단체의 출연 또는 후원을 받는 '『새마을운동협의회', 바르게살기운동협의회 및 한국자유총연맹과 그 지역 지부는 공선협 활동에 참여할 수 없게 되어 있지만, 다른 희망하는 단체들은 제한 없이 공명선거 감시활동에 참여할 수 있다.

'대전공선협'은 규약에서 사업 내용을 '금권, 관권선거방지와 타락선거 방지 캠페인', '유권자의 투표 참여 및 의식개혁운동', '불법선거 감시 및 고발,' 및 '기타 공정선거 실천에 필요한 활동'으로 정하고 있듯이, 주로 매 선거 때마다 선거부정을 감시'하고 공명선거 캠페인에 주력하면서 지방선거시에는 후보자 검증을 위한 '후보자 초청 토론회'를 개최해 왔다. 1998년 지방선거 때에는 대전광역시장 후보를 대상으로 한 공명선거 서약식 개최, 부정선거 고발 센터 운영, 투표 참여를 유도하기 위한 거리 캠페인 실시, 자원봉사자 교육 실시, 투표참여를 유도하기 위한 유권자 교육, 구청장 후보 초청 토론회 개최(참여자치 등 다른 단체와 공동으로 개최하였음), 공약 분석 발표 등의 사업을 수행했다(대전공선협, 1998: 5-8). 이처럼 '대전공선협'의 활동이 공명선거 확보, 투표 참여율 제고 및 후보 검증에 역점을 두기 때문에 한편에서는 지방의 정치 엘리트 충원 과정에 보다 적극적으로 대처할 수 있는 대안의 모색에 소홀하다는 비판이 없지 않다. 이러한 맥락에서 상대적으로 '진보적' 성향을 띤 일부 시민단체들은 '대전공선협'의 이러한 활동이 지나치게 소극이라고 보아 '대전공선협'에의 참여를 기피하려는 움직임을 보이고 있다. 일부 비판적인 단체들이 주장하는 대안은 이른바 '시민 후보'의 추대 및 지원이지만, '공선협'은 어느 지역에서든 그 명칭과 규약을 바꾸지 않는 한, 현재의 활동 범위를 넘어서기는 어렵다.

선거 시기에만 활동하는 '공선협'과는 달리 '참여자치'는 개인과 단체를 모두 회원으로 받아들이면서 상시적으로 지방자치와 지역사회 문제 문제를 폭넓게 다루는 단체이다. 이 단체는 1995년에 실시된 제1회 전국동시지방선거에 대비하여 같은 해 2월에 결성되었으며, 최근의 회원 수는 약 470명이다(대전참여자치시민연대, 1998a). 이 단체는 1995년 지방선거시에 '공명선거 다짐과 올바른 선거문화 정착을 위한 만찬의 밤' 개최, 선거에 대한 관심과 참여를 유도하기 위한 '거리 음악회' 개최, 시장 후보 초청 토론회 개최, 공명선거를 위한 성명서 및 호소문 발표, 33대 정책과제 제안, 10명의 시민 후보 추대 등의 활동을 벌였다(참여자치대전시민회의, 1995: 30-54). 1998년 지방선거에서는 2차에 걸친 설문지 조사 실시 및 그 결과 보도, 보건복지분야 50대 과제 제안, 구청장 후보 초청 텔레비전 토론회 개최, 좋은 후보 뽑는 20가지 방법 제안, 후보별 공약 분석 및 발표, '시민 후보' 추대 등의 활동을 전개하였다(대전참여자치시민연대, 1998a; 1998b; 1998c).

2) 지방선거에서의 '시민 후보' 추대

'참여자치'의 활동에서 시민단체의 정치세력화와 가장 관련이 깊은 것은 '시민 후보' 추대 활동이라 할 수 있다. 법에 의하면, 후보의 추천은 정당과 개인에게만 허용되어 있다. 따라서 후보자가 되기 위해서는 정당의 공천을 받거나 아니면 일정수 이상의 개인으로부터 추천을 받아 무소속으로 출마해야 한다. '참여자치'의 '시민후보' 추대는 법외의 방식으로 지방선거에서 공천을 '감행'하는 것이라는 점에서 시민운동세력의 의회 진출을 지원하는 의미와 함께 제도에 대한 불복종의 의미를 갖고 있다. 1995년 지방선거에서 '참여자치'는 광역의회 의원(시의원) 후보 4명과 기초의회(구의회) 의원 9명을 포함한 총 13명의 '시민 후보'를 추대하였다. 선거 결과 이들 13명의 '시민후보' 중에서 시의원으로 당선된 사람은 한 사람도 없었고, 다만 구의회 의원 후보 4명(유성구 3명과 서구 1명)이 당선되었다. 1998년 선거에서는 4명의 구의원 후보(유성구 3명과 서구 1명)만이 '시민 후보'로 추대되어 이들이 모두 당선되었다.

'시민 후보'의 추대가 의미 있는 시도이기는 하지만, 이를 적극적으로 추진하는 데는 어려움이 있었다. 첫번째 문제는 전술한 바와 같이 시민후보를 추대하고 이들 후보를 시민단체가 조직적으로 지원하는 것이 실정법을 위반하는 일이 된다는 점이다. 두 번째 문제는 시민 후보의 추대와 관련된 활동이 시민단체의 다른 활동과 모순을 보인다는 점이다. 시민단체가 선거와 관련된 활동 중에서 공약 분석 및 후보 초청 토론회의 개최 등과 같은 후보 검증 활동을 하기 위해서는 엄격한 중립성을 지켜야만 하는 반면에, '시민 후보'의 추대는 시민단체로 하여금 불가피하게 당파성을 갖게 하기 때문이다. 세 번째 문제는 가장 본질적인 것으로서 시민 후보 추대가 과연 실효성이 있는가 하는 점이다. 실효성의 문제는 기본적으로 시민단체들이 어떤 후보를 '시민 후보'로 추대한다고 하더라도 선거 공보 등에 추대된 사실이 기록되지 않을 뿐만 아니라 그 후보를 조직적 차원에서 지원하는 데는 한계를 갖고 있는 데서 비롯된다.

'시민 후보'로 일컬어진 후보자 중에서 당선된 유성구 의원 3명의 경우에도 '시민 후보'로 추대된 것이 득표에 어느 정도 영향을 주었는지는 분명하지 않다. 이들 당선자들은 대덕연구단지 연구원 출신으로서 연구원이 밀집해서 거주하는 아파트 지역을 선거구로 하는 사람들이다. 이러한 투표구의 주민 구성상의 특징과 함께 조직력과 합법성을 갖춘 과학기술노조가 후보자 지원에 적극적으로 나선 것도 이들의 당선에 크게 기여한 것으로 해석할 수 있다. 결국 유성구에서 시민 후보로 나와 당선된 세 사람은 '시민 후보'라는 점보다는 다른 요인으로부터 더 큰 도움을 받은 것으로 보인다. 다만 서구에서 당선된 의원의 경우에는 시민단체 회원들의 개인적인 지원 활동으로부터 적지 않은 도움을 받았다.

실제로 1995년에 비하여 1998년에 시민 후보의 수가 줄어든 것은 실효성이 의문시되는 시민 후보 추대보다는 시민단체의 위상을 강화시켜 줄 수 있는 TV 토론회를 주관하는 것이 보다 의미 있을 것이라는 시민운동단체 측의 판단이 크게 작용했다고 본다.

6. 결 론

앞에서 우리는 지방선거와 관련된 시민운동세력의 두 가지 활동 사례, 즉 환경운동연합의 '환경 후보' 추천 활동과 대전지역 시민운동단체의 '시민 후보' 추천 활동을 살펴보았다. 이러한 적은 수의 사례에 대한 분석을 통해 우리 나라 시민운동의 정치세력화 가능성을 전망하는 것은 매우 어렵다. 그러나 사례 분석 과정에서 발견된 몇 가지 사실들은 시민운동의 정치세력화 가능성에 대한 검토와 관련된 의미 있는 시사점을 제공해 주고 있다.

첫째로, 1995년의 지방선거와 1998년의 지방선거 사이에 시민운동세력의 지방 정치 참여 움직임은 다소 후퇴하는 듯한 느낌을 주고 있다. 환경운동연합이 추천한 '환경 후보'의 수는 1995년에 46명이었다가 1998년에는 39명으로 감소하였다. 대전지역 시민단체의 '시민 후보' 추천 활동도 1995년과 1998년 사이에 오히려 후퇴하고 있다.

여기에는 한편으로 앞에서 본 바와 같이, 지방자치제 부활 직후에 나타나기 쉬운 정치 참여 욕구의 일시적 분출과 다음 선거에서의 참여 욕구의 상대적 안정화와 같은 주관적 요인도 영향을 미쳤다고 볼 수 있겠지만, 기본적으로는 시민운동의 내부 역량과 이와 연관된 시민운동에 대한 사회적 지지기반이 아직 충분히 조성되지 않은 데 기인하는 것으로 볼 수 있다. 이러한 시민단체 내부의 조건 미성숙이 곧 바로 '환경 후보' 또는 '시민 후보'로의 추대가 갖는 실효성의 문제를 낳는다고 할 수 있다. 이러한 불확실한 실효성 때문에 시민단체 스스로가 후보 추대에 적극적으로 나서지 않게 되었을 뿐만 아니라 추대를 받게 될 후보자 측에서도 시민단체의 추대에 큰 의미를 두지 않게 되었다고 할 수 있다. 결국 시민운동세력에 의한 지지 표명이 선거에서 긍정적인 영향을 미친다는 뚜렷한 전망이 있을 때까지는 시민운동 측과 후보자 측 모두가 '환경 후보' 또는 '시민 후보' 추대에 적극성을 보이지 않을 것으로 보인다.

둘째로, 보다 본질적인 문제로서 현재 이루어지고 있는 시민단체의 후보자 추천 및 지원 활동이 유럽의 녹색정당의 활동에서 볼 수 있는 뚜렷한 대안 정치의 전망하에 이루어지고 있다고 보기 어렵다는 점이다. 시민운동단체들 자체가 대안 정치를 위한 이념과 정책을 마련하고 있다고 보기 어려울 뿐만 아니라 '환경 후보' 또는 '시민 후보'로 추대된 사람들 역시 뚜렷한 대안 정치의 전망을 갖고 있지 못하다.

특히 '환경 후보' 또는 '시민 후보'로 추대된 후보들 중에는 기존의 특정 정당의 공천을 받고 있는 경우도 적지 않으며, 실제로 정당에 의하여 공천된 후보와 차별성을 보이지 못하는 경우도 적지 않다. 기초의회 의원의 경우에는 법에 의하여 정당의 공천을 받지 않도록 되어 있음에도 불구하고 실제 선거 과정에서는 입후보자들이 득표의 전략상 지역에서 압도적인 지지를 받고 있는 특정 정당과의 관련성을 강조하거나 특정 정치인과의 연고를 주장하는 사례가 적지 않다. 따라서 현재 이루어지고 있는 시민운동단체의 후보자 추천과 지원은 대안 정치를 위한 시민단체의 정치세력화와 일정한 거리를 갖고 있다고 할 수 있다.

셋째로 지난 총선에서 드러났듯이 우리 사회에서 기성 제도 정치에 대한 불신은 광범위하게 확산되어 있지만, 지역분할 구도는 여전히 선거 과정에서 큰 위력을 발휘하고 있다. 지역분할 형태의 정당 지지는 '환경 후보' 또는 '시민 후보'로의 추대를 통한 시민운동세력의 대안 정치의 실험을 크게 위축시키고 있다.

이러한 분석을 통해 내릴 수 있는 잠정적인 결론은 한국 사회의 경우 시민단체의 정치세력화를 위한 시민단체 내외의 조건은 아직 성숙하지 않았다는 것이다. 시민단체의 정치세력화가 이루어지기 위해서는 먼저 대안 정치를 위한 이념의 공고화와 지지 기반의 확충이 시민단체에 의하여 이루어져야 할 것이다. 지난 2000년 4월에 있었던 총선 과정에서 시민운동세력이 총선연대의 이름으로 전개한 낙천 및 낙선운동의 결과는 시민운동의 내부 역량과 지지 기반 형성에 대하여 다소 낙관적으로 해석할 수 있는 여지를 남겨 주었다. 그러나 낙천 낙선운동에 대한 대중의 지지가 단순히 기성 정치에 대한 불신의 표출을 넘어서서 시민운동세력 자체에 대한 지지를 의미하는가의 문제는 검토되어야 할 또 하나의 과제이다.

제15장

동아시아의 변동과 신사회운동의 정치세력화

이 시 재

1980년대 이후 한국, 대만, 필리핀 등 동아시아의 여러 나라에서는 민주화운동이 활발하여 신사회운동에게 유리한 정치적 기회구조를 확대시켰다. 민주화운동은 동아시아에서의 냉전체제의 붕괴와 맞물려 국가, 시민사회, 시장 사이의 역학관계의 변화를 가져왔다. 신사회운동은 민주화의 공고화단계에서 제도화, 세력화하는 경향이 있다. 여기서 말하는 세력화는 권력의 이동과, 정부와 시민사회 간의 권리와 의무의 변동을 기준으로 파악할 수 있다. 신사회운동의 제도화와 세력화라는 측면에서 보면, 필리핀의 신사회운동은 제도화와 세력화에 가장 성공하였고, 한국과 대만에서는 세력화라는 측면에서는 평가할 수 있지만, 제도화에 성공하였다고 볼 수는 없다. 또 중국의 경우에는 신사회운동이 아직 맹아기에 있기 때문에, 제도화와 세력화와는 거리가 멀다. 일본에는 최근 NPO법을 제정하는 듯 상당히 제도화가 진행되고 있지만 세력화했다고는 말할 수 없다. 이 연구에서는 신사회운동은 제도화를 통해서 세력화하는 경우도 있지만, 제도화가 반드시 세력화를 담보하지 못한다는 것도 확인하고 있다.

1. 동아시아의 변동과 시민사회

1980년대 중반부터 동아시아에는 민주화가 급속하게 진행되었다. 중국은 1970년대 말부터 개혁개방의 기치를 내걸고 시장경제는 부분적으로 받아들이기 시작하였다. 필리핀은 민중저항에 의해 20년에 가까운 마르코스독재체제가 무너지고, 민주정부를 수립하였다. 한국은 1987년의 6월항쟁을 기점으로 급속한 민주화가 진행되었다. 대만은 1986년에 28년 간 지속되어 온 계엄령을 해제하여 민주적인 다당체제로 넘어갔다. 이러한 민주화는 한국과 필리핀과 같이 민중의 저항을 바탕으로 이루어진 경우도 있으며, 중국이나 대만과 같이 지배체제의 적응적 최적화를 통해서 개방정책 혹은 민주화정책을 편 경우도 있다.

동아시아지역의 민주화는 서구에 있어서의 냉전구조의 붕괴와 밀접하게 관련있다. 구소련의 페레스토로이카정책으로 소련국내의 개방과 개혁의 분위기가 지배하게 되었고, 이른바 '위성국가'로 불리는 중부유럽에 있어서의 시민사회적인 민주화의 운동이 이에 호응하여 발흥하였다. 1989년에는 냉전체제의 상징이었던 베를린장벽의 해체와 동독정권의 붕괴 등으로 냉전구조의 해체는 급류를 타게 되었다. 동아시아지역에서도 냉전을 빌미로 국내체제의 공고화를 지향했던 한국, 대만, 필리핀 등의 반공국가의 존립 자체가 위태롭게 되었다. 중국도 정치구조의 변화 없이 경제구조의 변화를 추구하는 방식으로 경제개혁과 사회개방을 추구하였다.

중국의 一國兩制政策은 홍콩, 마카오의 주권 회복의 원칙으로 적용되었지만, 중국 내에서도 사회주의 체제와 더불어 시장경제를 받아들이는 원칙으로 적용되었다. 타이완과의 비정치적 교류와 시장경제적인 통합지향도 실질적인 一國兩制와 같은 효과를 실현하고 있다고 볼 수 있다. 냉전체제의 붕괴는 동아시아의 각국에 있어서 계급주의적 정당과 계급지향적인 노동운동의 상대적인 쇠퇴를 가져오기도 하였다. 일본의 사회당의 붕괴현상과 노동운동의 변질은 이것을 잘 말해 주고 있다.

아시아의 경제성장은 1950년대 이후의 일본, 1970년대 이후의 한국과 대만, 그리고 1980년대 이후의 태국, 말레이시아, 인도네시아 등의 발전으로 이어졌고, 1990년대에는 중국과 베트남이 뒤이어 급속한 성장을 가져왔다. 동아시아제국의 이러한 경제성장 패턴을 기러기편대(雁型)형 성장이라고 불려지기도 하였다. 냉전구조의 붕괴와 정치적 개방성의 증대, 시장경제의 성장과 중산층의 확대는 시민사회의 발전의 좋은 조건을 제공하였다.

그러나 경제성장은 많은 부작용도 가져왔다. 빈부의 격차, 농촌경제의 파탄과 급속한 도시화, 그리고 자원의 고갈과 환경파괴 등 경제성장 우선에 따른 사회적·환경적 비용의 문제가 대두하게 된 것이다. 1960년대 말부터 일본에서는 급속한 경제성장과 축적의 결과, 각지에서 공해문제가 발생하였고 주민운동이 일어나 지방자치를 중심으로 정치변동을 가져왔다. 동아시아의 여러 나라에서는 일본과 마찬가지로 경제성장의 負의 결과로서 생활환경의 파괴가 일어났고, 이것이 주민운동을 불러일으켰다.

한국에서는 1987년의 6월 민주항쟁의 결실로 환경, 소비자, 교육, 여성 등 다양한 시민운동이 일어나 시민사회의 세력화가 시작되었다. 대만에서도 이등휘 정권이 등장하여 부분적인 민주화가 시행되어, 반핵환경운동이 정치운동의 일환으로서 1990년대에 활발하게 되었다. 중국에서는 1989년의 천안문민주화요구시위가 무력에 의해 진압되었다. 수많은 참가자들이 살해되고, 투옥되었으며 혹은 해외로 도망하였다. 천안문민주화운동은 지금은 중국의 일부가 된 홍콩에서 지속되고 있다.

동남아시아에서도 민주화의 바람은 거세게 불고 있다. 1998년 인도네시아에서는 33년 간 지배하였던 수하르토 정권이 학생, 노동자, 시민들의 저항을 받아 무너졌다. 인도네시아에도 환경운동, WAHLI를 비롯하여 여러 시민운동이 활발하였다. 워낙 정치적인 억압이 심한 곳이기 때문에, 과격한 시민운동은 성장하기 어려웠지만, 1998년의 민중들의 저항에 의해 정권을 퇴진시키는 과정에서 이들 운동단체들은 눈부신 활동을 하였다. 아직도 정치적인 혼란이 지속되고 있고, 종교적인 분쟁, 민족분쟁이 끊이지 않고 있지만, 건전한 시민운동의 성장, 시민사회의 발전이 예상되고 있다.

민주화운동에 있어서 인도네시아만큼 극적인 변화는 없지만, 태국, 필리핀에도 1990년대에는 민주주의가 잘 정착되어 가고 있으며, 시민운동이 활발하다. 태국은 군사쿠데타가 자주 발생하는 정치적인 풍토를 가지고 있으나 지난 10년 간 민주적인 정부 간에 정권 교체가 일어나고 있으며, 필리핀에서도 1980대 말의 아키노 정권이 성립된 다음에는 제도적인 민주주의가 정착되고, 그것을 뒷받침하는 시민운동이 활발하다. 시민운동의 대표자들이 정치에 뛰어드는 일이 잦은 것도 이 지역의 특색 중의 하나이다.

태국, 인도네시아, 필리핀에서 민주주의가 지난 10년 동안 크게 발전한 것과는 달리 말레이시아, 미얀마에서는 아직 강권적 정부가 존속하여 시민사회의 발전을 가로막고 있다. 말레이시아의 최근의 반정부운동은 마하티르 정권에 대한 시민들의 반발이 얼마나 큰지를 알 수 있는 사태이며, 미얀마에서도 아웅산수지 여사와 같은 민주인사의 존재가 앞으로 정치적인 변동을 가져올 것이라고 예상되는 만큼, 다가오는 21세기에는 시민사회가 아시아 전역에서 중요한 위치를 차지하게 될 것으로 보인다.

베트남과 중국은 시장경제를 채택하고 있고, 사업의 자유는 어느 정도 상당히 허용되고 있지만 비정부조직의 활동은 체계적으로 봉쇄되어 있다.

2. 국가구조와 시민사회의 세력화

동아시아의 민주주의는 국가, 시장, 시민사회의 3자 간의 역학관계의 변화 가운데서 발전해 왔다. 민주주의가 제도적으로 정착된 일본, 시민들의 저항을 바탕으로 민주주를 이룩한 한국, 내외의 도전에 대한 지배블록의 적응적 최적화로서의 민주발전을 가져온 타이완 등, 민주주의의 성장은 시민사회의 성장과 밀접하게 관련있다. 시민사회의 세력화와 민주주의와 관련하여 몇 가지 이론적인 논점을 정리하고자 한다.

이 논문에서 다루는 시민사회의 개념은 코헨과 아라토의 국가영역과 구별되는 상대적으로 자율적인 시민의 공간을 의미한다(Cohen and Arato: 1992). 1990년대 이후 시민사회의 개념은 시장과도 구별되는 개념으로서 국가, 시장, 시민사회가 우리들의 삶의 전체를 구성하는 것으로 이해되고 있다(이시재, 1995).

동아시아에서는 시민사회의 성장과 민주주의 발전은 국가구조와 밀접하게 관련이 있다. 또 국가구조는 시민운동에 있어서 정치적 기회구조의 개방성으로서 이해될 수 있다. 동아시아에서는 국가는 중요한 정책의 결정자이고, 국가구조의 변화가 다른 모든 변화를 가져올 수 있기 때문이다. 국가는 스스로 축적을 위한 경제주체의 하나이며, 성장과 발전을 위해 시장과 시민사회를 통제하여 왔다. 국가는 시장과 시민사회 위에 군림하여 시장의 자율성과 시민사회의 성장을 막아왔다. 시민사회 내부에서의 갈등도 국가 개입에 의해서 종결되는 일이 허다하였다. 노동과 자본과의 관계에도 국가가 개입하여 성장지향을 위해 노동을 억압하였다. 그래서 이 일본을 제외하고 이 지역에서의 노동운동은 항상 궁극적으로는 노동-국가 간의 대립축으로 바뀌어 갔다.

한국이나 필리핀에서는 밑으로부터의 힘을 배경으로 국가구조가 변하였다. 그러나 그러한 변화는 항상 지배블록의 내부갈등, 분열, 정치지배의 정당성의 위기 등 '정치적 기회구조'를 확대시켰고, 이를 틈타고 시민세력이 등장하여 국가구조를 변화시켰다.

사회운동과 국가구조와의 관계에서 사회운동의 가능성을 설명하는 이론으로서 정치적 기회구조의 이론이 있다. 정치적 기회구조는 네 가지 측면으로 정리될 수 있다. 즉 정치제도의 개방성, 지배엘리트연대구조, 엘리트동맹의 존재, 그리고 국가의 탄압능력과 성향 등이다(McAdam, 1996: 27). 한국에서의 1987년의 지배블록의 분열, 타이완에서의 1986년의 계엄령 해제, 그리고 필리핀에서의 엘리트동맹의 붕괴 등은 국가구조의 취약성을 드러내면서 시민운동에게는 정치적인 기회구조로 작용하게 된 것이다.

이러한 의미에서 1985년의 필리핀, 1986년의 대만, 1987년의 한국, 그리고 심지어 1989년의 중국에서 시민운동을 위한 정치적 기회구조는 확대되었다고 볼 수 있으며, 이것을 바탕으로 동아시아의 시민사회가 크게 세력화하는 계기가 된 것이다.

시민운동의 세력화란 무엇을 의미하는가? 시민사회가 국가 혹은 기업에 대해 영향력을 행사할 수 있는 정도를 세력화라고 말할 수 있다. 시민사회가 국가 혹은 기업에 영향력을 행사하는 방법은 여러 가지가 있을 수 있다. 여론동원과 대중운동을 통해서 국가 혹은 정치사회에 압력을 가하여 그들의 변화를 이끌어 내는 경우이다. 한국의 '2000년총선연대'는 낙선운동을 통해서 시민의 지지를 이끌어 내고 정치사회의 변화를 가져온 힘을 발휘하였다. 이러한 운동이 세력화라고 말할 수 있다. 시민단체의 간부가 그 경력을 바탕으로 정계에 진출한다던가, 정부의 요로에 들어가 활약하는 것은 시민사회 그 자체의 세력화는 아닌 것이다.

시민운동의 정치개입을 정당의 형태로 실현하는 것은 시민운동의 세력화라고 말할 수 있을까? 독일 등 유럽의 녹색당은 사회민주당과 연정을 통해서 국가구조의 일부를 이루고 있다. 이들은 물론 시민사회의 세력화의 하나의 전형이 될 수 있다. 그러나 녹색당이 어디까지나 시민사회적인 정당의 정체성을 유지하는 한에 있어서 시민사회의 세력화라고 말할 수 있는 것이다. 일본의 지방의회에서 진출한 '네트워크'는 생활클럽 생협을 모태로 하고 있으나 이들이 시민사회의 세력화로 자처할 수 있는 것은 그것을 배출시킨 시민사회에 대한 책임과 시민사회의 대표성을 유지하려고 하고 있기 때문이다. 한편 타이완의 환경보호연맹은 민진당 등 야당과 연대함으로써 정치적인 위상을 높일 수가 있었으며, 집권 국민당을 압박하는 수단으로서 보다 폭넓는 시민층을 조직할 수가 있었다.

시민사회의 세력화가 반드시 정당정치에의 참가로 귀결하는 것은 아니다. 한국에서는 시민운동이 정파를 초월함으로써 시민들의 폭넓는 지지를 얻을 수 있다. 한국의 2000년 총선시민연대가 국민적인 지지를 받고 부패정치인을 추방하는 데 성공한 이유는 바로 이것이 어느 정파에 속하지 않고, 정파를 초월하였기 때문에 가능하다. 한국의 총선시민연대와 같이 탈정당화함으로써 정치사회 전체에 대한 정치적 영향력을 행사할 수 있었다. 한국의 총선연대의 경험은 탈정파, 탈정당이야말로 정치적 영향력을 극대화한다는 것을 보여 준 사례이다. 따라서 시민사회의 세력화는 정치적 영향력의 증대를 의미하며, 그것이 어떤 수단과 전략을 사용하는가는 정치적 기회구조, 시민동원의 가능성 등에 의해 결정된다고 볼 수 있다.

동아시아의 시민사회는 그것이 정치적인 세력화를 확대하는 과정에서 몇 가지 단계를 거쳐서 제도화하는 경향을 보이고 있다.

동아시아의 여러 나라의 사례에서 볼 수 있듯이 시민운동은 비제도적 행위에서 제도적인 행위까지 다양한 변차를 보이고 있다. 유형과 사례를 보면 다음과 같다.

1) 부 정

국가구조가 사회운동의 존재 그 자체를 전혀 인정하지 않는 경우이다. 준정부나 공산당의 하부조직을 제외하고 사회주의권에서는 사회운동조직을 인정하지 않는 경향이 있다. 현재 베트남, 캄보디아, 미얀마 등에서는 반체제조직을 인정하고 있지 않으며, 온건한 환경운동조차도 자발적인 사회조직으로 인정하지 않는다. 국가는 시민사회와 시장의 영역 위에 군림하여 독점적인 지위를 갖고 있다.

2) 저 항

1970년대의 한국과 필리핀의 민주화운동, 1980년대 한국의 대학생연합조직 등은 정부가 그 존재를 인정하지 않았고 대화나 협상의 대상으로 삼지 않았다. 정부는 일방적으로 탄압하고 운동단체도 정부를 적대세력으로 규정하였다. 정부는 바리게이트, 최루가스 등 물리적인 수단으로 운동을 막았고, 운동세력도 물리적인 힘으로 대항하였다. 물론 이러한 단계에서도 시민운동은 세력으로 정부에 압박을 가하였다. 1987년의 6월항쟁은 국가구조의 변경을 가져온 민중세력의 승리였으며, 1998년의 인도네시아, 1985년의 필리핀의 변혁도 민중세력의 비타협적인 운동의 결과이었다.

3) 협 상

국가와 사회운동단체 간에 서로 그 존재를 인정하고, 밀고 당기는 갈등이 제도화되어 있는 경우를 말한다. 사회단체는 성명서, 합법적 시위, 교섭당사자로 인정하는 경우이다. 국가가 시민사회사이에는 일정한 룰에 의한 씨름판이 형성되어 있다고 볼 수 있다.

4) 참 가

국가가 사회단체를 법으로 보호하고, 지원하며, 시민단체들은 정책대안의 제시, 로비, 여론동원 등을 통해서 국가의 정책결정에 다양한 방법으로 참여하게 된다. 이 단계에는 사회운동이 제도화되었다고 말할 수 있다. 정부의 정책프로젝트에 참여하고, 사회운동단체를 법인화하며 합법적인 테두리 안에서 자원을 동원하는 경우이다. 일본의 NPO법과 한국의 민간단체지원법은 시민운동의 제도화를 법적으로 뒷받침한 것이다.

시민사회가 제도화되면 될수록 정치세력화가 확대된다고 말할 수 있을까? 시민사회의 제도화가 국가에 의해 주도될 때, 그리고 그 제도화가 시민적인 지지와 승인을 바탕으로 하지 않을 때 시민사회는 체제에 통합될 가능성도 있다.

또 시민사회의 제도화가 민주주의 발전에 어느 정도 기여하는가? Giugni에 의하면 민주화란 권력의 이동과 동시에 국가와 시민의 사회에 권리와 의무의 변화가 동시에 수반되어야 한다는 것을 의미한다(Giugni, McAdam & Tilly, 1998, p. xv) . 민주화는 체제 수준에서의 권력이동과 개인 수준에서의 권리와 의무의 변화가 있어야 한다는 것이다.

사회운동을 통해서 민주화를 실현하는데는 두 개의 길이 있다고 이들은 주장하고 있다. 그것은 편입(incorporation)과 변혁(transformation)이라는 것이다. 편입은 기존의 절차와 구조를 이용하여 정책적인 변화를 시도하는 것으로서 반드시 권력의 변동을 가져올 것을 지향하지는 않는다. 그렇다고 국가와 시민사회간에 권리와 의무의 변화가 수반되는 것도 아니다. 많은 사회운동은 이 길을 따르고 있으며, 사회운동의 제도화를 통해서 운동의 요구를 공공의 아젠다와 정책에 포함시키도록 한다는 것이다.

그러나 편입은 변혁을 거쳐서 민주화로 나아가는 하나의 길이기도 하다. 정책 수준의 요구가 체제의 변혁에 대한 요구로 에스커레이트 할 수 있다는 것이다. 그 반대로 변혁을 지향하여 그것이 실현됨으로써 편입을 통해서 요구할 수 있는 것을 일거에 해결하는 방법도 있다. 그래서 이론적으로는 사회운동이 이끌어 낼 수 있는 변화는 네 개로 나누어질 수 있다.

(1) 사회운동이 권력변동도 권리와 의무도 수반하지 않는 경우: 편입

(2) 사회운동이 권력이동을 가져오지 않았지만 권리와 의무의 변화가 생긴 것: 민주적 조정

(3) 사회운동이 권력이동은 가져왔으나 권리와 의무의 변화가 일어나지 않는 것: 변혁

(4) 사회운동이 권력이동과 권리/의무의 변화을 일으킨 것: 민주화 등이다.

이 개념도식은 동아시아의 시민운동이 민주주의 발전과 관련하여 어떤 변화를 이끌어 냈는지 분석하는 데 좋은 도구가 될 수 있을 것이다. 1987년 한국은 시민에 의한 6월민주화항쟁을 하였지만, 그후에 실질적인 군사정권이 민주적 조정'을 통해서 권력을 유지하였다. 인도네시아에서도 권력의 이동이 있었지만, 국민의 권리와 의무에 어떤 큰 변화가 일어난 것 같지 않다. 일본의 사회운동은 어떻게 평가될 수 있을까? 그들은 이미 상당한 정도 민주화가 되어 있기 때문에 권력의 변동이나 권리/의무의 변동을 지향하지 않지만, 정책적 수준의 변화를 요구하고 있다. 2000년 봄의 타이완의 선거혁명은 권력의 이동을 가져왔으나, 그것이 권리/의무의 변동을 수반할지 두고 보아야 할 것이다.

<표 1> 국가와 시민사회와의 관계의 변화

		권력이동	
		+	-
권리와 의무의 변화	+	민주화 Democratization	민주적 조정 Democratic adjustment
	-	변혁 Transformation	편입 Incorporation

출처: Marco G. Giugni, 1998: xvi.

3. 동아시아의 시민사회의 성장과 변화

1) 일 본

일본의 전후개혁은 천황제국가의 해체가 그 요체였다. 가족제도의 변혁, 재벌 해체와 노동운동의 자유화, 언론자유와 교육개혁, 지방자치실시, 정당활동의 자유 등을 통해서 천황제 국가의 시민사회와 경제지배를 배제하였다. 권력기구는 천황제국가에서 민주국가로 이양되었고, 국민의 권리는 회복되었다. 전후개혁의 초점은 이와 같이 제도적인 민주화였다. 그렇기 때문에 전후 일본의 사회운동은 민주적인 제도를 요구하는 체제변혁적인 운동으로 발전하지 못하였다.

1960년대 중반까지는 일본의 사회운동은 시민운동이라고 말하기 어려웠다. 학생운동, 노동운동, 지식인 운동이 모두 공산당, 사회당 등 혁신정당의 분신으로서 전개되었기 때문에 폭넓고 자유로운 시민참가를 바탕으로 성장하지 못하였다. 1960년의 안보투쟁, 1965년의 한일협정반대투쟁은 다같이 혁신정당에 의해 주도된 사회운동이었다. 1960년대 중반까지의 사회운동은 혁신정당에 의해 주도되었지만, 광범위한 시민, 학생, 노동자들의 참여가 있었다.

1965년에는 기존의 정당을 배경으로 하지 않은 두 개의 운동단체가 생겨났다.

<베트남에 평화를! 시민연합>, 줄여서 베헤렌과 생활클럽(1960년대 말 생활협동조합으로 발전)이 그것이다. 베헤렌은 시민의 힘을 결집하여 월남전을 반대하고 특히 일본정부가 월남전에 개입하는 것을 저지하려는 대규모 시민운동이었다. 생활클럽은 소비자운동의 형태를 취하고 있지만 생활 속에서 정치의 의미를 찾으려는 운동으로서 기성정당운동과는 전혀 다른 사회운동을 지향하고 있었다. 베헤렌은 미국이 베트남전쟁을 수행함에 있어서 일본의 미군기지를 이용하여 물자와 폭탄을 공급하고 있다는 점에서 일본의 베트남전쟁 가담을 막아 보자는 의도로 만들어졌다. 미국은 일본에서 폭격기를 발진시키고

있었고, 군수물자를 육로로 이동시켰으며 일본의 공산품과 농산물이 미군들을 위해서 공급되기도 하였다. 이 운동단체는 월남전에 반대하여 탈영한 미군병사들을 지원하기도 하였으며, 미항공모함의 일본기항을 반대하는 시위를 조직하였다. 소설가이며 평론가인 오타 마코토(小田實) 씨가 이 운동의 상징적인 지도자이나 시민들은 각자 자기가 처한 곳에서 이 운동에 참가하였다. 베헤렌의 특징은 시민들 개개인이 자발적으로 참여하고 떠나고 싶을 때 떠난다는 철저히 의식있는 시민들의 자유로운 참여를 기본원칙으로 하였다. 또 이 운동은 대규모 집회와 전국적인 캠페인을 전개하였지만, 중심부가 없이 각자 알아서 자기가 처한 곳에서 자기중심으로 운동을 하는 특징을 갖고 있었다. 말하자면 자유로인 개인들의 자발적인 네트워크의 형태를 띠고 있어서 종래의 관료제적인 노동조합운동이나 정당지향적인 학생운동 조직과는 달랐다. 말하자면 시민운동이 새로운 운동문화를 만들어 낸 것이다.

베헤렌은 사회운동으로서 독특한 성격을 갖고 있었다. 일본의 권력의 변동을 요구한 것도 아니었으며 시민적인 권리나 의무의 변경을 가져올 것을 요구한 것도 아니었다. 시민들 스스로 전쟁 반대에 가담하도록 하는 것과 일본정부가 미국의 월남전 수행에 도와주지 말 것을 요구하였지만, 이러한 요구가 받아들여지지 않았다. 권력의 이동도 권리와 의무의 변동도 가져오지 않았지만, 베헤렌운동은 일본 최초의 자율적인 시민운동으로서 하나의 운동문화를 만들어 내고 그후 다양한 지역운동, 주민운동, 시민운동을 일으키는 하나의 양식을 제시하였다고 생각된다.

베헤렌은 1970년 중반 월남전의 종식과 함께 해산하였으나 생활클럽생협은 지금도 전국에 약 30만 명의 회원을 갖고 있다. 베헤렌은 해체되었으나, 그 흐름은 지금도 일본의 각종 시민운동의 뿌리를 이루고 있다. 베헤렌과 생활클럽생협이 중요한 까닭은 이것들이 일본의 시민운동의 근간을 이루었기 때문이었다.

1960년대 후반부터 일본의 시민운동은 지역주민운동이 중심을 이루고 있었다. 미나마타유기수은중독에 의한 반공해투쟁, 이타이이타이병, 욧카이치 천식병 등 각지에서 공해반대 지역주민들이 활발하였다. 이러한 지역주민운동은 각지에서 혁신자치체를 탄생시킨 원동력이 되었다. 1963년에 요코하마 시에 사회당 지방자치체가 등장한 것을 비롯하여 1967년에는 동경도에도 사회당혁신자치체가 성립하였다. 뒤이어 교토, 오사카, 나고야 등 일본의 태평양연안의 도시지역에서는 혁신계 지방자치체를 등장시켰다. 사회당과 공산당을 배경으로 하는 지방자치체가 등장하였으며, 노동조합이 조직적으로 이를 지원하였다. 그러나 지방자치체의 업무 자체가 시민생활과 밀접하게 관련있으며, 또 지역의 시민운동을 촉발하는 요인이되기도 하였다. 지역주민운동이 혁신자치체를 탄생시키고 한편에서는 혁신자치체 내에서 시민운동이 활성된 것이다. 혁신자치체를 등장시키는 데는 지역주민운동과 노동운동의 연합활동이 주효하였다. 지역주민운동을 모태로 혁신자치체가 등장한 경우도 물론 있었다. 카나가와 현의 즈시 시에서는 미군기지를 둘러싼 환경운동이 활발하게 전개되어 반대입장에 있던 시민들이 서명을 모아 시장을 소환하고 시민운동의 지도자가 시장에 선출되었다.

일본의 혁신자치체도 1970년대 중반부터 하나씩 변하기 시작하였다. 사회당과 공산당과의 혁신연합에 의해 권력을 장악하였던 자치체가 하나씩 무너지기 시작하였다. 보수정당에 주도한 자치제도 혁신자치체의 개혁 프로그램을 받아들였다. 1980년대에는 다당지지를 끌어들여 모든 정당이 여당화하는 경향까지 보였다. 이러한 변화의 배경에는 노동조합운동의 쇠퇴, 시민운동의 변화 등을 들 수가 있다.

한편 새로운 시민운동이 등장하기 시작하였다. 반공해운동에서 환경보전운동, 복지운동, 각종 볼런티어운동, 그리고 해외지원운동 등, 권력이나 기업등을 대상으로 하는 운동보다는 시민들의 자발성에 기초한 운동이 활발하게 되었다. 1990년대 볼런티어의 해외파견, 고베-

오사카대지진 때 보여 준 자원봉사자들의 활약을 배경으로 환경, 복지, 국제친선을 도모하는 사회단체가 대량으로 만들어졌다.

이러한 변화 가운데 1998년에는 특정비영리활동촉진법이라는 이른바 NPO[1)]법이 통과되었다.

NPO법은 복지, 자원활동 등 시민들의 자발적인 운동을 지원하기 위한 법이며, 2000년 3월 현재 2,097개의 단체가 법인신청을 하여 1,536건이 법인으로 인정을 받았다. NPO법에 의해 등록된 단체들의 주요활동은 (1) 보건, 의료, 복지(64.8%), (2) 사회교육(33.6%), (3) 복지 및 사회교육지원활동(31.8%), (4) 자녀들의 건전육성(31.3%), (5) 지역만들기(마치즈쿠리)운동(31.0%) 등으로 되어 있다.[2)]

일본의 NPO법에 의해 보호와 지원을 받는 단체들은 그 활동을 중심으로 보면 권력문제를 다루거나, 국가와 시민간의 권리/의무를 문제시하는 일은 없는 것 같다. 주요한 활동에서 보면, 원래 지방자치단체나 국가가 해야 할 복지와 사회교육 등을 시민참가하에서 실현한다는 의미가 크다고 할 수 있다.

물론, 일본의 사회운동 가운데는 NPO법에 의한 법인등록을 하지

---

1) 비영리조직(Non-Profit Organization)이라고 불리는 NPO는 일본에서 독특한 범주로 다루어지고 있다. 미국에서는 NPO는 세법상의 범주로 영리활동을 하지 않아서 면세되는 단체를 의미한다. 여기에서 대학이나 병원, 교회 등도 모두 NPO에 속한다. 그러나 일본에서는 시민활동이 중심을 이루고 있다. 또 NGO라는 개념은 정부가 아닌 모든 단체를 지칭하는 것으로 되어 있으나 기업도 당연히 여기에 포함된다. 그래서 시민운동과 관련이 있는 시민활동의 범주는 NPO와 NGO가 교집합을 이루는 부분, 즉 비영리이나 시민의 자발적인 참여를 통해서 행해지는 것을 지칭한다고 볼 수 있다.

2) NPO법에 의해 등록된 단체들의 활동내용은 다음과 같이 분류될 수 있다. (1) 보건의료 또는 복지추진활동, (2) 사회교육추진활동, (3) 마치즈쿠리추진활동, (4) 예술문화 또는 스포츠진흥, (5) 환경보전, (6) 재해구원활동, (7) 지역안전활동, (8) 인권옹호, 평화추진, (9) 국제협력, (10) 남녀공동사회형성촉진, (11) 어린이의 건전육성, (12) 시민활동지원운동

않는 단체들도 많이 있다. 각 지역의 환경문제를 다루는 조직이나, 인권문제, 외국인문제 등 그야말로 사회문제를 다루는 단체들은 법인 등록하는 것이 실익이 없다고 생각하여 등록하지 않고 있다. 그래서 NPO로 등록하는 단체만을 대상으로 삼아 일본의 시민사회를 논하는 것은 온당하지 않다.

1990년대의 일본의 시민활동 가운데 하나의 특징은 해외지원운동이 활발하다는 것이다.

1992년 브라질 리오데자네이로에서 열린 유엔환경개발회의와 병행해서 열린 글로벌 포럼에는 일본은 대규모 NGO 대표단을 구성해서 참가하였다. 그 이후에도 일본 NGO는 전국적인 네트워크를 구성하여 세계인권회의(1993), 인구개발회의(1994, 카이로), 사회개발정상회의(1995, 코펜하겐), 유엔여성대회(1995, 북경) 등에 대규모 대표단이 파견되었다. 이러한 국제적인 활동 이외에도 1990년대는 일본의 국제공헌이 여론화되면서, 일본 NGO 가운데서 일본의 개발원조(ODA)에 대한 의문이 제기되었다. 일본정부는 막대한 자금을 개도국의 발전을 위해 원조한다고 하지만, 개도국의 개발독재를 강화하고, 일본의 다국적 기업을 이롭게 하는 데 사용될 뿐이라는 것이다. 그래서 NGO들은 개발원조의 투명성을 요구하였다.

한편 1995년 고베, 오사카 지역에 대규모 지진이 발생하여 볼런티어들의 자발적인 활동이 재난구호에 대단히 유효하다는 인식이 확산되었다. 이러한 볼런티어들의 활동을 지원하기 위해 앞서 논의한 NPO법의 요구가 제기되었다.

이러한 움직임은 자연히 해외에서의 개발NGO의 활성화를 가져왔다. 일본 정부도 종래의 ODA방식을 바꾸어 NGO의 적극적인 참여를 끌어내었다. 일본정부는 NGO사업보조금제도와 풀뿌리무상자금협력기금을 만들어 NGO의 해외활동을 지원하였다. 1995년 현재 약 37억 엔을 사업보조금으로 지출하였다(이면우, 1998: 28). NGO 활동을 지원하기 위해서는 이 밖에도 지구환경기금(Global Environmental Facility)과 우정성의 국제볼런티어저금 등이 있으며, 이 밖에도 지방자치단체, 농림수산성, 건설성, 후생성 등에서 국제협력을 위해 NGO를 지원하고 있다.

일본은 전후개혁을 통해서 제도적인 민주주의가 실현되었다. 그리고 민주주의의 내용을 이루는 국가와 시민사회의 권리와 의무도 민주적인 방식으로 제도화되었다. 1950년대의 노동운동, 1960년의 안보투쟁, 그리고 1965년 이후의 반전평화운동, 그리고 1960년대 말의 학생운동은 일본에 있어서 대규모 전국적인 사회운동의 중심으로 이루는 것이었다. 이러한 운동들은 노동현장, 미일 관계 등의 구체적인 목표를 가진 것이었으며, 반전평화운동이나 학생운동과 같이 구체적인 목표달성보다는 시민으로서 혹은 학생으로서의 정체성을 추구하는 운동이었다.

그러나 이러한 사회운동도 1960년대 말부터 발생한 주민운동, 지역환경운동, 소비자운동 등 구체적인 지역적인 요구를 내거는 운동으로 이어졌고, 1980년대 이후에는 자원봉사, 국제적인 지원운동 등이 주류를 이루게 되었다.

일본의 시민사회운동은 NPO법, NGO사업보조금 등의 제도에서 보는 바와 같이 제도화되어 가고 있다. 정치권력을 급격하게 바꾸어야 하는 필요성도, 힘도 갖고 있지 않으며, 국가와 시민사회 간의 의무와 권리를 새롭게 규정해야 할 필요도 없다.

이상과 같은 흐름을 정리해 보면, 일본의 사회운동은 안보투쟁, 반전평화운동과 같이 저항단계, 1960년대 말의 주민운동과 같이 요구단계, 그리고 1980년대의 지방자치단체를 대상으로 하는 운동가운데 잘 발견할 수 있는 참가단계, 그리고 자발적인 볼런티어운동으로 대표되는 1990년대 이후의 자율단계로 볼 수 있을 것이다.

자율단계의 시민운동으로서 생활클럽생협은 매우 흥미로운 사례이다. 생활클럽생협은 네트라는 정치조직을 파생시키기도 하였으나, 생활용품의 자율적인 조달, 시민사회가 창출하는 복지서비스(복지생협!), 그리고 시민사회가 스스로 만들어 내는 일자리(workers collective)와 같이 국가나 시장에게 그 공급을 요구하는 것이 아니라 시민사회가 스스로 복지, 서비스, 재화의 생산자로 나섰다는 특징을 갖고 있다. 이것은 그 정신에 있어서 볼런티어운동의 특징이라고 말할 수 있다.

따라서 일본의 시민운동은 정부나 자치체에 대해 영향력을 발휘할 수 있을 정도로 세력화를 추구하지 않고 있다. 그것은 시민운동의 요구사항을 수용할 수 있는 제도가 정비되어 있기 때문이다. 1960년대 이후 각지의 반공해주민운동도 결국은 재판을 통해서 승리를 이끌어 내었고, 이것이 제도의 개선을 가져왔다. 일본의 시민운동은 제도화를 통해서 그들의 요구를 상당히 실현할 수 있었지만, 그것이 전국적인 세력으로서 성장하여 정치사회에 영향력을 행사하지는 않았다.

그렇다고 일본정치가 사회운동이 필요없을 만큼 만족할 만한 것이라는 것을 의미하지는 않는다. 최근에 들어와서 일본의 급격한 우경화경향, 오키나와에서 전개되고 있는 미군기지문제 등, 일본의 정치사회를 둘러싼 변화가 확실히 전개되고 있다. 그리고 최종적으로는 일본의 '평화'헌법의 개정, 자위대의 지위변경, 그리고 '보통국가'[3)]로서의 변화시도가 기다리고 있다. 1960년대의 안보투쟁이나, 베헤렌의 반전평화운동과 같은 맥락에서 전 국민적인 저항이 일어날지도 모른다. 그러나 이러한 운동을 이끌어 낼 만한 세력이 현재로서는 보이지 않는다.

---

3) 보통국가론은 일본의 자유당의 당수 오자와의 주장으로 일본이 평화헌법을 고수하는 것은 일본이 주권국가로서 전쟁권리를 포기하는 것이며, 보통 다른 나라와 같이 전쟁권리를 포함한 주권국가가 되어야 한다는 주장이다. 개헌을 통해서 군비를 인정하자는 주장이다. 이러한 주장은 일본의 식민지 지배에 대한 긍정, 종군위안부문제 등에 대한 냉소적인 대응 등으로 나타나고 있으며, 일본이 식민지침략을 인정한 교과서의 재개정주장과 일맥 상통하고 있다.

2) 대만의 민주화운동과 정치변혁

대만에서는 2000년 봄 선거혁명을 통해서 50년 이상 존속하였던 국민당 정부를 퇴진시키고, 대만주민들의 독립을 주장해 온 민진당 정권이 성립하게 되었다. 정권교체에는 다양한 요인이 작용하였다. 1980년대 중반부터 대만의 국민당 정부는 계엄령을 해제하는 등 '민주적 조정'작업을 하였고, 그 과정에서 국민당 내에서 분열이 일어나, 야당을 비롯한 민주세력에게 세력확장을 위한 정치적 기회가 확대되었다(신광영, 2000).

2000년에 집권을 하게 된 민진당은 1986년 '대만독립'이라는 기치 아래 반체제인사들을 주축으로 세워졌다. 물론 1979년 말부터 대만의 남부지역에서 지식인들의 독립운동에 대한 대대적인 탄압이 있었다(미려도사건). 이번에 당선된 첸수이벤 총통은 미려도사건의 변호사였으며, 부총통은 당시 이 사건으로 투옥되었다. 민진당은 1987년 계엄령의 해제와 더불어 정당 설립이 허용되면서 대만 사상 처음으로 야당으로 자리잡았다. 대만독립과 사회정의를 부르짖는 민진당은 초기에 노동자와 장애인들이 대다수의 당원을 구성하였다. 민진당이 국민당의 반부패캠페인을 벌이자, 학생과 교수, 지식인들의 참여가 확대되었고, 대중적인 기반을 다졌다. 민진당은 정치적 투쟁을 통해서 대만의 정치구조의 변화를 이끌어 내었다. 대만총통의 직선제를 얻어낸 것도 민진당 등 진보적인 사회운동의 성과물이라고 볼 수 있다.

첸수이벤은 1994년 이미 타이페이시의 시장선거에서 압승하여 시장행정 경험을 갖고 있다. 남부의 카오슝 등의 현에서는 이미 1990년대에 들어와서 지방자치에서는 민진당이 압승을 거두고 있었다. 1997년의 자방자치선거에서는 민진당이 12석을, 국민당이 8석을 차지하여 총통선거에서의 승리는 우연한 사건이 아님을 보여 주고 있다.

대만의 정치변혁은 이와 같이 국민당 정권의 위기대응으로서 전략적인 민주화, 국민당 정권 내부의 분열, 그리고 대만 독립을 주장하는 사회운동세력의 성장 등 다양한 요소들이 작용하였다. 대부분의 대만의 사회운동은 대만 독립과 반국민당 정부라는 축으로 편제되어 있었으며, 민진당은 이를 바탕으로 정치세력화하였다.

예컨대 대만환경보호연맹(Taiwanese Environmental Protection Union, TEPU)은 1987년에 결성되어 약 1,000명의 회원을 가진 작은 환경단체이다. 이 단체에는 대학교수, 교사, 의사, 주부, 학생, 노동자, 농민 등 다양한 직업과계층이 참여하고 있으며 전국에 10개의 지역조직을 갖고 있다. 이 조직은 대만의 반핵운동의 중심으로 이루고 있어서 1995년에는 대만정부가 핵폐기물을 북한으로 이송하려는 움직임이 있자 한국의 환경운동연합, 녹색연합과 협력하여 반대운동을 전개하였다. 이 단체가 주최하는 반핵집회에는 20,000명 정도가 참가하여 대만정부에 큰 압력행사를 하고 있다. 이 환경단체는 반핵운동 등 환경운동을 중요과제로 하고 있지만 대만의 독립요구에도 참여하고 있기 때문에 반국민당세력을 규합하면 큰 세력을 동원할 수가 있었다. 이 단체는 “반핵은 곧 반독재다”라는 슬로건을 내걸고 있으며, 환경운동과 반정부운동을 결합시키려 하고 있다. 반핵운동과 대만 독립이라는 환경과 정치의 두 가지의 틀(Frame)을 연결하는 전략을 통해서 환경운동과 정치운동을 접목시키고 있다.

대만대학교수협의회(Taiwan Association of University Professors)는 학술계와 대만독립운동인사를 결합하여. 정치적 민주화추진, 학술자유, 사회정의, 경제공평, 문화제고, 환경보호, 세계평화를 위해 활동하고 있다. 이 조직은 대만의 환경운동, 소비자운동, 그리고 지방자치운동 등에 지도력을 공급하여 각 부문운동의 활성화와 이것들을 묶어 대만독립운동으로 연결하는 작업을 해 왔다. 대만환경보호연맹의 주요인사들도 모두 대만대학교수협의회의 회원들이며, 카오슝 등의 지방 현의 학술행사와 연구에 있어서도 이들이 독점적인 지위를 갖고 대만독립을 위해 진력하고 있다.

민진당과 별개로 대만에는 녹색당이 1996년에 결성되었다. 이들이 내건 슬로건은 ‘정치적 폐기물’의 리사이클링이었다. 1996년 3월의 입법의원 선거에서는 52개 선거 가운데 13명의 후보자를 출마시켰다. 대만녹색당은 국민당 지배하에의 입법원의 해체를 요구하고 있으며 정치부패의 추방을 요구하고 있으나 이것만으로는 반국민당켐페인을 전개하고 있지만 대만 독립에 대해서는 뚜렷한 입장을 표명하고 있지는 않다. 녹색당의 취지에 맞게 환경보호가 중요한 정치강령이 되어 있는 것은 물론이다.

대만의 모든 환경단체가 정치적인 동맹을 갖는 것은 아니다. 대만에는 순수하게 환경운동만을 하는 온건한 시민운동도 많이 존재한다. 녹색소비자기금회(Green Consumer Foundation)은 1990년부터 환경운동을 전개하여, 유엔환경개발회의의 정신에 따라 환경교육, 실천, 녹색상품의 테스트, 자원절약과 리사이클 운동을 전개하고 있다. 대만지구의 날 행사와 세계청결일 등 국제적인 연대활동을 전개하여 특히 정치세력화를 도모하는 것은 아니다.

또 대만생태예술기금회는 예술과 생태주의를 결합시킨 운동조직으로서 생태관찰대, 생태관찰과 기록, 생태예술창작, 생태교육의 대중화, 대지의 자연순환과 생기 회복을 내걸고 있는 조직이다.

1980년대에는 노동운동도 활발하였다.[4] 대만노공진선(臺灣勞工陣線)은 1992년에 노동운동을 지원하기 위해 설립되었다. 이 조직은 원래 1984년에 대만노공법률지원회로 설립되어 활동하다가 1988년에 대만노공운동지원회로 이름을 바꾸고 다시 1992년에 현재의 조직명으로 발족한 것이다. 이 운동단체는 노동쟁의를 지원하기 위해 설립되었지만, 1988년경부터는 '조직인민단계'로 명명하여 노동자의 조직, 교육, 연대, 목적에 전념하였다. 그리고 1992년에는 대만사회가 새로운 단계에 들어섰다는 인식에 기초하여 <사회개조단계>로 설정

4) 노동운동은 구사회운동이다. 그러나 대만의 대만노공진선은 노동조합의 지원운동으로 시작하여 노동운동의 성격이 강했으나, 1990년대에는 개혁적 지식인들의 참여로 시민운동적인 성격이 강하여, 신사회운동으로 파악하였다.

하여, 대만노동진선을 출범시킨 것이다.

대만노공진선은 1990년대에 들어와서 시민운동적 성격이 매우 강하였다 노동운동에 머물지 않고 사회정책의 변화를 요구하였던 것이다. 1995년에는 반금권정치를 주장하는 10,000명의 집회를 조직하였고, 민진당과 정책협력하여 각종 사회개혁운동을 전개하였다. 1994년에는 민진당을 경유하여 노동자중심의 정책제안을 하였다. 또 1995년에는 '노공투표지침'을 발표하여 금권정치를 퇴출시키기 위한 낙선운동도 하였다. 대만노공진선은 몇 차례에 걸쳐 민진당과 정책협력과 선거협력을 하였다.[5] 대만노공진선은 인민역량을 단결시켜, 평등을 지향하고, 상호존중하고 상호 위로하며, 대만신사회의 영속적 발전을 도모한다는 것'을 목표로 내세우고 있다. 노동자, 시민 등 인민을 조직하여 정치, 경제, 사회의 각 영역에 민주주의를 실현하는 것을 강령으로 삼고 있다.

개척(The Frontier Foundation)도 개혁세력의 하나이다 이 조직은 대만의 경제성장과 정치민주화를 지향하는 것을 강령으로 삼고 있으며, (1) 사회민주화, (2) 커뮤니티운동, (3) 새로운 타이완문화, (4) 타이완사회정보시스템 및 인력개발을 주요한 활동목표로 삼고 있다. 이러한 조직도 그 내용으로 볼 때 대만독립파의 운동의 한 갈래라는

---

5) 대만노공진선의 주요활동
1992년 노동현장. 공동결정권 주장
1993년 노동기본법수정안 제출
1994년 민영화에 의한 해고자 지원
1995 반금권정치 10,000명 집회
1996 전국산업총회와 협조
1997년 실업보험법안 제출
1997년 반사법박해 대행진
1998년 노동쟁의의안 제출
1998년 신사회의 꿈 대행진. 20,000명의 시민, 노동자 데모행진

것을 알 수 있다.

대만에서는 대만 독립을 주장하는 여러 종류의 사회운동이 활발하고 그들의 정치적인 세력을 민진당으로 집중시키는 경향이 있다. 그리고 그 민진당을 통하여 국민당정부와의 투쟁, 그리고 승리로 이끌어 가고 있다. 민진당이 정권을 장악한 지금, 사회운동세력이 민진당 권력을 유지하기 위한 세력으로 발전할 것인지, 아니면 또 다시 민진당에 대립하는 사회운동세력으로 발전할 것인지 지켜볼 일이다. 이것은 민진당이 사회운동세력의 요구에 얼마나 호응할 것이며, 또 반민진당의 공격이 어느 정도 거세질 것인가, 또 아니면 사회운동세력이 어떤 새로운 요구를 들고 나올지에 달려 있다고 볼 수 있다.

3) 중국의 환경운동

1989년의 천안문사건은 중국의 당-국가기구 내의 분열을 틈타고 분출한 민중의 민주화요구였다. 민주화운동은 전국에 확산되었으나 중국공산당은 무력으로 이를 진압하였다. 월더에 의하면 중국지도부 내에서의 민주적 개혁의 필요성을 느끼고 있었고 이것이 민중에게 알려지자 이에 호응하듯이 민중의 요구가 분출하였고 당시 매스미디어도 개혁파의 승리를 예측하고 열렬하게 이를 보도하였다. 왤더는 집합행동이 발생하기까지에는 전략과 기회구조만으로는 부족하고 체제이탈자의 존재가 이에 추가되어야 한다는 것을 천안문사태의 분석을 통해서 주장하였다(Walder, 1998: 54). 천안문사건은 체제내부에서의 이탈자들이 대중을 거리로 내몰았다. 체제이탈자들과 거리의 데모집단과의 상호작용이 승수효과를 일으켜 대대적인 대중운동을 확산시켰고, 일시적이나 정부를 마비시킨 것이다.

천안문사건이 진압되었다고 하여 중국민중의 민주적인 요구가 없어진 것은 아니다. 그러나 중국에서는 반정부적인 활동은 불가능하다. 그래서 정부가 인정하는 환경운동이 정부와의 긴밀한 협조 가운데서 조직되었다. 정부나 당과의 관계로 보면 이른바 NGO의 범주에 넣기에는 어려운 조직들도 있다. 중국에서 사회운동이 일어나기는 어렵지만 사람들이 자발적으로 모여서 사회단체를 만든다는 것 자체가 갖는 의미는 크다.

한국의 환경운동연합에서는 2000년 2월 대표자를 중국에 파견하여 제30회 지구의 날 행사를 공동으로 추진하기 위해 중국의 환경단체와 교류를 하였다. 방문 기간 동안, 중국에서도 지구의 날 중국위원회를 발족시켰고, 상하이, 운남성 등 전국에서 대표자가 모여 지구의 날 행사준비를 하였다. 이 행사는 6개 베이징 소재 환경단체가 주관하였다. 北京地球村環境文化中心(Global Village of Beijing). 중국청년개발기금(China Youth Development Foundation), 중국NGO협력과 증진위원회(China NGO Cooperation and Promotion Committee), 세계야생동물기금(WWF), 환경개발연구소(Environmental Development Research Institute), 그리고 중국환경기자협회(China Environmental Journalists Association)가 이 지구의 날 준비위원회의 중심조직이다(최예용, 2000).

환경운동연합을 대표하여 북경에서 취재한 최예용 씨의 보고에 의하면 중국의 주요 환경단체의 개요는 다음과 같다.

① 北京地球村環境文化中心(Global Village of Beijing, GVB): 1996년 쉐리 리아오 여사에 의해 설립된 단체다. GVB의 이념은 중국이 방송과 지역 활동을 통해 공공의 환경의식을 개선함으로써 환경적으로 지속가능한 개발을 도모하는 데 있다. GVB의 주요 활동방식은 방송프로그램을 직접 제작방송해 시민의 환경의식을 고취하는 것이다. 설립자 자신이 방송인으로 관영TV인 CCTV의 환경프로그램 진행자이다. GVB는 언론을 통한 환경운동에 주력하는 가장 활발한 활동력을 갖춘 단체이다.

② 자연의 친구들(Friends of the Nature): 1994년 3월 중국 최초로 회원의 회비로 운영되는 민간환경단체다. 이 단체의 활동목적은 환경보호의 증진과 환경의식의 고양을 통한 지속가능한 발전의 도모이다.

역점사업은 비공식적인 환경교육사업이다. 학생자연캠프, 교사훈련세미나 등이 주요 프로그램이다. 현장사업으로는 나무심기와 야생동물 보호운동을 펼치고 있다. 특히 멸종위기종인 야생양을 밀렵하는 사람들과 목숨을 건 싸움을 하고 있었다. 대표인 양쿵제(Liang Congjie) 박사는 중국 내 환경운동의 상징적 존재로 존경을 받고 있으며 제1회 아사히환경상을 1995년에 수상한 바 있다. 회원은 베이징 지역에 700여 명이고 20여 개의 단체회원이 있는데 주로 대학생 동아리가 많고 이들의 수는 총 2,000여 명이다.

③ 세계자연보호기금(World Wide Fund for nature China): 세계적인 환경단체인 WWF의 상징은 멸종위기종인 중국의 팬더곰이다. 따라서 일찍이 1980년에 북경 WWF 사무실이 서방인사들의 지원으로 세워졌다. 지금은 양쯔강이나 티벳 지역 등 주요 환경지역에 대한 사업도 진행중이다. 양쯔강 보호 프로젝트의 책임자인 레이박사(북경대 생물학과 교수)는 한국환경단체와 공동사업 제안에 대해 Yellow Sea(황해), 발해 지역에 대해서 공동프로그램을 진행할 수 있을 것이라고 밝혔다.

④ 환경피해자를 위한 법률자문센터(Center for Legal Assistance to Pollution Victims): 1998년 설립된 환경피해자를 위한 비영리 법률지원센터로 가장 인상 깊었던 단체다. 중국의 어려운 정치현실(비정부기구의 활동 제한)을 생각해 볼 때 그 활동내용이 대단히 진보적이다. 1996년 오리사육과 농업을 하던 사람들이 수질오염으로 재산상의 피해를 입게 되자 이에 대한 무료법률지원을 해준 것이 계기가 되었다. 소송을 통해 4개의 공장(식용유공장 등)으로부터 배상을 받았고, 이에 고무되어 본격적인 환경피해자를 위한 법률자문운동을 펼치게 되었다. 현재 사무실은 중국법정대학 법제연구소 내에 있으며 약 12명의 자원봉사자(대부분 법과대 교수, 변호사, 대학원생 등)가 Hot phone을 통해 활동하고 있다. 한 달에 100여 건 이상의 문의전화가 오고 있으며 그 내용의 비중은 소음, 대기, 물, 방사성폐기물,

불빛 반사 등의 순이다. 그 밖에도 중국에는 몇 개의 단체가 활동하고 있다.

⑤ 綠家園志願者(Green Earth Volunteers): 1994년에 수명의 언론인에 의해 설립. Jiangsu Province의 가난한 농촌어린이들이 새를 구출하는 활동에 감명을 받아 설립. 정부가 환경파괴를 막을 수 있지만 개인들의 책임도 크다. 도시민들의 자연보호운동. 신문기사 등을 통해서 널일 알림. 텔레비전프로그램. 탐조회에서 200명 참가. 나무를 양자로 삼기로 하는 운동 1,000명 참가. 800명이 사막의 나무심기운동참가. 각기 300-400 yuan이나 사용. 중앙정부가 50척의 보트를 보내와 양쯔강의 돌고래를 찾아서 보호하는 운동을 위해 돕고 있다.

또 홍콩에 위치하면서 중국의 환경운동을 지원하는 조직으로서

⑥ Green Power가 있다. 이 조직은 1988년에 홍콩에서 조직되어 1,000명의 회원을 갖고 있다. 최근 중국에서 환경보호와 교육활동실시. 홍콩과 중국 간의 녹색문화의 교류를 원활하게 하기 위해 각종 프로그램을 개발하고 있다. 1998년 홍통대학과 환경캠페인위원회의 공동조사에서 Green Power는 홍콩인의 75.3%가 인지하고 있는 가장 잘 알려진 집단이다.

주요한 활동내용은 환경보호의식의 확산, 지역사회중심의 환경교육, 환경정책에 참가, 중국의 생태계의 개선에 공헌, 지속가능성에 맞춘 녹색문화의 증진 등이다.

중국의 환경운동은 아직 조직단계에 있기도 하지만 정치체제가 반체제활동을 전혀 인정하지 않기 때문에, 시민운동의 세력화를 논하기 어려운 측면도 없지 않다. 그러나 대만이나 한국에서도 억압적인 체제하에서는 비정치적인 운동으로서 출발하는 것이 보통이며, 이것은 시민사회의 세력화의 초보적인 단계의 유형으로서 의미를 갖는 것이라고 볼 수 있다.

4) 필리핀의 사회운동

필리핀은 한국, 대만과 마찬가지로 1980년대 중반 민주화가 급속하게 진행되었다. 필리핀에서도 마르코스독재하에서는 지역조직사업으로 시작하였다. 종교인들이 참가한 빈민촌의 조직화 같은 사회운동이 꾸준히 존재하였다. 마르코스 정부는 이러한 민간조직들도 모두 반체제적인 신인민군(New People's Army)의 전위조직이라고 보고 있었다. 필리핀농촌재건운동과 같은 지역사회운동은 1952년에 창설되어 국제적인 지원을 받아 성장해 거대한 NGO의 대표격이다. 마르코스 정권하에서의 종교인, 지식인, 학생들은 마르코스 정권을 타도하는 행동의 중심에 서 있었고, 1986년 2월 마르코스 정권이 붕괴하자 이들이 뒤이어 등장한 아키노 정권을 지지하는 세력으로 변신하였다.

1987년 이후 아키노 정권하에서 NGO는 필리핀의 국가발전을 위해 정부의 파트너로 인정되었다. 이 기간 동안 NGO의 수도 늘어났고 영향력도 확대되었다. 국제사회에서도 필리핀의 NGO들의 활동을 인정받아 외국에서도 많은 원조가 있어 왔다.

1991년에 만들어진 지방정부법에 의해 지방자치단체에서도 모든 수준의 의사결정에서 NGO의 참여를 보장하였다. NGO들은 지역발전협의회의 의사결정에 참여할 수 있게 되었고, 지방의회에도 특별한 지위를 부여받았다. 또 지역의 입법기관에도 직능대표성을 인정받아 자리를 차지하였다.

이상과 같이 필리핀에서는 NGO공동체는 하나의 정치적인 실체가 되었다. NGO는 모든 시민사회에서 더 많은 영향력을 갖고 있었다. NGO들은 전국적으로 다양한 형태의 부문별 연합조직과 지역별 연대조직도 구성하였다. NGO의 전수를 파악하기 매우 어렵지만 가령 환경NGO정보네트워크에 등록된 단체수만 하더라도 61개나 된다. 아키노정권은 NGO들이 정부기관과 협조하고 그들의 프로젝트와 프로그램을 실현하는 데 적극적인 파트너가 되도록 격려하였다.

아키노 정권에 뒤이은 라모스 정권하에서도 NGO의 적극적인 참여가 이루어졌다. 보건부장관, 농지개혁장관, 환경과 자연자원부장관은 모두 NGO 출신들로 임명하였다. 정부와 NGO와의 협력을 증진시키기 위해 몇 차례의 전국적인, 혹은 지역적인 정상회담이 이루어졌다. 라모스 대통령의 「필리핀 2000 비전」에서는 NGO의 적극적인 참여를 담고 있다. NGO는 이에 호응하여 People's 2000을 조직하여 中期필리핀개발계획을 지원하기로 하였다(Yamamoto, 1995).

필리핀 NGO는 국제적으로 중요한 활동을 하고 있으며, 또 국제적인 NGO들도 필리핀에서 활발하게 활동하고 있다.

NGO들의 주요한 활동은 행동프로젝트, 정책대안, 연구, 훈련, 지역사회조직화, 자원동원과 운영, 그리고 네트워킹이 중심을 이루고 있다.

필리핀의 NGO의 성격을 좀더 자세하게 알아볼 수 있는 자료가 없는 것은 아니다. 필리핀 환경NGO정보네트워크에는 단체의 규모, 재정, 주요활동 등이 수록되어 있다. 그러나 이 논문에서 밝히고자 하는 시민단체의 세력화라는 문제을 밝히는 데는 앞서 아키노, 라모스 정권하에서의 제도적인 틀의 설명으로 충분하다고 본다.

필리핀 정부는 시민단체의 도움을 받아 보다 효율적인 통치를 추구하고 있는 것처럼 보인다. 시민단체는 의회나 야당에 버금가는 정도로 힘을 발휘하고 있으며 유능한 인재를 다수 배출하고 있어서 정부로서는 좋은 파트너가 될 수 있을 것이다. 이것을 시민사회의 세력화로 볼 것이냐 아니면 편입으로 볼 것이냐는 좀더 구체적인 분석이 필요하다. 시민단체들은 정부와 협력을 통해 무엇을 생산하고 있는가를 검토해야 한다.

그러나 정부가 시민단체를 파트너로 인정하고 있다는 점, 그것도 각급 정부에서 중요한 결정기관에 시민단체에 지위를 부여하여 참여하도록 한다는 것은 시민사회가 그만큼 세력화되었다고 볼 수 있다. 또 아키노 정권은 시민운동의 투쟁의 성과물이라고 할 때 시민사회는 정부와 협력을 통해서 그들의 권력을 공고화하고 있다고 볼 수 있다.

4. 시민사회의 정치세력화의 유형

이상 일본, 대만, 중국, 필리핀의 시민사회의 세력화와 관련된 논의를 하였다. 아시아에는 태국, 인도네시아 등 기타 국가의 시민운동을 분석해 볼 필요가 있다고 생각하지만, 이론적인 논의를 위해서 이상의 4개의 케이스와 한국의 사례를 가지고 아시아에 있어서의 시민사회의 정치세력화의 분석해 보고자 한다.

한국과 필리핀은 사회운동의 결과로서 권력의 이동을 가져왔다. 또 시민과 국가의 상호간에 있어서 의무와 권리의 면에서 제도적으로는 변화도 수반되었다. 완벽한 것은 아니지만 민주화가 사회운동을 매개로 이루어진 것이다. 그러나 한국에서는 권력의 이동이 일어났지만 그것을 뒤이어 받은 것은 보수야당이었고, 시민사회는 정부의 의사결정 참여도 배제되었다. 그래서 시민사회는 필리핀만큼 정치세력화했다고 볼 수 없다. 그러나 필리핀의 경우에는 시민사회의 권력감시기능이 약화되었거나 소멸될 가능성도 있는 반면 한국에서는 시민사회의 권력감시기능을 여전히 보유할 수 있다는 유리한 위치에 있다고 볼 수 있다.

대만은 국민당의 내부분열과, 대만독립이라는 정치적인 아젠다를 공유하고 있는 다양한 세력을 결집한 민진당이 권력을 획득하였다. 필리핀에서는 독재체제의 갑작스런 붕괴로 대안적인 권력블록이 형성되지 못하여 NGO의 힘을 빌려야 했지만, 대만에서는 신권력탄생에 NGO가 결정적으로 기여했다고 볼 수가 없다. 왜냐하면 민진당은 지난 14년 간 야당으로서 힘을 키워 왔고, 지방자치체에서 권력을 행사한 경험이 있기 때문이다. 천수이벤 총통은 타이페이시장을 역임했다고 하는 것이 아퀴노나 라모스와 다른 점 가운데 하나이다.

중국은 억압적인 국가구조하에서 시민사회가 성장할 수 있는 여지가 매우 약하다. 환경운동이라는 이름으로 혹은 봉사단체라는 이름으로 시민들의 상대적인 자율활동이 존재할 뿐이다. 이것은 계엄령하에서의 대만이나 유신체제하에서의 한국과 별반다른 점이 없다. 그렇기 때문에 중국의 정치구조가 유연화되고, 정치적 기회구조가 개방적으로 발전하면 당연히 시민운동은 분출할 것이다.

일본은 국가의 권력구조를 바꾸어야 할 정도의 변혁의 열기가 있는 것도 아니고, 시민사회와 국가 간에 권력과 의무를 재정의해야 할 필요도 크지 않다. 그렇기 때문에 대부분의 시민운동은 권력의 행사와는 관련없는 봉사단체로 변해 있다. 시민사회의 비정치성은 그러나 중국과는 근본적으로 다르다는 것은 물론이다. 한편 일본은 NGO활동을 고도로 제도화하여 NPO법으로 이를 지원하고 혹은 통제하고 있다.

그래서 아시아의 NGO 활동을 다음과 같이 유형화할 수 있다. 2000년 봄 한국의 시민사회는 총선시민연대활동을 통해서 그 세력을 발휘하였다. 이 세력이 어느 정도 제도화할 것인지는 아직 미지수이지만, 세력화의 사례로서 사용될 수 있을 것이다.

<표 2>에서 보면 필리핀의 시민사회는 정부와의 관계에서 상당히 제도화된 틀을 통해서 영향력을 행사하고 있으며, 그 반대로 일본은 제도화는 되어 있지만, 정치적인 세력으로서의 힘은 매우 약한 것같이 보인다. 필리핀에서는 민주적인 정부가 비민주적인 적대세력과 싸우기 위해 시민사회의 도움이 필요했으나 일본에서는 시민사회의 도움으로 정부의 권력을 공고히 해야 할 필요는 없는 것이다.

<표 2> 시민사회의 세력화와 제도화

		제도화	
		강	약
세력화	강	필리핀	한국
	약	일본	중국

중국은 제도적인 면에서도 세력화의 면에서도 매우 약하다는 것에는 이론이 없다. 이런 유형은 베트남, 라오스 미얀마, 캄보디아 등의 여러 나라도 마찬가지일 것이라는 점에서 유형으로서는 유효하다.

대만의 경우에는 국민당정권하에서는 제도화도 세력화도 되어 있지 않았다. 새로운 정부가 NGO를 어느 정도 제도화하고 그들의 세력화를 허용할 것인지 두고 볼 일이나, 시민사회가 제도화, 세력화할 가능성은 적다고 보인다. 왜냐하면 대만의 시민사회는 새 정권의 탄생에 매우 한정적인 기능밖에 하지 못하였기 때문이다.

5. 결 론

이상 동아시아의 신사회운동의 세력화를 논하였다. 동아시아의 신사회운동은 민주화를 가장 중요한 아젠다로 삼고 있다. 그리고 냉전체제가 무너지는 과정도 신사회운동의 세력화와 밀접하게 관련이 있다. 한국에서는 사회운동이 내부에서 냉전체제를 극복해 가기도 하였다. 민주화운동, 경제성장, 그리고 국가의 역할 변화 등으로 동아시아는 거대한 사회변동을 맞이하였고, 그러한 변동이 작용하여 정치적 기회구조가 확대되었다. 또 사회운동은 동시에 정치적 기회구조를 확대시키면서 활동공간을 넓혀 갔다.

동아시아의 신사회운동은 세력화의 방향으로 제도화의 경향을 볼 수 있다. 필리핀의 경우에는 신사회운동의 제도화가 세력화로 이어질 수가 있었다. 그러나 일본에서는 그렇지 못하였다. 한국에서는 신사회운동이 노동운동만큼 제도화되어 있지 못하나, 제도적인 틀을 넓혀 가면서 세력화를 도모하였다. 그러나 제도화는 체제 내부화의 위험을 안고 있고, 운동의 자율성을 해칠 우려가 있다. 실제로 한국의 환경운동의 사례에서 보면, 반핵운동은 전혀 제도화되어 있지 않지만, 핵발전소의 추가건설, 핵폐기장의 건설을 막아 낼 수가 있었다. 한국의 학생운동도 제도화되어 있지 않지만, 1980년대의 민주화운동을 선도

하였고, 통일운동의 물꼬를 텄다고 말할 수 있다.

따라서 사회운동의 제도화는 운동의 성과를 제도화하여, 요구를 실현한다는 측면도 있지만, 운동의 다이나미즘을 상실한 위험을 항상 내포하고 있는 것이다. 신사회운동은 제도화의 틀을 운동의 자원으로 활용하면서, 운동의 아이덴티티를 견지할 필요가 있다.

第16장

신사회운동과 정당정치
독일 녹색당의 경험

차 명 제

1. 서 론

신사회운동의 정치세력화 내지 제도권 정치진입의 대표적인 사례로 독일의 녹색당이 종종 언급되고 있다. 1970년대 이후 신사회운동이 전 세계적으로 확산되면서 기존의 정치체제에 대한 일반국민들의 불신과 회의의 골이 깊어지면서 자연스럽게 새로운 대안정치를 갈구하게 되고 이에 화답하고 나선 것이 바로 녹색당이라 할 수 있다. 특히 녹색당이 사회운동에 있어서나 정당을 연구하는 데 중요한 의미를 갖는 것은 기존의 대부분의 정당들과는 달리 비교적 최근에 만들어졌다는 점과 사회운동에 그 뿌리를 두고 있다는 점일 것이다. 이런 의미에서 기존의 정당들과 확실하게 구분되는 녹색당은 이제 전 세계 80여 개국에서 왕성한 활동을 하고 있고, 출발 당시 많은 사람들의 우려와는 달리 유럽과 라틴아메리카의 많은 나라들에서 안정된 정치세력으로 확고한 기반을 닦아 나가고 있다.

녹색당은 종래의 사회운동이론이나 정당이론의 틀로 해석되기 어려운 부분이 많이 있고, 이 이론들에 새로운 논쟁거리를 제공했다 해도 과언이 아니다. 1970년대 이후 서유럽을 중심으로 활발히 전개되었던 신사회운동은 그 조직이나 구조, 그리고 주체에 있어 구사회운동과 명백히 구분되어질 수 있다. 신사회운동은 비조직적이고, 지역·분산적이며, 쉽게 해체될 가능성이 전통적 사회운동보다 훨씬 크다. 또한 제도권 정당에 의해 쉽게 포섭되기도 한다. 신사회운동은 계급이나 계층 중심적이라기보다는 이슈 중심적이기 때문에 참여자들을 단단히 이어주는 계급이념보다는 다양한 사회집단들이 특정 이슈를 중심으로 조직되므로 그들 사이에 상이하고도 다양한 삶의 양식과 문화가 존재한다. 신사회운동의 이런 특징에도 불구하고 녹색당과 같은 정치행위가 중심이 되는 정당의 등장은 신사회운동에 대한 기존 틀로는 해석되기 어려운 부분이라 할 수 있다. 또한 정당이란 특정 사회집단을 중심으로 그들의 이해관계를 정치적으로 관철시키고 기존의 정치질서에 대해 나름대로의 대안을 제시하여 유권자들의 지지를 얻어 새로운 정치체제를 형성하기 위한 대의제민주주의의 가장 기본적인 조직이라 할 수 있다. 이러한 민주주의의 전통이 오랜 나라들에서는 정당정치가 이미 거의 완벽하게 실현되고 있기 때문에 새로운 정당의 출현이 그리 쉽지 않으며, 민주주의의 역사가 짧은 개발도상국가들에서는 정당정치가 정착되어 있지 않아 정당들이 개인의 인기나 카리스마에 의존하는 비율이 매우 높다. 따라서 신사회운동에 기반한 녹색당과 같은 신생정당이 유권자층을 확보하기란 그리 쉽지 않다.

그럼에도 불구하고 현재 녹색당이 유럽과 아시아, 오세아니아와 아메리카 대륙 등에서 활발히 활동하는 것은 사회과학적으로 매우 흥미로운 사실이 아닐 수 없다. 그러므로 이 장에서는 녹색당이 가장 먼저 창당되고 현재 사민당과 함께 연정을 구성하여 집권여당으로 활동하고 있는 독일의 녹색당을 소개하면서 신사회운동과 녹색당과의 관계를 고찰하여 신사회운동이 정당으로 전환되면서 나타나는 이 운동의 한계 내지 가능성에 대해 논해 보려고 한다.

2. 녹색당의 현황

지난 1998년 실시된 제14대 독일 총선에서 녹색당은 유권자의 6.7%의 지지를 얻어 총 669석인 독일연방의회에서 47석을 차지하여, 40.9%의 지지를 얻어 298석을 차지한 사민당(SPD)과 함께 연정을 구성해 집권여당이 되었다. 이러한 녹색당의 개가는 1980년 세계 최초로 독일에서 녹색당이 창당된 이래 가장 의미 있는 사건이라 할 수 있을 것이다.

1949년 독일 연방정부가 출범한 이래 현재까지 다양한 정치집단들이 그들의 정치적 목적을 실현시키기 위해 정당들을 만들어 제도 정치의 진입을 시도했으나 보수와 진보의 양당구도, 그리고 여기에 소수이지만 항상 좌·우의 연정 파트너가 되었던 자유당이 가세해 크게는 양당 구조, 보다 구체적으로는 3당 구조를 극복하지 못했다. 특히 좌파적 전통이 매우 강한 독일에서 공산당이 1949년 이래 지속적으로 2% 이하의 지지밖에 얻지 못한 상황에서, 1983년 이후 지속적으로 5% 이상의 지지를 얻어 연방의회의 의석을 확보할 수 있었던 녹색당은 대안적 사회 건설에 관심이 많은 일부 독일인들의 기대를 어느 정도 충족시켜 줄 수 있었다. 이런 녹색당의 등장은 독일에서의 전통적인 정치구조에 획기적 변화를 가져오는 계기가 되었다. 물론 1949년 이후 일시적으로 5% 이상의 지지를 얻는 정당들이 없었던 것은 아니나 이는 예외적인 경우였었다.

과거 야당시절, 사회운동적 성격을 유지하며 기존 정당정책에 대한 비판과 견제를 해 오면서 큰 정치적 모험을 하지 않고서도 그들의 목적을 어느 정도 실현시켜 왔던 녹색당은 이제 집권여당으로 과거와는 분명히 다른 위상을 갖게 되었다. 그러나 바로 이러한 위상 변화에 현재의 녹색당은 제대로 적응하지 못하는 것 같다. 집권여당으로서의 책임과 전망 제시, 문제 해결을 위한 현실이고도 구체적이고 효과적인 정책을 기대하는 유권자들과 아직 사회운동적 특성과 관행을 극복하고 있지 못한 녹색당과의 갈등은 시간이 흐를수록 심화되고 있으며, 이러한 녹색당의 모순이 노출되면 될수록 유권자들의 기대는 실망으로 변하고 있다. 녹색당에 대한 유권자들의 실망은 지난 총선 이후 지속적으로 실시된 주 의회선거에서 연이은 참패로 나타나고 있어 과연 소위 '녹색당 프로젝트'가 21세기에도 지속적으로 성공할 수 있을지 그 귀추가 주목되지 않을 수 없다.

'녹색당 프로젝트'의 성공 여부에 대해 독일뿐만 아니라 세계 여러 나라에서 관심을 갖는 이유는 첫째, 독일의 녹색당이 최초로 의회에 진입하여 전세계 녹색정치의 선두적 위치에 있고 이로 인해 독일 녹색당의 성공 여부가 다른 나라의 녹색정치에 지대한 영향을 미친다는 점일 것이며, 둘째, 시민운동, 또는 새로운 사회운동이 시민사회의 틀을 벗어나 정치사회에 진입할 때 소위 '정치사회의 시민사회화' 시도의 성공 여부도 매우 중요한 의미를 갖는 것이기 때문이다.

사실 전 세계적으로 대략 80여 개국에서 녹색당이 창당되어 정치활동을 하고 있는데, 서유럽에서 볼 수 있는 것과 같이 비교적 안정적 지지기반 위에서 정치활동을 하기도 하고, 북미나 동유럽, 그리고 아시아·태평양 지역에서와 같이 그리 광범위한 유권자들의 지지를 못 받는 경우도 있다. 그러나 이들 녹색당에서 발견되는 일반적 현상은 시민사회의 한 부분이 기존 정치체제를 개혁하고 새로운 대안 정치세력으로 등장하고 있다는 점이다.

한국의 경우도 예외가 아니어서 시민사회가 녹색당에 갖는 기대는 매우 크다 할 수 있다. 현재 한국의 시민운동은 10여 년의 짧은 성장과정에도 불구하고 그 영향력은 전 사회적으로 급속히 확장되고 있어 한국사회에서 국민들이 가장 신뢰하는 집단으로 성장했을 뿐 아니라 정치·경제를 포함한 총체적 사회개혁을 위한 거의 유일한 집단이기 때문에 시민운동에 많은 기대를 하는 시민들은 시민운동의 정치세력화에 대해서도 관심을 가질 수밖에 없고, 이런 의미에서 독일의 녹색당 경험은 우리에게도 매우 중요한 시사점을 제공할 것이다.

정치문화와 전통이 우리와 다른 독일에서의 녹색당을 체계적으로 이해하기 위해서는 녹색당의 맹아기로부터 현재에 이르기까지의 과정을 역사적으로 살펴보고 그 과정에서 당시 사회적 분위기는 어떠했으며 이에 대해 녹색당은 어떻게 대응했는지 등을 파악하는 것이 매우 중요하다. 역사적으로 녹색당의 발전 과정을 다음과 같이 네 단계로 분류해 볼 수 있을 것이다.

첫번째는 녹색당의 맹아기로 독일의 새로운 사회운동 내지 시민운동의 확산과 사회적 영향력의 확산 단계이다. 이 과정에서 사회운동은 사회적 영향력을 증대시켰으나 사회운동의 한계를 명백하게 인식한 시기이기도 했다. 왜냐하면 사회운동의 역할은 역시 국가에 대한 비판과 견제, 그리고 대안제시에 그치기 때문이며, 실질적으로 정책을 입안하고 수행하는 과정에서 사회운동은 격리될 수밖에 없었다.

두 번째는 1980년대 성공적으로 제도권 정치에 진입한 녹색당은 당내의 노선투쟁이 극도로 격화되었다. 그러므로 이 시기의 녹색당은 내부의 갈등 심화와 이를 극복하는 단계로 규정지을 수 있을 것이다.

세 번째는 1990년대 집권여당이 되기 전까지 독일 사회에서 영향력을 지속적으로 확대시켜 결국 자민당을 제치고 제3당의 위치를 확고히 하게 되는 단계라 할 수 있을 것이다. 이 시기에 녹색당은 현재의 당명인 연대 90/녹색당을 갖게 되었는데, 이는 독일 통일과정에서 발생한 문제들을 나름대로 효과적으로 극복해 가는 과정으로 이해할 수 있을 것이다.

네 번째 단계는 집권여당이 된 이후 '운동정당', '대안 정당'으로서의 녹색당의 위상이 급격히 와해되면서 겪는 자기 정체성 상실과 그로 인해 발생하는 심각한 위기에 내몰린 녹색당의 상황으로 정리될 수 있을 것이다.

녹색당에 대한 이러한 단계적 접근은 매우 중요한 의미를 갖는데, 이는 새로운 정치세력이 한 사회에서 생성될 수 있는 주·객관적 조건들에 대한 충분한 체계적 분석과 과학적 접근이 없이는 이에 대한 설득력 있는 해석은 불가능하기 때문이다. 물론 많은 사회과학자들이 사회운동과 이 운동이 정치세력화되는 일련의 과정에 대해 모든 사회에서 통용될 수 있는 일종의 법칙을 발견하고자 하나, 이는 전적으로 불가능한 노릇이다. 이에 반해 어떤 학자들은 특정 지역에만 적용될 수 있는 '제한적 일반화'를 추구하고도 있으나 그 또한 그리 용이하지 않다. 예를 들어 시민운동이 매우 발전되어 있는 한국에 녹색당이 없는 데 비해 이제 막 사회주의 체제에서 시장경제체제를 도입한 몽골에서 녹색당이 활동하고 있다는 사실만 비춰 보더라도 녹색당에 대한 제한적 법칙 내지 일반화가 쉽지 않다는 점을 누구나 인정할 수 있을 것이다. 그런 의미에서 사회·정치·문화와 역사적 전통이 다른 우리의 상황과 독일의 상황을 단순 비교하는 것은 불가능하겠고, 또한 이런 오류를 재연하지 않기 위해서도 종합적이고 입체적 분석이 선행되어야 할 것이다.

그러나 시민운동의 정치세력화가 반드시 시민운동의 발전 정도와 시민사회의 성숙도 내지 민주주의의 발전을 가늠하는 척도는 아닐 것이다.[1] 시민운동은 정치세력화하지 않더라도 정치를 개혁하고 참

---

1) 이 논문에서는 시민운동과 신사회운동을 혼용해서 사용하게 될 것이다. 아직 학계에서 시민운동과 신사회운동을 정확히 구분하여 사용하고 있지 않은 형편이다. 엄밀한 의미에서 한국에서는 서구의 신사회운동에 대해 소개하고 연구한 논문들은 무수히 발표되었으나 시민운동에 대한 논문들은 거의 발표되고 있지 않다. 한국의 시민운동이 서구의 신사회운동과 유사한 점도 매우 많으나 신사회운동에서 발견되지 않는 부분들도 허다하다. 예를 들어 한국의 시민운동은 매우 정치지향적이라는 점이다. 2000년 16대 총선에서 140여 개의 NGO들로 구성된 '총선시민연대'의 활동은 출발 당시부터 정치개혁운동임을 명확히 했고 그 운동의 결과는 의회 의석의 과반수 이상을 갈아치운 가히 가공할 만한 것이었다. 전 세계적으로도 유례를 찾아 볼 수 없는 이 '총선연대' 활동은 '선거혁명' 내지 '유권자 혁명'으로 불려도 마땅할 정도로 시민운동의 성공적인 정치운동이었다 할 수 있을 것

여민주주의에 기반한 사회로의 발전을 가능케 할 수도 있을 것이다. 그러나 유럽의 경우, 거의 대부분의 나라들에서 녹색당이 활동하고 있고, 독일에서는 집권여당으로, 프랑스와 이탈리아를 비롯한 많은 나라들에서는 녹색당이 중앙정부와 지방정부에서 중요한 위치를 점하고 있는 상황을 고려해 볼 때 이 같은 정치세력화는 시민운동의 매우 중요한 과제임에는 틀림없을 것이다.

3. 녹색당이 출현하게 된 역사적 배경2)

1) 신사회운동의 확산

1950년대의 평화운동, 1960년대의 재야운동, 학생운동, 반전운동과 기존질서 거부운동(반문화운동), 그리고 1970년대 새로운 사회운동의 일환으로 전개되었던 환경·평화와 반핵·여성·대안·제3세계 운동들의 확산은 녹색당이 탄생되는 데 일종의 사회적 토양이 되었다 할 수 있다. 특히 1970년대 이렇게 다양한 형태의 사회운동이 전 사회적으로 확산될 수 있었던 원인은 1960년대 학생운동의 주역들이 사회에 진출하면서 일부는 지역에서 전개되고 있었던 주민운동, 특히

이다. 또한 한국의 시민운동이 서구의 신사회운동과는 달리 조직구조가 비교적 견고하고, 유명인사 의존적이라는 점에서 광범위한 시민참여 중심이라기보다는 특정 인물 중심으로 운영되고 진행된다는 점이다. 운동진행방식도 광범위한 연결망보다는 특정 단체 중심이라는 것도 서구의 그것과 차이가 있다. 한국의 시민운동이 이렇듯 상이한 부분이 많음에도 불구하고 환경과 평화, 인권과 주민자치 등을 포함한 사회의 다양한 분야에서 참여민주주의의 실현을 위해 노력하며 동시에 문화담론적 성격이 농후하다는 등의 공통점도 갖고 있기 때문에 '신사회운동'과 '시민운동'을 혼용하여 사용하여도 그리 커다란 무리가 없기 때문에 한국에서 현재 진행되고 있는 사회운동을 지칭할 때에는 '시민운동'으로 서구의 그것은 '신사회운동'으로 표현하려고 한다.

2) 차명제 외, 1994 참조.

원자력 발전소 등 사회간접자본 건설과 관련된 주민운동에 적극적으로 참여하여 이 운동들의 조직적 역량을 강화시켜 운동의 활성화를 주도했고, 대학에 남아 있던 일부 비판적 지식인들은 '정치경제학' 연구를 중심으로 '종속이론'이나 '국가독점자본주의론' 등을 발전시켜 기존 체제에 대항하는 비판적 이론들을 확산시켜 나갔기 때문이다. 이러한 지적 풍토와 지역에서 활발히 진행되고 있었던 사회운동들이 자연스럽게 접합되면서 소위 새로운 사회운동, 또는 시민운동으로 정의되는 이런 운동들이 전 사회적으로 확산되어 그 결과 일부 유권자 집단들은 기존 정치체제와 제도에 대해 강한 불만과 불신을 갖게 되었으며 이런 불신은 자연스럽게 기존 정치집단에 대한 거부와 새로운 정치세력을 기대하게 했고, 이와 같은 시대적·문화적 토양에서 녹색당이 탄생될 수 있었던 것이다.

2) 새로운 패러다임으로의 전환

이러한 사회적 배경을 통해서도 잘 알 수 있듯이 녹색당의 가장 기본적 이념이라 할 수 있는 평화·여성·환경은 당시 유럽 시민사회에서 가장 민감하게 받아들여졌던 부분이며, 바로 이 부분이 당시 사회운동의 주류를 형성하고 있었다. 녹색당을 '시민의 정당' 내지 '사회운동의 정당'이라 규정하는 이유가 여기에 있는 것이다. 또한 녹색당의 주체들과 지지자들이 바로 이 새로운 사회운동의 주체와 지지자들에 의해 충원되는 것은 어찌 보면 지극히 당연한 결과라 할 수 있다.

따라서 녹색당은 이 운동의 연장선 내지 이 운동의 정치 정당화라 할 수 있다. 그러므로 녹색당을 곧 환경정당이라 규정하는 것은 이 당의 성격을 제대로 이해하지 못한 결과이며, 실제로는 환경과 마찬가지로 여성, 평화, 제3세계, 민주주의 등의 사회적 문제들에 대해서도 같은 비중으로 다루고 있다. 이렇게 새롭게 제기된 사회문제들에 대해서 기존의 정당들이 침묵하거나 적절히 대처하지 못했을 때, 새로운 사회운동들이 이런 주제들에 대해 여론을 형성해 나가고, 사회적 영향력을 확실하게 확대시켜 나갔다. 기존 정당들이 이 문제들에 대해 적극적인 대답을 주지 않고 있었으므로 시민운동의 일부가 기존의 정치집단에 대한 비판과 회의, 더 나아가 이런 정치집단을 극복하고 새로운 대안적 정치의 실현에 대해 진지하게 고민하지 않을 수 없었다. 기존의 정당들은 주로 정치적 민주화와 경제성장과 부의 분배에 초점을 맞추고 있었기 때문이며, 이러한 성장 위주의 정책에 의한 모순에 대해서는 지극히 무관심했다.[3] 그러나 새로운 사회운동은 바로 이 사회적 모순에 대해 관심을 갖고 그로 인해 피해를 보거나 소외되는, 그리고 이런 양적 성장을 추구하는 사회질서에 대해 비판적 관점을 가진 집단들을 동원하고 이들을 조직화하였다. 그 결과 1960년대와 1970년대에 팽배했던 독일을[4] 포함한 서유럽 국가들에서 지배집단에 대한 정당성 위기와 국가공권력에 대한 공백현상이 확산되었다. 이러한 사회적 상황에서 새로운 사회운동들은 사회적 영향력을 확대시킬 수 있었고, 그 경험은 사회운동의 정치세력화에 자신감을 갖게 하는 계기가 되었다.

---

3) 당시 기존 정치집단에 대한 녹색당의 불신과 비판은 5절 '녹색당의 기본정신' 부분에서 잘 나타나고 있다.

4) 1960년대 말과 1970년대에 걸쳐 유럽에서 나타났던 지배집단 내지 권력엘리트들에 대한 불신은 당시까지 집권하고 있었던 보수정권이 퇴진하고 진보적인 사회당이나 사민당이 집권하는 계기가 되었다. 당시 사회운동의 주류는 좌파였으며, 유로코뮤니즘의 대두와 함께 쿠바 혁명의 영웅이었던 체게바라와 카스트로, 중국의 마오쩌뚱과 주은라이, 베트남의 호지민 등이 당시 사회주의 운동의 우상이었다. 이렇게 학생들과 젊은 지식인들 사이에서 사회주의가 받아들여질 수 있었던 것은 제3세계 운동과 국제공산주의 운동에 힘입은 바 크지만, 이와 함께 월남전에 반대하는 반전운동과 그로부터 자연스럽게 이어졌던 반미시위, 그리고 이러한 반미 분위기가 '정치경제학' 이론으로 무장한 반자본주의 운동들도 그에 기여했다. 이러한 사회적 분위기에서 대안정치세력의 등장은 어찌 보면 당연한 결과일 수 있는 것이다.

1980년대 녹색당이 의회에 진출한 이후 환경, 평화, 여성, 직접민주주의, 인권 등을 반영시킨 정책으로 여론을 형성하고 사회적으로 부각시켜 비판적 지식인들 사이에서 녹색당의 지지자들을 지속적으로 확보할 수 있었다. 또한 대안적 문화의 확장과 거주공동체, 평화주의, 남녀평등, 대안적 삶의 양식(예를 들어 채식주의나 TV 거부운동, 동성애 인정 등)의 대안적이고 새로운 가치관의 확산 등도 녹색당이 지속적으로 지지집단을 확보하는 데 기여하였다.

요약하면 녹색당이 태동할 수 있는 사회적 토양은 역시 사회 전반적으로 확산된 정치를 포함한 기존 질서에 대한 비판적 인식이라는 점이다. 그리고 이러한 사회적 분위기를 확산시키는 데 평화운동을 비롯한 다양한 형태의 대안적이고 문화운동적 성격이 강했던 사회운동들이 결정적 역할을 하였다.

3) 기존 정당에 대한 불신의 확산

독일인들의 정당에 대한 불신은 구조적이라 할 수 있는데, 여기에는 나치의 집권을 저지하지 못한 무능하고 무력한 정당들이 일차적인 책임이 있다는 인식이 확산되어 있기 때문이다. 즉 정당이 국가의 우위를 인정하고 정당이 대변하는 계급이나 집단의 이해관계에만 급급하다 보니 이런 참담한 결과가 발생했다는 것이다. 또한 정당에 주어진 과다한 특권도 독일인들이 정당을 외면하는 원인이기도 하다. 여기에 가끔씩 불거져 나오는 각종 스캔들 또한 정당에 대한 불신을 가중시키는 요인이 된다.

특히 기존 제도권 정당들이 1960년대 후반부터 학생운동을 비롯한 평화운동·여성운동·환경운동 등으로 표출되었던 사회적 요구나 유권자들의 참여민주주의 확대 요구를 정확하게 이해하지 못했거나 안이하게 대처함으로 인해 정치의식이 강한 독일인들 사이에 정당에 대한 불신과 정치에 대한 무관심이 급속히 확산되었다.

1980년대 초반 독일에서 활발히 진행되었던 정당 불신에 대한 논쟁은 주로 정당의 구조적 모순에 집중되었고, 그 모순은 다음과 같다(Wiesendahl, E., 1989).

• 통합력의 약화: 정당은 통상 "생의 터전"(Glotz, P., 1982) "정신적 지주", "운명공동체" 등으로 불리는데, 정당이 이 "집합적 정체성 형성"(Guggenberger, B., 1982)과 같은 기능을 상실했다는 것이다.

• 전망 부재: 대부분의 정당들은 사회적 이슈에 대해 대응만 하며, 차기 선거에만 관심을 기울인다. 정당 활동은 장기적인 목표를 정하고 그에 따른 적극적이고 능동적 전략보다는 현재 상황을 모면하기에만 급급한 근시안적 전략에만 치중하는 경향이 농후하다.

• 창의성 부재: 정당들은 대개 기존 사회질서의 안정을 추구함으로써 그럴듯하지만 알맹이 없는 활동에 치중한다(Plasser, F., 1985). 그 결과 정당들은 뭔가 새로운 것을 시도하기보다는 현재에 안주하려는 경향이 심화되어 정당활동에 안정추구나 무사안일주의, 그리고 자족적 태도가 나타나게 된다.

• 대안 부재: 정당들은 유권자들의 표 모으는 데에만 관심을 가져 자연스럽게 양극단에 위치한 유권자 집단보다는 중앙에 집중되어 있는 다수 유권자들을 상대로 득표행위를 하게 되고, 이는 자연스럽게 정당 사이의 차별성이 상실되는 결과를 초래한다. 그러므로 정당 사이에 이념적 차별성이나 정책의 구분이 모호해지고 있다.

• 국가의 정당화: 정당의 지도부들은 대개 국가기구의 상층을 점거함으로써 국가를 점거한다. 이를 통해 정당은 공식적이고 합법적인 과정을 통해 국가가 정당의 안정과 영향력 증대를 위해 이용되는 결과를 초래하기도 한다.

• 현실감 상실: 정당의 간부들은 대개 그 당에서 교육 등의 훈련과정을 거치며, 또한 이들이 국가의 주요 기관들의 상층부를 점거하기 때문에 일반 시민들에 대해 엘리트 의식이 매우 강하고, 관료제의 관성에 익숙해 있고, 무원칙한 관리행정, 그리고 부패의 고리에 쉽게 노출되는 경향이 있다. 그 결과 정당과 일반시민들과의 간격은 더욱

벌어지게 되었다.

• 정당성의 상실: 유권자들의 관심을 끌기 위해 무분별한 공약을 남발하고, 결국 그 공약을 지키지 못하는 경우가 허다하다. 그러므로 일반 시민들의 정당에 대한 불신이 더욱 가중되고 있다.

• 정당의 무능력: 기존의 정당들은 7,80년대 급변하는 사회적 환경과 시민들의 달라진 정치적 의식을 제대로 파악하지 못했다. 즉 새롭게 대두된 사회적 이슈들인 평화나 환경, 그리고 여성문제들에 대해 당지도부들의 안이한 대처는 일반 시민들의 기존 정당에 대한 불신만 초래했다. 왜냐하면 대부분의 당지도부들은 제2차 세계대전의 폐허를 극복하고 경제건설에만 매진해야 했던 세대들이었기 때문이기도 했다. 또한 나치 시절에 지극히 권위주의적이고 가부장제적 교육을 받았던 이들에게 환경이나 여성문제는 전혀 관심 밖의 주제였을 것이다.

이러한 사회적 분위기와 정치적 위기 상황 속에서 녹색당은 당시 사회운동의 주류를 이루고 있었던 환경운동, 평화운동, 그리고 여성운동의 주체들과 그 추종자들에 의해 창당되기에 이르렀던 것이다

4. 사회운동의 전개과정

사회운동은 구체적인 사회적·역사적 상황에서 발생하기 때문에 그러한 조건들에 대한 이해 없이는 이에 대한 보편적 설명이나 일반적 유형을 규정하기는 매우 어렵다. 그런 의미에서 사회운동의 전개과정 또한 매우 다양한 형태로 나타날 수밖에 없다. 따라서 사회운동의 발전과정을 "제한적 일반화" 수준에서 접근할 수밖에 없을 것이며, 람슈테트의 설명은 이를 이해하는 데 매우 유용할 것이다(Rammstedt, 1989).

람슈테트에 따르면 사회운동은 대략 여덟 단계를 거쳐 발전한다고 했으나 이 단계가 단선적이라거나 순차적, 그리고 목적론적이 아니라

는 사실을 명확히 하고 있다. 그러므로 이 모델을 통해 사회운동의 종말을 예측한다거나 사회운동의 정점이 제도화되는 것을 의미하는 것일 수는 없다. 이는 녹색당이 민주주의의 전통이 오랜 서구나 민주화가 거의 이루어지지 못한 국가들에서 모두 존재한다는 점에서도 잘 나타나며, 동시에 기존 정당에 사회운동이 흡수되는 것을 반드시 부정적으로만 평가할 수 없는 면도 있기 때문이다. 그리고 제도화되는 것보다 시민사회 영역에서 제도권 정치를 제어하는 것이 보다 효과적일 수도 있다. 그가 제시하는 사회운동의 발전단계는 다음과 같다(Rammstedt, 1978: 170).

첫번째 단계: 위기의 집단적 체험

사회운동은 위기로부터 시작된다. 위기는 구조적, 체제 내적 모순들을 통해 발생하며, 모순에 처한 사람들은 그들의 "사회적 정체성"이 위협당하고 있다고 인식한다. 이 위기는 체제적·행위적 차원에서 기존의 방법으로 더 이상 해결될 수 없는 문제적 상황을 의미한다. 그리고 이 위기 상황에 처한 개인들은 동일한 문제의식을 가진 사람들과의 접촉과 의사소통과정을 통해 집단적 경험을 공유하게 된다.

두 번째 단계: 위기 결과의 선전

위기를 공론화시키는 목적은 그들의 상황을 일반인들에게 전달하고 정부나 사회기관(단체)이 이 문제에 대해 관심을 가져주고 이를 해소해 줄 것을 기대하기 때문이다. 피해자들은 대개 언론매체를 통해 이를 공론화 내지 여론화시킨다.

세 번째 단계: 저항의 활성화

정부나 사회기관(단체)들로부터 아무런 반응이 없을 때, 당사자들은 저항을 본격적으로 시도한다. 이런 저항을 통해 당사자들은 '우리'라는 공동체 의식을 갖게 되며, 저항으로 인해 정부나 사회기관과의 갈등관계가 성립된다. 이 단계부터 그들의 저항을 '사회운동'으로 인식하기 시작한다.

네 번째 단계: 저항의 집중화(심화)

이 단계에서 저항은 일반인들에게까지 파급되어 이 운동에 대해 긍정적이든 부정적이든 관심을 갖도록 만드는 단계이다. 이 운동에 동조하는 집단이 형성됨으로써 이 운동은 사회적으로 확대되는 계기가 된다.

다섯 번째 단계: 이데올로기의 형성

사회운동이 합법적 수단을 통해 그들의 주장을 관철시키지 못하게 되면, 저항 상대에 대한 강한 거부감이 형성되고 이 운동에 정당성을 부여하기 위해 이데올로기가 필요하게 된다. 왜냐하면 그들 행위에 정당성을 부여하고, 이를 심화시켜야만 운동의 정당성과 지속성이 확보되기 때문이다. 따라서 이데올로기는 참여자들에게 현존하는 위기의 원인과 그 부정적 결과들에 대한 이해를 가능케 할 뿐만 아니라 새로운 사회에 대한 전망과 필요성을 인식케 만든다. 이데올로기가 형성되고 그 내용이 분명해지면 질수록, 지배집단과 지배적 사회관계들과의 갈등은 심화·확대된다. 따라서 지금까지 합법적인 것으로 간주되던 것들이 도덕적 정당성을 상실하게 되고 사회적 갈등은 점차 첨예화된다.

여섯 번째 단계

이 단계에서 사회운동은 이데올로기로 무장되고 이를 통해 보다 광범위한 지지자들을 확보하게 되어 중요한 사회적 이슈로 등장하게 된다. 이 때 이데올로기는 다수의 대중을 연결하고 연대를 가능케 하는 매개체 역할을 한다.

일곱 번째 단계: 저항의 조직화

보다 효과적인 저항을 위해 조직이 만들어지게 된다. 이를 통해 조직의 지도부와 일반 지지자 사이의 구분도 생겨나게 된다. 그러나 이 단계의 조직의 강도는 정당이나 사회단체들에 훨씬 못 미친다.

여덟 번째 단계: 제도화

사회운동이 제도화되면, 그 때부터 운동의 동력은 떨어지게 마련이다. 왜냐하면 형식적인 의사소통 규칙과 작업의 분업, 그리고 조직원들 사이의 역할이 정확히 구분되어 형식에 매이게 되며, 사회의 지배적 규범을 수용하게 되어 기존 사회의 틀에 편입될 가능성이 농후하게 된다. 이 때 위기는 다른 사회영역으로 전이되거나 정치체제의 문제해결능력의 확대로 점진적으로 해소되게 된다.

이러한 전개과정도 전술한 바와 같이 일종의 사회운동의 '이념형'(Idealtypus)으로 보편적 타당성을 갖는 것은 아니다. 사회운동의 전개단계는 독일의 신사회운동의 일부가 녹색당이라는 정당으로 제도화되어 가는 과정을 이해하는 데 많은 도움을 주는 것은 사실이다. 그러나 최종단계인 제도권 단계에서 사회운동이 제도권에 편입되었다 해도 그들이 해결코자 했던 사안들이 완전히 해결된 것은 아니다. 양성 평등의 관점에서 보면 사실 눈부신 발전을 했다고 평가할 수 있고, 평화문제도 1980년대 전 유럽을 뒤흔들었던 평화운동과 냉전 종식 등으로 과거와 비교할 수 없을 정도로 완화되었다 해도 과언이 아니다. 환경문제 또한 그 동안 노력을 통해 상당한 성과를 거두었다. 사실 독일 한 나라만을 상정해서 평가한다면 환경문제는 독일인들 사이에서 이미 사회문제로 인식되지 못할 만큼 향상되었고 따라서 환경운동의 동력이 7,80년대에 비해 현저히 상실된 것은 사실이다. 그러나 당시 문제시되지 못했거나 미처 인식되지 못했던 남북문제와 글로벌 차원의 환경문제는 과거보다 훨씬 심각한 수준으로 악화되었다. 즉 운동의 기대효과는 운동의 제도화로 많은 부분 해결되었으나 예상치 못했던 일들에 대해서는 아직 효과적으로 대처하고 있지 못한 상태라 할 수 있다.

5. 초기 녹색당의 기본정신

녹색당의 기본 이념과 가치는 그들이 신사회운동에 그 기반을 두고 있기 때문에 매우 대안적이며 민주적이라 할 수 있다. 그리고 이들의 이념과 가치는 기존의 정당과 명백한 차별성을 보여 주고 있다.

1) 기본이념과 가치

민주주의와 사회정의의 실현이 가능해지기 위해서는 인권, 평화와 군축, 양성평등과 소수민족에 대한 권리보장, 환경보존과 환경친화적인 경제체제 확립과 인간과 자연의 공존 등이 전제되어야 함을 주장한다. 그리고 시민들의 저항과 비판, 그리고 요구들을 수렴하여 그들의 참여를 독려하는 것이 바로 녹색당의 의무이며 이를 기초로 현실적인 이상향 건설을 위한 첫 발걸음을 내딛을 수 있는 것이다. 녹색당이 추구하는 구체적인 이념은 인권, 환경, 사회정의, 민주주의, 양성평등, 비폭력과 평화이며, 이것이 바로 녹색당이 다른 기존의 정당들과 명확하게 구별되는 점이라 할 수 있다.

(1) 인 권

여성뿐만 아니라 장애인, 소수민족, 이주민, 어린이, 동성연애, 노인, 환자, 수감자, 노숙자들에 대한 배려와 그들의 대변자적 역할을 자임하였다. 특히 외국인 노동자들이 많은 독일에서 이들 인권의 존중은 사회적으로 매우 중요한 의미를 갖는다. 특히 다문화 사회를 지향하는 녹색당으로서는 다양한 문화적 배경을 갖은 소수민족은 매우 중요한 사회구성요소일 수밖에 없는 것이다.

(2) 환 경

현재 당면하고 있는 환경위기, 즉 지구온난화로 인한 기상이변, 오존층 파괴, 산성비, 공기오염, 물오염, 산림파괴와 사막화, 토양오염, 자원 고갈 등에 의해 인간의 생존이 크게 위협받고 있다는 문제 인식을 녹색당은 명백히 하고 있다. 다시 말해 인간은 자연을 떠나 존재할 수 없다는 것이다. 자연은 인간의 삶에 유일한 터전이며 재생산이 불가능하기 때문이다. 그러므로 인간의 생산과 소비 활동은 종 다양성을 보존하고 생태계의 균형을 유지할 수 있는 범위에서 행해져야만 할 것이며, 결국 인간은 자연을 그의 뜻에 따라 마음대로 파괴해서는 안 되는 것이다. 그리고 녹색당은 후세들이 생태적 풍요를 누릴 수 있도록 모든 노력을 기울일 것이라고 다짐하고 있다. 여기서 녹색당은 환경문제를 해결하는 데 환경정책보다는 생태주의의 확산이 무엇보다 중요하며, 생태주의의 사회정치화, 즉 정치생태주의의 중요성을 강조하고 있다.

(3) 사회정의

환경 · 인권 · 민주주의 · 양성평등 · 비폭력 등이 전 사회적으로 확산되기 위해서는 빈부차와 특권층과 소외계층의 격차가 현격히 감소되어야만 한다. 그리고 사회정의의 실현을 위해서는 단순히 재화의 재분배만이 아니고 자주적 삶과 자유시간, 그리고 문화와 사회 생활에 대한 공정한 분배와 가능성, 그리고 기회가 제공되어야만 한다. 모든 사람들이 다 똑같이 누릴 수는 없지만, 그들에게 나름대로의 삶을 영위할 수 있는 기회가 주어져야만 할 것이다. 그러므로 사회복지 증진을 통한 빈부의 격차를 줄이려는 기존의 사회복지국가 모델은 필연적으로 자연의 수탈과 환경파괴를 수반하기 때문에 무엇보다 생산전 과정에 대한 생태적 개편과 성장우선주의의 극복이 필요하다고 주장하고 있다. 따라서 이를 실현시키기 위해서는 자연의 지탱가능성에 근거한 성장정책과 동시에 성장과 관계없는 자연과 공생할 수 있는 정책도 필요하다는 것이다. 또한 모든 사람들은 인간 생존의 기본적 욕구충족 외에도 문화·사회적인 욕구와 환경친화적인 삶의 영위를 위해서도 사회적 노동생산과정에 공정하게 참여할 기회가 주어져야만 한다고 주장하고 있다. 그리고 독일에서의 사회정의 실현은 지구적 차원의 남북문제가 해결될 수 있어야만 가능하다는 점 또한 강조하고 있다.

(4) 민주주의

민주주의는 모든 사회구성원들에게 동등한 기회를 보장하는 것을 의미한다. 녹색당의 목표는 국가와 사회 모든 분야의 민주화 실현에 있다. 또한 인간이 단순히 객체가 아닌 주체로서 행동하여야 하며, 이는 구체적으로 정치·경제·문화 등의 제반 분야에서 스스로 삶의 조건을 만들어 나갈 수 있어야 한다는 것이며, 주체적으로 노동과 삶의 방식에 대해 결정할 수 있어야 함을 의미한다. 기존의 의회제도에 대해서도 녹색당은 매우 비판적이다. 의회 내에서도 정당들은 시민들의 의견을 반영하기보다는 당리당략과 기업의 로비자금에 의존하면서 시민들을 정치로부터 소외시키고 있다는 것이다. 그리고 정책 결정과정은 점차 중앙집중적이고, 단순하며, 통합적이고 신속해져서 일반 시민들이 개입할 수 있는 여지를 박탈하고 있어 시민들 사이에 정치에 대한 무관심과 혐오증을 확산시키고 있다는 것이다. 이렇게 정치로부터 소외된 시민들이 증가하면 그들 자신의 행동에 책임을 지지 않으려 하며, 좌절감과 심지어 폭력적이 될 가능성마저 있다는 것이다. 그러므로 녹색당은 시민들 사이에 자결권 행사와 직접민주주의 실현을 제시하고 있다. 생동하는 민주주의는 투명성, 적극적 관용, 용기, 신념에 의한 행동을 필요로 하며 이러한 정치문화의 확산만이 국가에 의한 권력독점과 감시, 그리고 억압을 저지할 수 있다고 주장한다.

(5) 남녀 평등주의

녹색당은 양성평등의 실현은 평화롭고 민주적인, 그리고 생태주의적 사회건설의 전제조건임을 강조하고 있다. 녹색당은 전 세계적으로 광범위하게 전개되었던 여성운동의 결과 여성인권 향상에 괄목할 만한 성과를 가져왔고 1980년대 녹색당이 창당되면서 독일사회의 여성 지위향상을 위한 전위적 역할을 담당하여 재야와 기존 정당에 이 문제에 대한 중요성을 부각시켜 여성에 대한 전 사회적 인식전환의 계기를 마련하였다. 그러나 이런 노력에도 불구하고 남성위주의 가치관과 여성에 대한 폭력 등 여성에 대한 차별이 여전히 존재하고 있어, 녹색당은 남성과 여성에 대해 동일한 기회 제공과 함께 할당제를 전 사회적으로 도입할 것을 주장하고 있다. 여성들의 사회 진출을 활성화시키기 위해 이 할당제를 녹색당 스스로 먼저 실시하여 여성들의 정치활동을 촉진시키기 위해 노력하고 있다. 녹색당에 있어 여성정책은 페미니즘적 시각에서 사회 제반 분야를 평가하고 대안을 마련하는 것이며, 여성뿐만 아니라 남성 역시도 기존 사회의 구조적 모순에 의한 희생자이며, 따라서 여성의 문제는 곧 남성의 문제이기도 하다는 점을 강조하고 있다. 또한 여성들로 하여금 자주적인 삶을 영위할 수 있도록 법·제도적 장치의 마련뿐만 아니라 페미니즘적 문화가 주류문화가 되도록 하는 노력도 녹색당의 여성정책의 중요한 부분이라 하겠다.

(6) 비폭력과 평화

녹색당에 있어 비폭력은 정치윤리의 기본이 되고 있다. 권력은 그를 행사함에 있어 항상 사회구성원에 의해 동의를 얻는 정당성이 요구되며 만약 그렇지 못하면 폭력을 수반한 억압적 기제로 변한다. 그러므로 권력의 정당성과 합법성이 전제되어야만 행사될 수 있는 것이다. 또한 인간에 대해서뿐만 아니라 비인격적 존재나 천연자원에 대한 권력행사도 사회적 합의와 동의가 필요하며 합법적인 절차를 거쳐야 그 정당성을 인정받을 수 있는 것이다. 녹색당은 권력의 독점적 폐해를 최소화하기 위해 권력분점을 인정하며 동시에 국가에 의한 경찰력의 독점을 인정한다. 그러나 국가에 의한 무력독점은 참여민주주의의 강화와 조절을 통한 민주적 합법성에 의해 정당화되어야 함을 강조하고 있다. 그러므로 국가에 의한 무력독점은 헌법과 법에 의해 제한되어야 하고 권력기관의 투명성이 무엇보다 중요하다는 것이다. 녹색당이 특히 강조하는 것은 일상의 구조적 폭력과 함께 전쟁에 대한 부정이다. 전쟁은 어떤 경우에도 용인될 수 없으며 특히 갈등 해결의 한 방법일 수 없으며 다량 살상무기가 사용되는 전쟁은 다량 살상무기가 동반되는 합법화된 폭력이기 때문에 군축과 함께 일상생활에서의 탈군사화를 요구하고 있다. 국제적인 평화유지와 전쟁의 극복을 위해서는 '평화학교'와 '평화봉사단'을 교육시켜 사회적으로 평화를 체계적으로 교육시키고 확장시키는 노력과 함께 갈등구조의 해소를 위해 갈등 당사국들이 동등하게 참여하여 대화를 통한 평화적 방법으로 해결을 유도하기 위한 유엔의 민주적 개혁의 필요성을 역설하고 있다. 녹색당은 또한 어린이와 여성, 외국인에게 가해지는 육체적·정신적 폭력에 대해서도 반대하고 있다. 윤리적인 측면에서 비폭력의 윤리는 바로 인간다운 삶의 윤리라고 규정하고 있다.

2) 새로운 정치문화의 창조

현재 인류가 당면하고 있는 환경·경제·정치·사회 문제 등은 기존의 정치체제나 구조로는 해결 불가능한 것들이다. 따라서 이에 걸맞는 새로운 형태의 정치문화가 창조되어야 한다. 이런 인식에서 녹색당은 연대의식에 기초한 환경공동체의 건설과 같은 대안적 사회건설이 중요하고 이러한 대안의 추구만이 개인들의 이해관계를 초월하고 그러한 문제를 극복할 수 있다고 주장한다. 그리고 이러한 공동체의 실현은 폭력이나 강요가 아닌 대화와 상호이해를 통해 가능한 것이다.

3) 새로운 정치조직

합의와 규칙, 적극적인 참여와 능동적 자결이 기초가 되는 대안적 조직을 추구하고 기초조직이나 지구당 조직은 녹색당 중앙으로부터 매우 자율적이다. 다양한 형태의 정치세력은 당론 형성에 매우 중요하며 다양한 해결방법을 유추해 낼 수 있다. 그리고 녹색당은 경제적 이해관계를 추구하는 로비집단을 거부한다. 의회활동은 공공영역에서 여론형성을 위해 중요할 뿐만 아니라 다양한 집단의 이해관계를 조정할 수 있다.

6. 독일 녹색당의 역사

1977: 독일의 주요 시민운동들의 정당으로의 변신 모색 (환경은 녹색을 상징 색으로, 다른 대안정치세력은 각양각색의 의미로 화려한 색을 상징으로 채택하였다). 원전반대자들이 기초자치단체 선거에서 최초로 2.3%의 지지를 얻어 함멜른(Hameln/Pyrmont)의 지방의회에 진출하였다.

1978: 여러 지방의회선거에서 의회 의석을 확보하였고, 많은 광역자치단체 선거에서 거의 5%에 근접하는 지지율을 확보할 수 있었다.

1979: 다양한 환경 NGOs가 모여 유럽의회 진출을 위해 임시로 '녹색' 정당 창당. 페트라 켈리(Petra Kelly), 요셉 보이스(Joseph Jeuys) 등이 출마하여 3.2.%의 지지를 얻었다. 그 해에 실시된 브레멘(Bremen) 자치시의 선거에서 5.1%의 지지를 얻어 녹색당 최초로 지방의회에 진출하여 4석을 확보하였다.

1980: 칼스루에(Karlsruhe)에서 전국의 환경단체들이 모여 연방 차원의 '녹색당' 건설. Petra Kelly 등 3인의 당대변인 선출. 10월 총선에서 1.5%의 지지를 얻어 5%의 봉쇄 조항에 의해 연방의회 진출에 실패하였다. 바덴 뷔텐베르그(Baden-Wüttenberg) 주 선거에서 5.3.%의 지지를 얻어 주의회 진출에 성공하였다.

1981: 본(Bonn)에서 30만 명 이상이 참여한 독일 최대의 평화시위가 있었다.

1982: 함부르크(Hambrug) 시 선거와 헤센(Hessen) 주 선거에서 각각 7.7%와 8% 지지를 얻어 주의회에 진출하였다.

1983: 1월에 열린 임시전당대회에서 로테이션제[5] 도입을 확정지었다.

3월의 총선에서 5.6% 득표로 녹색당 창당 후 최초로 연방의회에 진출하여 21석을 확보하였고, Petra Kelly, Otto Shilly가 당대변인으로, Joschka Fischer가 원내총무로 선출되었다.

1984: 유럽의회 선거에서 8.2%를 얻었고 함부르크 시에서는 사민당과 녹색당의 연정이 진지하게 거론되었으나, 녹색당은 연정을 포기하였다.

1985: 로테이션이 실시되었으나 Petra Kelly는 이 제도를 거부하였다.

10월에는 헤센 주에서 적·녹 연정이 주정부 차원에서 최초로 시도되었고 현 외무장관인 Joschka Fischer가 주 환경장관으로 임명되었다.

1986: 체르노빌의 원전 폭발사고가 발생하였다.

1987: 총선에서 8.3%의 지지를 얻어 연방의회에서 42석을 확보하였다.

1989: 베를린 시 선거에서 11.8%의 지지를 확보한 녹색당은 적·녹 연정을 제안하여 성립되었다. 유럽의회 선거에서 녹색당은 8.4%

---

5) 이 제도는 의회의 의석을 두 사람이 차지하는 것으로 첫번째 사람은 임기의 절반인 2년을, 그리고 다른 한 사람이 나머지 임기를 채우는 제도를 의미한다. 뿐만 아니라 녹색당의 국회의원들은 그들 세비를 전문직 종사자의 평균임금 수준으로 고정시키고 나머지는 당비로 지출하도록 하였다. 또한 강제조항은 아니지만 국회의원의 특권 대신에 자전거로 출퇴근하고, 호화주택이나 아파트를 포기하고 주거공동체에서 함께 거주하기도 했다. 당시에 녹색당 의원들의 이러한 행동은 독일인들에게 신선한 충격을 주었으며, 기존의 정치문화에 신선한 바람을 불러일으키기에 충분했다.

의 지지를 얻었다. 11월 동·서독을 가로지르는 장벽이 무너지고 동독에 녹색당이 창당되었다.

1990: 동독에서 실시된 선거에서 녹색당은 2%의 지지를 얻었다.[6)]

Niedersachsen주에서 적·녹 연정이 구성되었다.

10월 동독의 NGOs인 Bündnis 90과 통합하여 연대 90/녹색당(Bündnis 90/Grünen)으로 변경하였고 동독의 주선거에서 5% 이상을 얻어 구동독의 주의회에 진출하였다.

12월에 실시된 총선 결과 구서독지역에서 4.8% 득표로 의회 진출이 좌절되었으나, 구동독 지역에서 6%를 얻어 연방의회에 진출할 수 있었다.

1991: 독립시 브레멘에서 11.4%의 지지를 얻어 사민당과 자유당과 함께 적·녹·청의 교통신호등 연정을 구성하였다.

1992: Petra Kelly와 Gert Bastian의 의문의 죽음(자살로 추정)

1994: 유럽의회에서 10.1% 득표

10월 총선에서 7.2%를 얻어 49석의 의석을 확보하였다.

1996년 이후 여러 주의회 선거(광역자치단체선거)에서 매번 10% 이상 득표하였고 특히 Baden-Wüttenberg주에서는 12.1%의 지지를 확보해 지금까지 가장 높은 지지율을 기록했다.

1998: 제14대 독일 총선에서 녹색당은 유권자의 6.7%의 지지로 47석을 차지하였고 사민당과 함께 연방정부 차원에서 최초로 적·녹 연정을 구성하여 집권여당이 되었다.

1999: 헤센 주를 비롯한 수차례의 주의회 선거에서 녹색당은 번번이 5% 이하의 지지를 얻는 등 유권자들의 지지가 급격히 감소하고 있는 실정이다.

---

6) 통일이 확정된 상황에서 녹색당은 통일에 대한 입장을 정리하는 데 상당한 혼란이 있었다. 당시 녹색당은 "독일인 모두가 통일에 대한 이야기를 하지만 우리는 기후를 주제로 이야기한다!"라는 슬로건을 내걸고 동독에서 실시된 선거에 임했고 그 결과는 매우 실망스러운 것이었다.

7. 녹색당의 특징

녹색당에는 창당 초기부터 다양한 색채의 정치집단들이 참여하였다. 극우로부터 극좌에 이르기까지 매우 다양하였고, 특히 자연보존운동은 과거 농촌을 중심으로 보수적 이념에 뿌리를 두고 있는 경향이 농후했다. 또한 나치시대에 '땅과 피'라는 국가 이데올로기가 광범위하게 확산되어 나치들은 자연의 순수성과 지배이념을 교묘하게 이용하기도 했었다. 이런 이유로 녹색당 창당 당시에는 좌파뿐만 아니라 농촌을 중심으로 환경운동이나 자연보존운동을 해왔던 보수적 성향이 강한 우파집단들이 대거 참여하기도 했다.

이러한 정치적 다양성에 의해 녹색당 초기에는 서로의 이해관계가 첨예하게 대립되어 당의 노선을 정립하는 데 많은 갈등을 겪어야만 했다. 그러나 당의 성향이 워낙 사민당 좌파와 맑시즘적 색채가 강했기 때문에 보수주의자들은 극심한 이념갈등의 와중에서 초기 단계에 당을 떠나야만 했고, 이들 중 일부인사들은 과거 나치시대의 경력이 드러나 추방당하기도 했다.

1980년 중반부터는 현실주의자들(Realos)과 근본주의자들(Fundis)과의 갈등이 첨예화되었다. 현실주의자들은 대의제 민주주의와 국가의 합법적인 강제력 독점을 부분적으로 인정하고 참여를 통한 점진적 개혁을 주장하였으며, 근본주의자들은 권력의 외부에서 국가의 권력독점에 대해 비판하고 견제하는 기능을 강화시켜야 한다는 것이다. 그리고 근본적 생태주의를 지향하면서 자본주의적 논리에 기반한 산업사회에 대한 비판과 생태주의적 대안을 보다 효과적으로 제시하기 위한 수단으로 의회라는 합법적 공간을 이용한다는 입장이다. 특히 근본주의자들과 현실주의자들이 가장 첨예하게 대립되는 부분이 바로 사민당과의 관계설정이었다. 근본주의자들은 녹색당이 결국 사민당과의 연정을 통해 반생태주의적인 기존 제도에 편입될 수밖에 없다는 강한 우려의 입장을 견지하고 지속적인 독자노선을 주장하였지만, 1980년대 후반 당내에서 현실주의자들의 입김이 거세지자 창당 초기부터 참여했던 근본주의자들이 대거 당을 떠나기도 했다.

녹색당은 내부적으로 이렇게 상이한 정치노선과 입장들이 서로 충돌하고 갈등하기 때문에 당 차원에서 어떤 특정 사안에 대해 결정을 내려야 할 때에는 각기 상이한 입장들이 극명하게 드러나기 마련이며, 이로 인해 심각한 갈등이 야기되기도 한다. 그러나 녹색당의 이러한 관행은 오히려 일반 시민들에게 신선한 충격으로 받아들여지기도 하였다. 즉 상이한 관점과 견해의 대립은 결국 일반시민들의 다양한 견해와 입장을 대변하는 것이므로, 각자의 입장에서 이러한 논의를 지켜볼 수 있고 동시에 이를 사회적 이슈로 공론화하는 데 긍정적인 기여를 했다. 그리고 이를 통해 대개 밀실에서 일반시민들의 의지와 관계없이 당리당략에 의해 정책이 결정되는 것과 달리 이러한 공개적 형태의 투명성이 보장되는 정책결정 과정은 녹색당뿐만 아니라 독일의 정치문화를 발전시키는 데에 적지 않은 기여를 하였다.

8. 녹색당의 당원 수와 유권자와의 관계

정당정치에 있어 당원의 역할은 매우 중요하다. 특히 정당의 역사가 100여 년 이상된 독일에서는 당원중심의 정당정치가 정착되어 있고 사민당이나 기민당과 같은 전통적인 정당은 흔히 몇 대에 걸친 고정 유권자층이 자연스럽게 형성되어 있다. 그러나 녹색당과 같은 신생정당들이 대를 이은 고정 유권자층을 형성하는 데는 당연히 많은 어려움이 뒤따르기 마련이다. 독일과 같이 안정되고 정당정치가 확고히 자리잡은 사회에서 검증되지 않은 정당이 지속적으로 유권자들의 지지를 얻기란 그리 쉽지 않으며, 이런 의미에서 녹색당의 당원을 시기별로, 그리고 지역별로 알아보는 것도 매우 중요한 의미를 갖는다 할 수 있다.

<표 1> 연대 90/녹색당의 지역별 · 연대별 당원 분포도

	1995	1996	1997	1998(1/4분기)	1998(2/4분기)	1998(3/4분기)
구동독지역	2,827	2,753	2,949	3,076	3,136	3,136
구서독지역	43,583	45,281	46,031	46,407	46,717	46,880
베를린	544	573	595	596	596	596
합계	46,410	48,034	49,980	49,483	49,853	50,030

출처: http://www.gruene.de/durch/struk/mitglied/mitglied98.htm

<표 1>을 통해 알 수 있는 바와 같이 녹색당의 당원 수는 5만을 약간 상회하고 있는 정도이다. 그러나 당원의 대부분은 구서독지역에 국한되어 있고 구동독지역과 서독지역의 당원 수는 약 15:1 정도로 구서독지역에 당원의 절대 다수가 편재해 있다. 이러한 현상은 역시 시민사회의 성숙도나 새로운 사회운동의 활성화와 매우 밀접한 관계가 있는 것 같다. 전후 분단 상황에서 곧바로 구소련의 위성국가가 된 구동독은 시민사회와 시민운동이 발달할 여지가 전혀 없었다. 물론 통일 직전 구동독의 민주화와 '통일'을 주도했던 시민운동 조직이 없었던 것도 아니지만 역시 구서독의 영향을 직 · 간접적으로 받아 겨우 NGOs 활동이 시작되는 단계였었다. '평화와 인권을 위한 이니시어티브'(Initiative Frieden und Menschenrechte)가 1985년에 만들어졌을 뿐, '새로운 포럼'(Neues Forum)이나 '민주주의 실현'(Demokratie jetzt) 등은 1989년 동유럽에서 공산당 정권이 무너지고 구소련에서 개혁운동이 정점에 달했을 때 구서독의 시민사회나 정당의 지원을 직 · 간접적으로 받아 조직화되었기 때문에 동독사회에서 시민운동의 실질적 영향력은 거의 없었다 해도 과언이 아니다.

또 다른 하나 간과할 수 없는 것은 역시 민주적인 정당정치를 동독인들은 전혀 경험하지 못했다는 것이다. 현재 구동독 지역에서 가장 많은 지지를 얻고 있는 정당은 해체된 과거 동독 공산당의 당원들에 의해 새롭게 조직된 '민주사회당'(Partei des Demo-kratischen

Sozialismus: PDS)이다. 이 당은 구서독지역에서 거의 아무런 지지를 받고 있지 못하지만 구동독지역에서는 거의 50% 이상의 절대다수의 지지를 얻고 있는 실정이다. 통일 이후 상대적 박탈감과 자본주의 체제에 제대로 적응하지 못하고 있는 다수의 동독지역 주민들은 녹색당과 같은 대안적 정당을 선택하는 대신에 구서독에서 거의 아무런 지지를 얻지 못하고 있는 선동적이고 실업자들에게 호소력을 갖는 극우정당들에 대해 많은 지지를 보내고 있는 것이다. 이는 1930년대 경제공황시기에 민주시민의 훈련을 거의 받지 못했던 독일인들이 민심을 오도한 나치집단을 선택했던 것과 유사한 현상이라 할 수 있다. 아무튼 구동독지역에서 구동독 공산당의 잔당이나 극우정당들이 녹색당이나 자유당보다 많은 지지를 얻고 있는 현실은 비록 구동독지역이 경제적으로는 구서독지역에 근접하고 있다 하겠지만 정치적·문화적·사회적으로는 양 지역이 아직 통합을 이루지 못하고 있음을 시사하고 있다.

녹색당의 당원 수와 선거에서 녹색당을 지지하는 유권자 수를 비교하는 정당의 조직강도를 비교해 보면 녹색당이 다른 정당들보다 훨씬 낮다는 것을 알 수 있다(차명제, 1999: 190).

선거에서 유권자들의 지지표 수와 당원 수는 항상 정비례하는 것은 아니다. 이를 조직강도로 표현할 수 있는데 수치가 높을수록 강도가 높고 적을수록 낮다 할 수 있다.

<표 2> 정당의 조직강도

유권자 (A)	1994년의 총선	당원 수 (B)	A : B의 비율	조직강도 (%)
SPD(사민당)	17,140,354	849,000	20 : 1	5.0
CDU(기민련)	16,089,960	671,000	24 : 1	4.2
CSU(기사연)	3,427,196	176,000	19 : 1	5.1
FDP(자민당)	3,258,407	88,000	37 : 1	2.7
Grüne(녹색당)	3,424,315	44,000	78 : 1	1.3
PDS(민사당)	1,920,420	124,000	15 : 1	6.5

<표 2>에서 잘 나타나듯이 사민당과 지역당 성격이 강한 기사연, 그리고 주로 동독지역이 그 지지기반인 민사당 등이 비교적 높은 조직 강도를 나타내고 있고 녹색당은 항상 기초민주주의와 참여민주주의를 강조하지만 실제의 당원 수는 다른 정당에 비해 매우 적은 편이고 따라서 조직강도가 예상과 달리 매우 낮게 나타나고 있다.

9. 프랑스 녹색당

1999년에 실시된 유럽의회선거에서 프랑스의 녹색당이 거의 10%의 지지를 얻어 유럽의회에서 9석을 차지함으로써 전 회기에 비해 매우 비약적 발전을 할 수 있었다. 이처럼 프랑스 녹색당이 약진할 수 있었던 요인으로 1990년대 중반 이후 사회당과 함께 연정을 구성하면서 그들의 지지기반을 지속적으로 확대해 나갈 수 있었다는 점을 들 수 있다.

프랑스의 녹색당 형성과정도 독일의 경우와 매우 유사했다. 1970년대 환경오염에 대한 문제가 제기되면서 환경운동가 집단과, 대안추구집단, 그리고 페미니즘 운동가들과 반군사주의자들이 프랑스 정부의 원자력 중심의 에너지정책에 강하게 반대하고 나섰다. 1974년 제3세계 운동가이며 농경제학자인 르네 듀몽(Renè Dunomt)이 생태주의자를 대표하여 대통령선거에 출마하기도 했었다. 이 선거에서 그는 비록 1.3%의 지지를 얻기는 하였으나 그의 선거캠페인이나 선거구호는 유권자들에게 좋은 반응을 얻었다.[7]

1977년 6월 프랑스에서는 슈퍼 피닉스(Superphèinx) 고속증식로 건설에 반대하는 반핵운동이 그 절정에 달했고 시위과정에서 시위대

---

7) 프랑스 녹색당이 독일의 녹색당에 비해 정치활동이 덜 활발한 것 같으나 그 역사는 독일에 비해 더 오래되었다 할 수 있다. 물론 프랑스나 독일에서 환경론자들이나 생태주의자들이 정당을 구성하지는 못했지만 정치참여의 역사로만 본다면 프랑스가 더 앞섰다 할 수 있다.

의 한 명이 경찰의 과잉진압으로 사망한 사건이 발생했다. 기존 정치인들의 이러한 무력사용과 비타협적 태도에 반대하여 생태주의자들은 제3세계 운동과 페미니즘 운동, 그리고 반군사주의 운동집단들과 연대하여 '에콜로지 78'을 조직해 총선에 출마하여 4.4%의 지지를 이끌어 냈다.

1979년에는 유럽의회 선거에 생태주의자들이 리스트를 작성하여 출마하였고 쏠랑쥬 훼르네(Solange Fernex)가 이 선거를 주도했다. 이 선거에서 생태주의자들은 역시 4.4.%를 얻어 5% 봉쇄조항에 의해 의회 진출에 실패하였고, 이를 계기로 일부 생태주의자들에 의해 '환경정치운동'(Mouvement d'Ecologie Politique: MEM)이 만들어졌다.

1981년에는 MEM과 '지구의 친구들', 그리고 일부 생태주의자들이 모여 'ecologist galaxy'를 조직하여 브리스 라롱드(Brice Lalonde)를 대통령 후보로 내세워 3.9%의 지지를 얻었다. 이 선거에서 프랑소아 미테랑이 대통령에 당선되고 사회당이 집권하게 되자 사회당의 아류로 인식되고 있었던 환경운동은 프랑스인들 사이에 지지도가 점차 떨어졌다. 생태당으로 개명한 MEM과 지역운동들이 연합해 만든 '생태동맹'(Confèdèration Ecologiste)이 합쳐 1984년 1월 '녹색당'(Les Verts)을 창당하였다. 브리스 라롱드는 녹색당에의 참여를 거절하고 대신 유럽의회 선거에 출마를 위해 독자적 조직을 만들었다. 녹색당은 이 유럽의회 선거에 디디에 앙거(Didier Anger)를 대표주자로 내세워 선전하였지만 5.4%의 지지를 얻는 데 그쳤다. 이렇게 녹색당의 득표율이 저조한 이유는 브리스 라롱드가 독자적으로 출마한 것 외에 다른 생태주의자들이 사회당과 연대해서 출마하여 녹색당의 표가 분산되었기 때문이다.

이후 녹색당과 같은 군소 정당들에 대해 언론이나 여론이 무관심했기 때문에 이 당들이 정치활동을 하는 데 많은 제약을 받게 되었다. 특히 사회당 정권하에서 녹색당은 그의 좌파적 성격 때문에 일반시민들이나 언론들에게 좌파 아류로 인식되어 전혀 관심을 끌지 못했다. 1988년 녹색당은 앙뚜안느 배히터(Antoine Waechter)를 대선 후보로 내세워 좌와 우를 넘어 독자적 노선을 추구한다고 선포하여 3.8%의 지지를 얻었다. 인도 보팔의 유니언 카바이트사 폭발사고, 체르노빌 원전 사고 등, 대형 환경사고가 발생한 이후 1989년 3월에 실시된 지자체 선거에서 좋은 성과를 거두었으며 그 해 6월에 실시된 유럽의회 선거에서 앙뚜안느 배히터가 이끄는 녹색당은 10.6%의 지지를 얻어 9석을 확보하였다.

녹색당의 이러한 성과에 위협을 느낀 사회당은 1991년 독자노선을 추구했던 브리스 라롱드를 환경장관에 임명하고 동시에 그로 하여금 녹색당과 경쟁하는 '생태세대'(Gènèration Ecologie)라는 정당을 만들 수 있게 하였다. 이 정당은 좌파의 지원을 받지 않고도 1992년에 실시된 지자체 선거에서 녹색당과 같은 7%의 지지를 획득했다. 이 두 정당은 1993년에 실시된 총선에서 연대하여 7.8%를 얻었으나 최다 득표제를 실시하고 있는 프랑스의 선거제도 때문에 의회에 진출할 수 없었다. 총선에서 우파가 승리를 거두자 브리스 라롱드는 이들과 제휴하기 위해 노력하였고 녹색당은 이와 반대로 중립적 노선을 견지하는 정치세력들과 좌파와 제휴하였다. 1994년에 실시된 유럽의회 선거에서 녹색당은 2.9%를, 라롱드는 2%를 얻어 의회 진출에 실패했을 뿐만 아니라 확보한 의석마저 완전히 상실하였다. 앙뚜안느 배히터도 녹색당으로부터 분리되어 '독립 생태당'(Ecologist Indèpendant)을 만들어 선거에 참여했지만 아무런 성과를 거두지 못했다.

녹색당은 1995년 대선에 도미니끄 부아네(Dominique Voynet)를 대선 후보로 선출하여 3.3.%의 지지를 얻었다. 이러한 결과는 비교적 만족스러운 것으로 녹색당 지지자들뿐만 아니라 다른 환경운동가들로부터도 지지를 얻어낼 수 있었다. 대선에서 패배한 사회당은 당 재건을 위해 녹색당과의 제휴를 진지하게 검토하기 시작하였고 1997년 총선에서 녹색당은 사회당과 제휴하여 승리를 거둘 수 있었다. 도미니끄 부아네는 '환경과 지방정치' 장관에 임명되었으며, 녹색당도 최초로 의회에 진출하여 8석을 확보하기에 이르렀다.

현재 프랑스의 녹색당은 창당 이후 최고의 전성기를 구가하고 있다 해도 과언이 아니다. 그리고 녹색당은 전 유럽적으로도 프랑스와 독일뿐만 아니라 핀란드와 이탈리아, 그리고 조지아에서 장관을 배출했고, 대부분의 의회에서 의석을 확보하고 있어 그에 대한 지지기반과 함께 유권자들의 지속적 신뢰를 얻고 있다 할 수 있을 것이다.

프랑스에서 브아네 장관은 정치적 성공도 거두고 있고 대중적 지지도도 매우 높은 편이다. 이러한 그녀에 대한 지지는 고속증식로와 르 까르네(Le Carnet)의 원자력발전소 건설을 중단시키는 데 결정적 기여를 하였고, 1997년 파리의 대기오염을 줄이기 위해 2부제를 실시하여 차량통행을 통제하는 등의 친환경적 정책을 관철시킬 수 있었다. 기초와 광역자치제 선거에서도 승리를 거두고 있는 녹색당은 노르 빠 드 깔레(Nord-Par de Calais)에서 사회당과 함께 연정을 구성하여 충실한 활동을 하고 있어 최근 녹색당의 당원수가 6,000여 명으로 과거에 비해 무려 두 배나 증가하였다.

프랑스의 녹색당은 독일과 매우 상이한 방식으로 발전했다. 물론 출발점은 1970년대 환경운동 등 새로운 사회운동이 활발히 전개될 때 이 운동의 일부가 정치세력화를 모색한 부분은 동일하지만 그 사회의 시민사회의 형태와 정당구조, 그리고 정치문화를 포함한 문화적 전통에 따라 각기 달리 발전하였다. 특히 프랑스에서는 특정 개인의 정치적 성향에 따라 녹색당의 구도가 뒤바뀔 정도로 개인적 영향력이 독일에 비해 상대적으로 크다 할 수 있다. 또한 독일에서는 당을 뛰쳐나온 사람들이 새로운 당을 만들지 않는 반면, 프랑스에서는 녹색당을 중심으로 끊임없이 이합집산을 거듭하고 있고 이러한 분산은 결국 프랑스인들 사이에서 녹색당의 지지도를 떨어뜨리는 결과를 초래했다고 평가할 수 있을 것이다.

10. 집권여당으로서 녹색당의 고민

1) 정책중심에서 인물중심으로의 이동

지난 해 10월 독일 헌정사상 최초로 사민당과 함께 연정을 구성한 녹색당은 16년의 기민당과 자유당의 연정을 이끌어 온 헬무트 콜 수상의 보수정권에 식상한 유권자들과 21세기로의 전환기에 무언가 새로운 것을 원했던 유권자들의 기대를 받으며 새로운 출발을 하게 되었다. 특히 녹색당의 중심인물인 요쉬카 피셔(Joschka Fischer)는 가장 인기있는 독일 정치인으로서 국민적 기대를 가장 많이 받는 인물로 현재 외무장관과 부수상직을 겸하고 있다. 그는 녹색당 창당과정에서부터 참여했고 초기부터 당내의 현실주의자(Realos)를 대변하였으며 그의 이러한 정치적 노선은 현재까지 지속되어 오고 있다.

과거 녹색당에 있어 개인은 그리 중요한 역할을 하지 못했다. 녹색당이 '정당이 아닌 정당'을 지향한 초기에는 3명의 '당대변인'들이 중심이 되는 집단지도체제를 표방하였을 정도로 '인물본위'보다는 당의 노선과 정책 등이 중요시되는 '집단'이 우선시되었다. 그리고 실제로 창당 당시 패트라 켈리, 게르트 바스티안, 오토 쉴리, 요쉬카 피셔, 안체 폴마, 다니엘 콘벤디트, 두취케, 등 쟁쟁한 사회운동가들이 모여 있었기 때문에 특정 개인이 두각을 나타내기 어려운 시기이기도 했다. 초기 녹색당 창당에 참여했던 이들이 녹색당과 결별하여 당적을 옮기거나 사회운동으로 회귀하기도 했고, 심지어 켈리 같은 이들은 당으로부터 소외되어 자살로 생을 마감하기도 했다. 그 결과 현실주의를 표방하는 극히 소수의 지도적 인물들이 현재까지 남아 있게 되었다.

현재 녹색당 내부에서는 집단지도체제의 비효율성을 비판하고 단일지도체제로의 전환을 요구하는 주장이 매우 거세게 제기되고 있어 조만간 단일지도체제로의 전환이 불가피할 것으로 예견된다.

이러한 녹색당의 변화는 초기 녹색당만의 특징이었던 대안적 정치 세력으로의 녹색당이 이제 일상에 충실한 평범하고도 전형적인 제도권 정당으로의 전환을 의미하는 것으로 사회운동의 한 획을 긋는 중요한 논쟁거리가 아닐 수 없게 된 것이다.

2) 비폭력 평화를 추구하는 녹색당의 코소보 전쟁에의 참여

녹색당이 집권여당이 된 이후 당 내부에서 가장 첨예하게 대립과 분열을 야기시켰던 사건이 바로 코소보 전쟁에 유엔평화군의 일원으로 독일군 파병을 결정한 사안이었다. 만약 녹색당이 야당으로 남아 있었다면 격론의 과정을 거치긴 했겠지만 결국 참전에 반대하였을 것이고 평화에 대한 녹색당의 입장을 분명히 할 수 있었을 것이다. 그러나 정부여당으로서 외부적으로는 미국을 비롯한 NATO의 압력을 무시할 수만은 없었으며, 내적으로도 인종청소에 대한 어떤 형태의 태도표명이 있어야 했다. 특히 나치하에서 인종말살정책의 일환으로 유대인과 집시들에 대한 대규모 학살을 자행했던 독일로서는 세르비아계에 의한 알바니아계의 체계적인 대규모 인종말살 행위에 수수방관만 할 수 있는 입장은 아니었다. 또한 전쟁책임의 죄책감에서 벗어나고 싶은 슈뢰더 총리는 전후세대로서 독일이 이제 더 이상 전범국이 아닌 진정한 NATO와 EU의 회원국으로 다른 회원국들과 동일한 권리와 의무를 행사하면서 평범한 선진국, 아니 유럽의 주도국가로의 지위를 부여받고자 끈질긴 노력을 하고 있었으며, 이는 바로 독일인들의 여망이기도 했다. 독일 사회의 이러한 분위기는 비폭력을 지향하는 녹색당에게 커다란 부담으로 작용했고 현실주의자들에 의해 장악된 당지도부는 마침내 참전결정에 동의하기에 이르렀고 이러한 결정은 평화와 비폭력을 지향하는 녹색당에 그 정체성을 기저로부터 흔드는 심각한 후유증을 남기게 되었다.

3) 원자력발전소 폐쇄에 관한 사민당과의 갈등

원자력발전소 폐쇄는 이미 연정합의서에서 녹색당과 사민당이 합의한 사항이다. 이 부분은 녹색당이 집권여당이 되도록 근거를 제공한 중요한 사안이라 할 수 있는데, 야당으로서 원전반대와 신재생에너지 보급을 위해 기존 에너지정책에 대한 반대와 비판, 그리고 정부여당에 촉구하는 것보다 권력의 중심에서 직접 대안을 마련하고 여론을 형성하여 정책으로 집행하는 편이 훨씬 신속하고 수월할 것이기 때문에 녹색당으로서도 집권 초기부터 매우 의욕적으로 추진해 오던 사안이었다. 그러나 연정파트너인 사민당은 이러한 녹색당의 요구를 무조건적으로 받아들일 수 없는 입장이었다. 왜냐하면 사민당은 선거공약이었던 실업 극복과 일자리 창출, 경제 활성화 등에 대한 가시적인 성과를 국민들에게 보여 주어야만 하고, 특히 영국의 블레어 총리와 함께 발표했던 유럽좌파의 새로운 모델인 '제3의 길'과 '새로운 중도' 구상도 경제발전을 위해 사회복지제도의 축소와 시장경제를 전면적으로 도입하려는 것으로 사회주의적 요소를 과감히 축소하고 자유주의적 경제제도의 도입을 의미하는 것이기 때문이다. 또한 강력한 원자력 산업의 로비도 섣부른 원전 폐쇄는 경제발전에 커다란 손실을 가져다 줄 것이라고 경고함으로써 원전에 관해서는 사민당이 비교적 소극적 태도를 보여 왔다.

녹색당이 집권여당이 되면서 '대안 정당' 내지 '환경정당'으로 자기정체성을 확고히 할 수 있었던 야당 시절에 접할 수 없었던 문제들에 직면하게 되었고 이러한 과제들을 자기정체성을 손상시키지 않으면서 지켜나가야 할 것인가, 아니면 새롭게 변화된 환경에 가능한 부담을 줄이면서 새로운 위상을 확립해 나가야 하는가가 녹색당이 현재 직면하고 있는 중요한 과제라 할 수 있을 것이다.

11. 녹색당에 대한 전망

독일의 녹색당은 연정을 통해 집권여당이 된 이후 과거의 흔적을 찾아보기 매우 어렵게 되었고 이러한 녹색당의 변화로 전통적 지지자들은 점차 당을 떠나고 있는 실정이다. 이런 의미에서 녹색당은 과거 '정당 아닌 정당'으로서의 이미지가 흐려지고, 그들의 정치적 토양을 잃게 되어 분열되고, 낙후되어 가고 있으며, 그것이 현재 그들의 현실이다. 물론 녹색당이 과거부터 현대적 정당을 표방하기보다는, 대안적 정당, 그리고 현대문명 비판적 정당을 표방했지만, 현재에는 그들의 전통적 지지자라 할 수 있는 청년층이나, 생태주의자들로부터의 지지율이 떨어지고 있고 게다가 명백하게 녹색당을 지지하는 새로운 집단이 있는 것도 아니어서 녹색당의 미래 전망은 그리 낙관만 할 수 없는 상황이다.

1) 정치적 토양 상실

녹색당은 당시 분명하게 기존의 정치집단들과의 차별성을 강조했고 그들을 강력하게 비판하면서 정치 전면에 부상하였다. 환경문제의 심각성을 인식하고 생태주의적 가치를 신봉하였던 다양한 사회집단들—그들 사이에는 사회주의자들과 공산주의자들부터 깊은 기독교적 신앙심을 가진 집단과 극우 민족주의자에 이르기까지—은 기존의 지배적 경제논리와 사회적 규범이었던 시장경제, 정당국가, 국가에 의한 무력독점, 친미주의 등에 거세게 반발하면서 지방분권화와 자급자족형의 공동체적 가치를 전면에 내세웠다.

이러한 근본주의적 가치와 이념은 녹색당이 기초와 광역자치 수준에서 사민당과 함께 집권여당이 되면서 점차 희석되기 시작하였고 급기야 연방정부 차원에서 집권을 하게 되면서 거의 완벽하게 퇴색되었다. 즉 빛바랜 녹색당은 빠른 시일 내에 새로운 대안을 찾지 못하는 한 그들의 미래는 매우 험난할 수밖에 없을 것이다.

2) 전근대성

녹색당 당원들에 있어 청바지는 매우 상징적 의미를 갖고 있었다. 이는 바로 기존 질서에 대한 저항을 의미하는 것으로 집단지도체제와 성과 직능에 따른 할당제 등은 사실 이상이 현실적 효율성에 우선하는 녹색당의 주요한 정책의 골간인 것이다. 그러나 주변 환경은 너무나도 급박하게 움직이고 있어 녹색당이 그들의 이상을 추구한다는 것은 매우 비현실적인 것으로 되어 가고 있다. 특히 집단지도체제의 고수는 현재 녹색당이 안고 있는 커다란 고민거리라 할 수 있다. 현재 녹색당을 실질적으로 이끌고 있고 또 이끌 수 있는 인물은 외무장관인 피셔밖에 없다. 그러나 기존의 당구조가 이를 허용하지 않고 있어 중요한 결정은 실제로 피셔가 내리지만 이를 비공개로 진행시키거나 당내의 광범위한 협의와 동의과정이 생략되으로 인해 당의 체제가 크게 흔들리고 있는 실정이다. 그러므로 녹색당은 기존 체제에 대한 대폭적인 개선작업이 있어야만 할 것이며, 당지도체제에 대한 결정이 어떤 형태로든 내려져야만 할 것이다.

3) 분 열

현재 녹색당의 분열은 매우 심각한 수준에 이르고 있다. 거의 모든 정당에는 정파나 계파가 존재한다. 그러나 이러한 계파 간의 갈등도 대개의 경우 영향력 있는 인물이나 당의 정체성에 의해 봉합되거나 협상을 통해 타협이 이뤄지게 마련이다. 우리 나라의 경우에도, 물론 심각한 결함이기도 하지만, 당내에서 계파간의 갈등이 첨예해지면 그 당의 총재가 헛기침 한 번 하면 즉시 봉합되는 경우를 경험한다. 그러나 녹색당은 이와 판이하게 다르다.

녹색당은 사회운동의 기초 위에서 출범했기 때문에 비록 정책정당이라 할지라도 합의에 도달하는 데 매우 장시간의 토론과 갈등 과정을 거치게 마련이었다. 이러한 계파 간의 갈등은 운동적 성격을 가진 야당에는 적합할 수 있었다. 특정사안에 대한 갈등과 장시간의 논의 과정은 일반시민들에게 매우 민주적으로 보여질 수도 있을 것이기 때문이다. 그러나 연정파트너로서는 매우 적합치 않은 당의 치명적 약점이 될 수 있다. 당 대 당으로 협상을 할 때, 이렇게 분열하는 모습은 상대방에게 결코 신뢰를 줄 수 없을 것이다. 그리고 이러한 갈등이 표출되었을 때, 이를 중재하거나 봉합할 수 있는 중심인물이나 당 정체성이 현재 녹색당에는 결여되어 있다.

현재 녹색당 내부에서는 두 개의 상반된 노선이 첨예하게 대립하고 있다. 그 하나는 기민당과 사민당 사이에 중간적 색깔과 성격을 가진 보통 정당으로 전환해야 한다는 주장이다. 이 주장은 이제 특별한 당, 별 설득력을 갖지 못하는 운동과 당의 결합이라는 기형적 형태의 대안적 당의 허울을 벗어 던지고 사민당의 좌파적 성격에서 탈피하여 자유주의의 전통을 이어받자고 한다. 중도적 성격의 당으로 거듭나자는 주장이다.

다른 하나는 원천으로 회귀하자는 주장이다. 실용적 좌파정당으로 전환하여 사회정의 실현에 앞장서야 한다는 것이다. 특히 사민당의 '새로운 중도' 노선에 의해 수많은 주변부 계층들이 고통을 당하고 있기 때문에 이들을 위한 획기적인 사회정책을 마련하여 보다 많은 교육의 기회와 등록금 면제, 즉각적인 원전폐쇄, 보다 확장된 사회복지제도 도입 등을 주장하면서 노조와의 연대를 강조하고 있다.

그러나 문제는 이렇게 첨예하게 대립되고 있는 당 내의 노선 사이의 갈등을 중재할 녹색당의 확고한 이념적 전통이나 구심점이 될 수 있는 지도적 인물이 없다는 것이다. 이러한 녹색당의 고민이 바로 최근에 실시되었던 각종 지자체 선거에서 연이은 패배로 잘 나타나고 있는 것이다.

12. 결 론

현재 한국에서는 2000년 4월 제16대 총선을 앞두고 주목할 만한 시민사회의 정치 프로젝트가 실험되고 있다. 이는 지난 15대 총선에서 시민사회가 시도한 것과 동일선상에 있다 하겠는데 그 형식과 내용에서 차이가 있을 뿐이다. 지난 1996년에 실시된 총선에서 시민사회는 대개의 녹색당들이 그러하듯, 시민운동의 동조세력을 결집해서 기존의 개혁적 성향을 가진 정치집단과 연대하여 직접 제도권 정치로의 진입을 시도하였고 결과는 성공적이지 못했다. 지난 1987년 6월 시민항쟁의 결과 한국에서는 민주주의가 정착할 수 있는 계기가 마련되었고 1989년 출범한 '경제정의 실천시민연합'은 한국 시민운동의 진정한 의미의 출범을 알리는 신호탄이었다. 그렇다면 당시 시민운동의 역사가 불과 6,7년밖에 되지 못한 상황에서 시민사회의 제도권 정치로의 직접적인 진입을 통한 정치세력화 시도는 일반시민들의 광범위한 지지를 얻기에는 역부족이었다. 당시 시민들의 다수가 제도 정치권에 대해 거의 회복 불능에 가까운 불신과 불만을 가졌다 하더라도 역시 선거를 통한 제도 정치권의 직접적 진입은 어려운 장벽임에는 틀림없었다.

그러나 제16대 총선을 앞둔 현재, 한국의 시민사회는 전과는 다른 방법을 선택하고 있다. 즉 정치권의 직접적 진입이 아닌 시민사회의 범주에서 시민운동을 통한 정치개혁을 요구하고 있는 것이다. '총선시민연대'나 '공선협' 활동 등은 모두 '낙천낙선운동', '후보 바로 알기운동' 등을 전개하면서 합법·비합법적 방법을 넘나들고 있다. 이런 시민운동을 통한 정치개혁 내지 '선거혁명'은 시민들의 가히 폭발적이라 할 만한 지지를 얻고 있어 그 결과에 대한 판단은 아직 이르기는 하지만 현재까지는 매우 성공적이라 할 수 있다. 구체적으로는 선거를 저들만의 잔치가 아닌 국민적 이슈로 전환시켰고, 시민운동의 선거 참여 불허를 법으로 정하고 있는 선거법 第87조를 삭제시켰을 뿐만 아니라 각 정당이 공천과정에서 시민운동에 의해 부적합 정치인으로 지적한 인물들을 고려하겠다고 주장하게 하는 등, 선거과정에서 그 어느 때보다 많은 긍정적 성과들을 거두고 있다.

사실 기존 정치인들은 이번 선거[8]를 그들만의 잔치로 전환시키기 위해 모든 방법과 수단을 강구하고 있었다 해도 과언이 아니다. 특히 현행 선거법을 통해 신진 정치세력의 진입을 거의 불가능하게 만들었을 뿐만 아니라 선거구도 그들의 구미대로 정했고 '정당명부식 비례대표제'를 도입한다고 공언하고도 오히려 비례대표의 의석 수를 종전 전국구 의석 수보다 줄이는 작태를 서슴지 않고 행했다. 이는 결과적으로 시민들로 하여금 정치에 대한 불신과 혐오를 가중시켜 선거에 무관심하도록 유도하는 수단으로 악용하고 있는 것이다. 선거에 시민들이 대거 불참한다면 결국 지역구 관리를 통해 양산한 추종자들이 대거 참여하게 될 것이고 이들에 의해 선거 당락이 결정된다는 것은 당연한 결과라 할 수 있다. 이어 수차례 실시된 제15대 재·보궐선거에서 유권자 참여율이 30% 안팎이었던 것을 감안해 보면 역시 선거는 그들만의 잔치라는 점이 잘 나타나고 있다. 나머지 70% 중, 다만 10% 내지 20%만이라도 참여하여 올바른 선택을 할 수 있다면 한국에서의 정치개혁은 보다 빨리 진행될 수 있을 것이며 이를 위해 시민운동의 역할은 결정적인 것이라 할 수 있다.

이렇게 시민운동의 참여방식에 따라 상이한 결과가 나타나는데 여기에는 시민운동의 발전과 사회적 영향력 확대가 가장 중요한 요인임에 재론의 여지가 없을 것이다. 이에 덧붙여 또 다른 요인으로는 일반 시민들 사이에 팽배해 있는 정치불신과 시민운동에 대한 신뢰일 것이다.

한국 정치가 갖는 구조적 모순과 낙후성은 시민들에게는 거의 운명

---

8) 2000년 4월 13일에 실시된 第16대 총선

적으로 받아들여지고 있어 아무리 개혁적 의지와 능력을 갖춘 인물이라 할지라도 정치권에 진입하면 그 순간부터 문제있는 인물로 낙인 찍히는 것이 우리 정치의 현실인 것이다.

그러므로 시민운동이 시민들이 호의적으로 생각하고 있는 시민사회에 안주하면서 제도정치에 대해 압력을 행사하고 개혁을 요구할 때에는 광범한 동의와 지지를 창출해 낼 수 있지만, 시민운동이 시민사회를 떠나 정치세력화를 모색한다면, 비록 그 동기와 목적이 순수하고[9] 개혁적이라 할지라도 기존 정치인들과 동일시되어 무차별적인 비난과 질시의 대상이 되는 것이다. 이러한 일반시민들의 정치에 대한 그릇된 인식은 물론 일차적으로 한국의 권력 엘리트(power elite)의 과오에 의한 것이 틀림없지만 시민들의 낡고 전근대적인 정치관 때문이기도 한 것이다. 시민들의 이러한 정치관과 정치인들의 무능과 무지, 그리고 부정부패는 결국 한국 정치의 발전을 가로막은 커다란 걸림돌이 아닐 수 없으며 한시라도 빨리 극복되어야 할 국가적 과제가 아닐 수 없다. 그리고 이는 시민사회의 노력, 즉 정치사회의 시민사회화만으로 가능할 것이며, 여기에 시민운동의 활성화는 매우 중요한 요건인 것이다.

결국 시민운동의 활성화는 정치사회의 시민사회화라는 시민사회 프로젝트를 실현하도록 할 것이며, 이는 시민적 지지를 담보하면서 시민사회의 테두리를 벗어나지 않는 범위에서 시민운동을 통한 방법도 있고, 시민사회를 벗어나 유권자들의 까다로운 선택의 과정을 거쳐

9) 우리가 정치사회에서가 아닌 시민사회에서 일상적으로 흔히 사용하는 순수하다는 단어의 의미는 개인의 사사로운 이해관계를 관철시킨다는 의미가 아닌 공공성과 여론 형성이라는 합리적 의사결정 과정을 통한 다수의 보편적 가치 추구 또는 우리 사회에서 통념적·상식적으로 인정되는 공공선의 실현을 위한 노력을 의미하는 것이라 할 수 있다. 여기에서 정치사회는 이미 '惡'을, 그리고 시민사회는 '善'을 상징하는 것으로, 이를 통해 일반시민들의 정치에 대한 이해가 어떠한지 잘 알 수 있는 것이다.

직접 제도권 정치에 진입함으로써 성취할 수도 있을 것이다. 한국의 경우, 현재까지는 시민사회에 안주하면서 시민운동을 통해 시민사회 프로젝트를 수행하는 것이 보다 효과적이라는 것이 여실히 증명되고 있다. 그러나 계속 이 방법을 선택할 것인가는 앞으로 한국이 어떤 방향으로 발전할 것인가, 즉 시민사회의 성숙 정도, 국가의 성격, 경제수준의 정도, 일반시민들의 정치의식, 이 사회의 문화·역사적 전통, 그리고 통용되는 상식과 가치관에 따라 달라질 수밖에 없는 것이다.

제17장

신사회운동과 정치
정치세력화의 요인과 쟁점

권태환 · 송호근

이 장은 사회운동의 정치세력화의 다양한 양상을 비교론적 관점에서 권역별로 분석한 3부의 연구결과를 종합하여 정치세력화의 개입하는 구조적 요인들을 체계화하는 데에 목적을 둔다. 3부에서는 '정치세력화'를 신사회운동의 정당정치화에 국한하기보다는 어떤 결집된 형태가 아니더라도 정부와 정치권의 중대한 정책결정에 무시할 수 없는 압력을 가할 수 있는 운동형태로 규정하여 상당히 폭넓은 입장을 취한다. '정치세력화를 향한 길'을 일차적 과정과 이차적 과정으로 구분하고, 이차적 과정을 정치세력화의 중대한 계기로 보았다. 이 장은 이차적 과정을 관할하는 가장 중요한 요인으로 '정치적' 기회구조'를 지목하고, 정치적 기회구조를 지배집단의 구조와 이념적 관용의 수준, 국가의 구조, 정당구조로 세분하여 각각의 구체적 양상을 검토하였다. 이러한 관점에서 본다면, 한국의 사회운동은 다른 국가들에 비하여 정치세력화의 조건이 비교적 양호하고 조직적 기반도 그런대로 괜찬은 편이다. 그러나, 여전히 낙관적인 전망을 허용하는 것은 아니다.

1. 신사회운동과 새로운 정치

21세기에 접어들면서 한국사회에도 신사회운동의 기반이 확대되는 많은 조짐들이 나타나고 있다. 환경운동의 전국적 확대를 위시하여, 여성운동, 소비자주권운동, 복지운동, 문화운동 등이 다양한 형태로 전개되어 왔다. 경제발전의 수준이 비슷한 다른 국가들과 비교해서 시민사회로부터의 요구가 표출되고 수렴되는 형태와 그것이 사회운동으로 발현되는 전반적 양상에 있어 한국의 신사회운동은 세계의 주목을 끌기에 충분할 만큼 활력을 갖추고 있는 것이 사실이다. 지난 16대 국회의원선거에서 총선시민연대가 보여 준 개혁요구와 실천력은 일본에서도 관심을 표명할 정도로 신선한 충격을 몰고왔다. 신사회운동은 제도화된 조직의 내부에 잠재된 관성 때문에 시민들의 요구가 배제되는 바로 그 순간에 힘과 명분을 획득한다. 주지하다시피, 한국의 정치권은 민주화 이행기를 거치면서 절차적 차원의 개혁을 넘어선 실질적 차원의 개혁에는 속수무책임을 드러내었는데, 바로 이 때문에 개혁을 주도해야 할 주체세력으로서의 정치권 자체가 개혁의 대상이 되어 왔음은 널리 알려진 바이다. 보스정치, 계파정치, 인물위주의 정치가 정작 개혁주체의 역량을 소진시키는 주요인이라는 점을 잘 인식하고 있으면서도 스스로 혁파하지 못하는 자승자박의 고리는 결국 사회운동이 겨냥하는 주 목표가 되었으며, 이를 척결해야 한다는 시민사회의 요구가 총선시민연대의 낙천·낙선운동으로 결집되었던 것이다. 이 운동의 성과에 대하여 이러저러한 평가가 분분하지만, 시민운동단체로부터의 광범위한 지지를 바탕으로 시민사회에 의한 정치개혁의 모범을 보여 주었다는 것만으로도 이 운동의 의미는 충분하다고 하겠다. 다시 말해, 한국사회는 신사회운동의 정치세력화의 가능성을 보여 주고 있는 몇 안 되는 국가 중의 하나이다.

앞의 글들에서 이미 지적한 바이지만, 이 연구는 '정치세력화'를 신사회운동의 정당정치화에 국한하는 것은 아니다. 정치권에 영향을 미칠 수 있는 시민사회로부터의 도전이 결집된 형태가 아니더라도 분산적으로 존재하고 있고 사안별로 시민운동단체가 이합집산을 거듭하면서 정부와 정치권의 중대한 정책결정에 무시할 수 없는 압력을 가할 수 있는 것까지를 '정치세력화'의 범주로 보고자 하였다. 그렇다면, 정치세력화의 수준과 형태를 세분하는 작업이 필요하겠지만, 측정과 관련된 객관적 지표를 만들어 내는 작업은 이 연구의 범위를 넘어선다.

신사회운동은 20세기 정치구조가 수용하고 해결할 수 없는 새로운 쟁점과 요구를 수렴하는 돌파구이다. 민주주의의 역량이 대단히 높은 선진국가의 정치구조도 1920년대에 만들어진 것이고, 이후 내부 수정과 거듭된 구조개혁에도 불구하고 시민사회의 변화된 욕구를 해결할 수 없는 낡은 기제라는 인식은 역으로 신사회운동을 확산시키는 기폭제로 작용하였다. 그러나, 신사회운동의 여러 가지 특성상 그것이 제도적 영역 내에서 안정된 정치적 세력으로 부상하기에는 많은 난점이 존재한다는 것이 유럽국가들의 신사회운동이 보여 준 최근의 공통된 교훈이다. 독일의 녹색당이 1990년대 초반 중앙정치 무대로 진입할 수 있는 최소 요건인 5%선의 득표율을 뚫고 정치세력화에 성공한 이후 기존의 정당들을 괴롭혀 온 조직관성과 내부 갈등으로 인하여 그다지 효율적인 활동을 펴지 못한 것도 이와 무관하지 않다. 신사회운동의 일차적 목표가 새로운 쟁점과 욕구의 공론화이며, 이를 바탕으로 세력화의 기본요건인 조직적 기반을 구축해 나가는 것이 이차적 목표라고 한다면, 일차적 목표로부터 이차적 목표로의 전환과정이 정치세력화와 연관된 제반 문제가 발생하는 지점이다. 물론, 시민사회의 관심을 결집하는 일차적 과정의 성공 여부를 결정하는 제반 요건들도 대단히 중요하지만, 신사회운동의 유동적, 신축적 활력이 조직이라는 경직된 구조와 접합되는 순간이야말로 신사회운동의 본질에 근본적 변화가 야기되는 계기라는 점에서 이차적 과정과 조직화 이후의 문제에 대한 검토가 정치세력화를 규명하는 연구의 핵심적 관심사이다.

정당조직으로 전환하여 신사회운동의 쟁점과 관심이 조직논리에 지배를 받는 그 때부터 신사회운동은 또 다른 신사회운동의 척결대상이 될 가능성이 많다. 다시 말해, 제도화된 신사회운동은 신사회운동의 비판 대상이 된다. 그럼에도, 기존의 정당질서로는 신사회운동이 추구하는 새로운 욕구의 분출을 감당하지 못한다는 점에서 신사회운동의 정치세력화란 현대사회에서 중대한 의미를 갖는다. 정치세력화를 신사회운동의 궁극적 목표라고 한다면 그것은 어쩌면 자체 부정을 통한 끊임없는 사회발전을 기획하고 있는 것처럼 보인다.[1)]

'정치세력화를 향한 길'(road to power)을 편의상 일차적 과정과 이차적 과정으로 구분하면 일차적 과정에는 자원동원론(resource mobilization)이, 이차적 과정에는 정치과정론(political process theory)이 각각 적용될 수 있다.[2)]

정치세력화의 일차적 과정을 신사회운동의 가치가 확대되는 과정, 또는 시민들의 새로운 욕구를 동원하는 과정이라고 한다면, 이 과정에서 가장 중대한 문제는 신사회운동 단체의 자원동원(resuorce mobilization)과 관련된 것들이다. 신사회운동의 리더십, 새로운 쟁점에 대한 시민들의 인식과 인지(cognition), 참여하는 사람들의 열의와 관심의 전파방식, 매스컴의 활용, 조직구조와 지지자의 동원능력 등등의 문제가 신사회운동의 세결집(勢結集)의 정도를 좌우한다. 한편, 시민들을 신사회운동이라는 공공영역으로 끌어내는 과정에서 사회에 내재된 관습, 관행, 제도, 규범 등등의 문제도 중요한 의미를 갖는다.

---

1) 신사회운동에 내재된 이러한 본질은 프랑크푸르트학파의 '부정의 부정'과 맥이 닿고, 멀리는 트로츠키의 '영구혁명론'과 궤를 같이한다.

2) 두 개의 이론은 신사회운동을 설명하는 가장 대표적인 이론인데, 하나는 신사회운동의 발생과 성장과정을, 다른 하나는 신사회운동의 정치세력화에 대응한다. 12장을 참조.

한 사회의 가족구조가 가족원으로 하여금 신사회운동이라는 일종의 저항집단 또는 문제아집단에 쉽사리 가입하도록 용인하는가의 여부는 자원동원의 성패를 가름한다. 한 사회의 지배적 이데올로기(dominant ideology) 역시 그것에 대한 저항적 표정을 함축하는 신사회운동의 성패를 좌우하는 중대한 요인이 될 수 있다.

한편, 정치세력화의 이차적 과정을 관할하는 가장 중요한 요인은 역시 정당체제이다. 기존의 정당체제가 새로운 욕구를 수용, 흡수할 수 있는 국가라면 신사회운동의 기치는 시민들에게 그다지 매력적으로 다가가지 못한다. 설령, 이런 사회에서 신사회운동적 가치가 새롭게 분출되었다고 할지라도 지엽적, 국지적인 것으로 화하여 그 영향이 확산되지 못한다. 기존의 정당은 신사회운동이 표방하는 가치를 폄하하거나 경계지워 줌으로 해서 신사회운동의 지지기반을 통제할 수 있는 능력을 갖고 있다. 이 문제를 둘러싸고 유럽의 정치학계에는 두 가지의 상반된 견해가 대립 중이다. 하나는, 기존 정당은 이미 탈물질주의적 가치관(post-material values)으로 경도된 시민들의 욕구를 충족시킬 수 없기 때문에 신사회운동이 정체세력화할 수 있는 조건이 성숙되었다고 보는 견해이며(Inglehart, 1987), 다른 하나는, 시민들이 아무리 새로운 가치관을 지향한다고 해도 자체 혁신과 변혁과정을 통하여 기존 정당들은 새로운 가치관들을 충족시킬 수 있는 능력을 배양하였으며, 앞으로도 그럴 것이라는 견해이다(Maier, 1990). 투표유동성(electoral volatility)이 지속적으로 높아져 왔다는 점과, 유권자들이 계급적 정체성(class identity)을 넘어서 자신들이 소중하게 여기는 가치관에 따라 투표하는 성향이 증대되었다고 하는 점이 신사회운동의 정치세력화에 대하여 낙관적으로 전망하는 전자의 견해를 뒷받침한다. 그러나, 그것도 따지고 보면, 동맹이 가능한 계급 간의 교차이지 적대계급 간의 무원칙한 교차가 아니라는 점이 신사회운동을 기존 정당체계에 대한 신선한 충격 정도로만 그 의미를 국한시키려는 후자의 견해를 보강한다.

3부에서 드러났듯이, 이 연구에 참여한 연구자들은 사실상 두 개의 과정을 모두 포괄하는 접근방식을 취하였다. 신사회운동의 발생과 성장에 관여하는 요인들을 포함하여 그것이 세력화로 나아가는 과정의 제반 문제들을 각국의 사례분석을 통하여 보여 주고자 하였다. 그런데, 전자의 문제는 너무나 많은 구조요인들을 다루어야 하기 때문에 요약이 거의 불가능하고 또 불필요할는지 모른다. 대신, 결론에 해당하는 이 글에서는 앞의 글들이 중요하게 다루고 있는 공통적 시각인 '정치적 기회구조'(political opportunity structure)에 주목하여 신사회운동의 정치세력화와 관련된 핵심적 쟁점을 정리하고자 한다.

2. 정치세력화의 요인과 쟁점: '정치적 기회구조'를 중심으로

신사회운동의 성장과 관련하여 자원동원론이 주목하는 것은 참여자, 운동조직, 운동전략 등 세 가지이다. 운동전략이란 운동단체가 목표를 달성하기 위하여 선택하는 실행방법을 의미하는데, 이것을 개폐하는 것이 바로 정치적 기회구조이다. 어떻게 보면, 시민운동단체가 전략성취를 위하여 동원하는 정치적 자원도 넓게는 자원 속에 포함되므로 정치적 기회구조에 주목하는 시각도 자원동원론의 한 범주라고 할 수 있지만, 집합행위자가 목표를 성취하고자 할 때 당면하는 정치적 현실(political realities)과 정치적 구조(political structure)를 강조한다는 점에서 자원동원론과 차이가 난다. 신사회운동에 있어 정치적 기회구조의 중요성을 강조하는 맥아담은 사회운동이 세력화하려면 기존의 정치질서와 부딪히지 않을 수 없고 이 과정에서 사회운동단체의 집합적 도전을 제어하려는 지배집단, 제도화된 지배권력으로서 국가, 그리고 지배정당으로부터의 거센 저항과 통제에 직면하게 됨을 강조하였다(McAdam, 1988). 다시 말해, 사회운동의 정체세력화를 개폐하는 가장 중요한 수문은 사회운동이 놓여 있는 정치적 기회구조이다. 정치적 기회구조란 도전자집단의 정치적 목표에 대한 성원(저항)집단의 지원 또는 반대의 분포양상을 지칭한다(McAdam, 1988).

신사회운동의 성패를 좌우하는 요인 중 정치적 과정과 관련된 변수들, 예컨대, 제도적 구조, 국가권력, 지배집단의 구조와 내부 갈등, 지배이데올로기, 저항집단의 분포와 특성 등등은 여러 연구에서 중요하게 다루어졌다. 미국의 여성운동(Costain, 1992), 해방신학, 중미의 농민운동(Brockett, 1991), 핵동결운동(Meyer, 1993) 등의 연구는 신사회운동의 성패가 정치적 과정 및 저항운동단체들에 주어진 정치적 기회의 폭과 깊이에 의하여 좌우된다는 것을 규명하였다. 정치적 기회구조론을 보다 심도있게 발전시킨 태로우는 정치적 기회구조를 네 가지로 분석한다. 그것은 권력에의 접근가능성(또는 정치체제의 개방성), 정치적 제휴, 정치적 동맹과 연대, 엘리트의 내부균열 등이다(Tarrow, 1996). 태로우의 관점을 기본적으로 수용하면서 맥아담은 권력의 행사를 관할하는 제도적 총체로서의 국가와 국가권력에 의하여 행사되는 '억압의 수준'을 첨가할 것을 제안하였다(McAdam, 1996).

그런데, 위의 다섯 가지 요인들은 추상성이 높은 개념들이기에 이것을 다시 세분화할 필요가 있다. 예를 들면, 국가는 관료제와 정당, 군대와 경찰, 사법기구와 교육기관 등으로 이루어져 있기에 신사회운동과 직결되는 구조요인을 확정하기란 대단히 어렵다. 또한 정당체제를 고려하지 않고는 지배집단 또는 엘리트 집단과의 정치적 제휴를 분석하기란 사실상 어렵다. 이러한 점은 국가별 사례연구를 행할 때 더욱 분명해진다. 국가마다 사회적 상황과 경제적 구조가 다르고, 이념적 특성이 다르기 때문에 같은 여성운동이라고 하더라도 사회성원이 이를 받아들이는 시각과 관점에 있어 커다란 차이가 발생한다. 또한 기존의 정당이 친여성적 성향을 이미 갖고 있다면 여성운동의 요구가 정책에 반영되는 정도는 높겠으나 독자적 정치세력화는 어려워진다. 이런 점을 고려하여, 앞의 연구들에서 강조된 여러 가지 요인들 중 정치적 기회구조를 개폐하는 요인을 간추리면 대략 다음의 세 가지로 좁혀진다. 지배집단(엘리트집단)의 구조와 이념적 관용의 수준, 국가의 구조, 정당구조가 그것이다. 이 각각을 구성하는 요소들을 보다 구체적으로 살펴볼 필요가 있을 것이다.

1) 지배집단의 구조와 이념적 관용의 수준

▪ 엘리트집단의 균열구조: 지배엘리트 간 동맹구조가 취약하고 이해갈등의 해결기제가 결여되어 내부 균열이 심각한 수준이라면 신사회운동이 대안적 세력을 형성할 개연성은 높아진다. 왜냐하면, 엘리트집단이 도전자집단의 집합적 저항을 일관된 방식으로 막아 낼 능력이 없으며, 오히려 저항세력이 엘리트집단의 느슨한 연합구조를 무너뜨릴 개연성도 존재하기 때문이다. 그러나 이 경우에도 두 가지 상반된 결과를 배제할 수 없다. 신사회운동이 지배집단의 존재 자체를 총체적으로 부인하거나 비난하는 경우는 엘리트집단의 경계심을 촉발시켜 엘리트집단 간 연대의 계기를 만들어 줄 수가 있는데, 이런 경우는 신사회운동이 좌초될 가능성이 높다. 그러나, 역으로, 신사회운동이 균열분파 중 한두 개의 분파와 연합하거나 균열분파의 불안정한 균형을 깨트리는 전략을 선택할 경우는 신사회운동의 정치세력화가 보다 용이해진다. 다시 말해, 신사회운동이 엘리트의 균열구조를 그대로 둔 채 빈 공간을 비집고 들어간다면 정치무대로 진입이 성공할 수 있다. 그러나, 엘리트집단을 총체적으로 공격하는 경우는 지배집단으로부터의 격렬한 저항에 부딪혀 실패할 가능성이 높다.

▪ 이데올로기적 스펙트럼: 지배집단의 이데올로기적 스펙트럼이 협소하다면 신사회운동은 제대로 뿌리를 내리기 어렵다. 집단적 저항이 지배집단이 가장 혐오하는 이념을 표방한다고 할 때 정치권 내부와의 연계망을 확보하거나 지지자를 만들어 내는 데에 커다란 어려움을 겪게 된다. 권위주의 정권하에서 좌파이데올로기를 지향하는 신사회운동

은 국가의 탄압대상이 되기 일쑤인 것처럼, 지배집단의 이념적 스펙트럼은 신사회운동의 성패를 좌우하는 중대한 요인이다. 지배집단의 이념적 스펙트럼이 넓다면, 신사회운동은 지배집단 내에 지지자를 쉽사리 발견할 수 있고 이를 통하여 정치적 공간을 확대할 수 있다.

▪ 지배집단의 가치관과 신사회운동의 성격: 신사회운동이 기존의 지배엘리트들이 해결하지 못했던 쟁점들 중 공공선(public goods)과 관련된 가치관을 쟁점화하는 경우는 신사회운동이 대안세력화할 가능성이 높아지지만, 지배집단의 무능과 부도덕을 비판하는 쟁점일 경우는 오히려 엘리트집단의 연대를 돕게 되는 결과가 될 것이다. 환경, 소비자주권, 평화운동과 같은 것들은 지배집단이 반대할 아무런 명분이 없으며 따라서, 지배집단으로부터 지지를 확보할 수 있다. 그러나, 지배집단이 정면으로 다루기를 기피하는 민감한 사안을 선택하거나, 지배집단이 실패한 사안에 비중을 두는 경우 신사회운동은 지배집단으로부터 배척받기 쉽다. 신사회운동이 시민들의 광범위한 지지를 받는다고 하더라도 지배엘리트들은 이것을 저지할 다양한 유형의 권력기제들을 동원할 수 있기 때문이다.

2) 국가의 구조

▪ 관료제의 개방성: 정책제안과 결정은 국가관료들에 의하여 이루어진다. 국가마다 약간의 차이가 있다 하더라도, 대부분의 중요한 정책사안들은 권력자들의 지시에 의하여 관료들의 손으로 고안된다. 관료제의 개방성은 신사회운동의 성장에 필수적인 요건이다. 그러나, 관료제의 폐쇄성은 관료지배로 특징지을 수 있는 아시아국가들에서 공통적으로 발견되는 현상이다. 그것은 관료를 충원하는 방식과 승진 및 관리, 사회적 지위가 역사적·사회적으로 결정되었기 때문인데, 예를 들어 한국과 일본의 관료는 사회의 엘리트계층이 차지하고 있는 반면, 미국과 남미의 몇몇 국가에서 관료집단은 결코 엘리트가 아니다. 관료제의 개방성 정도는 두 가지 요인에 의하여 좌우된다. 우

선, 관료의 사회적 배경이다. 관료가 사회의 전통적인 엘리트집단이라고 한다면, 관료제는 폐쇄성이 높을 가능성이 많다. 관료의 수준과 사회적 지위가 높을수록 관료제는 폐쇄되는 경향이 짙다는 것이다. 이 경우, 신사회운동이 지향하는 목표는 관료제의 폐쇄적 경향에 의하여 좀처럼 달성되기 어렵다. 만약 신사회운동을 지지하는 정치적 리더십이 때마침 나타나 준다면, 사정은 조금 달라질 것이지만, 관료제는 정책결정의 문호를 개방하고 시민들의 요구를 반영하기를 원하는 신사회운동을 달가워하지 않는 것이 보통이다. 둘째, 관료가 사회적 엘리트그룹을 형성하고 있다고 하더라도 협의정치(consensus politics)의 전통이 오랜 경우 관료제의 개방성은 높아진다. 유럽의 코포라티즘이 이러한 예에 속한다. 독일의 관료제는 전통적으로 귀족계급의 전유물이었지만, 코포라티즘적 합의정치가 1920년대부터 발전되어 온 덕에 신사회운동의 가치가 관료제의 높은 문턱을 넘어 정책결정 과정에 반영될 수 있었다.

▪ 억압의 수준: 국가가 시민들의 욕구 표현과 집합적 요구행위를 허용하지 않는다면, 다시 말해, 억압적 국가라면, 신사회운동은 좀처럼 성장하지 못한다. 권위주의와 전체주의 체제하에서 신사회운동이 자라날 수 없는 것과 같은 이치이다. 국가는 다양한 형태의 억압기구(repressive apparatus)를 갖추고 있다. 사법기구와 경찰기구, 군대가 대표적인 억압기구인 셈인데, 사법기구는 신사회운동의 합법성 여부를 관할하고, 경찰과 군대는 신사회운동의 사회적 확산 및 집합행위, 거리시위, 저항행위 등을 폭력으로 저지한다. 신사회운동은 집합적 저항행위이기 때문에 이것이 적법성과 정당성을 획득하기까지는 많은 비합법적, 초법적 행위에 호소할 수밖에 없다. 이 과정에서 국가가 신사회운동이 성장할 공간을 허용하지 않는다면 신사회운동은 성장 초기에 벌써 소멸할 운명을 맞게 되는 것이다. 그러나, 높은 수준의 억압은 신사회운동의 성장을 저해하기는 하지만, 신사회운동의 필요성까지를 없애는 것은 아니다. 오히려, 억압정치는 신사회운동의

필요성을 확산시키거나 시민들의 인식을 고양하는 데에 공헌한다는 것은 역설적이다. 한국의 경우, 권위주의 체제하에서 뿌려진 사회운동의 씨앗이 민주주의 이행기에 급속하게 표면화되어 신사회운동의 토대를 만들어 주었던 것을 상기하면 족할 것이다.

▪ 권력의 중앙집중도: 국가의 중앙집중화된 구조와 신사회운동과의 관계는 상황에 따라 다르다. 일반적으로 중앙집중적 구조는 신사회운동의 정치세력화에 긍정적인 효과를 창출한다. 중앙집중적 구조에서는 신사회운동이 이슈화한 사안이 일시에 전국으로 전파되어 지역적 쟁점을 전국적 쟁점으로 만들 수 있다. 역으로, 지방분권이 잘 이루어진 사회에서는 신사회운동이 지역적 쟁점에 몰두하거나, 지역의 이해갈등과 관련된 사안에 집중하는 경향이 보다 높아진다. 그리하여, 어느 한 지역을 소란스럽게 만드는 쟁점이 정작 중앙무대에서는 아무런 관심도 살 수 없는 그런 것일 수가 종종 있다. 따라서, 중앙집중적 구조는 신사회운동의 정치세력화에 긍정적 효과를, 분산적 구조는 부정적 효과를 창출한다. 그러나, 권력의 성격에 따라 반드시 그렇지 않은 경우도 존재한다. 중앙집중화된 구조에서 지배권력이 신사회운동이 내건 가치를 혐오하는 경우 신사회운동이 중앙무대에 거점을 확보하기란 훨씬 어려워지지만, 역으로 분권화된 구조에서는 지배집단의 혐오를 피하여 살아남을 가능성이 많다. 또는 분권화된 구조에서는 정치적 탄압 — 반드시 탄압은 아니고 혐오 정도이더라도 — 의 사각지대를 찾아내기가 훨씬 용이하며, 이러한 공간을 활용하여 신사회운동은 생존을 위한 발판을 구축할 수 있게 되는 것이다.

3) 정당구조

▪ 정당의 수: 정당이 계급과 이념에 기초한 국가일 경우 신사회운동이 정치화될 가능성은 높아진다. 왜냐하면, 신사회운동이 표방하는 이념과 가치가 기존의 이념정당과 조화될 수 있기 때문인데, 5-10개 정도의 정당을 갖는 다당제 국가에서 신사회운동이 성장하는 것은

이 때문이다. 다시 말해, 기존 정당구조에서 신사회운동이 연대할 수 있는 협력자를 발견할 수 있다면 신사회운동의 정치세력화는 그만큼 쉬워지는 것이다. 그러나, 정당이 많아도 정당의 균열구조가 지역과 인종, 종교로 나눠어지는 경우는 신사회운동은 정치세력화에 있어 많은 난점에 부딪는다. 왜냐하면, 인종, 종교, 지역에 근거한 정당들은 신사회운동의 비난의 대상이 될 가능성이 크고, 이렇게 되면 신사회운동은 기조 정당으로부터의 비판과 탄압의 대상이 되기 쉽다. 이런 경우, 신사회운동의 성장은 정당들의 균열을 완화시켜 주는 효과를 낳기도 한다. 이에 반하여, 양당제 구조의 신사회운동에 대한 효과는 상황에 따라 가변적이다. 미국의 경우, 신사회운동은 정당과는 무관하게 진행되는 수가 많으며, 이것이 사회적으로 커다란 충격을 가했을 경우 공화당과 민주당이 정책적 프리즘을 통하여 수용하게 되면 사회운동의 파고는 일단 진정된다. 말하자면, 독자적 정치세력으로 발전할 가능성이 미국의 양당제에는 거의 없다고 해도 과언이 아니다. 이것은 일본 역시 마찬가지이다. 일본은 다당제 형태 이면서 자민당의 오랜 통치하에 있었다고 보면, 신사회운동이 다른 정당과 접맥하거나 독자적 세력을 구축하기에는 대단히 열악한 상황이었다고 보면 적합하다. 잘 발전된 지방분권화가 사회운동의 중앙집중화와 쟁점의 전국화를 막았을 가능성도 배제할 수 없다.

▪정치적 동맹(political coalition)의 전통: 유럽국가들은 동맹세력간의 긴밀한 연대를 통하여 연립정부(coalitional government)를 맺어온 전통을 갖고 있다. 연립정부란 이념과 정치적 기반을 달리하고 있는 정당끼리 정책적 연대를 맺고 긴밀한 정치적 협력을 행하는 정치구조를 지칭하는데, 바로 이 정치적 동맹의 형태가 신사회운동이 정치세력화할 수 있는 정치적, 제도적 기회에 해당한다. 신사회운동이 현재의 정치구조에서 지배정당이 될 수 있다고 상상하는 사람은 없다. 정치세력화에 가장 성공적인 사례인 독일의 녹색당도 12%의 지지율을 얻었던 것이 최대치이고 보면, 지배정당이 될 수 있다는 것은 단

순한 희망사고에 지나지 않는다. 신사회운동은 기존 정당과의 연대와 동맹을 통하여서만이 정치의 중앙무대로 진입할 수 있다고 한다면, 동맹의 전통이 강한 국가에서 정치세력화의 기회가 크다고 할 수 있다. 이탈리아, 프랑스, 독일, 오스트리아 등의 유럽국가가 그러한 예에 속한다. 이에 반하여, 한국은 정치적 동맹의 사례가 현정부에 와서 이루어진 민주당과 자민련 간의 공조 밖에는 없다. 이런 경우 지배정당이 신사회운동의 가치를 수용하거나 거부하는 두 가지 방식밖에는 다른 선택지를 상정하기 힘들다. 신사회운동의 가치를 지배정당이 수용하는 경우는 신사회운동 단체의 정치세력화는 소멸될 것이고, 거부할 경우에는 제도권 밖에서 저항집단으로 화한다. 저항집단이라고 해서 세력화가 되지 않는 것이 아니다. 저항집단은 '거리의회'를 통하여 사회 전반에 영향을 미치게 된다. 말하자면, 이런 경우 신사회운동은 비제도화된 힘을 획득하게 되는데, 이것이 제도적 힘으로 전환하려면 앞에서 지적한 제반 과정을 거쳐야만 되는 것이다.

▪ 정치적 진입장벽: 국가에 따라 다르지만 어떤 정치세력이 중앙정치무대로 진입하는 데에 여러 가지 까다로운 규정을 두게 된다. 이것을 장애물로 비유한다면, 신사회운동 단체가 중앙무대로 진출하는 데에는 넘어야 할 여러 가지 장애물이 존재한다. 이 중에서 가장 큰 것은 선거에서 득표율 하한선 규정이다. 독일과 스웨덴은 5%선을 하한선으로 규정하고 있는데, 이른바 신사회운동을 표방하는 신생정당이 전국에서 5%의 득표율을 얻기란 대단히 힘들다. 스웨덴의 환경당이 1980년대 중반에 5% 득표에 성공하여 중앙무대에 진출하였지만, 다음 선거에서 득표에 실패하여 지역정당으로 전락하였으며, 독일의 녹색당 역시 12%를 정점으로 지속적인 하락세를 보이고 있는 실정이다. 한국은 3%선을 하한선으로 규정하고 있지만, 아직 이것을 넘어선 운동단체는 없는 형편이고 보면, 중앙무대로 진출하는 진입장벽이 얼마나 높은 것인가를 알 수 있다. 이는, 역으로, 기존의 정당구조가 신사회운동의 성장에도 불구하고 얼마나 지속성이 높으며 동시

에 상황변화에 대한 뛰어난 적응력을 발휘하고 있는지를 대변한다.

3. 정치세력화와 제도화: 양자의 딜레마

신사회운동의 정치세력화는 제도화과정을 전제조건으로 한다. 조직이 갖추어지지 않은 채 진행되는 무정형의 사회운동은 일단 조직기반을 갖추어야 하고, 동시에 지지자들의 참여동기를 촉진할 수 있는 쟁점을 개발하여야 한다. 제도화란 이런 일련의 과정이 일정한 규칙을 따라 정형화되는 것을 지칭한다. 참여자의 자격과 책임의 부여, 쟁점의 범위와 운동전략의 개발, 실천강령과 방식 등등이 이러한 규칙을 따라 진행된다. 이런 행위들이 국가와 사회가 정해 놓은 법적 통제망 안에서 이루어져야 하기 때문에 제도화란 신사회운동의 무정형적 요구를 정형화하고, 비가시적 욕망을 가시화한다. 제도화는 세 가지 과정으로 진행된다(12장 참조; Meyer and Tarrow, 1998).

▪ 집단행동의 관례화(routinization of collective action): 사회운동이 사회가 정해 놓은 규제를 따라 일정한 단계와 절차를 밟아 진행된다.

▪ 포섭(inclusion): 정해진 절차를 합법적으로 밟는 사회운동과 집합행동은 제도권 내에서 정치권에 접근할 수 있는 기회가 주어지는데, 정치권은 이들을 어떤 형식으로든 포섭하여 정책결정에의 참여기회를 제공하거나 권력을 공유하게 된다.

▪ 흡수(cooptation): 사회운동 단체가 정당에 의하여 수용되거나, 정치적 질서를 무너뜨리지 않은 범위에서 정치적 지지자들을 규합하여 독자적 세력을 형성한다. 이 세 가지 과정을 밟아 제도화가 일단락되는 것이다.

그러나, 제도화는 곧 사회운동의 정치세력을 확대하는 것을 의미하지 않는다는 데에 문제가 있다. 다시 말해, 제도화과정을 밟으면서 사회운동의 기치가 확대 발전되는 경우가 있는 반면, 역으로 기존 정당질서에 완전히 편입되어 정치적 영향력이 약화되는 경우가 존재한다. 그리하여, 제도화는 정치세력화에 긍정적 효과와 부정적 효과를 모두 창출한다. 오히려, 제도화되지 않은 채로 남아 있으면서 사회적·정치적 영향력이 보다 확대되는 사례도 종종 발견되는 것이다. 따라서, 제도화는 정치세력화의 전제조건이지만, 양자는 항상 딜레마 관계에 놓여 있다. 이러한 사정은 이 연구에서 다룬 각국의 사례에서도 입증된다. <그림 1>은 제도화와 정치세력화의 관계를 사례별로 간략히 도해한 것이다.

필리핀과 한국은 제도화가 진행됨과 함께 (정치)세력화가 동시에 상승하고 있다. 두 국가는 민주화 이행을 경험하는 과정에서 시민사회의 활성화가 이루어졌기 때문에 사회운동의 제도화는 시민사회와 국가권력에 대한 영향력을 증대시켰다. 일반적으로 사회운동은 민주화에 긍정적인 효과를 창출하는 것으로 평가되고, 그 역도 성립한다. 즉, 민주화는 사회운동을 활성화한다. 그러나, 사회운동단체의 이해갈등이 너무나 복잡해져서 정치제도가 그것을 적절히 수용할 능력이

〈그림 1〉 제도화와 정치세력화의 관계

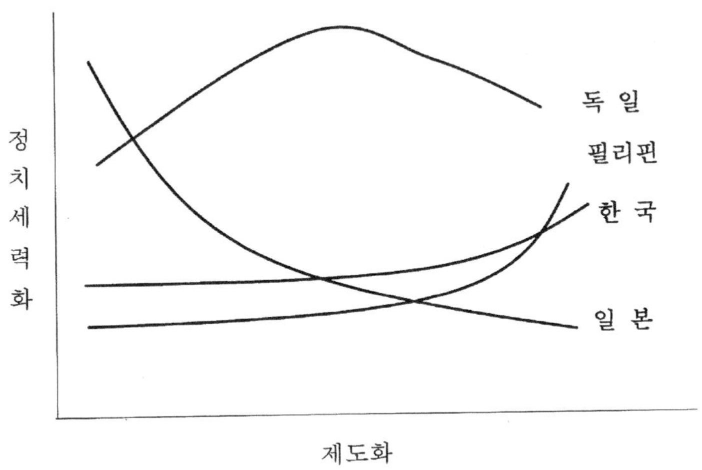

없다면 정치불안정을 초래할 우려가 많다. 필리핀의 사회운동은 그 영향력이 확대됨과 동시에 정치불안정을 초래하여 민주화에 역행하는 결과를 낳기도 하였다. 그러나, 한국의 사회운동은 민주화와 세력화에 모두 긍정적인 효과를 창출하는 사례로 꼽힌다. 물론, 앞의 논문에서 지적하였듯이, 한국의 신사회운동이 정치세력화되기에는 부정적인 요인들이 너무나 많이 존재하지만, 동아시아의 다른 국가에 비하여 상대적으로 빠른 발전을 보이고 있는 것도 사실이다.

그러나, 독일과 일본의 경험은 이와는 대조적인 패턴을 보인다. 즉, 사회운동이 충분히 제도화된 이후에는 정치세력화가 오히려 저하될 수 있다는 사실이다. 민주주의의 초기단계에 놓여 있는 국가에서는 양자가 상호보완적 관계에 놓여 있게 되지만, 민주주의가 성숙하고 안정된 단계에 놓여 있는 국가에서는 신사회운동의 제도화는 정치세력화에 오히려 역행할 수 있다. 일본에서는 신사회운동의 가치와 친화력을 갖는 정당이 없거나 정치적 지지자를 찾기가 어렵다는 정당구조의 문제와 오랫동안 발전된 지방분권적 구조가 사회운동이 추구하는 쟁점의 전국화를 막는다는 사실이 이러한 하락현상을 설명한다. 독일은 오히려 잘 발전된 계급정당이 신사회운동의 가치를 흡수하여 사회운동단체의 존립 명분을 축소시켜 나가기 때문에 이러한 하락현상이 초래된다고 보여진다.

그러므로, 민주주의의 성숙도는 신사회운동의 제도화와 정치세력화간의 상호관계를 정반대 방향으로 변화시킨다. 민주주의의 성숙도가 낮은 국가에서 양자는 상호보완적 관계를 유지하지만, 민주주의가 잘 발전된 국가에서는 정당과 지방분권화의 구조에 따라 상충적 관계로 바뀐다. 이것이야말로 신사회운동이 풀어야 할 딜레마이다.

4. 결론: 한국에의 함의

1987년 이후 한국에는 '국가의 시민사회화'가 그런대로 순조롭게 진행되어 왔다. 여기에는 시민운동이 공헌한 바가 크다. 권위주의 시대에는 노동자, 학생, 종교인, 지식인이 민주화의 주역이었다면, 1987년 이후 민주화 이행기에 그 역할은 시민단체로 이전되었다. 이른바 비정부단체 혹은 비정치단체로 불리는 시민단체들이 오랫동안 결빙상태에 있던 시민의식을 일깨우고 민주화를 향한 열망에 불을 지핀 것이다. 민주화를 향한 열망이 크면 클수록 시민운동은 급성장하고, 국가와 권력집단이 독점한 폐쇄회로를 빠르게 개방시킨다. 한국이 바로 그러한 경우이다. 유럽에서는 기존의 정치제도와 정당제도가 새롭게 부상하는 삶의 질의 문제를 해결하기에는 너무 낡았다는 인식이 확산되던 1980년대 초반 이래 비정부단체의 역할과 위상이 꾸준히 확대되었다. 그 정도에는 아직 미치지 못하지만, 한국 역시 새로운 쟁점을 개발하고 사회적 분쟁을 해결하는 데에 시민단체의 몫은 꾸준히 증대하였다. 한국에도 이른바 사회운동의 시대가 개막된 것이다.

시민운동은 삶의 질의 향상과 직결되는 문제에 주목한다. 환경, 여성, 평화, 소비자주권, 인권, 불평등, 국가분쟁, 건강과 보건, 인본주의적 이념 등의 문제가 그것인데, 이런 쟁점들은 계급 경계와 국가간 이해갈등을 초월하여 초국가적, 범인류적 가치를 함축한다. 그렇기에, 오늘날 지구상에서 활발하게 전개되는 시민운동을 '신사회운동'으로 규정하여 주로 계급적 관심에 기초하였던 구사회운동과 구별하는 것이다. 새로운 아젠다를 중심으로 추진된다고 하여 신사회운동을 '쟁점의 정치'로 부르고, 어떤 뚜렷한 조직체 없이 매스콤과 의사소통기제를 활용하여 여론을 환기시키거나 시민의식의 전환을 꾀한다고 하여 '신정치'(new politics)로 부르는 이유가 여기에 있다(Hilderbrandt and Dalton, 1978).

시민운동은 자발성과 전문성에 기초한다. 아무리 발전된 민주주의라고 하여도 시민들의 자유는 정치권이 제시하는 제한된 영역에 국한된 것이었다면, '시민운동의 시대'에 시민들은 더 이상 정치적 동원의 대상이기를 거부하고 자발적 참여를 통하여 선택의 여지를 넓혀 가고자 하는 것이다.

이 연구에서 보여 주었듯이, 한국의 시민운동은 짧은 역사에 비하여 괄목할 만한 성장을 보였다. 그 배경에는 노동운동과 저항운동이 놓여 있다. 민주화가 진행되면서 저항의 전선에서 싸웠던 많은 운동가들이 새로운 쟁점을 찾아 신사회운동의 영역을 개척한 결과일 것이다. 시민단체의 숫자가 급격히 늘어나고 시민단체의 사회적 영향력이 증대한 것은 바람직한 현상이다. 그러나, 한국의 시민운동은 지양해야 할 두 가지 특징을 갖고 있다. 엘리트 위주의 활동과 중앙집중적 조직구조가 그것이다. 사회적 명사(名士)에의 의존성은 시민운동의 영향력과 설득력을 높이는 데에는 상대적 이점이 있으나, 시민사회의 저변으로 파고들기에는 근본적인 한계를 갖는다. 이는 조직의 중앙집권적 구조와도 직결되는 것으로서, 지역의 하위조직이 대단히 허약한 상태이다. 한국의 시민운동이 매스콤을 활용한 사회적 쟁점화에는 성공하는 반면, 지속성을 유지하지 못하는 이유가 여기에 있다. 자발성, 전문성, 지속성을 겸비한 신사회운동이 필요한 시점이다. 총선시민연대의 활동은 이러한 필요성을 확인시켰다(정수복, 1996; 2000; 하승창, 2000; 유석춘 · 김용민, 2000).

총선시민연대가 선거법을 어겼다는 여론의 비판이 있었지만, 시민의 요구에 충실하는 것이 지금 시점에서는 보다 중요하다. 한국도 미국처럼 오랜 동안 민주질서가 발전하였고, 그 과정에서 잘못된 규정과 법들이 청문회와 시민발의제도를 통하여 여러 차례 수정되어온 역사를 가지고 있다면, 말할 것도 없이 선거법 우위를 주장하는 쪽이 설득력이 있었을 것이다. 그러나, 한국은 사정이 사뭇 다르다. 아직 권위주의의 잔재가 사회 구석구석에 잔존해 있고, 사그라져 가는 권위주의의 기억을 되살리려는 과거회귀적 보수주의자들의 세력이 현실정치와 사회영역에 시시때때로 막강한 영향력을 행사하고 있는 현실에서 여전히 실정법의 형식합리성을 고집한다는 것은 의미가 너무도 다르기 때문이다. 유럽과 같은 선진국이라면, 시민연합의 낙천 ·

낙선운동이 일어나기 이전에 벌써 제도권 정당이 여론향배를 파악하여 대응책을 마련했을 것이다. 그러나, 다른 여타의 부문이 개혁의 아픈 상처를 감당하고 있을 때에도 한국의 정당은 시민들이 그렇게 오래 요구해 온 정치개혁도 스스로 실행하지 못했다. 그 대가는 개혁의 주도권을 시민단체에게 양도하는 것으로 나타났다. 한국이 바야흐로 NGO의 시대를 맞고 있다면, 그것은 한국의 시민사회가 활발하게 살아있다는 증거이기도 하지만, 정치권의 무능과 신축성 결여가 스스로 불러들인 긍정적 결과인 셈이다.

이 연구에서 입증되었듯이, 한국은 시민사회운동이 비교적 활발한 국가에 속한다. 독일, 스웨덴과 같은 선진국에 비하면 아직 미진한 면모가 많이 발견되기는 하지만, 아시아와 남미 등과 비교하면 모범적인 국가로 꼽힐 만큼 시민사회운동이 활성화되어 있다. 노동운동은 아시아에서 최강이며, 여성운동은 일본보다, 환경운동은 남미보다, 정치참여운동은 아시아와 남미의 어느 국가보다 활발하다. 그것은 권위주의 체제가 스스로 불러들인 자업자득인 측면이 많다. 권위주의 체제가 오랠수록, 경제생활의 수준이 높아질수록, 국가에 대한 시민사회의 요구는 고조되기 마련이다. 더욱이, 세계화와 함께 시민사회로부터의 혁신이 중요성을 더해 가는 시대에 열린 사회에 대한 시민들의 열망을 막을 수 있는 방법은 아무 것도 없다.

한국 사회에서 시민운동의 역사는 불과 10년이 채 되지 않는다. 그러나, 시민사회의 급속한 성장과 질적 분화, 무엇보다도 교양과 학식을 갖춘 전문적 시민층의 양적 확대에 힘입어 시민운동, 또는 신사회운동적 성향을 갖는 여러 가지의 형태의 사회운동이 활발하게 전개되고 있으며, 이들은 근대적 외양을 걸친 관념, 관습, 제도적 규율, 규칙, 행위양식에 일대 충격을 가하고 있음을 발견할 수 있다. 환경운동단체들은 개발연대의 폐단을 시민들에게 주지시키고 정부의 성장우선주의적 정책기조를 환경친화적 방향으로 전환시키는 데에 지대한 공헌을 하였으며, 여성단체들은 가부장적 이데올로기의 폭력적 양상을 개선하고 여성의 사회 진출에 따른 여성시민권의 향상을 위하여 다양한 형태의 캠페인을 전개하고 있다. 법률, 종교, 교육, 학술, 문화예술계 등에 포진하고 있는 전문가집단의 사회참여도 주목할 만하다. 이들은 직업집단의 독자적인 이익을 추구하면서도 공익증진이라는 공통 관심사를 개발하고 있는 중이다.

그러나, 시민사회의 이해관심이 다기화되고 집단이해를 추구하는 자유로운 공간이 확대되었다고 해서 시민사회의 '질적 성장'을 보증하는 것은 아니다. 이와 관련하여 두 가지 쟁점을 점검하는 것이 필요하다. 시민사회를 구성하는 집단들의 이해관심이 충돌하는 경우 이해갈등을 해소하는 기제가 시민사회 내부에 형성되고 있는가의 문제와, 역으로, 사회집단들의 사회참여 및 정책참여를 촉진할 뿐만 아니라 이들의 주장을 수용하는 정부의 공식적 기제가 마련되어 있는가의 문제가 그것이다. 한국의 시민사회는 질적 성장과 양적 팽창 간 상당한 격차가 존재하여 시민사회에 내재된 잠재적 에너지가 오히려 집단갈등으로 화할 수 있는 상태라는 점도 간과할 수 없다. 시민사회의 양적 성장이 질적 성장으로 발전하지 못한 데에는 시민들의 사회참여의 경험이 미진한 탓도 있겠거니와, 역으로, 시민사회의 과도한 활성화를 경계하려는 국가의 관리방식, 지배이데올로기의 경직성, 그리고 혁신보다는 질서와 안정에 치중하는 권력집단의 보수주의적 성향에 더 큰 원인이 있을 것이다.

이러한 장애물에도 불구하고, 시민의 주체성과 능동성을 촉진하는 시민운동은 한국에서 그 뿌리를 단단히 내릴 것으로 전망된다. 그것은 국가의 폐쇄된 문을 끊임없이 두드리며 권력행사를 감시하고 견제할 것이다. 개방성과 도덕성을 생명으로 하는 시민운동은 국가에 비하여 자정능력을 더 많이 겸비하고 있기 때문에, 시민운동과 시민단체가 번성하는 곳에는 기만, 은폐, 조작, 허위, 아집과 같은 구태가 살아남지 못한다.

이 연구는 한국 사회에서 사회운동의 정치세력화의 가능성과 요인을 국제비교를 통하여 점검하는 데에 목적을 두었다. 한국은 다른 국가에 비하여 정치세력화의 조건이 비교적 양호하고 시민사회운동의 조직적 기반도 그런대로 괜찮은 편임을 확인하였다. 물론, 수많은 과제와 보완할 점이 있음을 부인하는 것은 아니지만, 사회운동의 발전과 정치세력화에 관한 한 조심스럽게나마 낙관적인 전망을 내리는 것은 지난 10년 동안의 성장 경험과 시민운동 단체들이 보여 준 역동적 모습에서 비롯된다. 사회운동의 저변 확대, 조직화와 리더십의 배양, 제도화와 정치세력화 간의 딜레마를 어떻게 풀어 갈 것인가에 한국의 신사회운동의 미래가 달려 있다고 하겠다.

참고문헌

제1장

구도완. 1996. 『한국 환경운동의 사회학: 정의롭고 지속가능한 사회를 위하여』. 문학과지성사.

김성국. 1996. 「한국의 시민사회와 신사회운동」. 한국사회과학연구협의회. 『한국의 시민사회와 신사회운동』.

이승희. 1994a. 『한국 현대 여성운동사』. 백산서당.

______. 1994b. 『여성운동과 정치이론』. 녹두.

이시재 · 양종회 공역. 1995. 『환경사회학: 환경, 에너지, 사회』. 사회비평사.

______.1994. 『환경사회학 교과과정연구』. 한국사회학회.

______. 1996a. 성심여대에서 발표한 논문.

______. 1996b. 「한국의 시민사회와 환경운동」. 한국사회과학연구협의회. 『한국의 시민사회와 신사회운동』.

이효재. 1996. 『한국의 여성운동-어제와 오늘』. 정우사.

장미경 편저. 1996. 『오늘의 페미니즘, 세계여성운동』. 문원.

정수복. 1996. 『녹색대안을 찾는 생태학적 상상력』. 문학과지성사.

최병두. 1995. 『환경사회이론과 국제환경문제』. 한울.

한국사회과학연구협의회. 1996. 『한국의 시민사회와 신사회운동』.

환경운동연합 시민환경운동연구소(편). 1993a. 『환경의 이해』.

______. 1993b. 『시민을 위한 환경운동』. 푸른산

황태연. 1992. 『환경정치학과 현대의 정치사상』. 나남.

Brand, Karl-Werner. 1990. “Cyclical Aspects of New Social Movements: Waves of Cultural Criticism and Mobilization Cycles of New

Middle-class Radicalism." In Dalton, R.J and M. Kueler (eds.). *Challenging the Political Order: New Social Movements in Western Democracies*. New York: Oxford University Press.

Crozsier, M. et al. 1975. *The Crisis of Democracy*. New York University Press.

Curtis, R. and L.A. Zurcher. 1973. "Stable Resources of Protest Movements: The Multi-Organizational Field." *Social Forces* 52: 53-61.

Dalton R.J and M. Kueler (eds.) 1990. *Challenging the Political Order: New Social Movements in Western Democracies*. New York: Oxford University Press. 박형신 · 한상필 (역). 1996. 『새로운 사회운동의 도전』. 한울.

Eulau, H. 1989. "Crossroads of Social Science." In Eulau, H. (ed.) *Crossroads of Social Science: The ICPSR 25th Anniversary Papers*. Agatha Press.

Huntington, S. 1981. *American Politics: The Promise of Disharmony*. Harvard University Press.

Kaase, M. 1990. "Social Movements and Political Innovation." In Dalton R.J and M. Kueler (eds.).

Kitschelt, H. 1986. "Political Opportunity Structures and Political Protest: Anti-Nuclear Movements in Four Democracies." *British Journal of Political Science* 16: 58-95.

______. 1989. *The Logics of Party Formation: Structure and Strategy of Belgian and West German Ecology Parties*. Cornell University Press.

______. 1990. "New Social Movements and the Decline of Party Organization." In Dalton R.J and M. Kueler (eds.).

Klandermans, P.B. 1990. "Inking the 'Old' and 'New': Movement Networks in the Netherlands." In Dalton R.J and M. Kueler (eds.).

McAdam, D., J.D. McCarthy, M. Zald, 1996. *Comparative Perspectives on Social Movements: Political Opportunities, Mobilizing Structures, and Cultural Movements*. Cambridge University Press.

Mueller-Rommel, F. 1990. "New Political Movements and 'New Politics' Parties in Western Europe." In Dalton R.J and M. Kueler (eds.)

Neidhardt, F. 1985. "Einige Ideen zu einer allgemeinen Theorie sozialer Bewegungen." In S. Hradil. (ed.) *Sozialstructur im Umbruch: Karl Martin Bolte zum 60. Geburstag*. Opladen: Westdeutscher Verlag.

Offe, C. 1990. "Reflections on the Institutional Self-transformation of Movement Politics: A Tentative Stage Model." In Dalton R.J and M. Kueler (eds.).

Rucht, D. 1990. "The Strategies and Action Repertoires of New Movements." In Dalton R.J and M. Kueler (eds.).

Tarrow, S. 1988. "National Politics and Collective Action: A Review of Recent Research in Western Europe and the United States." *Annual Review of Sociology*. 14: 421-440.

Zald, M and J. McCarthy (eds.). 1987. *Social Movements in an Organizational Society*. Transaction Books.

제2장

김성국. 1998. 「한국의 시민사회의 성숙과 신사회운동의 가능성」. 양희성 · 양종회(공편), 『한국의 시민사회와 신사회운동』. 나남출판: 25-107

김호기. 1995. 「포스트 맑스주의와 신사회운동」. 『현대 자본주의와 한국사회: 국가, 시민사회, 민주주의』. 사회비평사.

이행봉. 1994. 「현대시민사회론에 대한 비판적 연구」. 부산대학교 정치외교학과 박사학위논문.

정수복. 1994. 「1968년 8월 프랑스 5월 운동의 전개와 새로운 사회운동의 탄생」. 정수복(편역). 『새로운 사회운동과 참여민주주의』. pp.11-40. 문학과지성사.

황태연. 1996. 「하버마스의 소통적 주권론과 쌍선적 토론정치 이념」. 『사회비평』 15: 134-163.

Alexander, Jeffrey C. 1993. "The Return to Civil Society." *Contemporary Sociology* 22(6): 797-803.

______. 1997 "The Paradoxes of Civil Socity." *International Sociology* 12(7): 115-133.

Boggs, Carl. 1986. *Social Movements and Political Power: Emerging Forms of Radicalism in the West.* Philadelphia: Temple University Press.

Boochin, Murray. 1989. "New Social Movements: The Anarchic Dimension." In David Goodway (ed.), *For Anarchism: History, Theory, and Practice.* London: Routledge.

Brand, Karl-Werner. 1990. "Cyclical Aspects of New Social Movements: Waves of Cultural Criticism and Mobilization Cycles of New Middle-Class Radicalism." In Russel J. Dalton & Manfred K. Kuechler(eds.), *Challenging the Political Order: New Social and Political Novements in Western Democracies.* Oxford: Oxford University Press.

Cohen, Jean. 1982. Class and Civil Society: The Limits of Marxian Critical Theory. Amherst: University of Massachusetts Press.

______. 1985. "Strategy or Identity: New Theoretical Paradigms and Contemporary Social Movements." *Social Research* 52(4): 663-716.

Cohen, Jean and Andrew Arato. 1992. *Civil Society and Political Theory.* Cambridge. Mass.: MIT Press.

Della Porta, Donatella and Dieter Rucht. 1991. *Left-Libertarian Movements in Context: A Comparison of Italy and West Germany,* 1965-1990. FS III 91-102. Berlin: Wissenschaftszentrum.

Falk, R. 1987. "The Global Promise of Social Movements: Explorations at the Edge of Time." *Alternative* 12: 173-196.

Ferguson, Adam. 1995. *An Essay on the History of Civil Society.* New Brunswick: Transaction Books.

Habermas, Jurgen. 1981. "New Social Movements." *Teleos* 49: 16-21, 33-37.

______. 1984. *The Theory of Communicative Action.* Boston: Beacon.

______. 1989. *Structural Transformation of the Public Sphere.*

Cambridge: Polity Press.

Hegel, G.W.F. 1952. *Philosophy of Right*. Oxford: Oxford University Press.

Hildebrand, Kai and Russel Dalton. 1978. "The New Politics: Political Change or Sunshine Politics?" In Max Kasse(ed.). *Election and Parties,* London: Sage Publications.

Hobbes, Thomas. 1958. *Leviathan*. New York: Altheneum.

Howard, D. 1989. *Defining the Political*. London: MacMillan.

Inglehart, Ronald. 1971. "The Silent Revolution in Europe: Intergenerational Change in Post-Industrial Societies." *American Political Science Review* 65(4): 991-1017.

______. 1977. *The Silent Revolution*. Princeton: Princeton University Press.

______. 1990. "Values, Ideology, and Cognitive Mobilization in New Social Movements." In Russel J. Dalton & Manfred K. Kuechler(eds.). *Challenging the Political Order: New Social and Political Movements in Western Democracies.* Cambridge: Oxford University Press.

Keane, John. 1988. "Remembering the Dead: Civil Society and the State from Hobbes to Marx and Beyond." In J. Keane. *Democracy and Civil Society*, pp. 31-68. London: Verso.

______. 1998. *Civil Society: Old Images, New Visiono*. Stanford CA: Stanford University Press.

Kitschelt, Herbert P. 1990. "New Social Movements and the Decline of Party Organization." In Russel J. Dalton & Manfred K. Kuechler (eds.). *Challenging the Political Order: New Social and Political Movements in Western Democracies*. Oxford: Oxford University Press.

Kriesi, Hanspeter, R. Koopmans, J.W. Dyvendak, and M.G. Giugni. 1995. *New Social Movements in Western Europe: A Comparative Analysis*. Minneapolis: University of Minnesota Press.

Laclau, Ernesto and Chantal Mouffe. 1985. "New Social Movements in the Plurality of the Social." In David Slater(ed.). *New Social Movements and the State in Latin America.* Dordrecht: Foris.

______. 1985. *Hegemony and Socialist Strategy: Towards a Radical Democratic Politics.* London: Verso.

______.1990. *New Reflections on the Revolution of Our Time.* London: Verso.

Locke, John. 1952. *The Second Treatise on Government.* New York: The Liberal Arts Press.

Melluci, Alberto. 1980. "The New Social Movements: A Theoretical Approach." *Social Science Information* 19(2): 199-226.

______. 1984. "An End to Social Movements?" *Social Science Information* 24: 819-835.

______. 1990. *Nomads of the Present: Social Movements and Individual Needs in Contemporary Society.* Philadelphia: Temple University Press.

Mouffe, Chantal. 1984. "Towards a Theoretical Interpretation of New Social Movements." In S. Hanninen and L. Paldan(eds.). *Rethinking Marx.* Berlin: Argument Sonderband AS(109).

______. 1988. "Hegemony and New Political Subjects: Toward a New Concept of Democracy." In C. Nelson and L. Grossberg(eds.). *Marxism and The Interpretation of Culture.* Urbana IL: University of Illinois Press.

Offe, Claus. 1984. *Contradictions of the Welfare State.* Cambridge: MIT Press.

______. 1985. "New Social Movements: Challenging the Boundaries of Institutional Politics." *Social Research* 52(1): 817-868.

______. 1990. "Reflections on the Institutional Self-Transformation of Movement Politics: A Tentative Stage Model." In Russel Dalton and Manfred Kuchler (eds.). *Challenging the Political Order: New Social and Political Movements in Western Democracies.* Oxford:

Oxford University Press.

Offe, Claus. 1993. *The Return of the Political*. London: Verso.

Scott, Alan. 1990. *Ideology and the New Social Movements*. London: Unwin Hyman Ltd.

De Tocqueville, Alexis. 1954. *Democracy in America*. New York: Vintage Books.

Touraine, Allen. 1971. *The May Movement*. New York: Random House.

______. 1980. 「노동운동의 제도화와 새로운 사회운동의 전개」, 정수복(편역). 『새로운 사회운동과 참여민주주의』. 문학과지성사(1994).

______. 1981. *The Voice and the Eye: An Analysis of Social Movements*. Cambridge: Cambridge University Press.

______. 1983. "Triumph or Downfall of Civil Society?" *Humanaities in Review* (Vol. 1). Cambridge: Cambridge University Press.

______. 1985. "An Introduction to the Study of Social Movements." *Social Research* 52(4): 749-787.

______. 1995. *Critique of Modernity*. Oxford: Blackwell.

Wallerstein, Immanuel. 1991. "1968, Revolution in the World-System." *Geopolitics and Geoculture*. Cambridge: Cambridge University Press.

제3장

Boggs, Carl. 1986. *Social Movements and Political Power: Emerging Forms of Radicalism in the West*. Philadelphia: Temple University Press.

Brand, Karl-Werner. 1990. "Cyclical Aspects of New Social Movements: Waves of Cultural Criticism and Mobilization Cycles of New Middle-class Radicalism." In Dalton & Kuechler (eds.). *Challenging the Political Order*. Oxford: Oxford University Press.

Cohen, Jean. 1985. "Strategy or Identity: New Theoretical Paradigms and Contemporary Social Movements." *Social Research* 52(4).

Darnovsky, Marcy (eds). 1995. *Cultural Politics and Social Movements.* Temple University Press.

Davies, James C. 1962. "Toward A Theory of Revolution." *American Sociological Review* 27: 5-19

Eder, Klaus. 1982. "A New Social Movement?" In *Telos* 52. Summer. 5-20.

Etzioni, Amitai. 1968. *The Active Society.* New York: The Free Press

Gurr, Ted Robert. 1970. *Why Men Rebel.* Princeton: Princeton University Press.

Habermas, Jurgen. 1981. "New Social Movements." Telos, vol.49, pp. 33-37.

Inglehart, Ronald. 1990. "Values, Ideology, and Cognitive Mobilization in New Social Movements." In Dalton & Kuechler (eds.). *Challenging the Political Order: New Sociol Movement in Western Democracies.* Oxford: Oxford University Press.

Jenkins, J. Craig 1987. "Interpreting the stormy 1960s: Three Theories in Search of a Political Age." *Research in Political Sociology* 3: 269-303. JAI Press.

Jenkins J.C and Klansdermans B. (eds.). 1995. *The Politics of Protest: Comparative Perspectives on States and Social Movements.* London: UCL Press.

Johnston, Hank. & Bert Klandermans (eds.). 1995. *Social Movements and Culture.* London: UCL Press.

Katsiaficas, George. 1987. *The Imagination of the New Left: A Global Analysis of 1968.* Boston: South End Press

Kitschelt, Herbert P. 1986. "Political Opportunity Structures and Political Protest: Anti-Nuclear Movements in Four Democracies." *British Journal of Political Science* 16: 57-85.

_____. 1990. "New Social Movements and the Decline of Party Organization." R. Dalton and M. Kuechler, *Challenging the Political Order: New Sociol Movement in Western Democracies.*

Oxford: Oxford University Press.

Klandermans, Bert. 1988. "The Transformation and Mobilization of Consensus." *International Social Movement Research* 1.

______. 1992. "Social Construction of Protest and Multiorganizational Fields" In Morris, Aldon & Carol M. Mueller (eds.). *Frontiers in Social Movement Theory*, New Haven: Yale University Press.

Klandermans, Bert and Sidney Tarrow. 1988. "Mobilization into Social Movements: Synthesizing European and American Approches." *International Social Movement Researchl* 1.

Koopmans, Ruud. 1995. *Democracy from Below: New Social Movements and the Political System in West Germany.* Oxford: Westview Press.

Kriesi, Hanspeter. 1989. "New Social Movements and the New Class in the Netherlands." *American Journal of Sociology* 94(5): 1078-1116.

______.. 1995. "The Political Opportunity Structure of New Social Movements: Its Impacts on Their Mobilization." In Jenkins & Klandermans (eds.). *The Politics of Social Protest.* London: UCL Press.

______. 1996. "The Organizational Structure of New Social Movements in a Political Context." In D. McAdam et al. (eds.). *Comparative Perspectives on Social Movements.* Cambridge: Cambridge University Press.

Kriesi H. et al. (eds.). 1995. *New Social Movements in Western Europe: A Comparative Analysis.* Minneapolis: University of Minnesota Press.

Laclau, E. and C. Mouffe. 1985. *Hegemony and Socialist Strategy: Towards a Radical Democratic Politics.* London: Verso.

Larana, Enrique (eds.). 1994. *New Social Movements From Ideology to Identity.* Philadelphia: Temple University Press.

Maheu, Louis (ed.). 1995. *Social Movements and Social Classes: The Future of Collective Action.* London: Sage.

Mayer, Margit. et al. 1995. "New Social Movements and the Transformation to Post-Fordist Society." In Darnovsky, Marcy (eds.). *Cultural Politics and Social Movements.*

McAdam, Doug and John D. McCarthy and Mayer N. Zald. 1988 "Social Movements." In Neil Smelser (eds.). *Handbook of Socilogy.* Sage Pub.: 695-737.

McAdam, Doug. 1996. "Political Opportunities: Conceptual Origins, Current Problems, Future Directions." In Doug McAdam et al. (eds.). *Comparative Perspectives on Social Movements: Political Opportunities, Mobilizing Structures, and Cultural Framings.* Cambridge University Press.

_____. 1982. *Political Process and the Development of Black Insurgency, 1930-1970.* Chicago: Chicago University Press.

McCarthy, John and Mayer N. Zald. 1977. "Resource Mobilization and Social Movements: A Pratial Theory." *American Journal of Sociology* 82: 1212-1241.

Melucci, Alberto. 1985. "The Symbolic Challenge of Contemporary Movements." *Social Research* 52(4).

_____. 1988. "Getting Involved: Identity and Mobilization in Social Movements." *International Social Movement Research* 1: 329-348.

Modavi, Neghin. 1990. *The Political Process Model and the New Social Movement Perspective: A Critique and Synthesis within Class-Centric State Theory.* American Sociological Association.

Morris, Aldon & Carol M. Mueller (eds.). 1992. *Frontiers in Social Movement Theory.* New Haven: Yale University Press.

Morrison, Roy. 1994. "Two Questions for Theory and Practice: Can You Be Marxist and Green? Can Marxism Be Green?" In *Rethinking Marxism* 7(3). fall: 128-136.

NGO Forum on Women. 1995. Look at World Through Women's Eyes : Beijing '95, Final Report.

Nollert, Michael. 1995. "Neocorporatism and Political Protest in the

Western Democracies: A Cross-National Analysis." In C. Jenkins & B. Klandermans (eds.). *The Politics of Social Protest.* London: UCL Press.

Oberschall, Anthony. 1973. *Social Conflict and Social Movements.* Englewood Cliffs: Prentice Hall.

Offe, Claus. 1985. "New Social Movements: Challenging the Boundaries of Institutional Politics." *Social Research* 52(1): 817-868.

______. 1987. "Challenging the Boundaries of Institutional Politics: Social Movements since the 1960s." Charles S. Maier(eds.). *Changing Boundaries of the Political.* Cambridge: Cambridge University Press.

______. 1990. "Reflections on the Institutional Self-transformation of Movement Politics: A Tentative Stage Model." In R.J. Dalton and M. Kuechler (eds.). *Challenging the Political Order: New Social and Political Movements in Western Democracies*, Oxford: Oxford University Press.

Rucht, Dieter. 1996. "The Impact of National Contexts on Social Movement Structures. A Cross-Movement and Cross-National Comparison." *Comparative Perspectives in Social Movements; Political Opportunities, Mobilizing Structures, and Cultural Framings.*

Rule, James B. 1988. *Theories of Civil Violence.* Berkeley: University of California Press.

Scott, Alan. 1990. *Ideology and the New Social Movements.* London: Unwin Hyman Ltd.

Smelser, Neil J. 1962. *Theory of Collective Behavior.* London: Routeledge & Kegan Paul.

Tarrow, Sidney. 1988. "National Politics and Collective Action: Recent Theory and Research in Western Europe and the United States." *Annual Review of Sociology* 14: 421-440.

______. 1989. "Struggles, Politics and Reform: Collective Action, Social

Movements, and Cycles of Protest." Western Societies Program Occasional Paper No. 21. Center for International Studies Cornell University.

Tilly, Charles. 1978. *From Mobilization to Revolution.* Reading, Mass: Addison-Wesley.

Tilly, Charles et al. 1975. *The Rebellions Century 1830-1930.* Cambridge, Mass: Harvard University Press.

Touraine, Allen. 1977. *The Self-Production of Society*, Chicago and London. University of Chicago Press.

______. 1985. "An Introduction to the Study of Social Movements." *Social Research* 52(4).

______. 1995. *Critique of Modernity*. Oxford: Blackwell.

Turner, Ralph H. 1981. "Collective Behavoir and Resource Mobilization as Approaches to Social Movements: Issues and Continuities." *Research in Social Movements, Conflicts and Change* 4.

Wallace, Michael & Craig Jenkins. 1995. "The New Class, Postindustrialism, and Neo-corporatism: Three Images of Social Protest in the Western Democracies." In Craig Jenkins & B. Klandermans (eds.). *The Politics of Social Protest.* London: UCL Press.

Wilson, Frank. 1990. "Neo-corporatism and the Rise of New Social Movements." In R.J. Dalton and M. Kuechler (eds.). *Challenging the Political Order: New Social and Political Movements in Western Democracies*, Oxford: Oxford University Press.

제4장

강명구. 1996. 「정보제국주의인가 전자민주주의인가」. 민교협 공개발표논문.

강문규. 1995. 『시민참여의 시대』. 한울.

경실련. 1991. 1993. 1994. 1995. 『경실련 출범 기념 자료집』.

______. 1996. 「경실련 6주년 평가와 전망」. 『경실련 출범 기념 자료집』.

______. 1997. 『제4기 2차 중앙위원회의 자료집』.

공보처. 1996.『공동체시민의식과 시민단체의 역할』. '96 공동체 시민운동 세미나.

공석기. 1997.「1990년대 한국사회운동 조직에 대한 경험적 연구」. 서울대학교 사회학과 석사학위논문.

구도완. 1994.「한국 환경운동의 사례 비교연구」.『한국사회운동의 기반과 새 경향』 제44집. 문학과지성사.

권용혁. 1996.「하버마스와 새로운 사회운동」.『사회비평』 제15호.

김선업. 1991.「한국의 대도시 주민의 개인적 연줄망에 관한 경험적 연구」. 고려대학교 사회학과 박사학위논문.

김용학. 1996.『사회구조와 행위』. 나남.

김형준. 1996.「정보화사회운동」.『지식인연대』. 지식인연대

김호기. 1995.「사회운동의 실체와 정의」.『고대신문』. 1995.11.6.

민경희 · 강희경 외. 1996「정주 지역사회의 권력구조에 관한 연구」.『한국사회학』 제30집.

박병옥. 1993.「전환기 한국사회와 사회운동의 새 지평」.『경실련 평가와 전망』. 경실련.

박재묵. 1996.「사회운동」.『한국사회학』 1. 한완상 교수 회갑기념논문집.

박태순 · 김동춘. 1991.『1960년대의 사회운동』. 까치.

박형준. 1995.「새로운 사회운동과 경실련운동: 정보화사회의 네트워크형 주체」.『경제와 사회』 제27호.

______. 1996.「한국의 정보화와 전자공간의 커뮤니케이션: 하버마스 공공영역론의 적용」.『정보화 사회와 시민사회: 하버마스와의 대화』. 한국사회학회 봄 특별심포지엄 자료집.

사회문화연구소. 1993.『사회운동론』. 사회문화연구소.

서울대학교 인구및발전문제연구소. 1993.『시민운동단체 활성화 방안에 대한 연구』.

서울시. 1996.「시민운동 추진성과 발표 및 토론」. '96년도 제3차 시민참여포럼.

성경륭. 1993.「한국정당의 흥망성쇠, 1945-1992」.『한국사회학』 제27집.

송호근. 1994.『열린 시장, 닫힌 정치: 한국의 민주화와 노동통제』. 나남.

숭실대 기독교사회연구소. 1990.『사회발전과 사회운동』. 한울.

시민의신문. 1997. 『한국민간단체총람』.

연세대 사회발전연구소. 1994. 「공동체이념의 실현을 위한 시민단체활성화 방안」.

월간 말. 1997. 「21세기 움직일 한국의 진보인사」. 『월간 말』 신년호. 인명록.

유팔무 · 김호기 공편. 1995. 『시민사회와 시민운동』. 한울.

윤영민. 1996. 『전자정보공간론: 컴퓨터 네트워크의 사회학적 탐색』. 전예원.

이근무. 1996. 「정보통신혁명의 사회학적 함의」. 『한국사회학』 제30집 봄호.

이재열. 1994. 「지방시민사회와 중간조직의 활성화」. 『지방자치와 지역발전』. 민음사.

_____. 1996a. 『경제의 사회학』. 나남.

_____. 1996b. 「연결망분석의 이론과 실제: UCINET과 STRUCTURE를 중심으로」. 서울대학교 사회발전연구소 방법론 워크숍 Technical Paper #1.

임현진. 1995. 「전환기 한국사회의 과제에 따른 한국정치의 역할」. 『정치개혁 아젠다 10』. 벽산서당.

_____. 1996. 「사회과학에서의 근대성 논의: '근대화 프로젝트'를 중심으로」. 『한국에서의 근대와 근대성』. 역사비평사.

전국연합. 1997. 『전국연합통신』 118, 121, 122, 123호.

_____. 1997. 『제6기정기대의원대회자료집』.

정근식. 1994. 「광주 첨단과학산업단지의 건설과 이에 따른 주민의 대응」. 『한국사회운동의 기반과 새 경향』 제44집. 문학과지성사.

정수복. 1996. 「사회개혁과 시민운동」. 『한국사회학』 2. 한완상 교수 회갑기념논문집.

정철희. 1996. 「중위동원과 6월항쟁」. 『한국사회학』 제30집.

조대엽. 1995. 「한국의 사회운동과 조직유형의 변화에 관한 연구: 1987-94」. 고려대학교 사회학과 박사학위논문.

_____. 1996a. 「1990년대 사회운동조직 분화의 유형적 특성」. 『한국사회학』 제30집 여름호.

_____. 1996b. 「사회운동 분석에 있어서 조직의 문제」. 『현대사회』 43. 현대사회연구소.

조희연. 1995. 「민중운동, '시민사회', 시민운동」. 유팔무 · 김호기 공편.

1995. 『시민사회와 시민운동』. 한울.
조희연 편. 1990. 『한국사회운동사: 한국변혁운동의 역사와 80년대의 전개 과정』. 죽산.
조희연 편. 1993. 『현대 한국 사회운동과 조직』. 한울.
참여연대. 1995. 『제1차 정기총회자료집』.
______. 1996. 『제3차 정기총회자료집』.
______. 1996. 『언론에 비친 참여연대』. 95.11-96.6 참여연대 언론기사 모음.
청주지역민주청년연합. 1996. 『청주민청 제11차 정기총회 자료집』.
최종욱 외. 1994. 『현대의 위기와 새로운 사회운동』. 문원.
학술단체협의회. 1997. 『6월민주항쟁과 한국사회 10년 I』. 당대.
한국 YMCA 전국연맹. 1997. 『한국YMCA소식』 5, 6호.
한국소비자보호단체협의회. 1996. 『소비자』 제189호.
한국여성단체연합. 1995. 「한국여성단체연합 활동평가와 향후 과제」.
______. 1997. 『한국여성단체연합 창립10주년 기념 자료집』.
한림대 사회조사연구소 · 춘천문화방송. 1991. 『춘천리포트』. 나남.
홍두승. 1992. 『사회조사분석』. 다산출판사.
환경운동연합. 1997. 『1996년 환경운동』.
Beck, Ulrich. 1992. *Risk Society Towards a New Modernity*. Sage.
Calhoun, Craig. 1994. *Social Theory and the Politics of Identity*. Cambridge: Blackwell.
Chung, Chulhee. 1995. "Structure, Culture, and Mobilization: The Origins of June Uprising in South Korea." Ph.D. dissertation. The University of New York at Buffalo.
Clarelnce, Y.H. Lo. 1992. "Communities of Challengers in Social Movement Theory." In Aldon D. Morris and Carol McCurg Mueller (eds.). *Frontiers in Social Movement Theory*. New Haven and London: Yale University Press.
Dalton, Russell J. and Manfred Kuechler (eds.). 1990. *Challenging the Political Order: Social and Political Movements in Western Democracies*. Cambridge: Polity Press/ 박형신 · 한상필 공역. 1996. 『새로운 사회운동의 도전』. 한울.

Duyvendak, Jan Willem. 1992. "The Power of Politics: New Social Movements in an Old Polity, France 1965-1989." Unpublished Ph.D. dissertation.

Friedman, Cerald. 1985. "Politics and Unions: Government, Ideology, and the Labor Movement in the United States and France, 1880-1914." Unpublished Ph.D. dissertation. Cambridge, Mass: Harvard University.

Gamson, William A. 1975. *The Strategy of Social Protest*. Wadsworth Publishing Co.

Gamson, William A. and David S. Meyer. 1996. "Framing Political Opportunity." In Doug McAdam, John D. McCarthy, and Mayer N. Zald (eds.). *Compatative Perspectives on Social Movements: Political Opportunities, Mobilizing Structures, and Cultural Framings*. Cambridge: Cambridge University Press.

Habermas, Jürgen. 1996. *Between Facts and Norms-Contribution to a Discourse Theory of Law and Democracy*. tr. by William Rehg. Massachusetts Institute of Technology.

Kitschelt, Herbert P. 1986. "Political Opportunity Structures and Political Protest: Anti-Nuclear Movements in Four Democracies." *British Journal of Political Science* 16: 57-85.

Klandermans, Bert. 1990. "Linking the 'Old' and 'New': Movement Networks in the Netherlands." In Russell J. Dalton and Manfred Kuechler (eds.). 1990. *Challenging the Political Order: Social and Political Movements in Western Democracies*. Cambridge: Polity Press/ 「종래의 사회운동과 새로운 사회운동의 연계구조」. 박형신 · 한상필 공역. 1996. 『새로운 사회운동의 도전』. 한울.

_____. 1992. "The Social Construction of Protest and Multi-organizational Fields." In Aldon D. Morris and Carol McCurg Mueller (eds.). *Frontiers in Social Movement Theory*. New Haven and London: Yale University Press.

Koopmans, Ruud. 1972. "Democracy from Below: New Social

Movements and the Political System in West Germany." Unpublished Ph.D. dissertation.

Kriest, Hanspeter. 1989. "New Social Movements and the New Class in the Netherlands." *American Journal of Sociology* 94(5): 1078-1116.

______. 1996. "The Organizational Structure of New Social Movements in a Political Context." In Doug McAdam, John D. McCarthy, and Mayer N. Zald (eds.). *Compatative Perspectives on Social Movements: Political Opportunities, Mobilizing Structures, and Cultural Framings.* Cambridge: Cambridge University Press.

Laumann, Edward O. and David Knoke. 1987. *The Organizational State-Social Choice in National Polity Domains.* The University of Wisconsin Press.

Maren, Lockwood Carden. 1989. "The Institutionalization Social Movements in Voluntary Organization." *Research in Social Movements, Conflict and Change* Vol.11.

McAdam, Doug. 1982. *Political Process and the Development of Black Insurgency, 1930-1970.* Chicago: University of Chicago Press.

McAdam, Doug, John D. McCarthy, and Mayer N. Zald. 1988. "Social Movements." In N. Smelser (ed.). *Handbook of Sociology.* Sage.

______. 1996. "Opportunities, Mobilizing Structures, and Framing Processes: toward a Synthetic, Comparative Perspective on Social Movements." in Doug McAdam, John D. McCarthy, and Mayer N. Zald (eds.). *Compatative Perspectives on Social Movements: Political Opportunities, Mobilizing Structures, and Cultural Framings.* Cambridge: Cambridge University Press.

McCarthy, John D. 1996. "Constraints and Opportunities in Adopting, Adapting, and Inventing." In Doug McAdam, John D. McCarthy, and Mayer N. Zald (eds.). *Compatative Perspectives on Social Movements: Political Opportunities, Mobilizing Structures, and Cultural Framings.* Cambridge: Cambridge University Press.

Morris, Aldon D. and Carol McCurg Mueller (eds.). Frontiers in Social

Movement Theory. New Haven and London: Yale University Press.

Offe, Claus. 1985. "New Social Movements: Changing Boundaries of the Political." *Social Research* 52: 817-868.

Oliver, Pamela E. and Grald Marwell. 1992. "Mobilizing Technologies for Collective Action." In Aldon D. Morris, and Carol McCurg Mueller (eds.). *Frontiers in Social Movement Theory.* New Haven and London: Yale University Press.

Rucht, Dieter. 1996. "The Impact of National Contexts on Social Movements Structure: A Cross-movement and Cross-national Comparison." In Doug McAdam, John D. McCarthy, and Mayer N. Zald (eds.). *Compatative Perspectives on Social Movements: Political Opportunities, Mobilizing Structures, and Cultural Framings.* Cambridge: Cambridge University Press.

Schwarts, Michael and Shuva Paul, "Resource Mobilization versus the Mobilization of People: Why Consensus Movements Cannot be Instruments of Social Change." In Aldon D. Morris, and Carol McCurg Mueller (eds.). Frontiers in Social Movement Theory. New Haven and London: Yale University Press.

Scott, J. 1992. *Social Network Analysis.* Sage.

Scott, W. Richard. 1995. *Organizations-Rational, Natural, and Open Systems.* 3rd edition. Prentice Hall.

Tarrow, Sidney. 1983. "Struggling to Reform: Social Movements and Polity Change During Cycles of Protest." Western Societies Program Occasional Paper No.15. New York Center for International Studies, Ithaca, N. Y.: Cornell University.

Tilly, Charles. 1978. From Mobilization to Revolution. Reading. Mass: Addison-Wesley.

Wasserman, Stanley and Katherine Faust. 1994. *Social Network Analysis: Methods and Applications.* Cambridge University Press.

제5장

경제기획원 통계국. 1978. 『한국의 사회지표(안)』.

김양희 · 윤혜미. 1996. 『여성사회 지표 개발』. 한국여성개발연구원.

윤종주. 1983. 「한국사회의 사회지표개발을 위한 기초연구」. 『복지사회의 본질과 현실』. 한국정신문화연구원.

한국개발연구원. 1987. 『우리나라 사회지표의 체계개선』.

한국보건사회연구원. 1995. 『한국의 사회지표 체계개편 연구』.

한국여성개발원. 1994. 『여성관련 사회통계 및 지표』.

Bauer R.A. (ed.). 1966. *Social Indicators.* Cambridge: MIT Press.

Kwon T-H, Seok H. & Hong D-S. 1981. "Toward a Social Reporting System: A Critical Assessment of Its Current Status, Republic of Korea." *Bulletin of the Population and Development Studies Center* 10.

Land K.C. 1975. *Social Indicators Models.* New York: Russel Sage.

______. 1983. "Social Indicators." *Annual Review of Sociology* 9.

Noll H-B & Wofgang Zapf. 1994. "Social Indicators Research: Societal Monitoring and Social Reporting." In Borg & Mohler (eds.). *Trends and Perspectives in Empirical Social Research.* Berlin and New York: Walter de Gruyter.

Rockwell R. 1983. "Social Indicators at the Council: A Review of the Current Program and an Overview of Future Plans." *Items* 37.

Sheldon, E.B. & W.E. Moore. 1968. *Indicators of Social Change: Concepts and Measurement.* New York: Russel Sage.

Shin D-C. 1980. "Does Rapid Economic Growth Improve the Human Lot? Some Empirical Evidence." *Social Indicators Research* 8.

United Nations. 1975. *Towards a System of Social and Demographic Statistics.*

U.S. Department of Health, Education, and Welfare. 1969. *Toward a Social Report.* Ann Arbor: The University of Michigan Press.

Zapf W. 1977. "Gesellschaftliche Dauerbeobachung und aktive Politik." In H-J Kruppe & W. Zapf (eds.). *Sozialpolitik und*

Soialberichterstattung. Frankfurt: Campus.

______. 1984. "Individuelle Wohlfahrt: Lebensbedingungen und whrgenommene Lebensqualität" In W. Glatzer und W. Zupf (eds.). *Lebensqualität der Bundesrepublik.* Frankfurt; Campus.

제6장

강명구. 1995.「정보기술혁명과 커뮤니케이션의 민주화」.『사상』가을호. 사회과학원.

구도완. 1995.「한국의 새로운 환경운동」.『한국사회학』여름호. 한국사회학회.

______. 1995.「환경운동과 녹색정치」.『경제와 사회』봄호. 한울.

김대호. 1996.『멀티미디어시대를 대비한 미디어정책』. 박영률 출판사.

김병국. 1995.『국가·지역·국제체계: 변화와 연속성』. 나남출판사.

김세연. 1997.「위기의 시민권?」.『유럽 연구』봄호. 한국유럽학회.

______. 1995.「국제화와 세계시민사회」.『유럽연구』겨울호. 한국유럽학회.

김호기. 1994.「세계화와 국민국가의 위상: 국민국가는 몰락하고 있는가?」.『계간 사상』겨울호. 사회과학원.

라종일. 1995.「세계시민: 이념, 현실 그리고 전망」.『유럽 연구』겨울호. 한국유럽학회.

론펠트, 데이비드 . 홍석기 엮음. 1997.『정보지배사회가 오고 있다』. 자작나무.

박길성. 1994.「근대성에서 세계성으로: 세계화와 한국사회」.『계간사상』. 겨울호. 사회과학원.

______. 1995.『세계화: 자본과 문화의 구조변동』. 사회비평사

박형준. 1995.「새로운 사회운동과 경실련 운동: 정보화사회의 네트워크형 주체」.『경제와 사회』가을. 한울.

유재현. 1996.「지구시민사회운동과 한국시민운동」.『지방화와 지구화 그리고 시민운동(한국사회교육원)』. 한울아카데미.

유팔무. 1995.「시민사회의 성장과 시민운동」.『경제와 사회』봄호. 한울.

윤영관. 1994.「세계화: 민족주의의 새로운 지평을 위하여」.『계간 사상』

겨울호. 사회과학원.
윤영민. 1997. 「컴퓨터 네트워크와 시민정보흐름의 새로운 가능성」. 정보사회이론 워크샵 발표 미간행 논문.
이윤제. 1996. 「한국 신사회운동 이념의 과제」. 『민족현실』 제4호. 민족현실사
이종원. 1996. 「유럽연합과 아시아: 환경정책」. 『유럽 연구』 가을호. 한국유럽학회.
임혁백. 1994. 「세계화와 민주화: 타고난 동반자인가? 사귀기 힘든 친구인가?」. 『계간 사상』 겨울호. 사회과학원.
정수복 편역. 1993. 『새로운 사회운동과 참여민주주의』. 문학과지성사
정수복. 1994. 「지구환경위기와 국제환경정치」. 『계간 사상』 겨울호. 사회과학원.
______. 1995. 「초국가적 시민연대: NGO와 세계시민운동」. 『유럽연구』 (1995년 겨울). 한국유럽학회.
______. 1996. 『참여민주주의를 위한 시민단체의 역할과 정책과제』. 박영률출판사.
______. 1997. 「새로운 사회운동과 초국적 시민연대」. 『유럽연구』 봄호. 한국유럽학회.
정홍열. 1996. 「EU의 지역정책에 관한 소고」. 『유럽연구』 가을호. 한국유럽학회.
조대엽. 1995. 「한국의 사회운동과 조직유형의 변화에 관한 연구: 1987-9」. 고려대학교 사회학과 박사학위논문.
조돈문. 1995. 「신사회운동의 이론적 이해; 구미와 중남미의 신사회운동 비교」. 『경제와 사회』 겨울. 한울.
최병두. 1992. 「자본주의사회와 환경문제」. 『한국공간환경의 재인식』. 한울.
프레드릭, 하워드. 홍성태 엮음. 1996. 「컴퓨터 네트워크와 지구시민사회의 출현」. 『사이버공간, 사이버문화』. 문화과학사.
한국사회교육원. 1996. 『지방화와 지구화 그리고 시민운동』. 한울.
한국여성개발원. 1986. 『유엔여성10년 관련자료집』
한백연구재단. 1997. 「스웨덴의 NGO」. 『한백정보』 제50호.

한상진. 1995. 「정보사회에서의 공동체의 변화」. 『경제와 사회』 가을. 한울.

홍성태. 1996. 『사이버공간, 사이버문화』. 문화과학사.

황태연. 1996. 「국제환경기구」. 『국제기구와 한국외교』. 민음사.

APCS Forum. 1995. *Asia Pacific Civil Society Forum.* Seoul.

Adam, Barry D. 1993. "Post-Marxism and the New Social Movements." *Canadian Review of Sociology and Anthropology* 30(3).

Aigbowhan, Ben E. 1993. "Peaceful, People-Centered, and Ecologically Sensitive Development." In Brecher et al. (eds). *Global Viion: Beyond the New World Order.* Montréeal: Black Rose Books.

Alvarez, Sonia E. 1990. *Engendering Democracy in Brazil; Women's Movements in Transition Politics.* Princeton University Press: New Jersey.

Alvarez-Junco, Jose. 1994. "Social Movement in Modern Spain: From the Pre-Civil War Model to Contemporary NSMs." In Larana, Enrique (eds.). *New Social Movements From Ideology to Identity.* Chapter 13.

Amin, Samir, et al. 1992, *Social Movements and the World System.* N.Y.: Monthly Review.

Amoore, Louise., Dodgson, Richard., Gills, Barry K., Langley, Paul., Marshall, Don & Watson, Iain. 1997. "*Overturning 'Globalisation': Resisting the Teleological, Reclaiming the 'Political'*". *New Political Economy* 2:1(March): 179-195.

Astroff, Roberta J. and Maicas, Manuel Parés I. 1994. "Cultural Identity, Civil Society, and Mass Communication in Catalonia." In Splichal, Slavko. and Calabrese, Andrew. *Information Society and Civil Society: Contemporary Perspectives on the Changing World Order.* pp.291-306. West Lafayette. Indiana: Purdue University Press.

Basu, Amrita (ed). 1995. *The Challenge of Local Feminisms*, San Francisco: Westview Press

Bell, Danie. 1987. "The World and the United State in 2013." *Daedalus.* Summer: 1-31.

Braman, Sandra. 1994. "Entering Chaos: Designing the State in the Information Age." In Splichal et al. (eds.).

Brecher, Jeremy., John Brown Childs. & Jill Culter (eds.). 1993. *Global Visions; Beyond the New World Order.* Montréal: Black Rose Books.

Bromberg, Heather. 1996. "Are MUDs Communities? Identity, Belonging and Consciousness in Virtual Worlds." In Shields (ed.). *Cultures of Internet: Virtual Spaces, Real Histories, Living Bodies.* London: Sage.

Buechler, Steven M. 1995. "New Social Movement Theories." *Sociological Quarterly* 36(3).

Burningham, Kate et al. 1994. "Global Enviromental Values and Local Contexts of Action." *Sociology* 28.

Buttle, Frederick and Taylor, Peter. 1994, "Environmental Sociology and Global Environmental Change." In Michael Redclift and Ted Benton (ed.). *Social Theory and The Global Environment.* London and New York: Routledge, pp.228-255.

Calhoun, Craig. 1994. *Social theory and the Politics of Identity.* Oxford: Blackwell.

Castells, Manuel. 1996. *The Rise of The Network Society.* Cambridge: Blackwell Publishers Inc.

Cheong, Soo Bok. 1997. *Global Environmental Crisis and World Citizenship: Toward Transnational Civil Networks.* Presented The International Conference on "World Citizenship in the 21st Century." Kyung Hee University Seoul. Korea.

Childs, J.H. 1993. "The Value of Diversity for Global Cooperation." In Brecher et al. (eds.). *Global Viion: Beyond the New World Order.* Montréeal: Black Rose Books.

Chin, Christine B.N. & Mittelman, James H. 1997. "Conceptualising Resistance to Globalisation." *New Political Economy* 2:1(March): 25-38.

Cloward, Richard A. et al. 1995. "Movements and Dissensus Politics." In Darnovsky, Marcy (ed.) *Cultural Politics and Social Movements.*

Dan Thu Nguyen & Jon Alexander. 1996. "The Coming of Cyberspacetime and the End of the Polity." In Shields (ed.). *Cultures of Internet: Virtual Spaces, Real Histories, Living Bodies.* London: Sage.

Darnovsky, Marcy (ed.). 1995. *Cultural Politics and Social Movements.* Temple University Press.

Douglas, Ian R. 1997. "*Globalisation and the End of the State*?" *New Political Economy* 2:1(March): 149-164.

Eder, Klaus. 1982. "A New Social Movement?" *Telos.* 52 (Summer): 5-20.

Escobar, Arturo (ed.). 1992. *Latin America in The Making of Social Movements in Latin America.* San Francisco: Westview Press.

Falk, Richard. 1993. "The Making of Global Citizenship." In Brecher et al. (eds.). *Global Viion: Beyond the New World Order.* Montréeal: Black Rose Books.

_____. 1997. "Resisting 'Globalisation-from-above' Through 'Globalisation-from-below." *New Political Economy* 2:1(March): 17-24.

Feinman, Ilene Rose. 1995. "Reweaving the New world Order: An Ecofeminist Analysis." In Darnovsky, Marcy (ed.). *Cultural Politics and Social Movements.* Temple University Press.

Flacks, Richard. 1995. "Think Globally, Act Politically: Some notes toward New Movement Strategy." In Darnovsky, Marcy (ed.) *Cultural Politics and Social Movements.*

Giddens, Anthony. 1989. *Sociology: The Textbook of the Nineties.* Cambridge, Oxford Polity Press.

Gills, Barry K. 1997. "Globalisation' and the Politics of Resistance." *New Political Economy* 2:1(March): 11-15.

Giri, Ananta. 1992. Understanding Contemporary Social Mocements, *Dialectical Anthropology* 17(1):35-49.

Hart, Jeffrey A. & Aseem Prakash. 1997. "The Decline of 'Embedded Liberalism' and the Rearticulation of the Deynesian Welfare State." *New Political Economy* 2:1(March): 65-78.

Held, David. 1995, *Democracy and the Global Order.* Stanford, California: Stanford University Press.

Hellman, Judith Adler. 1992. "The Study of New Social Movement in Latin America and the Question of Autonomy." In Escobar, Arturo (eds.). *Latin America in The Making of Social Movements in Latin America.* San Francisco: Westview Press.

Hirsch, J. 1995. "Capital, National States and World Citizenship." 『유럽연구』 겨울호. 한국유럽학회.

Hunter, Allen. 1995. "Rethinking Revolution in light of the New Social Movements." In Darnovsky, Marcy (eds.). *Cultural Politics and Social Movements.*

Ito, Youichi. 1994. "Information Societies with Strong and Weak Civil Society Traditions." In Splichal, Slavko. and Calabrese, Andrew. *Information Society and Civil Society: Contemporary Perspectives on the Changing World Order.* Purdue University Press West Lafayette, Indiana: 233-253.

Jahan, Roushan. 1995. "Men in Seclusion, Women in Public: Rokeya's Dream nad Women's Struggles in Bangladesh." In Basu (ed.). *The Challenge of Local Feminisms*. San Francisco: Westview Press.

Jakubowicz, Karol. 1994, "Civil Society, Independent Public Sphere, and Information Society: An Impossible Combination?" In Splichal et al. (eds.). *Information Society and Civil Society: Contemporary Perspectives on the Changing World Order*. West Lafayette. Indiana: Purdue University Press.

Johnston, Hank. 1994. "Social Movements and Old Regional Nationalisms." In Larana, Enrique (ed.). *New Social Movements From Ideology to Identity*. Chapter 11.

Johnston, Hank. et al.(eds.). 1995. *Social Movements and Culture.*

London: UCL Press.

Jones, R.J. Barry. 1997. "Globalisation versus Community, *New Political" Economy* 2:1(March): 39-52.

Klandermans, Bert. 1994. "Transient Identities? Membership Patterns in the Dutch Peace Movements." In Larana, Enrique (eds.). *New Social Movements From Ideology to Identity.* Chapter 7.

Koopmans, Ruud. 1995. *Democracy from Below: New Social Movements and the Political System in West Germany.* Oxford: Westview Press.

Kumar, Radha. 1995. "From Chipko to Sati: The Contemporary Indian Women's Movement." In Basu (ed.). *The Challenge of Local Feminisms.* San Francisco: Westview Press.

Larana, Enrique (ed.). 1994. *New Social Movements From Ideology to Identity.* Philadelphia: Temple Uiversity Press.

Lizhi, Fang. 1993. "Patriotism and Global Citizenship." In Brecher et al. (eds.). *Global Viion: Beyond the New World Order.* Montréeal: Black Rose Book

Luiz Inacio Lula da Silva. 1993. "The Transformations Must Be Deep and Global." In Brecher et al. (eds.). *Global Viion: Beyond the New World Order.* Montréeal: Black Rose Boo

Maheu, Louis (ed.). 1995. *Social Movements and Social Classes: The Future of Collective Action.* London: Sage.

Maier, S. Charles. 1989. *Changing Boundaries of the Political.* Cambridge: Cambridge University Press.

Mayer, Margit. et al. 1995. "New Social Movements and the Transformation to Post-Fordist Society." In Darnovsky, Marcy (ed.). *Cultural Politics and Social Movements.*

McAdam, Doug. et al.(eds.). 1996. *Comparative Perspectives in Social Movements; Political Opportunities, Mobilizing Structures, and Cultural Framings.* Cambridge: Cambridge University Press.

McGrew, Anthony et al. (eds.). 1992. *Global Politics.* Cambridge: Polity

Press.

McLuhan, Marshall, Quentin Fiore, and Jerome Agel. 1967. *The Medium Is the Massage.* New York: Random House, Inc.

Melucci, Alberto. 1994. "A Strange Kind of Newness: What's "new" in New Social Movements?" In Larana, Enrique (ed.). *New Social Movements From Ideology to Identity.* Chapter 5. Philadelphia: Temple University Press.

Melucci, Alberto. 1995. "The Global Planet and the Internal Planet: New Frontiers for Collective Action and Individual Transformation." In Darnovsky, Marcy (ed.). *Cultural Politics and Social Movements.*

Mestrovic, Matko. 1994. "The Sociality of Information and the Civility of Society." In Splichal et al. (eds.). *Information Society and Civil Society: Contemporary Perspectives on the Changing World Order.* West Lafayette. Indiana: Purdue University Press.

Miége, Bernard. 1994. "Western Democratic Societies Facing the Rising Use of Communications." In Splichal et al. (eds.). *Information Society and Civil Society: Contemporary Perspectives on the Changing World Order.* West Lafayette. Indiana: Purdue University Press.

Moeglin, Pierre. 1994. "Communication and Democracy: A Challenge to the Notion of New Public Space." In Splichal et al. (eds.). *Information Society and Civil Society: Contemporary Perspectives on the Changing World Order.* West Lafayette. Indiana: Purdue University Press.

NGO Forum on Women. 1995, "Look at World Through Women's Eyes: Beijing '95." Final Report.

Naihua Zhang with Wu Xu. 1995. "Discovering the Positive Within the Negative: The Women's Movement in a Changing China." In Basu (ed.). *The Challenge of Local Feminisms.* San Francisco: Westview Press.

Obi, Cyril I. 1997. "Globalisation and Local Resistance: The Case of the Ogoni versus Shell." *New Political Economy.* 2(1)(March): 137-148.

Offe, Claus. 1987. "Challenging the Boundaries of Institutional Politics: Social Movements Since the 1960s." In Maier, Charles S. *Changing Boundaries of the Political.*

Palacios, Juan J. 1993. "Building an Alternative World Order: What is to be Done?." In Brecher et al. (eds.). *Global Viion: Beyond the New World Order.* Montrėeal: Black Rose Book

Peter J. Denning. "Worldnet." *American Scientist*, September-October 1989: 432-434.

Pietila, Hilkka and Jeanne Vickers. 1990. *Making Women Matter.* Geneva: Zed Book.

Pieterse, Jan Nederveen. 1997. "Globalisation and Emancipation: From Local Empowerment to Global Reform." *New Political Economy.* 2(1)(March): 79-92.

Puchala, D. 1995. "International Organization and World Citizenship." 『유럽 연구』 겨울호. 한국유럽학회.

Robertson, Roland. 1992. *Globalization.* London: Sage.

Robinson, Fiona. 1997. "World Citizenship, the Dilemma of Difference and the Problem of Exclusion in International Relation: Insights from Feminist Thought." Presented The International Conference on "World Citizenship in the 21st Century." Kyung Hee University Seoul, Korea.

Rucht, Dieter. 1996. "The Impact of National Contexts on Social Movement Structures; A Cross-Movement and Cross-National Comparison." In *Comparative Perspectives in Social Movements: Political Opportunities, Mobilizing Structures, and Cultural Framings.*

Rosenau, J. 1990. *Turbulence in World Politics: A Theory of Change and Continuing.* Princeton University Press.

Santiago, Lilia Quindoza. 1995. "Rebirthing Babaye: The Women's

Movement in the Philippines." In Basu (ed.). *The Challenge of Local Feminisms*. San Francisco: Westview Press.

Schultz, George. 1985. "New Realities and New Ways of Thinking." *Foreign Affairs* (Spring): 705-721.

______. 1986. "A New International Era: The American Perspective." *Department of State Bulletin*, February: 24-28.

Scott, Alan. 1990. *Ideology and the New Social Movements*. London: Unwin Hyman.

Shade, Leslie Regan. 1996. "Is There Free Speech on the Net? Censorship in the Global Information Infrastructure." In Shields (ed.). *Information Society and Civil Society: Contemporary Perspectives on the Changing World Order*. West Lafayette. Indiana: Purdue University Press.

Shefner, Jon. 1995. "Moving in the Wrong Direction in Social Movement Theory." *Memory and Society* 24(4) (August): 595-613.

Shields, Rob (ed.). 1996. *Cultures of Internet: Virtual Spaces, Real Histories, Living Bodies*. London: Sage.

Shiva, Vandana. 1993. "The Greening of the Global Reach," In Jeremy Brecher et al.(eds.). *Global Visions: Beyond the New World Order*, Montréal: Black Rose Books.

Shultz, George. 1985. "New Realities and New Ways of Thinking." *Foreign Affairs*. (Spring): 705-721.

______. 1986. "A New International Era: The American Perspective." *Department of State Bulletin*. February: 24-28.

Sklair, Leslie. 1991. *Sociology of the Global System*. Balitimore: The Johns Hopkins University Press.

______. 1995. "Social Movements and Global Capitalism." *Sociology* 29.

Sparks, Colin. 1994. "Civil Society and Information Society as Guarantors of Progress." In Splichal et al. (eds.). *The Challenge of Local Feminisms*. San Francisco: Westview Press.

Splichal, Slavko. 1994. "From Civil Society to Information Society?" In

Splichal et al. (eds.). *The Challenge of Local Feminisms*. San Francisco: Westview Press.

Splichal, Slavko, Andrew Calabrese, & Colin Sparks (eds.). 1994, Information Society and Civil Society. West Lafayette: Purdue University Press.

Starn, Orin. 1992. "'I Dreamed if Foxes and Hawks': Reflection on Peasant Protest, New Social Movements, and the Rondas Campasinas of Northern Peru." In Escobar, Arturo (eds.). *The Making of Social Movements in Latin America.*

Waterman, Peter. 1988. "The New Internationalisms: A More Real Thing Than Big, Big Coke?." *Review.* 11(3) (Summer): 289-328.

______. 1993. "Internationalism is dead! Long live global solidarity?" In Brecher et al. (eds.). *Global Viion: Beyond the New World Order.* Montréeal: Black Rose Book

Webster, David 1984. "Direct Broadcast Satellites: Proximity, Sovereignty, and National Identity." *Foreign Affairs* (Summer): 1161-1174.

Weiss, Thomas., Forsythe, David and Coate, Roger. 1994, *The United Nations and Changing World Politics, Boulder.* pp.203-204. San Francisco. Oxford: Westview Press.

William R. Johnson, Jr. 1991. "Anything, Anywhere, Anytime: The Future of Networking." In Leebaert (ed.). Technology 2001: the Future of Coputing and Communications. pp.150~175. Cambridge. Mass: MIT Press.

Wilson, Frank L. 1990. "Neo-Corporatism and the Rise of New Social Movements." In Russel et. al. (eds.). *Challenging Political Order.*

Wriston. 1988/1989. "Technology and Sovereignty" *Foreign Affairs.* (Winter): 63-75.

제7장

권태환. 1997.「신사회운동과 사회지표」.『한국사회과학』 제19권 제2호.

구도완. 1995. 「한국의 새로운 환경운동」. 『한국사회학』 제29집 여름호.
김성국. 1997. 「신사회운동의 이론적 기반: 시민사회론과 관련하여」. 『한국사회과학』 제19권 제2호.
김용직. 1997. 「구미 신사회운동의 특성: 집합행동론적 시각」. 『한국사회과학』 제19권 제2호.
김용학 · 송호근. 1997. 『노동조합의 연결망』. 노총중앙연구원.
김효정. 1997. 「사회운동 참여의 동학: 의식화 과정과 사회연결망적 기초에 관하여」. 1997년 전기 사회학대회 발표논문
성경륭 · 김호기. 1997. 「시민운동의 활성화를 위한 민간단체 육성방안연구」. 정무장관(제1)실.
송호근. 1997. 「신사회운동의 사회학: 개념, 의의, 쟁점」. 『한국사회과학』 제19권 제2호.
시민의신문. 1997. 『한국민간단체총람』.
유팔무 · 김호기 엮음. 1995. 『시민사회와 시민운동』. 한울.
이기호. 1997. 「한국의 민주화과정과 사회운동네트워크: 1987-1996」. 연세대학교 대학원 정치학과 박사학위논문.
임현진 · 공석기. 1997. 「한국사회와 신사회운동: 운동조직 분석」. 『한국사회과학』 제19권 제2호.
오일환. 1997. 「80년대 이후 한국 사회운동과 정치발전」, 한국정치학회 1997년 연례학술대회 발표논문
정철희. 1997. 「문화변동과 사회민주화」. 『한국사회학』 제31집 봄호.
조대엽. 1995. 「한국의 사회운동과 조직유형의 변화에 관한 연구: 1987-1994」. 고려대학교 대학원 사회학과 박사학위논문.
조돈문 편저. 1995. 「노동운동과 신사회운동의 연대 I: 이론적 이해와 연대의 경험」. 한국노총 중앙연구원.
______. 1995. 「노동운동과 신사회운동의 연대 II: 연대경험의 분석과 연대 발전의 방향」. 한국노총 중앙연구원.
조 은. 1997. 「지구촌화, 세계시민사회 그리고 신사회운동」. 『한국사회과학』 제19권 제2호.
Breiger, Ronald L. 1974. "The Dualty of Persons and Groups." *Social*

Fources 53: 181-190.

Cohen, Jean L. and Arato, Andrew. 1992. *Civil Society and Political Theory.* MIT Press.

Fernandez, Roberto and Roger V. Gould. 1994. "A Dilemma of State Power: Brokerage and Influence in the National Health Policy Domain." *American Journal of Sociology* 99(6).

Gould, Roger V. 1991. "Multiple Networks and Mobilization in the Paris Commune, 1871." *American Sociological Review* 56.

______. 1993. "Collective Action and Network Structure." *American Sociological Review* 58.

Kim, Hyojoung and Peter S. Bearman. 1997. "The Structure and Dynamics of Movement Participation." *American Sociological Review.* 62.

McAdam, Doug, John D. McCarthy, and Mayer N. Zald (eds.). 1996. *Comparative Perspectives on Social Movements: Political Opportunities, Mobilizing Structures, and Cultural Framings,* Cambridge University Press.

Inglehart, Ronald. 1997. *Modernization and Postmodernization: Cultural, Economic, and Political Change in 43 Societies.* Princeton. NJ: Princeton University Press.

Wasserman, Stanley and Katherine Faust. 1994. *Social Network Analysis: Methods and Applications*, Cambridge: Cambridge University Press.

제8장

강문규. 1996. 『시민참여의 시대』. 한울.

구도완. 1996. 『한국 환경운동의 사회학: 정의롭고 지속가능한 사회를 위하여』. 문학과지성사.

김성국. 1996. 「한국의 시민사회와 신사회운동」. 『한국의 시민사회와 신사회운동』. 한국사회과학연구협의회.

김영래. 1997. 『이익집단 정치와 이익갈등』. 한울.

김용학 · 송호근. 1997. 『한국노동조합의 연결망 연구』. 한국노총 중앙연구원.

박재묵. 1995. 「지역반핵운동과 주민참여: 4개 지역 원자력시설 반대운동의 비교」. 서울대학교 사회학과 박사학위논문.

이신행. 1997. 『한국의 사회운동과 정치변동』. 민음사.

이효선. 1997. 『현대한국의 시민운동』. 집문당.

조돈문 편저. 1996a. 『노동운동과 신사회운동 I - 이론적 이해와 연대의 경험』. 한국노총중앙연구원.

_____. 1996b. 『노동운동과 신사회운동 II - 연대경험의 분석과 연대발전의 방향』. 한국노총중앙연구원.

크리스찬아카데미 편. 1996. 『지방화와 지구화 그리고 시민운동』. 한울.

Gamson, William A. & David S. Meyer. 1996. "Framing Political Opportunity." Doug McAdam, John D. McCarthy & Mayer N. Zald. *Comparative Perspectives on Social Movements*, Cambridge University Press.

Gusfield, Joseph. 1981. "Social Movement and Social Change: Perspectives of Linearity and Fluidity." In Louise Kriesberg (ed.). *Research in Social Movements: Conflicts and Change* 4. Greenwich. CT: JAI Press.

Hilderbrandt, Kai, and Russell Dalton, 1978. "The New Politics: Political Change or Sunshine Politics?" In Max Kaase (ed.). *Election and Parties, London and Beverly Hills.* CA: Sage Publications.

Inglehart, Ronald. 1990. "Values, Ideology, and Cognitive Mobilization in New Social Movements." In Dalton and Kuechler (eds.). *Challenging the Political Order: New Social Movements in Western Democracies*. Oxford: Oxford University. 박형신 · 한상필(역). 1996. 『새로운 사회운동의 도전』. 한울

Jenkins J. Craig and Klandermans Bert (eds.). 1995. *The Politics of Social Protest*, London: UCL Press.

Johnston Hank and Bert Klandermans (eds.). 1995. *Social Movements and Culture.* London: UCL Press.

Kitschelt. 1990. "New Social Movements and the Decline of Party Organization of Left-Libertarian Parties." In Dalton and Kuechler (eds.). *Challenging the Political Order: New Social Movements in Western Democracies*. Oxford: Oxford University.

Klandermans, Bert. 1992. "The Social Construction of Protest and Multiorganizational Fields." *Frontiers in Social Movement Theory*, Aldon D. Morris & Carol McCurg Mueller (eds.). New Haven and London: Yale University Press.

Kriesi, Hanspeter. 1996. "The Organizational Structure of New Social Movements in a Political Context." Doug McAdam, John D. McCarthy & Mayer N. Zald, *Comparative Perspectives on Social Movements*. Cambridge University Press.

McAdam, Doug, John D. McCarthy & Mayer N. Zald. 1988, "Social movements." N. Smelser (eds.). *Handbook of Sociology*. London: Sage.

McAdam, Doug, John D. McCarthy & Mayer N. Zald, 1996, "Opportunities, Mobilizing Structures, and Framing Processes-toward a Synthetic, Comparative Perspective on Social Movements." *Comparative Perspectives on Social Movements*. Cambridge University Press.

McCarthy, John D. 1996. "Constraints and Opportunities in Adopting, Adapting, and Inventing." Doug McAdam, John D. McCarthy & Mayer N. Zald, *Comparative Perspectives on Social Movements*, Cambridge University Press.

Mueller-Rommel, Ferdinand. 1990. "New Political Movement and Parties of New Politics,' in Western Europe." In Dalton and Kuechler (eds.). *Challenging the Political Order: New Social Movements in Western Democracies*. Oxford: Oxford University.

Neidhardt, Friedhelm, 1985. "Einige Ideen zu einer Allgemeinen Theorie sozialer Bewegungen." In Stefan Hradil (ed.). *Sozialstruktur im Umbruch: Karl Martin Bolte zum 60. Geburtstag*, Opladen:

Westdeutscher Verlag.

Raschke, Joachim, 1983. "Jenseits der Volkspartei." *Das Argument* 25:54-65.

Rochon, Thomas, R. 1990. "Peace Movement in Westenr Europe and Theories of New Social Movements." In Dalton J. Russell and Manfred Kuechler (eds.). *Challenging the Political Order*, Cambridge, UK: Polity Press.

제9장

김경희. 1998. 「집합행위 프레임(Collective Action Frame)을 통하여 본 한국과 남미의 여성운동」. 1998년 춘계 한국사회학 대회 발표논문.

김은실. 1994. 「민족 담론과 여성: 문화, 권력, 주체에 관한 비판적 읽기를 위하여」. 『한국여성학』 제10권.

대한주부클럽연합회. 1997. 『대한주부클럽연합회 30년사』.

박현옥. 1994. 「여성, 민족, 계급: 다름과 집합적 행위」. 『한국여성학』 제10권.

윤택림. 1994. 「민족주의 담론과 여성: 여성주의 역사학에 대한 시론」. 『한국여성학』 제10권.

이효재. 1998. 『한국의 여성운동, 어제와 오늘』. 정우사.

정무장관(제2)실. 1995. 『한국여성발전 50년』.

정요섭. 1978. 『한국여성운동사: 일제하 민족운동을 중심으로』. 일조각.

조 은. 1996. 『절반의 경험 절반의 목소리: 여성정책의 현장』. 미래미디어.

조순경 · 김혜숙. 1995. 「민족민주운동과 가부장제」. 『광복 50주년 기념논문집』 8권. 한국학술진흥재단.

조주현. 1996. 「여성정체성의 정치학: 80-90년대 한국의 여성운동을 중심으로」 『한국여성학』 제12권 1호.

참교육을 위한 전국 학부모회. 1994. 『창립 5주년 기념 활동자료집』.

한국기독교교회협의회. 1984. 『1970년대 노동현장과 증언』. 풀빛.

한국부인회총본부. 1993. 『한국부인회 30년사』.

한국여성단체연합 엮음. 1998. 『열린희망: 한국여성단체연합 10년사』. 동덕여자대학교 한국여성연구소.

한국여성단체연합. 1987-1996. 『민주여성 1-20호』.

______. 1998. 『제6차 정기총회 보고서』.

한국여성단체협의회 팜플릿. 1997.

______. 1993. 『한국여성단체협의회 30년사』.

______. 1997. 『들꽃이여! 불꽃이여! 그대 이름은 여성노동자』.

______. 1998. 『여성』 1-2월호, 4월호.

한국여성민우회. 1997. 『한국여성민우회 10년사』.

Alvarez, Sonia E. 1990. *Engendering Democracy in Brazil; Women's Movements in Transition Politics.* New Jersey: Princeton University Press.

______. 1994. "Women's Movements and Gender Politics in the Brazilian Transition." In Jaquette, Jane S. *The Women's Movement in Latin America*, London: Unwin Hymen Ltd.

Basu, Amrita (ed.). 1995. *The Challenge of Local Feminisms.* San Francisco: Westview Press.

Boles, Janet. 1991. "Form Follows Function: The Evolution of Strategies." Annals of The American Academy of Political Science 515: 38-49.

Breines, Wini. 1989. "Community and Organization in the New Left, 1962-68." *New Brunswick.* New Jersey: Rutgers.

Brenner, Johanna. 1996. "The Best of Times, the Worst of Times: Feminism in the United States." In Monica Threlfall (ed.). *Mapping the Women's Movwment.* London: Verso.

Briskin, Linde & Patricia McDermott (eds.). 1993. *Women Challenging Unions: Feminism, Democracy, and Militancy.* Toronto: University of Toronto.

Buechler, Steven M. 1990. "Women's Movement in the United States." *New Brunswick.* New Jersey: Rutgers.

______. 1995. "New Social Movement Theories." *Sociological Quarterly* 36(3).

Calhoun, Craig. 1994. *Social theory and the Politics of Identity.* Oxford: Blackwell.

Chuchryk, Patricia M. 1994. "Feminist Anti-Authoritarian Politics: The Role of Women's Organizations and in the Chilean Transition to Democracy." In Jaquette, Jane S. *The Women's Movement in Latin America.* Boulder: Westview Press.

Cliff, Tony. 1987. *Class Struggle & Women's Liberation: 1640 to the Present Day.* London: Bookmarks.

Cloward, Richard A. et al. 1995. "Movements and Dissensus Politics." In Darnovsky, Marcy (eds.). *Cultural Politics and Social Movements.* Philadelphia: Temple University Press.

Cohen, Jean L. 1985. "Strategy or Identity: New Theoretical Paradigms and Contemporary Social Movement." *Social Research* 52: 663-716.

Costain, Anne N. 1992. *Inviting Women's Rebellion: A Political Progress Interpretation of the Women's Movement.* Baltimore: Johns Hopkins University Press.

Darnovsky, Marcy (eds.). 1995. *Cultural Politics and Social Movements.* Temple University Press.

Eder, Klaus. 1982. A New Social Movement? *Telos* 52 (Summer): 5-20.

Escandon, Carmen Ramos. 1994. "Women's Movements, Feminism and Mexican Politics." In Jaquette, Jane S. *The Women's Movement in Latin America*, London: Unwin Hymen Ltd.

Escobar, Asturo and Sonia E. Alvarz (eds.). 1992. *The Making of Social Movements in Latin America.* Boulder: Westview Press.

Fantasia, Rick. 1988. *Cultures of Solidarity.* Berkeley: University of California Press.

Ferguson, Ann. 1991. *Sexual Democracy: Women, Oppression, and Revolution.* Boulder: Westview Press.

Ferre, Myra Marx and Patricia Yancey Martin. 1995. *New Women's Movement.* Temple Press.

Ferre, Myra Marx, and Beth Hess. 1985. *Controversy and Coalition: The New Feminist Movement.* Boston: Twayne.

Freeman, Jo. 1987. "Whom You Know Versus Whom You Represent: Feminist Influence in the Democratic and Republican Parties." In *Women's Movements of the United States and Western Europe* (eds.). Mary Fainsod Katzenstein and Carol McClurg Mueller: 215-244.

Jaquette, Jane S. 1994. "Conclusion: Women's Political Participation and the Prospects for Democracy." In Jaquette, Jane S. *The Women's Movement in Latin America.* London: Unwin Hymen Ltd.

_____. 1994. *The Women's Movement in Latin America.* Boulder: Westview Press.

Jenson, Jane. 1996. "Representation of Difference: The Varieties of French Feminism." In Monica Threlfall.

Katzenstein, Mary Fainsod & Carol'McClurg Mueller (eds.). 1987. *The Women's Movements of the United States and Western Europe,* Philadelphia: Temple University Press.

Katzenstein, Mary Fainsod. 1990. "Feminism Within American Institutions: Unobtrusive Mobilization in the 1980s." Signs 16: 27-54.

Kim, Kyounghee. 1998. *Gender Politics in South Korea: The Contemporary Women's Movement and Gender Policies, 1980-1990.* University of Wisconsin-Madison.

Klein, Ethel. 1984. *Gender Politics,* Cambridge. Mass: Harvard University Press.

Kruks, Sonia, Rayna Rapp and Marilyn B. Young (eds.). 1989. *Promissory Notes.* New York: Monthly Review Press.

Larana, Enrique (eds.). 1994. *New Social Movements From Ideology to Identity.* Philadelphia: Temple Uiversity Press.

Mackie, Vera. 1996. "Feminist Critique of Modern Japanese Politics." In Monica Threlfall.

Maier, S. Charles (ed.). 1987. *Changing Boundaries of the Political*, Cambridge: Cambridge University Press.

Matthews, Nancy. 1995. "Feminist Clashes with the State: Tactical Choices by State-Funded Rape Crisis Centers." In Ferre, Myra Marx and Patricia Yancey Martin, *New Women's Movement*. Temple Press.

Mayer, Margit. et al. 1995. "New Social Movements and the Transformation to Post-Fordist Society." In Marcy Darnovsky (ed.). *Cultural Politics and Social Movements*.

Meyer, David S. and Nancy Whittier. 1994. "Social Movement Spillover." *Social Problems* 41(2).

Mueller, Carol. 1995. "The Organizational Basis of Conflict in Contemporary Feminism." In Ferre, Myra Marx and Patricia Yancey Martin. *New Women's Movement*. Temple Press.

Offe, Claus. 1987. "Challenging the Boundaries of Institutional Politics: Social Movements since the 1960s." In Charles S. Maier (ed.). *Changing Boundaries of the Political*.

Poster, Winnfred R. 1995. "The Challenges and Promises of Class and Racial Diversity in the Women's Movement: A Study of Two Women's Organizations." *Gender & Society*, 9-6(December): 659-679.

Rowland, Robyn (ed.). 1984. *Women Who Do & Women Who Don't: Join the Women's Movement*. London: Routledge & Kegan Paul.

Ryan, Barbara. 1992. *Feminism and The Women's Movement: Dynamics of Change in Social Movement, Ideology and Activism*. New York: Ruotledge.

Scott, Alan. 1990. *Ideology and the New Social Movements*, London: Unwin Hyman.

Smith, Barbara E. 1995. "Crossing the Great Divides; Race, Class, and Gender in Southern Women's Organizing, 1979-1991." *Gender & Society* 9(6)(December): 680-697.

Snow, David A. and Robert D. Benford. 1992. “Master Frames and Cycles of Protest.” In Aldon Morris and Carol Muller (eds.). *Frontiers of Social Movement Theory.* New Haven: Yale.

Threlfall, Monica (ed.). 1996. *Mapping The Woman’s Movement.* London: Verso.

Whittier, Nancy. 1994. *Feminist Generations: The Persistence of the Radical Women’s Movement.* Philadelphia: Temple.

제10장

구도완. 1996. 『한국 환경운동의 사회학』. 문학과지성사.

_____. 1998. 「한국 환경운동 평가와 새로운 환경 패러다임」. 환경과생명 편, 『녹색 한국의 구상』. 숲과나무.

구자인. 1995. 「국내공동체운동의 세 가지 조류」. 『환경과 생명』 겨울호.

권영준. 1996. 「시민단체 대해부 1: 재정」. 『참여사회』 5 · 6월호.

김종철. 1991. 「창간사: 생명의 문화를 위하여」. 『녹색평론』 1호.

김지하. 1992. 『생명』. 민음사.

김호기. 1995a. 『현대 자본주의와 한국사회』. 사회비평사.

_____. 1995b. 「환경사상과 환경운동의 쟁점 및 흐름」. 『창작과 비평』 겨울호.

녹색연합. 1998. 『1997년 대의원 총회 자료집』

박재묵. 1995. 「지역반핵운동과 주민참여: 4개지역 원자력시설 반대운동의 비교」. 서울대 사회학과 박사학위논문.

백욱인. 1990. 「현단계 도시지역운동의 성격과 과제」. 기독교사회연구소 편. 『도시주민지역운동』. 한울.

송 복 외. 1994. 『2002 선진 시민의식 지표 개발』. 연세대 사회발전연구소.

신철영. 1990. 「지역운동과 노동운동」. 기독교사회연구소 편. 『도시주민 지역운동』. 한울.

안승준. 1995. 『국가에서 공동체로: 한국의 근대화에 대한 비판과 대안』. 환경운동연합 출판국.

양현아. 1991. 「새로운 사회운동의 전개와 논리」. 서울대 사회학과 석사학위논문.
유재길. 1994. 「생태적 대안사회와 공동체운동」. 환경연구회 편. 『환경 논의의 쟁점들』. 나라사랑.
이득연. 1992. 「주민환경운동의 전개과정과 의미구성: 반핵발전운동을 중심으로」. 연세대 사회학과 박사학위논문.
______. 1998. 『환경운동의 사회학』. 민영사.
이상헌. 1993. 「한국 환경운동의 이데올로기와 주체에 관한 연구」. 서울대 환경대학원 석사학위논문.
이시재. 1992. 「90년대 한국사회와 시민운동의 방향」. 한국사회학회 · 한국정치학회 편. 『한국의 국가와 시민사회』. 한울.
______. 1998. 「한국의 사회운동」. 안계춘 편. 『광복 50년 한국 사회와 사회학』. 나남.
이치범. 1997. 「환경문제 해결방안」. 참여사회연구소 편. 『우리가 바로잡아야 할 39가지 개혁과제』. 푸른숲.
장석준. 1996. 「'지역개발' 앞에 서면 작아지는 시민운동」. 『참여사회』 9 · 10월호.
정수복. 1996. 『녹색 대안을 찾는 생태학적 상상력』. 문학과지성사.
최병두. 1991. 『한국의 공간과 환경』. 한길사.
토다 기요시. 1996. 『환경정의를 위하여: 환경파괴의 구조와 엘리트주의』. 창작과비평사.
한살림. 1990. 『한살림』. 한살림.
환경과공해연구회. 1991. 『공해문제와 공해대책』. 한길사.
______. 1994. 『환경영향평가법의 주민참여방안』.
______. 1995. 『쓰레기 소각문제의 해결방안』.
환경부. 1998. 『환경백서』.
환경운동연합. 1993. 『환경』 8월호.
______. 1994. 『1993 환경운동』.
______. 1995. 『1994 환경운동』.
______. 1996. 『1995 환경운동』.
______. 1997. 『1996 환경운동』.

______. 1998a. 『1997 환경운동』.

______. 1998b. 『환경운동연합 제6차 대의원총회 자료집』.

Bahro, R. 1984. *From Red to Green.* London: Verso.

Cohen, Jean and Andrew Arato. 1992. *Civil Society and Political Theory*. Cambridge. MA: MIT Press.

Dobson, A. 1990. *Green Political Thought.* London: Unwin Hyman. 『녹색정치사상』. 민음사.

Giddens, A. 1990. *The Consequences of Modernity*, Cambridge: Polity Press.

Gorz, A. 1980. *Ecology as Politics.* Boston: South End Press.

Lipietz, A. 1995. *The Green Hope.* London: Verso.

Miliband, R. 1989. *Divided Societies: Class Struggles in Contemporary Capitalism*, Oxford: Oxford University Press.

Pepper, D. 1984. *The Roots of Modern Enviornmentalism.* Beckenham: Croom Helm.

Ryle, M. 1988. *Ecology and Socialism*, London: Rodins.

Scott, A. 1990. *Ideology and New Social Movements.* London: Unwin Hyman.

제11장

강문규. 1996. 『시민참여의 시대』. 한울.

경실련. 1991, 1992, 1993, 1994, 1995, 1996, 1997. 『경실련 출범 기념자료집』.

공보처. 1996. 「공동체시민의식과 시민단체의 역할」. 『'96 공동체 시민운동 세미나』.

공석기. 1997. 「1990년대 한국 사회운동조직에 대한 경험적 연구」. 서울대학교 사회학과 대학원 석사학위논문.

구도완. 1996. 『한국 환경운동의 사회학: 정의롭고 지속가능한 사회를 위하여』. 문학과지성사.

김성국. 1996. 「한국의 시민사회와 신사회운동」. 『한국의 시민사회와 신사회운동』. 한국 사회과학연구협의회.
김영래. 1997. 『이익집단 정치와 이익갈등』. 한울.
김용학 · 송호근. 1998. 『한국노동조합의 연결망』. 한국노총중앙연구원.
기독교윤리실천운동. 1997. 『10주년 기념 기윤실 활동자료집』.
김형준. 1996. 「정보화와 사회운동」. 『지식인연대』. 지식인연대.
시민의신문. 1997. 『한국민간단체총람』.
이신행. 1997. 『한국의 사회운동과 정치변동』. 민음사.
이재열. 1994. 「지방시민사회와 중간조직의 역할」. 『지방자치와 지역발전』. 민음사.
이효선. 1997. 『현대한국의 시민운동』. 집문당.
이효재. 1996. 『한국의 여성운동 -어제와 오늘』. 정우사.
임현진. 1995. 「전환기 한국사회의 과제에 따른 한국정치의 역할」. 『정치개혁 아젠다 10』. 백산서당.
전국연합. 1997. 『전국연합통신』. 118-125호.
조대엽. 1995. 「한국의 사회운동과 조직유형의 변화에 관한 연구: 1987-94」. 고려대학교 사회학과 박사학위 논문.
조돈문 편저. 1996a. 『노동운동과 신사회운동 I - 이론적 이해와 연대의 경험』. 한국노총중앙연구원.
______. 1996b. 『노동운동과 신사회운동 II - 연대경험의 분석과 연대발전의 방향』. 한국노총중앙연구원.
조희연. 1996. 「민중운동, 시민사회, 시민운동」. 유팔무 · 김호기 편. 『시민사회와 시민운동』. 한울.
참여연대. 1995, 1996, 1997. 『정기총회 자료집』.
크리스챤아카데미 편. 1996a. 『지방화와 지구화 그리고 시민운동』. 한울.
______. 1996b. 『한국시민사회의 이해』. 한울.
한국YMCA전국연맹. 1997. 『YMCA 활동자료집』 I, II.
환경운동연합. 1997. 『1996 환경운동』.
Beck, Ulrich. 1992. *Risk Society Towards a New Modernity.* Sage.
Borgatti, Everett and Freeman. 1992, *UCINET IV Version* 1.0 Reference Manual. Columbia: Analytic Technologies.

______. 1992. *UCINET IV Network Analysis Software User's Guide.*

Calhoun, Craig. 1994. *Social Theory and the Politics of Identity.* Blackwell Cambridge.

Carden, M. Lockwood. 1989. "The Institutionalization Social Movements in Voluntary Organization." *Research in Social Movements, Conflict and Change* 11.

Chung, Chulhee. 1995. "Structure, Culture, and Mobilization: The Origins of June Uprising in South Korea." Ph.D Dissertation, The Univ. of New York at Buffalo.

Dalton R.J and M. Kueler (eds.) 1990. *Challenging the Political Order: New Social Movements in Western Democracies.* New York: Oxford University Press. 박형신 · 한상필 (역). 1996. 『새로운 사회운동의 도전』. 한울.

Gamson, William A. & David S. Meyer. 1996. "Framing Political Opportunity." In Doug McAdam, John D. McCarthy & Mayer N. Zald. *Comparative Perspectives on Social Movements.* Cambridge University Press.

Gamson, William A. 1975. *The Strategy of Social Protest.* Wadsworth Publishing Co.

Habermas, Jürgen. 1996. *Between Facts and Norms-Contribution to a Discourse Theory of Law and Democracy.* William Rehg (tr.). Massachusetts Institute of Technology.

Klandermans, Bert. 1992. "The Social Construction of Protest and Multiorganizational Fields." In: Aldon D. Morris & Carol McCurg Mueller (eds.). *Frontiers in Social Movement Theory.* New Haven and London: Yale University Press.

Kriesi, Hanspeter. 1996. "The Organizational Structure of New Social Movements in a Political Context." In: Doug McAdam, John D. McCarthy & Mayer N. Zald. *Comparative Perspectives on Social Movements.* Cambridge University Press.

Laumann, Edward O. & David Knoke. 1987. *The Organizational State-*

Social Choice in National Policy Domains. The University of Wisconsin Press.

Lo, Clarelnce Y.H. 1992. "Communities of Challengers in Social Movement Theory." In: Aldon D. Morris & Carol McCurg Mueller (eds.). *Frontiers in Social Movement Theory.* New Haven and London: Yale University Press.

McAdam, Doug, John D. McCarthy & Mayer N. Zald. 1988. "Social movements." N. Smelser (eds.). *Handbook of Sociology.* London: Sage.

_____. 1996. "Opportunities, Mobilizing Structures, and Framing Processes-toward a Synthetic, Comparative Perspective on Social Movements." *Comparative Perspectives on Social Movements.* Cambridge University Press.

McCrthy, John D. 1996, "Constraints and opportunities in adopting, adapting, and inventing." In: Doug McAdam, John D. McCarthy & Mayer N. Zald. *Comparative Perspectives on Social Movements,* Cambridge University Press.

Morris, Aldon D. & Carol McCurg Mueller (eds.) 1992. *Frontiers in Social Movement Theory.* New Haven and London: Yale Univ. Press.

Oliver, Pamela E. & Grald Marwell. 1992. "Mobilizing Technologies for Collective Action." Aldon D. Morris & Carol McCurg Mueller (eds.). *Frontiers in Social Movement Theory.* New Haven and London: Yale Univ. Press.

Rucht, Dieter 1996. "The Impact of National Contexts on Social Movements Structure: A Cross-movement and Cross-national Comparison." In: Doug McAdam, John D. McCarthy & Mayer N. Zald. *Comparative Perspectives on Social Movements.* Cambridge University Press.

Schwartz, Michael & Shuva Paul. "Resource Mobilization versus the Mobilization of People: Why Conseus Movements Cannot be

Instruments of Social Change." In: Aldon D. Morris & Carol McCurg Mueller (eds.). *Frontiers in Social Movement Theory.* New Haven and London: Yale Univ. Press.

Scott, John. 1992. *Social Network Analysis A Handbook.* London: Sage.

Scott, W. Richard. 1995. *Organizations-Rational, Natural, and Open Systems.* Prentice Hall.

Wasserman, Stanley & Katherine Faust. 1994. *Social Network Analysis: Methods and Applications.* Cambridge University Press.

제12장

Alvarez, Sonia E. and Arturo Escobar. 1992. "Conclusion: Theoretical and Political Horizons of Change in Contemporary Latin American Social Movements." In Escobar Arturo and Sonia E. Alvarez (eds.). *The Making of Social Movements in Latin America: Identity, Strategy, and Democracy.* Westview Press.

Amenta Edwin and Michael P. Young. 1999. "Making an Impact: Conceptual and Methodological Implications of the Collective Goods Criterion." In Marco Guigni, Doug McAdam and Charles Tilly (eds.). *How Social Movements Matter.* University of Minnesota Press.

Amenta, Edwin, Bruce G. Carruthers and Yvonne Zylan. 1992. "A Hero for the Aged? The Townsend Movement, the Political Mediation Model, and U.S. Old-Age Policy, 1934-1950." *American Journal of Sociology* 98.

Andrews, Kenneth T. 1997. "The Impacts of Social Movements on the Political Process: The Civil Rights Movement and Black Electoral Politics in Mississippi." *American Sociological Review* 62.

Bennett, Vivienne. 1992. "The Evolution of Urban Popular Movements in Mexico between 1968 and 1988." In Escobar Arturo and Sonia E. Alvarez (eds.). *The Making of Social Movements in Latin*

America: Identity, Strategy, and Democracy. Westview Press.

Bouvard, Marguerite Guzman. 1994. *Revolutionizing Motherhood: The Mothers of the Plaza de Mayo.* Scholarly Resources Inc.

Bresser Periera, Luiz Carlos et al. 1993. *Economic Reforms in New Democracies: A Social-Democratic Approach.* Cambridge University Press.

Brysk, Alison. 1994. *The Politics of Human Rights in Argentina: Protest, Change, and Democratization.* Stanford University Press.

Burstein, Paul. 1999. "Social Movements and Public Policy." In Marco Guigni, Doug McAdam and Charles Tilly (eds.). *How Social Movements Matter.* University of Minnesota Press.

Burstein, Paul, Rachel L. Einwohner and Jocelyn A. Hollander. 1995. "The Success of Political Movements: A Bargaining Perspective." In: J. Craig Jenkins and Bert Klandermans (eds.). *The Politics of Social Protest: Comparative Perspectives on States and Social Movements.* University of Minnesota Press.

Canel, Eduardo. 1992. "Democratization and the Decline of Urban Social Movements in Uruguay: A Political-Institutional Account." In: Escobar Arturo and Sonia E. Alvarez (eds.). *The Making of Social Movements in Latin America: Identity, Strategy, and Democracy.* Westview Press.

Cardoso, Ruth Corrêa Leite. 1992. "Popular Movements in the Context of the Consolidation of Democracy in Brazil." Escobar Arturo and Sonia E. Alvarez (eds.). *The Making of Social Movements in Latin America: Identity, Strategy, and Democracy.* Westview Press.

Chinchilla, Norma Stoltz. 1992. "Marxism, Feminism, and the Struggle for Democracy in Latin America." In Escobar Arturo and Sonia E. Alvarez (eds.). *The Making of Social Movements in Latin America: Identity, Strategy, and Democracy.* Westview Press.

Clemens, Elisabeth S. 1998. "To Move Mountatins: Collective Action and the Possibility of Institutional Change." In Marco G. Giugni,

Doug McAdam and Charles Tilly (eds.). *From Contention to Democracy*. Rowman & Littlefield Publishers.

Cohen, Jean L. 1985. "Strategy or Identity: New Theoretical Paradigms and Contemporary Social Movements." *Social Research* 52.

Cumings, Bruce. 1989. "The Abortive Abertura: South Korea in the Light of Latin American Experience." *New Left Review* 173.

Dahl, Robert. 1961. *Who Governs*? Yale University Press.

Dalton, Russell J. 1995. "Strategies of Partisan Influence: West European Environmental Groups." In J. Craig Jenkins and Bert Klandermans (eds.). *The Politics of Social Protest: Comparative Perspectives on States and Social Movements*. University of Minnesota Press.

della Porta, Donatella. 1999. "Protest, Protesters, and Protest Policing: Public Discourses in Italy and Germany from the 1960s to the 1980s." In: Marco Guigni, Doug McAdam and Charles Tilly (eds.). *How Social Movements Matter*. University of Minnesota Press.

Fals Borda, Orlando. 1992. "Social Movements and Political Power in Latin America." In Escobar Arturo and Sonia E. Alvarez (eds.). *The Making of Social Movements in Latin America: Identity, Strategy, and Democracy*. Westview Press.

Foucault, Michel. 1977. *Discipline and Punish: The Birth of the Prison*. Vintage Books.

Gamson, William. 1990. *The Strategy of Social Protest*. 2nd Edition, Wadsworth Publishing Company.

______. 1998. "Social Movements and Cultural Change." In Marco G. Giugni, Doug McAdam and Charles Tilly (eds.). *From Contention to Democracy*. Rowman & Littlefield Publishers.

Gamson, William A. and David S. Meyer. 1996. "Framing Political Opportunity," In Doug McAdam, John D. McCarthy and Mayer N. Zald (eds.). *Comparative Perspectives on Social Movements: Political Opportunities, Mobilizing Structures, and Cultural Framings*. Cambridge University Press.

García, Marâa Pilar. 1992. "The Venezuelan Ecology Movement: Symbolic Effectiveness, Social Practices, and Political Strategies." In Escobar Arturo and Sonia E. Alvarez (eds.). *The Making of Social Movements in Latin America: Identity, Strategy, and Democracy.* Westview Press.

Giugni, Marco G. 1998. "Introduction: Social Movements and Change: Incorporation, Transformation, and Democratization." In Marco G. Giugni, Doug McAdam and Charles Tilly (eds.). *From Contention to Democracy.* Rowman & Littlefield Publishers.

______. 1999. "How Social Movements Matter: Past Research, Present Problems, Future Developments." In Marco Guigni, Doug McAdam and Charles Tilly (eds.). *How Social Movements Matter.* University of Minnesota Press.

Giugni, Marco G. and Florence Passy. 1998. "Contentious Politics in Complex Societies: New Social Movements between Conflict and Cooperation." In Marco G. Giugni, Doug McAdam and Charles Tilly (eds.). *From Contention to Democracy.* Rowman & Littlefield Publishers.

Goodwin, Jeff and James Jasper. 1999. "Caught in a Winding, Snarling Vine: The Structural Bias of Political Process Theory." *Sociological Forum* 14.

Hall, Peter. 1986. *Governing the Economy: The Politics of State Intervention in Britain and France.* Oxford University Press.

Hanagan, Michael. 1998. "Social Movements: Incorporation, Disengagement, and Opportunities A Long View." In Marco G. Giugni, Doug McAdam and Charles Tilly (eds.). *From Contention to Democracy.* Rowman & Littlefield Publishers.

Held, David. 1987. *Models of Democracy.* Cambridge: Policy Press.

Hellman, Judith Adler. 1992. "The Study of New Social Movements in Latin America and the Question of Autonomy." In Escobar Arturo and Sonia E. Alvarez (eds.). *The Making of Social Movements in*

Latin America: Identity, Strategy, and Democracy. Westview Press.

Hipsher, Patricia L. 1998a. "Democratic Transitions and Social Movement Outcomes: The Chilean Shantytown Dwellers Movement in Comparative Perspective." In Marco G. Giugni, Doug McAdam and Charles Tilly (eds.). *From Contention to Democracy.* Rowman & Littlefield Publishers.

______. 1998b. "Democratic Transitions as Protest Cycles: Social Movement Dynamics in Democratizing Latin America." In: David S. Meyer and Sidney Tarrow. *The Social Movement Society: Contentious Politics for a New Century.* Rowman and Littlefield Publishers.

Hirsch, Joachim. 1983. "The Fordist Security State and New Social Movements." *Kapitalistate* 10/11.

______. 1988. "The Crisis of Fordism, Transformations of the "Keynesian" Security State, and New Social Movements." In Louis Kriesberg and Misztal Bronislaw (eds.). *Research in Social Movements, Conflicts and Change* 10.

Johnston, Hank and Bert Klandermans (eds.). 1995. *Social Movements and Culture.* University of Minnesota Press.

Klandermans, Bert. 1989. "Organizational Effectiveness: Introduction," Bert Klandermans (ed.). *International Social Movement Research, Vol. II: Organizing for Change: Social Movement Organizations in Europe and the United States.* JAI Press.

______. 1990. "Linking the 'Old' and 'New': Movement Networks in the Netherlands." In Russell J. Dalton and Manfred Kuechler (eds.). *Challenging the Political Order: New Social and Political Movements in Western Democracies.* Oxford University Press.

Kriesi, Hanspeter, Ruud Koopmans, Jan Willem Dyvendak and Marco G. Giugni. 1995. *New Social Movements in Western Europe: A Comparative Perspective.* University of Minnesota Press.

Kubik, Jan. 1998. "Institutionalization of Protest during Democratic

Consolidation in Central Europe." In David S. Meyer and Sidney Tarrow (eds.). *The Social Movement Society: Contentious Politics for a New Century.* Rowman and Littlefield Publishers.

Lamounier, Bolivar. 1979. "Notes on the Study of Re-Democratization." Working Paper 58. Wilson Center, Latin American Program.

Lash, Scott and John Urry. 1987. *The End of Organized Capitalism.* Polity Press.

Lipsky, Michael. 1970. *Protest in City Politics: Rent Strikes, Housing, and the Power of the Poor.* Rand Mcnally.

MacRae, Edward. 1992. "Homosexual Identities in Transitional Brazilian Politics." In Escobar Arturo and Sonia E. Alvarez (eds.). *The Making of Social Movements in Latin America: Identity, Strategy, and Democracy.* Westview Press.

Mainwaring, Scott. 1992. "Transitions to Democracy and Democratic Consolidation: Theoretical and Comparative Issues." In Scott Mainwaring, Guillermo O'Donnell and J. Samuel Valenzuela (eds.). *Issues in Democratic Consolidation: The New South American Democracies in Comparative Perspective.* University of Notre Dame Press.

Mainwaring, Scott and Eduardo Viola. 1984. "New Social Movements, Political Culture, and Democracy: Brazil and Argentina in the 1980s." *Telos* 61.

Marks, Gary. 1989. *Unions in Politics: Britain, Germany, and the United States in the Nineteenth and Early Twentieth Centuries.* Princeton University Press.

McAdam, Doug. 1982. *Political Process and the Development of Black Insurgency, 1930-1970.* University of Chicago Press.

______. 1988. *Freedom Summer.* Oxford University Press.

______. 1995. "Initiator and Spin-Off Movements: Diffusion Processes in Protest Cycles." In Mark Traugott (ed.). *Repertoires and Cycles of Collective Action.* Duke University Press.

______. 1996. "Conceptual Origins, Current Problems, Future Directions." In Doug McAdam, John D. McCarthy and Mayer N. Zald (eds.). *Comparative Perspectives on Social Movements: Political Opportunities, Mobilizing Structures, and Cultural Framings.* Cambridge University Press.

Melucci, Alberto. 1989. *Nomads of the Present: Social Movements and Individual Needs in Contemporary Society.* Temple University Press.

Meyer, David S. and Sidney Tarrow. 1998. "A Movement Society: Contentious Politics for a New Century." In David S. Meyer and Sidney Tarrow (eds.). *The Social Movement Society: Contentious Politics for a New Century.* Rowman and Littlefield Publishers.

Morris, Aldon D. and Carol McClurg Mueller (eds.). 1992. *Frontiers in Social Movement Theory.* Yale University Press.

North, Douglas. 1990. *Institutions, Institutional Change, and Economic Performance.* Cambridge University Press.

O'Donnell, Guillermo and Philip C. Schmitter. 1986. *Transitions from Authoritarian Rule: Tentative Conclusions about Uncertain Democracies.* Johns Hopkins University Press.

Offe, Claus. 1985. *Disorganized Capitalism.* MIT Press.

______. 1987. "Challenging the Boundaries of Institutional Politics: Social Movements since the 1960s." In: Charles S. Maier (ed.). *Changing Boundaries of the Political: Essays on the Evolving Balance between the State and Society, Public and Private in Europe.* Cambridge University Press.

______. 1990. "Reflections on the Institutional Self-Transformation of Movement Politics: A Tentative Stage Model." In Russell J. Dalton and Manfred Kuechler (eds.). *Challenging the Political Order: New Social and Political Movements in Western Democracies.* Oxford University Press.

Offe, Claus and Helmut Wiesenthal. 1980. "Two Logics of Collective Action: Theoretical Notes on Social Class and Organizational

Form." In Maurice Zeitlin (ed.). *Political Power and Social Theory I*. JAI Press.

Oxhorn, Philip. 1995. *Organizing Civil Society: The Popular Sectors and the Struggle for Democracy in Chile*. Pennsylvania State University Press.

Piven, Frances Fox and Richard A. Cloward. 1977. *Poor People? Movements: Why They Succeed, How They Fail*. Vintage Books.

Przeworski, Adam. 1991. *Democracy and the Market: Political and Economic Reforms in Eastern Europe and Latin America*. Cambridge University Press.

______. 1992. "The Games of Transition." In Scott Mainwaring, Guillermo O'Donnell and J. Samuel Valenzuela (eds.). *Issues in Democratic Consolidation: The New South American Democracies in Comparative Perspective*. University of Notre Dame Press.

Roberts, Kenneth M. 1997. "Beyond Romanticism: Social Movements and the Study of Political Change in Latin America." *Latin American Research Review* 32.

Rucht, Dieter. 1989. "Environmental Movement Organizations in West Germany and France: Structure and Interorganizational Relations." In Bert Klandermans (ed.). *International Social Movement Research, Vol. II: Organizing for Change: Social Movement Organizations in Europe and the United States*. JAI Press.

Sandoval, Salvador A.M. 1998. "Social Movements and Democratization: The Case of Brazil and the Latin Countries." In Marco G. Giugni, Doug McAdam and Charles Tilly (eds.). *From Contention to Democracy*. Rowman & Littlefield Publishers.

Schmitter, Phillipe. 1979. "Still the Century of Corporatism?" In Phillipe Schmitter and Gerhard Lehmbruch (eds.). *Trends Toward Corporatist Intermediation*. Sage Publications.

Schneider, Cathy. 1992. "Radical Opposition Parties and Squatters Movements in Pinochet's Chile." In Escobar Arturo and Sonia E.

Alvarez (eds.). *The Making of Social Movements in Latin America: Identity, Strategy, and Democracy.* Westview Press.

Staggenborg, Suzanne. 1991. *The Pro-Choice Movement: Organization and Activism in the Abortion Conflict.* Oxford University Press.

Steinmetz, George. 1994. "Beyond Subjectivist and Objectivist Theories of Conflict: Marxism, Post-Marxism, and the New Social Movement." *Comparative Studies in Society and History* 36.

Sternbach, Nancy Saporta, Marysa Navarro-Aranguren, Patricia Chuchryk and Sonia E. Alvarez. 1992. In Escobar Arturo and Sonia E. Alvarez (eds.). *The Making of Social Movements in Latin America: Identity, Strategy, and Democracy.* Westview Press.

Suh, Doowon. 1998. *From Individual Welfare to Social Change: The Expanding Goals of Korean White-Collar Labor Unions, 1987-1995.* Unpublished Ph.D. Dissertation, University of Chicago.

Tarrow, Sidney. 1989. *Democracy and Disorder: Protest and politics in Italy 1965-1975.* Clarendon Press.

______. 1990. "The Phantom at the Opera: Political Parties and Social Movements of the 1960s and 1970s in Italy." In Russell J. Dalton and Manfred Kuechler (eds.). *Challenging the Political Order: New Social and Political Movements in Western Democracies.* Oxford University Press. 1990.

______. 1994. *Power in Movement: Social Movements, Collective Actions and Politics.* Cambridge University Press.

______. 1998. "Social Protest and Policy Reform: May 1968 and the Loi d'Orientation in France." In Marco G. Giugni, Doug McAdam and Charles Tilly (eds.). *From Contention to Democracy.* Rowman & Littlefield Publishers.

Tilly, Charles. 1978. *From Mobilization to Revolution.* Addison Wesley Publishing Company.

Tilly, Charles. 1994. "Social Movements as Historically Specific Clusters of Political Performances." *Berkeley Journal of Sociology* 38.

Tilly, Charles. 1995. "To Explain Political Processes." *American Journal of Sociology* 100.

Valenzuela, J. Samuel. 1989. "Labor Movements in Transitions to Democracy: A Framework for Analysis." *Comparative Politics* 21.

______. 1992. "Democratic Consolidation in Post- Transitional Settings: Notion, Process, and Facilitating Conditions." In: Scott Mainwaring, Guillermo O'Donnell and J. Samuel Valenzuela (eds.). *Issues in Democratic Consolidation: The New South American Democracies in Comparative Perspective.* University of Notre Dame Press.

Valenzuela, Maria Elena. 1995. "The Evolving Roles of Women under Military Rule." In Paul W. Drake and Ivan Jaksic (eds.). *The Struggle for Democracy in Chile.* University of Nebraska Press.

Voss, Kim. 1993. *The Making of American Exceptionalism: The Knights of Labor and Class Formation in the Nineteenth Century.* Cornell University Press.

제13장

김성국. 1998.「한국 시민사회의 성숙과 신사회운동의 가능성」. 임희섭 · 양종회 공편.『한국의 시민사회와 신사회운동』. 나남.

김수진. 1999.「한국정치 균열구조의 전개와 담합정당체제」.『역사비평』 제49호. 241-262쪽.

박형준. 1993.「전환기 사회운동의 성격」, 임희섭 · 박길성 공편.『오늘의 한국사회』. 413-434쪽. 나남.

손호철. 1999.『신자유주의시대의 한국정치』. 푸른숲.

송호근. 1998.「신사회운동 참여자 분석: 누가, 왜, 어떻게 참여하는가?」『한국사회과학』 제20권 제3호. 45-74쪽.

시민의신문. 1999.『한국민간단체총람 2000』. 시민운동정보센터와 시민의신문.

윤상철. 1998.『1980년대 한국민주화이행과정』. 서울대학교출판부.

______. 2000.「한국 사회운동 분석의 방법론적 재검토」.『경제와 사회』, 2000년 봄호 특별부록. 제2회 비판사회학대회 논문집. 139-163쪽.

임혁백. 1997. 「지연되고 있는 민주주의의 공고화: 정치민주화의 과정과 문제점」. 최장집 · 임현진 공편. 『한국사회와 민주주의: 한국민주화 10년의 평가와 반성』. 21-60쪽. 나남.

임현진. 1993. 『제3세계연구: 종속, 발전 및 민주화』. 서울대학교출판부.

임현진. 1998. 『지구시대 세계의 변화와 한국의 발전』. 서울대학교출판부.

임현진. 1999. 「국가와 지배구조: 중심지향적 사회의 세(勢)」. 김일철 외. 『한국사회의 구조론적 이해』. 441-445쪽. 아르케.

임현진 · 공석기. 1997. 「한국사회와 신사회운동: 운동조직 분석」, 『한국사회과학』 제19권 제2호. 50-122쪽.

조대엽. 1999. 『한국의 시민운동: 저항과 합의의 동학』. 나남.

조돈문 편저. 1995. 『노동운동과 신사회운동의 연대 I: 이론적 이해와 연대의 경험』. 한국노총 중앙연구원.

조희연. 1999. 「종합적 시민운동의 구조적 성격과 그 변화의 전망에 대하여」. 『당대비평』. 1999년 겨울호. 320-346쪽.

최장집. 1993. 「민중민주주의의 조건과 방향」. 『사회비평』 제6호. 310-342쪽.

Beck, Ullich, Anthony Giddens and Scott Lash. 1994. *Reflexive Modernization: Politics, Tradition and Aesthetics in the Modern Social Order.* Stanford University Press.

Calhoun. 1993. "New Social Movements of the Early 19th Century." *Social Science History* 17(3).

Clemens, Elizabeth S. 1997. *The People? Lobby: Organizational Innovation and the Rise of Interest Group Politics.* University of Chicago Press.

Gamson, William A. 1975. *The Strategy of Social Protest.* Dossey Press.

Giugni, Marco G. and Florence Passy. 1998. "Contentious Politics in Complex Societies: New Social Movements between Conflict and Cooperation." In Marco G. Giugni, Doug McAdam and Charles Tilly (eds.). *From Contention to Democracy.* pp. 81-108. Rowman and Littlefield.

Habermas, Jürgen. 1981. "New Social Movement." *Telos* 49.

Klandermans, Bert and Sidney Tarrow. 1988. "Mobilization into Social

Movements: Synthesizing European and American Approaches." In Hanspeter Kriesi and Sidney Tarrow (eds.). *International Social Movement Research* 1: 1-40.

Kriesi, Hanspeter, Ruud Koopmans, Jan Willen Duyvendak, and Marco G. Giugni. 1995. *New Social Movements in Western Europe: A Comparative Analysis.* University of Minnesota Press.

Mainwaring, Scott. 1992. "Transitions to Democracy and Democratic Consolidation: Theoretical and Comparative Issues." Scott Mainwaring, Guillermo O'Donnel and J. Samuel Valenzuela (eds.). *Issues in Democratic Consolidation: The New South American Democracies in Comparative Perspectives.* University of Notre Dame Press.

McAdam, Doug. 1982. *Political Process and the Development of Black Insurgency 1930-1970.* University of Chicago Press.

______. 1996. "Political Opportunities: Conceptual Origins, Current Problems, Future Directions." In Doug McAdam, John D. McCarthy, and Mayer N. Zald (eds.). *Comparative Perspectives on Social Movements: Political Opportunities, Mobilizing Structures, and Cultural Framing.* Cambridge University Press.

McAdam, Doug, John D. McCarthy, and Mayer N. Zald. 1996. "Opportunities, Mobilizing Structures, and Framing Processes: Toward a Synthetic, Comparative Perspectives on Social Movements." In Doug McAdam, John D. McCarthy, and Mayer N. Zald (eds.). *Comparative Perspectives on Social Movements: Political Opportunities, Mobilizing Structures, and Cultural Framing.* Cambridge University Press.

McCarthy, John D. and Mayer N. Zald. 1993. *The Trend of Social Movements in America: Professionalization and Resource Mobilization.* General Learning Co.

______. Zald. 1997. "Resource Mobilization and Social Movement: A Practical Theory." *American Journal of Sociology* 82(6).

Melucci, Alberto. 1990. "The Democratization of Everyday Life." John

Keane and Phillip Mier (eds.). *Nomads of the Protest: Social Movements and Individual Needs in Contemporary Society.* Temple University Press.

Meyer, David S. and Sidney Tarrow. 1998. "The Social Movement Society: Contentious Politics for a New Century." In David S. Meyer and Sidney Tarrow (eds.). *The Social Movement Society: Contentious Politics for a New Century.* Rowman and Littlefield Publishers.

O'Donnell, Guillermo. 1996. "Illusions about Consolidation." *Journal of Democracy* 7(2).

Offe, Claus. 1990. "Reflections on the Institutional Self-Transformation of Movement Politics; A Tentative Stage Model." In: Russell J. Dalton and Manfred Kuechler (eds.). *Challenging the Political Order: New Social and Political Movements in Western Democracy.* Oxford University Press.

Olson. 1965. *The Logic of Collective Action: The Public Goods and the Theory of Groups.* Harvard University Press.

Rosenthal, Penny. 1992. *Visioning Voices: Women on Power.* Aunt Late Books.

Schmitter, Philippe C. 1997. "Civil Society East and West." In: Larry Diamond, Marc F. Plattner, Yun-han Chu, and Hung-mao Tien (eds.). *Consolidating the Third Wave Democracies* 2. The John Hopkins University Press.

Schedler, Andreas. 1998. "What is Democratic Consolidations?" *Journal of Democracy* 9(2).

Scott, Alan. 1990. *Ideology and the New Social Movements.* Unwin Hyman.

Stepan, Alfred. 1988. *Rethinking Military Politics: Brazil and the Southern Cone.* Princeton University Press.

Tilly, Charles. 1978. *From Mobilization to Revolution.* Addison-Wesley.

______. 1994. "Social Movements as Historically Specific Clusters of

Political Performances." *Berkeley Journal of Sociology* 38.

Touraine, Alain. 1985. "An Introduction to the Study of Social Movements." *Social Research* 52(4).

______. 1995. *Critique of Modernity.* Blackwell.

Turner, Ralph and Lewis M. Killian. 1972. *Collective Behavior*, Prentice-Hall.

제14장

공명선거실천시민운동협의회. 1998. 『공선협 전국본부 활동보고서』.

대전공선협. 1998. 『공명선거실시 시민운동 대전시협의회 사업보고서』.

대전참여자치시민연대. 1998a. 『보도자료: 6 · 4 지방자치 선거 대전광역시장, 구청장, 광역의회 출마 후보자 보건사회분야 공약 분석』.

______. 1998b. 『보도자료: 대전복지포럼 보건복지분야 50대 정책과제』.

______. 1998c. 『보도자료: 제2차 6 · 4선거 관련 대전시민 여론조사 결과』.

박재묵. 1998. 『미국의 환경운동: 전국적 환경운동조직의 회원 충원과 자원동원을 중심으로』(한국학술진흥재단 1996년도 해외파견연구과제 보고서).

오경택. 2000. 「지구환경정치와 환경운동단체의 역할」. 환경운동연합 21세기위원회(편), 『20세기 딛고 뛰어넘기: 시민판 21세기 구상』. 197-205. 쪽. 나남.

올바른 지방자치 실현을 위한 대전시민모임. 1995. 『6 · 27 지방선거 평가와 향후 과제』.

이득연. 1998. 『환경운동의 사회학』. 민영사.

정수복. 1996. 『녹색 대안을 찾는 생태학적 상상력』. 문학과지성사.

______. 1998. 「한국 환경운동의 과제와 진로」. 박이문 외 19명 저. 『녹색한국의 구상』. 숲과나무.

차명제. 1999. 「시민사회와 녹색정치: 독일 녹색당 사례를 중심으로」. 『환경과 생명』 (봄호): 52-65쪽.

참여자치대전시민회의. 1995. 『6 · 27 4대 지방선거종합자료집』.

환경운동연합. 1998. 『1998 환경운동』.

Bahro, Rudolf. 1991. "The Parliamentary Road(2)" <extract from

building the Green Movement> In Andrew Dobson (ed.). *The Green Reader: Essays Toward a Sustainable Society*. pp.197-203. San Francisco: Mercury House.

Dowie, Mark. 1995. *Losing Ground: American Environmentalism at the Close of the Twentieth Century*. Cambridge. Mass: The MIT Press.

Kelly, Petra. 1991. "The Parliamentary Road(1)" <extract from Fighting For Hope> In Andrew Dobson (ed.). *The Green Reader: Essays Toward a Sustainable Society*. pp.321-346. San Francisco: Mercury House, 192-196.

McCormick, John. 1995. *The Global Environmental Movement*. 2nd Edition. New York: John Wiley and Sons.

Rainbow, Stephen L. 1992. "Why Did New Zealand and Tasmania Spawn the World's First Green Parties." *Environmental Politics* 1-3:

Sale, Kirkpatrick. 1993. *The Green Revolution: The American Environmental Movement, 1962-1992*. New York: Hill and Wang.

제15장

신광영. 2000.『동아시아의 산업화와 민주화』. 문학과지성사

이면우 편. 1998.『일본의 NGO활동연구』. 세종연구소.

이시재. 1995.「한국과 일본의 시민사회의 비교연구」(1995. 3. 24). 현대일본연구회 국제심포지엄.

최예용. 2000.「지구의날 중국위원회 발족식 참가기」. 월간『함께사는 길』(2000년 4월호).

横田克已. 1989.『オルタナティブ市民社會宣言—もうひとつの[社會]主義』. 現代の理論社.

Arendt, Hannah. 1958. *The Human Condition*. The University of Chicago Press.

Cohen, Jean L. & Andrew Arato. 1992. *Civil Society and Political Theory*. MIT Press.

Hanagan, Michael P., Leslie Page Moch, and Wayne te Brake (eds.). 1998. *Challenging Authority: The Historical Study of Contentious*

Politics. University of Minnesota Press.

Klandermans, Bert. 1997. *The Social Psychology of Protest.* Blackwell.

McAdam, Doug. 1996. "Conceptual Origins, Current Problems, Future Directions?" In Doug McAdam, John D. McCarthy, Mayer N. Zald (ed.). *Comparative Perspectives on Social Movements.* Cambridge University Press.

Marco G. Giugni, Doug McAdam, Charles Tilly (eds.). 1998. *From Contention to Democracy.* Rowman and Littlefield Publishers.

Marco G. Giugni. 1998. "Social Movements and Change: Incorporation, Transformation, and Democratization." In Marco G. Giugni, Doug McAdam, Charles Tilly (eds.). *From Contention to Democracy.* Rowman and Littlefield Publishers.

Walder, Andrew G. 1998. *Collective Protest and the Waning of the Communist State in China.*

Yamamoto Tadashi (ed.). 1995. *Emerging Civil Society in the Asia Pacific Community.* Japan Center for International Exchange. Tokyo.

http://www. teputc.org.tw

http://www.tepu.org.tw

제16장

차명제 외 공저. 1994. 『현대의 위기와 새로운 사회운동』. 도서출판 문헌.

_____. 1999. 『독일의 대의제 민주주의와 정당정치』. 프리드리히 에버트 재단.

차명제. 2000. 『녹색정치의 실현가능성』. 한국환경보고서. 배달환경연구소.

정수복. 1996. 『녹색대안을 찾는 생태학적 상상력』. 문학과지성사.

Glotz, P. and Wagner, R. 1982. "Die Verhältnisse zwischen Bürgern und Parteien aus der Sicht der SPD." In Raschke, J. (Hrsg). *Bürger und Parteien.* Opladen.

Guggenberger, B. 1982. "Bürgerinitiativen: Krisensypmtom oder Ergänzung des Systems der Volksparteien?." In Raschke, J. (Hrsg). *Bürger und Parteien.* Opladen.

Offe, C. 1980. "Konkurrenzpartei und kollektive Identität." In Roth, R. (Hrsg). *Parlamentarisches Ritual und politische Alternativen.* Campus Verlag.

Rammstedt, Otthein. 1978. Soziale Bewwgung. Frankfurt: M. Suhrcamp Verlag.

Wasmuht, U.C. (Hrsg). 1989. *Alternativen zur alten Politik? Neue Soziale Bewegungen in der Diskussion, Darmstadt, Westdeutsche Buchgesellschaft.*

Wiesendahl, E., 1989. "Etablierte Partei im Abseits? Das Volksparteisystem der Bundesrepublik vor den Herausforderung der eneuen sozialen Bewegungen." In Wasmuth, U.C., *Alternativen zur alten Politik*?, Darmstadt.

Katiaficas, George. 1997. *The Subversion of Politics, European Social movements Decolonization of Everyday Life.* Humanities Press International. 『정치의 전복』.

제17장

정수복. 1996. 『참여민주주의를 위한 시민단체의 역할과 정책과제』. 서울: 박영률출판사.

______. 2000. 「한국시민운동의 패러다임 전환을 위한 이론적 모색」. 연세대학교 동서문제연구원 학술세미나.

하승창. 2000. 「시민운동 10년이 낳은 문제: 시민없는 시민운동의 극복을 위한 작은 생각」. 연세대학교 동서문제연구원 학술세미나.

유석춘 · 김용민. 2000. 「한국시민단체의 목적전치: 경실련과 참여연대를 중심으로」. 연세대학교 동서문제연구원 학술세미나.

Brockett. 1991. The Structure of Political Opportunities and Peasant Mobilization in Central America. *Comparative Politics*. pp.253-274.

Costain, Anne N. 1992. *Inviting Women? Rebellion: A Political Progress*

Interpretation of the Women? Movement. Baltimore: Johns Hopkins University Press.

Hilderbrandt, Kai, and Russell Dalton. 1978. "The New Politics: Political Change or Sunshine Politics?" In Max Kaase (ed.). *Election and Parties, London and Beverly Hills.* CA: Sage Publications.

Inglehart, Ronald. 1987. "Value Change in Industrial Societies." *American Political Science Review* 81(4): 1289-1303.

Maier, Peter (ed.). 1990. *The West European Party System.* Oxford: Oxford University Press.

Meyer, D.S. 1993. "Pease Protest and Policy: Explaining the Rise and Decline of Antinuclear Movements in Postwar America." *Policy Studies Journal* 21.

Meyer, D. S. and Sidney Tarrow. 1998. "A Movement Society: Contentious Politics for a New Century." In David S. Meyer and Sidney Tarrow (eds.). *The Social Movement Society: Contentious Politics for a New Century.* Rowman and Littlefield Publishers.

McAdam, Doug. 1988. *Freedom Summer.* Oxford University Press.

______. 1996. "Conceptual Origins, Current Problems, Future Directions." In Doug McAdam, John D. McCarthy and Mayer N. Zald (eds.). *Comparative Perspectives on Social Movements: Political Opportunities, Mobilizing Structures, and Cultural Framings.* Cambridge University Press.

Tarrow, S. 1996. States and Opportunities: the Political Structuring of Social Movements. In D. McAdam, J.D. McCarthy and M.N. Zald(eds.). *Comparative Perspectives on Social Movements.* Cambridge: Cambridge University Press.

저자 약력

공석기
미국 하버드대학교 사회학과 박사
서울대학교 아시아연구소 연구원

주요 논저
「1990년대 한국 사회운동조직에 대한 경험적 연구」 등

권태환
서울대학교 명예교수

주요 논저
『인구의 이해』
『한국인의 생명표』
『한국의 가족과 가족유형』
Demography of Korea
The Trends and Patterns of Morality Health in the Republic of Korea 등

김성국
부산대학교 명예교수

주요 논저
「아나키 · 환경 · 공동체」
「한국 시민사회의 성숙과 신사회운동의 가능성」
「신사회운동의 제도화와 급진화」
「사이버 공동체 형성의 과제: 자유해방주의적 관점에서」 등

김용직

성신여자대학교 정치외교학과 교수

주요 논저

「한국정치와 공론성」

『한국근대정치론』

"Politics of Communications and the Colonial Public Sphere in 1920's" 등

김호기

연세대학교 사회학과 교수

주요 논저

「세계화 시대의 자본과 국가」

『현대자본주의와 한국사회』 등

박재묵

충남대학교 사회학과 교수

주요 논저

『한국의 지방사회와 지역사회발전』

『제3세계 사회발전론』(편역)

"Locally Based Anti-nuclear Movement and Residents Participation: Local Autonomy and Community Development in Korea" 등

서두원

고려대학교 국제대학원 교수

주요 논저

"From Individual Welfare to Social: The Expanding Goals of Korean White-Collar Labor Union, 1987–1995"

"Middle Class Formation and Class Alliance"

"Korea's Sociology of Work: A Winding Path to the Democratic World of Labor" 등

송호근
서울대학교 사회학과 교수

주요 논저
『지식사회학』
『한국의 시장, 노동정치와 시장』
『인민의 탄생』
『시민의 탄생』
『시장과 복지정치』
"Globalization and Social Policy in South Korea" 등

이시재
가톨릭대학교 사회학과 교수

주요 논저
「사회적 교환과 일상적 상호작용」
「한국의 사회운동」
"Environmental Movement in Korea and its Political Empowerment" 등

이재열
서울대학교 사회학과 교수

주요 논저
「민주주의, 사회적 자본, 사회적 신뢰」
『경제의 사회학』
『90년대 한국의 노동조합』
"Risk Society as a System Failure" 등

임현진
서울대학교 사회학과 교수

주요 논저
『21세기 한국사회의 안과 밖』
『지구시대 세계의 변화와 한국의 발전』 등

조 은
동국대학교 명예교수

주요 논저
「모성의 사회적 역사적 구성」
「가부장적 질서화와 부인권의 약화」
「가족사를 통해 본 사회구조 변동과 계급이동」 등

차명제
(사)배달환경연구소 소장

주요 논저
「독일의 대의제 민주주의와 정당정치」
「부정부패 방지와 NGO의 역할」
“Gruene Politik in Suedkorea”
“Local Agenda 21 Initiative and the Role of NGOs in Korea” 등

서울대학교 사회발전연구총서 16

신사회운동의 사회학

세계적 추세와 한국

초판 1쇄 발행 2001년 7월 10일
초판 4쇄 발행 2018년 9월 10일

편저자 권태환 · 임현진 · 송호근
펴낸이 성낙인
펴낸곳 서울대학교출판문화원

출판등록 제15－3호

주소 08826 서울 관악구 관악로 1
대표전화 02－880－5252 팩스 02－888－4148
홍보마케팅팀(주문 상담) 02－889－4424, 02－880－7995
이메일 snubook@snu.ac.kr
홈페이지 www.snupress.com

ISBN 978－89－521－1608－6 93330